UTB 2271

Eine Arbeitsgemeinschaft der Verlage

Beltz Verlag Weinheim und Basel
Böhlau Verlag Köln · Weimar · Wien
Wilhelm Fink Verlag München
A. Francke Verlag Tübingen und Basel
Paul Haupt Verlag Bern · Stuttgart · Wien
Verlag Leske + Budrich Opladen
Lucius & Lucius Verlagsgesellschaft Stuttgart
Mohr Siebeck Tübingen
C. F. Müller Heidelberg
Ernst Reinhardt Verlag München und Basel
Ferdinand Schöningh Verlag Paderborn · München · Wien · Zürich
Eugen Ulmer Verlag Stuttgart
Vandenhoeck & Ruprecht Göttingen
WUV Facultas · Wien

Kompass der Geschichtswissenschaft

Ein Handbuch

Herausgegeben von
Joachim Eibach und Günther Lottes

Vandenhoeck & Ruprecht

Joachim Eibach ist Privatdozent an der Universität Gießen und Mitarbeiter am Forschungszentrum Europäische Aufklärung Potsdam. Forschungsgebiete: Kriminalitäts- und Strafrechtsgeschichte, Verwaltungsgeschichte, Neue Kulturgeschichte.

Günther Lottes ist Direktor des Forschungszentrums Europäische Aufklärung Potsdam und Professor an der Universität Potsdam. Forschungsgebiete: Internationale Ideengeschichte und Sozialgeschichte der Frühen Neuzeit, Aufklärungsforschung.

Die Deutsche Bibliothek – CIP-Einheitsaufnahme

Kompass der Geschichtswissenschaft: ein Handbuch / hrsg. von Joachim Eibach und Günther Lottes. –
Göttingen: Vandenhoeck und Ruprecht, 2002
(UTB für Wissenschaft; 2271)
ISBN 3-8252-2271-3 (UTB)
ISBN 3-525-03214-5 (Vandenhoeck & Ruprecht)

© 2002, Vandenhoeck & Ruprecht in Göttingen.
Internet: http://www.vandenhoeck-ruprecht.de
Alle Rechte vorbehalten. Das Werk einschließlich seiner Teile ist urheberrechtlich geschützt. Jede Verwertung außerhalb der engen Grenzen des Urheberrechtsgesetzes ist ohne Zustimmung des Verlages unzulässig und strafbar. Das gilt insbesondere für Vervielfältigungen, Übersetzungen, Mikroverfilmungen und die Einspeisung und Verarbeitung in elektronischen Systemen.
Printed in Germany.

Umschlaggestaltung: Atelier Reichert
Satz: Satzspiegel, Nörten-Hardenberg
Druck und Bindung: Friedrich Pustet, Regensburg

Inhalt

Vorwort		7
Joachim Eibach	**Sozialgeschichte**	9
Jacques Revel	Die Annales	23
Charles Tilly	Neuere angloamerikanische Sozialgeschichte	38
Paul Nolte	Historische Sozialwissenschaft	53
Matthias Middell	Marxistische Geschichtswissenschaft	69
	Ausgewählte Literatur	83
Rudolf Schlögl	**Politik- und Verfassungsgeschichte**	95
Andreas Wirsching	Internationale Beziehungen	112
Diethelm Klippel	Rechtsgeschichte	126
Joachim Eibach	Verfassungsgeschichte als Verwaltungsgeschichte	142
Ute Frevert	Neue Politikgeschichte	152
	Ausgewählte Literatur	165
Martin Dinges	**Neue Kulturgeschichte**	179
Roger Chartier	New Cultural History	193
Susanna Burghartz	Historische Anthropologie/Mikrogeschichte	206
Rolf Reichardt	Bild- und Mediengeschichte	219
Rebekka Habermas	Frauen- und Geschlechtergeschichte	231
	Ausgewählte Literatur	246
Günther Lottes	**Neue Ideengeschichte**	261
Luise Schorn-Schütte	Neue Geistesgeschichte	270
Raingard Eßer	Historische Semantik	281
Iain Hampsher-Monk	Neuere angloamerikanische Ideengeschichte	293
Robert Jütte	Diskursanalyse in Frankreich	307
	Ausgewählte Literatur	318

Marcus Sandl	**Geschichte und Postmoderne**	329
Steven Ellis	Revisionismus	342
Gérard Noiriel	Die Wiederkehr der Narrativität	355
Gabriel Motzkin	Das Ende der Meistererzählungen	371
	Ausgewählte Literatur	388

Personenregister 397

Vorwort

Der Kompass der Geschichtswissenschaft richtet sich an Lehrende, Studierende und die historisch interessierte Öffentlichkeit. Er dient der Orientierung in einer internationalen Forschungslandschaft, die kaum noch überschaubar ist. Mehrere Entwicklungsschübe haben in den letzten Jahren und Jahrzehnten eine Revolutionierung des Fachs bewirkt. Neue Perspektiven werden ausgelotet, neue Themen und Methoden vorgeschlagen, altbekannte Begriffe mit neuen Inhalten diskutiert. Die fortwährenden Kontroversen um den Königsweg zur Geschichte könnten vorderhand als Krise gedeutet werden, sind aber vor allem ein Ausdruck von Lebendigkeit und Innovation. Offensichtlich hat die kulturelle Dynamik der Gegenwart zu einer Pluralisierung der Zugänge zur Vergangenheit geführt. War die moderne Geschichtswissenschaft lange Zeit durch nationalhistorisch eingeschränkte Blickwinkel geprägt, ist seit einiger Zeit eine Tendenz zur Globalisierung zu beobachten. Schulen, die innerhalb eines Landes, Sprachraums oder auch Gesellschaftssystems eine dominierende Stellung erlangt hatten, müssen sich – nolens volens – international diskutierten Paradigmenwechseln, sog. »Turns« (Wenden), stellen. Der Kompass der Geschichtswissenschaft trägt dem Rechnung, indem er neben deutschen auch zahlreiche ausländische Wissenschaftler zu Wort kommen lässt. Von den 23 Autorinnen und Autoren lehren und schreiben neun an Forschungseinrichtungen außerhalb Deutschlands: in Frankreich, England, Irland, Israel, der Schweiz und den USA.

Das Handbuch ist in fünf Abschnitte gegliedert, die für Richtungen und Betrachtungsweisen der Geschichtswissenschaft stehen: Sozialgeschichte, Politik- und Verfassungsgeschichte, Neue Ideengeschichte, Neue Kulturgeschichte sowie abschließend Geschichte und Postmoderne. Jeder Abschnitt beginnt mit einem Stichwort, das dem Leser einen einführenden Überblick vermittelt. Es folgen Artikel, die kritisch Bilanz ziehen und aktuelle Tendenzen aufzeigen. Die Auswahl der Artikel ist diskursorientiert und damit notwendigerweise unvollständig: Berücksichtigung fanden solche Richtungen, denen in den Diskussionen der Vergangenheit eine Leitfunktion zukam, wo dies derzeit der Fall ist bzw. in nächster Zukunft der Fall sein könnte. Den Anfang macht die Sozialgeschichte, weil das neue Denken in der Geschichtswissenschaft des 20. Jahrhunderts von ihr seinen Ausgang nahm. Dieses neue Denken rief unterschiedliche Reaktionen hervor. Der zweite Abschnitt trägt der Beharrungskraft und dem Innovationspotenzial der originär älteren Politik- und Verfassungsgeschichte Rechnung. Die Abschnitte drei und vier beschreiben Entwicklungen, die sich auf die letzten Jahrzehnte konzentrieren und nebeneinander herlaufen. Das Adjektiv »neu« im Zusammenhang mit Ideengeschichte und Kulturgeschichte signalisiert, dass hier einerseits an ältere Traditionen angeknüpft wird, von denen man sich aber andererseits gerade distanziert. Der letzte Abschnitt thematisiert die veränderten Bedingungen der Geschichtswissenschaft unter den Auspizien der Postmoderne.

Die fünf Stichworte wurden von den Autoren bei einem Treffen an der Universität Gießen im Juli 1999 diskutiert. Die französischen Beiträge wurden von Christine Vogel übersetzt, die englischen von Raingard Esser und Joachim Eibach. Ohne die redaktionelle Mitarbeit von Christoph Bläsius und Sonja Finkenzeller (Universität Gießen) sowie die Mithilfe von Silke Brohm (Forschungszentrum Europäische Aufklärung Potsdam) wäre der Kompass nicht zustande gekommen.

Potsdam, im Oktober 2001   Die Herausgeber

Joachim Eibach

Sozialgeschichte

Das 20. Jahrhundert war das Jahrhundert der Sozialgeschichte. Von den Vorläufern und Anfängen im Kontext der »neuen Geschichte« um 1900 über Aufstieg und Hochzeit in den Jahrzehnten nach dem Zweiten Weltkrieg bis zur Herausforderung durch andere Denkstile in den letzten beiden Dekaden spannt sich ein weiter Bogen. Aus der zunächst auf ein bestimmtes thematisches Feld der Vergangenheit ausgerichteten Sektorgeschichte entwickelte sich ein umfassendes Paradigma von hoher Integrationskraft, das andere Richtungen der Geschichtswissenschaft infiltrierte. Eigene Kommunikationskreise und Publikationsorgane wurden gegründet. Spezifisch sozialhistorische Methoden und Leitthesen fanden Verbreitung. Ein klarer Beleg für die Herausbildung eines dominanten Denkstils ist, dass signifikante Begriffe einer ursprünglich kleinen Forscherminderheit wie »Gesellschaft«, »Struktur« oder »Idealtypus« schließlich in den akademischen Alltagsdiskurs diffundierten, d. h. selbstverständlich wurden.

Die Erfolgsstory der Sozialgeschichte beginnt mustergültig mit dem Auftreten von Außenseitern – darunter nicht nur solche unter Historikern, sondern auch Vertreter anderer Disziplinen –, deren neuartiger Denkstil in der etablierten Geschichtswissenschaft auf Verwirrung oder Ablehnung stößt. Eine Phase der Institutionalisierung wird frühzeitig durch die Gründung von Zeitschriften eingeläutet. Damit geht eine Formalisierung der Kommunikation durch Tagungen und Arbeitskreise einher. Die Etablierung gelingt mit dem Sprung auf Lehrstühle, gefolgt von wachsendem Einfluss in der »scientific community«. In internationaler Perspektive erreicht die Sozialgeschichte während der sechziger und siebziger Jahre – begünstigt durch den Ausbau des Hochschulwesens – den Status eines hegemonialen Denkstils, was jedoch nicht so sehr an der Zahl der Professuren festzumachen ist. Vielmehr geben Sozialhistoriker nun Themen und Begriffe vor. Sie gelten als innovative Kraft und demonstrieren Meinungsführerschaft. Der konservative Mainstream der Forschung reagiert durch Abgrenzung oder teilweise Adaption. Zu Beginn des 21. Jahrhunderts sind die Rollen nun in auffälliger Weise anders verteilt. Sozialhistoriker haben eigene Buchreihen, Handbücher und eine kaum noch überschaubare Zahl an Monographien vorgelegt. Dennoch befindet sich die – klassisch gewordene – Sozialgeschichte allenthalben in der Defensive. Aus den »jungen Wilden« von einst sind Lordsiegelbewahrer der Historiographie geworden, die sich selbst Debatten stellen müssen, welche ihnen andere aufzwingen.

1. »Neue Geschichte« um 1900

Die »Sozialhistorisierung« der Vergangenheit erfasste im Verlauf des 20. Jahrhunderts bei großen zeitlichen und inhaltlichen Unterschieden die Geschichtswissenschaft der wichtigsten westlichen Nationen (Iggers 1996). Als wichtigster Vordenker ist, was in neueren Selbstdarstellungen der Sozialgeschichte oft unerwähnt bleibt, Karl Marx zu sehen. Karl Marx und Friedrich Engels hatten bekanntlich bereits 1848 in ihrem »Kommunistischen Manifest« erklärt, »Geschichte« sei »die Geschichte von Klassenkämpfen«. Nicht Geist oder Politik, sondern Konflikte zwischen antagonistischen Klassen in einem »Gesellschaft« genannten Raum waren demnach das entscheidende Movens, der Urgrund der Geschichte. Sozioökonomische Prozesse an der »Basis« der Gesellschaft bestimmten den »Überbau« der Ideen und Entscheidungen. Auseinandersetzungen zwischen den Klassen – Sklave vs. Sklavenhalter, Leibeigener vs. Grundherr, Proletariat vs. Bourgeoisie – mündeten jeweils in die Heraufkunft neuer Gesellschaftsformationen. Am Ende dieser historischen Stufenfolge, so die gleichsam innerweltliche Heilsvorstellung, sollte eine »klassenlose« Gesellschaft stehen. Das teleologische Fortschrittspostulat von Marx und Engels stand im klaren Gegensatz zum statischen, die Gleichwertigkeit der Epochen betonenden Denken des Historismus. Es sollte zwar lange dauern, bis Marx' umwälzende Ideen unter Fachhistorikern wirksam wurden. Aus der Geschichtswissenschaft des 20. Jahrhunderts sind marxistische Denkstile jedoch nicht wegzudenken.

Eigentliche Geburtsstunde des sozialhistorischen Denkstils war die Krise des klassischen, von Leopold von Ranke formulierten Historismus am Ende des Säkulums. Die Integrationskraft der historistischen Staats- bzw. Politikgeschichte, die unter der Ägide der preußisch-kleindeutschen Schule zu einer historisch gewendeten Rechtfertigung der starken Monarchie in Deutschland geronnen war, ließ im letzten Jahrzehnt des 19. Jahrhunderts spürbar nach. Der Grundsatz »Große Männer machen die Geschichte« (Heinrich von Treitschke) vermochte in einer Zeit, als die Hochindustrialisierung auf vollen Touren lief und deren sozialen Folgen zu Tage traten, nicht mehr alle zu überzeugen. Der von Karl Lamprecht mit seiner ab 1891 publizierten »Deutschen Geschichte« entfachte Methodenstreit machte sich unter anderem an dessen Hintanstellung der bis dato sakrosankten Prinzipien Staat und Herrscher fest (Haas 1994; Schorn-Schütte 1984). 1893 erfolgte bereits die wegweisende Gründung einer Zeitschrift mit dem Namen »Vierteljahrschrift für Sozial- und Wirtschaftsgeschichte«. Doch in der Krise des klassischen Historismus ging es nicht nur um eine Ausweitung des Themenspektrums, um eine bloße Ergänzung der staatszentrierten Perspektive. Der Denkstil des Historismus an sich wurde angegriffen: die Affinität zur Beschreibung anstatt zur Analyse, das Insistieren auf einmaligen Erscheinungen in der Geschichte, die nicht allgemeinen Begriffskategorien, sondern nur individualisierendem Verstehen zugänglich seien,

Sozialgeschichte

das Selbstverständnis als Geisteswissenschaft in Opposition sowohl zur Natur- als auch zu den entstehenden Sozialwissenschaften. Kristallisationspunkte der Kritik bildeten sich auch außerhalb des Fachs. Lamprecht scheiterte nicht zuletzt an politisch motivierter Ablehnung innerhalb der staatsnah denkenden Historikerzunft des Kaiserreichs. Die Arbeiten der »Jüngeren Historischen Schule der Nationalökonomie« um Gustav Schmoller und vor allem die Soziologie Max Webers und Emile Durkheims zeigten langfristig stärkere Wirkung auf die Geschichtswissenschaft (Plumpe 1999; Kocka 1986b).

Der Aufbruch der »neuen Geschichte« um 1900 lässt sich nicht auf Sozialgeschichte als zukunftsweisendes Paradigma reduzieren. Neben dem »klassischen Bündnis von Sozialgeschichte und Nationalökonomie bzw. Soziologie« (Raphael 1997: 58) spielten etwa Geografie und Psychologie als Ideenspender eine wichtige Rolle. Bei Lamprecht wird auch bereits ein ausgeprägtes Interesse an der Überwindung des Gegensatzes von Phänomenen materieller und ideeller Kultur im Rahmen einer umfassenden Kulturgeschichte spürbar (Haas 1994: 112 ff.). 1903 kam es zur Gründung des »Archivs für Kulturgeschichte« mit Georg Steinhausen als erstem Herausgeber. Entscheidend für die weitere Entwicklung wurde aber der Kontakt zu den systematischen Sozialwissenschaften. Die Kritik am klassischen Historismus und die in nuce spürbare Herausbildung sozialwissenschaftlicher Denkstile unter Historikern wurden dabei schnell zu einer internationalen Angelegenheit. In Frankreich gründete der Philosoph Henri Berr 1900 die Zeitschrift »Revue de Synthèse historique« als ein Organ für interdisziplinäre methodische und theoretische Reflexion, an die später die »Annales«-Historiker anknüpfen konnten. 1912 erschien Lucien Febvres »Philippe II et la Franche Comté«, das die alte Konzentration auf Staatsgeschichte zugunsten einer umfassenden Untersuchung einer Region aufgab. In den USA nahm die Rezeption sozialwissenschaftlicher Ansätze ihren Ausgang vor allem von Frederick Jackson Turners 1893 vorgebrachter »Frontier-These« und der ökonomischen Perspektive Charles Beards im Kontext der »New History«. Turner sah nicht in europäischen Traditionen, sondern in der Auseinandersetzung der Siedler mit der Wildnis des Westens die Grunderfahrung der amerikanischen Demokratie. Konstitutiv für die Entstehung der amerikanischen Verfassung waren laut Turner und Beard, die später auch »Progressive Historians« genannt wurden (Hofstadter 1968), nicht Herrscherakte, sondern Konflikte zwischen Interessengruppen. Bei allen Unterschieden zu den zeitgenössischen Diskussionen in Deutschland und Frankreich im Einzelnen teilten die »New Historians« die Skepsis gegenüber der alten Politikgeschichte und die Offenheit für Konzepte der »modernen« Wirtschaftswissenschaft und Soziologie (Breisach 1993; Waechter 1996).

Schon lange vor 1933 geriet die Entwicklung der Sozialgeschichte in Deutschland ins Stocken. Die Niederlage im Ersten Weltkrieg verstärkte unter deutschen

Historikern eher die konservative Beharrungskraft als eine experimentierfreudige Offenheit für neue Denkstile. Die Wirtschaftsgeschichte führte außerhalb der Philosophischen Fakultäten ein Eigenleben. Von ihr ging kein neuer Einfluss mehr auf die Geschichtswissenschaft aus. Max Webers Methodenlehre wurde im Wesentlichen nur von Otto Hintze rezipiert, in dessen Werk die Verfassungs- und Verwaltungs- mit der Wirtschafts- und Sozialgeschichte verschmolz. Eine Gruppe jüngerer Historiker mit sozialhistorischen Forschungsinteressen wurde ab 1933 in die Emigration gezwungen. Ein langfristig wichtiger Impuls für die weitere Entwicklung der Geschichtswissenschaft im 20. Jahrhundert ging nun von Frankreich aus. 1929 gründeten Lucien Febvre und Marc Bloch die »Annales d'histoire économique et sociale«. Dieser erste Name der Zeitschrift erinnert an die deutschsprachige »Vierteljahrschrift für Sozial- und Wirtschaftsgeschichte«. Wenn sich das Programm der Annales-Historiker auch von seinen ersten Anfängen an nicht auf einen engen Begriff von Sozialgeschichte festlegen lässt, beabsichtigten die Gründerväter doch explizit, wirtschafts- und sozialhistorische Themen zu einer Domäne des neuen Journals zu machen (Burke 1991: 26 f.). Die interdisziplinäre Zusammensetzung des ersten Herausgeberkollegiums der Annales dokumentiert die entscheidende Bedeutung des Austauschs mit den neuen Sozialwissenschaften für die Genese der »neuen Geschichte«. Unter anderen waren ein Wirtschaftswissenschaftler, ein Politologe, ein Geograph sowie der Soziologe und Durkheimianer Maurice Halbwachs vertreten. Insgesamt wird man allerdings nicht so sehr von einer »French Historical Revolution« (Burke), sondern eher von einem internationalen Aufbruch hin zu sozialwissenschaftlichen Denkstilen sprechen müssen, der unter anderem auch in Frankreich stattfand (Raphael 1994: 101 f.). Bis zum Zweiten Weltkrieg dominierte zwar überall die alte Geschichtsauffassung. Minderheiten, die an einer beschreibenden Staats- und Politikgeschichte als nationale Aufgabe keine Genüge mehr fanden, hatten sich aber gruppiert. Aufstieg und Institutionalisierung der Annales-Gruppe von einer »häretischen Sekte« zu einer »orthodoxen Kirche« (Burke 1991: 35) haben mustergültigen Charakter. Noch in den dreißiger Jahren gelang der Sprung von der Provinzuniversität Strassburg nach Paris, wo Febvre eine Professur am Collège de France und Bloch die Professur für Wirtschaftsgeschichte an der Sorbonne erhielt. Der eigentliche Durchbruch gelang jedoch erst nach 1945. Febvre wurde Präsident der mächtigen sechsten Sektion der École Pratique des Hautes Études (ab 1972 École des Hautes Études en Sciences Sociales). Dieses finanziell großzügig ausgestattete Forschungsinstitut entwickelte sich fortan zur Bastion der Annales, die nun auch wissenschaftspolitisch großen Einfluss ausüben konnte.

2. Internationaler Durchbruch sozialhistorischer Denkstile nach 1945

Nach dem Zweiten Weltkrieg reifte das goldene Zeitalter der Sozialgeschichte heran. Zeitschriften bildeten dabei weiterhin Knotenpunkte programmatischer Erneuerung und dauerhafter Institutionalisierung. Die Gründungsjahre und -länder der als Flaggschiffe der neuen Sozialgeschichte konzipierten Journale sind im Hinblick auf historiographische Phasen aussagekräftig: in Großbritannien 1952 »Past and Present« und 1976 »Social History«, in den USA 1967 »Journal of Social History« und 1976 »Social Science History«, in Deutschland 1961 »Archiv für Sozialgeschichte« und vor allem 1975 »Geschichte und Gesellschaft«. Die »Sozialhistorisierung« der Geschichtswissenschaft verdichtete sich in den späten sechziger und frühen siebziger Jahren. Neben den Zentralorganen der Sozialgeschichte etablierten sich in vielen Ländern zahlreiche weitere Zeitschriften, die sich typisch sozialhistorischen Themen wie Arbeitergeschichte, Historischer Demographie, Familiengeschichte, Frauengeschichte, Stadtgeschichte etc. widmeten.

Während der konservativ-restaurative Zeitgeist der Adenauer-Ära in Deutschland den Hintergrund für eine Spätzeit des Historismus bildete, entwickelte sich die Historiographie in Großbritannien und den USA ungleich dynamischer. Im Falle Großbritanniens ist dies insofern bemerkenswert, als metatheoretische Diskussionen dort traditionell einen eher geringen Stellenwert hatten und haben (Osterhammel 1993: 161 f.). Die Tatsache, dass die Geschichtswissenschaft auf der Insel in geringerem Maß von den Universitäten monopolisiert wurde als in Deutschland oder Frankreich, begünstigte jedoch den Aufstieg origineller Außenseiter. Die Kontroversen um den klassischen Historismus ab 1880 fanden unter zeitgenössischen britischen Historikern wenig Widerhall. George M. Trevelyans berüchtigte Definition der Sozialgeschichte als »history of a people with the politics left out« (Geschichte eines Volks unter Weglassung der Politik) in der Einleitung zu seiner »Illustrated English Social History« von 1942 war in ihrer Inhaltsbestimmung ex negativo ebenso unklar wie sie in ihrer Frontstellung eindeutig war. Um das Fähnlein der Sozialgeschichte konnten sich Historiker unterschiedlicher Couleur scharen. Es einte sie die Ablehnung der alten Politikgeschichte. Auch in Großbritannien erwies sich allerdings der Konnex von Sozialgeschichte und Wirtschaftsgeschichte als wirkungsmächtig. Für die Rezeption der Sozialwissenschaften in Großbritannien steht hier besonders Richard H. Tawney, der an der London School of Economics lehrte und die erste Generation britischer Sozialhistoriker stark beeinflusste. Generell ist die Sozialgeschichte in ihrer Hochzeit eine tendenziell »linke« Geschichtswissenschaft gewesen, worunter hier ein Spektrum von der Sozialdemokratie bis zum unorthodoxen Marxismus verstanden wird. Während

Sozialgeschichte

sich die westdeutsche Sozialgeschichte der zweiten Nachkriegszeit vor allem auf Weber berufen hat, spielte in Großbritannien die Marx-Rezeption eine entscheidende Rolle (Kaye 1984). Der Tawney-Schüler Christopher Hill war ebenso wie Edward P. Thompson und Eric J. Hobsbawm Mitglied der »Communist Party Historians' Group«. Diese Gruppe gab auch den entscheidenden Anstoß zur Gründung von »Past and Present«. Ein zweiter Nukleus der britischen Sozialgeschichte bildete sich Anfang der sechziger Jahre in Cambridge um ein Team, das sich der historischen Demographie verschrieb. Die »Cambridge Group for the History of Population and Social Structure« wertete mit Kirchenbüchern eine für die Sozialgeschichte typische, nämlich eine serielle Quelle aus. Auch die Methode war zukunftsweisend: Die Daten über Geburt, Heiratsalter, Kinderzahl, Lebenserwartung etc. wurden durch Anwendung von EDV quantifiziert. Peter Lasletts »The World We Have Lost« aus dem Jahr 1965 (1988) ist ein frühes Werk dieser Art Familiengeschichte, die mit der Sozialgeschichte einen enormen Aufschwung erhielt. Bedeutsamer war noch das zwei Jahre zuvor publizierte Werk »The Making of the English Working Class«, das Thompson nicht etwa als Professor in Cambridge oder Oxford, sondern als Volkshochschuldozent in Halifax schrieb. Dieser Klassiker der Arbeitergeschichte verwies bereits deutlich über die Sozialgeschichte hinaus. Thompson argumentierte nicht ökonomistisch, sondern untersuchte die »soziale Logik«, die handlungsleitenden Erfahrungsmuster der Akteure. Mit seinen Studien zu Protesten, Brotkrawallen und Charivaripraktiken der Unterschichten im 18. Jahrhundert sollte Thompson später zum Kronzeugen der »neuen Kulturgeschichte« werden.

Einhergehend mit dem Ausbau des Universitätswesens nach dem Krieg nahm in den USA auch die Zahl der professionellen Historiker stark zu. Der Bildungsboom begünstigte den Aufstieg der Sozialgeschichte während der sechziger Jahre. Aus dem Blickwinkel Europas und speziell Deutschlands gilt die US-Forschung beinahe schon traditionell als innovatives Leistungszentrum, und das hieß damals als Bastion der Sozialgeschichte. Dagegen ist zwar zu konstatieren, dass in den USA auch Ende der siebziger Jahre noch die Mehrzahl historischer Monographien auf dem Markt für wissenschaftliche Bücher konventionelle Politik- oder Diplomatiegeschichte behandelten. Ungeachtet dieser Tatsache galt die alte Politikgeschichte gegenüber der neuen Sozialgeschichte jedoch dort wie hierzulande als bedroht, weniger prestigeträchtig und argumentierte in einer Art Verteidigungsstellung (Veysey 1979: 162). Denn Sozialhistoriker bestimmten offensiv den Diskurs. Gerade das Faktum, dass Sozialhistoriker entgegen jeder plausiblen Zählweise – Bucherscheinungen, Forschungsmittel, Lehrstühle – als (über-)mächtig galten, spricht für die Überlegenheit ihres Denkstils.

Die Sozialgeschichte in den USA hat den engsten und produktivsten Kontakt zu den Sozialwissenschaften entwickelt. Die Jahrestagungen der 1974 gegründeten »Social Science History Association« bilden bis heute das wichtigste Kommunikationsforum für amerikanische Sozialhistoriker. Die großen Geschichtsentwürfe von Marx und Weber, aber auch die Entwicklungsskizzen jüngerer Soziologen und Politikwissenschaftler wie Reinhard Bendix, Shmuel Eisenstadt und Stein Rokkan, haben seit den sechziger Jahren in den USA eine Fülle empirischer Studien inspiriert. Den programmatischen Rahmen der Forschung bildeten also weithin Modernisierungstheorien, die den großen Transformationsprozess, der seit dem ausgehenden 18. Jahrhundert die westliche Welt erfasste, in einer Art Megaerzählung beschrieben. Auf der Agenda standen »Big Structures, Large Processes, Huge Comparisons« (Makrostrukturen, große Prozesse, ausgreifende Vergleiche) (Tilly 1984). Makrohistorisch und strukturfunktionalistisch ausgerichtet, wendet die Sozialgeschichte analytische Prozesskategorien wie Staatsbildung, politische Mobilisierung, Industrialisierung, Urbanisierung oder Bürokratisierung auf ihr Quellenmaterial an. Zwischen der »traditionalen« Welt der Vergangenheit und der »modernen« Welt der Jetzt-Zeit wird dabei dichotomisch unterschieden. Das ausgehende 18. und das 19. Jahrhundert erscheinen in dieser Perspektive als Wegscheide, als »Sattelzeit« (Reinhart Koselleck), der Geschichte. Große Bedeutung kommt dem vergleichenden Vorgehen zu. Der Vergleich ist in Kontrast zum individualisierenden Verstehen des Historismus eine sozialwissenschaftliche Methode par excellence (Haupt 1996). Ziel des Strukturvergleichs ist eine Extrapolierung der idealtypischen Entwicklung hin zur Moderne. Die Kritik lautet indessen, dass hier lediglich in ethnozentrischer Weise der westliche (US-amerikanische, westeuropäische) Weg in die Moderne zum Maßstab eines Modells gemacht wird, das weder unterschiedliche Traditionen noch eigenständige Entwicklungen respektiert.

Stärker als in anderen Ländern erklärte die Sozialgeschichte in den USA die Quantifizierung von Massendaten mittels EDV-Einsatz zur Königsmethode. In bewusster Abkehr von der Narrativität und Literarizität der traditionellen Geschichtsschreibung galten den »Cliometricians« Statistik und Tabelle, mitunter sogar mathematische Formeln, als Zeichen wahrer Wissenschaftlichkeit. Eine Vorreiterrolle kam hier der »New Economic History« mit Robert Fogel als führendem Repräsentanten zu (Fogel/Engerman 1971). Aber nicht nur das Feld der Ökonomie wurde seit den fünfziger Jahren mittels Computereinsatz empirisch erschlossen. Neben der bereits genannten historischen Demographie waren auch das Wahlverhalten, soziale Mobilität und die Stadtgeschichte Kernbereiche der Quantifizierung. Andere Gebiete wie die seit Anfang der siebziger Jahre florierende Frauengeschichte und die Geschichte der ethnischen Gruppen in der US-Gesellschaft zeigten dagegen deutlich geringere Affinität zur Anwendung quantitativer Methoden. Die Begeisterung für die technisch-methodischen Möglichkeiten der neuen Computertechnologie hielt während der sechziger Jahre auch in Europa Einzug.

Quantifizierbare Daten wie Geburt, Heirat und Tod, Brot- und Getreidepreise, Löhne und Steueraufkommen, Produktionsziffern und Lebenshaltungskosten bis hin zu Temperaturserien zur Erforschung der Klimageschichte stellten Aussagen zum kollektiven Verhalten auf eine ganz neue Grundlage. In Frankreich setzte sich die neue Methode in der »seriellen Geschichte« durch (Chaunu 1978). Reservierter war die Rezeption der späthistoristischen deutschen Geschichtswissenschaft, ehe die Quantifizierung hier auch in der 1976 gegründete Zeitschrift »Quantum – Information« und in der Historischen Sozialwissenschaft starken Widerhall fand. Die Grenzen der auf diesem Weg zu erlangenden Erkenntnis liegen mittlerweile längst offen zu Tage. Es ist aber zu konstatieren, dass von der quantifizierenden Methode ein enormer Innovationsschub ausging, der untrennbar mit dem Aufstieg der Sozialgeschichte nach 1945 verbunden ist.

Es wäre wohl zu einfach, die Erfindung des Computers als einzige Ursache für den Methodenwechsel anzunehmen. Vielmehr müsste einmal die zunehmende Bedeutung der Zahl als Argumentationsfigur wissenschaftshistorisch untersucht werden. Die Hochzeit der Sozialgeschichte als zahlengestützte Prozessgeschichte wurde begleitet von einer Zeit scheinbar grenzenlosen ökonomischen Wachstums. Sie wurde eingerahmt vom Ereignis Kriegsende 1945 einerseits, von zunehmendem (ökologischen) Krisenbewusstsein nach dem Ölpreisschock von 1973 andererseits. Die Wachstums- und Fortschrittsprämisse als – wie man glaubte – gesicherte Grundannahme und Zukunftsperspektive (Rostow 1960, 1971) prägte ohne Zweifel das Denken einer Historikergeneration. Hinzu trat der optimistische Glaube an die politische Veränderbarkeit der Welt, sei es durch Übernahme des US-amerikanischen Modernisierungsmodells, sei es durch Reformen oder gar durch Revolution. Für viele politisch bewusste Sozialhistoriker war die Studentenbewegung, die sie als Studierende, Assistenten oder in einigen Fällen bereits als Professoren erlebten, ein Ereignis von bleibender Wirkung. Die Chiffre »68« bezeichnet die politische Achse der goldenen Ära der Sozialgeschichte. Die Erfahrung der Studentenbewegung bewirkte eine Polarisierung und politische Mobilisierung, die auch in der Themenwahl von Sozialhistorikern Widerhall fand. Neben der Affinität zur Geschichte der Arbeiterbewegung ist hier vor allem die historische Konflikt- und Protestforschung zu nennen, die durch angloamerikanische Forschungen angestoßen wurde (Rudé 1977; Thompson 1971; Tillys 1975).

Der Geschichtsoptimismus der Sozialgeschichte wurzelt also außerwissenschaftlich in einer »Doppelevolution« von sozioökonomischer »Modernisierung« und politischem Reformdenken in der westlichen Welt. Hans-Ulrich Wehler hat jüngst in einem Rückblick erwähnt, dass die damalige »Großwetterlage«, die er als »Ausbau der Wirtschaft und Gesellschaft« der Bundesrepublik im Verbund mit einer optimistischen Stimmung für politische Reformen skizziert, die Attraktivität von Modernisierungstheorien begründet und den Aufstieg der Historischen Sozialwissenschaft in Deutschland begünstigt habe (Wehler 1998: 145 f.). Die Fokussierung der Entstehungsgeschichte der Moderne durch die Sozialgeschichte geschieht nicht zufällig während einer Zeit, in der rapider Wandel auch in der Lebenswelt der Historiker allenthalben sichtbar war. Dies gilt besonders für die westliche Führungsmacht USA und die alte Bundesrepublik, die sich aus den Trümmern von Krieg und Nationalsozialismus zum Wirtschaftswunderland entwickelte. Nicht zuletzt die metaphorische Sprache der Sozialgeschichte spiegelt eine Faszination für die technisch-industrielle Welt wider: etwa die »Beschleunigung« für den Wandel um 1800 oder der »Take-off«, der in der Techniksprache das Abheben eines Flugzeugs von der Landebahn bezeichnet, für den Durchbruch der Industrialisierung im 19. Jahrhundert; sehr konkret auch in Hans-Ulrich Wehlers Synthese einer »Deutschen Gesellschaftsgeschichte« das Bild vom »Säurebad« für die Auflösung traditionaler Strukturen in der kapitalistischen Wirtschaft (1987: Bd. 1, 334).

Sozialgeschichte

Trotz Hinwendung zur Quantifizierung serieller Quellen im Mainstream der internationalen Forschung ging die französische Sozialgeschichte nach dem Zweiten Weltkrieg in vieler Hinsicht eigene Wege. Die Forschungen maßgeblicher Annales-Historiker konzentrierten sich auf das Mittelalter und die frühe Neuzeit. Ihr Denkstil wurde nicht von Modernisierungstheorien bestimmt. Ihre Werke waren auch für ein allgemeines Publikum gut lesbar. Zweifellos ist das Gesamtoeuvre der »Sozialgeschichte à la française« wesentlich breiter gewesen als eine Sozialgeschichte im engeren Sinne des Begriffs. Die Vielstrahligkeit der Annales-Historiographie fand ab 1946 in einem neuen Untertitel der Zeitschrift Ausdruck: »Annales. Économie. Sociétés. Civilisations«. Dem auf kulturelle Phänomene im weitesten Sinne abzielenden Begriff der »Civilisations« kommt dabei eine Schlüsselbedeutung zu. Die materielle Kultur des Alltags erhielt in den Werken von Fernand Braudel u. a. viel früher als in der Historiographie anderer Länder Aufmerksamkeit, jedenfalls soweit es den hegemonialen Denkstil betrifft. Mit einer allgemeinen Offenheit für neue Ansätze und Methoden im Rahmen der angestrebten »histoire totale« (umfassende Geschichte) korrespondierten der Verzicht auf ein einheitliches Theoriegerüst und analytische Inkonsistenzen, die Kritiker bereits an Braudels Klassiker »La méditerranée et le monde méditerranéen à l'époque de Philippe II« von 1949 monierten (Raphael 1994: 110 f.). Braudels berühmtes Konzept der »langen Dauer« (longue durée) und seine Vorliebe für Details der Lebenswelt stehen im klaren Widerspruch zur Linearität und Geschlossenheit der Modernisierungstheorien US-amerikanischer Provenienz. Dabei darf nicht übersehen werden, dass der Nestor der Annales in den fünfziger Jahren vor allem Wirtschaftsgeschichte betrieb, solche förderte und schließlich eine dreibändige »Sozialgeschichte der Neuzeit« publizierte. Weniger Beachtung als das Werk Braudels findet heute das Oeuvre des marxistischen Sozial- und Wirtschaftshistorikers Ernest Labrousse. Die Verbreitung der quantitativen Methode unter den Annales-Historikern ging jedoch wesentlich von dem seinerzeit neben Braudel sehr einflussreichen Labrousse und dessen Schülern aus. Die Wahrnehmung der Annales von außen wurde lange von der Mentalitätengeschichte bestimmt, die seit den frühen sechziger Jahren entstand und bald eine Liaison mit der Quantifizierung einging. Auch wenn man sich also weiterhin einer genuin sozialhistorischen Methode bediente, wurde damit das inhaltliche Interesse von »Économie« und »Sociétés« wegverlagert. Typisch für die »nouvelle histoire« der siebziger und achtziger Jahre ist die Öffnung hin zur historischen Anthropologie, d. h. zur Kulturgeschichte im internationalen Kontext (Le Goff/Chartier/Revel 1990).

3. Sozialgeschichte in der Bundesrepublik Deutschland

Ganz anders als in Frankreich verlief die Entwicklung der Sozialgeschichte in Westdeutschland (Ritter 1989; Welskopp 1999). Nach 1945 war es vor allem Werner Conze, von dem Denkanstöße zu einer Strukturgeschichte ausgingen (Conze 1957). Neben Conze, der in Heidelberg den »Arbeitskreis für moderne Sozialgeschichte« ins Leben rief, waren es Otto Brunner und Theodor Schieder, die selbst oder – besonders im Fall von Schieder – deren Schüler die Sozialgeschichte auf den Weg brachten. Wie zurzeit intensiv diskutiert wird, hat die deutsche Sozialgeschichte der Nachkriegszeit auch Wurzeln in der nationalsozialistischen »Volksgeschichte« (Schulze 2000; Oberkrome 1993). Das Jahr 1945 war auch in der deutschen Geschichtswissenschaft nicht wirklich eine »Stunde null«. Conze berief sich unter anderem auf die Strukturgeschichte Braudels, was jedoch weitgehend folgenlos blieb.

Der Akzent der entstehenden Sozialgeschichte lag in der Bundesrepublik spätestens seit Mitte der sechziger Jahre auf dem »langen 19. Jahrhundert«, und damit auf der Vorgeschichte des Nationalsozialismus. Ihren Widerpart erblickte die zweite und eigentliche Generation bundesrepublikanischer Sozialhistoriker immer noch, so Wehler 1966 in der Einleitung des Sammelbands »Moderne deutsche Sozialgeschichte«, in einer »staatsfrommen politischen Ereignisgeschichte«, gegen die mit aufklärerischem Habitus ein »kritisches Bewusstsein« postuliert wurde (Wehler 1976: 15); Wenn auf die »braune« Volksgeschichte hingewiesen wird, muss man auch in Erinnerung rufen, dass sich besonders Wehler immer wieder auf die »politische Sozialgeschichte« der Exilanten Hans Rosenberg und Eckart Kehr berief, die in dem Sammelband von 1966 mit eigenen Beiträgen zu Wort kamen. Die »politische Sozialgeschichte« sorgte in den sechziger und beginnenden siebziger Jahren für hitzige Diskussionen. Unter diesem Etikett wurden politische Entscheidungen – insbesondere solche im Zweiten Kaiserreich – mehr oder weniger als bloßer Abdruck sozioökonomischer Strukturen und Interessenkollisionen verstanden (Kocka 1986a: 146 ff.). Die Politik verfügt demnach nur über einen geringen Entscheidungsspielraum und bedient stattdessen bereitwillig die Interessen der herrschenden Klassen. Wurzeln dieses Konzepts im Marxismus sind unverkennbar.

Sozialgeschichte

Vor, während und nach der »kritischen« Wende der deutschen Sozialgeschichte im Kontext des internationalen Aufbruchs ab Mitte der sechziger Jahre leisteten Sozialhistoriker Grundlagenforschung, der zwar nicht immer der Glanz gewagter Innovation zu Eigen war, die aber die Bestellung des sozialhistorischen Arbeitsfelds vorantrieb. In der Wirtschaftsgeschichte wurde die ältere, bereits auf Lehrstühlen etablierte Tradition fortgesetzt und erreichte zu Beginn der siebziger Jahre den Standard von Handbuchwissen (Aubin/Zorn 1971–1976). Die Agrargeschichte wurde wirtschaftshistorisch angereichert (Abel 1966). Wie zuvor in England und Frankreich bildete sich im deutschsprachigen Raum die Subdisziplin der Historischen Demographie aus (Imhof 1988). Die in diesem Zusammenhang entwickelte Methode der Familienrekonstitution fand Anwendung auch in der ersten Phase der florierenden Familiengeschichte, die besonders von dem Wiener Sozialhistoriker Michael Mitterauer befördert wurde (Ehmer/Hareven/Wall 1997). Eine Geschichte der sozialen Gruppen wurde nun eigentlich erst geschaffen. Lange Zeit stand dabei die Geschichte der Arbeiter und der Arbeiterbewegung im Zentrum des Interesses, was in einer voluminösen Buchreihe Niederschlag fand (Ritter 1990 ff.). Konjunktur hatten in Deutschland auch die Protest- und die Nationalismusforschung, letztere erneut nach dem Epochenjahr 1989, als der Nationalismus mit dem Zusammenbruch der sozialistischen Staaten in Europa wieder auflebte (Langewiesche 1995).

Von einer engen Wirtschafts- und Sozialgeschichte, die ökonomische Prozesse und soziale Formationen untersuchte, entwickelte sich die deutsche Sozialgeschichte seit den sechziger Jahren zum weiten Paradigma einer auf Synthese zielenden, eigene Subdisziplinen ausbildenden Gesellschaftsgeschichte (Schieder/Sellin 1986–1987). Die für die Forschung zur späten Neuzeit tonangebende Bielefelder Schule entwickelte einen analytisch-argumentativen Sprachduktus, insistierte auf explizitem Theorieeinsatz und konsequentem Strukturfunktionalismus (Kocka 1986a; Wehler 1973, 1976). Aus dieser Perspektive vollzog sich die eigentliche und entscheidende Geschichte hinter dem Rücken der Akteure: Die Umstände machten den Menschen und nicht umgekehrt. Die Tiefenstrukturen des historischen Prozesses waren der Erkenntnis der Zeitgenossen verschlossen, dagegen aber der Analyse des Historikers zugänglich. Charakteristisch für die deutsche Sozialgeschichte ist, dass hier das Feld der Mentalitäten, kollektiven Bewusstseinsformen und Lebenswelten im Sinne der Kulturanthropologie, das etwa Eric Hobsbawm (1984: 342) als integralen Bestandteil einer Sozialgeschichte begriff, »außen vor« blieb. Stattdessen munitionierte sich die Historische Sozialwissenschaft mit Modernisierungstheorien der US-amerikanischen Soziologie, um so die konservativen Gegner attackieren und den »Rückstand« gegenüber der Sozialgeschichte des Westens aufholen zu können. Modernisierungstheorien schienen auch deshalb besonders geeignet, weil mittels einer idealtypischen Konstruktion der Entwicklung zur Moderne der deutsche, im Nationalsozialismus mündende Weg als »Sonderweg« verstanden werden konnte. Anders als in der französischen Sozialgeschichte wurde die Frage nach der Genese der Moderne so zur systematisch-einheitlichen Leitperspektive. Das Bestreben, die wissenschaftliche Verspätung gegenüber den USA und Großbritannien aufzuholen, ist ein Spiegelbild des politischen Wunsches nach »Westbindung« und »Normalität« in der Bonner Republik. Durch das Interpretament des »Sonderwegs« in Verbindung mit evolutionistischen Theorien konnte auch trotz der evidenten Katastrophen des 20. Jahrhunderts eine optimistische, auf Beherrsch- und Planbarkeit des gesellschaftlichen Wandels setzende Haltung eingenommen werden.

Der Modernisierungsbegriff der Historischen Sozialwissenschaft war und ist klar positiv konnotiert. Damit unterscheidet sich der Denkstil der »kritischen« deutschen Sozialgeschichte von ihrem Kronzeugen in Sachen Theoriegebrauch und auch dem Kulturpessimismus der fünfziger Jahre. Max Webers viel zitierte Furcht vor dem »Gehäuse jener Hörigkeit der Zukunft« (Weber 1971: 332) und auch Otto Brunners Skepsis gegenüber dem modernen, traditionale Lebenszusammenhänge zerstörenden Staat (Brunner 1968: 110 ff.) wurden nicht aufgegriffen. An der Weber-Rezeption der Historischen Sozialwissenschaft fällt auf, dass zum einen nicht der »ganze Weber« gelesen wurde. Die auf Erfahrung, Sinnkonstruktion und Weltbilder der historischen Akteure abzielenden Aspekte wurden, wie neuerdings konzediert wird (Wehler 1998: 145), ausgeblendet und dienten dann der an der Kulturanthropologie (v. a. Clifford Geertz) orientierten Forschung als Anknüpfungspunkte. Zum anderen wurde Webers Werk nicht kontextualisiert. Dabei lässt sich zeigen, dass in Webers Herrschaftssoziologie das zeitgenössische Rechtsdenken starken Niederschlag fand (vgl.: Art. Verfassungsgeschichte als Verwaltungsgeschichte). Die von der Historischen Sozialwissenschaft bevorzugten Kategorien weisen also ihrerseits eine bestimmte historische Genese auf.

Die im internationalen Vergleich bemerkenswerte Stringenz des historisch sozialwissenschaftlichen Konzepts und der offensive Habitus führender Repräsentanten der Bielefelder Schule haben ein allzu monolithisches Bild von der Sozialgeschichte in Deutschland entstehen lassen. Vor allem für frühere Epochen sind Sozialhistoriker hervorgetreten, die keineswegs alle Grundannahmen der Historischen Sozialwissenschaft teilen. In der Frühneuzeit-Forschung sind hier etwa die Arbeiten zum Widerstand in Stadt und Land (Schulze 1983; Blickle 1988) und zum »Kommunalismus« des »gemeinen Mannes« zu nennen, die das ältere Bild vom angeblich schon immer gehorsamen »deutschen Untertan« revidierten (Blickle

Sozialgeschichte

1981). Mittels des Interpretaments der »Konfessionalisierung« wurde ein Konnex hergestellt zwischen Konfessionsbildung, Staatsbildung und »Sozialdisziplinierung« (Reinhard/Schilling 1995). Damit wurde die Bedeutung von Religion und Konfession ins Bild gerückt, ein Aspekt, der in der älteren wie auch in der »kritischen« Sozialgeschichte eher unterbelichtet geblieben war. In der Mediävistik sind besonders die Adelsprosopographie der Freiburger Tellenbach-Schule und die Verbindung von Verfassungs- und Sozialgeschichte durch Peter Moraw und seine Schüler zu nennen. In beiden Fällen wurde sozialhistorische Methodik angewandt, ohne das teleologische Denkmodell der Modernisierungstheorie zu übernehmen (Borgolte 1996). Generell gilt: Je weiter man hinter die Epochenschwelle um 1800 zurückgeht, desto weniger kann der angloamerikanische Weg in die Moderne als Leitperspektive der Forschung dienen, desto andersartiger wird die Welt. Heinz Schilling und Peter Moraw haben wie der Experte für die napoleonische Reformzeit Helmut Berding einen Großteil ihrer Arbeiten an der Universität Gießen verfasst. Gegenüber Bielefeld als Hochburg der »kritischen« Sozialgeschichte wurde für den Standort Gießen die Zusammenführung von neuer Sozialgeschichte und erneuerter Staatlichkeitsgeschichte in Fortführung der verfassungshistorischen Tradition typisch.

Zwischen der westdeutschen Sozialgeschichte und der marxistisch-leninistischen Geschichtswissenschaft der DDR überwog bei manchen Berührungspunkten die gegenseitige Abgrenzung. Auf manchen Gebieten wie der Forschung zu Unruhen in der Ständegesellschaft oder zur Arbeiterbewegung kam es zwar zu einem produktiven Austausch. Die Sozialgeschichte der alten Bundesrepublik entwickelte sich jedoch aufs Ganze gesehen in bewusster Opposition zur Herausforderung der DDR-Forschung. Im Rahmen des politisch Möglichen kam es in der DDR zu einer Öffnung hin zur Sozialgeschichte. Letztlich behielt aber dieser von der westlichen Forschung besetzte Begriff im Osten bis zum Fall der Mauer den Odor des Bürgerlichen (Iggers 1991).

4. Ausblick

Der strukturfunktionalistische Denkstil der Sozialgeschichte mit seiner analytisch-argumentativen Begrifflichkeit, vergleichender Perspektive und quantitativer Methode hat die Geschichtswissenschaft im Verlauf des 20. Jahrhunderts revolutioniert. Zwei Tendenzen bestimmen die gegenwärtige Entwicklung: erstens eine zunehmende Konvergenz der unterschiedlichen, national ausgeprägten Forschungstraditionen; zweitens eine inhaltliche und methodische Ausdifferenzierung, die eine Zerfaserung dessen bewirkt, was unter Sozialgeschichte eigentlich noch zu verstehen ist. Der Erfolg der »Sozialgeschichte in der Erweiterung« (Conze) lässt ihre Konturen undeutlich werden. Auffällig ist darüber hinaus, dass Domänen sozialhistorischer Forschung wie Wirtschaftsgeschichte, Historische Demographie oder Arbeitergeschichte nicht mehr die Anziehungskraft wie ehedem besitzen. Nach einer glanzvollen Karriere gehören diese Forschungsfelder zwar zum Kanon der Historiographie, setzen aber eine gewisse altersbedingte Patina an. Typisch sozialhistorische, die Dynamik des Wandels betonende Prozesskategorien wie »Modernisierung«, »Rationalisierung« oder »Sozialdisziplinierung« stoßen derzeit – weiterhin – eher auf Skepsis. Mit der Entdeckung der eigenen Rationalität »traditionaler« Lebenswelten wuchs das Interesse am Mittelalter und der Frühen Neuzeit. Außerwissenschaftlich gesehen befindet sich das Fortschrittsdenken, das den Aufstieg der Sozialgeschichte begleitet hat, seit geraumer Zeit in einer Krise, auch wenn mit dem Ende des Kalten Krieges ein akutes Bedrohungsszenario weggefallen ist und anti-modernistische Standpunkte in öffentlichen Diskussionen wenig Überzeugungskraft besitzen. Innerwissenschaftlich geht von neuen Denkstilen – hier besonders Kultur- und Diskursgeschichte – derzeit für jüngere Forscher mehr Attraktivität aus. Damit steht die Sozialgeschichte vor der Wahl einer Integrations- oder Abgrenzungsstrategie gegenüber diesen neuen Richtungen und ihren Protagonisten. Bei den Herausforderern handelt es sich nicht selten um Schülerinnen oder Schüler angesehener Sozialhistoriker. Die Sozialgeschichte entlässt ihre Kinder.

Joachim Eibach, Privatdozent an der Universität Gießen und Mitarbeiter am Forschungszentrum Europäische Aufklärung Potsdam. Forschungsgebiete: Kriminalitäts- und Strafrechtsgeschichte, Verwaltungsgeschichte, Neue Kulturgeschichte.

Jacques Revel

Die Annales

Der Name »Annales« bezeichnet bekanntermaßen sowohl die 1929 von Marc Bloch und Lucien Febvre gegründete historische Fachzeitschrift (»Annales d'histoire économique et sociale«) als auch, im weitesten Sinne, die historiographische Bewegung, die sich seit fast einem Dreivierteljahrhundert im Umfeld dieser Zeitschrift gebildet und ihrerseits deren sukzessive Identitäten beeinflusst hat. Selbstverständlich besteht ein Unterschied zwischen der von einer begrenzten Arbeitsgruppe definierten und durchgeführten Politik einer Zeitschrift und einer sehr viel breiteren und diffuseren historiographischen Bewegung, die manchmal auch gegensätzliche Positionen umfasst. Dennoch haben wir uns hier entschlossen, beides nicht voneinander zu trennen, und zwar aus mindestens zwei Gründen. Der erste versteht sich von selbst – besteht doch offensichtlich ein Austausch zwischen einer Fachzeitschrift und den verschiedenen, mehr oder minder eng mit ihr verbundenen Kreisen (Mitarbeiter, Wegbegleiter, Benutzer, einfache Leser). Der zweite Grund ist vielleicht spezifisch für das Projekt der Annales, obgleich es in dieser Hinsicht keineswegs einen Einzelfall darstellt: Von Anfang an wollte die Zeitschrift von Bloch und Febvre Veränderungen und Erneuerungen im Feld der Wissenschaft aufmerksam verfolgen. Sie wollte sich an diese anpassen und hatte gleichzeitig den Ehrgeiz, selbst zu Neuerungen beizutragen. Das Projekt – oder besser: die sukzessiven Formulierungen des gemeinschaftlichen Projekts der Zeitschrift – ist somit nur verständlich, wenn es im Rahmen seines erweiterten Kontextes angegangen wird.

Die Geburtsstunde der Annales wurde häufig als eine Art Revolutionierung der sozialhistorischen Konzeption bezeichnet. Doch wie so oft war auch diese Revolution diskret – und sei es nur, weil der Verbreitungsgrad der neuen Zeitschrift lange Zeit mittelmäßig war. Dessen ungeachtet waren Marc Bloch und Lucien Febvre von Beginn an entschlossen, einen Bruch zu vollziehen, der die Rhetorik der Bewegung dauerhaft kennzeichnen sollte. Schon im Vorwort zur ersten Ausgabe der Annales (Januar 1929) verkündeten sie die Notwendigkeit einer Konfrontation zwischen der Geschichte und den Sozialwissenschaften. Desgleichen sprachen sie sich gegen bereits existierende Abschottungen aus, welche die verschiedenen historischen Fachgebiete voneinander trennten mit den Folgen einer sträflichen Ignoranz und vor allem dem Risiko, die Einheit des Sozialen aus den Augen zu verlieren. Diese zweifache Aufgabe diente ihnen als Programm und definierte ihrer Ansicht nach den zukünftigen »Esprit« der neuen Zeitschrift. Dass sie sich im Zeichen der

Sozialgeschichte zusammenfanden, beruhte für die Gründungsväter der Annales weniger auf einer bestimmten Gesellschaftstheorie als vielmehr auf einer offenen Auffassung vom Beruf der Historikers. Lucien Febvre kam einige Jahre später darauf zurück: ein so vager Begriff wie »sozial« sei wunderbar geeignet, weil er »wie geschaffen für eine Zeitschrift schien, die sich nicht mit Mauern umgeben wollte« (Febvre 1953: 20).

1. Ein Programm: Geschichte und Sozialwissenschaften

Zu ihrem besseren Verständnis muss die Geburtsstunde der Annales indes in einen früheren intellektuellen und wissenschaftlichen Kontext zurückversetzt werden, und zwar in das Frankreich der Jahrhundertwende. Zu diesem Zeitpunkt war die universitäre Lehre auf Veranlassung der neuen republikanischen Regierung Gegenstand einer tief greifenden Neuorganisation. Im Rahmen dieses Programms, in dem wissenschaftliche und zivilgesellschaftliche Aspekte untrennbar miteinander verbunden waren, tauchten erstmals – und zwar im Vergleich zu Deutschland spät – die »Gesellschafts-« oder »Sozialwissenschaften« auf: so z. B. die Geografie, Psychologie, Soziologie und, zu einem geringeren Grad, die Ökonomie. Die Selbstbehauptung dieser wissenschaftlichen Interessengebiete wurde durch eine starke gesellschaftliche Nachfrage und durch eine Anteilnahme am »Sozialen« getragen, die weit über die Universität hinaus ging. Innerhalb letzterer wurden die Neuankömmlinge, die den Status institutionalisierter und autonomer Disziplinen anstrebten, unterschiedlich aufgenommen: So fand zwar die Geografie unter der Federführung von Vidal de la Blache rasch ihren Platz in der Lehre; die Psychologie jedoch wurde zwischen den literaturwissenschaftlichen und den medizinischen Fachbereichen zerrissen, während die Ökonomie unter der Kontrolle der juristischen Fakultäten blieb. Der bemerkenswerteste Fall ist zweifellos die Soziologie. Obwohl ihr wissenschaftliches Programm gerade erst von Emile Durkheim wirksam kodifiziert worden war und sie einen der aktivsten und anspruchsvollsten Sektoren epistemologischer Reflexion darstellte, scheiterte sie bis auf weiteres an der Anerkennung als vollwertige Disziplin. Zudem entstand das Problem der Organisation der neuen Sozialwissenschaften und der Beziehungen, die sie untereinander pflegen sollten.

Zwei Modelle:
Emile Durkheim – Henri Berr / Vidal de la Blache

Zwei Modelle wurden daraufhin in Betracht gezogen. Das erste kam von der Durkheimschen Soziologie selbst und empfahl die Vereinigung der gesamten Gesellschafts- und Sozialwissenschaften um ein Instrumentarium an gemeinsamen methodischen Regeln. Die »Sozialwissenschaft« im Singular ging aus einer autoritären epistemologischen Konzeption hervor, welche – es dürfte kaum überraschen –

die von Emile Durkheim sein sollte. Eine Folge polemischer Auseinandersetzungen zwischen François Simiand, einem der brillantesten Schüler des Meisters, auf der einen und Historikern (»Méthode historique et science sociale« 1903, in: Simiand 1987), Geographen und Psychologen auf der anderen Seite machte diesen Versuch eines epistemologischen Gewaltakts berühmt. Er scheiterte, da der Soziologie die ihrem Ehrgeiz entsprechenden Mittel fehlten. Dennoch hinterließ er einen Komplex kritischer Reflexionen und den Traum von einer präskriptiven Vereinigung der Sozialwissenschaften, der sechzig Jahre später während der Episode des Strukturalismus wieder aufleben sollte. Im Gegensatz hierzu war das zweite Modell empirisch und offen: Es ist das zur selben Zeit von Henri Berr und Vidal de la Blache entwickelte. Ersterer schuf im Jahre 1900 die »Revue de Synthèse historique« als ein Forum der Auseinandersetzung für die sozialen Disziplinen untereinander und im weitesten Sinne zwischen diesen und der allgemeinen Wissenschaftsdebatte – und dies zu einem Zeitpunkt, als sich eine Grundlagenkrise abzeichnete. Von der Ausbildung her Philosoph nährte Berr den immensen und unbestimmten Ehrgeiz, günstige Bedingungen für eine neue Synthese des Wissens zu schaffen, das seiner Ansicht nach nur aus historischer und evolutionistischer Perspektive zu begreifen war. Vidal de la Blache war von anderem Schlage: Der Mann, welcher die Geografie (zumindest diejenige französischer Prägung) vereinheitlicht hat, beabsichtigte eine Umsetzung praktischer Interdisziplinarität, die eine Vervielfachung der Perspektiven auf die gesellschaftlichen Gegenstände erlauben sollte.

Lucien Febvre
Marc Bloch

Lucien Febvre (geb. 1878) und Marc Bloch (geb. 1886) erhielten ihre Ausbildung in jenen Jahren intensiver Auseinandersetzungen, wie sie selbst mehrfach in Erinnerung riefen. Ihr geistiger Horizont war ganz sicher nicht auf französische Äußerungen begrenzt. Sie unterließen es nicht, die äußerst breite und komplexe internationale Diskussion um den wissenschaftlichen Status der Geschichte zu verfolgen, die im Übrigen sehr ausführlich in den ersten Jahren der »Revue de Synthèse historique« aufgegriffen wurde. Ihre Kenntnis wissenschaftlicher Entwicklungen und ihre Beziehungen waren sehr offen für das Ausland: so waren sie z. B. gut über die Thesen Karl Lamprechts informiert, die vermutlich außerhalb Deutschlands größere Resonanz hervorriefen als in seiner Heimat, und die von dem großen belgischen Historiker Henri Pirenne übernommen wurden. Trotzdem blieb der Rahmen ihrer Konzeptionen und ihrer Reflexion grundsätzlich französisch. Dies zeigt unter anderem ihr lediglich schwaches Interesse für die Kritik der historischen Vernunft, welche von Wilhelm Dilthey unternommen und von Max Weber fortgeführt wurde. Ohne jeden Zweifel muss man hierin den bleibenden Einfluss eines positivistischen Primats sehen, dessen Auswirkungen bis weit ins 20. Jahrhundert hinein im französischen Geistesleben spürbar waren.

Geschichte als Sozialwissenschaft

Die ersten Ausgaben der Annales waren also in diesem sehr heterogenen Ensemble von Stellungnahmen und Diskussionen verwurzelt, die ihnen vorausgegangen waren. Von Durkheim bewahrten sie die Überzeugung, dass eine Gemeinschaft der Sozialwissenschaften existieren muss, die es zu organisieren gilt, und dass diese Aufgabe eine Art wissenschaftlichen Aktivismus voraussetzt. Das Modell dieses Aktivismus hatte die »Année sociologique« vorgegeben und sollte von der neuen Zeitschrift übernommen werden, die sich anderen Disziplinen öffnete, sich aber auch das Recht herausnahm, ohne disziplinäre Beschränkung zu intervenieren, wo immer es ihr gefiel. Bloch und Febvre hatten auch den vorausschauenden epistemologischen Voluntarismus von Simiand nicht vergessen: Die von Historikern wie auch von anderen Gesellschaftswissenschaftlern studierten Tatsachen sollten in Abhängigkeit von expliziten Forschungshypothesen konstruiert werden, die anschließend auf der Basis der zu diesem Zweck zusammengetragenen Daten bestätigt werden mussten. Diese Formulierungen sind für uns selbstverständlich geworden, und wir laufen Gefahr zu vergessen, dass sie am Beginn einer wirklichen Erneuerung der Vorgehensweise der Historiker standen – wir werden darauf zurückkommen. Nichtsdestotrotz ist auch zu betonen, was die Annales vom Programm Durkheims unterschied. Erstens: Nicht mehr im Umfeld der Soziologie, sondern in der Geschichte als einer klassischen, fest in der universitären Lehre etablierten und mit stark ideologischer und politischer Bedeutung aufgeladenen Disziplin sollte die Konfrontation der Sozialwissenschaften stattfinden. Daraus resultierte die beachtliche Originalität des französischen Versuchs, denn hier wurde die Geschichte schon bald als Sozialwissenschaft betrachtet, der zudem eine zentrale Rolle zukam. Zweiter Hauptunterschied: Während Durkheim und seine Schüler die Vereinheitlichung der Sozialwissenschaft durch eine einheitliche Vorgehensweise (die Regeln der soziologischen Methode) erstrebten, sollte nun der angenommene gemeinsame Untersuchungsgegenstand der verschiedenen Sozialwissenschaften – der Mensch in der Gesellschaft – zumindest annäherungsweise ihre Zusammenführung und ihre Integration garantieren. Ganz offensichtlich handelte es sich um eine vollkommen empirische Konzeption – um ein »schwaches« Modell im Vergleich zum »starken« Modell, welches die Soziologen eine Generation zuvor durchzusetzen versuchten. Diese Konzeption war charakteristisch für eine Disziplin – die Geschichte –, die in Frankreich traditionellerweise der Theorie und mehr noch allem, was an Geschichtsphilosophie erinnert, zurückhaltend gegenüber stand. »Durch das Beispiel und die Tatsache« also sollte, wie Bloch und Febvre 1929 ankündigten (Vorwort der ersten Annales-Nummer), die Konfrontation der Gesellschafts- und Sozialwissenschaften untereinander geführt werden. Der interdisziplinäre Austausch war auf die großzügig zugestandene Entlehnung von Themen, Konzepten, Begriffen und Arbeitsweisen gegründet: eine Art Technologietransfer, wenn man so sagen darf. Heraus kam ein empirisches Stückwerk, welches die historiographische Bewegung der Annales dauerhaft kennzeichnen sollte. In Ermangelung des von einer bestimmten Theorie ausgehenden Prestiges sollte es eine großzügige wissenschaftliche Offenheit garantieren und eine erstaunliche Effizienz an den Tag legen.

Das Soziale als offener Raum

Halten wir uns noch einen Augenblick bei dieser Anfangsformulierung auf, deren eigentümlicher Charakter die Erfahrung der Annales mindestens ein halbes Jahrhundert lang prägen wird. So wie sie von Marc Bloch und Lucien Febvre begriffen wurde, verwies die Sozialgeschichte nicht auf eine explizite Auffassung von der Gesellschaft, und noch viel weniger, wie bereits gesagt, auf eine bestimmte Gesellschaftstheorie. Beide verstanden sich in erster Linie als Praktiker. Man hat oft die Bedeutung des Durkheimschen Denkens für Bloch betont; doch abgesehen davon, dass man genauso gut den Einfluss von Fustel de Coulanges feststellen kann, ist es schwierig, in seinem Werk die Spur einer theoretischen Zugehörigkeit zu finden. Noch viel mehr trifft diese Feststellung auf Febvre zu. Das Soziale wurde bei beiden vielmehr wie ein offener Raum gesehen, der noch zu denken, zu organisieren und zu konstruieren war. Die hieraus resultierende Sozialgeschichte wurde als Versuch verstanden, die organische Einheit wiederherzustellen, die für die Gründungsväter der Annales »die des Lebens« war (so wie sie es vor ihnen schon für Jules Michelet gewesen war und nach ihnen für Fernand Braudel sein würde). Eine solche Affirmation gleicht freilich eher einem Glaubensbekenntnis, als dass sie ihre ehrgeizigen Projekte prinzipiell hätte begründen können. Doch als solche beförderte sie eine enorme Dynamik. Sie wurde im Namen des »Konkreten« umgesetzt, gegen das, was Bloch und Febvre als »Schematismus« oder als die Versuchung der »Abstraktion« anprangerten – lebe doch »die Geschichte von Wirklichkeiten, nicht von Abstraktionen« (Febvre in: Annales 1941: 128). Die Begrifflichkeit der Debatte ist zwar veraltet. Trotzdem ist sie untrennbar mit dem Projekt der Annales verknüpft und erklärt zum Teil die Anziehungskraft einer wissenschaftlichen Bewegung, die jenseits aller intellektuellen Entscheidungen und in diesen Entscheidungen selbst äußerst empfänglich für anderes blieb, ja sogar eklektisch war. Man hat häufig darauf hingewiesen, dass die Geographie am Anfang die bevorzugte Partnerin der Annales-Historiker war. Dies wird verständlicher, wenn man bedenkt, dass diese junge aufstrebende Disziplin in der Version von Vidal de la Blache besser als jede andere den Willen zur Öffnung illustrierte. Sie führte das Beispiel einer Vorgehensweise vor, die durch die Vermehrung der Perspektiven auf ihre Forschungsgegenstände angereichert war. Sie zeigte, dass es möglich und heuristisch günstig war, allgemeine Probleme im Rahmen eines begrenzten, konkreten und greifbaren räumlichen

Partnerin Geographie

Ganzen (einer Landschaft, einer Region) anzugehen. Die so gestaltete Monographie blieb bekanntermaßen lange Zeit das Wunschformat der Sozialgeschichte »à la française«. Und schlussendlich soll nicht vergessen werden, dass die Geografie an einer ganzen Reihe von Grundsatzdebatten teilhatte, die zentrale Fragen nach dem Determinismus oder den in der Analyse sozialer Fakten anwendbaren Kausalitätsmodellen aufwarf.

Bedeutungsvielfalt statt Abstraktion

So erklärt sich, dass die Behandlung des Sozialen, um so umfassend wie nur möglich zu sein, jede Exklusivität und sogar jede Hierarchie unter den verschiedenen Herangehensweisen ausschloss – im Gegenteil: Erst die Vervielfachung solcher Ansätze begründete die Überzeugungskraft der Analyse. Die relativ deutliche Dominanz wirtschaftlicher und sozialer Fragestellungen in den ersten dreißig oder vierzig Jahren darf uns dabei nicht in die Irre führen. Wirtschaftliche Aspekte hatten Vorrang, weil sie bis dahin zu sehr vernachlässigt worden zu sein schienen und weil das hier ins Spiel kommende gesellschaftliche Gefüge sich als besonders dicht erwies. Die Ökonomie spielte aber keineswegs die Rolle einer die Gesamtheit der gesellschaftlichen Abläufe determinierenden Instanz in dem Sinne, wie es die marxistische Analyse verstand, welcher Bloch (der Marx gelesen hatte) und Febvre reserviert gegenüber standen. Die Gründe für ihren Vorbehalt wurden nie systematisch ausgeführt, sind aber dennoch klar. Mit Blick auf die Arbeiten eines englischen Mediävisten schrieb Bloch 1929: »M. Thompson, dessen historischer Materialismus nicht ohne Maßlosigkeit daherkommt, bemüht sich mit Vorliebe, Triebkräfte ökonomischer Natur hinter den religiösen Bewegungen des Mittelalters zu entdecken. Ich persönlich bin viel mehr von den ökonomischen Resultaten religiöser Phänomene erstaunt« (zit. nach Burguière 1979: 1352 f.). Abgesehen vom instinktiven Misstrauen gegen jede Konstruktion, die zwingend zu werden droht, verweist diese Kritik auf einen Ansatz, der zugleich empirisch und umfassend sein wollte. Das Soziale wird niemals Gegenstand einer systematischen oder ausdrücklichen Konzeptualisierung. Vielmehr ist es der Ort einer ständig offen gehaltenen Bestandsaufnahme der Beziehungen, welche die gegenseitige Abhängigkeit von Phänomenen begründen. In der »Société féodale« strebte Marc Bloch »die Analyse und Erklärung einer Gesellschaftsstruktur mit ihren Verbindungen« an (Bloch 1939: 16). Und Febvre bestätigte: »Die Aufgabe des Historikers liegt nicht darin, eine ununterbrochene Kette aufeinander folgender Verbindungen zwischen einzelnen Anordnungen der Vergangenheit aufzuspüren und abzuspulen [...], sondern darin, in der Vergangenheit die gesamte Folge der unendlich reichhaltigen und unterschiedlichen Kombinationen zu erfassen« (Febvre 1953: 278). Die Rolle der Geschichte (und der Sozialwissenschaften) liegt folglich nicht darin, die Dinge durch Simplifizierung und Abstraktion verständlich zu machen, sondern im Gegenteil das unendliche Beziehungs- und Bedeutungsgeflecht (dies ist das klassische

Verständnis von »Zusammenhang«) herauszuarbeiten, mit dem Ziel, das Untersuchungsobjekt in seiner Komplexität und seinem Bedeutungsreichtum zu sehen. Eine gute Methode beinhaltet Unterscheidung, Klassifizierung, Zusammenfügung; doch der beste Standpunkt bleibt derjenige, welcher es erlaubt, die größtmögliche Anzahl scheinbar heterogener Phänomene miteinander zu verbinden. Das oft beschworene und ein wenig vage Programm einer »Globalgeschichte« meint zweifellos eher dies als eine ohnehin unwahrscheinliche vollständige Aufsummierung (improbable totalisation).

2. Maß, Serie, Modell

Die quantitative Verarbeitung von Daten wurde oft als eine frühe Eigentümlichkeit der Annales-Bewegung angesehen, obgleich diese schon seit langem keinen Ausschließlichkeitsanspruch mehr darauf erheben kann. Es ist indes der Mühe wert, nach dem Ursprung dieser Entscheidung zu fragen und die – beabsichtigten oder unbeabsichtigten – Implikationen derselben darzulegen.

Nomothetische Konzeption

Es empfiehlt sich, von einer Art methodologischem Voluntarismus auszugehen, der bei vielen unterschiedlichen Aspekten des historischen Metiers zu finden ist. Ein erster Aspekt ist epistemologischer Natur und betrifft das Verständnis historischer Tatsachen als solches. In diesem Punkt waren die Annales voll und ganz der radikalen Kritik treu, die François Simiand zu Beginn des Jahrhunderts gegen die positivistische Geschichtsschreibung gerichtet hatte (Simiand 1987): Wenn sie den Status einer wissenschaftlichen Disziplin vollständig erreichen wolle, dann müsse die Geschichte aufhören, das Einzelne in seinen verschiedenen Gestalten zu betrachten, wie sie dies gewöhnlich tue. Genau wie die übrigen Wissenschaften – wobei selbstverständlich die Naturwissenschaften das Vorbild abgeben – müsse sie die von ihr untersuchten Fakten selbst beibringen und so konstruieren, dass sie sich in Serien einordnen lassen. Diese erlauben dann, bestehende Regelmäßigkeiten festzustellen und von ihnen ausgehend Gesetzmäßigkeiten des Sozialen abzuleiten. Die zeitliche Dimension wird nicht länger zwangsläufig als lineare Chronologie aufgefasst, sondern als Beobachtungsrahmen, in dem die Möglichkeit besteht, Wiederholungen und Abweichungen sichtbar zu machen und zu studieren. Sie kann mithin als Versuchsraum für eine wissenschaftliche Herangehensweise an gesellschaftliche Tatsachen dienen, denn eine solche Herangehensweise erfordert sowohl den diachronen als auch den synchronen Vergleich. Ganz eindeutig handelte es sich hier um eine nomothetische Konzeption der Wissenschaft von den gesellschaftlichen Tatsachen. Es ist kaum nötig darauf hinzuweisen, was die von den Annales ausgehende Historiographie von diesen Vorschlägen beibehielt: die Sorge um die Konstruktion des Untersuchungsobjekts (mit einem entsprechenden methodologischen »Überhang«, der mit der Ablehnung jeder Gesellschaftstheorie kontrastiert); der Vorrang dessen, was Febvre »problemorientierte Geschichte« (histoire-problème) nannte (Febvre 1953); die Erfahrung mit dem Maß und der Ruf nach vergleichenden Arbeiten (Bloch 1949); schließlich die Bestimmung von Modellen.

Erfolgreiche Forschungspolitik

Doch der methodologische Voluntarismus übertrug sich auch ganz konkret auf die Arbeitsweise. Eine der Besonderheiten der ersten Annales noch vor dem Zweiten Weltkrieg war der Versuch, (mit sehr beschränkten Mitteln) kollektive Forschungsfelder zu organisieren. Die von Bloch gestarteten Untersuchungen (über Katastereinträge, Adelsfamilien oder Techniken) beruhten vor allem auf der Mobilisierung gutwilliger Mitarbeiter durch einen problemorientierten Fragekatalog. Nach dem Krieg wurde die Neuorganisation der Forschung Wirklichkeit und nahm eine neue Dimension an. Die Öffnung des nationalen Forschungszentrums Centre national de la recherche scientifique (CNRS) für die Sozialwissenschaften, die Gründung einer sechsten Sektion (Wirtschafts- und Sozialwissenschaften) an der Ecole pratique des hautes études (EPHE), die als institutionelle Tradition der Annales betrachtet werden kann, die Einrichtung erster universitärer Forschungsschwerpunkte, der Start von Forschungsprogrammen sowie die zeitgleiche Definition von Karrierewegen für professionelle Forscher: Dies alles waren Elemente dieser neuen Forschungspolitik (Raphael 1994).

Ernest Labrousse Fernand Braudel

Zwei Namen dominierten die Geschichtswissenschaft in den ersten drei Nachkriegsjahrzehnten, die in Frankreich diejenigen des Wiederaufbaus und des beschleunigten Wachstums – die »Trente glorieuses« – waren: Ernest Labrousse und Fernand Braudel. Der erste ist der eigentliche geistige Erbe Simiands und hatte schon 1933 in seinem großen Buch »Esquisse du mouvement des prix et des revenus dans la France du XVIIIe siècle« (1983) die Möglichkeiten des seriellen und quantitativen Ansatzes aufgezeigt. Mit »La Crise de l'économie française« erneuerte er diesen Versuch (1944). Auf seinem Lehrstuhl an der Sorbonne hat er zwei Generationen von Studenten für sein großes Arbeitsfeld der Wirtschafts- und Sozialgeschichte interessiert und ausgebildet. Braudel ist weniger leicht einzuordnen. Er ist der Autor eines ebenso wertvollen wie unnachahmlichen Buches, »La Méditerranée et le monde méditerranéen à l'époque de Philippe II« (1949). In der sechsten Sektion der EPHE leitete und ermutigte er gemeinschaftliche Forschungsprojekte. Aus unterschiedlichen Gründen waren beide vom Vorrang der Wirtschaftsgeschichte überzeugt, was sich in dem neuen Titel der Zeitschrift »Annales. Économies, Sociétés, Civilisations« niederschlug. Die aktuellen Herausforderungen in einem Land, das mit dem Problem des Wachstums, mit seinen Strukturschwächen und mit den Auswirkungen der Konjunktur konfrontiert war, haben ohne jeden Zweifel diese Entscheidung beeinflusst. Dennoch waren sie nicht die einzigen. Die Möglichkeit, sich auf Messungen zu berufen, hat ihrerseits eine entscheidende Rolle gespielt. Ein Gutteil der wissenschaftlichen Anstrengungen dieser Jahre bestand in der Erschließung neuer dokumentarischer Hilfsquellen und in neuen Ansätzen zu ihrer Auswertung. Die Geschichte des Geldes und vor allem der Preise hatte in diesem Bereich in Europa und den Vereinigten Staaten Anlass zu frühzeitigen Versuchen internationaler Forschungsorganisation gegeben. Doch das Gebiet dieser Forschungen weitete sich in den fünfziger und sechziger Jahren maßlos aus: Man strebte zu diesem Zeitpunkt die Berechnung der Einkommensentwicklungen, der Austauschprozesse und der Produktion an. Anschließend ging man zu systematischer Erforschung demographischer Archive, insbesondere der Gemeinderegister, über. Die Methode zur Auswertung demographischer Quellen wurde 1956 von dem Statistiker Louis Henry und dem Historiker Michel Fleury entwickelt und gab Anlass zu einer Generation an Untersuchungen in Notariats-, Steuer- und Firmenarchiven. Die Parole hieß: zählen und vergleichen. Doch um genau zu sein, handelte es sich um einen konstruktivistischen Ansatz, der sich zu diesem Zeitpunkt in allen Bereichen der Wissenschaft durchsetzte: Von der Ökonomie gelangte er rasch zur Sozialgeschichte und von dort, seit den sechziger Jahren, zur Kulturgeschichte mit ersten Arbeiten über religiöse Verhaltensweisen, Einstellungen zum Tod und Alphabetisierung. Als François Furet im Jahr 1971 die Bilanz aus zwei Generationen Forschungsarbeit zog, konnte er verkünden, dass die quantitative Geschichtswissenschaft einen Wendepunkt in der Auffassung von der Arbeit des Historikers als solcher markiert hatte (Furet 1982).

Zählen und Vergleichen

Scheinbar dominierte die Analyse konjunktureller Entwicklungen diese Forschungserzeugnisse. Doch dieser erste Eindruck muss notwendigerweise revidiert werden. Denn das, was hinter den Schwankungen und Tendenzen im Grunde gesucht wurde, war die Erkenntnis stabiler Anordnungen und Systeme. Was durch die Konjunkturschwankungen hindurch erkennbar werden sollte, war der wiederholte Zugriff zyklischer Phänomene, deren Anordnung kennzeichnend für ein Modell sein sollte. So verhält es sich in der Tat mit der Wirtschaft des Ancien Régime bei Labrousse sowie mit den Prinzipien früherer demographischer Entwicklungen, die Jean Meuvret und Pierre Goubert freilegten. Bezeichnend ist in diesem Zusammenhang das großartige Buch »Les Paysans de Languedoc« von Emmanuel Le Roy Ladurie (1966), der anhand des Studiums eines sehr langen Agrarzyklus (14. bis 18. Jahrhundert) die Unmöglichkeit jeden kumulativen Wachstums innerhalb eines Modells aufzeigte, dessen Variablen (und für den Autor ist es in letzter Instanz die demographische Variable) jede radikale Veränderung verhinderten. Diese Modelle, deren Entsprechungen ab den sechziger Jahren im Bereich der kulturellen Prakti-

> **»Longue durée«**
> **Immobile Geschichte**

ken auftauchten und die Mentalitätsgeschichte schließlich ersetzten, führten zu einer Konzeption der Geschichte der Gesellschaften, die recht eindeutig deren Diskontinuität betonte. Die Geschichtsschreibung der Annales legte ihr Augenmerk weniger auf Prozesse und Formen gesellschaftlicher Veränderungen als vielmehr auf die Erkenntnis ausgewogener Systeme, welche voneinander durch Schwellen getrennt waren, die wiederum durch die Zusammenstellung ihrer Unterschiede definiert wurden.

So wie sie 1958 von Fernand Braudel (1969) verstanden wurde, war die »longue durée« (lange Dauer) ohne jeden Zweifel ein extremer, origineller und kraftvoller Ausdruck dieser Konzeption. Sie systematisierte die Lektion des »Méditerranée«-Buchs, indem sie denjenigen Phänomenen den Vorzug gab, die sich innerhalb einer langen Zeitspanne entwickeln: »Ich glaube an die Realität einer besonders langsamen Geschichte der Kulturen in ihren unergründlichen Tiefen, in ihren strukturellen und geographischen Merkmalen« (Braudel 1969: 24). Braudel dachte zunächst einmal an die Beziehungen zwischen den Menschen und ihrer Umwelt, doch das Gewicht historischer Wirklichkeiten maß er an der Hierarchie sozialer Zeiten. Ohne Zweifel gab es selten Historiker, die sich nach ihm auf die von ihm eingeschlagenen Pfade wagten. Doch diese extreme Konzeption einer beinahe immobilen Geschichte übte nur deshalb eine solche Faszination aus, weil sie Denkweisen systematisierte und radikalisierte, die tief in der Erfahrung der Annales verwurzelt waren. Von der Feudalgesellschaft als soziales System, das Marc Bloch vertrat, über die Mentalitätsgeschichte als eine durchstrukturierte Gesamtheit von Repräsentationen, wie Febvre sie verstand, bis hin zu den von den beiden folgenden Historikergenerationen vorgelegten ökonomischen, sozialen und kulturellen Modellen entwarf die Analyse voneinander abhängiger Beziehungsgeflechte eine Geschichte der sozialen Systeme und gegebenenfalls der Brüche zwischen diesen Systemen. So wird die Tatsache verständlicher, dass diese Reflexion, die auch offen für Anregungen der Gegenwart sein wollte, sich mehr und mehr dem Studium mittelalterlicher und frühneuzeitlicher Gesellschaften zuwandte, welche den massiven Veränderungen vorgelagert waren, von denen sie später umgewälzt werden sollten.

3. Wachstum, Krise, Neuorientierung

Hauptsächlich zwei Dimensionen der Forschung zeugen von der Ausweitung dessen, was Le Roy Ladurie bezeichnenderweise mit einem imperialistischen Ausdruck das »Territorium des Historikers« genannt hat (Le Roy Ladurie 1973–1978): interdisziplinäre Austauschprozesse und Verbindungen einerseits, der Rückgriff auf Serien und Messungen andererseits. Die Historiker der Annales befanden sich

Das »Kulturelle«

zunächst in der Nähe der Geographen und der Ökonomen; ab den sechziger Jahren wurde dann die Anthropologie ihre bevorzugte Partnerin (obschon der Ausdruck »historische Anthropologie« in Wirklichkeit sehr unterschiedliche Praktiken abdeckt, die nicht alle gleich originell sind). Diese neue Allianz entsprach vielfältigen Erwartungen. Sie brachte zunächst einmal eine Interessenverschiebung vom »Wirtschaftlichen und Sozialen« zum »Kulturellen« zum Ausdruck, von der zur selben Zeit die meisten westlichen Geschichtsschreibungen erfasst wurden. Doch das »Kulturelle«, um das es hier geht, und welches an die Stelle der Mentalitätsgeschichte rückte, wurde so weit wie möglich gefasst: So sprach man von diesem Zeitpunkt an von Familien-, Arbeits-, Handels- oder Körperkultur, bevor sogar auch noch das, traditionellerweise vernachlässigte, Politische unter dem Banner des Kulturellen zurückkehrte. Man könnte im Übrigen auf den Gedanken kommen, dass die zu dieser Zeit praktizierte Hybridisierung von Geschichte und Anthropologie für die Historiker der Annales auch ein Mittel war, der per Definition anti-historischen strukturalistischen Offensive der sechziger Jahre etwas entgegenzusetzen. Was hier bereits über die Neigung dieser Geschichtsschreibung zu stabilen Systemen gesagt wurde, kann verstehen helfen, warum diese Operation verführerisch und ohne allzu große Schwierigkeiten durchführbar war. Denn hatte die historische Anthropologie nicht so etwas wie – ein wenig vage ausgedrückt – einen Standpunkt inne? Jenen nämlich, von dem aus die Kohärenz eines gesellschaftlichen Komplexes am besten hervortrat? Das Buch über »Montaillou« von Le Roy Ladurie (1975) ist ein berühmtes, aber bei weitem kein isoliertes Beispiel für diese Wahl.

Quantifizierung

Die serielle und quantitative Arbeitsweise war der zweite Motor dieses historiographischen Wachstums, und zwar zumindest aus zwei Gründen. Der erste war die Bereitstellung von standardisierbaren und wiederholbaren Vorgehensweisen für Historiker, die ohne allzu großes Risiko in universitären Forschungsarbeiten umgesetzt werden konnten. Das eklatante Resultat war die durch den Rückgriff auf Computer enorm vereinfachte Anhäufung ökonomischer, demographischer und sozialer statistischer Serien. Zugegebenermaßen entwickelte sich die Mentalitätsgeschichte à la Febvre, die in vierzig Jahren nur einige vereinzelte große Bücher hervorgebracht hatte, auch erst in dem Augenblick zu einem Erfolgsgenre, als seit den sechziger Jahren mit den Arbeiten von Michel Vovelle (1973) die ersten geglückten Versuche einer Quantifizierung von Frömmigkeits- und Glaubensgesten vorlagen. Zweitens war diese Art der Geschichtsschreibung ganz ausgezeichnet dazu geeignet, die Möglichkeiten kollektiver Forschungsarbeiten von großem Ausmaß aufzuzeigen – und zwar durch eine Serie umfangreicher Untersuchungen, z. B. über die städtischen Bettelorden (Le Goff), die allgemeine Statistik Frankreichs (Le Roy Ladurie), die Archive der Wehrpflicht (Aron/Ladurie 1972), die Agrarproduktion und den Nahrungsmittelverbrauch (Goy), die Alphabetisierung (Furet/Ozouf 1977) oder auch die mittelalterlichen Sozial- und Familienstrukturen (Herlihy/Klapisch-Zuber 1978 über das Florentiner »Catastro« von 1427), um nur einige der wichtigsten zu nennen.

Einverleibungen und Akkumulation

Dieser doppelte Impuls war von Aufsehen erregender Wirksamkeit. Seit den sechziger Jahren hat die sozialgeschichtliche Forschung nicht aufgehört, durch Einverleibungen und Akkumulation voranzuschreiten. Die Inhaltsverzeichnisse der Annales zeugen von diesem beschleunigten Wachstum, und man begann bald, die Notwendigkeit von zumindest provisorischen Forschungsüberblicken zu spüren, die zum Teil in triumphierendem Tonfall vorgetragen wurden. In ihrem Vorwort zu den drei Bänden von »Faire de l'histoire« präsentierten Jacques le Goff und Pierre Nora eine Auswahl der Arbeiten ihrer Kollegen mit folgenden Worten: »Der Zuständigkeitsbereich der Geschichtswissenschaft ist heutzutage grenzenlos [...].« (1974, Bd. 1: IX; vgl. Le Goff/Chartier/Revel 1978). Unaufhörlich vermehrten sich die Untersuchungsgegenstände und die Vorgehensweisen differenzierten sich weiter aus, indem man freizügig Hilfsmittel und Themen bei den Sozialwissenschaften entlehnte. Diese Entwicklung war sicher nicht auf die Annales beschränkt; doch hier war sie besonders spektakulär, und im Übrigen fand diese historiographische Bewegung zu diesem Zeitpunkt, dank ihrer verzögerten Rezeption in den Vereinigten Staaten, ihr breitestes internationales Publikum.

Partikulargeschichten

Das Wachstum wurde nicht vollständig beherrscht. Zwar mag das seit den siebziger Jahren aufkommende Schlagwort von einer »zersplitterten« – oder, noch strenger, einer »zerstückelten Geschichte« (»histoire en miettes«: Dosse 1987) – vor allem zur Polemik dienen. Trotzdem wirft es ein wirkliches Problem auf. Denn droht nicht die Dynamik der Forschung als solche, das ursprüngliche Anliegen der Annales, das von Braudel übernommen und erweitert worden war, in Zweifel zu ziehen? Droht nicht die »Globalgeschichte« durch eine Vielheit an Partikulargeschichten ersetzt zu werden, die immer schwieriger zu hierarchisieren und miteinander in Verbindung zu setzen sind? Diese Diagnose hat den Nachteil, verschiedene Erwartungen miteinander zu vermengen. Sie konstatiert zunächst einmal die unvermeidlichen Folgen bestimmter Spezialisierungsformen. Hierfür gibt die historische Demographie ein gutes Beispiel ab, die sich von einer anfangs simplen Bereicherung der allgemeinen sozialgeschichtlichen Fragestellungen innerhalb von ungefähr zwanzig Jahren zu einer autonomen Teildisziplin entwickelt hat. Doch das ist nicht alles. Auf einer allgemeineren Ebene kann man seit einem Vierteljahrhundert der

Erosion der meisten großen funktionalistischen Paradigmen (Marxismus, Strukturalismus, Positivismus) beiwohnen, was auch auf die Praxis der Historiker nicht ohne Auswirkungen geblieben ist – hatten doch die Sozialwissenschaften mit explizitem oder implizitem Bezug auf diese Paradigmen umfassende Modelle zum Verständnis sozialer Phänomene entwickelt. Infolgedessen wurde die Überzeugung einer letztendlich möglichen Integration der Vorgehensweisen und Resultate dieser Wissenschaften in Zweifel gezogen. Die Mehrzahl der sozialwissenschaftlichen Disziplinen war von dieser Infragestellung betroffen und sah sich zu einer Neuformulierung ihrer Ziele und ihrer Mittel gezwungen (Revel 1996). Freilich ist auch diese Krise nicht auf die französischen Erfahrungen beschränkt. Sie begünstigte in einem großen Teil der Geisteswelt den Postmodernismus, von dem die Geschichte und die Sozialwissenschaften in Frankreich insgesamt allerdings kaum betroffen waren. Abgesehen davon, dass der Postmodernismus ein Überdenken und eine begriffliche Neufassung der Interdisziplinarität beförderte (Lepetit 1995, 1999), bewegte er auch die Historiker der Annales zu einer gedanklichen Auseinandersetzung mit dem Erreichten und einer Neuformulierung ihres Projektes. Dies ist die Bedeutung der »kritischen Wende«, welche die Zeitschrift Ende der achtziger Jahre durchlaufen hat, und die in vielerlei Hinsicht die Gestalt einer kritischen Rückschau auf die Werkzeuge und die Arbeitsweise der »klassischen« Sozialgeschichte der Jahre 1950–1970 annahm. Einige Punkte seien zum Abschluss noch festgehalten.

Soziale Kontinuitäten?

Weil man implizit die Idee einer Kontinuität des Sozialen akzeptiert hatte, praktizierte man lange Zeit eine Anhäufung von Daten, die eigentlich nur schwer zusammenpassten. Die Idee einer solchen Kontinuität war die Garantie dafür, dass die Ansammlung von Monographien und breiteren Untersuchungen am Ende ein globales Bild des Sozialen ergeben würde. Diese Überzeugung hat sich abgeschwächt, und in den letzten Jahren zeigte man sich eher an differenzierbaren Kenntnissen interessiert, die mit Blick auf die soziale Diskontinuität durch verschiedene Beobachtungsmaßstäbe herbeigeführt wurden – änderte sich doch mit dem Maßstab nicht nur die Größe der Phänomene, sondern auch ihre Konfiguration und interne Anordnung (Revel 1996).

Neue Fragen – neue Debatten

Zur selben Zeit wurde die Natur sozialer Identitäten und der Mechanismen sozialer Konstruktion zum Gegenstand erneuerter Fragestellungen. Im Programm der klassischen Sozialgeschichte, wie sie insbesondere seit den fünfziger Jahren durch Labrousse und seine Schüler entwickelt worden war, hatte sich die Bestimmung gesellschaftlicher Gruppen im Allgemeinen durch eine empirische Beschreibung vollzogen, die auf der Auswertung statistischer Untersuchungsgrundlagen basierte. Diese erlaubten es, die Daten zu zählen, zu verteilen und um Schwellenwerte herum zu gruppieren. Danach konnte die soziale Identität als etabliert gelten und war Gegenstand einer Quasi-Institutionalisierung. Heutzutage ist es kaum noch möglich, die Konsistenz solcher Identitäten einfach als gegeben anzunehmen. So erklärt sich beispielsweise, dass die Konstituierung und Interpretation sozialer Taxonomien sowie die statistische Konstruktion gesellschaftlicher Gruppen seit ca. 15 Jahren ein bevorzugter Schauplatz der Debatten zwischen Soziologen und Historikern ist (Boltanski 1982 bei den Ersteren; Descimon 1983, Cerutti 1990, Gribaudi 1987 bei den Letzteren). So erklärt sich auch das Interesse an prozessualen Abläufen. Zweifellos ist es kein Zufall, dass so unterschiedliche Autoren wie Edward P. Thompson oder Norbert Elias solch einen verspäteten, nunmehr allerdings dauerhaften Erfolg in der historiographischen Reflexion Frankreichs verbuchen konnten. Während eine funktionale Aufteilung des sozialen Raums sich noch mit einer Analyse der Distributionen begnügen konnte, scheint es heute nicht mehr möglich, die diese Raumaufteilung orientierenden Strategien und Repräsentationen zu ignorieren. Bekanntermaßen ist eine solche Thematisierung der »agency« (Handlungsvermögen) heutzutage in zahlreichen historiographischen Bewegungen präsent. Im Falle der Annales vollzieht sie den Bruch mit Gewohnheiten, die möglicherweise stärker als anderswo durchorganisiert waren. Das Studium der Entstehungsprozesse sozialer Gefüge verlangt mehr Aufmerksamkeit für die Ressourcen der Akteure und die ihnen auferlegten Zwänge und Hindernisse, welche die wechselhafte Konfiguration bezeichnen, in der sich die Akteure verorten und bewegen müssen. Es kann kaum erstaunen, dass die Historiker sich in diesem Punkt mit den Fragestellungen treffen, die zur gleichen Zeit von Soziologen und Ökonomen erörtert werden. Diese nämlich untersuchen die Konventionen, welche die sozialen Spielregeln bestimmen und die Identitäten der Protagonisten konstruieren.

Die Wiederkehr klassischer Themen

Die zweite Erneuerungslinie betrifft die Konstitution neuer und ungewöhnlicher Forschungsgebiete. Allerdings ist man heute doch weit entfernt vom Expansionismus der sechziger und siebziger Jahre. Innovation meint heute weniger eine extensive Konzeption des Territoriums des Historikers als vielmehr die Frage nach der Konsistenz und der Kohärenz dieses Territoriums. Die »Wiederkehr« der politischen Geschichte, die von den Annales traditionellerweise vernachlässigt, wenn nicht gar abgelehnt worden ist, rückt das Problem der Autonomie der Politik und der sozialen Formen, in denen sie sich abspielt, in den Vordergrund (Agulhon 1970; Furet 1978). In anderen, weitaus zahlreicheren, Fällen geht es eher darum, über die Artikulationsformen von sozialen Konfigurationen nachzudenken. In Frankreich ist, wie anderswo auch, die Geschichte der Frauen seit rund zwanzig Jahren zu einem Ort für Fragestellungen dieser Art geworden (Duby/Perrot 1991–1992). Dasselbe ließe sich über die Stadtgeschichte sagen, die vielen Historikern als Versuchsfeld zur Untersuchung der Komplexität des Sozialen dient (Perrot 1975; Descimon

1983). Man sieht an diesen Beispielen, die noch durch viele andere ergänzt werden könnten: Die Erneuerung der sozialgeschichtlichen Forschung liegt weniger in der »Annexion« neuer Provinzen als in der Neudefinition von z. T. klassischen Untersuchungsgegenständen. Bedeutsame Beispiele hierfür liefert die Sozialgeschichte der Kultur: z. B. die Geschichte der Verwendungsweise von Büchern und der Lesepraktiken, wie Roger Chartier (1987, 1992) sie versteht, sowie der Gesten und Repräsentationen bei Jean-Claude Schmitt (1990, 1994) oder Alain Boureau (1993). Im Jahr 1993 haben die Annales erneut den Untertitel der Zeitschrift geändert, indem sie das Programm der Gründungsväter für sich in Anspruch nahmen: »Histoire, sciences sociales«. Diese Erinnerung an ein schon weit zurück liegendes Erbe darf jedoch nicht verdecken, was sich verändert hat. Die Sozialwissenschaften diskutieren heute von gleich zu gleich mit der Geschichtswissenschaft, obschon auch sie eine Periode der »Unsicherheiten« durchleben. Die interdisziplinäre Konfrontation ist zum Ende dieses Jahrhunderts zugleich gewohnter und schwieriger geworden. Sie ist gewissermaßen auch von neuem problematisch – was sie zweifelsohne immer hätte sein sollen. Das Programm einer »histoire globale«, wie es von Bloch, Febvre und vor allem Braudel vertreten wurde, ist heute eine weniger einleuchtende Parole als zu ihrer Zeit. An seiner Stelle findet man diskretere und auch bescheidenere Versuche, die sich sowohl auf analytische Konstruktionen als auch auf empirische Vorgehensweisen und – seltener – auf das Schreiben von Geschichte als solches beziehen. Von daher rührt die neuerliche Beachtung klassischer Untersuchungsgegenstände, welche vom Programm der Annales verweigert oder gar verfemt worden waren: die Rolle sozialer Akteure, das Ereignis, die geschichtliche Erinnerung u. a. Ohne Zweifel handelt es sich hier weniger um eine Rückwärtsbewegung als um eine gedankliche Anstrengung, in der es darum geht, die Erwartungen an die historiographische Praxis zu erneuern. In diesem Sinne sind sich die Annales treu geblieben.

Jacques Revel, Präsident der École des Hautes Études en Sciences Sociales Paris. Forschungsgebiete: Zeitgenössische Geschichtswissenschaft, Sozial- und Kulturgeschichte Europas in der Frühen Neuzeit.

Charles Tilly

Neuere angloamerikanische Sozialgeschichte

Sozialgeschichte untersucht den Wandel gesellschaftlicher Institutionen und Strukturen und die Folgen dieses Wandels. Sozialhistorische Themen umfassen Familien, Verwandtschaftssysteme, Gemeinschaften, Religionen, Märkte, Firmen, Industrien, Bevölkerungen, Regierungen und vieles mehr. Einige Sozialhistoriker rekonstruieren die Lebensbedingungen in bestimmten Zeiten, an bestimmten Orten wie z. B. im kaiserlichen Konstantinopel, Florenz während der Renaissance, Berlin unter den Nazis oder auch im Amerikanischen Westen während des 19. Jahrhunderts. Andere beschäftigen sich mit den breiten sozialen Trends wie etwa in der Migrations- oder der Urbanisierungsforschung. Die Mehrheit der Sozialhistoriker interessiert sich für die großen Veränderungen im sozialen Bereich (social life) und deren Folgen für Individuen, Haushalte oder interpersonale Beziehungen.

Generell unterscheidet sich die Sozialgeschichte von der Ideen- und der Kulturgeschichte dadurch, dass ihre Erklärungen mehr Gewicht auf die Kausalzusammenhänge von Sozialstrukturen, sozialen Prozessen und sozialen Wandel legen. Die Sozialgeschichte unterscheidet sich von der politischen Geschichte insoweit, als sie Politik in ihren sozialen Zusammenhängen untersucht. Sie unterscheidet sich von der ihr nahe stehenden Wirtschaftsgeschichte dadurch, dass sie die Wechselwirkung von sozialen Erfahrungen und wirtschaftlichen Prozessen untersucht. Im Zentrum der Sozialgeschichte stehen individuelle und kollektive Wechselwirkungen mit sozialem Wandel. Diese Aufgabe bedeutet für Sozialhistoriker ein ständiges Pendeln zwischen verschiedenen Formen von Ideal und Wirklichkeit. Robert Descimon hat diesen Drahtseilakt aus französischer Perspektive folgendermaßen beschrieben: »Die so genannte Rückkehr zum Ereignis beinhaltet oft eine Reaktion gegen Fernand Braudels ›Histoire Totale‹ (Umfassende Geschichte). Sie führt zu zwei unterschiedlichen Erklärungsstrategien: ein auf eine Kosten-Nutzen-Analyse reduziertes Modell menschlicher Aktivitäten oder das wilde Sprießen einer ›virtuellen Geschichte‹ [...]. Wir stehen also vor einem Dilemma, nämlich vor der Wahl zwischen einem ökonomistischen Reduktionismus und einer postmodernen Interpretation, die zu der Anerkennung intellektueller Ohnmacht führt. Nur die empirische Analyse (denn Ereignisse sind wichtig!) kann uns aus dieser falschen Opposition zwischen Sozialgeschichte und Ereignisgeschichte herausführen« (1999: 319).

Descimon beschreibt nur die letzte Version eines sehr alten Dilemmas der Sozialgeschichte. Die angloamerikanische Sozialgeschichte nach 1945 demonstriert dieses

Strategische Ziele

Pendeln zwischen zwei Alternativen zur Genüge. Wie die Sozialgeschichte in Frankreich und anderen Ländern hatten die Sozialhistoriker auf den Britischen Inseln und in Nordamerika drei Ziele:

1. Reduktion der Fixierung der Historiker auf politische Führungspersönlichkeiten, auf Ereignisse und Institutionen, die aus der Gipfelperspektive der Macht gesehen wurden;
2. Untersuchung der sozialen und ökonomischen Basis öffentlicher Politik;
3. Etablierung der einfachen Leute und der Alltagsroutine (routine social life) als ernst zu nehmende Forschungsgegenstände.

Seit Beginn des 20. Jahrhunderts haben diese drei Ziele das Forschungsfeld der angloamerikanischen Sozialgeschichte bestimmt. Durch die Analyse des sozialen Wandels trug die angloamerikanische Sozialgeschichte auf unterschiedliche Weise zur Weiterentwicklung der Geschichtswissenschaft bei. Sie erhob die Untersuchung lokaler Gemeinschaften von einem unbedeutenden Steckenpferd der Antiquare zu einem anerkannten wissenschaftlichen Forschungsgebiet. Sie rehabilitierte die Untersuchung sozialer Prozesse wie Migration, Bevölkerungswachstum, Industrialisierung und Urbanisierung von einem wissenschaftlichen Randgebiet, das bis dahin lediglich den großen Studien zu Eliten, Ideen und nationaler Politik zuarbeitete, zu einem Forschungsfeld, aus dem man Erklärungen für nationale Ereignisse ableiten konnte. Sie integrierte sozialwissenschaftliche Methoden und Ergebnisse in die Geschichtswissenschaft. Britische und nordamerikanische Allgemeinhistoriker lernten zu differenzieren, wenn sie abstrakte Begriffe wie »das Volk«, »die Massen« oder auch »die Arbeiter« benutzten. Die Sozialgeschichte fokussierte die Interaktion zwischen Mächtigen und einfachen Leuten und gewann daraus Erklärungen für den historischen Wandel.

Neue Methoden – Geschichte von unten

Nach 1945 konnte die Sozialgeschichte ihren Einfluss durch drei miteinander verbundene Innovationen verstärken: Geschichte von unten, Auswertung serieller Daten und die Erstellung von Kollektivbiografien. Der Begriff »Geschichte von unten« (history from the bottom up) tauchte erstmals bei Frederick Jackson Turner, dem Historiker des Amerikanischen Westens, auf (Novick 1988: 442). Britische Historiker benutzten eine ähnliche Terminologie: »history from below«. Beiden Begriffen liegt die Vorstellung zugrunde, dass auch relativ machtlose Menschen eigene Ansichten haben, dass diese Ansichten untersucht werden müssen und dass einfache Leute kollektiv und zunehmend an historischen Prozessen beteiligt sind (make history). Geschichte von unten erfordert die Untersuchung der Erfahrungen einfacher Leute im Hinblick auf sozialen Wandel und soziale Konflikte. Linke Historiker wie John L. und Barbara Hammond (Hammond/Hammond 1917) hatten sich zwar schon lange vor dem Zweiten Weltkrieg mit alltagsgeschichtlicher Erfahrung beschäftigt. Ein Forschungsfeld entwickelte sich daraus aber erst nach 1945 durch die Sozialgeschichte.

1. Quellen und ihre Verwendung

Quellenproblematik

Alltagsgeschichtlich arbeitende Sozialhistoriker standen allerdings vor einem Problem. Anders als die Reichen, die Mächtigen und die Intellektuellen haben die Menschen, mit denen sie sich beschäftigten, kaum Briefe, Tagebücher, Autobiographien oder öffentliche Abhandlungen hinterlassen. Wie also können Historiker ihre Erfahrungen rekonstruieren? Antiquare, Lokalhistoriker und Genealogen hatten schon lange in den Ecken und Winkeln von Behördenakten nach Spuren derjenigen gesucht, die selbst keine Lebensgeschichten hinterlassen haben. Tauf-, Trau- und Totenregister, Notariatsakten, Petitionen, Gerichtsakten, Anstellungsdaten, Zensuserhebungen, Polizeiberichte, Schulakten und andere behördliche Unterlagen halten bestimmte Phasen im Leben eines Menschen fest. Nach dem Zweiten Weltkrieg entdeckten auch die angloamerikanischen Sozialhistoriker den historischen Wert dieser Quellen und begannen hier nach Informationen über die Alltagserfahrungen mit Migration, Industrialisierung, Urbanisierung und anderen Erscheinungsformen sozialen Wandels zu suchen.

Kollektivbiographien

Mittels Kollektivbiografien konnten nun größere Gruppen sozialhistorisch untersucht werden. Kollektivbiografien sammeln und vergleichen einheitliche Informationen über soziale Einheiten wie Individuen, Haushalte, Nachbarschaften, Firmen, Gesellschaften usw. Sie sind dann besonders aussagekräftig, wenn eine soziale Einheit mit Hilfe verschiedener Quellen untersucht wird, etwa indem man Zensuserhebungen mit Lohnlisten und Heiratsregistern vergleicht. Durch die Methode, eine bestimmte soziale Gruppe über verschiedene statistisch erfasste Lebensabschnitte zu verfolgen (nominal record linkage), kann man mit geringen Informationen Lebensgeschichten einer Gruppe rekonstruieren, selbst wenn man von den Individuen wenig weiß.

Kollektivbiografien umfassen Individuen, Organisationen, Gemeinden und bestimmte Ereignisse. Angloamerikanische Sozialhistoriker haben sich vor allem mit Stichdaten und Krisen im Verlauf eines menschlichen Lebens beschäftigt. Dazu gehören Geburten, Krankheiten, Todesfälle und die Ereignisse, die das Leben von Individuen im weiteren Sinne beeinträchtigen: Heirat, Scheidung, Migration und Arbeitslosigkeit. Quellen zu diesen menschlichen Zentralereignissen enthalten oft

Kommentare von Beteiligten und gleichzeitig Informationen über soziale Netzwerke. Aus derartigen Informationen kann man Biografien einzelner Individuen, Familien oder Haushalte machen. Man kann sie aber auch in einen größeren Kontext stellen und damit z. B. Geburtsraten im Rahmen nicht-demographischer Faktoren untersuchen (C. Tilly 1978; Willigan/Lynch 1982).

Politische Konflikte können ebenfalls mittels Kollektivbiografien untersucht werden, entweder als konkrete Fallstudie oder als abstrakte Analyse (Olzak 1989; Rucht/Koopmans/Neidhardt 1998). Die Regierungen von Großbritannien und den Vereinigten Staaten haben z. B. seit 1900 offizielle Listen über Streiks und Aussperrungen geführt, die man als Kollektivbiografien von Streikaktivitäten auswerten kann. Andere Krisensituationen wie Demonstrationen, gewaltsame Auseinandersetzungen, Protestveranstaltungen oder Lynchmorde müssen von Sozialhistorikern aus seriellen Datensätzen zusammengestellt werden. Auf dem Feld der Konfliktforschung haben Sozialhistoriker bislang ihre interessantesten Arbeiten vorgelegt.

Nach 1945 nahm die Sozialgeschichte Zugriff auf die Innovationen der Kriegstechnologie. Die preiswerte Reproduktion von Massendaten und zunehmende Möglichkeiten der Computerindustrie vereinfachten die Korrelation serieller Daten verschiedener Herkunft. Gleichzeitig drang im Zuge der Bildungsreform der Nachkriegsjahre auf den Britischen Inseln und in Nordamerika eine neue Generation von Historikern in das Forschungsfeld der Sozialgeschichte vor, die sich nun nicht mehr automatisch nur aus der Klasse der Reichen und Mächtigen rekrutierte. Gerade diese Wissenschaftler nutzten die neuen Technologien, um das Sozialverhalten ihrer Vorfahren zu untersuchen.

Fundamentale Prozesse
Nationalgeschichten

Bei einer enormen Breite an Forschungsfeldern haben angloamerikanische Sozialhistoriker, die sich mit der Neuzeit beschäftigen, vor allem zwei komplementäre Fundamentalprozesse thematisiert: die Entwicklung des Industriekapitalismus und die Entstehung von Nationalstaaten. Familienhistoriker haben z. B. die Wechselwirkung von Industrialisierung und Haushaltsstrukturen oder den Wandel obrigkeitlicher Einschätzungen der Familienarmut durch die Entstehung zentraler Wohlfahrtsbehörden untersucht. Sozialhistorisch arbeitende Lokalhistoriker haben dieselbe Frage gestellt, öfter aber die Ausdehnung der Lohnarbeit und den Machtverlust lokaler Magnaten sowie deren Auswirkungen auf das Konfliktverhalten einfacher Leute untersucht. Da die Entwicklung des Industriekapitalismus und die Ausbildung des Nationalstaates auf den Britischen Inseln und in Nordamerika in unterschiedlichen Schüben und zu unterschiedlichen Zeiten stattgefunden hat, hat auch die Beschäftigung damit in unterschiedlicher Weise und zu unterschiedlichen Zeiten eingesetzt. Historiker in Kanada, den USA, Großbritannien und Irland haben deshalb eine eigene Agenda entwickelt, die sich an der nationalen Geschichte dieser Fundamentalvorgänge orientierte. Für US-amerikanische Wissenschaftler standen

Nach dem Zweiten Weltkrieg

Phänomene wie Immigration und Industrialisierung im Vordergrund, britische Historiker haben sich vor allem mit dem öffentlichen Wohlfahrtssystem beschäftigt. Kanadier interessierten sich besonders für kulturelle Differenzen und haben frankophone und anglophone Forschungszweige entwickelt. Themen wie Rückständigkeit, Unterdrückung, Befreiung und Auswanderung nehmen in der irischen Historiographie einen weitaus größeren Raum ein als in der englischen. Nur eine Minderheit angloamerikanischer Historiker hat über den eigenen »nationalen Tellerrand« hinaus geblickt. Die verschiedenen Forschergruppen standen dabei immer in Kontakt und haben einander beeinflusst, wenn es darum ging, die wissenschaftliche Agenda neu abzustecken.

Bei allen Differenzen sind auch einige Gemeinsamkeiten zwischen angloamerikanischen Sozialhistorikern diesseits und jenseits des Atlantiks festzustellen. Am Ende des Zweiten Weltkriegs befanden sich Sozialhistoriker auf den Britischen Inseln und in Nordamerika in einer vergleichbaren politischen Situation. Ihre Länder hatten den Krieg innenpolitisch intakt überstanden. Die Depression und der Krieg hatten allerdings die Präsenz des Staates im sozialen Leben enorm gesteigert und seine Rolle als Garant sozialer Rechte verstärkt. Mit ihren Zeitgenossen hatten Sozialhistoriker den Aufstieg und Fall schrecklicher faschistischer Regime erlebt. Der sowjetisch dominierte Ostblock förderte ein politisches System, das mit dem angloamerikanischen unvereinbar war. Der Kalte Krieg demonstrierte diese Entwicklung. Diese Erfahrungen führten zu einer Beschäftigung mit dem Ursprung und den Auswirkungen von politischen Konzepten wie Autoritarismus, Sozialismus und Demokratie, mit dem Thema Massenmobilisierung, Fragen von Bürgerschaft und einer überzeugenden Agenda zum Komplex der Freiheitsrechte. Alle diese Fragen schien die Geschichte beantworten und damit Aussagen zur Gegenwart und zur Zukunft machen zu können.

2. Marxismus, Modernisierung und andere Theorien

Zwischen Modernisierung und Marxismus

Auf der historischen Agenda der Nachkriegszeit verorteten sich die angloamerikanischen Sozialhistoriker in der Regel zwischen zwei Polen: Modernisierung und Marxismus. Das Modernisierungskonzept thematisierte eine scheinbar einfache Frage: wann kommt es zu einem beschleunigten ökonomischen Aufschwung, wovon wird er begleitet und warum? Die Frage ist trügerisch, denn »wovon er begleitet wird« (what else) kann entweder die Ursache, die Wirkung oder eine Reaktion auf wirtschaftlichen Aufschwung sein, und wirtschaftlicher Aufschwung und seine Begleiterscheinungen können ebenso Produkte eines tiefer liegenden Wandels sein. Modernisierungsforscher beschäftigten sich vor allem mit den großen sozialen Veränderungen unter Schlagworten wie Wirtschaftswachstum, Industrialisierung und Urbanisierung. Sie befassten sich auch mit den kulturellen Veränderungen, die diesen Wandel begleiten. Die Prämisse dieser Forschungsrichtung war, dass die Industrialisierung schließlich überall soziale Strukturen hervorbringen würde, die denen in Westeuropa und Nordamerika vergleichbar wären. Die von der Modernisierungsforschung inspirierte Sozialgeschichte fragte nach den Erfahrungen, Reaktionen und dem Beitrag einfacher Leute im Hinblick auf die großen Strukturveränderungen.

Dagegen befassten sich marxistisch orientierte Sozialhistoriker vor allem mit den Ursachen, Wirkungen und Begleiterscheinungen des Kapitalismus. Das Hervortreten starker sozialistischer Kräfte in der Nachkriegszeit bestärkte die marxistische Hypothese, dass der Kapitalismus nur eine von verschiedenen historischen Möglichkeiten und nicht notwendigerweise der Endpunkt der historischen Entwicklung sei. Marxisten beschäftigten sich mit dem Auf- und Ausbau kapitalistischer Institutionen, den sozialen Auswirkungen wirtschaftlichen Wandels und den Vorbedingungen für die Befreiung der Arbeiterklasse. Marxistisch orientierte Sozialhistoriker untersuchten den Wandel vom Feudalismus zum Kapitalismus, den Aufstieg des Industriekapitalismus und die Auswirkungen dieser Entwicklungen auf kollektive Aktionen. Modernisierungstheorem und Marxismus stimmten allerdings in der Bewertung nicht-politischer Faktoren als Bestandteil der öffentlichen Politik überein. Beide Richtungen interessierten sich dafür, wie die Masse der Bevölkerung auf sozialen Wandel reagierte. Durch die Integration alter antiquarischer und neuer reformistischer Ansätze in die Sozialgeschichte setzten Sozialhistoriker der Nachkriegszeit wichtige Akzente in der Geschichtswissenschaft insgesamt.

Zwischen Kultur / Diskurs und Realgeschichte

Seit den neunziger Jahren haben sich die Prämissen deutlich verschoben. Obwohl einige Hardliner sowohl unter den Marxisten als auch unter den Modernisierern überlebten, hat sich der Kanon sozialhistorischer Methoden und Theorien stark erweitert. Das angloamerikanische Spektrum der Sozialgeschichte reicht nun von einem kultur- und diskursgeschichtlichen Reduktionismus bis zu verschiedenen Spielarten einer Realgeschichte (realism). Am kultur- und diskursgeschichtlichen Ende versteht sich die Sozialgeschichte als Analyse rhetorischer Auseinandersetzungen, in denen externe Faktoren keine Rolle mehr spielen. Überzeugende Interpretationen der Sozialgeschichte dienten aus dieser Sicht aktuellen politischen Zielen und einer allgemeinen Aufklärung über die menschliche Existenz. Am realgeschichtlichen Forschungsrand kam es zu einer Segmentierung: Die Sozialgeschichte zerfiel in Wirtschaftsgeschichte, Bevölkerungsgeschichte, Stadtgeschichte, Landwirtschaftsgeschichte, die Geschichte der Familie, die Geschichte der materiellen Kultur, die Geschichte öffentlicher Bewegungen. Gemeinsam war diesen Subdisziplinen allerdings die grundlegende Annahme, dass soziale Strukturen bestehen und wissenschaftlich erfasst werden können. Einige wenige Wissenschaftler versuchten, die Brücke zwischen beiden Polen zu schlagen, indem sie Fragen der Kultur und des Diskurses ernst nahmen und zugleich die Praxis einfacher Leute in großen sozialen Prozessen nicht aus dem Blick verloren.

Die Absage an Modernisierung und Marxismus führte auch zu einer Neudefinition von Methoden, Argumenten und Darstellungsformen der Sozialgeschichte. Die Auswertung serieller Daten, die Kollektivbiografie und sogar die Geschichte von unten haben an Attraktivität verloren. Kritiker attackierten die Kategorisierung von Menschen in Klassen und die Applizierung kollektiver Attribute auf diese Kategorien als unzulässige Vereinfachung. Sozialhistoriker wandten sich zunehmend gegen reduktionistische Erklärungsmuster. In die Kritik geriet vor allem, aber nicht nur, die Kategorie der Klasse. Stattdessen fanden Interpretationen von Motiven, Überzeugungen und Erfahrungen Zuspruch. Der bislang argumentativ-erklärende Darstellungstyp der Sozialgeschichte wurde allmählich durch die narrative Form ersetzt. Einen Markstein in diese Richtung setzte 1979 Lawrence Stone mit seiner Forderung nach einer Rückkehr zur Narrativität. Stones Aufruf hatte umso mehr Gewicht, als er bis dahin ein Anwalt der Kollektivbiografie oder – in seinen Worten – der Prosopographie gewesen war. An die Stelle der analytischen Soziologie trat jetzt die ethnographische Interpretation als bevorzugtes Modell sozialhistorischer Forschung.

Die britischen Marxisten

Diese schematische Darstellung vernachlässigt allerdings die Bedeutung populärmarxistischer Analysen – und die Kritik daran –, die sich durch die angloamerikanische Sozialgeschichte seit 1945 wie ein roter Faden zieht. Mit dem Aufstieg der Sozialgeschichte nach dem Zweiten Weltkrieg haben britische Marxisten wie Eric Hobsbawm und George Rudé Pionierstudien zur Rolle der Massen, zur Politik vor Ort und zu den Folgen der kapitalistischen Entwicklung vorgelegt, die mit Verzögerung auch in Nordamerika rezipiert wurden (Hobsbawm 1964; Rudé 1964). Kurz darauf begann Hobsbawm seine bahnbrechende, an marxistischen Perspektiven orientierte, Sozialgeschichte der Epochen der britischen und westlichen Geschichte, deren letzter Band 1994 erschien (Hobsbawm 1975, 1994). In den sechziger Jahren haben Barrington Moore Jr. und Edward P. Thompson (der erste in gewisser Weise ein Anhänger des Historischen Materialismus, aber kein Marxist im strengen Sinne, der zweite ein energischer Verfechter des britischen Marxismus) das Klassenmodell und dessen Wandel noch stärker ins Zentrum der Sozialgeschichte gerückt. Moores »Social Origins of Dictatorship and Democracy« (1966) versuchte durch den Vergleich der politischen und sozialen Geschichte Englands, Frankreichs, der USA,

Chinas, Japans und Indiens (mit Hinweisen auf Deutschland und Russland) eine Analyse der Klassenbildung in verschiedenen politischen Formationen des 20. Jahrhunderts. Die Arbeit avancierte zum Vorbild für die Untersuchung langfristiger politischer Tendenzen in Nationalstaaten. Moores vergleichende Methode wurde von Sozialhistorikern auf andere Epochen und Staaten angewandt. Thompsons »The Making of the English Working Class« (1963) setzte einen weiteren, unübersehbaren Akzent. Thompson integrierte eine bemerkenswerte Bandbreite literarischer, politischer und kultureller Quellen mit anschaulichen Beschreibungen populärer Konflikte in seine Studie zur Bewusstseinstransformation der englischen Arbeiterklasse zwischen 1782 und 1832. Der brillante Polemiker kritisierte nicht nur den Reduktionismus seiner marxistischen Kollegen, sondern auch die Ignoranz gegenüber Massenbewegungen auf Seiten nicht-marxistischer und antimarxistischer Historiker. Thompson vertrat die Meinung, dass Klassenbewusstsein nicht entsprechend einer bestimmten Stellung in der sozialen Hierarchie oder im Produktionsprozess fixiert ist, sondern kontinuierlich und dynamisch zwischen Arbeitern und ihren Ausbeutern ausgehandelt wird. Thompsons Argumentation und Methode haben eine ganze Generation von Sozialhistorikern in Großbritannien und anderswo stark beeinflusst. Zahlreiche Wissenschaftler versuchten, sein Modell auf andere Zeiten und Situationen anzuwenden oder in Detailstudien zu überprüfen. Die »Entstehung der Arbeiterklasse« bzw. ihr Scheitern wurde zum Standardthema der Sozialgeschichte.

Klassenkategorien

Die Kategorie der sozialen Klasse gehört seit 1945 zu den wichtigsten Prinzipien sozialhistorischer Analyse. Hierbei wurden fünf Positionen vertreten:
1. Soziale Klasse ist die individuelle oder kollektive Position in einer Hierarchie aus Prestige, Reichtum und/oder Macht oder ist ein Sonderfall in dieser Hierarchie.
2. Soziale Klasse beschreibt ein Verhältnis von Individuen oder Gruppen zum Markt, das signifikante Unterschiede in der Lebensqualität determiniert.
3. Soziale Klasse ergibt sich aus einem gemeinsamen Bewusstsein und/oder einer gemeinsamen Kultur von Personen, die sich (ob zurecht oder Unrecht) anderen gegenüber als kollektiv über- oder unterlegen empfinden.
4. Soziale Klasse ergibt sich aus der kollektiven Position im Produktionsprozess.
5. Soziale Klasse ist eine Illusion oder bestenfalls missverständliche Beschreibung von Ungleichheiten, die sich mit anderen Kategorien wie individuelle Kompetenz, ethnische Kultur oder Berufszugehörigkeit besser beschreiben lassen.

Oft wurden mehrere Kategorien miteinander verbunden. Die wichtigsten Thesen sind hier: Die Position innerhalb einer Hierarchie (1) führt zu einem gemeinsamen Bewusstsein oder einer gemeinsamen Kultur (3). Hierarchien existieren (1), sie führen aber nicht oder nur selten zur Ausbildung gegensätzlicher Klassen (5). Marxisten haben diese Kategorien in Synthesen kombiniert. Sie argumentieren z. B. folgendermaßen: Die Stellung im Produktionsprozess (4) bestimmt die hierarchische Position (1), die Beziehung zum Markt (2) und die gemeinsame Kultur (3). Insgesamt verlaufen die Argumentationslinien von Sozialhistorikern allerdings eher entlang einer These, die gegen eine andere vorgebracht wird.

Als Reaktion auf Thompsons Arbeit haben sich zwei Schulen gebildet. Die eine folgt dem diskursiven Gedanken in seinem Werk, die andere untersucht die Produktionsbedingungen als Ansatz zur Klassenbildung. Sozialhistoriker mit diskursgeschichtlicher Ausrichtung haben Klasse als diskursive Kategorie interpretiert. Klasse entwickelt sich demnach aus einer gemeinsamen Sprache, die wiederum eine gemeinsame Identität und Kultur hervorbringt. Da in Europa und in Nordamerika keine besondere Sprache der Arbeiterklasse ausgebildet wurde, so folgern diese Diskurs- und Kulturhistoriker, kam es hier auch nie zur Klassenbildung. Die Gegner dieser Argumentation heben die antagonistische Stellung im Produktionsprozess als Kriterium der Klassenbildung hervor und betonen damit die Existenz von Klassen auch außerhalb Englands. Einige Studien der letzten Jahre (z. B. Steinberg 1999) haben zwar versucht, Diskursanalysen mit der Untersuchung sozialer Netzwerke und Konflikte zu verbinden. Diese Debatte ist aber noch nicht abgeschlossen.

Alternative Kategorien

Keineswegs alle angloamerikanischen Sozialhistoriker haben ihre Arbeit um die Klassenfrage zentriert. Drei wichtige Alternativen sind hier vorzustellen: 1. Studien zum Mentalitätswandel und dessen Auswirkung auf sozialen Wandel; 2. Andere Untersuchungskategorien wie Geschlecht, Rasse und Ethnizität; 3. Wandel von Institutionen und Strukturen und dessen Folgen. Die erste Alternative hat zur Zusammenarbeit mit Ideenhistorikern und Kulturanthropologen geführt. Die Geschichte des Konsums, der materiellen Kultur und der bürgerlichen Partizipation wurden (trotz der möglichen Verbindung mit sozialwissenschaftlichen Untersuchungen) allgemein als Mentalitätswandel interpretiert und mit anthropologischen Modellen erklärt. Die zweite Alternative wiederholt die generelle Ambivalenz der Sozialgeschichte und die Auseinandersetzungen zwischen sozialwissenschaftlich orientierten Studien und kulturwissenschaftlichen Interpretationen. Die Frauengeschichte hat sich z. B. der ganzen methodologischen Bandbreite von der Bevölkerungs- und Wirtschaftsgeschichte bis hin zur Diskursanalyse bedient. Die dritte Alternative fordert von den Sozialhistorikern eine stärkere Spezialisierung und Annäherung an die Sozialwissenschaften. Stadtgeschichte, Bevölkerungsgeschichte, Wirtschaftsgeschichte und die Geschichte der Familien führten zur Zusammenarbeit mit Sozialwissenschaftlern.

Für Sozialhistoriker der ersten Gruppe spielt die Kategorie Mentalität dieselbe Rolle wie die Kategorie Kultur für die Anthropologen: Sie dient als allgemeine

Mentalität

Begründung, deren Herkunft und Dynamik kaum einmal hinterfragt wird (Kuper 1999). In der britischen Geschichtswissenschaft gelten beispielsweise Konzepte wie Massenkultur, Konsumverhalten und politische Kultur als Erklärungsmuster für die ökonomischen Strategien und das politische Verhalten der einfachen Leute. John Brewers Studie zu den öffentlichen politischen Inszenierungen um die Politik John Wilkes' während der 1760er Jahre ist das beste Beispiel für diese Methode (Brewer 1980). Brewer spricht zwar nicht explizit von »Mentalitäten«, umreißt seine Erklärung der politischen Ereignisse des 18. Jahrhunderts aber folgendermaßen: Diese »muss in erster Linie sowohl *instrumentell* als auch *dynamisch* sein. Sie muss mit anderen Worten demonstrieren, wie, warum und mit welcher Absicht eine bestimmte Anschauung vorgestellt und zum Ausdruck gebracht wurde. Veränderungen der Argumentation sind eine Art von Problemlösung vor dem Hintergrund festgelegter Normen und Konventionen sowie neuer Probleme und veränderter Perspektiven« (Brewer 1976: 34). Für Brewer gilt diese Interpretation sowohl für die populäre Politik als auch für die Strategien politischer Führer. »Die Legitimation und der Ausdruck politischer Überzeugungen«, so das Argument, »müssen nicht unbedingt in gedruckter oder gesprochener Form vorgebracht werden. Rituale, der Einsatz von Symbolen oder symbolischen Handlungen können genauso gut eine politische Ansicht ausdrücken« (Brewer 1976: 22). Der Umgang von Menschen miteinander ist durch eine Reihe bekannter kultureller Idiome festgelegt, und ein so scharfer Beobachter von Ideen und Konventionen wie Brewer kann mit diesem Instrumentarium einzelne Ereignisse interpretieren. Schwierigkeiten treten allerdings dann auf, wenn Historiker gleichsam zurücktreten und den langfristigen Wandel sowie die Interaktion zwischen Mentalitäten und Institutionen interpretieren. Dann stellt sich die Frage nach der Ursache und Wirkung von Mentalitäten neu.

Kultur

Diese Schwierigkeit lässt sich vermeiden. Wie ihre Kollegen aus der Linguistik und der Wissenschaftsgeschichte haben auch einige Sozialhistoriker (z. B. Zelizer 1994) erkannt, dass Kultur nicht eine autonome Kraft hinter dem sozialen Leben, sondern ein konstitutives Element sozialer Beziehungen ist. Eine gemeinsames Grundverständnis (shared understandings) und dessen Repräsentation in Symbolen, Objekten und Praktiken (d. i. eine vernünftige Definition von Kultur) kanalisieren soziale Interaktion, können aber auch durch soziale Interaktion verändert werden. Bislang ist dieses dynamische Zusammenspiel kultureller und sozialer Normen von der Sozialgeschichte noch nicht genügend untersucht worden.

Untersuchungen sozialer Kategorien außerhalb der Klasse haben sich typischerweise mit nur einer anderen Dimension beschäftigt. Studien zu Geschlecht, Ethni-

Spezialisierung

zität, Rasse, Religion oder sexueller Präferenz dominieren hier das Feld. Abgesehen von Migrations- und Stadthistorikern haben sich Sozialhistoriker nur mit jeweils einer dieser Kategorien beschäftigt. Sie haben die Geschichte der Frauen geschrieben, aber nicht die Geschichte der Geschlechterbeziehungen, sie haben die Geschichte der Schwarzen geschrieben, aber nicht die verschiedenen ethnischen Minderheiten und Mehrheiten zueinander in Beziehung gesetzt. Als Resultat ist eine besondere Spezialisierung der angloamerikanischen Sozialhistoriker auf einen Sektor zu diagnostizieren. Typischerweise unterstellen diese Fachwissenschaftler ihren Kollegen aus anderen historischen Disziplinen eine unzulässige Vernachlässigung ihres Forschungsgegenstands, die mit aktuellen politischen Themen verbunden ist. Viele Spezialuntersuchungen stehen im engen Austausch mit den allgemeinen Kulturwissenschaften: historische, literarische und politische Interpretationen verschiedenartiger Kulturerfahrung. Manche Veteranen der Klassenanalyse haben in diesem Sinne andere Kategorien übernommen (z. B. L. Tilly u. a. 1997) und dabei ihre Expertise eingebracht. Sie verstehen Kategorien wie Geschlecht, Rasse, Religion, Ethnizität oder sexuelle Präferenz als benachbarte oder konkurrierende Kategorien.

3. Sozialgeschichte und Sozialwissenschaften

Die Nachbardisziplinen

Die Untersuchung des Wandels von Institutionen und Strukturen impliziert eine Kooperation mit den Sozialwissenschaften. Welche Formen diese Kooperation annimmt, hängt vom Thema ab. Sozialwissenschaftler, die sich mit dem Bevölkerungswandel beschäftigen, müssen sich fast automatisch mit den Methoden und Konzepten der Demographie auseinander setzen. Forschungen zu religiösen Institutionen beschäftigen sich dagegen sehr viel weniger mit den Analysen von Soziologen, Anthropologen oder Politikwissenschaftlern. Hier spielt vor allem die Forschungstradition der anderen Disziplinen eine Rolle. Wo Sozialwissenschaftler sich bereits mit der Geschichte einer Institution beschäftigt haben, finden sich bald Historiker, die diese Fragen aufnehmen. Auf der Suche nach Erklärungsmustern für den Wandel des Reproduktions-, Heirats- und Mortalitätsverhaltens haben Demographen ihre Methoden an historischen Gesellschaften getestet, um Langzeitstudien erstellen zu können. An diesem Punkt begannen sich auch Sozialhistoriker für die Historische Demographie zu interessieren und legten einflussreiche Studien vor (Gillis/Levine/Tilly 1992; Hanagan 1989; Levine 1984; C. Tilly 1978; Wrigley/Schofield 1981).

In ihren eigenen Domänen haben Sozialhistoriker andere Fachwissenschaftler sehr viel zögerlicher akzeptiert. Die Historiker der Volkskultur bezogen sich selten auf Anthropologen, Linguisten oder Soziologen. Eine Resistenz gegenüber sozialwissenschaftlichen Beiträgen kann man auch für sozialhistorische Analysen von populärer Politik, religiöser Praxis, Sexualität und Assoziationen feststellen. Eine Brücke wurde allerdings – dies ist die Ausnahme – zur Anthropologie geschlagen. Bei näherem Hinsehen zeigt sich jedoch, dass die Sozialhistoriker auch hier klassische Techniken der Anthropologie – Ethnographie, Archäologie, linguistische Analyse, Familienrekonstruktion oder das Studium der materiellen Kultur – nicht rezipiert haben. Sozialhistoriker scheinen unter Anthropologie hauptsächlich die teilnehmende Beobachtung sozialer Praktiken, Symbole und Repräsentationen im Sinne von Clifford Geertz zu verstehen.

**Neue Fachdisziplinen
Parameter Soziale Mobilität**

Die sog. Sozialwissenschaftliche Geschichte (social science history) (Monkkonen 1994) scheint noch am ehesten die Verbindung zwischen Sozialgeschichte und den Nachbardisziplinen herzustellen. Unter diesem Etikett ließen sich Demographie, Wirtschaftswissenschaften, Soziologie, Geografie, Linguistik und Anthropologie subsummieren, die aber gleichzeitig ihre wissenschaftlichen Charakteristika behielten. Dennoch haben sich bei diesem Forschungsansatz die Fachgrenzen verwischt und gleichsam neue Fachdisziplinen, zumindest aber eigene Fachdiskurse entwickelt. So entstanden die Bevölkerungsgeschichte, die Geschichte der Anthropometrie (Geschichte vom Wandel menschlicher Größe und Gewicht und dessen Folgen), Migrationsgeschichte, die Geschichte sozialer Mobilität. Hier vermischt sich die Forschungsagenda der jeweiligen Sozialwissenschaften oft mit der nationalen Agenda der Disziplin. Studien zur sozialen Mobilität haben z. B. der kanadischen und der US-amerikanischen Geschichte zugearbeitet und waren oft um einen bestimmten Fragenkatalog zentriert: 1. Inwieweit beeinflusst die Industrialisierung das Tempo und die Ausrichtung sozialen Auf- und Abstiegs? 2. Inwieweit ist dieser Wandel von nationalen Institutionen und Strukturen abhängig? Diese Fragen standen zwar nie im Zentrum der allgemeinen Geschichte Kanadas oder der USA. Trotzdem sind Mobilitätsstudien ein gutes Beispiel für den Einfluss der Sozialgeschichte auf die allgemeine Geschichte. Nach dem Zweiten Weltkrieg haben sich amerikanische Soziologen mit der Arbeitsmobilität der Amerikaner beschäftigt (verglichen wurden die Karrieren von Vätern, Söhnen und Großvätern). Die Dossiers, die diese Wissenschaftler anhand serieller Daten erstellten, wurden von den Historikern zunächst ignoriert. 1964 veröffentlichte Stephan Thernstrom eine Arbeit über Newburyport in Massachusetts im 19. Jahrhundert. Newburyport war eine gute Wahl, denn der Anthropologe W. Lloyd Warner hatte bereits eine Reihe einflussreicher Studien über die Stadt, der er den Decknamen »Yankee City« gab, veröffentlicht (Warner u. a. 1963). Warner rekonstruierte Newburyports Geschichte im 19. Jahrhundert aus schriftlichen und mündlichen Zeugnissen der Einwohner und kam zu dem Ergebnis, dass die Karrierechancen in der Stadt vom 19.

zum 20. Jahrhundert im Zuge der Industrialisierung ab- und nicht zugenommen hatten. Warners Analyse stimmte mit allgemeinen Forschungen überein und artikulierte eine der amerikanischen Leitfragen: Waren und sind die USA ein Land der unbegrenzten Möglichkeiten?

> Stadtgeschichte
> Mobilitätsverlust
> oder -zunahme?

Thernstroms Analyse ergab für das 19. Jahrhundert eine geringe klassenübergreifende Mobilität. Gleichzeitig attackierte er das Modell des allgemeinen Mobilitätsverlusts und wies auf alternative Mobilitätschancen (etwa durch den Erwerb von Landbesitz oder Investitionen in Ausbildung) für unterschiedliche ethnische Gruppen hin. Eine weitere, ambitioniertere Studie über Boston, Massachusetts, folgte. Hier konnte Thernstrom die Beobachtungen aus Newburyport weiter untermauern (Thernstrom 1973). Thernstroms Modell machte Schule. In den nächsten Jahren entstand eine Reihe von Dissertationen, die Thernstroms Hypothesen durch Arbeiten zu anderen Städten mit ethnischen Kategorien prüften. Diese Studien nahmen die neuen Methoden der Sozialwissenschaft, die Kollektivbiografie, die Analyse von Zensusdaten und anderen seriellen Quellen auf. Gleichzeitig zwangen diese neuen Forschungen die US-Historiker zu einem Überdenken ihrer Ansichten bzgl. sozialer Mobilität und deren Rückgang in den Vereinigten Staaten.

Die Erforschung von urbaner Mobilität anhand ethnischer Kategorien verlor mit der Zeit allerdings wieder an Attraktivität. Innerhalb dieses Spezialfelds sahen sich die Wissenschaftler mit den Grenzen ihrer Möglichkeiten konfrontiert. Nach der ersten Überraschung durch Thernstroms Arbeit gelang es ihnen nicht mehr, ihre Einzelstudien in einem größeren Historikerkreis zu lancieren. Verlage verloren das Interesse an der Publikation detaillierter Forschung zu ethnischen Gruppen in bestimmten amerikanischen Städten. Mit dem generellen sozialhistorischen Trend von der soziologischen Analyse zur narrativen Interpretation in der Form retrospektiver Ethnographie erschienen die allzu kategorisch arbeitenden Mobilitätsstudien uninteressant. Stadtgeschichte mit dem Fokus auf sozialer Ungleichheit und sozialer Mobilität verschwand zwar nicht ganz, wurde aber zu einem Randgebiet mit Affinität zur Geografie, Soziologie und Politikwissenschaft.

Aus dem kurzzeitigen Boom der Mobilitätsstudien lassen sich einige Lehren für die Sozialgeschichte im Allgemeinen ableiten. Erstens, wenn es Sozialhistorikern gelingt, mit Hilfe neuer Quellen oder Methoden zentrale Fragen der Geschichtswissenschaft anzusprechen, dann beeinflussen sie die Geschichtsschreibung insgesamt. Zweitens durch die Verbindung von neuen Theorien und Methoden mit zentralen Fragen entsteht eine neue Forschung, die in der Form von Dissertationen variiert und geprüft wird. Drittens erfolgreiche Projekte der Sozialgeschichte avancieren schnell zu Zentralthemen, dann zersplittern sie in Spezialforschungen, die häufig mit den Nachbardisziplinen kooperieren. Viertens, und am wichtigsten, trotz dieser Zersplitterung in Spezialthemen mit eigenem Vokabular, Vereinigun-

Die Zukunft der Sozialgeschichte: Prognosen

gen, Zeitschriften und Karrieremustern spielt die angloamerikanische Sozialgeschichte nach wie vor in den großen Debatten eine wichtige Rolle.

In welche Richtung wird sich die Sozialgeschichte entwickeln? Jede Prognose kann nur eine Mischung aus Tendenzen der Vergangenheit und Wünschen für die Zukunft sein. Ich betrachte hier drei Szenarien: »More of the same«, zunehmende Polarisierung und Dialektik.

Dasselbe noch einmal würde die weiter oben beschriebenen Trends fortführen: noch stärkere Spezialisierung, zunehmende Ausrichtung auf die epistemologischen Prämissen, weitere Absorbierung von Spezialgebieten durch sozialwissenschaftliche Nachbardisziplinen und damit ein Rückgang des Dialogs mit der allgemeinen Sozialgeschichte. »More of the same« würde die Sozialgeschichte als kohärentes Feld zerstören. Einige Beobachter haben das Ende bereits proklamiert und sogar gefeiert (Joyce 1995). Die Disziplin sollte diese Warnung also ernst nehmen.

Eine *zunehmende Polarisierung* könnte ebenfalls eintreten und die Disziplin in epistemologisch und ontologisch arbeitende Forscher aufspalten. Eine Gruppe würde Sozialgeschichte als Untersuchung des Geistes (minds), der Überzeugungen, des Bewusstseins und der Sprache betreiben, Aspekte, die sich der systematischen Analyse entziehen. Diese Historiker würden sich mit Ideenhistorikern, Kulturhistorikern und bestimmten Anthropologen verbünden. Die andere Gruppe, die Realhistoriker (realists), würde Sozialgeschichte als systematische Erfassung individueller Entscheidungen und interpersonaler Handlungen verstehen, die wissenschaftlicher Beobachtung und Erklärung zugänglich bleiben. Unter diesen Umständen würden beide Lager lebhaft untereinander, aber nicht mehr miteinander kommunizieren.

Eine *dialektische* Entwicklung könnte sich einstellen, wenn man die ältere materialistische Forschung als These, den linguistischen und kulturellen Reduktionismus als Antithese und eine erneuerte Sozialgeschichte als Synthese begreift. Diese Synthese könnte eintreten, wenn die Materialisten Kultur, Sprache und soziale Konstruktionen ernst nähmen und in ihre Erklärungen des sozialen Wandels als systematischen Analysefaktor integrierten. Die Leitfrage müsste dann lauten: Wie und warum differenzieren und verändern sich Kultur, Sprache und soziale Konstruktionen? Eine Synthese wäre auch dann erreicht, wenn sich Forscher, die über Kultur, Sprache und soziale Konstruktionen arbeiten, für den Zusammenhang dieser Phänomene mit konkreten sozialen Beziehungen interessierten. Am besten wäre es, wenn Materialisten und Kulturalisten aufeinander zu arbeiten würden und dabei zumindest einige gemeinsame Erklärungsmuster entwickelten. Sprache als soziales Produkt, soziale Differenzen wie Geschlecht, Klasse, Rasse etc. sowie kollektive Aktionen als soziale Konstruktion und Rekonstruktion sind wichtige Forschungsfelder der neuen Sozialgeschichte und können die Lücke zwischen Ereignissen und Ideen schließen. Mit den Worten von Robert Descimon: Die Neigung der Sozialhistoriker zur Empirie wird sie über die gegenwärtigen Kontroversen mit der Ereignisgeschichte hinausführen.

Charles Tilly, Professor an der Columbia University New York. Forschungsgebiete: Soziale Wandlungsprozesse und ihre Folgen besonders in Westeuropa seit 1500.

Paul Nolte

Historische Sozialwissenschaft

1. Was ist »Historische Sozialwissenschaft«?

Die Historische Sozialwissenschaft ist die westdeutsche Ausprägung und Variante jener Reformbewegungen in der Geschichtswissenschaft, die während des ganzen 20. Jahrhunderts, vor allem aber in den sechziger und siebziger Jahren, auf eine äußere und innere Neuorientierung des Faches in sozialwissenschaftlicher und sozialgeschichtlicher Richtung zielten (Iggers 1993). Ihre Befürworter versuchten seit den späten sechziger Jahren, ihrem Fach den Anschluss an die teilweise schon weiter fortgeschrittene methodische Debatte und empirische Forschung in anderen westlichen Ländern – namentlich den kulturell-politischen »Referenznationen« der alten Bundesrepublik: USA, England und Frankreich – zu sichern. Es ging also um eine »nachholende Modernisierung« und Verwestlichung, besonders in dem Feld der Neueren und Neuesten Geschichte mit seinem unausweichlichen Gegenwartsbezug, das durch die politischen und geistigen Traditionen Deutschlands seit dem späten 19. Jahrhundert bis zur nationalsozialistischen Herrschaft besonders tief diskreditiert schien. Zugleich formierte sich die Historische Sozialwissenschaft aber – je länger, desto deutlicher – als ein Programm in der Kontinuität ganz spezifischer Traditionen deutscher Geistes- und Sozialwissenschaften, die sie kritisierte (Wehler 1980), dadurch zugleich neu zu definieren versuchte und wissenschaftsgeschichtlich weitertrug. Auch damit hängt es zusammen, dass das ehemalige Reizwort »Historische Sozialwissenschaft«, das bis in die achtziger Jahre im Mittelpunkt nicht eigentlich öffentlicher, aber doch enorm heftig und emotional geführter fachinterner Debatten stand, inzwischen nur noch wenig Aufsehen erregt. Wenn sie nicht selbst Geschichte werden will, muss sich die Historische Sozialwissenschaft auf eine zeitgemäße Neuformulierung ihres Gründungsprogramms besinnen.

Was gehört zu diesem Gründungsprogramm dazu, was sind die Grundideen und Ziele seiner Verfechter? Es geht jedenfalls nicht um Methoden oder Ansätze für einen Teilbereich oder einzelnen Gegenstand der Geschichte, sondern um den Versuch, das Fach Geschichte insgesamt anders zu betreiben und auf neue Weise disziplinär zu verorten, nämlich im Kontext der systematischen Sozialwissenschaften statt in den im 19. Jahrhundert verwurzelten geisteswissenschaftlichen Traditionen. Kurz zusammengefasst, lassen sich die folgenden Absichten hervorheben:

Erstens: Historische Sozialwissenschaft zielt auf Erkenntnis und Kritik der sozialen Wirklichkeit der industriellen Klassengesellschaft. Sie will »Realitäten« be-

Gegenstand »Gesellschaft«

obachten und analysieren, aber auch aus der Distanz späterer Geschichte kritisch bewerten. Diese Realitäten sind vor allem *soziale* Realitäten; der Gegenstand der Historischen Sozialwissenschaft ist die »Gesellschaft« und ihre Entwicklung; Sozialgeschichte – der Begriff auch in einem engeren Sinne verstanden – steht im Zentrum der Historischen Sozialwissenschaft (Kocka 1977a). Die Gesellschaft aber, als sozialökonomische Wirklichkeit wie als kulturelles Deutungsmuster, ist selbst ein historisches Produkt der neueren Geschichte, und deshalb nimmt bei ihrer Erforschung die Zeit der Ausbildung und Entfaltung der industriellen Gesellschaft mit ihrer Ordnung der sozialen Klassen und Schichten einen besonders prominenten Platz ein (Nolte 2000).

Strukturen und Prozesse

Zweitens: Während in der klassischen Geschichtswissenschaft politische Ereignisse und die in ihnen handelnden Personen im Vordergrund standen, betont die Historische Sozialwissenschaft Zusammenhänge, die jenseits von Ereignis und »agency« (Handlungsvermögen) liegen. Sie interessiert sich für »Strukturen« als relativ dauerhafte Bedingungsgefüge aus Ökonomie, Politik und Kultur – doch weniger für die Strukturen im Sinne der »longue durée« (lange Dauer) Fernand Braudels, sondern eher für jene Kräftekonstellationen, die sich aus der Dynamik der industriellen Klassengesellschaft ergeben. Darum sind ihr soziale »Prozesse« noch wichtiger: Sie will sozialen Wandel erforschen, nicht so sehr »im kleinen«, sondern bevorzugt in der Makroperspektive des Wandels ganzer Gesellschaften oder einzelner ihrer Sektoren oder sozialen Verbände. Politik bleibt der Historischen Sozialwissenschaft sehr wichtig, doch zielt sie auf die innere Politik statt auf äußere Politik und diplomatische Beziehungen; genauer: auf die sozialen (sozialökonomischen, sozialkulturellen) Bedingungen politischen Handelns und politischer Strukturbildung vor allem in der Epoche der modernen Nationalstaaten.

Theoriebezug

Drittens: Einer allgemeinen Stimmung in den Geisteswissenschaften der sechziger und siebziger Jahre folgend, spielt in der Erforschung wie in der Darstellung von Geschichte die Anwendung von Theorien eine wichtige Rolle. Man sprach geradezu von der »Theoriebedürftigkeit« (Koselleck 1971) der Historie, womit freilich unterschiedliche Dinge gemeint sein konnten: eine vermehrte Reflexion auf die Grundlagen der Historik ebenso wie der Einsatz anwendungsbezogener Theorien und Modellvorstellungen aus den Nachbarwissenschaften, z. B. der soziologischen Modernisierungs- oder Klassentheorie (Kocka 1977b). Besonders das letztere wurde zum Markenzeichen der deutschen Historischen Sozialwissenschaft; in den sozialgeschichtlichen Strömungen anderer Länder war dieser Theoriebezug meist viel schwächer ausgeprägt. Er ist eng verknüpft mit einer Max Weber folgenden Erkenntnistheorie und Methodologie der Geschichte, nach der Theorien dem Historiker als Selektionsinstrument zur sinnvollen Erschließung der »sinnlosen Unendlichkeit des Weltgeschehens« (Weber 1988) dienen.

> Interdisziplinarität

Viertens: Wie schon der Begriff »Historische Sozialwissenschaft« nahe legt, möchte sich die Geschichte damit, jedenfalls in den gegenwartsnäheren Epochen, ihren Nachbarfächern öffnen und ein interdisziplinäres Unternehmen werden: Sie soll in einer Reihe insbesondere mit der Soziologie, der Politikwissenschaft und der Ökonomie stehen. Als Fernziel konnte man sich zeitweise sogar eine »Konvergenz« von Geschichte und Soziologie zu einer einzigen »historisch-kritischen Sozialwissenschaft« (Wehler 1972, 1973a) vorstellen. Dieses Ziel einer Verflüssigung etablierter Disziplingrenzen muss man vor dem Hintergrund der Wissenschaftsgeschichte der sechziger Jahre sehen, als die Geistes- und Sozialwissenschaften sich allgemein in einem Zustand der Neuformierung befanden und speziell in der Soziologie der historische Zugang einen Aufschwung zu erleben schien. Während also, wie auch in Frankreich bei der »Annales«-Schule, programmatisch und intellektuell die Soziologie der bevorzugte Kooperationspartner der Geschichte sein sollte, war in praktischer und personeller Hinsicht (was seltener gesehen wird) zeitweise die Überlappung mit der Politikwissenschaft als einem in Deutschland damals noch ganz jungen Fach wesentlich größer, auch im Umkreis der »Historischen Sozialwissenschaft«.

> Kritik und Emanzipation

Fünftens: Die Traditionskritik dieser Reformbewegung ist stets auch politisch-moralisch inspiriert: Sie will Lehren aus der Vergangenheit, speziell der jüngeren deutschen Vergangenheit, für die eigene Gegenwart ziehen. Vom manchmal zum Klischee vereinfachten Gegner, dem »Historismus« (Iggers 1978; Mommsen 1971) will man sich in zweierlei Hinsicht unterscheiden: Die Historie soll sich nicht auf Neutralität und Objektivität zurückziehen, auf das leidenschaftslose Erforschen dessen, »wie es eigentlich gewesen ist« – also eine Stoßrichtung, verkürzt gesagt, »gegen Ranke«. Sie soll sich in ihrem Gegenwartsbezug aber auch nicht mehr mit den »Mächtigen«, den preußisch-deutschen Eliten und ihren Traditionen des Nationalstaats verbünden – wiederum plakativ verkürzt also eine Stoßrichtung »gegen Treitschke«. Stattdessen geht es, manchmal locker inspiriert von der Kritischen Theorie der »Frankfurter Schule« (Wehler 1973a) um Kritik und Aufklärung der Gegenwart durch Geschichte. Die Geschichtswissenschaft soll, wie man es in den sechziger Jahren überhaupt von den Geistes- und Sozialwissenschaften erwartete, »emanzipatorische Funktionen« wahrnehmen und dem gesellschaftlichen Fortschritt dienen; sie reiht sich ein in die allgemeinen Bemühungen um eine »politische Pädagogik« in der westdeutschen Nachkriegsgesellschaft. Historische Sozialwissenschaft lässt sich insofern nie auf den rein fachinternen Diskurs begrenzen, sondern will in die Öffentlichkeit, in das allgemeine Publikum hineinwirken.

»Sonderwege«

Sechstens: Die auf die jüngere deutsche Geschichte bezogene Traditionskritik führt die Historische Sozialwissenschaft zu vielerlei Vergleichen Deutschlands mit dem »Westen«, aber damit auch zu einer deutlichen Bevorzugung der »nationalen« Perspektive auf die Geschichte. Im Vordergrund des Interesses stehen die Probleme der deutschen Gesellschaft und Politik seit den modernen industriellen und politischen Revolutionen des späten 18. und frühen 19. Jahrhunderts; zumal in der Anfangsphase um 1970 stand die Zeit zwischen der Bismarckschen Reichsgründung und Hitlers Machtergreifung besonders im Blickpunkt. Besonders charakteristisch – und einflussreich – wurde hier Hans-Ulrich Wehlers Darstellung über »Das Deutsche Kaiserreich 1871–1918« von 1973. Daraus resultierte ein typisches »master narrative« (Meistererzählung) dieser Epoche, das die ältere Vorstellung nämlich von einem preußisch-deutschen »Sonderweg« gegenüber dem »Westen« aufgriff und kritisch wendete: als einen Sonderweg der Kontinuität alter Eliten, des Obrigkeitsstaates und der ausgebliebenen Demokratisierung (Wehler 1973b). In der Fachdiskussion ist diese Sichtweise seit langem sehr deutlich (auch selbstkritisch) korrigiert worden; wissenschaftsgeschichtlich gesehen, erfüllte sie vor drei Jahrzehnten aber eine wichtige Funktion für die Legitimitätsstiftung (und kulturelle Verwestlichung) der damals jungen westdeutschen Demokratie.

2. Entstehungsbedingungen in den sechziger und siebziger Jahren

Politischer Aufbruch: Reformklima

Die letzte Bemerkung hat noch einmal deutlich gemacht: Anders als vor zehn oder fünfzehn Jahren fällt es inzwischen schwer, Historische Sozialwissenschaft zu definieren, ohne sie selbst in einen historischen Kontext, in die Entstehungsbedingungen ihrer Zeit, zu rücken, einer Zeit nämlich, die für die nachwachsenden Studentinnen und Studenten längst vor ihre eigene Lebenszeit zurückreicht (Nolte 1999). Die Historische Sozialwissenschaft entstand im politischen Aufbruch- und Reformklima der sechziger Jahre, das auf die Bundesrepublik nicht beschränkt war, aber hier auf Grund der Auseinandersetzung mit der nationalsozialistischen Vergangenheit eine besondere Ausprägung erfuhr. Ihre Verfechter identifizierten sich mit Willy Brandts »mehr Demokratie wagen« ebenso wie mit Gustav Heinemanns Bemühungen um eine kritische Vergegenwärtigung verdrängter demokratischer Traditionen in der deutschen Geschichte. Die Universitäten gerieten nicht nur durch die Studenten in Bewegung, sondern schon etwas früher durch die beginnende Hochschulreform und -expansion, die wiederum einen ohnehin bevorstehenden Generationswechsel in vielen Disziplinen beschleunigte. Die »Geisteswissenschaften« einschließlich der Geschichte gerieten in die Krise; man fragte danach, wozu Geschichte noch gut sei. Die Sozialwissenschaften dagegen erlebten einen historisch beispiellosen Aufschwung; ihre Denkweise, ihr Vokabular strahlte in andere Disziplinen aus, die an diesem Erfolg teilhaben wollten: ähnlich, wie es in den neunziger Jahren mit der Anthropologie und ihrer Sprache des Kulturell-Symbolischen der Fall war (Kocka 1991).

Die damals jüngere Generation der zwischen 1930 und 1940 Geborenen wollte aber nicht nur Inhalt und Methoden der Geschichtswissenschaft verändern, sondern auch einen anderen Wissenschaftsstil etablieren, der auf offener Diskussion, auf egalitärem Diskurs statt auf professoraler Verkündigung beruhte. Wie kritisch auch immer man inzwischen manche Aspekte der Hochschul- und Wissenschaftsreform der sechziger Jahre beurteilt – dieser Stilwandel ist selbstverständlich geworden, und erst auf seiner Grundlage sind die zahlreichen und lebhaften Historikerkontroversen der letzten Jahrzehnte möglich geworden; seitdem ist – was freilich nicht allein den Vertretern der Historischen Sozialwissenschaft zuzurechnen ist – das Fach Geschichte kontinuierlich in Bewegung.

Theodor Schieder
Werner Conze

Was die mehr fachinternen Entstehungsbedingungen betrifft, so spielte eine (vor der Hochschulexpansion!) vergleichsweise kleine Gruppe akademischer Lehrer für die Prägung der deutschen Sozialgeschichte im Allgemeinen und der Historischen Sozialwissenschaft im besonderen eine dominierende Rolle. Das waren in der Frühphase vor allem die Historiker Theodor Schieder in Köln und Werner Conze in Münster und später in Heidelberg. Auf unterschiedliche Weise förderten sie das Interesse an der Geschichte moderner sozialer und politischer Strukturen und Bewegungen, vor allem an Gesellschaft und Politik im Zeichen von Industrieller Revolution (Conze 1957) und Nationalstaatsbildung (Schieder 1991); und sie öffneten sich neuen Methoden und Vorgehensweisen wie der Strukturgeschichte oder dem historischen Vergleich, teils auch schon den sozialwissenschaftlichen Nachbardisziplinen. Zugleich waren sie, im Kontext der alten Ordinarienuniversität, erfolgreiche Patriarchen und Gruppenbildner; sie versammelten Kreise von Schülern und Gleichgesinnten und prägten Themen. Das galt besonders für Conze und seinen »Arbeitskreis für moderne Sozialgeschichte«, der sich der Sozial-, Struktur- und Begriffsgeschichte der »industriellen Gesellschaft« verschrieb und gleichzeitig ein personelles Netzwerk etablierte, von dem später auch die Historische Sozialwissenschaft profitierte.

Die neuen Themen und Methoden dieser Generation in den fünfziger Jahren verdankten sich, das ist in letzter Zeit sehr deutlich geworden, nur teilweise neuen

> **»Volksgeschichte«**

Erfahrungen in der Bundesrepublik oder dem internationalen Austausch westlicher Geschichtswissenschaft in der Nachkriegszeit. Sie waren vielmehr zu einem großen Teil schon seit den dreißiger Jahren geprägt worden, als sich Historiker wie Conze und Schieder im Umkreis der so genannten »Volksgeschichte« bewegten, die nach sozialen Grundformen des deutschen Volkes fragte und diese zunehmend, wenn auch keineswegs ausschließlich, auf rassischer Grundlage definierte (Schulze 2000). Beide wirkten während des »Dritten Reiches« an Institutionen und Projekten mit, die der Vorbereitung oder Absicherung der nationalsozialistischen Siedlungs- und Vernichtungspolitik in Osteuropa dienten. Es war aber nicht dies, sondern es waren eher bestimmte intellektuelle Traditionen, die – in die Nachkriegszeit fortgeführt – eine Brücke zu manchen Vorstellungen und Denkfiguren der jüngeren Generation von Sozialhistorikern, auch der Historischen Sozialwissenschaft, bildeten. Die Frage nach den Bauformen des Volkes transformierte sich in die nach den Strukturen der Gesellschaft, und von dem rechten Soziologen Hans Freyer übernahm man das »Problem« der »industriellen Gesellschaft« und des Schicksals der sozialen Gruppen und Klassen in ihr. Hier konnten sich »rechte« und »linke« Gesellschaftskritik zeitweise berühren.

> **Einfluss der Emigranten**

Es ist wichtig zu sehen, dass die um 1930 geborenen späteren Pioniere der Historischen Sozialwissenschaft ihre entscheidende intellektuelle Prägung als Studenten und Doktoranden bereits in den fünfziger und frühen sechziger Jahren erfahren haben, jedenfalls vor »1968«, und dementsprechend sind sie (anders als die gleichfalls wichtige Gruppe der etwa 1940/41 Geborenen) durchaus noch mit den Ausläufern älterer Traditionen deutscher Geisteswissenschaft und Ideologie in unmittelbare Berührung gekommen. Aber es gab andere Einflüsse, die mindestens ebenso wichtig waren. An erster Stelle ist hier die Orientierung an solchen »linken« und demokratischen, häufig auch jüdischen Historikern und Sozialwissenschaftlern zu nennen, die 1933 aus Deutschland emigriert und geflüchtet waren und im westlichen Ausland, meist in den USA, eine zweite Karriere begonnen hatten. In den fünfziger Jahren kehrten einige von ihnen zeitweise oder dauernd nach Deutschland zurück und knüpften teils enge persönliche Kontakte zu damals jungen westdeutschen Historikern. Das galt zum Beispiel, um nur zwei Namen zu nennen, für den Sozial- und Ideenhistoriker Hans Rosenberg und den Politologen Ernst Fraenkel, den Lehrer Gerhard A. Ritters. Angesichts der Diskreditierung vieler der etablierten Zunfttraditionen schien es schon früh, seit der Mitte der sechziger Jahre, wichtig, sich nicht nur an der westlichen (vor allem amerikanischen) Wissenschaftskultur zu orientieren, sondern auch wissenschaftliche und politische Außenseiter des eigenen Landes wieder zu entdecken, sie damit zu rehabilitieren und zugleich zur

Legitimationsstiftung für die eigenen Ziele einzusetzen. Ein viel diskutiertes erstes Signal war 1965 die Veröffentlichung der Aufsätze des 1933 in den USA jung verstorbenen Berliner Historikers Eckart Kehr durch Hans-Ulrich Wehler (Kehr 1965). Methodische und theoretische Anstöße im engeren Sinne boten die Emigranten aber nicht so sehr. Für diese orientierte man sich eher an der amerikanischen Soziologie und Politikwissenschaft – zum Beispiel ihren »Modernisierungstheorien« (Wehler 1975); früh auch an Max Weber; sowie an jüngeren westdeutschen Sozialwissenschaftlern der Nachkriegsgeneration wie Ralf Dahrendorf, M. Rainer Lepsius oder Jürgen Habermas.

Wagenburg und Sendungsbewusstsein

Es entsprach der wissenschaftspolitischen Stimmung um 1970, den eigenen Neuansatz im Sinne der damals viel rezipierten Wissenschaftstheorie Thomas S. Kuhns als ein neues »Paradigma« zu verstehen, das im Verlauf einer wissenschaftlichen Revolution ruckartig die zur Konvention erstarrte, zur Innovation nicht mehr fähige »Normalwissenschaft« ablöste. Das würde man heute differenzierter sehen, doch muss man nicht nur bedenken, dass innovatorische Bewegungen immer eines gewissen Emphaseüberschusses bedürfen, um wenigstens einen Teil ihrer Ziele durchzusetzen. Man muss auch in Rechnung stellen, dass die Selbststilisierung der Historischen Sozialwissenschaft zu einem neuen Paradigma eine Reaktion auf die teils enorme persönliche Feindseligkeit – einschließlich von Strategien der Karrierebehinderung – war, mit der ihre Vertreter seit Mitte der sechziger Jahre für etwa ein Jahrzehnt konfrontiert waren. Daraus entwickelte sich später das Dilemma, dass die spezifische Kombination von Sendungsbewusstsein und Wagenburgmentalität für manche Sozialhistoriker mit prinzipiell ähnlich gelagerten Zielen nicht sonderlich attraktiv schien, wodurch die Historische Sozialwissenschaft ihrer weiteren Ausbreitung manchmal selbst im Wege stand.

Die Bielefelder Schule

Seit Beginn der siebziger Jahre jedenfalls, mit der universitären Stellenexpansion im Rücken, besetzten die Vertreter der Historischen Sozialwissenschaft neuhistorische Lehrstühle und konnten sich damit, wissenschaftssoziologisch gesehen, als eine strategische Generationsgruppe etablieren. Neben dem persönlichen Netzwerk gehörte dazu die Gründung neuer Publikationsorgane, zunächst (1972) der Buchreihe »Kritische Studien zur Geschichtswissenschaft« mit Monographien der neuen Richtung, aber auch konzeptionell wegweisenden Sammelbänden. Seit 1975 erschien unter der Hauptverantwortung Hans-Ulrich Wehlers, doch getragen von einem 16köpfigen, interdisziplinären Herausgeberkreis die Zeitschrift »Geschichte und Gesellschaft« mit dem Untertitel »Zeitschrift für Historische Sozialwissenschaft« (Raphael 2000). Sie etablierte sich schnell erfolgreich und wurde allgemein, auch nach außen, als das »repräsentative« Organ dessen verstanden, was man seit dieser Zeit zunehmend (und auch im Ausland) die »Bielefelder Schule« nannte. An der neu gegründeten Universität Bielefeld nämlich lehrten führende Repräsentanten der Historischen Sozialwissenschaft, seit 1971 Hans-Ulrich Wehler, seit 1973 Jürgen Kocka, die dieses Programm – eine auf die Erklärung moderner Gesellschaften hin konzentrierte, theoriegeleitete Untersuchung sozialer Strukturen und Prozesse – überdies institutionell in den Studien- und Prüfungsordnungen verankerten.

Der Begriff »Bielefelder Schule« ist unbefriedigend, aber nicht ganz falsch, am wenigsten in seinem ersten Teil: Man kann darüber streiten, ob es sich um eine »Schule« handelte, aber ohne die Universität Bielefeld als organisatorisches und intellektuelles Zentrum ist die Historische Sozialwissenschaft in der Bundesrepublik jedenfalls bis in die späten achtziger Jahre kaum vorstellbar. Andererseits überlappten sich seit Mitte der siebziger Jahre verschiedene Richtungen sozialhistorischer Forschung in der neuesten Geschichte und beeinflussten sich gegenseitig in personeller und intellektueller Hinsicht: Die »Bielefelder« wurden in den schon erwähnten Heidelberger »Arbeitskreis für moderne Sozialgeschichte« Werner Conzes kooptiert, und der Heidelberger Geschichtstheoretiker Reinhart Koselleck lehrte seit 1973 in Bielefeld. Wissenschaftshistorisch gesehen, ist diese Bielefelder Personalkonstellation äußerst bezeichnend, weil sich in ihr noch einmal das zeitweilige Bündnis »linker« und (freilich wesentlich schwächerer) »rechter« Traditionen der historischen Gesellschaftskritik in Deutschland abbildete.

Zwischenbilanz

Bei einer Zwischenbilanz zur Entstehung der Historischen Sozialwissenschaft, einer Phase, die etwa Mitte der siebziger Jahre abgeschlossen war, sollen noch einmal drei Punkte hervorgehoben werden.

Erstens handelte es sich von Anfang an nur teilweise um eine thematisch der Sozialgeschichte gewidmete Forschungsrichtung; viele der führenden frühen Vertreter Historischer Sozialwissenschaft wie Wolfgang J. Mommsen oder Heinrich August Winkler sind nie im engeren Sinne Sozialhistoriker gewesen; selbst Hans-Ulrich Wehler ist erst mit der Arbeit an seiner »Gesellschaftsgeschichte« zum Sozialhistoriker geworden. Wichtiger war zum einen die generationelle Vergemeinschaftung als eine Karrieregruppe, zum anderen das allgemeinere Ziel einer traditionskritischen, westlich orientierten, auf systematische Aufklärung der Gegenwart bezogenen Geschichtswissenschaft. *Zweitens:* Diese Gegenwartsorientierung und das schon erwähnte Leitbild vom deutschen Sonderweg in die industriell-demokratische Moderne führte zu einer Konzentration auf die Epoche des sog. »langen 19. Jahrhunderts«. Das bot am Anfang Vorteile, war aber, im Vergleich gesehen, selbst ein »deutscher Sonderweg«, denn andere Länder kannten diese Selbstbeschränkung ihrer sozialgeschichtlichen Reformbewegung auf eine einzige Epoche nicht und konnten deshalb flexibler als die westdeutsche Historische Sozialwissenschaft reagieren, als neue Innovationen in der Sozial- und Kulturgeschichte von anderen Epochen, vor allem der Frühneuzeitforschung, ausgingen. *Drittens* also kann man die Historische Sozialwissenschaft als Bewegung zur Modernisierung der deutschen Geschichtswissenschaft betrachten, die sich in ähnliche Strömungen anderer Länder etwa zur selben Zeit einordnet. Aber sie bewahrte, teils unabsichtlich, auch viele spezifische Eigenheiten deutscher Geschichtswissenschaft, in deren langfristige Kontinuität sie sich insofern im historischen Rückblick einordnen lässt.

3. Erfolge und Grenzen seit den späten siebziger Jahren

Wie hat sich die Historische Sozialwissenschaft seitdem, in den letzten 20–25 Jahren, weiterentwickelt? Diese Frage ist nicht nur wegen der geringeren zeitlichen Distanz schwerer zu beantworten als die Frage nach den Anfängen und Entstehungsbedingungen (Wehler 1998; Welskopp 1998). Die Außengrenzen dieser Richtung, die nie hermetisch dicht waren, haben sich im Laufe der Zeit weiter gelockert; das ursprüngliche Programm und die sie vertretende Historikergruppe ist damit diffuser geworden, aber andererseits sind viele Grundideen und -prinzipien der Historischen Sozialwissenschaft in die allgemeine Geschichtswissenschaft eingesickert und somit, blickt man zum Vergleich auf den Zustand des Faches im Jahre 1965, zwanzig oder dreißig Jahre später weithin selbstverständlich geworden. Aber auch nach 1980 verband sich Historische Sozialwissenschaft in Deutschland ungewöhnlich eng mit bestimmten fachpolitisch führenden Historiker-Persönlichkeiten und ihren Netzwerken, was manchmal dazu führte, unnötig hohe Barrieren gegenüber Forschungsansätzen aufzubauen, die im Prinzip von ähnlichen, zum Beispiel sozialhistorischen Intentionen ausgingen.

Konsolidierung und Neuorientierung

Die weitere Entwicklung der Historischen Sozialwissenschaft nach ihrer Konstituierungsphase kann man in verschiedener Hinsicht betrachten. Zunächst: Was wurde aus dem ehrgeizigen Ziel, »Geschichte« in einen anderen disziplinären Kontext, nämlich den der systematischen Sozialwissenschaften, zu überführen? Noch in den siebziger Jahren stellte sich heraus, dass die geistes- und sozialwissenschaftlichen Disziplinen aus der Phase der »produktiven Verunsicherung« über ihre eigene Identität eher gestärkt als geschwächt hervorgehen würden. Die Politikwissenschaft konsolidierte sich als eine überwiegend empirisch-analytische Disziplin, in der qualitative und historische Ansätze eine geringer werdende Rolle spielten. Die Soziologie verlor ebenso das Interesse an historischen Studien über Gesellschaften, das freilich nie so groß oder gar dominierend gewesen war, wie es manche Sozialhistoriker zeitweise sehen wollten. Zudem trat die Soziologie, obwohl personell und institutionell erheblich verstärkt, in allgemeiner kulturpolitischer Hinsicht schon seit der Mitte der siebziger Jahre wieder stärker in den Hintergrund; sie war nicht mehr *die* Leitdisziplin, der alle anderen Fächer von der Geschichte bis zur Literaturwissenschaft in dem Bestreben, sich zu soziologisieren, nacheiferten (Kocka 1991). In der Öffentlichkeit verstärkte sich stattdessen wieder das Interesse an Geschichte; auch: an erzählter Geschichte.

Die Historische Sozialwissenschaft ihrerseits hatte immer ihre doppelte Verankerung in sozialwissenschaftlich-analytischen und historisch-hermeneutischen Methoden betont und sah sich jetzt wieder stärker auf die letzteren verwiesen, was freilich auch den Leidenschaften und Vorlieben vieler ihrer, wie wir oben gesehen haben, durchaus traditionell sozialisierten Vertreter entsprach. Zweierlei also wurde die Historische Sozialwissenschaft *nicht*: Erstens entwickelte sie sich nicht zur integrativen Super-Disziplin, zur Dachwissenschaft für (Neuzeit-) Historiker, Soziologen, Politologen und Ökonomen. Zweitens entwickelte sie sich aber auch nicht zu einer »Historischen Sozialforschung« im engeren Sinne dessen, was man im englischen Sprachgebrauch »social scientific history« nennt: zu einer quantifizierenden empirischen Sozialforschung an historischen Gegenständen; sie nahm noch nicht einmal die Vertreter dieses Ansatzes in ihre Reihen auf. Stattdessen blieb die Historische Sozialwissenschaft, aus der Distanz gesehen und ein wenig überspitzt formuliert, immer eine Variante konventioneller Geschichtswissenschaft – schon deshalb, weil ihre Vertreter in besonderem Maße Wert darauf legten, öffentlichkeitswirksame Interpretationen der jüngeren nationalen Vergangenheit anzubieten. Zu der »Entspannung« im Verhältnis zur »traditionellen Historie« trug hinsichtlich des theoretischen Fundaments bei, dass Anhänger der Historischen Sozialwissenschaft wie Jörn Rüsen ein neues Bild des Historismus zeichneten, das sich von den politisch instrumentalisierten Klischees der frühen Jahre deutlich unterschied (Rüsen 1976). Die Zeitschrift »Geschichte und Gesellschaft« wurde rasch zur neuhistorischen Fachzeitschrift mit gelegentlichen Disziplinüberschreitungen; am Ende der neunziger Jahre gehörte kein einziger Soziologe oder Politologe mehr ihrem Herausgebergremium an.

> Politische Sozialgeschichte

In eine andere Richtung kann man fragen, wie die anspruchsvollen und durch zahlreiche theoretische Schriften untermauerten Ziele der Historischen Sozialwissenschaft im Hinblick auf eine neue Geschichtsschreibung konkret und empirisch eingelöst worden sind. Wie vollzog sich der notwendige Schritt »von der Theorie zur Geschichtsschreibung«, und welche Probleme wurden dabei deutlich? In den monographischen Studien dieser Richtung standen am Anfang zwei Ansätze und ihnen zugeordnete Themen im Vordergrund: ein politökonomischer Ansatz einerseits, der auf ökonomische (z. B. konjunkturgeschichtliche) Erklärungen politischen Handelns zielte, etwa am Beispiel des Imperialismus oder der Entstehung des Ersten Weltkriegs (Wehler 1969); ein mehr politisch-soziologischer Ansatz andererseits, der sich für das politische Verhalten und die politische Organisation sozialer Gruppen vornehmlich zwischen der Bismarckzeit und der Weimarer Republik interessierte. Diese so genannte »politische Sozialgeschichte« (z. B. der modernen Interessenverbände) wurde bald zu einem besonderen Markenzeichen der neuen Richtung (Kocka 1977c). Sie verglich anfangs häufig die deutsche Entwicklung mit der in demokratischen Ländern, vor allem den USA und erlebte einen Höhepunkt in den Debatten über die Deutung des deutschen Kaiserreiches von 1871.

»Reine« Sozialgeschichte

Erst allmählich, seit den späten siebziger Jahren und mit den Arbeiten wiederum etwas jüngerer Historiker, begann eine »reine« Sozialgeschichte als eine Geschichte sozialer Gruppen und Klassen der modernen industriellen Gesellschaft eine größere Rolle zu spielen: die Geschichte zunächst der Arbeiterschaft, dann auch der Mittelschichten und des Bürgertums (weniger dagegen des Adels oder sozialer Klassen in der ländlichen Gesellschaft), rückte in den Mittelpunkt und zeigte eine gewisse Emanzipation von den ursprünglich ganz überwiegend *politischen* Erkenntnis- und Erklärungsinteressen der Historischen Sozialwissenschaft an (Schieder/Sellin 1986/87). Auch weitete sich jetzt der anfangs erstaunliche enge zeitliche Rahmen der Untersuchungen ein Stück weit aus, vor allem in das späte 18. und frühe 19. Jahrhundert. Wiederum ein Jahrzehnt später verschob sich das Themen- und Methodenspektrum erneut und schloss jetzt geschlechter- und zunehmend auch kulturgeschichtliche Fragestellungen ein; soziales Handeln und Verhalten, soziale Erfahrungen und Wahrnehmungen wurden gegenüber den sozialen (bzw. sozialökonomischen) Strukturen und Prozessen wichtiger (Mooser 1984). Man kann jedoch sagen, dass ein Kernbestand von Interessen über diese Veränderungen hinweg durchaus erhalten blieb – ob man das für einen Vorteil hält oder nicht: Meistens ging es um Lage und Verhalten sozialer Gruppen (und der von ihnen gebildeten Institutionen) unter dem Druck von Modernisierungsprozessen, und meistens blieb ein Bezug auf den politischen Verlauf der deutschen Geschichte im 19. und frühen 20. Jahrhundert, auf eine politische »Meistererzählung« der Nationalgeschichte, erkennbar.

Kockas »Klassengesellschaft im Krieg«

Meist handelte es sich zugleich um eine theoretisch inspirierte, jedenfalls begrifflich reflektierte Geschichtsschreibung, auch wenn in der Regel der Rahmen herkömmlicher historiographischer Narrativität nicht verlassen wurde. Es gab jedoch auch Versuche, regelrechte »Experimente«, zu neuen Formen einer theoriegeleiteten historischen Analyse zu gelangen und diese nicht nur in der Forschungspraxis, sondern auch in der Darstellung umzusetzen. Das wichtigste Beispiel hierfür ist Jürgen Kockas Studie über die deutsche Klassengesellschaft im Ersten Weltkrieg, die ein marxistisches Modell der Klassenbildung und klassengesellschaftlichen

Konfliktzuspitzung entwarf und es im Weberianischen Sinne als einen die Untersuchung führenden »Idealtypus« einsetzte, um die historische Wirklichkeit zwischen 1914 und 1918 mit ihm vergleichen zu können (Kocka 1973). Das blieb in seiner bewussten Zuspitzung ein Sonderfall, hat aber viel zur Klärung von Grundsatzfragen beigetragen und manche Formen eher loserer Theorieverwendung inspiriert.

Wehlers »Gesellschaftsgeschichte«

Einen anderen Weg, die Ziele der Historischen Sozialwissenschaft historiographisch einzulösen, beschritt Hans-Ulrich Wehler mit seiner schon zu Beginn der siebziger Jahre konzipierten, seit 1987 erscheinenden »Deutschen Gesellschaftsgeschichte« (Wehler 1987–95). In ihr wurde der disziplinäre Integrationsanspruch der Historischen Sozialwissenschaft auch auf ihren Gegenstand angewendet: mit dem Ziel einer Gesamtdarstellung der neueren deutschen Geschichte, die statt vom Nationalstaat von der (nationalen) »Gesellschaft« ausgeht, von der Gesellschaft als einem Ensemble ökonomischer, politischer, sozialstruktureller und soziokultureller Kräftelinien. Wie kein anderes Projekt macht die Wehlersche »Gesellschaftsgeschichte« deutlich, dass die Historische Sozialwissenschaft sich nicht als »marginale« Richtung verstand, sondern sich ganz bewusst ins Zentrum der nationalen Geschichtsdeutung in (West-) Deutschland stellen wollte: Die »Gesellschaftsgeschichte« wurde zur klarsten Form der Verwirklichung »Historischer Sozialwissenschaft« und näherte sich gerade deshalb der konventionellen Form einer nationalhistorischen Synthese wiederum sehr stark an (Nolte u. a. 2000).

Nipperdeys Kritik

Angesichts der bisweilen scharfen, auch polemischen Formulierung ihrer eigenen Positionen war es nicht überraschend, dass sich die Historische Sozialwissenschaft ihrerseits stets von Gegenbewegungen herausgefordert sah; diese wechselnden Kontroversen gehören zur Geschichte der Historischen Sozialwissenschaft in Deutschland untrennbar dazu. In den sechziger und siebziger Jahren griff die »etablierte« Historiographie ihre Herausforderin an; wohl am intelligentesten und einflussreichsten kritisierte Thomas Nipperdey immer wieder die theoretischen Prämissen und zumal den expliziten Gegenwartsbezug der Historischen Sozialwissenschaft. Dem hielt er die Ideale der »Objektivität« und der »gerechten«, aus den Zeitumständen her argumentierenden Würdigung von historischen Personen und deren Handeln entgegen (Nipperdey 1976).

Neue Herausforderer: Hans Medick

Seit den achtziger Jahren, und für die Vertreter der Historischen Sozialwissenschaft durchaus überraschend, wechselte die Kritik die Richtung; die eben noch neue Bewegung geriet ins Visier wiederum neuer Ansätze, die politisch – wenn man es einmal plakativ verkürzt – meist »links« von der Historischen Sozialwissenschaft angesiedelt waren. Am Anfang stand der Streit mit der vor allem außeruniversitären Bewegung der »Alltagsgeschichte«; bald darauf, und einige Motive von deren Kritik aufnehmend, entwickelte sich die Kontroverse mit den Verfechtern einer Historischen Anthropologie und »neuen Kulturgeschichte« (Daniel 1993; Mergel 1997). Ein 1984 in der Zeitschrift »Geschichte und Gesellschaft« veröffentlichter Artikel Hans Medicks war dafür in vieler Hinsicht die Initialzündung (Medick 1984). Er warf der Historischen Sozialwissenschaft vor, bei ihrem Blick auf Strukturen und Prozesse, auf Modernisierung und Fortschritt die historischen Subjekte, ihr Leiden, ihre Erfahrungen und überhaupt ihre Kategorien der Wirklichkeitsdeutung zu vernachlässigen. Medick empfahl der Geschichtswissenschaft eine stärkere Beachtung hermeneutischer Verfahren sowie eine Hinwendung zu den damit verwandten Methoden der Sozial- und Kulturanthropologie wie der Feldforschung und der »dichten Beschreibung« (Clifford Geertz).

In den neunziger Jahren hat sich diese Kontroverse erst mit voller Wucht entfaltet und dauert derzeit noch an, denn das Verhältnis der Kontrahenten zueinander ist vielschichtig und mehrdeutig. Einerseits bemüht sich die Historische Sozialwissenschaft selbst um eine Erweiterung zur Kulturgeschichte (Hardtwig/Wehler 1996). Andererseits hat es auf beiden Seiten übersteigerte Feindseligkeit und Abwehrreflexe gegeben: Das kann man, wie schon einige Züge der Debatte um 1970, für spezifisch deutsch halten, denn in anderen Ländern sind Sozial- und Kulturgeschichte oftmals eine unaufgeregte, und empirisch umso produktivere, Verbindung eingegangen. Man sollte also die Gemeinsamkeiten beider Ansätze und die Überlappungen, die sich bei der Arbeit an konkreten historischen Problemen ergeben, nicht übersehen (Mergel/Welskopp 1997). Auch die besondere »Theoriebesessenheit« der deutschen Debatte über die Kulturgeschichte – mit der endlosen Exegese diesmal nicht von Max Weber, sondern von Pierre Bourdieu und Michel Foucault – erinnert an den Wissenschafts- und Diskursstil der frühen Historischen Sozialwissenschaft. Insofern beruht die »neue Kulturgeschichte« in vieler Hinsicht auf Prinzipien, welche die Historische Sozialwissenschaft in die deutsche Geschichtswissenschaft eingeführt hat.

4. Welche Zukunft hat die Historische Sozialwissenschaft?

Aber man darf nicht nur die Gemeinsamkeiten betonen, sondern muss, wo nötig, auch Unterschiede hervorheben: Die Kulturgeschichte wird die Historische Sozialwissenschaft nicht ersetzen können, und umgekehrt muss diese nicht die Kulturgeschichte mit imperialem Gestus vereinnahmen. Wie könnte ein eigenständiges Profil der Historischen Sozialwissenschaft in der Zukunft aussehen, und welchen Herausforderungen muss sie sich dabei stellen? Antworten auf diese Frage haben notwendigerweise subjektiven Charakter. Man kann zunächst versuchen zu bestimmen, was zu diesem Profil *nicht* unbedingt dazugehören wird: Die stärkere Abschottung und Grenzbefestigung als eine »Schule« würde in die Isolation und intellektuelle Verkümmerung führen. Theoriebewusstsein und theoretische Reflexion bleiben wichtig, aber dem Streben nach immer mehr Theorie, nach einem zweiten Anlauf zur durchgreifenden Theoretisierung der Geschichtsschreibung (Welskopp 1998), wird die Zukunft wohl nicht gehören; dagegen sprechen alle Erfahrungen ebenso wie die Erwartungen des Lesepublikums. Sozialgeschichte im engeren Sinne des Begriffes bleibt ein wichtiges Thema, doch wird sich die Historische Sozialwissenschaft (wie schon bisher) nicht über einen Gegenstandsbereich ihrer Forschungen definieren lassen, und mehr als früher werden z. B. Politik- und Ideengeschichte – die Feindbilder der sechziger und siebziger Jahre! – in ihr Platz finden.

Prognosen: Große Konstellationen

Vielleicht kann man vier Grundgedanken und Richtungsangaben für eine zukünftige Historische Sozialwissenschaft benennen. In ihr werden, *erstens*, auch weiterhin Strukturen und Prozesse der Geschichte eine tragende Rolle spielen. Sie wird sich der Auflösung von Geschichte in individuelle Handlung, subjektive Erfahrung und »agency« verweigern; sie wird zugleich gegenüber den Mikro-Perspektiven der Kulturgeschichte (die völlig legitim sind) übergreifende Strukturmuster gesellschaftlicher Entwicklung herauszuarbeiten versuchen (denn auch das bleibt legitim und notwendig). Man kann sich sogar vorstellen, dass sie gelegentlich entschiedener als bisher die Möglichkeiten einer »Strukturgeschichte« im französischen Sinne erprobt. Ohne den Anspruch auf Erklärung größerer Konstellationen, ohne weite interpretatorische Fluchtlinien ist Historische Sozialwissenschaft schwer vorstellbar.

Zeitkritisches Engagement

Damit hängt ein *zweiter* Punkt unmittelbar zusammen: Der Zeitgeist der sechziger und frühen siebziger Jahre ist zwar verflogen, an die vollmundigen Ideale von einer »emanzipatorischen Funktion der Geschichtswissenschaft« mag niemand mehr glauben, und vor ihrer politischen Instrumentalisierung wird sich jeder hüten. Aber in einem allgemeinen und doch fundamentalen Sinne wird die Historische Sozialwissenschaft darauf bestehen, dass die Rekonstruktion der Vergangenheit eine politische Bedeutung für die Gegenwart hat, und sie wird in ihrer Geschichtsschreibung versuchen, dem Rückzug ins Unpolitische entgegenzuwirken. Sie betreibt Geschichte mit dem Impuls des zeitkritischen Engagements, auch wenn sie das etwas distanzierter, vielleicht ironischer tun wird als vor einigen Jahrzehnten.

Ökonomie

Drittens: Den überwiegend sozialökonomischen (oder gar politökonomischen) Blick auf Geschichte aus der Gründungszeit der Historischen Sozialwissenschaft wird sich kaum jemand zurückwünschen. Doch wird man die Ökonomie, überhaupt die materiellen Faktoren der Geschichte nicht gut weiterhin so vernachlässigen können, wie das in den neunziger Jahren der Fall war (Kocka 2000). Wiederum zeigt das französische Beispiel der Annales, aber auch die angloamerikanische Geschichtswissenschaft, dass sich eine innovative Sozial- und Kulturgeschichte keineswegs in die Beschreibung von Symbolwelten und außerökonomischen Erfahrungszonen auflösen muss. Die Historische Sozialwissenschaft muss die enorme Prägekraft materieller Strukturen und ökonomischer Entwicklungsdynamik ernst nehmen, denn ohne sie sind Kulturformen und Weltdeutungen gar nicht verstehbar. Das gilt auch für den Übergang in das »postindustrielle«, aber deswegen noch lange nicht postökonomische Zeitalter im 20. Jahrhundert. Die neuen Strukturen des globalisierten Kapitalismus werden schon bald nach historischer Erklärung verlangen. Damit könnte auch der Disziplinenkontakt zwischen Geschichte und Sozialwissenschaften wieder eine größere Bedeutung gewinnen.

Zeitliche Öffnung

Die letzte Bemerkung deutete es schon an: Mit der Konzentration auf die »klassische« Phase der industriellen und politischen Modernisierung im 19. Jahrhundert allein kann die Historische Sozialwissenschaft keine Existenzberechtigung mehr einklagen. Sie wird sich, *viertens*, in zeitlicher, in epochaler Hinsicht öffnen müssen. Mit dem größeren Abstand zum 19. Jahrhundert verflüssigen sich die Grenzen zu den sog. »vormodernen« Epochen, vor allem zur Frühen Neuzeit, und die thematischen und methodischen Innovationen aus diesen Bereichen werden, wie das in anderen Ländern längst der Fall ist, auch in der deutschen Historischen Sozialwissenschaft den Blick auf die jüngere Vergangenheit stärker beeinflussen können (Nolte 1997). Aber noch wichtiger wird eine Öffnung in die Geschichte des 20. Jahrhunderts, zumal seine zweite Hälfte seit 1945, sein. Hier wird die Historische Sozialwissenschaft deutlich machen können, dass die Geschichte der Bundesrepublik nicht in ihrer eigenen »Erinnerungsgeschichte« aufgeht, sondern weiterhin von elementaren sozialen Prozessen gekennzeichnet bleibt, die auch Alltag und Erfahrung der Menschen maßgeblich bestimmen: von der Entwicklung der Klassengesellschaft und des Sozialstaats; von Reichtum und Armut; vom Übergang in die Dienstleistungsgesellschaft mit ihrer Konsum- und Freizeitkultur; von Einwanderung und ethnischen Konflikten. Auch in dieser Hinsicht wird das Gespräch mit der Soziologie, die sich solchen Themen seit etwa 15 Jahren empirisch und theoretisch vermehrt gewidmet hat, wieder wichtiger werden und vielleicht das zwanghafte Schielen auf die Kulturgeschichte ersetzen.

Am Ende bleibt dennoch Unsicherheit: Die Historische Sozialwissenschaft ist noch nicht Geschichte, aber sie befindet sich in einem generationellen Umbruch, im Abschied von ihrer Vätergeneration. Es ist sogar offen, ob der Begriff »Historische Sozialwissenschaft« weitergetragen wird oder als ein historischer Begriff an der Gründergeneration haften bleibt. Aber selbst dann wäre die Historische Sozialwissenschaft nicht folgenlos geblieben; in vieler Hinsicht ist sie längst zu einer »Normalwissenschaft« im Kuhnschen Sinne geworden. Als eine »regulative Idee« (Mooser 1997), Geschichte zu betreiben, bleibt sie wichtig. Sie hat, in langfristiger Perspektive gesehen, eine Pionier- und Brückenfunktion für die Modernisierung der deutschen Geschichtswissenschaft in der zweiten Hälfte des 20. Jahrhunderts wahrgenommen. Über diese Brücke können seitdem auch andere gehen und damit vielleicht über die Historische Sozialwissenschaft hinausgelangen.

Paul Nolte, Professor an der International University Bremen. Forschungsgebiete: Deutsche und amerikanische Sozial- und Ideengeschichte des 18. bis 20. Jahrhunderts, Theoriefragen der Geschichtswissenschaft.

Matthias Middell

Marxistische Geschichtswissenschaft

Eine der Schwierigkeiten bei der Analyse der marxistischen Geschichtswissenschaft ist ihre Unterscheidung von der Entwicklung des Marxismus im Allgemeinen, denn der Marxismus insgesamt beanspruchte, eine durch und durch historische Deutung der Gesellschaft zu geben. Er verstand sich dabei zu weiten Teilen als materialistische Geschichtsphilosophie, ohne dass allerdings wichtige Vertreter auf die von Georg Friedrich Wilhelm Hegel und der jakobinischen Sprache der Französischen Revolution inspirierten Passagen im Frühwerk von Karl Marx verzichtet hätten (Guilhaumou 1989), die der heutigen kulturalistischen Wende der Geschichtsschreibung wohl näher sind als ein dogmatischer Materialismus, der die symbolischen Formen nur als Äußerlichkeiten eines »objektiven« Wesens der Dinge ansieht (Lüdtke 1997). Wenn wir nicht alle Beiträge von Intellektuellen, die sich als Marxisten verstanden, den marxistischen Geschichtswissenschaften zurechnen wollen, dann bleibt nur die Einführung eines dem Gegenstand selbst fremden Kriteriums, nämlich der Professionalität, wie sie sich in der zweiten Hälfte des 19. Jahrhunderts (zunächst ganz außerhalb des Marxismus, der von Marx her für ein ganzheitliches Wissenschaftsverständnis optierte und eine Ausdifferenzierung einer speziellen Geschichtsbetrachtung jenseits von politischer Ökonomie, Rechtstheorie oder Staatsverständnis nicht vorsah) durchsetzte. Diese Eingrenzung leuchtet wahrscheinlich jedem Absolventen des westlichen Bildungssystems unmittelbar ein, denn Professionalisierung, Verwissenschaftlichung und disziplinäre Spezialisierung sind heute weitgehend gewohnte Umgebung.

Unter der Bezeichnung »marxistische Historiker und Historikerinnen« wären demzufolge jene in den Institutionen der akademischen Historiographie tätigen Mitglieder der scientific community zu betrachten, die sich selbst als Marxisten verstehen oder von anderen wegen ihrer Arbeitsweise, Argumentationstechniken und bevorzugten methodologischen Referenzen als solche angesehen werden. Gegen eine solche Festlegung ließen sich allerdings mindestens zwei Einwände vorbringen. Zum einen blieben marxistische Historiker lange Zeit aus dem akademischen Betrieb ausgegrenzt und legten ihre einflussreichen Arbeiten gerade aus einer semiprofessionellen Position z. B. als Journalisten oder Parteifunktionäre vor. Andererseits hat sich in jüngerer Zeit die Untersuchung der oft pauschal als marxistisch beschriebenen Historiographien in den ostmitteleuropäischen Ländern und der Sowjetunion nach dem Zweiten Weltkrieg gerade darauf konzentriert, dass es weniger die professionellen Historiker waren, die über die Geschichtsbilder entschieden, als vielmehr ein Apparat der Wissenschaftskontrolle und -lenkung, der unmittelbar mit den Herrschaftsinstitutionen verbunden war (Sabrow 2000; Lindner 1999; Jessen 1999). Wenn wir also von marxistischen Historikern im oben angedeuteten eingeschränkten Sinne sprechen, müssen wir uns bewusst sein, dass wir damit den Geschichtsdiskurs (Küttler/Rüsen/Schulin 1999) um wichtige Dimensionen verkürzen, die in den letzten Jahren mit Stichworten wie »lieux de mémoire« (Erinnerungsorte), kulturelles Gedächtnis, Geschichtspolitik oder Vergangenheitspolitik immer wichtiger geworden sind.

Anfänge

Die Marxsche Theorie und die ersten marxistischen Arbeiten des späten 19. Jahrhunderts zeichneten sich durch eine neue Sensibilität für die Rolle der Ökonomie, der sozialen Beziehungen (als ökonomisch fundierte und kulturell ausgedrückte Beziehungen) und für die Rolle der vielen, der Massen, der kleinen Leute aus. Hierauf reagierte die professionelle Historiographie (in den verschiedenen Ländern mehr oder minder zögernd) durch die Entfaltung von Strukturen, Diskursen und Spezialisierungen, die diese Sensibilität in die akademische Geschichtswissenschaft integrierten. Im Zuge ihrer (verzögerten) Akademisierung und Professionalisierung nahm die marxistische Geschichtswissenschaft an diesem Prozess teil und differenzierte sich dabei in verschiedene Richtungen: ökonomischer Determinismus blieb kennzeichnend für eine abstrakte Formationsanalyse; daneben entstanden aber empirisch fundierte Studien zu Klassenbildungs- und -differenzierungsprozessen und Untersuchungen zur kulturellen Formierung von sozialen Gruppen. Als vereinende Originalität einer sich marxistisch verstehenden Historiographie blieb die große Aufmerksamkeit für die Verbindung von sozialer Ungleichheit und den in der politischen Sphäre ausgetragenen Konflikten (eine Sensibilität, die sich aus der Marxschen Formel »Alle Geschichte ist die Geschichte von Klassenkämpfen« ergibt).

Insofern ist die marxistische Historiographie nicht schlechthin Bestandteil einer Sozialgeschichte im weiteren Sinne, sondern hat entscheidend zu ihrer Herausbildung beigetragen. Sozialgeschichte im engeren Sinne (wie sie etwa in der sog. Bielefelder Schule praktiziert wird) versteht sich eher als eine Reaktion auf den Marxismus und bleibt unentschieden, ob sie den gleichen umfassenden Anspruch auf Gesellschaftserklärung oder einen viel engeren als spezialisierte Subdisziplin der Geschichtswissenschaft erheben soll.

1. Ursachen des Aufstiegs

Marxistische Geschichtsschreibung verdankte ihren Aufstieg zwei geistesgeschichtlichen Prozessen und der Verbindung mit Teilen der organisierten Arbeiterbewegung. Ihre intellektuelle Attraktivität ergab sich für einen Teil der sozial- und kul-

Krise des Historismus – Marx' Entwürfe

turhistorisch interessierten Historikerschaft in dem Maße, wie die Schwierigkeiten der traditionellen Historiographie des 19. Jahrhunderts mit ihrer Fixierung auf die Oberfläche politischer Ereignisse und deren Ungenügen für das Einlösen universalgeschichtlicher Interpretationen fühlbar wurden (Markov 1950). Der Positivismus und die »neue Geschichte« nach 1890 ließen den Bedarf an stimmigen holistischen Entwürfen zur historischen Deutung einer in Bewegung geratenen Welt wachsen. Die Marxschen Entwürfe erwiesen sich als anregend für die Lösung der Krise der Geschichtsschreibung um 1900: Die Berücksichtigung von Ökonomie und sozialen Verhältnissen drängte sich dem Betrachter der dynamischen Modernisierung des ausgehenden Jahrhunderts der Industrialisierung auf, und Marx bot mit der Kategorie der *sozialökonomischen Formation* einen Ansatz für die Tiefengliederung der zeitgenössischen Gesellschaft hin zu den bereits durch Forschung vertrauten mittelalterlichen und frühneuzeitlichen und zu den vorerst noch eher spekulativ erfassbaren prähistorischen Verhältnissen. Damit kam er dem durch den Historismus verstärkten Bedarf nach einer auf die Gegenwart hinführenden Betrachtung der Vergangenheit entgegen (Scholtz 1997). Die Marxschen Vorschläge zu einer dialektischen Auffassung von revolutionären Schüben und relativ stabilen Gesellschaftszuständen boten zugleich eine Lösung an für die Polemik zwischen einer historischen Betrachtungsweise, der jede Epoche »unmittelbar zu Gott« war, und den evolutionistischen Geschichtsmodellen.

Gleichzeitig erwiesen sich die Marxschen Kategorien als attraktiv für die bis dahin noch unbeholfenen Versuche des transkontinentalen Kulturvergleichs, der angesichts des Aufstieges der USA nicht mehr aus einer rein eurozentrischen Haltung geführt werden konnte. Schließlich war die Verwandtschaft der Marxschen mit der Hegelschen Fortschrittsauffassung unübersehbar in einer durch den Aufstieg der Naturwissenschaften und einer darwinistischen Anthropologie gekennzeichneten Zeit. Gerade in der Verbindung der Stärken des Positivismus mit denen des Historismus lag die Originalität und Attraktivität der sich herausbildenden marxistischen Geschichtswissenschaft – Charakteristika, die sie parallel zur frühen historischen Soziologie etwa Max Webers entwickelte, mit der sie auch die Überzeugung teilte, dass Wissenschaft nicht wertfrei und neutral sei.

Von Marx zum Marxismus

Nach den Intentionen von Marx sollte die von ihm in Umrissen entworfene und an einigen Beispielen (im »Kapital« vor allem am englischen Fall; in der Publizistik der vierziger und fünfziger Jahre vor allem am französischen, deutschen und spanischen Revolutionsgeschehen des 19. Jahrhunderts) ohne allen Anspruch auf Abgeschlossenheit empirisch vorgeführte Geschichtsauffassung einer politischen Bewegung des Proletariats wissenschaftlich beglaubigte Legitimität geben. Historische Analyse, Prognose gesellschaftlicher Entwicklungen und Zielvorstellungen für eine politische Bewegung, die nach dem Vorbild der »heroischen Illusion« von 1789 im spezifischen das Allgemeininteresse verkörpern sollte, gingen somit im Marxismus eine problematische Verbindung ein und wiesen der Geschichtsschreibung eine Position zu, aus deren instrumentellem Charakter sich die marxistischen Historiker sehr oft nicht befreien konnten.

Für emanzipatorische Bewegungen außerhalb der Arbeiterschaft spielte nicht nur der sozialökonomische Determinismus, der sich – allen Rettungsversuchen des späten Friedrich Engels zum Trotz – beim Übergang von Marx zum Marxismus durchsetzte, eine Rolle. Auch die Aufdeckung des Klassencharakters des Staates und die Bündelung aller politischen Konflikte unter eine Zentralperspektive in der jeweiligen Gesellschaft verfehlten nicht ihre Anziehungskraft, bildeten sie doch Ordnungsversuche, die der Masse des neu zugänglichen historischen Wissens einen Sinn zu geben versprachen.

In den stark polarisierten Gesellschaften der Zeit um die Jahrhundertwende blieb den frühen marxistischen Historikern (Franz Mehring, Karl Kautsky, Antonio Labriola, Georgij V. Plechanov u. a.) jedoch der Zugang zu den Lehr- und Forschungseinrichtungen in aller Regel verwehrt, sodass ihre Karriere an das wachsende sozialistische Arbeitermilieu gebunden blieb – oftmals in der Funktion als Publizisten und Funktionäre der vor dem Ersten Weltkrieg immer erfolgreicher agierenden sozialdemokratischen Parteien. Diese gemeinsamen sozialen und intellektuellen Charakteristika dürfen jedoch nicht verdecken, dass die (noch sehr wenigen) marxistischen Historiker in den einzelnen Ländern in unterschiedlichem Maße professionalisiert und in die auf nationale historiographische Traditionen gegründeten Diskurse eingebunden waren. Erwähnt sei nur das Beispiel des französischen Historikers Jean Jaurès, dessen siebenbändige »Histoire socialiste de la Révolution française« nicht nur den zentralen Bezugspunkt des historischen Selbstverständnisses der III. Republik erfasste, sondern auch eine gelungene Verbindung zwischen den Marxschen Anregungen und der Überlieferung französischer Revolutionsgeschichtsschreibung seit Jules Michelet suchte.

2. Nach dem Ersten Weltkrieg

Parteilichkeit – Wachsender Einfluss

Nach 1918 veränderte sich die Lage für marxistische Intellektuelle in dreierlei Hinsicht:
1) Die Spaltung der Arbeiterbewegung in einen sozialdemokratischen und einen kommunistischen Flügel, die wie feindliche Brüder eng und polemisch aufeinander bezogen blieben, verstärkte angesichts der engen Bindung, die marxistische Historiker an ihre jeweilige politische Bewegung unterhielten, die fatale Behinde-

rung bei der Ausbildung einer teilautonomen wissenschaftlichen Landschaft. So breitete sich von den zwanziger Jahren an ein Wissenschaftsverständnis aus, in dem offensiv der Begriff der Parteilichkeit als Garantie für die Richtigkeit historischer Erkenntnis reklamiert wurde. Mit dem Aufstieg sowohl der sozialdemokratischen als auch der kommunistischen Bewegung zu wichtigen Faktoren des politischen Spektrums einzelner Länder gewann die marxistische Geschichtswissenschaft zunehmend an Einfluss. Ihre Kategorien wurden auch von anderen historiographischen Strömungen adaptiert. Der holistische und gegenwartsbezogene Zugriff auf Geschichte zwang auch die Konkurrenten der marxistischen Geschichtsauffassung zu angemessenen Strategien, um selbst umfassendere und explizit Vergangenheit, Gegenwart und Zukunftsvorstellungen verknüpfende Geschichtsbilder zu entwickeln. Noch bevor ihr eine eigenständige Professionalisierung und akademische Institutionalisierung gelang, hatte die marxistische Historiographie bereits als originäre Antwort auf die Krise der Geschichtsschreibung des 19. Jahrhunderts eine erhebliche Wirkung auf die Landschaft der historischen Repräsentationen insgesamt gewonnen – oftmals von ihren Gegnern als Zerrbild benutzt, um die »New History« insgesamt zu diskreditieren, wie sich am Fall des Lamprecht-Streits in den 1890er Jahren oder noch an den Reaktionen Gerhard Ritters auf die französische »Annales«-Schule nach 1950 beobachten lässt (Schöttler 1994).

Situation in der Sowjetunion

2) Nach dem Sieg der russischen Revolution bildete sich in der Sowjetunion ab Mitte der zwanziger Jahre erstmals eine professionelle und akademisch institutionalisierte marxistische Geschichtswissenschaft heraus. Sie ging dabei teilweise symbiotische Beziehungen zu etablierten Schulen der vorrevolutionären russischen Historiographie ein und errang auf den internationalen Kongressen ab Ende der zwanziger Jahre zunehmend Anerkennung im Ausland (Erdmann 1987). Allerdings wurde dieser Institutionalisierungsprozess immer wieder durch die politischen Auseinandersetzungen zurückgeworfen (Barber 1981), und mit den stalinistischen Säuberungen der dreißiger bis frühen fünfziger Jahre erlitt die sowjetische Historiographie enorme Verluste. So entstand mit der marxistisch-leninistischen Geschichtswissenschaft in der Sowjetunion einerseits eine akademische Disziplin, die bei aller politischen Kontrolle über ein breites Spektrum von Forschungseinrichtungen und Lehrstühlen, Zeitschriften und Kongressen, Qualifizierungsmechanismen und internationalen Kontakten verfügte, die es ihren Mitgliedern gestatteten, Werkzeuge und Diskursformen zu professionalisieren und ein Selbstverständnis als Angehörige einer von der politischen geschiedenen wissenschaftlichen Sphäre zu entwickeln. Andererseits wurde das an den Zentralbegriff der Parteilichkeit gebundene Wissenschaftsverständnis aus seiner Funktion zur Verteidigung der Rechte und Interessen von Ausgegrenzten und Unterdrückten in ein Instrument der Herrschaftslegitimation umgewandelt. Die vordem als eine »Geschichte von

unten« konzipierte Erinnerung an die Unterlegenen in den emanzipatorischen Kämpfen der Vergangenheit wurde nun zur »Meistererzählung« einer am Ende siegreichen revolutionären Bewegung (Hösler 1995). Auf widersprüchliche Weise wurde dieses historische Loblied des Ungehorsams nicht nur mit einer etatistischen, sondern oft auch mit einer russisch-nationalistischen Betrachtung der Gegenwart verknüpft (Lindner 1999). In diesem Widerspruch siedelte sich eine grundsätzliche Teilung der marxistischen Historiographie an, die später auch in anderen Ländern des Realsozialismus zu beobachten ist: neben einer (hinsichtlich der sozialen wie kognitiven Positionen) politiknahen, auf Herrschaftslegitimation ausgerichteten und an einer nationalen »Meistererzählung« interessierten Richtung bestand eine zweite, die mit der Betonung universalgeschichtlicher und emanzipatorischer Tendenzen in der Geschichte um eine gewisse Autonomie von der politischen Indienstnahme rang (Middell 1993). Die Auseinandersetzung zwischen diesen beiden Richtungen wurde jedoch auf dem diskursiven Boden der Berufung auf Karl Marx, Vladimir I. Lenin und ein gemeinsames Projekt der sozialistischen Revolution geführt, und nur in seltenen Fällen wurde durch Beziehungen zu politischen Oppositionen der Widerspruch nach außen kenntlich gemacht (Beyrau 1993).

**Ost vs. West
Lenin vs. Gramsci**

3) Mit der Etablierung der leninistischen Version marxistischer Historiographie in der UdSSR zeichnete sich ein Konflikt ab, den der italienische Intellektuelle Antonio Gramsci in den dreißiger Jahren als erster systematisch erfasst hat: die völlig unterschiedliche Lage für die sich auf den Marxismus berufenden politischen Bewegungen in Ost- und Westeuropa. Während in Osteuropa durch die Schwäche des Zarismus im Moment der Kriegsentwicklung 1916/17 die rasche gewaltsame Machteroberung durch eine gut organisierte und ideologisch einigermaßen geschlossene Minderheit möglich war, scheiterte die Nachahmung dieses Versuchs in Mittel- und Westeuropa 1918–1923. Das zu Grunde liegende Denkmodell marxistischer Interpretation von der Reife sozialökonomischer Verhältnisse für den Übergang zu einer neuen Formation schien durch Lenin in zwei entscheidenden Punkten angepasst: Indem er nicht mehr die Reife der Widersprüche in einem Land, sondern in der kapitalistischen Formation insgesamt betrachtete (und für diese faktisch globalgeschichtliche Sichtweise den Terminus Imperialismus in die Diskussion neu einführte), konnte er begründen, warum die Revolution am schwächsten Glied der Kette siegreich sein konnte. Den von Marx skizzierten Prozess der kulturellen Klassenbildung (von der »Klasse an sich« als sozialökonomischer Realität zur »Klasse für sich« als einer ihrer selbst bewussten Gruppierung) ersetzte er durch die Funktion einer Avantgarde, die die Verständigung der Gesellschaft über sich selbst (sei es mit diskursiven Mitteln, sei es mit staatlich-repressiven) zu organisieren habe. Gramsci wies demgegenüber darauf hin, dass im Westen völlig andere Bedingun-

gen herrschten und erläuterte seine Vorstellung von der Revolution, die nicht als schnelle Machtübernahme, sondern als zähes Erringen der Hegemonie zu verstehen sei, anhand der Französischen Revolution (Gramsci 1991 ff.; Middell 1999). Damit waren die Grundlagen geschaffen für eine weitere Aufspaltung der marxistischen Historiographie nach ihrem Selbstverständnis als »westliche« bzw. »östliche«, jeweils gebunden an verschiedene Wirkungsmöglichkeiten der politischen Bewegungen, auf die sie sich bezogen, und gebunden an verschiedene Geschichtskulturen, an verschiedene dominierende Erzählweisen der nationalen und der Weltgeschichte sowie an verschiedene Institutionalisierungsmuster von Geschichtswissenschaft.

3. Im Zenit des Einflusses

Ostmitteleuropa

Der Sieg einer antifaschistischen Koalition gegen die Achsenmächte brachte bekanntlich eine deutliche Erweiterung des sowjetischen Machtbereiches und einen Zugewinn an Autorität für die Gegner und Opfer des Nationalsozialismus. Davon profitierte die marxistische Geschichtswissenschaft in Ostmitteleuropa, wo sie an die Stelle einer Historiographie trat, die von den faschistischen Bewegungen weitgehend um ihre liberalen und demokratischen Traditionen und Strömungen dezimiert worden war (Schöttler 1997). Dem »Sturm auf die Festung Wissenschaft« als bildungspolitischer Teil der revolutionären Umgestaltung der Nachkriegsgesellschaften korrespondierte das Bemühen um eine neue Version der jeweiligen Geschichte dieser Länder aus der Sicht der abhängig Beschäftigten und ihrer Interessenvertretungen (Conelly 1998). Es ist in der Forschung strittig, inwieweit dieses Bemühen um eine von den jeweiligen Gesellschaften akzeptierte historische Legitimierung der neuen Verhältnisse als erfolgreich gelten kann (Iggers u. a. 1998).

Westeuropa

Aber auch in Westeuropa erlebte der Marxismus nun einen Anstieg seiner intellektuellen Kreditwürdigkeit, und zahlreiche seiner Vertreter erhielten Zugang zu akademischen Positionen. Ausgehend von Karl Polanyis wirtschaftsgeschichtlichen Arbeiten und der Kontroverse zwischen Paul Sweezy und Maurice Dobb um den feudalen bzw. frühkapitalistischen Charakter der Gesellschaften des 18. Jahrhunderts galt hier das Augenmerk vor allem der empirischen wie theoretisch-begrifflichen Weiterentwicklung der bei Marx skizzierten Übergangsproblematik von einer Gesellschaftsformation zur anderen, vorzugsweise am Beispiel der frühneuzeitlichen Transformation von feudalen zu kapitalistischen Verhältnissen. Sowohl sozialgeschichtliche Untersuchungen als auch die Absolutismusforschung nahmen zahlreiche Anregungen auf, und der historische Vergleich profitierte von diesem Interesse. Eine weitere Filiation eher kulturgeschichtlicher Ausrichtung reicht vom Werk György Lukács' aus den zwanziger Jahren zum Aufstieg der »Frankfurter Schule« in den frühen sechziger Jahren.

Weltgeschichtsschreibung

Eine dritte Dimension erhielten die »dreißig glorreichen Jahre« der marxistischen Historiographie mit den Unabhängigkeitsbewegungen in Asien und Afrika, deren oftmals in den Metropolen der Ersten und der Zweiten Welt ausgebildete intellektuelle Führer »nation-building« und marxistische Revolutions- bzw. Gesellschaftstheorie unter den Bedingungen ökonomischer Rückständigkeit und Dependenz miteinander verbanden (Eckert 1999). In gleicher Weise wurde der Emanzipationsprozess der lateinamerikanischen Geschichtswissenschaft durch den Rückgriff auf marxistische Kategorien zur Erörterung der kolonialen Vergangenheit, der Unabhängigkeitsrevolution von 1810–26 und der Nachemanzipation befördert (Meissner 1999). Die Verknüpfung marxistischer Geschichtswissenschaft mit der Konjunktur der Erforschung der nichtwestlichen Welt hatte zur Folge, dass die Weltgeschichtsschreibung einen erheblichen Innovationsschub erlebte (Schulin 1974) und dabei eine Symbiose von Modernisierungstheorie und Formationslehre die Entstehung zahlreicher akademischer Historiographien beeinflusste. Mit der sog. Weltsystem-Theorie schuf der amerikanische Historiker Immanuel Wallerstein eine Weiterentwicklung der marxistischen Universalgeschichtsschreibung (Wallerstein 1974 ff.), die nicht nur eine ganze Gruppe von Historikern um die Zeitschrift »Review« verbindet, sondern auch einen Ausgangspunkt für die kritische Analyse der aus dem 19. Jahrhundert überlieferten sozialwissenschaftlichen Paradigmen bietet (Wallerstein 1991).

Professionalisierung – Scheitern der »Ökumene«

Die fünfziger und sechziger Jahre waren gekennzeichnet von einer zunehmenden Professionalisierung marxistischer Ansätze, die sich auch in der Herausbildung entsprechender Zeitschriften, Informationssysteme und Institute manifestierte (Übersicht bei Eckermann/Mohr 1979). Die neu in Augenschein genommenen Forschungsfelder der Geschichte der Volksbewegungen, der Revolutionen, der sozialen Strukturen der Produktionssphäre erwiesen sich als attraktiv und provozierten manche Beunruhigung über einen Entwicklungsvorsprung der marxistischen Geschichtswissenschaft gegenüber ihren Konkurrenten. Der massive Eintritt in die internationale Arena seit dem Welthistorikerkongress von 1960 in Stockholm strukturierte die Kontroversen und das Themenspektrum für die nächsten anderthalb Jahrzehnte bis zu den Debatten um die Revolutionsgeschichte auf dem Welthistorikerkongress in San Francisco 1975 (Erdmann 1987). Die parallel dazu angestrebte »Ökumene der marxistischen Historiker« scheiterte jedoch angesichts der zunehmenden Spannungen schon Anfang der sechziger Jahre (Middell 1999b).

4. Zunehmende Varianz

In der zweigeteilten Welt des Kalten Krieges stellte sich sehr schnell heraus, dass die Konstellationen, unter denen marxistische Historiker wirkten, sehr unterschiedlich waren. Koalitionen mit dem Strukturalismus der zweiten Generation der Annales-Schule unter Fernand Braudel, wie sie Guy Bois oder Pierre Vilar in Frankreich, aber auch die vergleichende Kolonialgeschichte der fünfziger Jahre in der DDR um Walter Markov und Manfred Kossok oder die Feudalismusforschung in Polen um Witold Kula und Jerzy Topolski eingingen, waren ebenso möglich wie mit der romantischen und sozialistischen Tradition der französischen Revolutionshistoriographie etwa bei Albert Soboul, mit kulturgeschichtlichen Deutungen in den Arbeiten von Edward P. Thompson oder einer spezifischen Max-Weber-Rezeption im japanischen Fall (Conrad 1999).

Auf der anderen Seite stand ein Argumentationsstil, der politische Parteilichkeit und Wahrheitsanspruch betonte und die Brücken zu nicht-marxistischen Richtungen bewusst abzubrechen versuchte (Tolz 1997; Kowalczuk 1997). Die Krisen des ostmitteleuropäischen Realsozialismus von 1956 (Polen) und 1968 (Tschechoslowakei) haben dem eine Dimension der politischen Polarisierung hinzugefügt.

Orthodoxe vs. Unorthodoxe?

Auf dieser Grundlage hat es sich eingebürgert, von orthodoxen und unorthodoxen marxistischen Historikern zu sprechen, wobei diese Bezeichnung zumeist irreführend ist, wenn es sich um die politische Aufladung anderer, oft methodologischer Konflikte handelt. Zum einen verdeckt die Bezeichnung als orthodoxer Marxismus den ursprünglichen Wunsch ihrer Erfinder, sich von einer bestimmten, meist nicht genauer bezeichneten Art marxistischen Verständnisses zu distanzieren. Orthodox kann deshalb die semantische Nähe von »dogmatisch« aufweisen und eine Blindheit gegenüber der Vetomacht der Quellen in der Arbeit des Historikers bezeichnen. Es kann damit aber auch der ältere und durchaus nicht nur für die marxistische Historiographie typische Streit zwischen theoriegeleiteter Geschichtsschreibung und Empirismus bzw. zwischen Theorieansätzen, die auf eine umfassende Deutung des gesamten Geschichtsprozesses zielen, und solchen, die fragmentierend vorgehen und nicht an die Interpretierbarkeit der Geschichte in einem einheitlichen Kategoriensystem glauben, angedeutet werden. Auch dort, wo mit »orthodoxem Marxismus« herrschaftslegitimierendes und parteiloyales Verhalten beschrieben wird, lassen sich politische Überzeugungen und historiographische Positionen in der Regel nicht eindeutig aufeinander abbilden. Zum anderen begegnet häufig eine simplifizierende Territorialisierung, die innerhalb des Marxismus orthodox und östlich, nicht-orthodox und westlich identifiziert (so etwa Anderson 1976). In der gleichen Tendenz einer großflächigen Territorialisierung von Formen der marxistischen Geschichtsschreibung liegen Differenzierungen zwischen »nationalen Typen«, die einzelne Gruppierungen wie diejenige um die Zeitschrift »Past & Present« mit einer spezifisch englischen Version der marxistischen Historiographie identifizieren (Stedman Jones 1997) oder zwischen dem liberalen polnischen und ungarischen Marxismus gegenüber einer orthodoxen Variante in der DDR, Rumänien oder der Tschechoslowakei (nach 1968) unterscheiden (Hadler/Iggers 1998).

> Krisensymptome im Kalten Krieg

All diese Konstruktionen tragen den Stempel ihres Ursprungs in den Auseinandersetzungen des Kalten Krieges und innerhalb der von Marxschen Annahmen inspirierten sozialen Bewegungen. Sie können insofern als Symptome für die sich abzeichnende Krise eines Paradigmas gelesen werden, das sich selbst unter den Zwang der Kohärenz gesetzt und abweichende Auffassungen als Revisionismus bekämpft hat. Sinnvolle Oppositionen für eine Beschreibung der marxistischen Historiographie ergeben sich allerdings aus dieser Akteursperspektive, die Ebenen der methodologischen, interpretatorischen, politischen und geschichtskulturellen Standortbestimmungen auf eine Formel zu reduzieren sucht, nur in äußerst begrenztem Maße. Andersherum kann aber die wachsende Konfusion der Ansprüche, den »wahren« Marxismus zu vertreten, auf eine implizite Pluralisierung der Perspektiven seit den sechziger Jahren zurückgeführt werden, deren Fruchtbarkeit jedoch immer wieder durch Ausgrenzungen konkurrierender Ansätze *und* durch eine diskursive Praxis der Vermeidung von Kontroversen innerhalb der marxistischen Historiographie beschränkt wurde.

Mit dem Aufstieg der verschiedenen Richtungen marxistischer Geschichtsschreibung nach dem Zweiten Weltkrieg zu einem mehr oder minder akzeptierten, auf jeden Fall als intellektuelle Herausforderung ernst genommenen Teil der »Ökumene der Historiker« lassen sich zahlreiche Spuren einer widersprüchlichen Interaktion zwischen marxistischer und nichtmarxistischer Geschichtsschreibung feststellen: Die zunehmende Internationalisierung führte neben ritualisierten Polemiken auch zu Dialog und Kooperation. Hieraus ergab sich eine weitere Differenzierung innerhalb der marxistischen Historikerschaft. Während dogmatische Vertreter nicht bereit waren, die Isolation aufzugeben, die sich aus dem politisch-instrumentellen Wissenschaftsverständnis ergab, suchten andere nach Kriterien für akademische Anerkennung, in denen die Gemeinsamkeiten einer internationalen »community« der Historiker Ausdruck finden konnten. Sie gingen von der (Minderheit bleibenden und schon früh das mögliche Ende vorausahnenden) Einsicht aus, dass es nicht sinnvoll sei, »den historischen Materialismus für seine Unterdrückung in anderen Teilen Deutschlands durch ein Monopol in der Ostzone zu entschädigen; es sei denn, dass [man] ihn vorsätzlich durch Inzucht ruinieren möchte« (so 1947 Markov, in: 1979: 20).

5. Krise der marxistischen Geschichtswissenschaften

Wiederentdeckung des nationalen Erbes

In den siebziger und achtziger Jahren geriet die marxistische Geschichtsschreibung in Ost und West ebenso wie in der sog. Dritten Welt auf je spezifische Weise in eine Krise. In den realsozialistischen Ländern vertiefte sich mit dem gewaltsamen Abbruch aller Reformversuche Ende der sechziger Jahre eine Reihe von Widersprüchen, die die Glaubwürdigkeit und diskursive Stringenz der marxistischen Historiker untergraben mussten. Mit dem Verzicht auf die Revolutionsrhetorik der ersten zwei Dekaden nach 1945/49 wurden die politischen Regime Osteuropas auch äußerlich immer konservativer, worauf ein Teil der Historiker mit dem Griff nach der »ganzen Nationalgeschichte« und der Konstruktion von Kontinuitätslinien zu früheren Herrschaftsverhältnissen reagierte. Die Debatte um Erbe und Tradition in der DDR der siebziger Jahre, die zur »Wiederentdeckung« von Friedrich II. und Bismarck führte, hatte ihr Pendant in der Sowjetunion mit dem Anknüpfen an den antinapoleonischen Feldzug 1812 und den Absolutismus des 18. Jahrhunderts usw. (Wolfrum 1997; Geyer 1991). Die entgegengesetzte Strategie bestand in der Fortschreibung der Ansprüche auf emanzipatorische Wirkung und universalgeschichtliche Deutung, die jedoch in immer stärkeren Kontrast zur Gesellschaft gerieten, in der sie ausgedrückt werden sollten. Nur wenige gingen dazu über, das gesellschaftskritische Potenzial des Marxismus auf die Geschichte des eigenen Regimes anzuwenden, während die meisten Historiker auf eine konsequent marxistische Deutung des Realsozialismus und damit auf jene gesellschaftlichen Bezüge verzichteten, die sie methodologisch als entscheidend behaupteten (Kossok 2000).

Kulturalistische Herausforderungen

Die marxistische Historiographie ähnelte in einigen grundsätzlichen methodologischen Punkten ihrem liberalen Pendant: Das Interesse für soziale Strukturen und soziale Bewegungen konzentrierte sich auf Organisationen und herausragende Personen, weniger jedoch auf den Alltag und die Mentalitätsgeschichte. Gegenüber einem Verständnis der »Geschichte von unten«, das die politischen Exponenten der »kleinen Leute« von den »Linken« bis hin zu den »äußersten Linken« in der bürgerlichen Revolution in den Mittelpunkt rückte, wurden in den späten sechziger Jahren auf dem Sockel der erreichten Forschungsergebnisse die »kleinen Leute« selbst interessant. Dies fiel zeitlich mit dem Aufstieg neuer sozialer Bewegungen und den kulturellen Umwälzungen zusammen, für die das Jahr 1968 zur Chiffre wurde. Der Konnex zwischen der marxistischen Historiographie und den kommunistischen Parteien erodierte in Großbritannien, Italien, Frankreich und anderen Ländern immer stärker. Der sich anbahnende Wechsel von der Geschichte der politischen und sozialökonomischen Strukturen zu den kulturellen Ausdrucksformen fragmentierte im Westen die Historikerschaft, die sich auf Marx berief. Die einen wandten sich desillusioniert von einem Kategoriensystem ab, das ihnen in seiner Legitimität und Deutungskraft verschlissen erschien. Eine zweite Strategie bestand in der Vertiefung der Debatten um das nach wie vor attraktive Thema der Gesellschaften des Übergangs von einer Formation zur anderen, um die Rolle von reformerischen Wegen der Transformation im Verhältnis zur Revolution. Eine dritte Variante der wachsenden Pluralität marxistischer Referenzen findet sich in der kulturalistischen Wende hin zur Mentalitätsgeschichte, wie sie Michel Vovelle u. a. vertreten. Sie geht mit einer Aufwertung des Individuums gegenüber den »Apparaten« einher und konnte damit auch für die Formulierung von Ansprüchen auf Befreiung der »Zivilgesellschaft« gegen die Herrschaft von Partei und Staat im Osten herangezogen werden, wie dies Wallerstein mit seiner Theorie der antisystemischen Kräfte versucht hat.

Im Süden geriet der voluntaristische, auf Lenin gegründete Glaube an die Ersetzbarkeit sozialökonomischer Voraussetzungen für den erwünschten Fortschritt durch das Wirken und die führende Rolle einer politischen (nicht selten: militärischen) Avantgarde, die die Hegemonie des faktisch inexistenten industriellen Proletariats substituieren könnte, in eine Glaubwürdigkeitskrise. Viele Länder versanken in politische Konflikte angesichts der Vergreisung bzw. Korruption der jeweiligen Führungen, während sich die durch Rückständigkeit besonders akzentuierten sozialen Konflikte ethnisch oder religiös-fundamentalistisch aufluden, sodass der Marxismus als Beschreibungssprache für die gesellschaftlichen Verhältnisse mehr und mehr ausfiel.

6. Marxistische Geschichtswissenschaft im Rückblick?

| Ende einer Epoche |

Vom Beginn des 21. Jahrhunderts her erscheint der Marxismus deshalb als etwas Historisches. Eher mit editorischer Exaktheit als mit der Behauptung besonderer Brisanz werden nun im zweiten Anlauf einer Marx-Engels-Gesamtausgabe die überlieferten Texte bereit gestellt, und ein Historisch-Kritisches Wörterbuch des Marxismus versucht den Start jener Eule der Minerva zu markieren, die bekanntlich erst in der Dämmerung zum Flug ansetzt. Hartmut Fleischer schrieb 1994: »Eine Gestalt des Lebens ist alt geworden, man kann sie – nach Hegel – nicht mehr schlechthin verjüngen, sondern vielmehr endlich erkennen«, fügte aber gleich hinzu, es sei nicht sicher, ob »es hier nur noch zu erkennen oder auch noch etwas zu verjüngen« gebe, denn noch sei »nicht ausgemacht, was da an ein Ende gekommen ist« (Fleischer 1994: 16). Eine gewisse Einigkeit scheint sich herauszubilden, dass ein »Zeitalter« oder eine »Epoche« der marxistischen Historiographie zu Ende gegangen sei, wie Michael Borgolte mit Blick auf die marxistische

Mediävistik festgestellt hat (Borgolte 1995). Es drängt sich auf, die Geschichte marxistischer Historiographie von diesem Ende her zu betrachten. Die Zäsur nach der »Epoche marxistischer Geschichtsschreibung« ist vor allem durch zwei Vorgänge bezeichnet. Seit dem Ende der siebziger Jahre hat die kulturalistische Wende in der Geschichtswissenschaft alle sozial- und strukturgeschichtlich argumentierenden Modernisierungstheorien zu einer Flexibilisierung ihrer Auffassungen von den historischen Akteuren, von der Rolle der individuellen und kollektiven Wahrnehmungen und von der Prägekraft der Strukturen für interessengeleitetes Handeln gezwungen, was zu einer enormen Pluralisierung der theoretischen Ansätze geführt hat. Keineswegs waren die marxistischen Strömungen durchweg unfähig, dieser Herausforderung zu begegnen. Es zeigt sich vielmehr, dass einige von ihnen parallel zu den Vertretern einer nichtmarxistischen Sozial- und Politikgeschichte um Anpassung an die neu aufgetauchten (zuweilen sich selbst als moderner Marxismus interpretierenden) Methoden und thematischen Präferenzen rangen. Dabei erwies sich allerdings das Begriffsgepäck der Theorie von den Gesellschaftsformationen, die gerade eine Stärke der früheren marxistischen Historiographie ausgemacht hatte, weil sie sehr verschiedene Forschungsergebnisse auf ein holistisches Geschichtsverständnis zu projizieren half, als besonders hinderlich. Indem es Stück für Stück abgeschüttelt wurde – meist eher durch das Einschlafen entsprechender Auseinandersetzungen etwa um die altorientalische Produktionsweise, den Feudalismus oder die Wege des Übergangs zum Kapitalismus als durch eine vertiefte Diskussion zum Überwinden der konzeptionellen Barrieren – vertiefte sich eine Spannung, die bereits zuvor eine Eigentümlichkeit im Werk vieler international anerkannter marxistischer Historiker ausgemacht hatte: die Vermeidung einer am Marxismus ausgerichteten Terminologie in den empirischen Studien und ihr Gebrauch in den theoretischen Debatten. Im Ergebnis löste sich die oftmals nur noch terminologisch gewährleistete Homogenität der marxistischen Historiographie völlig auf, und diese Diskursgemeinschaft verlor ihre identitätsstiftende Wirkung.

Transformationen

Die zweite Ursache für den gravierenden Einschnitt in der Geschichte des Marxismus bildet ohne jeden Zweifel die agonale Krise des Staatssozialismus im östlichen Europa. Sie führte praktisch vor Augen, in welchem Maße eine mit dem System verbundene Historiographie an Legitimität eingebüßt hatte. Die politischen Zwangsmechanismen, mit denen die Einheitlichkeit der Geschichtsschreibung in den Ländern des sowjetischen Einflussbereiches garantiert werden sollte, fielen in sich zusammen. Damit bot sich die Chance, die unter der Oberfläche eines einheitsstiftenden Diskurses absehbare vielfache Differenzierung als Chance zur Innovation zu begreifen und nicht länger in die eingeübten Muster der Verfolgung von »Abweichlern« zu fallen. Es nimmt nicht wunder, dass dieser grundsätzliche Transformationsprozess vormals marxistischer Staatshistoriographien längere Zeit in Anspruch nimmt. Die Auseinandersetzungen sind vorläufig auf eine Bilanz der vorangegangenen Epoche marxistischer Historiographie konzentriert. Mit dieser Epoche ist die einheitsstiftende Identität des Marxismus in theoretischer wie politischer Hinsicht zu Ende gegangen. Damit wird eine kritische Historisierung der marxistischen Geschichtswissenschaft des 20. Jahrhunderts denkbar, die zurzeit noch in den Anfängen steckt.

Mit der an verschiedenen Orten zu verschiedenen Zeiten durchgesetzten Pluralisierung verschwindet die marxistische Geschichtswissenschaft als solche in zwei ihrer zentralen Eigenschaften, durch die sie im 20. Jahrhundert für die Entwicklung der Historiographie insgesamt erhebliche Bedeutung erlangt hat: In den Konflikten der europäischen Klassengesellschaften des frühen 20. Jahrhunderts und des Kalten Krieges nach 1947/48 wurde Marxismus/marxistische Geschichtswissenschaft zu einer Kategorie, die in der wachsenden Unübersichtlichkeit die kollektive Identifikation für oder gegen ein homogen vorgestelltes Konzept von Geschichte erlaubte. In einer durch Globalisierung und Fragmentierung gekennzeichneten Welt stellte die marxistische Geschichts- und Gesellschaftsdeutung eine gemeinsame Sprache für sehr unterschiedliche gesellschaftliche Realitäten in der Ersten, Zweiten und Dritten Welt dar, deren Verfügbarkeit die Professionalisierung der Gesellschaftsanalyse und eine transkulturelle Kommunikation nach westlichen Mustern gestattete, indem sie zwar die historische Entwicklung des Westens als Maßstab einführte, aber in ihren Kategorien flexibel genug war, um teilautonome Selbstdeutungen zuzulassen. Insofern überbrückte der Marxismus für eine gewisse Zeit die Widersprüche zwischen dem westlichen und dem nichtwestlichen historischen Denken.

Vom Marxismus zu Marx?

Spuren der Fragestellungen, der Terminologie und der Auseinandersetzung mit dem Wissenschaftsverständnis marxistischer Historiographie sind in weiten Teilen der Geschichtswissenschaft des 20. Jahrhunderts auszumachen. Daran hat auch der enorme Legitimitätsverlust, den sie in den siebziger und achtziger Jahren erlebte und der 1989/90 vollends sichtbar wurde, wenig geändert. Während für die einen jedoch die damit heraufziehende »kritische Historisierung« ein Zeichen dafür ist, dass jene Epoche, der ein marxistischer Denkstil entsprach, unwiderruflich vorbei ist, sehen andere die ursprünglichen Marxschen Anliegen von einer langen Phase der Deformation in Form des Marxismus befreit und laden zu einer anspruchsvolleren Relektüre ein.

Matthias Middell, Wissenschaftlicher Geschäftsführer des Zentrums für Höhere Studien an der Universität Leipzig. Forschungsgebiete: Deutsch-französischer Kulturtransfer, Historiographiegeschichte, Globalgeschichte des 19. und 20. Jahrhunderts.

Ausgewählte Literatur zur Sozialgeschichte

Stichwort Sozialgeschichte

Abel, Wilhelm (1966): Agrarkrisen und Agrarkonjunktur. Eine Geschichte der Land- und Ernährungswirtschaft Mitteleuropas seit dem hohen Mittelalter, Hamburg.

Aubin, Hermann/Zorn, Wolfgang (1971–1976): Handbuch der deutschen Wirtschafts- und Sozialgeschichte, 2 Bde., Stuttgart.

Blickle, Peter (1981): Deutsche Untertanen. Ein Widerspruch, München.

Blickle, Peter (1988): Unruhen in der ständischen Gesellschaft 1300–1800, München.

Borgolte, Michael (1996): Sozialgeschichte des Mittelalters. Eine Forschungsbilanz nach der deutschen Einheit, München.

Braudel, Fernand (1990): Sozialgeschichte des 15.–18. Jahrhunderts, 3 Bde., (2. Aufl.) München.

Breisach, Ernst A. (1993): American Progressive History. An Experiment in Modernization, Chicago.

Brunner, Otto (1968): Neue Wege der Verfassungs- und Sozialgeschichte, (3. Aufl. 1980) Göttingen.

Burke, Peter (1991): Offene Geschichte. Die Schule der Annales, Berlin.

Chaunu, Pierre (1978): Histoire quantitative – Histoire sérielle, Paris.

Conze, Werner (1957): Die Strukturgeschichte des technisch-industriellen Zeitalters als Aufgabe für Forschung und Unterricht, Köln.

Ehmer, Josef/Hareven, Tamara/Wall, Richard (1997) (Hg.): Historische Familienforschung. Ergebnisse und Kontroversen. Michael Mitterauer zum 60. Geburtstag, Frankfurt a. M.

Fogel, Robert W./Engerman, Stanley L. (1971): The Reinterpretation of American Economic History, New York.

Groh, Dieter (1973): Kritische Geschichtswissenschaft in emanzipatorischer Absicht, Stuttgart.

Haas, Stefan (1994): Historische Kulturforschung in Deutschland 1880–1930. Geschichtswissenschaft zwischen Synthese und Pluralität, Köln.

Haupt, Heinz-Gerhard (1996) (Hg.): Geschichte und Vergleich. Ansätze und Ergebnisse international vergleichender Geschichtsschreibung, Frankfurt a. M.

Hettling, Manfred u. a. (1991) (Hg.): Was ist Gesellschaftsgeschichte? Positionen, Themen, Analysen, München.

Himmelfarb, Gertrude (1987): The New History and the Old, Cambridge.

Hobsbawm, Eric J. (1984): Von der Sozialgeschichte zur Geschichte der Gesellschaft, in: Wehler, Hans-Ulrich (Hg.): Geschichte und Soziologie, (2. Aufl.) Königstein, S. 331–353.

Hofstadter, Richard (1968): The Progressive Historians. Turner, Beard, Parrington, New York.

Iggers, Georg G. (1991): Ein anderer historischer Blick. Beispiele ostdeutscher Sozialgeschichte, Frankfurt a. M.

Iggers, Georg G. (1996): Geschichtswissenschaft im 20. Jahrhundert, (2. Aufl.) Göttingen.

Imhof, Arthur (1988): Von der unsicheren zur sicheren Lebenszeit. Fünf historisch-demographische Studien, Darmstadt.

Kaye, Harvey J. (1984): The British Marxist Historians, Cambridge.

Kocka, Jürgen (1986a): Sozialgeschichte. Begriff – Entwicklung – Probleme, (2. Aufl.) Göttingen.

Kocka, Jürgen (1986b) (Hg.): Max Weber, der Historiker, Göttingen.

Kocka, Jürgen (1989) (Hg.): Sozialgeschichte im internationalen Überblick. Ergebnisse und Tendenzen der Forschung, Darmstadt.

Küttler, Wolfgang/Rüsen, Jörn/Schulin, Ernst (1993–1999) (Hg.): Geschichtsdiskurs, 5 Bde., Frankfurt a. M.

Langewiesche, Dieter (1995): Nation, Nationalismus, Nationalstaat: Forschungsstand und Forschungsperspektiven, in: Neue Politische Literatur 40, S. 190–236.

Laslett, Peter (1988): Verlorene Lebenswelten. Geschichte der vorindustriellen Gesellschaft, (zuerst engl.: 1965) Wien.

Le Goff, Jacques/Chartier, Roger/Revel, Jacques (1990) (Hg.): Die Rückeroberung des historischen Denkens. Grundlagen der Neuen Geschichtswissenschaft, Frankfurt a. M.

Oberkrome, Willi (1993): Volksgeschichte. Methodische Innovation und völkische Ideologisierung in der deutschen Geschichtswissenschaft 1918–1945, Göttingen.

Osterhammel, Jürgen (1993): Epochen der britischen Geschichtsschreibung, in: Küttler, Wolfgang/Rüsen, Jörn/Schulin, Ernst (Hg.): Geschichtsdiskurs, Bd. 1: Grundlagen und Methoden der Historiographiegeschichte, Frankfurt a. M., S. 157–190.

Plumpe, Werner (1999): Gustav von Schmoller und der Institutionalismus. Zur Bedeutung der Historischen Schule der Nationalökonomie für die moderne Wirtschaftsgeschichtsschreibung, in: Geschichte und Gesellschaft 25, S. 252–275.

Raphael, Lutz (1994): Die Erben von Bloch und Febvre. Annales-Geschichtsschreibung und »nouvelle histoire« in Frankreich 1945–1980, Stuttgart.

Raphael, Lutz (1997): Die ›Neue Geschichte‹ – Umbrüche und Neue Wege der Geschichtsschreibung in internationaler Perspektive (1880–1940), in: Küttler, Wolfgang/Rüsen, Jörn/Schulin, Ernst (Hg.): Geschichtsdiskurs, Bd. 4: Krisenbewußtsein, Katastrophenerfahrungen und Innovationen 1880–1945, Frankfurt a. M., S. 51–89.

Reinhard, Wolfgang/Schilling, Heinz (1995) (Hg.): Die katholische Konfessionalisierung, Gütersloh.

Ritter, Gerhard A. (1989): Die neuere Sozialgeschichte in der Bundesrepublik Deutschland, in: Kocka, Jürgen (Hg.): Sozialgeschichte im internationalen Überblick. Ergebnisse und Tendenzen der Forschung, Darmstadt, S. 19–88.

Ritter, Gerhard A. (1990 ff.) (Hg.): Geschichte der Arbeiter und der Arbeiterbewegung in Deutschland seit dem Ende des 18. Jahrhunderts, Bonn.

Rose, Michael E. (1989): Gute oder schlechte Zeiten? Die Lage der Sozialgeschichte in Großbritannien, in: Kocka, Jürgen (Hg.): Sozialgeschichte im internationalen Überblick. Ergebnisse und Tendenzen der Forschung, Darmstadt, S. 187–206.

Rostow, Walt W. (1960): Stadien wirtschaftlichen Wachstums. Eine Alternative zur marxistischen Entwicklungstheorie, Göttingen.

Rostow, Walt W. (1971): Politics and the Stages of Growth, Cambridge.

Rudé, George (1977): Die Volksmassen in der Geschichte. England und Frankreich 1730–1848, Frankfurt a. M.

Schieder, Wolfgang/Sellin, Volker (1986–1987) (Hg.): Sozialgeschichte in Deutschland, 4 Bde., Göttingen.

Schiera, Pierangelo/Tenbruck, Friedrich (1989) (Hg.): Gustav Schmoller in seiner Zeit: Die Entstehung der Sozialwissenschaften in Deutschland und Italien, Bologna.

Schorn-Schütte, Luise (1984): Karl Lamprecht: Kulturgeschichtsschreibung zwischen Wissenschaft und Politik, Göttingen.

Schulze, Winfried (1983) (Hg.): Aufstände, Revolten, Prozesse. Beiträge zu bäuerlichen Widerstandsbewegungen im frühneuzeitlichen Europa, Stuttgart.

Schulze, Winfried (2000) (Hg.): Deutsche Historiker im Nationalsozialismus, (2. Aufl.) Frankfurt a. M.

Thompson, Edward P. (1971): The Moral Economy of the English Crowd in the 18th Century, in: Past and Present 50, S. 76–136 (dt.: Die ›moralische Ökonomie‹ der englischen Unterschichten im 18. Jahrhundert, in: ders., Plebeische Kultur und moralische Ökonomie, hg. von Dieter Groh, Frankfurt a. M. 1980, S. 66–129).

Thompson, Francis M. L. (1990) (Hg.): Cambridge Social History of Britain 1750–1950, 3 Bde., Cambridge.

Tilly, Charles (1984): Big Structures, Large Processes, and Huge Comparisons, New York.

Tilly, Charles/Tilly, Louise/Tilly, Richard (1975): The Rebellious Century, London.

Veysey, Laurence (1979): The United States, in: Iggers, Georg G./Parker, Harold T. (Hg.): International Handbook of Historical Studies, Westport, S. 157–173.

Waechter, Matthias (1996): Die Erfindung des amerikanischen Westens. Die Geschichte der Frontier-Debatte, Freiburg.

Weber, Max (1971): Gesammelte politische Schriften, hg. von Johannes Winckelmann, (5. Aufl. 1988) Tübingen.

Wehler, Hans-Ulrich (1973): Geschichte als Historische Sozialwissenschaft, Frankfurt a. M.

Wehler, Hans-Ulrich (1975): Modernisierungstheorie und Geschichte, Göttingen.

Wehler, Hans-Ulrich (1976) (Hg.): Moderne deutsche Sozialgeschichte, (5. Aufl.) Köln.

Wehler, Hans-Ulrich (1987–1995): Deutsche Gesellschaftsgeschichte, (bisher 3 Bde.) München.

Wehler, Hans-Ulrich (1988): Das deutsche Kaiserreich 1871–1918, (6. Aufl.) Göttingen.

Wehler, Hans-Ulrich (1998): Die Herausforderung der Kulturgeschichte, München.

Welskopp, Thomas (1999): Westbindung auf dem ›Sonderweg‹. Die deutsche Sozialgeschichte vom Appendix der Wirtschaftsgeschichte zur Historischen Sozialwissenschaft, in: Küttler, Wolfgang/Rüsen, Jörn/Schulin, Ernst (Hg.), Geschichtsdiskurs, Bd. 5: Globale Konflikte, Erinnerungsarbeit und Neuorientierungen seit 1945, Frankfurt a. M., S. 191–237.

Die Annales

Agulhon, Maurice (1970): La République au village, Paris.

Aron, Jean-Paul/Dumont, Paul/Le Roy Ladurie, Emmanuel (1972): Anthropologie du conscrit français d'après les comptes numériques et sommaires du recrutement de l'armée (1819–1826), Paris.

Aymard, Maurice u. a. (1988): Lire Braudel, Paris.

Atsma, Hartmut/Burguière, André (1990) (Hg.): Marc Bloch aujourd'hui. Histoire comparée et sciences sociales, Paris.

Bloch, Marc (1939–1940): La Société féodale, Paris (dt.: Die Feudalgesellschaft, Neuaufl. Stuttgart 1999).

Bloch, Marc (1949): Apologie pour l'histoire ou métier d'historien, Paris (dt.: Apologie der Geschichte oder der Beruf des Historikers, 3. Aufl. Stuttgart 1992).

Boltanski, Luc (1982): Les cadres. La formation d'un groupe social, Paris.

Boureau, Alain (1993): L'Evénement sans fin. Récit et christianisme au Moyen Age, Paris.

Boutier, Jean/Julia, Dominique (1995) (Hg.): Passés recomposés. Champs et chercheurs de l'histoire, Paris.

Braudel, Fernand (1949): La Méditerranée et le monde méditerranéen à l' époque de Philippe II, Paris (dt.: Das Mittelmeer und die mediterrane Welt in der Epoche Philipps II., 3 Bde., Neuaufl. Frankfurt a. M. 1998).

Braudel, Fernand (1969): Ecrits sur l'histoire, Paris (dt.: Schriften zur Geschichte, 2 Bde., Stuttgart 1992–1993).

Burguière, André (1979): Histoire d'une histoire: la naissance des Annales, in: Annales 34, S. 1347–1359.

Burke, Peter (1990): The French Historical Revolution. The Annales School, 1929–1989, Cambridge.

Carrard, Philippe (1992): Poetics of New History. French Historical Discourse from Braudel to Chartier, Baltimore.

Carbonnell, Charles-Olivier/Livet, Georges (1983) (Hg.): Au berceau des Annales, Actes du colloque de Strasbourg (11–13 octobre 1979), Toulouse.

Cerutti, Simona (1990): La ville et les métiers. Naissance d'un langage corporatif (Turin, 17e-18e siècle), Paris.

Certeau, Michel de (1975): L'écriture de l'histoire, Paris (dt.: Das Schreiben der Geschichte, Frankfurt a. M. 1991).

Chartier, Roger (1983): Histoire intellectuelle et histoire des mentalités. Trajectoires et questions, in: Revue de synthèse 111–112, S. 277–307.

Chartier, Roger (1987): Lectures et lecteurs dans la France d'Ancien Régime, Paris.

Chartier, Roger (1992): L'ordre des livres, Paris.

Chaunu, Pierre (1978): Histoire quantitative, histoire sérielle, Paris.

Couteau-Bégarie, Hervé (1979): Le Phénomène nouvelle histoire, grandeur et décadence de l'école des Annales, (2. Aufl. 1989) Paris.

Descimon, Robert (1983): Qui étaient les Seize? Mythes et réalités de la Ligue parisienne (1585–1594), Mémoires de la Fédération des sociétés historiques et archéologiques de Paris et de l'Ile-de-France, Paris

Dosse, François (1987): L'histoire en miettes. Des Annales à la »nouvelle histoire«, Paris.

Duby, Georges (1991): L'Histoire continue, Paris.

Duby, Georges/Perrot, Michèlle (1991–1992) (Hg.): Histoire de femmes, 5 Bde., Paris (dt.: Geschichte der Frauen, 5 Bde., Frankfurt a. M. 1993–1995).

Febvre, Lucien (1953): Combats pour l'histoire, Paris.

Foucault, Michel (1969): L'Archéologie du savoir, Paris (dt.: Archäologie des Wissens, 8. Aufl. Frankfurt a. M. 1997).

Furet, François (1978): Penser la Révolution française, Paris (dt.: 1789 – Jenseits des Mythos, Hamburg 1989).

Furet, François (1982): L'Atelier de l'histoire, Paris.

Furet, François/Ozouf, Jacques (1977): Lire et écrire. L'aphabétisation des Français de Calvin à Jules Ferry, 2 Bde., Paris.

Gemelli, Giuliana (1998): Fernand Braudel, Paris.

Gribaudi, Maurizio (1987): Itinéraires ouvriers. Espaces et groupes sociaux à Turin au début du XXe siècle, Paris.

Herlily, David/Klapisch-Zuber, Christiane (1978): Les Toscans et leurs familles, une étude du catastro florentin de 1427, Paris.

Iggers, Georg G. (1997): Historiography in the Twentieth Century. From Scientific Objectivity to the Postmodern Challenge, Hannover.

Labrousse, Ernest (1944): La Crise de l'économie française à la fin de l'Ancien Régime et au début de la Révolution, Paris.

Labrousse, Ernest (1983): Esquisse du mouvement des prix et des revenus en France au XVIIIe siècle, Paris.

Le Goff, Jacques (1977): Pour un autre Moyen Age, Paris (dt.: Für ein anderes Mittelalter. Zeit, Arbeit und Kultur im Europa des 5. – 15. Jahrhunderts, Weingarten 1987).

Le Goff, Jacques/Chartier, Roger/Revel, Jacques (1978) (Hg.): La nouvelle histoire, Paris (dt.: Die Rückeroberung des historischen Denkens. Grundlagen der Neuen Geschichtswissenschaft, Frankfurt a. M. 1990).

Le Goff, Jacques/Nora, Pierre (1974) (Hg.): Faire de l'histoire, 3 Bde., Paris.

Lepetit, Bernard (1995) (Hg.): Les formes de l'expérience. Une autre histoire sociale, Paris.

Lepetit, Bernard (1999): Carnet de croquis. Sur la connaissance historique, Paris.

Le Roy Ladurie, Emmanuel (1966): Les Paysans de Languedoc, Paris. (dt.: Die Bauern des Languedoc, Stuttgart 1983).

Le Roy Ladurie, Emmanuel (1973–1978): Le Territoire de l'histoirien, 2 Bde., Paris.

Le Roy Ladurie, Emmanuel (1975): Montaillou, village occitan de 1294 à 1324, Paris. (dt.: Montaillou. Ein Dorf vor dem Inquisitor, Neuaufl. Berlin 2000).

Passeron, Jean-Claude (1991): Le raisonnement sociologique. L'espace non-poppérien du raisonnement naturel, Paris.

Perrot, Jean-Claude (1975): Genèse d'une ville moderne: Caen au XVIIIe siècle, 2 Bde., Paris.

Pomian, Krzysztof (1986): L'heure des Annales. La terre – les hommes – le monde, in: Nora, Pierre (Hg.): Les Lieux de mémoire, Bd. 2.1: La Nation, Paris, S. 377–429.

Raphael, Lutz (1994): Die Erben von Bloch und Febvre. Annales-Geschichtsschreibung und »nouvelle histoire« in Frankreich 1945–1980, Stuttgart.

Raulff, Ulrich (1995): Ein Historiker im 20. Jahrhundert: Marc Bloch, Frankfurt a. M.

Revel, Jacques (1979): Histoire et sciences sociales. Les paradigmes des Annales, in: Annales 34, S. 1360–1376.

Revel, Jacques (1996) (Hg.): Jeux d'échelles. La micro-analyse à l'expérience, Paris.

Revel, Jacques/Hunt, Lynn (1996): Histories. French Construction of the Past, New York.

Ringer, Fritz (1992): Fields of Knowledge. French Academic Culture in Comparative Perspective, 1890–1920, Cambridge.

Schmitt, Jean-Claude (1990): La raison des gestes dans l'Occident médiéval, Paris (dt.: Die Logik der Gesten im europäischen Mittelalter, Stuttgart 1992).

Schmitt, Jean-Claude (1994): Les revenants. Les vivants et les morts dans la société médiévale, Paris (dt.: Die Wiederkehr der Toten. Geistergeschichten im Mittelalter, Stuttgart 1995).

Simiand, François (1987): Méthode historique et sciences sociales, hg. von Marina Cedronio, Paris.

Stoianovich, Trajan (1976): French Historical Method. The Annales Paradigm, Ithaca.

Vernant, Jean-Pierre (1965): Mythe et pensée chez les Grecs, 2 Bde., Paris.

Veyne, Paul (1971): Comment on écrit l'histoire, Paris.

Vilar, Pierre (1982): Une histoire en construction. Approche marxiste et problématiques conjoncturelles, Paris.

Vovelle, Michel (1973): Piété baroque et déchristianisation en Provence au XVIIIe siècle, Paris.

Neuere angloamerikanische Sozialgeschichte

Abbott, Andrew (1998): The Causal Devolution, in: Sociological Methods and Research 27, S. 148–181.

Belchem, John (1990): Industrialization and the Working Class. The English Experience, 1750–1900, Aldershot.

Brewer, John (1976): Party Ideology and Popular Politics at the Accession of George III, Cambridge.

Brewer, John (1980): The Wilkites and the Law, 1763–74: A Study of Radical Notions of Governance, in: ders./Styles, John (Hg.): An Ungovernable People. The English and their Law in the Seventeenth and Eighteenth Centuries, New Brunswick, S. 128–171.

Calhoun, Craig (1982): The Question of Class Struggle. Social Foundations of Popular Radicalism during the Industrial Revolution, Chicago.

Clark, Anna (1995): The Struggle for the Breeches. Gender and the Making of the British Working Class, Berkeley.

Clark, Samuel (1995): State and Status. The Rise of the State and Aristocratic Power in Western Europe, Montreal.

Cohen, Lizabeth (1990): Making a New Deal. Industrial Workers in Chicago, 1919–1939, Cambridge.

Descimon, Robert (1999): Autopsie du massacre de l'Hôtel de Ville (4 juillet 1652). Paris et la »Fronde des Princes«, in: Annales 54, S. 319–352.

Frader, Laura L./Rose, Sonya O. (1996) (Hg.): Gender and Class in Modern Europe, Ithaca.

Geertz, Clifford (1980): Negara. The Theatre State in Nineteenth-Century Bali, Princeton.

Geremek, Bronislaw (1994): Poverty. A History, Oxford.

Gillis, John R./Levine, David/Tilly, Louise A. (1992) (Hg.): The European Experience of Declining Fertility. A Quiet Revolution 1850–1970, Oxford.

Hammond, John L./Hammond, Barbara (1917): The Town Labourer, 1760–1832, London.

Hanagan, Michael P. (1989): Nascent Proletarians. Class Formation in Post-Revolutionary France, Oxford.

Hobsbawm, Eric J. (1964): Labouring Men, London.

Hobsbawm, Eric J. (1975): The Age of Capital, 1848–1875, London (dt.: Die Blütezeit des Kapitals. Eine Kulturgeschichte der Jahre 1848–1875, München 1980).

Hobsbawm, Eric J. (1994): The Age of Extremes. A History of the World, 1914–1991, New York (dt.: Das Zeitalter der Extreme. Weltgeschichte des 20. Jahrhunderts, 2. Aufl. München 1999).

Joyce, Patrick (1991): Visions of the People. Industrial England and the Question of Class, 1848–1914, Cambridge.

Joyce, Patrick (1995): The End of Social History?, in: Social History 20, S. 73–92.

Kuper, Adam (1999): Culture. The Anthropologists' Account, Cambridge.

Levine, David (1984) (Hg.): Proletarianization and Family History, Orlando.

Levine, David (1987): Reproducing Families, Cambridge.

Monkkonen, Eric H. (1994) (Hg.): Engaging the Past. The Uses of History across the Social Sciences, Durham.

Moore, Barrington Jr. (1966): Social Origins of Dictatorship and Democracy, Boston. (dt.: Soziale Ursprünge von Diktatur und Demokratie. Die Rolle der Grundbesitzer und Bauern bei der Entstehung der modernen Welt, Frankfurt a. M. 1974).

Novick, Peter (1988): That Noble Dream. The »Objectivity Question« and the American Historical Profession, Cambridge.

Olzak, Susan (1989): Analysis of Events in the Study of Collective Action, in: Annual Review of Sociology 15, S. 119–141.

Rucht, Dieter/Koopmans, Ruud/Neidhardt, Friedhelm (1998) (Hg.): Acts of Dissent. New Developments in the Study of Protest, Berlin.

Rudé, George (1964): The Crowd in History, New York. (dt.: Die Volksmassen in der Geschichte. England und Frankreich 1730–1848, 2. Aufl. Frankfurt a. M. 1979).

Stedman Jones, Gareth (1982): Languages of Class. Studies in English Working-Class History 1832–1982, Cambridge.

Steinberg, Marc W. (1999): Fighting Words. Working-Class Formation, Collective Action, and Discourse in Early Nineteenth-Century England, Ithaca.

Stone, Lawrence (1979): The Revival of Narrative: Reflections on a New Old History, in: Past & Present 86, S. 3–24.

Thernstrom, Stephan (1964): Poverty and Progress, Cambridge.

Thernstrom, Stephan (1973): The Other Bostonians. Poverty and Progress in the American Metropolis, Cambridge.

Thompson, Edward P. (1963): The Making of the English Working Class, New York (dt.: Die Entstehung der englischen Arbeiterklasse, 2 Bde., Frankfurt a. M. 1987).

Tilly, Charles (1978) (Hg.): Historical Studies of Changing Fertility, Princeton.

Tilly, Charles (1998): Roads from Past to Future, Lanham.

Tilly, Louise A./Gurin, Patricia (1990) (Hg.): Women, Politics and Change, New York.

Tilly, Louise A. u. a. (1997): Scholarly Controversy: Women, Work, and Citizenship, in: International Labor and Working-Class History 52, S. 1–71.

Vernon, James (1993): Politics and the People. A Study in English Political Culture 1815–1867, Cambridge.

Warner, William L. u. a. (1963): Yankee City, New Haven.

Willigan, J. Dennis/Lynch, Katherine A. (1982): Sources and Methods of Historical Demography, New York.

Wrigley, Edward A./Schofield, Roger S. (1981): The Population History of England, 1541–1850: A Reconstruction, Cambridge.

Zelizer, Viviana (1994): The Social Meaning of Money, New York.

Zunz, Olivier (1985) (Hg.): Reliving the Past. The Worlds of Social History, Chapel Hill.

Historische Sozialwissenschaft

Conze, Werner (1957): Die Strukturgeschichte des technisch-industriellen Zeitalters als Aufgabe für Forschung und Unterricht, Köln.

Daniel, Ute (1993): »Kultur« und »Gesellschaft«. Überlegungen zum Gegenstandsbereich der Sozialgeschichte, in: Geschichte und Gesellschaft 19, S. 69–99.

Hardtwig, Wolfgang/Wehler, Hans-Ulrich (1996) (Hg.): Kulturgeschichte heute, Göttingen.

Iggers, Georg G. (1978): Neue Geschichtswissenschaft. Vom Historismus zur Historischen Sozialwissenschaft, München.

Iggers, Georg G. (1993): Geschichtswissenschaft im 20. Jahrhundert. Ein kritischer Überblick im internationalen Zusammenhang, Göttingen.

Kehr, Eckart (1965): Der Primat der Innenpolitik. Gesammelte Aufsätze zur preußisch-deutschen Sozialgeschichte im 19. und 20. Jahrhundert, hg. von Hans-Ulrich Wehler, Berlin (2. Aufl. Frankfurt a. M. 1970).

Kocka, Jürgen (1973): Klassengesellschaft im Krieg. Deutsche Sozialgeschichte 1914–1918, Göttingen.

Kocka, Jürgen (1977a): Sozialgeschichte. Begriff – Entwicklung – Probleme, (2. Aufl. 1986) Göttingen.

Kocka, Jürgen (1977b) (Hg.): Theorien in der Praxis des Historikers, Göttingen.

Kocka, Jürgen (1977c): Angestellte zwischen Faschismus und Demokratie. Zur politischen Sozialgeschichte der Angestellten: USA 1890–1940 im Vergleich, Göttingen.

Kocka, Jürgen (1991): Geschichtswissenschaft und Sozialwissenschaft. Wandlungen ihres Verhältnisses in Deutschland seit den 30er Jahren, in: Jarausch, Konrad u. a. (Hg.): Geschichtswissenschaft vor 2000. Festschrift für Georg G. Iggers, Hagen, S. 345–359.

Kocka, Jürgen (2000): Historische Sozialwissenschaft Heute, in: Nolte, Paul u. a. (Hg.): Perspektiven der Gesellschaftsgeschichte, München, S. 5–24.

Koselleck, Reinhart (1971): Wozu noch Historie?, in: Historische Zeitschrift 212, S. 1–18.

Koselleck, Reinhart (1979): Vergangene Zukunft. Zur Semantik geschichtlicher Zeiten, Frankfurt a. M.

Medick, Hans (1984): »Missionare im Ruderboot«? Ethnologische Erkenntnisweisen als Herausforderung an die Sozialgeschichte, in: Geschichte und Gesellschaft 10, S. 295–319.

Mergel, Thomas (1996): Kulturgeschichte – die neue »große Erzählung«? Wissenssoziologische Bemerkungen zur Konzeptualisierung sozialer Wirklichkeit in der Geschichtswissenschaft, in: Hardtwig, Wolfgang/Wehler, Hans-Ulrich (Hg.): Kulturgeschichte heute, S. 41–77.

Mergel, Thomas/Welskopp, Thomas (1997) (Hg.): Geschichte zwischen Kultur und Gesellschaft, München.

Mommsen, Wolfgang J. (1971): Die Geschichtswissenschaft jenseits des Historismus, Düsseldorf.

Mooser, Josef (1984): Ländliche Klassengesellschaft. Bauern und Unterschichten, Landwirtschaft und Gewerbe im östlichen Westfalen (1770–1848), Göttingen.

Mooser, Josef (1997): Wirtschafts- und Sozialgeschichte, Historische Sozialwissenschaft, Gesellschaftsgeschichte, in: Dülmen, Richard van (Hg.): Fischer-Lexikon Geschichte, Frankfurt a. M., S. 86–101.

Nipperdey, Thomas (1976): Gesellschaft, Kultur, Theorie. Gesammelte Aufsätze zur neueren Geschichte, Göttingen.

Nolte, Paul (1997): Gibt es noch eine Einheit der Neueren Geschichte?, in: Zeitschrift für historische Forschung 24, S. 377–399.

Nolte, Paul (1999): Die Historiker der Bundesrepublik. Rückblick auf eine »lange Generation«, in: Merkur 53, S. 413–431.

Nolte, Paul (2000): Die Ordnung der deutschen Gesellschaft. Selbstentwurf und Selbstbeschreibung im 20. Jahrhundert, München.

Nolte, Paul u. a. (2000) (Hg.): Perspektiven der Gesellschaftsgeschichte, München.

Raphael, Lutz (2000): Nationalzentrierte Sozialgeschichte in programmatischer Absicht: Die Zeitschrift »Geschichte und Gesellschaft. Zeitschrift für Historische Sozialwissenschaft« in den ersten 25 Jahren ihres Bestehens, in: Geschichte und Gesellschaft 26, S. 5–37.

Rürup, Reinhard (1997) (Hg.): Historische Sozialwissenschaft. Beiträge zur Einführung in die Forschungspraxis, Göttingen.

Rüsen, Jörn (1976): Für eine erneuerte Historik. Studien zur Theorie der Geschichtswissenschaft, Stuttgart.

Schieder, Theodor (1991): Nationalismus und Nationalstaat. Studien zum nationalen Problem im modernen Europa, Göttingen.

Schieder, Wolfgang/Sellin, Volker (1986–1987) (Hg.): Sozialgeschichte in Deutschland, 4 Bde., Göttingen.

Schulze, Winfried (2000) (Hg.): Deutsche Historiker im Nationalsozialismus, (2. Aufl.) Frankfurt a. M.

Weber, Max (1988): Die »Objektivität« sozialwissenschaftlicher und sozialpolitischer Erkenntnis, in: ders.: Gesammelte Aufsätze zur Wissenschaftslehre, (7. Aufl.) Tübingen, S. 146–214.

Wehler, Hans-Ulrich (1969): Bismarck und der Imperialismus, Köln (Neuaufl. Frankfurt a. M. 1985).

Wehler, Hans-Ulrich (1973a): Geschichte als Historische Sozialwissenschaft, (3. Aufl. 1980) Frankfurt a. M.

Wehler, Hans-Ulrich (1973b): Das deutsche Kaiserreich 1871–1918, Göttingen.

Wehler, Hans-Ulrich (1975): Modernisierungstheorie und Geschichte, Göttingen.

Wehler, Hans-Ulrich (1980): Historische Sozialwissenschaft und Geschichtsschreibung. Studien zu Aufgaben und Traditionen deutscher Geschichtswissenschaft, (7. Aufl. 1994) Göttingen.

Wehler, Hans-Ulrich (1984) (Hg.): Geschichte und Soziologie, (2. Aufl.) Königstein.

Wehler, Hans-Ulrich (1987–1995): Deutsche Gesellschaftsgeschichte, (bisher 3 Bde.) München.

Wehler, Hans-Ulrich (1988): Historische Sozialwissenschaft. Eine Zwischenbilanz nach dreißig Jahren, in: ders., Die Herausforderung der Kulturgeschichte, München, S. 142–153.

Welskopp, Thomas (1998): Die Sozialgeschichte der Väter. Grenzen und Perspektiven der Historischen Sozialwissenschaft, in: Geschichte und Gesellschaft 24, S. 173–198.

Marxistische Geschichtswissenschaft

Anderson, Perry (1976): Considerations on Western Marxism, London (dt.: Über den westlichen Marxismus, Frankfurt a. M. 1978).

Barber, John (1981): Soviet Historians in Crisis 1928–1932, London.

Beyrau, Dietrich (1993): Intelligenz und Dissens. Die russischen Bildungsschichten in der Sowjetunion 1917 bis 1985, Göttingen.

Borgolte, Michael (1995) (Hg.): Mittelalterforschung nach der Wende, München.

Conelly, John (1998): Stalinismus und Hochschulpolitik nach 1945, in: Geschichte und Gesellschaft 24, S. 5–23.

Conrad, Sebastian (1999): Auf der Suche nach der verlorenen Nation. Geschichtsschreibung in Westdeutschland und Japan 1945–1960, Göttingen.

Eckermann, Walther/Mohr, Hubert (1986) (Hg.): Einführung in das Studium der Geschichte, (4. Aufl.) Berlin.

Eckert, Andreas (1999): Historiker, »nation building« und die Rehabilitierung der afrikanischen Vergangenheit. Aspekte der Geschichtsschreibung in Afrika nach 1945, in: Küttler, Wolfgang/Rüsen, Jörn/Schulin, Ernst (Hg.): Geschichtsdiskurs, Bd. 5: Globale Konflikte, Erinnerungsarbeit und Neuorientierungen seit 1945, Frankfurt a. M., S. 162–187.

Erdmann, Karl D. (1987): Die Ökumene der Historiker. Geschichte der Internationalen Historikerkongresse und des Comité International des Sciences Historiques, Göttingen.

Fleischer, Hartmut (1994) (Hg.): Der Marxismus in seinem Zeitalter, Leipzig.

Furet, François (1995): Le passé d'une illusion. Essai sur l'idée communiste au XXe siècle, Paris 1995 (dt.: Das Ende der Illusion. Der Kommunismus im 20. Jahrhundert, München 1998).

Geyer, Dietrich (1991) (Hg.): Die Umwertung der sowjetischen Geschichte, Göttingen.

Gramsci, Antonio (1991 ff.): Gefängnishefte. Kritische Gesamtausgabe, hg. von Klaus Bochmann/Wolfgang F. Haug, Hamburg.

Guilhaumou, Jacques (1989): Furet lecteur de Marx – Marx lecteur de la Révolution française, in: Actuel Marx 6, S. 170–177.

Hadler, Frank/Iggers, Georg G. (1998): Überlegungen zum Vergleich der DDR-Geschichtswissenschaft mit den »gespaltenen« Historiographien Ostmitteleuropas nach 1945, in: Iggers, Georg G. u. a. (Hg.): Die DDR-Geschichtswissenschaft als Forschungsproblem, München.

Hecker, Hans (1983): Russische Universalgeschichtsschreibung. Von den vierziger Jahren des 19. Jahrhunderts bis zur sowjetischen Weltgeschichte (1955–1965), München.

Hösler, Joachim (1995): Die sowjetische Geschichtswissenschaft 1953 bis 1991. Studien zur Methodologie- und Organisationsgeschichte, München.

Iggers, Georg G. u. a. (1998) (Hg.): Die DDR-Geschichtswissenschaft als Forschungsproblem, München.

Jessen, Ralph (1999): Akademische Elite und kommunistische Diktatur. Die ostdeutsche Hochschullehrerschaft in der Ulbricht-Ära, Göttingen.

Kossok, Manfred (2000): Ausgewählte Schriften, 3 Bde., Leipzig.

Kowalczuk, Ilko-Sascha (1997): Legitimation eines neuen Staates. Parteiarbeiter an der historischen Front. Geschichtswissenschaft in der SBZ/DDR 1945 bis 1961, Berlin.

Küttler, Wolfgang/Rüsen, Jörn/Schulin, Ernst (1999) (Hg.): Geschichtsdiskurs, Bd. 5: Globale Konflikte, Erinnerungsarbeit und Neuorientierungen seit 1945, Frankfurt a. M.

Lindner, Rainer (1999): Historiker und Herrschaft. Nationsbildung und Geschichtspolitik in Weißrußland im 19. und 20. Jahrhundert, München.

Lüdtke, Alf (1997) (Hg.): Was bleibt von marxistischen Perspektiven in der Geschichtsforschung?, Göttingen.

Markov, Walter (1947): Historia docet, in: Forum 1/4, S. 8–9, (wiederabgedr. in: ders.: Kognak und Königsmörder. Historische Miniaturen, Berlin 1979, S. 15–20).

Markov, Walter (1950): Zur Krise der deutschen Geschichtsschreibung, in: Sinn und Form 2, Berlin, S. 109–155.

Mazour, Anatole G. (1975): Modern Russian Historiography, Westport.

Meissner, Jochen (1999): Dependenztheorie und lateinamerikanische Geschichtsschreibung, in: Küttler, Wolfgang/Rüsen, Jörn/Schulin, Ernst (Hg.): Geschichtsdiskurs, Bd. 5: Globale Konflikte, Erinnerungsarbeit und Neuorientierungen seit 1945, Frankfurt a. M., S. 106–141.

Middell, Matthias (1993): Jenseits unserer Grenzen? Zur Trennung von deutscher und allgemeiner Geschichte in der Geschichtswissenschaft und Geschichtskultur der DDR, in: Jarausch, Konrad H./Middell, Matthias (Hg.): Nach dem Erdbeben. (Re-) Konstruktion ostdeutscher Geschichte und Geschichtswissenschaft, Leipzig, S. 88–120.

Middell, Matthias (1999): Französische Revolution, in: Haug, Wolfgang F. (Hg.): Historisch-Kritisches Wörterbuch des Marxismus, Bd. 4, Hamburg, Sp. 803–825.

Middell, Matthias (1999b) (Hg.): Historische Zeitschriften im internationalen Vergleich, Leipzig.

Sabrow, Martin (2000) (Hg.): Geschichte als Herrschaftsdiskurs. Der Umgang mit der Vergangenheit in der DDR, Köln.

Scholtz, Gunter (1997) (Hg.): Historismus am Ende des 20. Jahrhunderts, Berlin.

Schöttler, Peter (1994): Zur Geschichte der Annales Rezeption in Deutschland (West), in: Middell, Matthias/Sammler, Steffen (Hg.): Alles Gewordene hat Geschichte. Die Schule der Annales in ihren Texten 1929–1992, Leipzig, S. 40–60.

Schöttler, Peter (1997) (Hg.): Geschichtsschreibung als Legitimationswissenschaft 1918–1945, Frankfurt a. M.

Schulin, Ernst (1974) (Hg.): Universalgeschichte, Köln.

Stedman Jones, Gareth (1997): Anglo-Marxism, Neo-Marxism and the Discursive Approach to History, in: Lüdtke, Alf (Hg.): Was bleibt von marxistischen Perspektiven in der Geschichtsforschung?, Göttingen, S. 151–209.

Tolz, Vera (1997): Russian Academicians and the Revolution. Combining Professionalism and Politics, Houndsmills.

Vovelle, Michel (1985): La mentalité révolutionnaire: société et mentalités sous la Révolution française, Paris.

Wallerstein, Immanuel (1974 ff.): The modern World-system, New York (dt.: Das moderne Weltsystem, Frankfurt a. M. 1986 ff.).

Wallerstein, Immanuel (1991): Unthinking the Social, Cambridge (dt.: Die Sozialwissenschaft »kaputtdenken«: Die Grenzen der Paradigmen des 19. Jahrhunderts, Weinheim 1995).

Wolfrum, Edgar (1997): Die Preußen-Renaissance: Geschichtspolitik im deutsch-deutschen Konflikt, in: Sabrow, Martin (Hg.): Verwaltete Vergangenheit. Geschichtskultur und Herrschaftslegitimation in der DDR, Leipzig, S. 145–168.

Rudolf Schlögl

Politik- und Verfassungsgeschichte

Ein Überblick über die Entwicklung der europäischen Historiographie seit dem 18. Jahrhundert muss zunächst feststellen, dass Geschichtsschreibung bis ins 20. Jahrhundert hinein weitgehend identisch war mit Politik- und Verfassungsgeschichte. Andere Themen und Zugriffe konnten sich lange Zeit nur in Randbereichen der professionellen Geschichtswissenschaft etablieren. In Deutschland war dies nicht anders als in den übrigen europäischen Ländern. Dies ermöglicht es, die Grundtendenzen der historiographischen Entwicklung für die Politik- und Verfassungsgeschichte zunächst in einer Konzentration auf die deutsche Geschichtsschreibung herauszuarbeiten, um diese dann allerdings im Blick auf England und Frankreich in einen europäischen Rahmen zu stellen.

Die Verwissenschaftlichung der Geschichtsschreibung von einem Teil der Artes liberales hin zu einer eigenständigen, universitären Disziplin vollzog sich in enger Anlehnung an die Herausbildung des Nationalstaates in Europa. Indem die Geschichtsschreibung des 19. Jahrhunderts dadurch eine tragende Aufgabe in der Ausformung eines nationalen Gedächtnisses (Hardtwig 1990) und der Ausgestaltung jener »Bildungsreligion« übernahm (Assmann 1993), auf der das Bürgertum seine kollektive Identität aufbaute, stiegen Staat und Politik zu den zentralen Themen der universitären Geschichtswissenschaft auf. Erst nach 1945 setzte sich dann die Überzeugung durch, dass Politik- und Verfassungsgeschichte nur als besondere Segmente eines ansonsten viel breiteren, historiographisch relevanten Themenspektrums gelten können. Als sektorale Geschichte sah die Politik- und Verfassungsgeschichte sich jetzt ihrerseits der massiven Kritik und den Hegemonieansprüchen der Sozial- und der Gesellschaftsgeschichte ausgesetzt. Dies prägte die fachinternen Auseinandersetzungen der siebziger und achtziger Jahre.

1. Die Geschichtsschreibung als Politik- und Verfassungsgeschichte

Bis ins 18. Jahrhundert hinein fand die Historiographie ihr themengenerierendes Prinzip und die Gliederung ihres Stoffes in der Überzeugung, dass sich im Gang der Weltgeschichte die Vorsehung Gottes realisiere. Der Prozess der Weltgeschichte stellte sich damit dar als Teil des biblisch beglaubigten Heilsgeschehens. Allerdings war die universale Einheit der Christenheit längst zerfallen und die hierarchische Gliederung der Herrscher einer Vielfalt von Monarchien und Staaten gewichen, die sich als selbstständige, souveräne Mächte gegenübertraten. Die Geschichtsschreibung trug dem durch den Typus der historischen Staatenkunde Rechnung, in der die inner- und zwischenstaatlichen Verhältnisse vornehmlich aus juristischer Perspektive dargestellt wurden. Allerdings wurde weitgehend darauf verzichtet, den gebotenen Stoff einer einheitlichen Perspektive zu unterwerfen.

Insbesondere im Hinblick auf diese Form der Staatengeschichte aber auch der Weltgeschichte als Heilsgeschichte bemerkte Voltaire im Vorwort seines »Essai sur les moers et l'esprit des nations« (1753), wer das Unglück habe, sich den Kopf mit der Chronologie aller Dynastien zu füllen, lerne nichts als bloße Wörter. Im »Essai« wie in seiner bereits 1739 veröffentlichten Geschichte des Zeitalters Ludwigs XIV. (»Le siècle de Louis XIV«) setzte Voltaire dagegen die Idee einer Zivilisations- und Kulturgeschichte, die den Verlauf der Geschichte nicht mehr als Verwirklichung der Offenbarung verstand, sondern als fortschreitende Entwicklung des menschlichen Geistes (l'esprit humain). Konturen und Grenzen in dieser Entwicklungsgeschichte des menschlichen Geistes zog die Nation. Sie gab den Raum ab, in dem der menschliche Geist sich jeweils entfaltete, sodass seine allgemeine Entwicklung sich zu nationalen Zivilisationsgeschichten verdichtete. Damit war die Staatengeschichte in einen Geschichtsdiskurs integriert, der bereits zu diesem Zeitpunkt seine wichtigste Aufgabe darin sah, die eigene Nation im kulturellen Vergleich mit anderen Nationen an die Spitze der zivilisatorischen Entwicklungen zu rücken.

Diese enge Verbindung von Nation und Zivilisation stellte aus der Entwicklungslogik der Geschichtsschreibung heraus eine entscheidende Weiche für die seit der Wende zum 19. Jahrhundert sich durchsetzende, fast ausschließliche Identifikation von Geschichte mit Politik- und Verfassungsgeschichte. Entwicklungen auf mehreren Ebenen flossen dabei ineinander. In der Philosophie der Geschichte war es Georg W. F. Hegel, der den Begriff des Staates mit der Entwicklungsgeschichte des menschlichen Geistes und der Vernunft zusammenschloss. Die nachrevolutionäre Staatlichkeit in Europa wurde für Hegel zum alleinigen Forum, auf dem die Freiheit des Willens als Prinzip des Geistes sich realisierte. Hegel begriff den Staat als das »sittliche Ganze«, »in dem das Individuum seine Freiheit hat und genießt.« (Hegel 1961: 85). Mit dieser Formulierung suchte Hegel dem fundamentalen realgeschichtlichen Bruch der Französischen Revolution Rechnung zu tragen, in der die rechtliche Hülle der vormodernen politischen Strukturen beseitigt und gleichzeitig Nation und Staat zu einer neuen kompakten Einheit zusammengefügt worden waren. Dies bot den Ansatzpunkt, um Zivilisationsgeschichte und Geschichte der staatlichen Ordnung endgültig zur Deckung zu bringen. Drittens verhalfen Amerikanische und Französische Revolution der Verfassung als der rechtlich codifizierten Legitimation staatlicher Macht zum Durchbruch. In der funktionalen Ausdifferenzierung von Politik gegenüber Recht und insbesondere auch der Wirt-

Politik- und Verfassungsgeschichte

schaft, die sich in der Umgestaltung der vormodernen Sozialordnung vollzogen hatte, verflüchtigten sich auch die alteuropäischen Legitimationsgrundlagen staatlicher Macht. Sie wurden in der Verknüpfung von Recht und Politik, wie die Konstitution sie seitdem vornahm, neu geschaffen (Luhmann 1990). Für die Geschichtsschreibung ergab sich hieraus die Identifikation von Verfassung mit Rechtsnormen, aber auch die im 19. Jahrhundert schnell einsetzende Politisierung der Verfassungsgeschichte, weil die politische Geschichte sich jetzt immer als Teil der Auseinandersetzung um die rechte Verfassung verstehen konnte und musste.

Die Geschichtsschreibung fand damit auch dort, wo sie noch Zivilisationsgeschichte sein wollte, ihren ausschließlichen Gegenstand im Staat und seiner Verfassung. Programmatisch formulierte Wilhelm Wachsmuth 1820, dass die »Cultur- und Menschheitsgeschichte« ihre Aufgabe verfehle, wenn sie ihr Hauptaugenmerk nicht auf das Politische richte (Wachsmuth 1992: 18 ff., 29–45).

Von hier aus führten zwei Wege die professionelle Geschichtsschreibung an Universitäten und Akademien durch das 19. Jahrhundert: die »Verfassungsgeschichte als politische Geschichte« bot Raum für das liberale Denken, sich in der Geschichte einen Spiegel der eigenen Staatsvorstellungen zu suchen; die »politische Geschichte als Nationalgeschichte« geriet in den Sog der kleindeutschen Nationalstaatsgründung und verknöcherte dadurch schließlich zu einer sterilen »Andacht zum Staate« (Otto Hintze) aus borussischer Perspektive.

In jedem Fall wusste die Geschichtswissenschaft sich berufen zu einer nationalpädagogischen Aufgabe und verstand ihre Geschichtsschreibung als Beitrag zur nationalen Bewusstseinsbildung und zur Gestaltung des Staates (vgl. Giesen 1993). Liberale Historiker der Vormärzzeit, wie Friedrich Christoph Dahlmann, Georg Waitz, Otto von Gierke oder Karl von Rotteck, schrieben umfängliche Verfassungsgeschichten, in denen die Idee der genossenschaftlich verfassten Gesellschaft neben die der staatlich verfassten gesetzt war. (Böckenförde 1961: 182–195).

Trotz des sehr direkten politischen Bezugs schritt die Verwissenschaftlichung der verfassungsgeschichtlichen Forschung dabei wenigstens in dem Sinne nachhaltig voran, dass Art und Menge der berücksichtigten Quellen fortlaufend anwuchsen und die Methoden der Quellenkritik beständig verfeinert wurden. Ein weiterer Grundzug dieser verfassungsgeschichtlichen Forschung war ihre enge Verbindung zur Landes- und Territorialgeschichte. Weil das Heilige Römische Reich dem Modell moderner Staatlichkeit nicht entsprach, konzentrierte sich die Forschung auf die »Fürstenstaatlichkeit« in den Territorien des Reiches. Auf diese Weise bildeten sich Brücken zwischen der professionalisierten universitären Forschung und der regional oder lokal orientierten Forschungstätigkeit in den seit der Mitte des 19. Jahrhunderts entstehenden Geschichtsvereinen, die zu einer starken Stütze des bildungsbürgerlichen Selbstbewusstseins wurden –, so stark, dass die universitäre Geschichtsschreibung in der regionalen Geschichtsforschung schließlich eine Konkurrenz und Gefahr für die nationale Bewusstseinsbildung erblickte. Ein dritter Zug der verfassungsgeschichtlichen Forschung des 19. Jahrhunderts war ihre zunehmende Ausrichtung an Systematik und Begriffsapparat des aktuellen Staatsrechts. In dieser Identifikation von Verfassungs- mit Rechtsgeschichte wurde besonders deutlich, welchen methodischen Preis die Geschichtsforschung des 19. Jahrhunderts für die Erfüllung ihrer selbst gesetzten nationalpädagogischen Aufgabe zahlte. Sie übertrug durchgehend die politische und staatsrechtliche Begrifflichkeit des 19. Jahrhunderts auf ihre historischen Gegenstände und errichtete auf diese Weise eine unüberwindliche Hürde für die Entwicklung eines jeweils historisch angemessenen Begriffs von Politik und Staatlichkeit.

Dies zeigte sich auch in den Bereichen nationaler Geschichtsschreibung, die sich nicht so sehr mit der Institutionengeschichte des Staates beschäftigte, sondern mit dem Handeln des Machtstaates selbst. Leopold von Ranke orientierte sein eigenes Geschichtswerk an der These vom Primat der Außenpolitik. Wo sie sich als Geschichte der Nation verstand, wurde Geschichtsschreibung zur Arbeit am nationalen Gedächtnis und entsprechend zur Geschichte ihrer großen Männer und Helden: »Kein Volk hat besseren Grund als wir, das Andenken seiner hart kämpfenden Väter in Ehren zu halten«, schrieb Heinrich von Treitschke in seiner Deutschen Geschichte im 19. Jahrhundert, – keines aber erinnere sich auch so selten, »durch wie viel Blut und Tränen, durch wie viel Schweiß des Hirnes und der Hände ihm der Segen seiner Einheit geschaffen wurde« (Treitschke 1879: VIIIf.). Treitschke brachte damit die Verbindung von universitärer Geschichtsschreibung und Machtstaatspolitik des Kaiserreiches auf den Punkt. Die methodischen Konsequenzen aus diesem Zusammengehen waren gravierend. Man müsse offen zu den Nachbardisziplinen hin sein, fasste Friedrich Meinecke 1908 im Geleitwort zum einhundertsten Band der »Historischen Zeitschrift« den Stand der geschichtswissenschaftlichen Orientierungsdiskussion zusammen. »Die Hauptobjekte unserer Disziplin sind und bleiben darum doch der Staat und die Nation, auf die wir uns konzentrieren müssen, wenn wir nicht einem vagen Dilettantismus verfallen wollen.« (Meinecke 1968: 8).

Diese Stellungnahme Meineckes ist der Versuch, zwischen den Fronten, die sich im Lamprecht-Streit formiert hatten, zu vermitteln. Karl Lamprecht hatte sein Vorhaben, die Geschichtswissenschaft aus der bloßen individualisierenden Hermeneutik herauszuführen und ihr eine eigenständige, auf psychische Gesetzmäßigkeiten basierende Methode des Erklärens zu geben, die den generalisierenden und mit Gesetzeswissen operierenden Naturwissenschaften ebenbürtig war, verbunden mit einer bewussten Abkehr vom Primat der politischen Geschichte. Lamprecht griff zurück auf die Kultur- und Zivilisationsgeschichte, für die Politik immer nur ein (Teil-)Aspekt der Geschichte gewesen war (vgl. Lamprecht 1912).

Politik- und Verfassungsgeschichte

Gegen Lamprecht und seine seit 1891 in zwölf Bänden erscheinende »Deutsche Geschichte« polemisierte eine Gruppe von jüngeren Historikern, die allerdings nicht ausschließlich den Primat der Politikgeschichte verteidigte, sondern für ein diffuses Spektrum von neurankeanischer, verfassungs- und politikgeschichtlicher sowie konfessionell-katholischer Geschichtsschreibung stand. In diesem, tief ins Persönliche gehenden, sehr scharf geführten Streit artikulierten sich gegensätzliche, jeweils sehr komplexe Geschichtstheorien, die sich nicht mehr zur Deckung bringen ließen (Schorn-Schütte 1984; Haas 1994: 156 ff.). Auch wenn weder Lamprecht noch seine Gegner sich dabei letztlich durchsetzten, so markiert die Auseinandersetzung damit einen Punkt, von dem ab die Politik- und Verfassungsgeschichte als die bis dahin dominierende Form der Geschichtswissenschaft nach und nach zu einer Teildisziplin wurde. Dies vollzog sich allerdings nicht mehr hauptsächlich als Diskussion um die Kulturgeschichte, sondern in einer methodischen Öffnung der Geschichtswissenschaften hin zu den Sozialwissenschaften und insbesondere zur entstehenden Soziologie (Oestreich 1969: 341).

Eine wirkungsvolle Voraussetzung dafür bot die Verbindung von borussisch-konservativer politischer Gesinnung und methodischer Innovation, die sich im Werk Otto Hintzes beobachten lässt. Hintze arbeitete an einer weltgeschichtlichen Typologie staatlicher Verfassungs- und Verwaltungsorganisation und suchte dazu dezidiert die Vermittlung zwischen strukturgeschichtlich-materialistischen Positionen und der etablierten, rankeanischen Auffassung vom Primat der Außenpolitik. Hintze folgerte daraus in den zwanziger Jahren, dass die politische Verfassung immer eine Resultante von inneren Machtkämpfen zwischen Klassen und den auswärtigen zwischen den Staatswesen gleichzeitig sei (Hintze 1962: 34 ff.). Für die weitere Entwicklung wichtig wurde die durch Hintze aus der Methodik des Vergleichs heraus geförderte Historisierung der Begrifflichkeit, mit der die Verfassungs- und Politikgeschichte ihre Gegenstände konstituierte. Der Staat der Gegenwart verblasste langsam im Begriffsapparat der Verfassungshistoriker.

Den entscheidenden Schritt tat schließlich Otto Brunner in seiner 1939 erstmals erschienenen Studie »Land und Herrschaft«. Ausgehend von einer Untersuchung des Fehdewesens plädierte Brunner für eine aus den Quellen heraus entwickelte Begrifflichkeit, da nur sie die historischen Verhältnisse wirklichkeitsgetreu abbilden könne. Dies führte Brunner dazu, für das hohe und späte Mittelalter anstelle von Staat von Herrschaft und Obrigkeit zu sprechen (Brunner 1973: 111 ff.). Obwohl Brunner auf den Begriff selbst verzichtete, folgte er bei seiner Argumentation einer Staatsvorstellung, die unter direktem Bezug auf Carl Schmitt die Homogenität von politischer und sozialer Ordnung voraussetzte. Brunner reproduzierte auf diese Weise nicht nur den holistischen Staats- und Gesellschaftsbegriff Schmitts und den ihn konstituierenden Dezisionismus; ebenso unverkennbar fand sich in »Land und Herrschaft« die Staatsideologie des Dritten Reiches wieder.

Die Gewichte in der historiographischen Orientierung hatten sich allerdings jetzt endgültig verschoben. Zwar könne die Strukturgeschichte nicht ohne Blick auf das politische Geschehen betrieben werden, aber die Politikgeschichte sei eben nur ein Aspekt unter anderen, stellte Brunner 1959 in seiner Hamburger Rektoratsrede fest. Geschichte müsse das Ganze des menschlichen Tuns im Blick haben (Brunner 1968: 19 f.). Aus dem Hauptgegenstand der Geschichte war ein Teilaspekt historiographischer Praxis geworden.

2. Politik- und Verfassungsgeschichte als Teilsegmente der modernen europäischen Geschichtswissenschaft

Die Neuanfänge der deutschen Geschichtswissenschaft nach 1945 waren zunächst vom lähmenden Erschrecken über das moralische wie politische Versagen der Disziplin gekennzeichnet. Gerhard Ritter zog aus der »Deutschen Katastrophe«, von der Friedrich Meinecke gesprochen hatte, die vorsichtige Konsequenz, dass die Geschichte des Machtstaates und die Geschichte großer Männer den Anforderungen der Zeit nicht mehr entspreche. Wer sich als Historiker nicht auf soziologische Methoden einlasse oder die ökonomischen Grundbegriffe nicht beherrsche, bringe nicht mehr als bloße Rhetorik hervor (Ritter 1950: 8 ff.). Trotz des raschen Wiederaufbaus fiel es allerdings gerade angesichts des Generalverdachts, unter den die deutsche Geschichte geraten war, besonders schwer, sich von den methodischen und thematischen Traditionslinien radikal zu trennen. Die Restauration blieb ein Teil des Neuanfangs. Auch Werner Conzes Plädoyer für eine dem technisch-industriellen Zeitalter angemessene Strukturgeschichte räumte der Politik immer noch die Priorität ein, wenn festgestellt wurde, jede soziale Struktur sei politisch bestimmt (Conze 1957: 18 f.).

Mit dieser Reflexion über das Verhältnis von Politik und Sozialordnung deutete sich ein Thema an, das den geschichtswissenschaftlichen Diskurs der sechziger und der siebziger Jahre prägen sollte. Die seit den sechziger Jahren vorangetriebene bundesrepublikanische Bildungsreform hatte in neuen Universitäten Platz für eine junge Historikergeneration geschaffen, die aus dem Versagen der Väter im Nationalsozialismus erneut eine im besonderen Maße dringliche nationalpädagogische Aufgabe für die Geschichtswissenschaft ableitete und sich ihr stellte, indem sie inhaltlich den deutschen Sonderweg als Weg in die Katastrophe kennzeichnete und methodisch bewusst den Anschluss an die Geschichtswissenschaft Westeuropas und Amerikas suchte. Großenteils geprägt durch Studienaufenthalte in Westeuropa und den USA und damit auch beeinflusst von den dort lebenden und lehrenden Emigranten wie Fritz Stern, Hans Rosenberg und Dietrich Gerhard, entwarf man

Politik- und Verfassungsgeschichte

das Programm einer »Kritischen Geschichtswissenschaft in emanzipatorischer Absicht« (Groh 1973), das Geschichtsschreibung als Sozialwissenschaft auffasste und in Bielefeld schließlich von Hans-Ulrich Wehler und Jürgen Kocka als Gesellschafts- bzw. Sozialgeschichte auf den Begriff gebracht wurde (Kocka 1977). Man verstand dies gegenüber der traditionellen Politikgeschichte als Paradigmenwechsel, der den sozialdemokratischen Fortschrittsoptimismus der konsolidierten Bundesrepublik zum Ausdruck brachte, aber in der dominierenden Orientierung an der Begrifflichkeit Max Webers auch als Alternative zur materialistischen Geschichtsschreibung der DDR.

Trotzdem sahen Vertreter der Politikgeschichte, wie Andreas Hillgruber, in der Sozialgeschichte nur die wissenschaftliche Maskerade »systemüberwindender Ideologien« (Hillgruber 1973: 529 f.). Hillgruber bestand auf dem »relativen Eigengewicht« des Politischen sowohl gegenüber dem Sozialökonomischen als auch dem Ideologischen. Methodisch betone die Politikgeschichte das Moment der Entscheidung gegenüber dem Prozesscharakter der Geschichte und sie könne sich deswegen bei ihren Forschungen auf Hypothesen und Modelle der Politikwissenschaft stützen (Hillgruber 1973: 532, 540). Weder für Hillgruber noch auch für andere war es hingegen eine Frage, die politische Geschichte nicht als *Teil*disziplin der Geschichte zu apostrophieren (Hillgruber 1973: 532; Hildebrand 1976: 350). Was man hingegen vehement zurückwies, war der Hegemonieanspruch der Gesellschaftswissenschaft als Integrationswissenschaft und deren Hinwendung zu sozialwissenschaftlichen Theorieentwürfen. Politisches Handeln orientiere sich an Begriffen wie »Hegemonie und Gleichgewicht« und nicht an Konzepten des »Organisierten Kapitalismus« (Hildebrand 1976: 347 f.). Genau dies wurde weiterhin von den Vertretern einer theorieorientierten Gesellschaftsgeschichte nachdrücklich bezweifelt. Sie forderten im Interesse der Wissenschaftlichkeit eine theoriegestützte Rekonstruktion politischer Prozesse, die auf einer sozialwissenschaftlich fundierten Vorstellung von Macht, von Entscheidungsprozessen und vor allem von den Legitimationsproblemen des Politischen aufruhte und sich dabei gerade nicht allein auf die Quellensprache verließ (Wehler 1975: 365).

In der Historiographie zum 19. und 20. Jahrhundert manifestierten sich diese Gegensätze hauptsächlich in Auseinandersetzungen um das Verhältnis von Politik und Ökonomie. Während die eine Seite politische Ereigniszusammenhänge wie die Gründung des Reiches 1871 oder Bismarcks Kolonialpolitik in enger Abhängigkeit von wirtschafts- und sozialgeschichtlichen Prozessen verstand (Böhme 1966; Wehler 1969), beharrte die andere auf der sehr weit gehenden Autonomie des Politischen. Ein zweiter Schauplatz der Kontroversen wurde neben der Innen- und Außenpolitik des Kaiserreiches das politische Gefüge des Nationalsozialismus.

Die Frage, ob die Aggression des NS-Regimes allein der Programmatik Hitlers folgte, oder ob im Wesentlichen die Interessen der Wirtschaft die »Anatomie der Aggression« und die Kriegszielpolitik bestimmten, stand im Zentrum aller Faschismustheorien. Insbesondere die Geschichtswissenschaft der DDR betonte den Primat des Ökonomischen (Eichholz 1984–1996), wobei die eigene politische Erfahrungswelt die Entfaltung eines differenzierten Modells politischer Prozesse in modernen Gesellschaften mit massenkommunikativer Öffentlichkeit in diesem Fall ganz offenkundig erheblich behinderte.

In anderen westeuropäischen Ländern vollzog sich der historiographische Wandel in strukturell ähnlicher Weise, wenngleich gerade an der Geschichtsforschung Frankreichs und Großbritanniens deutlich wird, wie eng Politik- und Verfassungsgeschichtsschreibung immer auch mit dem besonderen Verlauf der jeweiligen Nationalgeschichte verschränkt blieb.

Schlug sich in der deutschen Historiographie die verunglückte Geschichte des deutschen Nationalstaates in der Sonderwegsthese nieder, so führte die Geschichte Frankreichs dazu, dass die Revolution als historiographisches wie politisches Zentralereignis in die nationale Erinnerung einrückte. Darüber hinaus gab die aus der Revolution hervorgegangene Nation der Geschichtsschreibung einen unhintergehbaren Bezugsraum. Beides bestimmte die Form der Politik- und Verfassungsgeschichte und ihr Verhältnis zur Sozialgeschichte. Die Revolution zerteilt die Geschichte Frankreichs. Wie die Zeit des Ancien Régime eine Geschichte des Königtums und seiner Institutionen ist (Mousnier 1990–1992), so wird mit der Revolution und der konstitutionellen Ordnung, die aus ihr hervorging, die politische Entwicklung Frankreichs im 19. und 20. Jahrhundert zu einer Geschichte der Verfassungen und der durch sie begründeten Republiken (Duhamel/Parodi 1965; Chevallier 1972; Morabito/Bourmaud 1993). Die Revolution teilt jedoch nicht nur die Geschichte, sie spaltet auch deren Geschichtsschreibung im 20. Jahrhundert in ein sozialistisches und ein republikanisches Lager. In der daraus folgenden Auseinandersetzung mit der marxistisch-leninistischen Geschichtsschreibung der Sozialisten unter den Historiographen der Revolution fand die liberal-republikanische Revolutionsgeschichte zu einer unkomplizierten Verbindung von politischer Ereignisgeschichte und Sozial- oder Strukturgeschichte (Furet/Richet 1968). Umgekehrt ermöglichte die marxistische Perspektive Untersuchungen zur sozialen und kulturellen Basis politischer Prozesse, die methodisch wegweisend wurden (Lefebvre 1932) und schließlich auch Anknüpfungspunkte für eine symbolorientierte Deutung des politischen Prozesses boten (Ozouf 1976). Gleichzeitig verhalf die Nation der synthetisierenden Geschichtsschreibung zu einer ungewöhnlichen Bedeutung. In ihr verbanden sich auch außerhalb der Revolutionsgeschichte die Geschichte des Politischen und seiner Institutionen mit einer strukturorientierten Sozialgeschichte. Die Verfassungs- und Politikgeschichte schloss daher die Geschichte der Franzosen als Sozialgeschichte ihrer Gesellschaft mit größter Selbstverständlichkeit immer mit ein (Le Roy Ladurie 1991; Duby 1991).

Die an der Revolutionsgeschichtsschreibung paradigmatisch greifbare direkte Einbindung der Geschichtswissenschaften in den zeitgeschichtlichen politischen Diskurs begründete darüber hinaus das für die französische Geschichtswissenschaft eigentümliche Interesse an der Bedeutung der Intellektuellen für die Formung der politischen Öffentlichkeit. Zusammen mit der Deutung des politischen Prozesses als symbolisch fundiertem Kommunikationszusammenhang führte dies schon in den achtziger Jahren zur Wahrnehmung der eigenen nationalen Erinnerungskultur und zur Frage nach der besonderen Rolle der Intellektuellen bei deren Ausgestaltung (Nora 1997). Aus einem sehr weiten Begriff des Politischen heraus gewann die französische Geschichtsschreibung auf diese Weise das Instrumentarium zur Reflexion ihrer eigenen gesellschaftlichen Funktion.

Politik- und Verfassungsgeschichte

Im Gegensatz zur Historiographie Frankreichs und auch Deutschlands ist die englische Politik- und Verfassungsgeschichte gerade geprägt durch das Fehlen einer geschriebenen Verfassung. Obwohl die rechtliche und institutionelle Einhegung der monarchischen Macht dort am weitesten gediehen war, beschritt das britische Königreich im 18. Jahrhundert nicht den Weg zur geschriebenen Verfassung, sondern vertraute weiterhin auf die auch im Common Law geübte Praxis, die Summe der verschriftlichten Rechtsauslegung selbst als Kodifizierung des (Verfassungs-) Rechts zu nehmen. Da die Verfassung damit wesentlich aus ihrer Geschichte bestand, wurde umgekehrt die Constitutional History entsprechend politisiert. Sie erreichte nahezu den Rang einer juristisch relevanten konstitutionellen Kraft, der es oblag, die den politischen Prozess kennzeichnende fortlaufende Machtverschiebung zwischen Krone, Oberhaus und Parlament bzw. Kabinettsregierung nachzuvollziehen. Walter Bagehot identifizierte zu diesem Zweck bereits 1867 in Kabinett und Unterhaus die »effizienten Teile« der Verfassung und unterschied sie von ihren »ehrwürdigen« Teilen mit allerdings wichtigen symbolischen Funktionen, womit er Krone und Oberhaus meinte (Bagehot 1885). Für die englische Verfassungsgeschichte bedeutete dieser Zusammenhang, dass sie bis in die jüngste Gegenwart ihre Aufgabe zunächst in einer Sammlung der die Verfassungsnorm konstituierenden Dokumente sieht (Williams 1960; Hanham 1969; Elton 1982; Mount 1992). Thematisch ist erkennbar, dass sich seit den neunziger Jahren die Frage nach dem Fortbestand der Monarchie in den Vordergrund schiebt (Barnett 1994; Cannadine 1994) und die »Thatcher decade« Anlass gab, die Verfassungsgeschichte des gesamten 20. Jahrhunderts unter der Perspektive des fortschreitenden Bedeutungsverlustes des Parlaments zu sehen (Lenman 1992).

Eine der Französischen Revolution vergleichbare Funktion und Rolle für das politische Bewusstsein übernehmen in Großbritannien Bürgerkrieg und »Glorious

Revolution« als Formationsereignisse der modernen konstitutionellen Ordnung. Sie bringen deswegen auch die methodischen und politischen Kraftfelder der britischen Geschichtsschreibung paradigmatisch zum Ausdruck. Insbesondere in der Geschichte des Bürgerkrieges vollzog sich schon in den siebziger Jahren eine marxistisch inspirierte Hinwendung zu einer Sozialgeschichte der politischen Umwälzung, die gleichzeitig die »whiggistische« Interpretation der englischen Geschichte als fortlaufende und ungebrochene Entfaltung freiheitlicher Verfassungsnormen aufnahm. Gegen diese teleologische Deutung des Bürgerkrieges als »bürgerliche Revolution«, wie sie Lawrence Stone 1972 vornahm, wandte sich dann unter Federführung von Conrad Russell eine ganze Schule von »Revisionisten«, die gegen die ihrer Überzeugung nach deterministische Sozial- und Strukturgeschichte eine eher ereignisgeschichtliche Beschreibung des politischen Prozesses setzte (Russel 1973). Da damit allerdings eine konsistente Erklärung des Bürgerkrieges sich zunehmend im widersprüchlichen Detail des Handelns der politischen Protagonisten auflöste, ist in der jüngsten Zeit wieder eine Annäherung der Politikgeschichte an sozial- und strukturgeschichtliche Argumentationsmuster zu beobachten (Asch 1995). Man kann darin eine methodisch erneuerte Sozialgeschichte des Politischen sehen.

3. Inhalte – Themen – neue Ansätze

Gegenstand der Politik- und Verfassungsgeschichte im weitesten Sinn sind die Formen, in denen kollektiv bindende Entscheidungen hervorgebracht und durchgesetzt werden. Das Medium des Politischen ist Macht. Durch die Historisierung des Politik- und Verfassungsverständnisses erscheinen Politik und Verfassung nicht länger als geschichtlich invariante oder gar anthropologische Phänomene, sondern als voraussetzungsvolle und damit auch wandelbare Strukturen sozialer Ordnung. Gleichzeitig wird im europäischen Kontext seit dem Mittelalter eine Entwicklungsgeschichte des Politischen in mehreren Etappen erkennbar: Eine erste Stufe bezeichnen die durch informelle Spielregeln gesteuerten Beziehungen gewaltbereiter Kriegereliten in der mündlichen Kultur des Mittelalters; eine zweite die Herausbildung von monarchischen und ständischen Institutionen politischer Entscheidungsfindung, in denen autonome Herrschaftsträger ihre Interessen seit dem Spätmittelalter koordinieren; die dritte ist im 19. und 20. Jahrhundert erkennbar in der Koppelung der jetzt durch gesetztes Recht geformten und professionalisierten Politik an eine massenmedial inszenierte Öffentlichkeit. Die Geschichte des Politischen und der Verfassung wird daher einerseits geschrieben als Geschichte institutioneller Verdichtung, andererseits aber auch als (Ideen-)Geschichte schriftlicher Verfahrensregeln der Entscheidungsfindung und Machtausübung. Von besonderer Bedeutung ist dabei, dass die erinnernde Diskussion in der politischen Theorie

Politik- und Verfassungsgeschichte

durch den fundamentalen Verschriftlichungsprozess der europäischen Kultur für Legitimation und damit für die Form politischer Macht selbst konstitutiv wurde. Deswegen muss die Geschichte des Politischen auch immer eine Geschichte der politischen Ideen sein.

In der Forschungspraxis bleibt die Verfassungs- und Politikgeschichte der jüngeren Vergangenheit weiterhin durch eine Zweiteilung gekennzeichnet. Während die Vormoderne genügend Distanz zur Historisierung der Begriffe bietet, erweist es sich nach wie vor als schwierig, für das 19. und 20. Jahrhundert Kategorien zu entwickeln, die sich von denen unterscheiden, mit denen die politische und wissenschaftliche Öffentlichkeit auch die eigene politische und soziale Gegenwart beschreibt. Dies führt zu einem nur langsam Wandel der Politikgeschichte und verschafft den Modellen und Begriffen der Politikwissenschaft eine gewisse Prominenz. Karl Dietrich Brachers bahnbrechende Untersuchung zur Auflösung der Weimarer Republik (Bracher 1955) ist ein frühes Beispiel für die produktive Anregung, die der Historiker aus politikwissenschaftlichen Kategorien ziehen kann. Als die große Herausforderung für die Zeitgeschichte kann die politische Geschichte der DDR gelten. Es ist bislang erst in Ansätzen gelungen, Legitimationsbasis und Funktionsmodell der Parteiherrschaft in dieser »durchherrschten Gesellschaft« (Jürgen Kocka) zu beschreiben und sie in einem allgemeinen Entwicklungsmodell moderner Gesellschaften zu verorten, da die Mechanismen des westlichen Parteienstaates allenfalls ansatzweise übertragbar sind (Meuschel 1992).

Die juristisch geprägte Verfassungsgeschichte sucht dagegen nach wie vor nach den Konturen und Grenzen ihres Gegenstandes zwischen reiner Rechtsgeschichte einerseits und politischer Verlaufsgeschichte andererseits. Ernst Rudolf Huber stellte dem zweiten Band seiner zwischenzeitlich auf acht Bände angewachsenen Verfassungsgeschichte des 19. und 20. Jahrhunderts die Bemerkung voran, dass Verfassung keine Erscheinung in der Welt des bloßen Rechts sei. Es komme vielmehr auf die Verfassungswirklichkeit an und diese präsentiere sich hauptsächlich als ein »Gesamtgefüge geistiger Bewegungen, sozialer Auseinandersetzungen und politischer Ordnungselemente« (Huber 1957–1991, Vorwort). Huber steckte damit für seinen Verfassungsbegriff den weitesten Rahmen unter den juristisch orientierten Verfassungshistorikern. Ernst-Wolfgang Böckenförde vollzog wiederum eine Einengung auf den institutionellen und rechtlich-normativen Aspekt, wie ihn bereits Fritz Hartung vor dem ersten Weltkrieg geprägt hatte. Er dominiert auch in anderen Verfassungsgeschichten der jüngeren Zeit (Boldt 1994; Grimm 1995; Duchhardt 1991; Willoweit 1997). Eine vergleichbar institutionenorientierte Auffassung von Politik und Staatlichkeit wird in der Verwaltungsgeschichte greifbar (Hubatsch 1975–1983; Jeserich/Pohl/Unruh 1983–1988), während sich neuere Arbeiten der Verwaltung als Praxis zuwenden (Ellwein 1993/1997; Eibach 1994). Ohne auf ein grundlegend anderes Gegenstandsverständnis zu rekurrieren, befasst sich die juristisch orientierte Geschichte des öffentlichen Rechts (Stolleis 1988–1999) und die überwiegend politikwissenschaftliche Geschichte der Staats- und Verwaltungslehre (Maier 1966) mit der normativen Dimension vormoderner und moderner Staatlichkeit.

Zwischenzeitlich erreicht die unter mehrerlei Fahnen vorgetragene kulturwissenschaftliche Abwendung von der Sozial- und Gesellschaftsgeschichte auch die Politikgeschichte des 19. und 20. Jahrhunderts. Das Forschungsinteresse verlässt den Rahmen der Institutionen und der Rechtsverhältnisse und fragt nach der Form, in der politische Entscheidungen im Einzelnen, aber auch die den politischen Prozess im ganzen bestimmenden kollektiven Normen in der medialen politischen Öffentlichkeit präsent sind. Das jüngst wiederum erstarkte Interesse für den Nationalismus und die Formen seiner symbolischen Repräsentation ist Ausdruck eines solchen Perspektivenwechsels, wobei die im eigentlichen Sinn politische Dimension des Themas noch nicht in jedem Fall ausreichend reflektiert wird (vgl. Haupt/Tacke 1996). Der Begriff der »Politischen Kultur«, ursprünglich in der Politikwissenschaft stark modernisierungstheoretisch aufgeladen, ist zwischenzeitlich zu einer Chiffre für die symbolischen Formen des Politischen geworden, wobei symbolische Repräsentationen der Macht ebenso einbezogen werden wie Diskursstrategien und Begriffszusammenhänge, mit denen sich der politische Prozess moderner Gesellschaften steuert (Lipp 1996; Marquardt 1997). Diese vielgestaltige thematische Ausweitung lässt zunächst die Ränder des Politischen unscharf werden, sie macht aber zunehmend klar, dass Politik auch in modernen Gesellschaften eine Vielfalt unterschiedlicher Formen der Kommunikation und der Verfahrensweisen jenseits der Bürokratie und der verfahrensgebundenen Mehrheitsentscheidung einschließt und dass selbst die Themen, auf denen das Politische in modernen Gesellschaften jeweils aufruht, außerordentlich wandelbar sind. Politik bringt kollektiv bindende Entscheidungen in einem kommunikativen Prozess hervor und muss diese Entscheidungen in modernen Gesellschaften massenmedial erfolgreich kommunizieren.

Konzeptionelle Neuerungen sind auch in der Militärgeschichte wahrzunehmen. Krieg, Kriegsführung und Militärorganisation bildeten entsprechend der Vorstellung vom Krieg als einer Fortsetzung der Politik mit anderen Mitteln ein klassisches Feld der traditionellen Politikgeschichte (Ritter 1954; Hackl/Messerschmidt 1964–1981). Die Geschlechtergeschichte entdeckt jetzt einerseits die Bedeutung des Militärs für die soziale Konstitution der Männlichkeit in der modernen Gesellschaft (Frevert 1997), andererseits öffnet sich die Militärgeschichte selbst sozial- und kulturgeschichtlichen Fragestellungen und entfernt sich damit nachdrücklich von einer Geschichte der Organisationsformen des Militärs und der Schlachten (Pröve 1997).

Bei der Suche nach einem den sozialen Ordnungsmustern der Vormoderne angemessenen Begriff des Politischen nahm das von Gerhard Oestreich in Anlehnung an das Disziplinierungstheorem bei Max Weber formulierte Konzept der Sozialdisziplinierung eine zentrale Stellung ein (Oestreich 1969). Oestreichs Absicht war, dem Begriff des Absolutismus eine sozialgeschichtliche Dimension zu geben, indem die Herrschaftspraxis der

Politik- und Verfassungsgeschichte

vormodernen Staatlichkeit auf ihre langfristig verhaltensändernde Wirkung hin befragt wurde. Oestreich unterschied zwischen einer Phase der Sozialregulierung, der Stabsdisziplinierung und der Fundamentaldisziplinierung, die vom Spätmittelalter bis zum 19. Jahrhundert aufeinander folgten. Wie schon Otto Brunner es beabsichtigt hatte, sollte dadurch der Begriff der Herrschaft den der Staatlichkeit ersetzen oder ihm mindestens ergänzend zur Seite gestellt werden (Schulze 1987). Aus dem Werk Michel Foucaults mit seinem totalen Herrschaftsbegriff haben sich, obwohl die Rezeption lange Zeit nicht sehr systematisch verlief und möglicherweise durch das Konzept der Sozialdisziplinierung gebremst wurde, seit den siebziger Jahren für die Geschichtsforschung zusätzliche Impulse ergeben. Das Begriffspaar Herrschaft und Disziplinierung spannt damit eine Folie zum allgemeinen Verständnis der frühneuzeitlichen Gesellschaft in ihrer Entwicklung zur Moderne. Paradigmatisch kommt dies im Konzept der Konfessionalisierung zum Ausdruck, dessen Protagonisten explizit davon sprechen, das Konzept der Sozialdisziplinierung in einen modernisierungstheoretischen Bezug gestellt zu haben (Reinhard/Schilling 1995). Die Begriffe Herrschaft und Disziplin scheinen zum Verständnis vormoderner Strukturzusammenhänge auch deswegen besonders geeignet, weil Politik in der Frühen Neuzeit erst langsam zu einem eigenständigen Sozialsystem ausdifferenziert wurde, sodass Herrschaft »politischer Qualität« sich immer noch in allen Sphären und Sozialzusammenhängen der vormodernen Gesellschaft aufspüren lässt. Entsprechend kann die Geschlechtergeschichte zeigen, dass die frühneuzeitliche Lebenswelt der Frauen noch in die Sphäre des Politischen integriert war (Wunder 1992). Herrschaft präsentiert sich deswegen der Forschung zunehmend nicht mehr als fixiertes, asymmetrisches Beziehungsmuster, sondern als Sozialverhältnis, das von Fall zu Fall in der jeweiligen Balance ausgehandelt wurde (Peters 1995). Zwar bringt dies zum Bewusstsein, dass der Begriff der Macht ein zweistelliges soziales Beziehungsgefüge beschreibt, allerdings ist auch zu beobachten, wie sich im Blick auf die Selbstdisziplinierung der Beherrschten umgekehrt der Begriff der Herrschaft selbst aufzulösen droht.

Ob die eigentlich ältere Konzeption, die Herrschaft durch den Begriff des Widerstandes ergänzt und unter den Stichworten Widerstand, Kommunalismus oder Republikanismus nach der Machtbalance vormoderner politischer Ordnungszusammenhänge fragt (Blickle 1981), hier einen überzeugenden Ausweg bietet, ist noch nicht entschieden. Auch hier wird die Beteiligung der Beherrschten als wichtiges Element stabiler Herrschaftsbeziehungen hervorgehoben, allerdings liegt der

Akzent auf institutionellen Formen der Mitwirkung an kollektiv bindenden Entscheidungen und auf gewaltsamen Formen der Widersetzlichkeit im Falle der Unzufriedenheit. Die Vormoderne bietet die Gelegenheit, den Prozess der Ausdifferenzierung und institutionellen Formung des Politischen detailliert zu beobachten. Peter Moraw prägte dafür im Blick auf das Spätmittelalter den Begriff der »gestalteten Verdichtung« (Moraw 1989). In Forschungen zu den Institutionen des Reiches schlug sich diese Erkenntnis zwischenzeitlich in einer starken Betonung der sozialgeschichtlich-prosopographischen Fundierung institutioneller Zusammenhänge nieder.

Aus dieser Perspektive lag die Frage nahe, welchen Einfluss die dominierenden Strukturmuster frühneuzeitlicher Vergesellschaftung auf die institutionelle Ausformung von Herrschaftszusammenhängen nahmen. Die soziale Kompromissstruktur frühneuzeitlicher Herrschaft, die dadurch in den Blick geriet, gab zunächst dem Begriff des »Feudalismus« eine neue Aktualität (Anderson 1979), führte jedoch dann zu differenzierteren Erklärungsmustern, mit denen die soziale, ökonomische und politische Machtmechanik zwischen Adelsgesellschaft und ihrer monarchisch-fürstlichen Spitze beschrieben wurde. Die monarchische Fürstenherrschaft konnte ihre mit dem Begriff der Souveränität (Jean Bodin) umschriebene relative Handlungsautonomie dadurch absichern, dass sich ein Kreislauf der materiellen und immateriellen Kapitalien verfestigte, in dem aus der Adelsgesellschaft Kredite und sonstige materielle Unterstützung in Richtung Zentrum flossen, die von dort wiederum mit Privilegien, sozialen und politischen Machtpositionen entgolten wurden. Der Fürst gelangte auf diese Weise in eine Position, in der ihm ein wichtiger Teil der Definitionsgewalt über die soziale Binnenstruktur der Adelsgesellschaft zufiel (Schlögl 1988). Diese Strukturzusammenhänge formten selbst noch die bäuerliche Gesellschaft (Rebel 1983). Umgekehrt band der Kompromiss auch die absolutistische Fürstenmacht an die Spielregeln des Ausgleichs und machte sie in vielfältiger Weise von der »Gewährleistung von Herrschaft« (Volker Press) abhängig (Beik 1985).

Es verspricht wenig Erkenntnisgewinn, aus diesem Grund auf den Begriff des Absolutismus zu verzichten. Dringlicher wäre eine genaue Analyse der Kommunikationsmuster, die diesen Kreislauf der materiellen und der symbolischen Kapitalien in Gang hielten (Henshall 1992). Der monarchisch-fürstliche Hof als Raum rituell gesteuerter, hochgradig symbolisch verdichteter Kommunikation erweist sich in diesem Zusammenhang gegenwärtig als das interessanteste Forschungsfeld, da dort im Detail nachvollzogen werden kann, wie aus geformter und symbolisch wahrnehmbarer Interaktion politische Macht hervorging (Duindam 1995). Diese kommunikative Fundierung des Politischen und daraus folgend die Bedeutung von Symbolen und Ritualen für die Formung von Herrschaft in vormodernen Gesellschaften rückt auch auf anderen Feldern zunehmend ins Zentrum des Forschungsinteresses. Sie wurde für das Mittelalter nachgezeichnet (Althoff 1997), kann in den Institutionen des frühneuzeitlichen Reiches beobachtet werden (Stollberg-Rilinger 1996) und erweist sich auch als konstitutiv für die politische Kultur der Stadt des Spätmittelalters und der Frühen Neuzeit (Schmid 1995). Auch ein bislang fast paradigmatisch als politischer Vorgang begriffenes Ereignis wie die Französische Revolution wird davon erfasst. Neuere Forschungen beschreiben sie als einen von Symbolen gesteuerten Konstruktionsprozess einer neuen politischen Kultur (Hunt 1989; Reichardt 1998). Hier wie in der Neuesten Geschichte zeichnet sich damit eine »kommunikationstheoretische Wende« in der Wahrnehmung historischer Gegenstände ab, die zwangsläufig auch dazu führt, Politik als Kommunikationszusammenhang zu verstehen, der in seiner Form symbolisch vermittelt und damit auch entscheidend von den medialen Möglichkeiten einer Gesellschaft bestimmt ist. Klarer als bislang ließe sich damit beschreiben, dass Politik als autonomer sozialer Handlungszusammenhang, wie er die Moderne kennzeichnet, nicht schon immer gegeben war, sondern sich im Verlauf der Vormoderne erst herausbildete. Aufgabe einer kulturwissenschaftlich orientierten politischen Geschichte wäre es auch, die komplexen Bedingungen dieser Entwicklung zu benennen.

Unklar ist noch, in welchem Umfang ein kulturwissenschaftliches Verständnis des Politischen auch die Geschichte der Staatenbeziehungen in der Vormoderne verändern kann. Es dürfte auf jeden Fall dazu führen, dass soziale Determinanten solcher zwischenstaatlicher Bezüge, wie sie etwa das Verhältnis von Dynastie und den Institutionen der Macht darstellt, genau beachtet und andere Faktoren wie Konfession oder die kulturell determinierte Wahrnehmung des Gegenüber für die Analyse der zwischenstaatlichen Beziehungen ernst genommen werden. Vielleicht lässt sich auf diese Weise der gegenwärtig zur Kennzeichnung der Staatenbeziehungen gebräuchliche Begriff des Staatensystems (Kleinschmidt 1998) so präzisieren oder umformen, dass er den Entstehungsprozess von Staatlichkeit intensiver reflektiert, als bislang festzustellen ist.

4. Quellen und Methoden

Der traditionelle Politikbegriff ruht auf einem handlungstheoretischen Fundament. Man kann sogar behaupten, dass die Auffassung, Politik vollziehe sich als individuell zurechenbares Entscheidungshandeln und müsse dementsprechend als Gefüge von Zielen, Motiven und Handlungsstrategien rekonstruiert werden, für alle Bereiche der Geschichtswissenschaft prägend war und blieb. Bis hinein in die neueren kulturgeschichtlichen Ansätze gilt die Perspektive des handelnden und leidenden Subjekts als Ausgangspunkt historischen Forschens und dient dazu, einerseits Grenzen gegen die Sozialgeschichte zu ziehen, andererseits Geschichte überhaupt gegen die quantifizierend oder strukturanalytisch arbeitenden Sozialwissenschaften abzugrenzen, da dort an die Stelle des Individuums anonyme Strukturzusammenhänge träten, hinter denen das Schicksal des Einzelnen schließlich verschwinde. Neuere system- und kommunikationstheoretische Entwürfe in den Sozialwissenschaften lassen allerdings Zweifel aufkommen, ob diese handlungstheoretischen Grundannahmen geeignet sind, das Soziale insbesondere in seiner historischen Dimension zu erfassen, da sie einen Begriff von Individualität und Subjektivität historisch verallgemeinern, der seinerseits erkennbar Produkt einer genau beschreibbaren sozialen Konstruktion der Moderne ist. Bislang werden diese Anregungen aus den Sozialwissenschaften in der Geschichtswissenschaft allerdings nur zaghaft rezipiert und nur selten forschungspraktisch umgesetzt.

Entsprechend wird die Geschichte des Politischen hauptsächlich auf der Grundlage obrigkeitlich-staatlicher Quellen geschrieben, aus denen sich die institutionell-verfassungsgeschichtlichen Zusammenhänge und der normative Rahmen politischer Verfassungen rekonstruieren lassen. Der weite Bereich normierender und im Vollzug des Rechts entstehender Quellen ist hier ebenfalls von besonderer Bedeutung. Alle diese Quellengruppen dienen auch als Ausgangspunkt, um die Handlungszusammenhänge nachzuvollziehen, in denen politische Macht gestaltend in die soziale Welt hinein wirkt. Politische Geschichte als Geschichte zweckgerichteten politischen Handeln stützt sich dann darüber hinaus aber insbesondere auf alle Formen von Ego-Dokumenten, in denen man Motivlagen und Handlungsstrategien der Protagonisten des politischen Geschehens aufzufinden hofft.

Die Biografie der »Großen Männer« ist daher eine für die Geschichtsschreibung des Politischen zentrale Form der Darstellung. Gerade deswegen bezog die Sozial- und Gesellschaftsgeschichte ihre Kritik an der »traditionellen« Politikgeschichte auch auf die Biografie. Sie schien eine Darstellungsform, die der Komplexität gesellschaftlicher Zusammenhänge in der Neuzeit nicht angemessen ist. Die neuere biografische Geschichtsschreibung reagiert auf diese Kritik, indem sie nicht mehr das gestaltende und handelnde Individuum in den Vordergrund rückt, sondern ihre Protagonisten als Brennspiegel struktureller sozialer Zusammenhänge darstellt, in deren Handeln »Tendenzen der Zeit« zum Ausdruck kommen und die zugleich in ihrem Handeln aber dazu beitragen, bestehende Strukturzusammenhänge zu reproduzieren oder zu verändern.

Soweit die Geschichtsschreibung handlungstheoretisch orientiert ist, bleibt ihr Zugang zu den Quellen von hermeneutischen Methoden geprägt, mit deren Hilfe die Motivlagen und Zwecke, auch die sie bestimmenden »Ideologien« verstehend nachvollzogen werden sollen. Strukturanalytische Methoden der Materialaufbereitung spielen hingegen nur dort eine Rolle, wo Politikgeschichte als Geschichte einer Entwicklung verstanden wird, in deren Verlauf sich institutionelle und strukturelle Muster ändern, ohne dass man auf die (dafür doch nicht maßgeblichen) Absichten der Beteiligten abhebt.

Politik- und Verfassungsgeschichte

Das traditionelle hermeneutische Instrumentarium der politischen Geschichtsschreibung gerät auch an die Grenzen seiner Leistungsfähigkeit, wenn Politik als Kommunikation begriffen werden soll. Ein kommunikativ-symbolorientierter Begriff des Politischen führt zunächst zu einer erheblichen Ausweitung der Quellenbasis. Neben Texte treten Bilder und andere Artefakte bis hin zu Architektur oder der Raum- bzw. Stadtplanung. Die subjektorientierte Hermeneutik muss dann in jedem Fall ergänzt werden durch semiotische und diskursanalytische Methoden, weil nur auf diese Weise die Funktionsweise von Symbolen oder die strukturbildende Kraft von Diskursen erfasst werden kann. In diesem Zusammenhang ist die quantifizierende Inhaltsanalyse von homogenen Textsorten oder auch von Bildern ein zunehmend wichtiges Instrument, dessen Anwendung durch den Computer und die damit verfügbaren Möglichkeiten der elektronischen Aufbereitung von Quellen arbeitstechnisch sinnvoll und deswegen attraktiv wird. Methodisch und in ihren Fragestellungen steht die Politik- und Verfassungsgeschichte daher augenblicklich an einer wichtigen Schwelle der Erneuerung. Sie zeigte in den zurückliegenden zwei Jahrzehnten außer programmatischer Abwehr nur wenige inhaltliche und methodische Reaktionen auf die Anfragen der Sozial- und Gesellschaftsgeschichte. Das lag auch daran, dass die Gesellschaftsgeschichte ihrerseits kein wirklich neues Verständnis von Politik und Macht entfaltete. Die kulturwissenschaftliche Perspektive in den Geschichts- und Sozialwissenschaften bringt dagegen offenkundig eine Neufassung des Politikbegriffes hervor, die auch der historischen Forschung wieder unbekannte Gefilde auf einem scheinbar bereits vollständig kartographierten Gelände eröffnet.

Rudolf Schlögl, Professor an der Universität Konstanz. Forschungsgebiete: Religionsgeschichte, Kommunikation und Medien in der Frühen Neuzeit, Politik in der frühneuzeitlichen Stadt.

Andreas Wirsching

Internationale Beziehungen

1. Die »Großen Mächte« und der »Primat der Außenpolitik«

Die Geschichtsschreibung der Internationalen Beziehungen lässt sich in ihrer Genese nicht von der Entwicklung moderner Geschichtswissenschaft im Allgemeinen trennen. Tatsächlich war die moderne Geschichtsschreibung in ihren Anfängen primär eine Geschichte der *Staaten* mit besonderem Schwerpunkt auf ihren auswärtigen Beziehungen. Für die Entwicklung der Historiographie in Deutschland gilt dies im besonderen: Denn zum einen koinzidierte die Entfaltung der Geschichte als Wissenschaft mit dem Durchbruch des nationalen Zeitalters. Das Ziel eines eigenen deutschen Nationalstaates entwickelte eine Leuchtkraft, die eine ganze Generation »politischer« Historiker in ihren Bann zog. Zum anderen – und damit zusammenhängend – verkörperte der Staat seit dem 18. Jahrhundert in der deutschen Geistesgeschichte die entscheidende Agentur historischen und sittlichen Fortschritts sowie das über den Einzelinteressen stehende Gemeinwohl. Der Staat wurde zum Kollektivsubjekt, zum Akteur, in dem und durch den sich Geschichte vollzog und der mithin Ausgangspunkt wie Ziel historischen Fragens bestimmte. Damit ist zugleich gesagt, dass die Geschichte der Internationalen Beziehungen sich auf den modernen Nationalstaat bezieht, wie er sich seit dem späten Mittelalter herausbildete. Der mittelalterlich-feudale Personenverbandsstaat kannte ein eigentlich »nationales« Empfinden nicht, somit kann auch von »internationalen« Beziehungen kaum die Rede sein. Umgekehrt führte die Geschichte der modernen auswärtigen Beziehungen zumindest dann zu einer perspektivischen Verengung, wenn sie sich zu ausschließlich an der Geschichte des eigenen Nationalstaats orientierte.

Leopold von Ranke

In dieser allgemeinen Ausgangslage besaß die deutsche Geschichtswissenschaft des 19. Jahrhunderts eine doppelte Wurzel. Sie bestand einerseits in der historischen Schule und ihrem Nestor Leopold von Ranke. Rankes Geschichtsauffassung war der kritisch-quellenmäßigen Erforschung des Einzelnen, der historischen Individualität und der Objektivität verpflichtet; in ihr bildete der Staat eine unableitbare individuelle Größe, deren Wesen keine abstrakte Staatstheorie – wie etwa die Lehre vom Gesellschaftsvertrag – aufzuschließen vermochte. Der Staat war keine »Abteilung des Allgemeinen«, sondern »Leben«, »Individuum«. Alle Staaten, die in der Welt etwas zählten, waren demzufolge erfüllt »von besonderen, ihnen eigenen Tendenzen.« Sie besaßen »eigenes ursprüngliches Leben«, waren »Individualitä-

Primat der Außenpolitik

ten«, »geistige Wesenheiten«, »originale Schöpfungen des Menschengeistes«, »Gedanken Gottes« (Ranke 1836: 86, 95).

Solcher Auffassung entsprach ein Forschungsinteresse, das sich primär an der je spezifischen Gestalt, dem »Leben«, der einzelnen Staaten und ihrer Beziehungen untereinander orientierte. In seiner berühmten Analyse der Internationalen Beziehungen seit dem Zeitalter Ludwigs XIV., der kleinen Schrift über die »Großen Mächte«, hielt sich Ranke »absichtlich an die großen Begebenheiten, an den Fortgang der auswärtigen Verhältnisse; der Aufschluss für die innern, mit denen sie in der mannigfaltigsten Wirkung und Rückwirkung stehen, wird in ihnen großenteils zu finden sein« (Ranke 1833: 12). Zwar ist damit angedeutet, warum die Reichweite der Rankeschen Historiographie nicht einseitig verkürzt werden darf, sucht sie doch von dem System der internationalen Mächtebeziehungen her die Wechselwirkung zwischen Außenpolitik und Innenpolitik zu erschließen und damit auch die inneren Voraussetzungen des modernen Machtstaates in den Blick zu nehmen. Zugleich war aber doch mit den »Großen Mächten« eine historiographische Linie vorgezeichnet, die den »Primat der Außenpolitik« implizierte und legitimierte. Ranke selbst führte sie in seinen Studien zur englischen und französischen Geschichte im 16. und 17. Jahrhundert durch, indem er die Machtentfaltung beider Staaten in dieser ersten Phase des modernen Europa zum Gegenstand machte.

»Borussische« Schule

Die andere Wurzel der Geschichtswissenschaft in Deutschland war in ihrer Zeit, d. h. seit der Mitte des 19. Jahrhunderts, die vordergründig »modernere«: Indem sie ganz dezidiert für die preußisch-kleindeutsche Richtung der deutschen Geschichte Partei nahm, trug sie entscheidend zur historisch-politischen Legitimation der Bismarckschen Reichsgründung bei. Blieb Ranke zeitlebens ein Konservativer mit einer universal ausgerichteten Geschichtsauffassung, glaubte sich die entstehende »borussische« Schule im Einklang mit dem historischen Fortschritt, der notwendig auf den Nationalstaat zusteuerte und im Kaiserreich seine vorläufig höchste Stufe erreicht zu haben schien. Ihre hauptsächlichen Vertreter waren neben Johann Gustav Droysen Heinrich von Treitschke und Heinrich von Sybel. Ursprünglich Schüler Rankes, wurde letzterer wie Treitschke 1866–71 zum Bismarckianer »sans phrase«: Die Reichsgründung schien für ihn die gesetzmäßig fortschreitende Kontinuität in der Geschichte auf eine neue Ebene gehoben zu haben; und mit seiner offiziösen »Begründung des Deutschen Reiches durch Wilhelm I.« schuf Sybel das geschichtswissenschaftliche Monument der borussischen Schule unter den liberalen Historikern (Sybel 1889–1895).

Aus beiden Wurzeln, aus Rankes objektivierend-individualisierender Betrachtung der »Großen Mächte« wie aus der borussischen Parteinahme für den preu-

> Neo-Rankeaner

ßisch-deutschen Nationalstaat, schöpfte die deutsche Geschichtswissenschaft ihre besondere und langfristig wirkende Disposition für die Behandlung des Machtstaates und seiner Außenpolitik. Am Ende des 19. Jahrhunderts schließlich, unter dem Eindruck des imperialen Ausgreifens der europäischen Staaten und in Auseinandersetzung mit der borussischen Tradition, spann die so genannte neu-rankeanische Schule um Max Lenz und Erich Marcks den Faden weiter: Dem imperialistischen Zeitalter und der Rolle, die das wilhelminische Deutschland in ihm spielen wollte, schien eine historische Betrachtungsweise besonders adäquat zu sein, die die Staaten als vitale, historisch gewachsene und zugleich in die Zukunft blickende »Persönlichkeiten« ergründete (Lenz 1900; Krill 1962: 172 ff.). Die historischen Gegenstände, die diese Traditionen der deutschen Geschichtsschreibung auf dem Gebiet der Internationalen Beziehungen hervorbrachten, betreffen die Geschichte des europäischen Staatensystems, das Problem von Gleichgewicht und Hegemonie (als späte Frucht: Dehio 1948) sowie die Geschichte des Machtstaates im Allgemeinen. Und selbst ein so scharfsinniger Analytiker der inneren Verfassungsentwicklung der europäischen Staaten wie Otto Hintze wies deren »weltpolitischen Aufgaben« eine ursächliche Formkraft auf die Regierungsverfassung und den ganzen »Lebensprozess der staatlichen Organisationen« zu (Hintze 1913: 424).

2. Die zeitgeschichtliche Epoche der Weltkriege als historiographische Herausforderung

Zwar blieb die Dominanz einer Geschichtsauffassung, die ihre leitenden Kategorien und Fragestellungen aus dem Primat des (Macht-)Staates und seiner auswärtigen Beziehungen bezog, auch in Deutschland nicht unbestritten. Schon der »Lamprecht-Streit« hatte dies vor 1914 eindrücklich offenbart. Aber selbst die große Erschütterung infolge des Ersten Weltkrieges und der Niederlage ließ die grundlegenden Prinzipien deutscher Geschichtswissenschaft weitgehend unangetastet. Nur eine Minderheit glaubte nach 1918/19 mit Walter Goetz, dass die deutsche Geschichtswissenschaft aufgerufen sei, »verstehend hineinzuleuchten in die Ursachen des Unglücks« (Goetz 1924: 416). Die große Mehrheit der deutschen Historiker blieb demgegenüber dem Ideal des Bismarckreiches verpflichtet und sah im Kaiserreich trotz Niederlage und Revolution den Höhepunkt der nationalen Geschichte und den Fixpunkt der politischen Identität der Deutschen (Faulenbach 1980). Historiker, die wie Eckart Kehr die auswärtige Politik des Kaiserreiches und das Problem seiner »Einkreisung« von seinen inneren sozialen, ökonomischen und kulturellen Voraussetzungen her zu begreifen suchten, wurden in eine akademische Außenseiterrolle gedrängt (Kehr 1970).

Kampf gegen die »Kriegsschuldlüge«

In Bezug auf die Historiographie der Internationalen Beziehungen blieb die deutsche Geschichtswissenschaft daher nach 1918 langfristig in dem wenig fruchtbaren Bemühen befangen, den Kampf gegen die so genannte »Kriegsschuldlüge« (Art. 231 des Versailler Vertrags) auch wissenschaftlich voranzutreiben. Diesem Impuls entsprang auch das Bedeutendste historische Editionsprojekt der Zwischenkriegszeit, die vierzigbändige regierungsamtliche Herausgabe ausgewählter Akten des Auswärtigen Amtes von 1871 bis 1914 (Die Große Politik der europäischen Kabinette, Berlin 1922–1927). Trotz dem Bemühen um eine vertiefte Erkenntnis der Ursachen des Weltkrieges stand aber immer wieder die Rücksicht auf »die größtmögliche ausländische Wirkung der Publikation« im Mittelpunkt sowie auf die »wünschenswerte außenpolitische Wirkung in England, Amerika und Frankreich« (Promemoria von Friedrich Thimme, 15.12.1923, in: Thimme 1994: 221 f.). Und noch auf dem Historikertag des Jahres 1949 konstatierte Gerhard Ritter das Fortbestehen des »Primats der Außenpolitik« in der deutschen Geschichtswissenschaft (Ritter 1950: 2 ff., 9).

Es kann daher nicht überraschen, dass nach 1918 von der deutschen Geschichtswissenschaft kaum neue Impulse für die Erforschung der Internationalen Beziehungen ausgingen. Zu stark und zu langfristig bestimmte der Art. 231 des Versailler Friedens die kollektive Mentalität der Deutschen sowie die Praxis der Historiker. Zugleich aber stellte die Epoche der Weltkriege mit ihren katastrophalen Folgen für Europa doch sehr nachhaltig die traditionelle Weise in Frage, in der die Geschichte des souverän handelnden Machtstaates geschrieben worden war. Vor 1914 hatten vor allem die zeitgeschichtlichen Großereignisse und Umwälzungen der Französischen Revolution, der napoleonischen Zeit sowie der Gründung des Deutschen Reiches die Fragestellungen der Erforschung der Internationalen Beziehungen beeinflusst. Nach 1918 standen tiefere Ursachen, Verlauf und Wirkung des Weltkriegs im Mittelpunkt historischen Fragens. Das betraf im Übrigen nicht nur die Geschichtswissenschaft. Bereits auf der Pariser Friedenskonferenz wurde die Einrichtung wissenschaftlicher Institute zur Erforschung der Internationalen Beziehungen in den USA und in Großbritannien beschlossen. Die damit begründete politikwissenschaftliche Lehre von den Internationalen Beziehungen ist vor allem als Kriseninterpretations- und Krisenbewältigungswissenschaft zu begreifen, die im Übrigen auch in Deutschland das entstehende Curriculum der wissenschaftlichen Politik beeinflusste (Meyers 1981: 15 ff.).

Große Editionsprojekte

Zwar erweiterte sich durch die »Große Politik der europäischen Kabinette« sowie durch vergleichbare Editionsprojekte in Großbritannien (British Documents on the Origins of the War, 1898–1914, 1926–1938) und Frankreich (Documents Diplomatiques

Français 1871–1914, 1929–1959) die Quellengrundlage für die Geschichte der Internationalen Beziehungen schon in der Zwischenkriegszeit erheblich; aber aufs Ganze betrachtet, bedurfte es doch der Erfahrung des Zweiten Weltkriegs, bevor alte, nationalistisch verengte Perspektiven aufgebrochen werden konnten. Damit verband sich der zunehmend ungehinderte Zugang zu den Quellen. Die von den Alliierten beschlagnahmten Akten des Auswärtigen Amtes standen der Forschung zuerst offen; eine vielbändige Auswahl wurde zunächst in englischer Übersetzung, dann auch im Original (Akten zur Deutschen Auswärtigen Politik 1918–1945) nach zeitgemäßen, wissenschaftlichen Methoden ediert. Editionen der außenpolitischen Akten anderer Länder folgten (Documents on British Foreign Policy 1919–1939; Documents Diplomatiques Français 1933–1939; Foreign Relations of the United States). Seit den siebziger Jahren, spätestens aber mit der im Westen üblich gewordenen Reduzierung der Sperrfrist auf dreißig Jahre, sind die Archive für die Erforschung der Zwischenkriegszeit ohne wesentliche Einschränkungen offen.

Revision älterer Bilder

Das Empfinden eines zumindest vorläufigen Abgeschlossenseins der Zwischenkriegsepoche, das sich in der Zugänglichkeit der Quellen niederschlug, hat die historische Erforschung der Internationalen Beziehungen in vielfältiger Weise neu befruchtet. Neben die Geschichte des Versailler Systems und seines Scheiterns trat seit den sechziger Jahren vor allem auch die Epoche des Imperialismus, d. h. die weitere Vorgeschichte des Ersten Weltkriegs von 1890 bis 1914 erneut in den Vordergrund. Von der Untersuchung der deutsch-englischen Entfremdung vor 1914 über die Entstehungsgeschichte der »Entente cordiale« von 1904 und die finanziellen Grundlagen des französisch-russischen Bündnisses bis hin zur unmittelbaren Vorgeschichte des Ersten Weltkrieges hat die internationale Forschung eine Vielzahl wichtiger Arbeiten vorgelegt. Und auch mit Blick auf das Versailler System bzw. die Vorgeschichte des Zweiten Weltkriegs sind ältere, z. T. stereotyp verfestigte Bilder einer Revision unterzogen worden.

Beispiel: Deutsch-französische Beziehungen

Ein herausragendes Beispiel hierfür ist die Geschichte der deutsch-französischen Beziehungen nach 1918. Insbesondere in der deutschen Geschichtswissenschaft galt die französische »Exekutionspolitik« noch bis in die Zeit nach dem Zweiten Weltkrieg als Resultat eines grundsätzlich deutschfeindlichen und nach kontinentaler Hegemonie strebenden französischen Imperialismus. Erst die allmähliche Öffnung der Archive des französischen Außenministeriums seit den siebziger Jahren hat deutlich werden lassen, in wie hohem Maße sich die französische Politik selbst in einer Zwangslage befand: einer Zwangslage, die sich aus der fortbestehenden strukturellen Unterlegenheit gegenüber dem wirtschaftlich und demographisch stärkeren Deutschland einerseits und aus den gravierenden finanzpolitischen und strategischen Interessengegensätzen mit den angelsächsischen Mächten andererseits ergab. Auf der Basis umfassender Quellenstudien hat die neuere internationale Forschung offen gelegt, dass die französische »Exekutionspolitik« vor allem auch defensive, auf wirtschaftliche Balance zielende Züge trug und sich maßgeblich aus dem Dissens mit Großbritannien und den sich isolationistisch zurückziehenden USA speiste (u. a. Schuker 1976; Bariéty 1977; Artaud 1978). Indem sie die ökonomischen und finanziellen »Tiefenkräfte« konsequent in die Analyse der Internationalen Beziehungen mit einbezogen hat, hat die französische wie die internationale Forschung mit Blick auf das Versailler System Erhebliches zur Revision eines traditionellen, durch nationale Engführung gekennzeichneten Geschichtsbildes geleistet.

Beispiel: Niedergang des britischen Empire

Einer anderen Perspektive folgte die angelsächsische Historiographie der Internationalen Beziehungen. In Großbritannien hat sie sich ohne große ideologische Auseinandersetzungen oder methodologische Grabenkämpfe ihre Gegenstände gesucht. Ihr wichtigstes Zentrum besitzt sie in dem Stevenson Chair of International History der London School of Economics, den u. a. William Norton Medlicott und Donald Cameron Watt innehatten, bzw. dem dort angesiedelten Department of International History. Dabei ist die Perspektive der englischen Geschichtswissenschaft je länger desto mehr von der Erkenntnis geprägt worden, dass die Epoche der Weltkriege mit dem lang anhaltenden und irreversiblen Niedergang des britischen Empire konvergierte. Bereits um 1900 wurde die Überdehnung der englischen Kräfte spürbar; hieraus resultierten das Ende der »splendid isolation« (glanzvolle Isolation) und die ersten Initiativen einer »policy of entente« (Bündnispolitik) (Wilson 1985). Das solcherart auf die Tagesordnung gesetzte »continental commitment« (kontinentales Engagement) (Howard 1972), sein Für und Wider, sein Ort innerhalb einer nach wie vor auf Empire und Commonwealth gerichteten Außenpolitik, schließlich seine Verfestigung bis hin zum Beitritt Großbritanniens zur Europäischen Wirtschaftsgemeinschaft im Jahre 1973 gehören zu den großen Themen der englischen Geschichtsschreibung von den Internationalen Beziehungen. Sie sind in eine ganze Reihe neuerer Gesamtdarstellungen eingegangen (z. B. Holland 1991; Young 1998).

Für die allmähliche Akzeptanz des britischen Niedergangs in der Geschichtsschreibung bildet die Erforschung der britischen Appeasementpolitik ein herausragendes Beispiel. Lange Zeit speiste sich ihre Einschätzung aus dem zeitgenössischen, moralisch argumentierenden Verdikt gegen die »schuldigen Männer« um Neville Chamberlain. Tatsächlich hatte sich das Bild des einst populären Chamberlain umso mehr verdunkelt, je heller der Stern seines Nachfolgers Winston Churchill zu strahlen begann. »Appeasement« wurde auf lange Zeit zu einem extrem negativ besetzten Begriff, der in sich den Vorwurf der Naivität, der politischen Inkompetenz und des moralischen Versagens vereinte. Seit den sechziger Jahren jedoch und Hand in Hand mit einer Ausweitung der Quellenlage trat an die Stelle der moralischen Urteile allmählich das Bemühen, die Grundlagen des Appeasement zu *verstehen* (zusammenfassend: Robbins 1997). Durchgesetzt hat sich dabei die Erkenntnis, dass die Appeasementpolitik eine Etappe innerhalb des längerfristigen Prozesses britischen Machtverlustes darstellte. Angesichts einer strukturellen Überbürdung Großbritanniens durch die sicherheitspolitischen Erfordernisse des Empire wie des Versailler Systems unternahm Chamberlain den Versuch – wie seine Vorgänger im Übrigen auch –, die kontinentalen Verpflichtungen Großbritanniens zu begrenzen. Britische Außenpolitik in den dreißiger Jahren lässt sich also keinesfalls auf den Aspekt der Europa- oder gar Deutschlandpolitik verkürzen, vielmehr muss sie verknüpft werden mit der Analyse der weltweit bestimmten britischen Interessen in Empire und Commonwealth sowie mit der neuen japanischen Herausforderung im Fernen Osten. Die Appeasementpolitik erscheint aus dieser Perspektive nicht als moralisches Versagen, sondern als Krisenbewältigungsstrategie, deren Ratio durchaus den nationalen Interessen Großbritanniens entsprach.

Die USA zwischen »Isolationismus« und Engagement

Schärfer, als es die Zeitgenossen vermochten, ist seit 1945 allerdings erkannt worden, dass Großbritannien und Frankreich mit der ihnen zugewiesenen Rolle als Garanten des Versailler Systems überfordert waren. Tatsächlich krankte das internationale System der Zwischenkriegszeit nicht nur am strukturellen Interessengegensatz zwischen den beiden westeuropäischen Alliierten, sondern vor allem auch daran, dass sich die USA politisch zurückzogen und sich der ihnen historisch zuwachsenden Rolle als Patron und langfristiger »Bankier« des alten Kontinents verweigerten. Erst nach dem Zweiten Weltkrieg setzten sich die internationalistischen Kräfte in Amerika durch: Die USA übernahmen in Europa auch politisch-militärische Verantwortung, wobei sich ihr hegemonialer Anspruch bald mit der Forderung nach einer Einigung (West-)Europas verknüpfte. Nur ein einiges Europa als Zone wirtschaftlicher Prosperität konnte demzufolge dem liberalen Systementwurf der Amerikaner entsprechen. Diese Diagnose bestimmt denn auch das grundlegende Interesse der Forschung an den Zielen und Antriebskräften der US-amerikanischen Außen- und Europapolitik im 20. Jahrhundert. So ist über Natur und Ausmaß des amerikanischen »Isolationismus« während der zwanziger und frühen dreißiger Jahre kontrovers diskutiert worden. Entgegen einer früheren Auffassung sind das durchaus vorhandene, vor allem wirtschaftlich und finanzpolitisch motivierte Engagement der Amerikaner für die Stabilität in Europa hervorgehoben und dementsprechende Kontinuitätslinien in die zweite Nachkriegszeit offen gelegt worden. Hieran anknüpfend, haben amerikanische und europäische Historiker dargelegt, in wie entscheidendem Maße die mit überlegenen Ressourcen operierenden USA nach 1945 den Prozess der europäischen Integration vorantrieben, ja im Grunde erst ermöglichten (zuletzt: Lundestad 1998).

> Wer ist schuld am Kalten Krieg?

Ein weiteres zentrales Thema der Internationalen Beziehungen seit 1945 ergab sich aus der bipolaren Struktur der Welt infolge des Kalten Krieges und der Teilung Europas. Lange Zeit folgte die westliche Historiographie der politischen Einschätzung George F. Kennans, wonach es der hegemoniale Expansionismus der Sowjetunion war, der die Kriegskoalition sprengte und den Kalten Krieg auslöste. In den sechziger Jahren postulierte demgegenüber die so genannte »revisionistische« Schule der amerikanischen Historiographie eine Hauptverantwortung der USA für die Genese des Kalten Kriegs. Entscheidend sei demzufolge das ökonomische Interesse des amerikanischen Wirtschaftsimperialismus und die daraus resultierende globale »open-door-policy« gewesen, die eine wechselseitige Abgrenzung und Respektierung von Interessensphären grundsätzlich ausschloss (Junker 1984). Eine gewisse Mitverantwortung für die Entstehung des Kalten Kriegs weisen den USA auch neuere Arbeiten zu (vgl. abwägend Dunbabin 1994: 36 ff., 53 ff.).

3. Methodische Probleme und die »tiefen Kräfte« in den Internationalen Beziehungen

> Primat der Innenpolitik

Alle im Vorstehenden exemplarisch dargelegten historiographischen Entwicklungslinien und Themenfelder machen das grundsätzliche methodische Problem deutlich, vor dem die moderne Geschichtsschreibung der Internationalen Beziehungen steht: Wie nämlich verhalten sich innenpolitische, sozialökonomische sowie kulturelle Antriebskräfte und auswärtige Politik zueinander? Welcher Zusammenhang besteht zwischen äußerer und innerer Politik? Diese Frage einfach im Sinne der traditionellen Lehre vom »Primat der Außenpolitik« zu beantworten erschien einem Neo-Rankeaner wie Hermann Oncken schon während des Ersten Weltkrieg kaum mehr möglich. »Nur die Jugendzeiten politischer Unreife können noch jene frühere landläufige Meinung erklären, als ob die Welten der innern und äußern Politik grundsätzlich voneinander zu sondern und auch praktisch in einer Art von getrennten Buchführung auseinander zu halten seien«, schrieb er im Oktober 1918 (Oncken 1919: 119). Und in den zwanziger Jahren holte Eckart Kehr zu einer Art Generalangriff auf die traditionelle Lehre aus: Er verwarf die These, »die versucht, die Außenpolitik als ein dem sozialen und innenpolitischen Kampf entrücktes Gebiet autonomer objektiv-politischer Normen zu konstituieren«, und fragte, ob sich nicht »in der wirklichen Politik ein starker Einfluss, wenn nicht der Primat der Innenpolitik und der sozialen Schichtung vor der Außenpolitik aufzeigen lässt« (Kehr 1970: 149). Kehrs Schriften liegen am Beginn einer mehr oder minder radikalen Kritik an den gesellschaftlichen Grundlagen des Bismarckreichs und seinem Machtstaatsgedanken. In der Weimarer Republik und im Dritten Reich verfemt, wurden seine Thesen erst in den sechziger Jahren wieder aktuell, als die innere Verfassung des Kaiserreichs und seine auswärtige Politik nunmehr auf den Prüfstand grundsätzlicher Kritik gestellt wurden. So erblickten Fritz Fischer und Hans-Ulrich Wehler auf unterschiedliche Weise in der sozialen Struktur, in der politischen Verfassung und in den ökonomischen Triebkräften des Kaiserreiches zentrale Faktoren des von beiden diagnostizierten imperialistischen Expansionismus (Fischer 1961; Wehler 1969).

Frontstellungen: Fischer-Kontroverse – Autonomie der Außenpolitik?

Diese mit Blick auf das kaiserliche Deutschland vollzogene radikale Umwertung des Machtstaatsgedankens führte in der Bundesrepublik zu einer Reihe z. T. überaus scharf geführter Kontroversen. Die bedeutendste und auch erbittertste war zweifellos die so genannte »Fischer-Kontroverse«, bei der Fischers These von der hauptsächlichen Kriegsverantwortung und den maßlosen Kriegszielen des Kaiserreiches und der Reichsleitung um Theobald von Bethmann Hollweg im Mittelpunkt stand. Aber die Wurzeln des Dissenses lagen tiefer und berührten – was Gegenstandswahl und Methodik betraf – das Selbstverständnis der deutschen Geschichtswissenschaft in ihrem Kern. Auf dem Regensburger Historikertag von 1972 unterzog Andreas Hillgruber, damals der Doyen der westdeutschen Historiographie von den Internationalen Beziehungen, die Sozialgeschichte einer grundlegenden Kritik. Selbst beeinflusst von der spezifischen universitären Atmosphäre der »68er«-Bewegung, stellte er die Sozialgeschichte in die Nähe neo-marxistischer »Tendenzhistorie«. Zwar lehnte Hillgruber die traditionelle Verabsolutierung eines »Primats der Außenpolitik« ebenso ab wie dessen Umkehrung zum »Primat der Innenpolitik«; das Kennzeichen der politischen Geschichte sei es aber, »dass sie das Moment der Entscheidungen gegenüber der Vorstellung vom Prozesscharakter der Geschichte betont« (Hillgruber 1973: 533). In diesem Sinne plädierte Hillgruber für eine »moderne« politische Geschichte der Internationalen Beziehungen, die von der »relative[n] Autonomie« der Außenpolitik auszugehen habe (Hillgruber 1973: 537). Damit war eine längere Debatte eingeleitet, an der sich neben Wehler als dem Protagonisten der »Historischen Sozialwissenschaft« auch Klaus Hildebrand beteiligte (Wehler 1975; Hildebrand 1976). Dass es in der Sache zu keiner Annäherung kam, lässt sich u. a. auch daran ablesen, dass in der Folgezeit ein scharfer Riss durch die deutsche Geschichtswissenschaft ging: Die Geschichte der Internationalen Beziehungen zu erforschen galt methodisch als antiquiert und blieb das Thema einer verhältnismäßig kleinen Minderheit unter den deutschen Historikern (pars pro toto: Hillgruber 1977). Umgekehrt blieben die Anhänger der Historischen Sozialwissenschaft den empirischen Nachweis, wie die Außenpolitik der Staaten von ihren inneren strukturellen Voraussetzungen her zu analysieren und zu begreifen sei, überwiegend schuldig. Dass im Übrigen die damalige Polarisierung im Grunde bis heute fortbesteht, zeigt die scharfe Kritik, die etwa Klaus Hildebrands monumentale Geschichte der deutschen Außenpolitik von 1871 bis 1945 durch Wehler erfahren hat (Hildebrand 1995; Wehler 1996). Analoge Frontstellungen waren allerdings keineswegs auf die deutsche Geschichtswissenschaft beschränkt (Maier 1980). Und heute nähert sich eine jüngere Generation von Historikern Themen der Internationalen Beziehungen wieder unbefangener und auf breiter Quellengrundlage.

Die französische Schule: Pierre Renouvin Jean-Baptiste Duroselle

Nun ist der methodische Kern der Kontroverse allerdings insofern kaum auflösbar, als eine historische Theorie der Internationalen Beziehungen, die es erlauben würde, innere und äußere Faktoren der Politik systematisch einander zuzuordnen, nicht zur Verfügung steht. Auch die politikwissenschaftlichen Theorien, die ein bevorzugtes Objekt der Lehre von den Internationalen Beziehungen bilden (Rittberger 1990), bieten hierfür kaum Anhaltspunkte. Auch haben nur wenige Politikwissenschaftler empirische Arbeiten zur Geschichte der Internationalen Beziehungen vorgelegt. Umso größeres Interesse verdient daher jene »Schule« der Geschichte der Internationalen Beziehungen, die sich in Frankreich etabliert hat. Hier vor allem erhielt die Historiographie der Internationalen Beziehungen seit dem Ersten Weltkrieg neue Impulse. Weitgehend unbelastet von dem Zwang, historische Forschung in den Dienst nationalpolitischer Revision zu stellen, bot das französische Umfeld wohl grundsätzlich größere Chancen, die traditionelle Geschichte des Staates und seiner auswärtigen Beziehungen mit neuen Fragestellungen und Methoden zu bearbeiten. Darüber hinaus ist diese Neubegründung der Geschichte der Internationalen Beziehungen als Zeitgeschichte in Frankreich ein eindrückliches Beispiel dafür, wie große Umwälzungen der Gegenwart die Fragestellung der Geschichtswissenschaft beeinflussen. In erster Linie verbindet sie sich mit dem Namen Pierre Renouvin. Als schwerversehrter Kriegsteilnehmer wandte sich Renouvin nach 1918 von seinem bisherigen Forschungsfeld, der Geschichte der Französischen Revolution, ab und widmete sich fortan der Erforschung der Internationalen Beziehungen der jüngsten Zeit. Dabei kam es der von Renouvin und seinem Schüler Jean-Baptiste Duroselle begründeten Schule, die bis heute überaus lebendig ist, zugute, dass sie sich in ständiger, kontrovers geführter Auseinandersetzung mit der anderen großen Richtung der französischen Historiographie entwickelte: der »Annales«-Schule. Trotz z. T. erheblicher Polemik hat diese Auseinandersetzung insgesamt wohl zu einer fruchtbareren Dialektik geführt als die analogen Kontroversen in der bundesdeutschen Geschichtswissenschaft. Zwar weist Renouvins und Duroselles Auseinandersetzung mit der Schule der Annales zweifellos deutliche Parallelen zu der Kritik auf, die Hillgruber an der Historischen Sozialwissenschaft übte. Nicht zufällig behandelte z. B. Duroselle im ersten Artikel der Zeitschrift »Relations internationales« das Thema der »Entscheidung« in der Außenpolitik: Innerhalb des internationalen Systems, bestehend aus der »objektiven Realität« der Nationalstaaten, bilde die Vielfalt der anstehenden Entscheidungen den zentralen historischen Gegenstand (Duroselle 1974: 5–7). Von hier aus hat sich Duroselle noch kurz vor seinem Tode sehr eindeutig gegen die Verabsolutierung des einen oder anderen historischen Zugriffs gewandt und jeglichem Primatdenken eine Absage erteilt. Die Schule der Annales habe Wichtiges geleistet und die historische Aufmerksamkeit auf zentrale Aspekte wie die quantitative Geschichte, die Wirtschafts- und Mentalitätsgeschichte gelenkt. Dies verleihe jedoch nicht das Recht, wie dies gelegentlich geschehe, über die politische, namentlich die Diplomatiegeschichte den Bann auszusprechen (Duroselle 1995: 296). Mithin beharrte auch die französische Geschichtsschreibung der Internationalen Beziehungen gegenüber einem strukturgeschichtlichen Anspruch, von dem man ein (neo-)marxistisches Primatdenken befürchtete, auf dem Eigenrecht ihres Gegenstandes. Dessen Kategorien bezog sie letztlich aus einem staatlichen Bezugsrahmen, der auch dem Handeln Einzelner historische Relevanz verlieh.

»Forces profondes«

Zugleich aber hat die französische Schule Renouvins trotz aller Distanz zur Annales doch deren in den Vordergrund gerückten historischen Wirkungskräfte wie den Raum, die Mentalität, die Ökonomie aufgenommen und sie mit der politischen Geschichte, der »histoire événementielle« (Ereignisgeschichte), der Internationalen Beziehungen verknüpft. Dabei kennzeichnet es den durchgehenden Empirismus des französischen Neuansatzes, dass aus ihm zunächst eindrucksvolle Sammelwerke zur Geschichte der Internationalen Beziehungen (Renouvin 1953–1958; Girault u. a. 1979–1993) hervorgingen, bevor der Versuch ihrer theoretischen Systematisierung erfolgte (Renouvin/Duroselle 1964; Duroselle 1992). Hierbei handelt es sich vor allem um das Konzept der »forces profondes«, das heißt jener überpersönlichen, »tiefen« Kräfte und Mechanismen, die dauerhaft einen direkten oder indirekten Einfluss auf die Internationalen Beziehungen ausüben. Dazu zählen Renouvin und Duroselle unter anderem geographische Grundgegebenheiten und die Bevölkerungsbewegung, ökonomische Motive, finanzpolitische Zwänge und Interessen sowie die kollektiven Mentalitäten und die von ihr beeinflusste öffentliche Meinung. Erst auf der Basis ihrer gründlichen Analyse kann dann auch das konkrete Handeln des »Staatsmannes« adäquat erforscht und beurteilt werden (Renouvin/Duroselle 1964).

Konzentriert auf die Internationalen Beziehungen von ca. 1870 bis in die fünfziger Jahre, messen Renouvin und Duroselle den geographischen und demographischen Faktoren allerdings nur eine begrenzte Wirkung auf das außenpolitische Handeln bei. Sie liefern viele Beispiele dafür, dass Staaten ohne große Rücksicht auf die geographischen Bedingungen gemäß den Kategorien Macht, Sicherheit oder Prestige handeln. Ebenso wenig gaben demzufolge die Entwicklungen der Bevölkerung den Ausschlag für die Gestaltung der Internationalen Beziehungen. Vielmehr müssen sie stets in ihrem ökonomischen, sozialen und psychologischen Kontext betrachtet werden. In Bezug auf das Zusammenspiel und die wechselseitige Abhängigkeit von Außenpolitik, Ökonomie und Finanzen haben Renouvin und seine Nachfolger denn auch zentrale Forschungsergebnisse erzielt (z. B. Soutou 1989). Wenn sich dabei auch das herausragende Gewicht wirtschaftlicher Gesichtspunkte in den Internationalen Beziehungen immer wieder zeigen lässt, so sehen Renouvin und Duroselle doch zu keinem Zeitpunkt die Politik von ökonomischen Faktoren determiniert. Vielmehr artikulieren sich auch die wirtschaftlichen Interessen stets im Rahmen übergeordneter nationaler Interessen wie Sicherheit, Macht und Prestige.

Tatsächlich zeichnet sich die Renouvin-Schule, die durch das Institut d'Histoire des Relations Internationales Contemporaines an der Sorbonne (später umbenannt in Institut Pierre Renouvin) und die 1974 gegründete Zeitschrift »Relations internationales« ihre Institutionalisierung erfahren hat, dadurch aus, dass sie die Wirkungsmacht kollektiver und materieller Kräfte in der Geschichte ernst nimmt und zum integralen Bestandteil der Analyse macht, ohne doch zugleich das Handeln einzelner Akteure als Untersuchungsgegenstand auszublenden. Renouvin wie auch Duroselle haben die historische Individualität, die Nichtdeterminiertheit der Internationalen Beziehungen betont. Eine so verstandene historische »Theorie« der Internationalen Beziehungen basiert nicht auf dem Postulat allgemein gültiger Gesetze. Vielmehr ist sie empirisch, rational und undogmatisch; sie rekonstruiert die Ereignisse und setzt außenpolitische Entscheidungen in Beziehung zu den analytisch gewonnenen »forces profondes« (Duroselle 1992).

Methodische Offenheit – Neue Quellen

Gerade in dieser ihrer methodischen und empirischen Offenheit hat die französische Schule einen wichtigen Beitrag zur Erweiterung und zur Flexibilisierung der Geschichte der Internationalen Beziehungen geleistet. Zumindest gilt dies für die von der Renouvin-Schule behandelte neueste Zeit, während die Außenpolitik dynastischer Fürstenstaaten eigenen Regeln folgte und auch von anderen, jeweils epochenspezifisch zu definierenden »tiefen Kräften« abhing. Wenn aber die »tiefen Kräfte« systematisch in den Untersuchungsraum der modernen Außenpolitik einbezogen werden, so impliziert dies die Erweiterung der Quellenbasis. In der Anfangszeit beschränkte sich die Historiographie der Internationalen Beziehungen praktisch ausschließlich auf das Studium der Botschafterberichte und der Außenamtsakten. Inzwischen ist unbestritten, dass darüber hinaus auch statistische und publizistische Quellen, persönliche Nachlässe, Provenienzen der Wirtschaftsverbände, der Banken und der Parteien sowie potenziell im Grunde alle erreichbaren und sinnvoll integrierbaren Bestände für die Geschichte der Internationalen Beziehungen von Bedeutung sind.

4. Aktuelle Tendenzen und Perspektiven

Es ist deutlich geworden, dass die Historiographie der Internationalen Beziehungen über eine große Tradition, aber auch über beträchtliche methodische Innovationspotenziale verfügt. Seinen Niederschlag findet dies unter anderem in einigen neuen großen Synthesen, die den Versuch unternehmen, die Geschichte des neuzeitlichen Mächtesystems neu zu schreiben (Kennedy 1987). Und tatsächlich liegt eine große methodisch-wissenschaftliche Herausforderung darin, bei der Erforschung der Internationalen Beziehungen eine konsequente Systemperspektive einzunehmen. Immerhin kann man fragen, ob die Historiker dieses Feld nicht zu einseitig der Politikwissenschaft überlassen. Einmal unabhängig davon, wie weit dies in der individuellen Arbeits- und Darstellungskraft eines Historikers liegen kann, wäre doch die Abkehr von der nach wie vor dominierenden Untersuchung der Außenpolitik einzelner Staaten oder rein bilateraler Beziehungen wünschenswert. Denn wie in anderen Teilbereichen historischer Wirklichkeit auch bricht sich die scheinbar »objektive« Realität der Internationalen Beziehungen im Prisma nationalspezifischer Interessen und Perspektiven. Wie in keinem anderen Bereich gilt für die Geschichte der Internationalen Beziehungen: Ein und dasselbe ist nicht dasselbe, vielmehr werden die außenpolitischen Realitäten im jeweils nationalen Erfahrungshorizont und in unterschiedlicher Weise »konstruiert«. Das lässt sich für eine Vielzahl historischer Gegenstände zeigen, etwa mit Blick auf das Reparationsproblem nach dem Ersten Weltkrieg, über den Aufstieg Hitlers in den dreißiger Jahren bis hin zur Geschichte der Europäischen Integration. Stricto sensu gesprochen, vermag erst die multilaterale Systemperspektive die Differenzen und Widersprüche der nationalen Einzelperspektiven in einer höheren historischen Betrachtungsweise aufzuheben. Zugespitzt formuliert, ließe sich von hier aus eine stärkere Internationalisierung der Geschichte der Internationalen Beziehungen fordern, zumal die Systemperspektive auch die begrenzte Reichweite der Darstellung bilateraler Staatenbeziehungen offenbart. So erweisen sich etwa die besonders gut erforschten deutsch-französischen Beziehungen nicht selten geradezu als abhängige Variable britischer oder amerikanischer Europapolitik (Artaud 1978; Conze 1995; Wirsching 1996).

Thema
Europäische Integration

Im Besonderen steht diese »Multilateralisierung« der Internationalen Beziehungen auf der historiographischen Tagesordnung, wenn es um die Geschichte der Europäischen Integration geht. An diesem aktuellen Forschungsthema lassen sich die historiographischen

Entwicklungslinien paradigmatisch demonstrieren. Primäre Aufgabe der Forschung ist es natürlicherweise zunächst einmal – wie dies überhaupt für die Geschichte der Internationalen Beziehungen gilt –, im Rhythmus der Archivöffnung die grundlegenden politischen Entscheidungsprozesse zu rekonstruieren. Damit werden zuvor im Dunkeln bleibende Hintergründe ausgeleuchtet, zeitgenössische Urteile revidiert, nationale Interessen analysiert und die Memoiren beteiligter Politiker empirisch überprüft. Indem die Forschung zu diesem Zweck zunächst in einem ersten Schritt die jeweils freiwerdenden Ministerialakten erschließt, bleibt sie methodisch fast zwangsläufig einer eher traditionell verfahrenden Diplomatiegeschichte verhaftet, während die »tiefen Kräfte« des Geschehens noch nicht vollständig in das historische Bewusstsein treten. Erst allmählich differenzieren sich in einem zweiten Schritt Problemstellungen, Quellenerschließung und methodisches Instrumentarium so weit aus, dass auch die tieferen Schichten des Integrationsprozesses zum Gegenstand historischer Forschung erhoben werden. Mit Blick auf die frühe Geschichte der europäischen Integration betrifft dies ökonomische Interessen und Rahmenbedingungen, strukturelle Zwangslagen, die öffentliche Meinung sowie überhaupt die Probleme der innenpolitischen Willensbildung (z. B. Schwabe 1988; Deighton/Milward 1999). Zugleich erlaubt der Perspektivenwechsel – weg von der Europa- und Integrationspolitik eines einzelnen Staates hin zum Aktionsradius der europäischen Institutionen und Akteure selbst (Spierenburg/Poidevin 1994) – eine vertiefte Einsicht in die historischen Mechanismen des Integrationsprozesses.

Trotz vielversprechender Ansätze dürfte hierin für die Historiographie der Internationalen Beziehungen noch eine wichtige Zukunftsaufgabe liegen: durch die konsequente Europäisierung und Internationalisierung der Forschung den Blick zu weiten und durch die ebenso konsequente Einbeziehung der überpersönlichen, »tiefen« Kräfte in die historische Analyse unser Bewusstsein für die Tragweite des europäischen Einigungsprozesses zu schärfen.

Andreas Wirsching, Professor an der Universität Augsburg. Forschungsgebiete: Französische und deutsche Geschichte in der ersten Hälfte des 20. Jahrhunderts, Vergleichende Geschichte der Ideologien und ideologischer Bewegungen im 20. Jahrhundert.

Diethelm Klippel

Rechtsgeschichte

Die Rechtsgeschichte bildet auf den ersten Blick eine durch ihren spezifischen Gegenstand bestimmte Teildisziplin der Geschichtswissenschaft, ebenso wie etwa die Wirtschafts- oder Medizingeschichte. Demnach wäre zu erwarten, dass sie u. a. an dem wissenschaftsgeschichtlichen Wandel und den methodischen Neuerungen der Geschichtswissenschaft teilhat. Einige neuere Forschungsfelder mit deutlich rechtshistorischem Bezug, u. a. die florierende Historische Kriminalitäts- und die Historische Justizforschung, deuten in der Tat darauf hin, dass rechtshistorische Fragestellungen zunehmend als Teil der Geschichtswissenschaft Aufmerksamkeit finden.

Quer dazu steht jedoch schon die Tatsache, dass die Rechtsgeschichte institutionell den juristischen Fakultäten und Fachbereichen der deutschen Universitäten zugeordnet ist. Die Bezeichnung der zahlreichen Lehrstühle und Professuren lässt sich zudem kaum auf einen Nenner mit den chronologisch orientierten Fächern der Geschichtswissenschaft bringen: Meist handelt es sich um Bezeichnungen wie »Bürgerliches Recht und Deutsche Rechtsgeschichte« oder »Bürgerliches und Römisches Recht«, bei denen der rechtshistorische Bestandteil gelegentlich ergänzt (oder ersetzt) wird durch Begriffe wie »Privatrechtsgeschichte der Neuzeit«, »kirchliche Rechtsgeschichte«, »Verfassungsgeschichte«, »europäische«, »nordische« oder »bayerische Rechtsgeschichte«. An fast allen deutschen juristischen Fakultäten befinden sich zwei oder mehrere derartige Lehrstühle, die meist dem Zivilrecht, seltener dem öffentlichen Recht (dann vorwiegend mit »Verfassungsgeschichte«) und noch seltener dem Strafrecht (mit »Strafrechtsgeschichte«) zugeordnet sind. Neben der institutionellen Zuordnung der Rechtsgeschichte an die juristischen Fakultäten und den spezifischen Unterteilungen des akademischen Faches fällt auf, dass jeder Rechtshistoriker auch ein Fach des geltenden Rechts vertritt, und zwar überwiegend das Bürgerliche Recht.

Der Befund bedarf der Erklärung – dies umso mehr, als, wie bereits angedeutet, das Interesse der Geschichtswissenschaft an im weitesten Sinne rechtshistorischen Fragen in den letzten Jahrzehnten kontinuierlich zugenommen hat. Parallel zu dem gestiegenen Interesse steht jedoch häufig die bedauernde oder erstaunte, forschungsstrategisch aber beflügelnde Erkenntnis, dass die von Juristen betriebene Rechtsgeschichte auf dem jeweiligen speziellen Gebiet gravierende (wirkliche oder vermeintliche) Forschungsdefizite aufzuweisen hat. In der Tat ignoriert die »juristische« Rechtsgeschichte oft aktuelle Forschungsinteressen und methodische Neuerungen oder Moden der Geschichtswissenschaft. Das führt gelegentlich zu der Behauptung, aus der Sicht der Geschichtswissenschaft bestehe ein »tiefer Spalt« zur Rechtsgeschichte (Fenske 1976: 43), oder zu mahnenden »Fragen an die Rechtsgeschichte« (Mesmer 1984: 1; Killias 1994), die bezeichnenderweise gerade aktuelle Wachstumsgebiete der Geschichtswissenschaft betreffen. Umgekehrt stößt das neuerdings stärkere Interesse der Geschichtswissenschaft an rechtsgeschichtlichen Fragen häufig auf die Skepsis vieler (juristischer) Rechtshistoriker bis hin zu vehementer Kritik etwa an mangelndem Verständnis für die Bedeutung rechtlicher Normen oder gar an mangelnder fachjuristischer Kompetenz.

1. Zur Geschichte der Rechtsgeschichte

Historische Rechtsschule

Die knapp skizzierte Situation des Faches resultiert aus der historischen Entwicklung der akademischen Wissenschaftsdisziplin »Rechtsgeschichte«. Nach einer verbreiteten Meinung beginnt die heutige Wissenschaftsdisziplin »Rechtsgeschichte« mit der Historischen Rechtsschule (Nachweise bei Klippel 1985: 5). Das erscheint insofern als nicht ganz zutreffend, als sich bereits vorher rechtshistorische Fächer etabliert hatten, nämlich zumindest die Reichshistorie (Hammerstein 1972), die im 19. Jahrhundert in der Staatsgeschichte, der Vorläuferin der heutigen Verfassungsgeschichte, aufging, und diejenigen Fächer, z. B. das ius privatum teutonicum, die sich im 18. Jahrhundert der Erforschung des alten deutschen oder germanischen Rechts widmeten (Stolleis 1998: 344 f.). Doch ändert dies nichts daran, dass die Historische Rechtsschule die Rechtsgeschichte mit denjenigen methodischen, inhaltlichen und institutionellen Charakteristika ausstattete, die das Fach zum Teil bis heute prägen und zumindest mitverantwortlich für bestimmte, noch zu erörternde Probleme sind.

Da nach Auffassung Friedrich Carl von Savignys, der meistens als Begründer der Historischen Rechtsschule angesehen wird, alles Recht historisch entsteht und wächst, konnte es auch nur geschichtlich erfasst und bearbeitet werden. Die gesamte Rechtswissenschaft war also eine geschichtliche Wissenschaft, deren Aufgabe darin bestand, den historisch gewachsenen Rechtsstoff wissenschaftlich zu erfassen und durch Aussonderung toter Elemente als geltendes Recht lebendig und brauchbar zu erhalten (Savigny 1815: 6). Rechtswissenschaft deckte sich also letztlich mit (so verstandener) Rechtsgeschichte, war nur als »geschichtliche Rechtswissenschaft« denkbar. Neben der Arbeit am geltenden Recht traten die polemisch so genannten »antiquarisch-philologischen« Bestandteile der Rechtsgeschichte zunächst zurück.

Freilich gingen die Meinungen darüber auseinander, welches Recht denn in Deutschland historisch gewachsen und daher nach »historischer Methode« als gel-

Romanisten und Germanisten

tendes Recht zu bearbeiten sei. Die »Romanisten« unter den Anhängern der Historischen Rechtsschule meinten, das sei seit seiner Rezeption in Deutschland das Römische Recht. Die »Germanisten« hielten dem entgegen, das Römische Recht sei »fremdes Recht«; zumindest daneben müsse aus germanisch-deutschen Rechtsquellen ein genuin deutsches Recht entwickelt werden (»Deutsches Privatrecht«). Zudem stiegen im Laufe des 19. Jahrhunderts an allen deutschen Universitäten die allmählich von den Vorstellungen der Historischen Rechtsschule beeinflussten römischrechtlichen (Institutionen, Pandekten, Römische Rechts- und Staatsgeschichte) und deutschrechtlichen (Deutsches Privatrecht, Deutsche Rechtsgeschichte) Vorlesungen zu einheitsstiftenden Leitdisziplinen der Juristenausbildung auf.

Zwei Entwicklungen verdienen es, festgehalten zu werden: Erstens geht die heutige Unterscheidung zwischen »romanistischen« (Römisches Recht) und »germanistischen« (Deutsche Rechtsgeschichte) rechtshistorischen Lehrstühlen auf die oben beschriebene Spaltung der Historischen Rechtsschule und die daraus entstandenen Lehrstühle der Universitäten des 19. Jahrhunderts (freilich auch hier mit Vorläufern im 18. Jahrhundert) zurück; später kamen noch »kanonistische« Lehrstühle dazu. Die so entstandene Dreiteilung spiegelt sich in den drei separat erscheinenden Abteilungen der ältesten noch heute erscheinenden rechtshistorischen Zeitschrift wider (Zeitschrift für Rechtsgeschichte: Germanistische, Romanistische und Kanonistische Abteilung). Zweitens bescherte die Historische Rechtsschule der Rechtsgeschichte ein Methodenproblem und, damit zusammenhängend, die Frage des Selbstverständnisses als eine auf das geltende Recht und dessen Wissenschaft ausgerichtete Disziplin oder als ein »historisiertes« Fach, das im Sinne des Historismus und ohne Bezug auf das geltende Recht nach der bekannten Aussage Leopold von Rankes erforscht, »wie es eigentlich gewesen«. Wenn auch »antiquarisch-philologische« Forschungen wohl seit jeher einen Bestandteil auch der wissenschaftlichen Tätigkeit der Anhänger der Historischen Rechtsschule bildeten (Stolleis 1998: 348), so lässt sich doch besonders in der zweiten Hälfte des 19. Jahrhunderts ein Prozess der verstärkten »Emanzipation der Rechtsgeschichte von der Dogmatik« feststellen (Landau 1980: 129).

2. Die Krise der Rechtsgeschichte

Damit war die Frage nach Methode und Selbstverständnis zwar deutlich aufgeworfen; Konsequenzen für die Stellung der Rechtsgeschichte in der Rechtswissenschaft und in der Juristenausbildung ergaben sich daraus aber zunächst nicht. Das änderte sich durch die Kodifikation des Bürgerlichen Rechts, also nach dem Inkrafttreten des deutschen Bürgerlichen Gesetzbuchs (BGB) am 1. Januar 1900: Kerndisziplinen der Rechtsgeschichte verloren ihre Stellung als Fächer des geltenden Rechts (zum Folgenden Klippel 1985: 8 ff.). Da sich nach heftigem Streit bereits vor 1900 die Auffassung durchgesetzt hatte, im Zivilrecht das neue BGB in den Mittelpunkt auch der Lehre an den Universitäten zu stellen, ergab sich die Frage, was mit den bisherigen »geschichtlichen«, aber dem geltenden Recht gewidmeten Vorlesungen geschehen sollte. Man entschloss sich, die beiden Vorlesungen über Deutsche und Römische Rechtsgeschichte (einschließlich Verfassungsgeschichte) beizubehalten und zudem zwei nunmehr propädeutische systematische Lehrveranstaltungen vorzusehen, nämlich Deutsches und Römisches Privatrecht. Die Rechtsgeschichte insgesamt wandelte sich zu einem propädeutischen Fach und zur Bildungsdisziplin (Senn 1982: 36 f.).

Zweifel am juristischen Wert der Rechtsgeschichte

Die Rettung vermeintlich wichtiger rechtshistorischer Disziplinen in der Juristenausbildung wirkte sich für das Fach insgesamt freilich verhängnisvoll aus. Zum einen verhinderte die Beibehaltung systematisch angelegter rechtshistorischer Vorlesungen (Deutsches und Römisches Privatrecht) die konsequente methodische Historisierung der Rechtsgeschichte. Zum anderen stand der traditionelle Kanon der rechtshistorischen Disziplinen der Mitarbeit am Verständnis und an der Weiterentwicklung des geltenden Rechts unter rechtshistorischen Aspekten im Weg. Es kam hinzu, dass auch von der Wissenschaft des geltenden Rechts her die Distanz zur Rechtsgeschichte größer wurde: Der Wert der Rechtsgeschichte für die Juristenausbildung stieß zunehmend auf Zweifel, und insbesondere die Zivilrechtswissenschaft entwickelte alsbald nach der Jahrhundertwende ein erhebliches methodisches und inhaltliches Selbstbewusstsein, das auf rechtshistorische Erkenntnisse und Argumente verzichten zu können glaubte.

Die Meinungen darüber, wie die skizzierte prekäre Lage der Rechtsgeschichte zu bewältigen sei, gingen freilich auseinander. Einerseits plädierte ein Teil der zahlreichen Veröffentlichungen, die sich vor 1933 damit beschäftigten (dazu Klippel 1987: 148 ff.), für eine Befreiung der Rechtsgeschichte »von dem Joch, das ihr die Dogmatik auf den Hals legt« (von Moeller 1905: 70), also für die Umgestaltung zu einem dezidiert historischen Fach. Die darin liegende Annäherung an die allgemeine Geschichtswissenschaft drückte sich darin aus, dass die Rechtsgeschichte häufig als Teil der Kulturgeschichte aufgefasst wurde (Anderssen 1911: 18 ff.). Andererseits sah man darin auch Gefahren für das Fach: Die eigentlichen Gegner der Rechtsgeschichte seien nicht die »Banausen, denen der große Gedanke der Geschichte über den Horizont ihres beschränkten Eintagsdaseins geht«, sondern diejenigen, die zwischen Rechtsgeschichte und Rechtswissenschaft eine Kluft sehen, sodass die Rechtsgeschichte aus der Rechtswissenschaft ausgegrenzt werde »und damit theoretisch und vor allem praktisch in das Nichts fällt« (Schönfeld 1927: 2 f.). Allerdings beruhte die daraus folgende Betonung des dogmatischen Werts der

Rechtsgeschichte auf der Annahme, methodisch-systematisch seien Rechtsgeschichte und Wissenschaft des geltenden Rechts eng verwandt.

Einigkeit bestand indes darin, dass die Rechtsgeschichte die Neuzeit, insbesondere das 19. Jahrhundert, zu wenig beachte. Aus dieser Erkenntnis abgeleitete Forderungen machten sich die nationalsozialistischen Bestrebungen zur Reform des Jurastudiums zunutze: Im Studienplan von 1936 entfielen die systematisch angelegten Disziplinen »Deutsches Privatrecht« und »Römisches Privatrecht« als eigenständige Lehrveranstaltungen; zu »Römischer (bzw. Antiker) Rechtsgeschichte« und »Deutscher (bzw. Germanischer) Rechtsgeschichte« kamen zwei neue Vorlesungen hinzu, nämlich »Privatrechtsgeschichte der Neuzeit« und »Verfassungsgeschichte der Neuzeit«, die jeweils die Zeit seit dem ausgehenden Mittelalter behandeln sollten. Selbstverständlich unterlag auch die Rechtsgeschichte in der Zeit nach 1933 dem ideologischen Zugriff des Nationalsozialismus; kontrovers beantwortet wird allerdings die Frage, inwieweit sie sich nationalsozialistisch verstrickte (vgl. Rückert/Willoweit 1995; zusammenfassend Stolleis 1998: 351 f.).

Fortsetzung der Krise nach 1945

Die wissenschaftsgeschichtlich zu erklärende Krise des Faches setzte sich wenig überraschend nach 1945 fort. Das zeigt sich schon daran, dass sich an der traditionellen Einteilung der Lehrstühle in »romanistische« und »germanistische« (nur vereinzelt noch »kanonistische«) nichts änderte; nur gelegentlich findet sich ein dem öffentlichen Recht zugeordneter Lehrstuhl, der auch die Verfassungsgeschichte vertritt. Der vor 1933 befolgte Kanon der rechtshistorischen Lehrveranstaltungen wurde ebenfalls beibehalten, nunmehr ergänzt durch Privatrechtsgeschichte und Verfassungsgeschichte der Neuzeit.

Ein zweites Indiz für die weiterbestehende Krise liefert die Fortsetzung und Erweiterung der Diskussion um die Legitimation der Rechtsgeschichte in Juristenausbildung und Rechtswissenschaft. Nach 1900 standen zwei Argumentationszusammenhänge im Vordergrund; sie spiegeln unterschiedliche Auffassungen über die Aufgaben der Rechtsgeschichte wider (Klippel 1985: 16 ff.). Zum einen sollte sie als Bildungsfach für Juristen fungieren. Dadurch rückte sie der allgemeinen Geschichtswissenschaft, zugunsten derer ähnlich argumentiert wurde, nahe, ohne die dogmatische Behandlung des römischen Rechts auszuschließen. Zum anderen sah man die Rechtsgeschichte als unentbehrlich für das Verständnis des geltenden Rechts an, und zwar sowohl bei Auslegung bzw. Anwendung des Rechts als auch unter dem Gesichtspunkt der Rechtspolitik. Bildung und rechtspolitische Funktion schlossen sich nicht aus; die Meinungen teilten sich aber bei der Frage, ob der Rechtsgeschichte eine dogmatische Funktion zukomme. Obwohl die Methodenfrage noch offen blieb, lässt sich der Diskussion entnehmen, dass die Historisierung des Faches weiter an Boden gewann, bei gleichzeitig zunehmender Selbstbeschränkung gegenüber der Übernahme von Aufgaben zugunsten der Wissenschaft des geltenden Rechts.

Nach 1945 vertrat Rudolf Laun die Ansicht, »ein Jurist ohne rechtsgeschichtliche Bildung, ein Diener des Rechts, der vom Recht nichts anderes als einen Querschnitt durch den augenblicklichen Stand der Gesetzgebung kennt, wäre lächerlich und den schwersten Blamagen ausgesetzt« (Laun 1950: 137). Doch ist der Bildungsgedanke im Wesentlichen aus der heutigen Diskussion verschwunden; es kann angenommen werden, dass er keine Überzeugungskraft mehr entfaltet. Im Vordergrund stehen das Verständnisargument und der mögliche Beitrag der Rechtsgeschichte zu Rechtsfortbildung und Rechtspolitik, gelegentlich ergänzt durch den Hinweis, die Erkenntnis der historischen Bedingtheit des Rechts verhelfe zu einer gegenüber dem eigenen Recht kritischen Distanz.

Entwissenschaftlichung: Jura an den Fachhochschulen?

Die Fortsetzung der Legitimationsdiskussion bis in die Gegenwart hinein (Ogorek 1994: 23 ff.) belegt die unverminderte Fortdauer der Krise des Faches, die freilich in den letzten Jahren neue Dimensionen angenommen hat. Während lange Zeit wenigstens die institutionelle Verankerung des Faches gesichert schien, häufen sich die zum Teil auch erfolgreichen Versuche, rechtshistorische Lehrstühle ganz zu streichen. Diese Entwicklung geht Hand in Hand mit einer Entwissenschaftlichung der Juristenausbildung, deren erhebliche Gefahren für die Entwicklung von Staat und Gesellschaft und für den »Wissenschaftsstandort« Deutschland noch kaum in das Bewusstsein der Öffentlichkeit gedrungen sind; symptomatisch dafür ist die von Ignoranz oder Zynismus zeugende Auffassung, die gesamte Juristenausbildung gehöre an die Fachhochschulen. Gegenüber diesen Tendenzen erscheint das Methoden- und Selbstverständnisproblem der institutionalisierten Rechtsgeschichte zwischen Rechts- und Geschichtswissenschaft zunehmend als zweitrangig, und die Kritik an der fortdauernden Unterscheidung zwischen (juristischen) Romanisten und Germanisten als wenig hilfreich. Noch kaum zur Kenntnis genommen hat die von Juristen betriebene Rechtsgeschichte im Übrigen die Probleme und Chancen, die daraus entstehen, dass die allgemeine Geschichtswissenschaft immer häufiger Fragestellungen verfolgt, die bisher als unangefochtene Domäne von (juristischen) Rechtshistorikern galten.

3. Die doppelte Aufgabe der Rechtsgeschichte

Juristische oder historische Methodik?

Der wissenschaftsgeschichtlichen Entwicklung kann entnommen werden, dass das Fach zwei miteinander zusammenhängende Probleme zu bewältigen hatte und zum Teil noch hat. Das erste betrifft die Frage, ob die Rechtsgeschichte methodisch gesehen geschichtswissenschaftlich oder juristisch vorgehen soll. 1967 stellte Hans Julius Wolff fest, es beginne sich die Überzeugung durchzusetzen, die juristische Dogmatik sei »als methodisches Instrument der Rechtsgeschichte bestenfalls mit Vorsicht verwendbar« (Wolff 1967: 692). Heute scheint sich die methodische Konsequenz aus der Historisierung der Rechtsgeschichte, dass diese nämlich insofern ein Teil der Geschichtswissenschaft ist, durchgesetzt zu haben. Freilich bedeutet dies nicht, dass diese Erkenntnis auch immer praktisch verwirklicht würde; das Anachronismusproblem stellt sich in der Rechtsgeschichte in besonderer Schärfe, zumal da auch eine juristisch-unhistorisch vorgehende Rechtsgeschichte durchaus Erkenntnisgewinne erzielen kann. Die Auffassung einer »Wiederkehr von Rechtsfiguren« etwa zeigt sich »allen Versuchen einer Periodisierung der Rechtsentwicklung« gegenüber ablehnend (Mayer-Maly 1971: 1 f.), löst rechtliche Probleme und Regelungen zumindest tendenziell aus ihrem historischen Kontext (Landau 1980: 119) und entspricht daher methodisch nicht geschichtswissenschaftlichen Grundsätzen. Dennoch mag sie einen Beitrag zur Rechtswissenschaft leisten, freilich keinen genuin rechtshistorischen. Das trifft auch für den Gebrauch von Klassikern der politischen Theorie wie Jean Bodin, John Locke, Charles Montesquieu und Jean-Jacques Rousseau in der Staats- und Verfassungstheorie zu.

Kontroversen um das Selbstverständnis

Die Beantwortung der Frage nach der Methode der Rechtswissenschaft löst freilich noch nicht das zweite Problem: das Selbstverständnis des Faches als Zweig der Geschichtswissenschaft oder/und der Rechtswissenschaft, genauer gesagt das Problem, ob die Rechtsgeschichte ihre Erkenntnisinteressen von der Geschichtswissenschaft und/oder von der Rechtswissenschaft, darunter auch von der Wissenschaft des geltenden Rechts, bezieht oder beziehen sollte. Weniger die Methodenfrage – schließlich lassen sich gegen Methodenpluralismus kaum überzeugende Einwände formulieren – als dieses Problem entzweit die (juristischen) Rechtshistoriker, bis hin zu Polemik und Satire (vgl. Picker 2000).

Das eigentlich Überraschende an dieser Kontroverse besteht darin, dass die polemisch so genannten »Dienste« der Rechtsgeschichte als »Magd« der Wissenschaft des geltenden Rechts (bezeichnenderweise nicht: der Rechtswissenschaft) nicht als willkommene Ergänzung des Spektrums möglicher Fragestellungen, sondern als methodisch fraglich, inhaltlich überflüssig und insgesamt verfehlt angesehen werden (vgl. Stolleis 1985: 253 f.). Diese Auffassung beruht nicht selten auf der wissenschaftstheoretisch fragwürdigen Unterscheidung zwischen »kontemplativen« und »applikativen« Wissenschaften: Die Rechtsgeschichte sei eine »kontemplative«, keine »applikative« Wissenschaft (Wieacker 1978: 365 ff.). Da im Gegensatz dazu die Funktionen der Geschichtswissenschaft heute gerade als gesellschaftliche und praxisbezogene formuliert werden, dürfte es schwer zu begründen sein, wieso dies für die Rechtsgeschichte mit ihren spezifischen Möglichkeiten nicht zutreffen soll: Ist »historische Erkenntnis unabdingbar für das Verständnis, die Erklärung und damit für die richtige praktische Behandlung einzelner Gegenwartsphänomene, indem sie deren (historische) Ursachen und Entwicklungen aufdeckt« (Kocka 1986: 123), so erfüllt auch die Rechtsgeschichte die damit angesprochenen Aufgaben. Die angebliche Ignoranz der Wissenschaft des geltenden Rechts oder deren Abneigung, Beiträge der Rechtsgeschichte zur Lösung aktueller Probleme zur Kenntnis zu nehmen, taugen schwerlich als Begründung dafür, entsprechende Versuche der Rechtsgeschichte als unmöglich hinzustellen. Vielmehr ließe sich daraus allenfalls auf Charakteristika der heutigen Wissenschaft des geltenden Rechts schließen und gleichzeitig auf den mangelnden Erfolg der Rechtsgeschichte, ihren Beitrag insofern zu verdeutlichen.

Historische Methodik – Plädoyer für Kooperation

Festzuhalten ist jedenfalls, dass die Rechtsgeschichte methodisch gesehen geschichtswissenschaftlich und nicht juristisch vorzugehen hat; ebenso wie in anderen Wissenschaften können historische Quellen zwar auch unter anderen Aspekten analysiert werden, aber genuin rechtshistorische Erkenntnisse treten dann in den Hintergrund. Freilich bedeutet die Festlegung auf historische Methoden nicht, dass die Rechtsgeschichte auch ihre Erkenntnisinteressen ausschließlich von der Geschichtswissenschaft beziehen müsste oder sollte. Vielmehr erfüllt sie eine doppelte Aufgabe, nämlich einerseits innerhalb der Rechtswissenschaft, andererseits als Spezialdisziplin der Geschichtswissenschaft (zum Folgenden Klippel 2000: 184 ff.). Angesichts der ohnehin fließenden Übergänge soll damit selbstverständlich kein Gegensatz zwischen einer »juristischen« und einer »historischen Rechtsgeschichte« konstruiert werden; vielmehr geht es darum, Verständnis für unterschiedliche Erkenntnisinteressen zu wecken und auf die Notwendigkeit einer stärkeren Berücksichtigung der Ergebnisse der beteiligten Wissenschaften hinzuweisen, letztlich also für eine stärkere Zusammenarbeit von Historikern und Juristen auf dem Gebiet der Rechtsgeschichte zu plädieren.

In einem »Kompass der Geschichtswissenschaft« sind die Aufgaben der Rechtsgeschichte innerhalb der Rechtswissenschaft nur kurz zu streifen. Die Rechtsgeschichte stellt, ganz allgemein formuliert, innerhalb der Rechtswissenschaft sicher, dass die Zeitgebundenheit des Rechts bewusst bleibt und methodisch adäquat berücksichtigt werden kann. Es geht hier nicht um die von der Intention her verfehlte Frage der Nützlichkeit oder Praxisrelevanz der Rechtsgeschichte (vgl. Kötz 1992: 21), sondern um die historische Dimension des Rechts und der Rechtswissenschaft. Innerhalb des Spektrums der insofern möglichen Fragen kann (und sollte) die Rechtsgeschichte auch Beiträge zur Wissenschaft des geltenden Rechts leisten, angefangen mit inhaltlichen und methodischen Grundinformationen zur historischen Aufarbeitung der Entwicklung von Gesetz, Rechtsprechung und (rechtswissenschaftlicher) Literatur als Grundlage jeder rechtswissenschaftlichen

Arbeit bis hin zu rechtshistorisch begründeten rechtspolitischen Vorschlägen. Im Vordergrund der zahlreichen denkbaren Fragestellungen und methodischen Ansätze steht ein gemeinsames Erkenntnisinteresse: das geltende Recht.

> Relevanz des Historischen Arguments für die Rechtswissenschaft

Lediglich ein Beispiel innerhalb des angedeuteten Spektrums stellt die Erhellung des sog. Historischen Arguments dar, d. h. der Frage, wie eine bestimmte Rechtsnorm oder ein bestimmter Begriff auf Grund der Entstehungsgeschichte des Gesetzes auszulegen ist. Zwar handelt es sich um ein in der juristischen Methodenlehre anerkanntes Argument der Gesetzesauslegung in Theorie und Praxis. Aber es wäre verfehlt, den Beitrag der Rechtsgeschichte zur Wissenschaft des geltenden Rechts oder gar zur Rechtswissenschaft darauf zu beschränken. Denn das Abstellen auf den Zeitpunkt der Gesetzesentstehung blendet die Entwicklung vorher oder nachher aus, sodass das Argument aus dem Willen des Gesetzgebers zu Recht als das »unhistorische Argument« bezeichnet wurde (Dilcher 1984: 255). Dementsprechend versteht man unter der beschriebenen Methode neuerdings das »genetische Argument«, während unter »historischem Argument« der umfassende, nicht auf den Willen des Gesetzgebers abstellende juristische Diskurs gemeint ist, der praktische Erfahrungen vergangener Zeit aufnehme (Alexy 1996: 302). Schon terminologisch liegt darin der zutreffende Hinweis, dass rechtshistorische Erkenntnisse nicht nur über die Entstehung eines Gesetzes für die Wissenschaft des geltenden Rechts fruchtbar gemacht werden können, sondern auch über die Zeit davor und danach. Zudem geht es der Wissenschaft des geltenden Rechts nicht lediglich um die Auslegung von Gesetzen, vielmehr auch um untergesetzliche Normen, um Analyse und Kritik der Rechtsprechung, um Anregungen zu deren Fortbildung, um die Entwicklung allgemeiner Rechtslehren und um Systembildung – um nur einiges zu nennen. Darüber hinaus beschäftigen sich die Rechtswissenschaft und ihre Unterdisziplinen allgemein mit Recht und Staat einschließlich deren Wechselwirkungen mit der Gesellschaft. All dies kann auch aus rechtshistorischer Perspektive gesehen werden. Das sollte nicht als Dienstleistung missverstanden oder auf »Dogmengeschichte« eingegrenzt werden; vielmehr geht es darum, die Fragen und Ergebnisse der Rechtsgeschichte im Zusammenhang mit dem Erwartungshorizont der heutigen Rechtswissenschaft zu sehen und auf deren aktuelle Argumentationsbedürfnisse einzugehen (Ogorek 1994: 31). Es liegt auf der Hand, dass derartige Forschungsinteressen der allgemeinen Geschichtswissenschaft in der Regel fernliegen.

> Teildisziplin der Geschichtswissenschaft

Darüber hinaus aber bildet die Rechtsgeschichte eine vom Gegenstand her bestimmte Teildisziplin der allgemeinen Geschichtswissenschaft, unabhängig davon, ob sie von Juristen oder Historikern betrieben wird. Man kann insofern von einer »integralen

Rechtsgeschichte« sprechen (Koselleck 1987: 148), von einer »legal history« im umfassenden Sinn, um damit Abgrenzungstendenzen zu überwinden, die von beiden Seiten ausgehen. Freilich entstehen daraus Konsequenzen und Chancen, die bisher kaum wahrgenommen worden sind. Sie lassen sich recht gut anhand der Historischen Kriminalitätsforschung darstellen, eines der derzeitigen Wachstumsgebiete der Geschichtswissenschaft (Eibach 2001; Blauert/Schwerhoff 2000; Schwerhoff 1999).

> Historische Kriminalitätsforschung

Das Terrain, auf dem sich die Historische Kriminalitätsforschung bewegt, galt lange Zeit als von der herkömmlichen Rechtsgeschichte, des Näheren von der Strafrechtsgeschichte besetzt. Strafrechtsgeschichtliche Forschungen beschränkten und beschränken sich jedoch vorwiegend auf gesetzgebungs-, dogmen- und wissenschaftsgeschichtliche Fragestellungen, und sie fanden nicht zuletzt wegen der oben beschriebenen Zivilrechtslastigkeit der etablierten Rechtsgeschichte eher am Rande Aufmerksamkeit (Eibach 2001: 105). Die Historische Kriminalitätsforschung dagegen geht methodisch und inhaltlich weit über die traditionellen Themen der Strafrechtsgeschichte hinaus. Meist erfolgt ein Themenwechsel hin zur Lebenswelt und zum Alltag der Betroffenen, vor allem der Täter, Zeugen, Informanten und anderer Beteiligter, ihrem sozialen Hintergrund und Umfeld, ihren Motiven und Zwängen. Die Perspektivenerweiterung spiegelt sich in dem Begriff »Historische Kriminalitätsforschung« wider, der zugleich der Abgrenzung gegenüber der herkömmlichen Strafrechtsgeschichte dient, mit der ein interdisziplinärer Dialog angestrebt wird.

Nach dem hier vertretenen Verständnis von Rechtsgeschichte handelt es sich nicht um einen interdisziplinären Dialog, sondern um ein gemeinsames historisches Forschungsfeld, das aus unterschiedlichen Perspektiven bearbeitet werden kann. Eine solche »integrale Rechtsgeschichte« bringt freilich zahlreiche methodische und gegenstandsspezifische Probleme mit sich. Die methodischen Gefahren der herkömmlichen Strafrechtsgeschichte, u. a. die Anachronismusfalle und das geltende Recht als Zielpunkt eines vermeintlich stetigen historischen Fortschritts, liegen auf der Hand (Eibach 2001: 108 f.). Umgekehrt aber entstehen auch für die Geschichtswissenschaft neue Probleme, die gelegentlich unterschätzt werden. So etwa wären die Vorstellungen über heutiges Recht und dessen Anwendung, die auch historischen Forschungen unausgesprochen zugrunde liegen, auf ihre Stichhaltigkeit hin zu überprüfen; die Überraschung über den »Ermessensspielraum« von Gerichten und Verwaltung bei der Verfolgung von Devianz wäre, an heutiger Praxis überprüft, wohl weniger groß, ebenso wie Aussagen über die Beachtung oder Nichtbeachtung rechtlicher Normen in der Frühen Neuzeit angesichts moderner rechtssoziologischer Erkenntnisse einen Teil ihres Neuigkeitswertes verlieren würden. Ganz allgemein gesagt: Sowohl Kenntnisse über das geltende Recht und die Rechtswissenschaft der Gegenwart als auch über die herkömmlichen Gegenstände der Rechtsgeschichte, also etwa rechtliche Normen, ihre Entstehung, ihre Entwicklung, die dahinter liegenden Ideen und die Geschichte der Rechtswissenschaft, können sich als hilfreich oder gelegentlich sogar als notwendig für bestimmte Fragestellungen der Historischen Kriminalitätsforschung erweisen. So etwa lassen sich Prozessprotokolle, so sehr sie auch Auskunft über die Lebenswelt der Betroffenen geben mögen, häufig nur zutreffend interpretieren, wenn der juristische Kontext in Betracht gezogen wird; auch die Einbeziehung des materiellen Strafrechts wird häufig erforderlich sein. Mit anderen Worten: Sieht man die Rechtsgeschichte (auch) als Teil der Geschichtswissenschaft an, so entstehen daraus nicht nur methodische Konsequenzen für die von Juristen betriebene Rechtsgeschichte, sondern auch die Geschichtswissenschaft muss dem damit erhobenen Anspruch auf Expertenwissen in der Wissenschaft, die sich mit Recht und Staat befasst, gerecht werden.

4. Ergebnisse und Perspektiven

Da die Geschichtswissenschaft rechtshistorische Fragestellungen im weiteren Sinn im Wesentlichen erst – abgesehen von der Verfassungsgeschichte und einzelnen Vorläufern – in den letzten zwei Jahrzehnten »entdeckt« hat, müsste ein Überblick über Forschungsergebnisse zunächst auf die Resultate der von Juristen betriebenen Rechtsgeschichte nach 1945 eingehen. Insofern liegt ein exzellenter kritischer Bericht von Regina Ogorek (1994) vor, der die Ergebnisse und Probleme der verschiedenen Sparten der Rechtsgeschichte referiert und analysiert, einschließlich der epochen- und gegenstandsbedingten zunehmenden Überwindung dieser historisch zu erklärenden Grenzen auf zahlreichen Forschungsgebieten (u. a. der Privatrechtsgeschichte der Neuzeit). Als Teil einer Bestandsaufnahme der »Rechtswissenschaft in der Bonner Republik« beschränkt der Überblick sich freilich auf die herkömmliche, von Juristen betriebene Rechtsgeschichte; die Auswirkungen des neuen Interesses der Geschichtswissenschaft werden also nicht berücksichtigt.

Freilich müssen auch hier Schwerpunkte gesetzt werden. Was die Rechtsgeschichte der Neuzeit betrifft, so empfiehlt es sich, gemäß den Interessen der Geschichtswissenschaft nach Gegenstandsbereichen vorzugehen. Allerdings sollte nicht vergessen werden, dass eine isolierte Betrachtung z. B. eines bestimmten Bereichs des Zivilrechts in vielen Fällen in die Irre führen kann, da sich die Entwicklung des öffentlichen Rechts einschließlich des Strafrechts häufig komplementär dazu verhält oder die genannten Rechtsgebiete sozusagen kommunizierende Röhren bilden, ganz zu schweigen davon, dass die Unterscheidung zwischen Zivilrecht und öffentlichem Recht sich erst in der Neuzeit deutlich herausbildet. Daraus folgt, dass auch bei speziellen Forschungsgebieten der Zusammenhang mit der Rechtsgeschichte insgesamt nicht aus den Augen verloren werden sollte.

Mediävistik

Die Auswirkungen der entschiedenen Historisierung des Faches nach 1945 zeigen sich am deutlichsten in der antiken und mittelalterlichen Rechtsgeschichte, in der Romanistik freilich nicht ohne anhaltenden Widerstand eines Teils des Faches (vgl. Ogorek 1994: 74 ff.). Nach der Destruktion der Vorstellung genuin germanischdeutscher Rechtsbegriffe insbesondere durch die Arbeiten von Karl Kroeschell (1968) konnten auch die bisherigen Vorstellungen über die Rechtswelt des Mittelalters nicht aufrechterhalten werden. An der Erstellung eines neuen, höchst differenzierten Bildes hat sich von Anfang an die geschichtswissenschaftliche Mediävistik beteiligt, in deren Kompetenz die mittelalterliche Rechtsgeschichte trotz wesentlicher Beiträge einzelner Rechtshistoriker immer mehr übergeht, nicht zuletzt wegen des schwindenden Interesses der Rechtswissenschaft an der Geschichte des Rechts im Mittelalter. Die Arbeiten etwa von Gerd Althoff (z. B. 1997) eröffnen neue Perspektiven, deren Bedeutung der institutionalisierten Rechtsgeschichte vielfach noch nicht bewusst geworden ist. Ähnliches gilt für die prosopographisch orientierte Forschung über gelehrte Juristen im Mittelalter (z. B. Schmutz 2000).

Verfassungsgeschichte

Am weitesten fortgeschritten im Sinne einer »integralen Rechtsgeschichte« ist die Zusammenarbeit von Historikern und Juristen auf dem Gebiet der Verfassungs- und Verwaltungsgeschichte. Das zeigt sich schon institutionell an der von Juristen, Historikern und Archivaren getragenen »Vereinigung für Verfassungsgeschichte«, deren Verhandlungen als Beihefte zu der Zeitschrift »Der Staat« veröffentlicht werden (zuletzt Brauneder 2001). Nicht zuletzt von einer ihrer Tagungen ging auch die Erkenntnis aus, dass die Beschränkung auf eine »Verfassungsgeschichte der Neuzeit« sachlich nicht gerechtfertigt ist (Koselleck u. a. 1984, mit Beiträgen von Reinhart Koselleck, Karl Kroeschell und Rolf Sprandel); dem trägt z. B. das Lehrbuch von Dietmar Willoweit (2001) Rechnung (vgl. auch Reinhard 2000).

Thema Freiheitsrechte

Trotz methodisch bewusster Arbeit an gemeinsamen Themen lassen sich freilich die unterschiedlichen Ausgangspunkte und Zugriffe von Juristen und Historikern nicht übersehen. Das zeigt sich etwa auf dem Forschungsgebiet der Geschichte der Freiheitsrechte (Birtsch 1981, 1987): Dem sozialgeschichtlichen Blick auf die Geschichte der Freiheitsrechte vor den verfassungsmäßigen Grund- und Menschenrechtsgarantien verdanken wir Erkenntnisse zum Rechtsverständnis bäuerlicher Schichten, zur Durchsetzung von bestimmten Rechten und zu den sozialen und mentalen Voraussetzungen für die spätere Akzeptanz verfassungsmäßig abgesicherter Freiheitsrechte (z. B. Schmale 1997). Allerdings werfen die dabei verwandten Begriffe »Grundrechtsvorstellungen« und »faktische Grundrechte« die bisher unbeantwortete (und rechtsstaatlich gerade heute brisante) Frage nach der Abgrenzung von Freiheitsrechten, Wertvorstellungen, sozialen Verhaltensnormen, bloß einfachrechtlichen Individualrechten ohne Grundrechtscharakter und realer Freiheit auf.

Öffentliches Recht und Verwaltung

Eine ähnliche Bandbreite von unterschiedlichen, gleichermaßen fruchtbaren Ansätzen besteht in der Forschung zur Geschichte des öffentlichen Rechts und der Verwaltung. Neben einer interdisziplinären Gesamtdarstellung der deutschen Verwaltungsgeschichte (Jeserich/Pohl/von Unruh 1983–1988) verfügen wir nunmehr über eine »Geschichte des öffentlichen Rechts in Deutschland« (Stolleis 1988–1999), die auch geschichtswissenschaftlichen Ansprüchen genügt. Den Blick auf den »Staat vor Ort« (Eibach 1994) steuern sozialgeschichtliche Forschungen bei; für das 19. Jahrhundert liegt ein erster zusammenfassender Überblick vor (Raphael 2000).

Zivilrecht

Aus den oben geschilderten historischen Gründen bildet die Geschichte des Privat- oder Zivilrechts – also u. a. des Vertrags-, Ehe-, Erb-, Arbeits-, Handels- und Wirtschaftsrechts – einen traditionellen Schwerpunkt der institutionalisierten Rechtsgeschichte. Dementsprechend wirkten und wirken sich methodische Probleme und Legitimationsstrategien hier in besonderer Weise aus. So etwa wandte sich die Rechtsgeschichte nach 1945 dezidiert der Geschichte des Zivilrechts in Europa zu; die Frucht dieser Bemühungen liegt in einem mehrbändigen Handbuch vor (Coing 1973 ff.). Vor allem auf dem Gebiet der Privatrechtsgeschichte wurden und werden auch die Diskussionen um juristische oder historische Methoden und um die Erkenntnisinteressen der Rechtsgeschichte ausgetragen. So etwa versucht neuerdings u. a. Reinhard Zimmermann, unter den Vorzeichen der Einigung und Rechtsvereinheitlichung Europas erneut eine Verbindung zwischen Rechtsgeschichte und Rechtsdogmatik herzustellen und insofern die Historisierung der Rechtsgeschichte rückgängig zu machen (Zimmermann 1992). Der auch rechtsvergleichend begründete Vorstoß wirkt attraktiv, verspricht er doch der krisengeschüttelten Rechtsgeschichte neue Achtung innerhalb der Rechtswissenschaft; unter methodischen und inhaltlichen Gesichtspunkten hat er jedoch zu Recht Kritik erfahren (z. B. Caroni 1994) – ganz abgesehen davon, dass ein solcher »Neo-Pandektismus« (Caroni 1994: 85) auch auf europäischer Ebene kaum Erfolg verspricht.

Auf der Ebene einer »historisierten« Privatrechtsgeschichte verengte gerade das monumentale Werk von Franz Wieacker (1967) paradoxerweise insofern den rechtshistorischen Horizont, als es dogmen-, institutionen-, struktur-, sozial- und wirtschaftsgeschichtliche Aspekte zugunsten einer vorwiegend geistesgeschichtlichen Sicht ausklammerte, die zudem ganze Rechtsgebiete – wie etwa das Wirtschaftsrecht des 19. Jahrhunderts – vernachlässigte. Zwar hat die Rechtsgeschichte der letzten Jahrzehnte zahlreiche Defizite ausgeglichen; aber auch hier herrschte der gesetzgebungs-, normen- und wissenschaftsgeschichtlich orientierte Blick vor. Erst in den letzten Jahren gilt das Interesse auch zahlreichen darüber hinausgreifenden Aspekten, etwa der Normdurchsetzung. Es bleibt freilich u. a. das gesamte, bisher nur punktuell bearbeitete Feld der »Ziviljustiz vor Ort«; auch insofern hat die Geschichtswissenschaft, wenn auch mit deutlicher Verzögerung gegenüber der Historischen Kriminalitätsforschung, bereits ihr Interesse angemeldet, am deutlichsten bisher auf dem Gebiet der Familienrechtsgeschichte (u. a. Sibeth 1994).

Perspektiven

Zu beantworten bleibt die schwierige Frage nach den Zukunftsperspektiven rechtshistorischer Forschung. Sie hängen zunächst einmal davon ab, ob und wie die institutionalisierte Rechtsgeschichte Bestrebungen überlebt, das Jurastudium unter dem Deckmantel einer kurzatmigen Praxisorientierung endgültig zu entwissenschaftlichen. Überlebt sie nicht als vertieft und mit einem breiten Themenspektrum betriebene Disziplin, so kann man sich alle weiteren Überlegungen zu einer methodisch bewusst historisch vorgehenden, von Juristen betriebenen Rechtsgeschichte sparen; eine beschränkt kompetente Rechtsgeschichte, die sich nur als Anhängsel einzelner Disziplinen der Wissenschaft des geltenden Rechts versteht, wäre (und ist) für die Geschichtswissenschaft kein ernst zu nehmender Ansprechpartner. Umgekehrt liegt es angesichts der Aufgaben der Rechtsgeschichte innerhalb der Rechtswissenschaft auf der Hand, dass die Geschichtswissenschaft nicht in der Lage ist, insofern eine professionell vorgehende Rechtsgeschichte zu ersetzen.

»Integrale Rechtsgeschichte«

Klammert man die der Rechtswissenschaft zugewandte Seite der Rechtsgeschichte hier aus, so lassen sich aus der bisherigen Forschung einige Konsequenzen für eine »integrale Rechtsgeschichte« als Teil der Geschichtswissenschaft ziehen, die methodisch auf juristischer Seite eine historisierte Rechtsgeschichte voraussetzen. Freilich werden auch dann unterschiedliche Schwerpunkte, Fragestellungen und Methoden von Historikern und Juristen festzustellen sein, einerseits eher normen-, gesetzgebungs-, wissenschafts- und dogmengeschichtliche Ansätze, andererseits vor allem sozial-, aber auch struktur-, mentalitäts- und kulturgeschichtliche Zugriffe. Die Einsicht in die unterschiedlichen Erkenntnisinteressen und das Verständnis dafür sollten eine Zusammenarbeit erleichtern und Übergänge bzw. Kombinationen von Fragestellungen und Methoden auf beiden Seiten ermöglichen.

Zu Recht hat die Geschichtswissenschaft in der Vergangenheit häufig rechtshistorische Forschungsdefizite festgestellt und diese als Ausgangspunkt für eigene Forschungsschwerpunkte genommen. Das wird sich in der Zukunft nicht ändern. Doch ist zu hoffen, dass das Verständnis dafür, warum dies der Fall war und ist, sich verstärkt. Gleichzeitig sollte das Bewusstsein vorhanden sein, dass – wenn auch beschränkt auf die eigenen Erkenntnisinteressen und Methoden – die von Juristen betriebene Rechtsgeschichte über einen ansehnlichen Wissensstand verfügt, der zahlreichen Zeitschriften (Zeitschrift für Rechtsgeschichte; Zeitschrift für Neuere Rechtsgeschichte; Rechtshistorisches Journal; Ius commune; Der Staat), Handbüchern, Lexika und Lehrbüchern – davon einige freilich kaum auf dem Niveau einer ernsthaft betriebenen historischen Wissenschaft – entnommen werden kann; auch Zeitschriften zum geltenden Recht enthalten häufig rechtshistorische Aufsätze. Eine »integrale Rechtsgeschichte« setzt voraus, dass beide Seiten sich zur Kenntnis nehmen. Darüber hinaus sollte auch das Methoden- und Kenntnispotenzial der Rechtswissenschaft generell – etwa, um nur einige Beispiele zu geben, über Gesetzgebungsprozesse, über Geltung, Anwendung und Durchsetzung von Gesetzen, über Verwaltungsstrukturen –, das sich durchaus nicht nur auf das jetzt geltende Recht bezieht, stärker genutzt werden.

Überblickt man nun diejenigen Epochen, zu denen Historiker verstärkt rechtshistorisch gearbeitet haben, so fällt – etwa in der Historischen Kriminalitätsforschung – auf, dass vor allem das Spätmittelalter und die Frühe Neuzeit im Mittelpunkt des Interesses stehen. Das dürfte kein Zufall sein: Rechtliche Normen, der Staat und sein Personal spielen hier eine geringere Rolle als im 19. oder 20. Jahrhundert, sodass sich größere Spielräume für kultur- und sozialgeschichtliche Sichtweisen eröffnen, bei denen den klassischen Themen der herkömmlichen Rechtsgeschichte untergeordnete Bedeutung zukommt – häufig sogar zukommen muss, um anachronistische Sichtweisen zu vermeiden. Je mehr wir uns der Gegenwart nähern, desto weniger werden aber solche Themen an den Rand geschoben werden können, wenn der These einer zunehmenden »Verrechtlichung« aller Lebensbereiche (Winfried Schulze) zu folgen ist. Mit anderen Worten: Der Erfolg einer »integralen Rechtsgeschichte« wird sich vor allem bei der Bewältigung von Fragestellungen zeigen, die das »lange 19. Jahrhundert« und das 20. Jahrhundert betreffen und die ohne Berücksichtigung der rechtlichen Normen, des Staates und seines Personals kaum sinnvoll behandelt werden können. Mustergültige Beispiele liegen bereits vor (z. B. die Pionierarbeiten von Dirk Blasius zur Historischen Kriminalitätsforschung; ferner Blasius 1987); weitere Felder rechtshistorischer Forschung, die mangels Einbeziehung u. a. sozialhistorischer Methoden und Fragestellungen bisher nur teilweise bestellt sind, lassen sich leicht entdecken.

Ideen – Normen – Lebenswelt

Rechtshistorische Fragestellungen können insbesondere dort an Interesse und Gewicht gewinnen, wo sich in Ergänzung zu traditionellen Schwerpunkten in der Geschichtswissenschaft bestimmte neue Methoden und Forschungsgebiete herausgebildet haben, so u. a. in der Begriffs-, Kultur-, Mentalitäts-, Diskurs- und (neuen) Ideengeschichte. So z. B. eignen sich die methodischen Überlegungen der »neuen Ideengeschichte« (dazu Lottes 1996) hervorragend zur Arbeit auf dem Gebiet der

Rechtsgeschichte: An »mittleren« und »kleinen« theoretischen Quellen – juristische Lehrbücher, Traktate, Dissertationen, Aufsätze, Rezensionen – und Diskurszusammenhängen herrscht kein Mangel; zudem können gerade sie als Ausdruck gesellschaftlichen Handelns gesehen werden. Zu berücksichtigen ist allerdings, dass sich bei ideengeschichtlichen Fragestellungen in der Rechtsgeschichte zwischen die Ebenen der Ideen und des Verhaltens von Menschen eine weitere schiebt: diejenige der rechtlichen Normen. Bei ihnen handelt es sich weder lediglich um eine besondere Art von Ideen (obwohl sie es in bestimmten Fällen mangels Wirkungskraft sein können), da ihnen in der Regel ein deutlicher Anwendungsbezug zukommt, noch dürfen sie mit der Wirklichkeit verwechselt werden (obwohl sie diese widerspiegeln können), da sie erst umgesetzt werden müssen. Ins Auge zu fassen sind folglich die Wechselwirkungen zwischen Ideen, Normen und Lebenswelt.

Diethelm Klippel, Professor für Bürgerliches Recht und Rechtsgeschichte an der Universität Bayreuth. Forschungsgebiete: Rechts- und Verfassungsgeschichte, Geschichte der Politischen Ideen.

Joachim Eibach

Verfassungsgeschichte als Verwaltungsgeschichte

1. Staatlichkeit und Verwaltung

Die Frage nach der Entstehung und Entwicklung von Staatlichkeit gehört zu den klassischen Fragen insbesondere der deutschen Verfassungsgeschichte. Aber auch in der angloamerikanischen Forschung, dagegen weniger in der französischen »Annales«-Historiographie, hat das Thema Staatlichkeit einen angestammten Platz, und es kommt, angestoßen von Methodendiskussionen, immer wieder zu einer Art Comeback, zu einem »Rethinking« des »Leviathan« (Brewer/Hellmuth 1999). In Teilen der deutschen Forschung beansprucht, pointiert formuliert, bis in die Gegenwart der Satz »Am Anfang war der Staat!« Gültigkeit. Bei Voraussetzung dieses Axioms, umso mehr wenn man den Untersuchungsgegenstand Staat im engeren Sinne als Institution(en) versteht, drohten und drohen alle nicht-staatlichen Funktionen der Regulierung von Gemeinwesen aus dem Untersuchungsfokus herauszufallen. Hier ist zum einen an Kirche und Kirchengemeinde, zum anderen an intermediäre Gewalten wie Zünfte und Grundherrschaften, drittens schließlich auf horizontaler Ebene an die soziale Kontrolle durch Hausvater und Familie, Nachbarschaft und Dorfgemeinde etc. zu denken. Im Hinblick auf das europäische Mittelalter und außereuropäische Lebenswelten ohne Staat scheint es angemessener, von folgendem Leitsatz auszugehen: »Am Anfang waren Konflikte und Regeln«, d. h. eine auf Gewohnheitsrecht und Ritual basierende Rechtspraxis ohne Verwaltung (vgl. Althoff 1997).

Seit wann gibt es Verwaltung? Die Antwort fällt leichter, wenn man spezifischer fragt: Seit wann gibt es herrschaftliche Amtsträger, umgrenzte Amtsbezirke, schriftlich-regelmäßige Amtstätigkeit? Seit wann also gibt es in nuce *bürokratische* Verwaltung? Bei Max Weber, der mit seiner Herrschaftssoziologie zu Beginn des 20. Jahrhunderts einen wirkungsmächtigen, bis in die Gegenwart reichenden Forschungsstrang begründete, erfährt man, dass es Vorläufer der modernen Bürokratie bereits in China, im alten Ägypten und im spätrömischen Reich gegeben habe. Aber, so Weber in seinem Hauptwerk »Wirtschaft und Gesellschaft«: »Staat im Sinne des *rationalen* Staates hat es nur im Okzident gegeben« (Weber 1985: 815) und: Bürokratische Verwaltung ist »die Keimzelle des modernen okzidentalen Staats« (128). Die historische Forschung im Gefolge Webers hat dessen Einschätzungen in diesem Punkt weitgehend bestätigt. So lautet auch der erste Satz der jüngst erschienenen vergleichenden Verfassungsgeschichte Wolfgang Reinhards, das Folgende vorwegnehmend: »Europa hat den Staat erfunden« (Reinhard 2000: 15). Die moderne Staatsgewalt und mit ihr die Verwaltung sind Produkte der Geschichte Europas und wurden von dort aus in alle Welt exportiert.

Ausgangspunkt Spätmittelalter

Historiker und Rechtshistoriker haben einen grundlegenden Staatsbildungsschub und in diesem Zusammenhang die Entstehung von Verwaltung durch obrigkeitlich beauftragte Amtleute in den Territorien des spätmittelalterlichen Reichs, in der sog. Landesherrschaft, herausgearbeitet (Willoweit 1983; Moraw 1989: 183 ff.). Dementsprechend beginnt auch das einschlägige Handbuch zur deutschen Verwaltungsgeschichte mit der Beschreibung des ausgehenden Mittelalters (Jeserich/Pohl/von Unruh 1983). Sowohl räumlich – in der Territorienlandschaft des Alten Reichs, in Europa, global – als auch sektoral hat es dabei von Beginn an stark divergierende Entwicklungsgeschwindigkeiten gegeben. Von einer wissenschaftlichen Beschäftigung mit dem »öffentlichen Recht« (jus publicum) wird man z. B. in Deutschland erst ab der zweiten Hälfte des 16. Jahrhunderts sprechen können (Stolleis 1988: 46 ff.), als es herrschaftliche Verwaltung und Funktionsträger längst gab.

»State formation«: ein unabgeschlossener Prozess

Zu konstatieren ist ein doppelter Ausgangsbefund: Zweifellos gab es im Okzident einen säkularen Prozess der »state formation«, der auch und gerade in der Konstituierung obrigkeitlicher Amtsverwaltung sowie in der zunehmenden Ausübung von Regierung und Verwaltung durch Funktionseliten Ausdruck fand. Aber dieser Prozess blieb unabgeschlossen. Er führte nicht an den Endpunkt der Weltgeschichte. In Reinform hat es die bürokratische Herrschaft im Sinne Webers, die »Herrschaft der formalistischen *Unpersönlichkeit*« (Weber 1985: 129), wohl nie gegeben. Dazu fehlte es in den Ländern Alteuropas an einem bürokratischen Unterbau, an einem Apparat, der die Erlasse und Verordnungen der Fürsten-Obrigkeit Wirklichkeit werden ließ. Und auch nach 1800, in der Epoche des »starken Staates«, die von »Herrschaft durch Verwaltung« (Raphael 2000) geprägt war, blieben wechselseitige Außenbezüge der Verwaltung wirksam: Lokale Eliten verstanden es weiterhin, ihren Einfluss in Klientelbeziehungen geltend zu machen; die Ausführung der Verwaltung behielt ein individuelles Gepräge; trotz der Ausschaltung intermediärer Konkurrenz wurden längst nicht alle Direktiven aus der Zentralverwaltung vor Ort effektiv um- und durchgesetzt (Eibach 1994). Wirft man einen Blick auf die Befunde der in der Nachfolge Webers organisationssoziologisch ansetzenden Verwaltungswissenschaft, so zeigt sich, dass auch noch in der bürokratisierten Gesellschaft, nach allen Normierungs-, Penetrations- und Staatsbildungsprozessen, erhebliche Implementationsdefizite festzustellen sind. Eigeninteresse, situatives Arrangement und relative Autonomie scheinen zum Wesen der Verwaltung zu gehören (Ellwein 1990). Norm und Praxis bleiben also – sprichwörtlich gesagt – »zwei Paar Schuhe«.

Verblassen des Anstaltsstaats in der Globalisierung

Während der preußisch-deutsche Staat mit seiner Bürokratie in der zweiten Hälfte des 19. Jahrhunderts, in der Ära der Hochindustrialisierung, scheinbar selbstverständlich immer mehr öffentliche Aufgaben an sich zog, ruft die Erledigung gesellschaftlicher Belange durch Verwaltungsbehörden seit geraumer Zeit unter neoliberalen Auspizien Skepsis hervor. Deregulierung und abnehmende Steuerungskraft staatlicher Organisationen lassen parallel zum Aufstieg multinationaler Konzerne eine »Entzauberung des Staates« (systemtheoretisch: Wilke 1987) im Kontext der globalisierten Welt immer deutlicher hervortreten. Ob die gegenüber dem alten, fest gefügten »Anstaltsstaat« immer diffuser anmutende, zunehmend supranational organisierte Staatlichkeit Rückwirkungen auf die Inhalte der Verfassungs- und Verwaltungsgeschichte haben wird, bleibt abzuwarten. Das neue Interesse an dem aus borussisch-nationalstaatlicher Sicht verachteten Alten Reich scheint nicht zuletzt eine Response auf aktuelle politische Perspektiven Europas zu sein. Die Einleitung von Wolfgang Reinhards Verfassungsgeschichte liest sich fast wie ein Abgesang auf die moderne Staatsgewalt, deren Wachstum die europäische Geschichte als Basisprozess vom Hochmittelalter bis ins zweite Drittel des 20. Jahrhunderts bestimmt habe, nun aber auf dem Rückzug sei, sodass selbst »ein ›neues Mittelalter‹ des politischen Pluralismus« denkbar ist (Reinhard 2000: 26).

2. Verwaltungsgeschichte und Sozialgeschichte

Anfänge um 1900 – Musterbeispiel Preußen

Der Entstehungskontext der Verwaltungsgeschichte ist die Krise des klassischen Historismus um 1900. Verwaltungsgeschichte stellte hier zunächst ein Nebenprodukt der umfassenden Kritik an der älteren Politik- und Verfassungsgeschichte sowie der ersten Hinwendung zu Themen einer Wirtschafts- und Sozialgeschichte dar, ohne dass das Gehäuse der Verfassungsgeschichte verlassen wurde. In Deutschland sind die Anfänge eng verknüpft mit dem Namen von Gustav Schmoller. Schmoller, der Spiritus Rector der »Jüngeren Historischen Schule der Nationalökonomie«, sah im preußischen Beamtenwesen des 18. Jahrhunderts einen entscheidenden Faktor moderner Staatsbildung. Unter der Leitung Schmollers begann die Preußische Akademie der Wissenschaften 1888 das monumentale Quelleneditionsunternehmen der »Acta Borussica. Denkmäler der Preußischen Staatsverwaltung im 18. Jahrhundert«. Ab 1881 gab der sich als Historiker wie auch als Nationalökonom verstehende Schmoller bereits das »Jahrbuch für Gesetzgebung, Verwaltung und

Volkswirtschaft im Deutschen Reich« heraus. Gegenwartsanalyse und Geschichte waren für ihn eng miteinander verknüpft. Einem starken Staat und einer über den gesellschaftlichen Interessen operierenden Beamtenschaft wies er auch bei der Lösung der großen sozialen Gegenwartsfragen im Gefolge der Industrialisierung eine entscheidende Rolle zu. Beeinflusst von Schmoller, der ihn für die Arbeit an den »Acta Borussica« geworben hatte, erhielt die Verwaltungsgeschichte mit dem Werk von Otto Hintze zusätzlichen Aufschwung. Hintzes Beispiel im Sinne eines Musters der Staatsbildung war zwar vornehmlich das Preußen des 17. und 18. Jahrhunderts. Wie ein kürzlich aus seinem Nachlass publiziertes Fragment bezeugt, beabsichtigte er aber bereits 1914, eine »allgemeine vergleichende Verfassungs- und Verwaltungsgeschichte der neueren Staatenwelt« in der Nachfolge Leopold von Rankes (Hintze 1998: 7) zu schreiben. Während Hintzes Arbeiten nach 1945 neu ediert und seine begriffs- und typusgeleiteten Ansätze von den Sozialhistorikern der alten Bundesrepublik rezipiert wurden, geriet der schwer zuzuordnende Schmoller bald in Vergessenheit. Erst neuerdings werden Schmollers Arbeiten von Historikern wie Wirtschaftswissenschaftlern wieder entdeckt und auf kulturwissenschaftliche Anknüpfungspunkte hin neu gelesen (Schiera/Tenbruck 1989; Schmoller 1998).

Vom »Schlendrian« zur »Sozialdisziplinierung«?

Verfassungsgeschichte als Verwaltungsgeschichte leidet unter jüngeren Forschern, und zwar sowohl sozialhistorischer als auch kulturhistorischer Provenienz, unter dem Verdikt, etatistisch und langweilig zu sein – beides nicht ganz zu Unrecht. Ältere Arbeiten hatten ein allzu ungebrochenes Verhältnis zu obrigkeitlicher Staatlichkeit. Schmollers wie Hintzes Affinität zur preußischen Staatstradition ist bekannt. Die überdies meistens als Institutionengeschichte betriebene Verfassungsgeschichte ließ das Personal der Verwaltung profil- und gesichtslos erscheinen. Auf Grund der Auswertung vor allem normativer Quellen (Gesetze, Verordnungen) blieb die Verwaltungspraxis eine terra incognita. Vielmehr wurde unterstellt, dass Verwaltung rein exekutiv operiere, also lediglich Erlasse umsetze; wo sie dies offensichtlich nicht tat, diagnostizierte man »Schlendrian«, »Vetternwirtschaft« o. ä. Gegenüber der als grundsätzlich defizitär betrachteten Verwaltung der Vormoderne galt moderne bürokratische Verwaltung, wie sie sich seit dem Absolutismus herausbildete, als allein effizient. Schließlich wurden, wie bereits erwähnt, andere, nicht-staatliche Akteure aus der Analyse ausgeblendet. Einige dieser problematischen Vorannahmen finden sich in dem vielfach rezipierten, in den letzten Jahren aber als Paradebeispiel etatistischer Interpretation zunehmend kritisch diskutierten Konzept der »Sozialdisziplinierung« im Zeitalter des Absolutismus von Gerhard Oestreich (1969). Oestreich sah neben Militarisierung und Merkantilismus im »Bürokratismus« (1969: 191) einen konstitutiven Faktor für den »Fundamentalvorgang« (1969: 187) der Disziplinierung aller Untertanen durch die absoluten Monarchien.

Damit stellte er der an gesellschaftlichen Strukturen und Modernisierungsprozessen interessierten Sozialgeschichte ein viel versprechendes Interpretament zur Verfügung. Allerdings übersah er dabei nicht nur die originär ältere soziale Kontrolle unter den Akteuren auf horizontaler Ebene, die zu diesem Zweck staatliche Instanzen einschalten konnten, es aber nicht notwendigerweise mussten. Indem Oestreich staatliche Sozialdisziplinierung als eine »Voraussetzung« (1969: 195) für Demokratisierung begriff, brachte er auch das Staats- und Gesellschaftsbild der (westdeutschen) Nachkriegsgeneration auf den Punkt.

Perspektivenwechsel: Sozialgeschichte

Die sozialhistorische Ära bewirkte in Sachen Verwaltungsgeschichte nicht gerade einen Aufbruch, brachte aber eine Reihe von Studien hervor, die für einen Methoden- und Perspektivenwechsel stehen. Bezeichnend für die Ausrichtung der älteren Sozialgeschichte in der Bundesrepublik war die kategorielle Anlehnung an die überkommene Verfassungsgeschichte, die in Leitbegriffen wie »Sozialverfassung« oder »Agrarverfassung« zum Ausdruck kam. Bis in die späten siebziger Jahre blieben innovative Studien zu Themen im engeren Umkreis von Bürokratie und Verwaltung Mangelware (eine Ausnahme: Koselleck 1981, zuerst 1967). Entsprechend der zeitlichen Ausrichtung der Historischen Sozialwissenschaft konzentrierten sich dann viele Arbeiten auf die sog. »Sattelzeit« um 1800 und das 19. Jahrhundert, für das ein »Primat der Bürokratie« konstatiert wurde (Treichel 1991). Das Berufsbeamtentum erwies sich bei einem vergleichenden Zugriff als Rechtsschöpfung nicht etwa, wie oft angenommen, der älteren preußischen Staatstradition, sondern der süddeutschen Rheinbundstaaten, in denen die Fürstendiener während der napoleonischen Reformära durch »Privilegierung und Disziplinierung« als distinkte Beamtenschaft aus der Gesellschaft herausgehoben wurden (Wunder 1978). Nicht ein irgendwie charakteristisches Beamtenethos, sondern die Gewährung materieller Vorteile und die Reform des Beamtenrechts als Disziplinarrecht bewirkten eine neuartige Bindung an Fürst und Staat. Viele Studien beschäftigten sich prosopographisch mit der Bürokratie als sozialer Gruppe, z. T. unter Zuhilfenahme quantifizierender Methodik (Treichel 1991; Wunder 1998; Brakensiek 1999). Anstelle des alten Lobliedes auf die Geschichte des modernen Beamtentums hielt nun ein kritischer Tenor in die Forschung Einzug, der – oft nur implizit – mit der These vom deutschen »Sonderweg« korrespondierte. Der Preis des preußisch-deutschen Modells einer zunehmenden Aufgabenlösung durch eine privilegierte Bürokratie war, dass »die Beamten [...] in ihrer Mehrheit ihren Platz als Bürger unter Bürgern nicht [fanden]« (Süle 1988: 254). Über alle politischen Umbrüche der deutschen Geschichte im 20. Jahrhundert hinweg lassen sich denn auch starke personelle Kontinuitäten der höheren Verwaltungsbürokratie und ein entsprechender »Korpsgeist« bis in die späten sechziger Jahre aufzeigen (Ruck 1996).

Verwaltung in der NS-Diktatur

Forschungen zu Verwaltung und Beamtenschaft unter den polykratischen Bedingungen der NS-Herrschaft hatten bis in jüngere Zeit erstaunlicherweise ebenfalls Ausnahmecharakter (Mommsen 1966). Erst Ende der achtziger Jahre wurden umfassend recherchierte, materialgesättigte Studien zur oberen Verwaltungsebene vorgelegt (v. a. Rebentisch 1989). Gegen alle apologetischen Erklärungen aus der Rückschau ist zu betonen, dass die – aus der Weimarer Republik übernommenen – Verwaltungseliten weder aktiv noch passiv nennenswerten Widerstand gegen das NS-Regime geleistet haben. Auch in der südwestdeutschen Provinz richtete sich das strategische Interesse der Beamten, individuell wie kollektiv, vor allem auf die Fortsetzung der Karriere, entsprechend der Maxime: »Aushalten und Durchkommen« (Ruck 1996: 258). Trotz organisierter Willkür und polykratischer Spannungsverhältnisse zwischen den Apparaten funktionierte die Bürokratie im Alltag der Diktatur und stabilisierte damit die NS-Herrschaft. Dies gilt es zu bedenken, wenn Defizite bei der Umsetzung von Verordnungen und Abweichungen vom Idealtypus modern-bürokratischer Verwaltung festgestellt werden.

3. Aktuelle Tendenzen

Die gegenwärtige Forschung konzentriert sich mehr und mehr auf die Praxis der Verwaltung, die im Schnittpunkt unterschiedlicher Erkenntnisinteressen angesiedelt ist. Dabei lässt sich eine Verlagerung der Schwerpunkte vom 19. Jahrhundert zurück in die Frühe Neuzeit verfolgen (Eibach 1994; Rublack 1997; Hohkamp 1998), die einer allgemeinen Bedeutungszunahme dieser Epoche in der Geschichtswissenschaft entspricht, unabhängig davon ob man sie nun als »Musterbuch der Moderne« (Winfried Schulze) oder als »Verlorene Lebenswelten« (Peter Laslett) versteht. Der Quellenreichtum der Frühen Neuzeit und ihre spezifische Andersartigkeit ermöglichen es jüngeren Historikerinnen und Historikern, die häufig modernisierungstheoretisch inspirierten Annahmen der Väter-Generation in Frage zu stellen, wobei bis jetzt unklar bleibt, ob die alten Entwicklungstheoreme durch neue ersetzt werden können oder überhaupt sollen.

Zeitalter der »Policey«

Hinsichtlich der soziokulturellen Wirksamkeit des Staates vor, während und nach der »Sattelzeit« besteht weiterhin ein Forschungsdesiderat. Evident ist mittlerweile, dass aus normativen Texten nicht einfach auf die Praxis, auf eine »wohl geordnete« Welt (so noch: Raeff 1983), geschlossen werden kann. Zweifel weckt zudem eine simple Gegenüberstellung der Interessen von Obrigkeit und Untertanen, Staat und Gesellschaft, Eliten- und Volkskultur etc. auf der Makroebene. Die neueste Forschung zur frühneuzeitlichen »Policey«, also der inneren Verwaltung im weiteren Sinne, versteht Normsetzung und -umsetzung nicht mehr als linearen Befehls- sondern als einen Interaktionsprozess verschiedener beteiligter Akteure (Härter 2000: IX). André Holenstein hat am Beispiel der Markgrafschaft Baden-Durlach gezeigt, dass erfolgreiche Verwaltung gerade in der Anpassung von Rechtsnormen an je verschiedene örtliche Umstände bestand, was sich auf die Formel »Rigorose Norm – kasuistische Praxis« bringen lässt (Holenstein 2000: 32). Analog zur wesentlich besser erforschten Strafjustizpraxis (Schwerhoff 1999; Blauert/Schwerhoff 2000) könnten weitere Studien den Eindruck verstärken, dass Sanktionsverzichte, punktuell-exemplarisches Vorgehen und Offenheit für Eingaben aus der Untertanenschaft auch in anderen Bereichen der alten Amtstätigkeit charakteristisch waren.

Rechtserfahrung der Untertanen

Spezifisch diskursgeschichtliche Methoden sind in der Verwaltungsgeschichte bislang kaum angewandt worden. Für die Analyse des Diskurses wie auch der Praxis der Verwaltung unterhalb der Ebene der Zentralverwaltung stünde viel Archivmaterial zur Verfügung. Aber der normative Diskurs der Gesetze und Verordnungen, der festlegte, was unter »guter Policey« verstanden, was im Einzelnen reguliert und als Devianz etikettiert wurde, bietet ebenfalls noch Spielraum für Forschung. Ein Publikationsunternehmen des Frankfurter Max-Planck-Instituts für Europäische Rechtsgeschichte erleichtert jetzt den Zugang zu der unüberschaubaren Quellenmasse der Policeyordnungen (Härter/Stolleis 1996 ff.). Ein fortgesetzter Perspektivenwechsel führt zu der methodisch schwierigen Frage, wie Verwaltung von den Verwalteten, den Untertanen und Bürgern, erfahren wurde (ein ethnologisch ausgerichteter Versuch: Sabean 1986). Die Praxis der Akteure außerhalb der Amtsstuben bewegte sich zwischen Nachfrage, Aneignung und Widerstand gegen die Verfahrensweisen der Staatsdiener. Konkrete Einsichten in die Rechtserfahrung der Akteure entstammen bislang vor allem der Gemeinde-, der Devianz- und Protestforschung. Geeignete Quellen zu Sichtweisen der Untertanen auf den Alltag der Verwaltung sind nicht einfach zu finden, besonders wenn man korporativ gebundene Formen der Repräsentation beiseite lässt, wenn es um die Masse der Unterschichten geht. Aus den konkreten Anliegen, die in Suppliken, Petitionen und Vernehmungsprotokollen zur Sprache kamen, können jedoch allgemeine Vorstellungen extrapoliert werden. Besonders prägnant zeigt sich in sog. »Unruhen«, dass das Gegenüber der obrigkeitlichen Verwaltung nicht aus passiven, sprachlosen Objekten bestand, wie die gedruckte Überlieferung aus den Kanzleien mitunter nahe legt. So wurde z. B. das Prinzip der Geheimhaltung grundlegender Gesetze durch die Obrigkeiten im 18. Jahrhundert von städtischen wie ländlichen Protestbewegungen angeprangert. Forderungen nach Publizität und Teilhabe, und in diesem Sinne die Formierung einer politischen Öffentlichkeit, sind nicht erst Produkte des bürgerlichen Liberalismus im 19. Jahrhundert (Würgler 1995; Gestrich 1994). Auch die Tendenzen in

Richtung Bürokratisierung und Ausschaltung ständischer Gewalten während des 18. Jahrhunderts sind von der älteren Forschung wohl überschätzt worden. Als Konsequenz neuerer Studien ist der ehedem so selbstverständliche Epochenbegriff des Absolutismus in die Diskussion geraten. Dies gilt selbst für den Modellfall absolutistischer Staatlichkeit: das Frankreich Ludwigs XIV. (Henshall 1992; Duchhardt 1994).

Notwendiger Fokus auf die Praxis

Verwaltungsgeschichte ist Herrschaftsgeschichte mit dem Fokus auf Herrschaftspraxis. Über die Notwendigkeit einer solchen Herrschaftsgeschichte an sich dürfte ein breiter Konsens bestehen, nicht aber über das Wie. So nützlich die Weberschen Kategorien für die Analyse der Entwicklung hin zum modernen Anstaltsstaat sind, so diskutabel ist ihr Erkenntniswert hinsichtlich der Funktionsweisen der alteuropäischen Ämter und Vogteien. Ein kontextualisierender Blick auf Weber zeigt, dass dessen Idealtypus legal-bürokratischer Herrschaft seine Wurzeln im liberalen Rechtsstaatsdenken und Gesetzespositivismus des 19. Jahrhunderts hat und auf dem zeitgenössischen deutschen Beamtenrecht fußt. Solche Kategorien ermöglichen zwar die Analyse säkularer Entwicklungslinien, verstellen aber den Blick auf relevante Funktionsweisen der Verwaltung. Insbesondere kann nicht ein moderner Effizienzbegriff, nämlich die einheitliche Umsetzung zentral formulierter Normen unter möglichst geringem Einsatz von Mitteln, auf das Zeitalter der »Policey« übertragen werden. Effizient konnte es u. U. auch sein, wenn Amtleute sich darum bemühten, das lokale Herrschafts- und Sozialgefüge auszutarieren, wirtschaftliche Interessen ihres Bezirks zu formulieren oder auf die Durchsetzung unbeliebter Anordnungen von vornherein zu verzichten. Eine Verwaltungsgeschichte, die nur nach den Wurzeln des modernen Anstaltsstaates sucht und diesen als Telos ihrer Meistererzählung annimmt, muss hier fehlgehen. Angemessener erscheint es, Verwaltung vor Ort als Beziehungsgeflecht und Kommunikationspraxis zu verstehen, in der nicht einfach nur Befehle exekutiert werden, sondern Austauschprozesse zwischen mehr oder weniger machtvollen Akteuren stattfinden. Hier gilt es, die über die normative Quellenebene der Gesetze und Verordnungen allein nicht zu erschließenden Spielregeln der Verwaltung zu eruieren.

Staat vs. Gemeinde: vor und nach 1800

Zur Klärung der anstehenden Aufgaben wird man weiterhin prosopographisch und mikrohistorisch ansetzen müssen, ohne jedoch die Anbindung an allgemeine Fragestellungen aufzugeben. Peter Blickles Kommunalismus-Modell hat die Frage aufgeworfen, wo und wie öffentliche Herrschaft eigentlich ausgeübt wird: auf der Ebene der vom Adel dominierten Zentralverwaltung oder in sich weitgehend selbst regulierenden Gemeinden von Bürgern und Bauern (Blickle 1998). Im Anschluss daran wäre zu untersuchen, wie sich das Verhältnis zwischen Staat und Gemeinde unter den Auswirkungen von Staatsbildungsprozessen verändert hat. Keith Wrightson, ein Vertreter der sog. »Community Studies«, hat die englischen Verhältnisse des 17. Jahrhunderts als Opposition von »two concepts of order« (zweierlei Ordnungsvorstellungen) skizziert (Wrightson 1980): auf der einen Seite das formalisierte Ordnungskonzept der Regierung, auf der anderen Seite dasjenige der dörflichen Gesellschaft, das sich in »face-to-face«-Praktiken reproduzierte. Mit der Unterstützung lokaler Eliten gelang es der Obrigkeit in Krisen, die durch sozialen Wandel hervorgerufen wurden, ihr Ordnungskonzept zunehmend zur Geltung zu bringen. Einen ähnlichen Prozess hat – trotz der im Vergleich zu England ganz anderen Rechtskultur des Alten Reichs – eine Mikrostudie zur Grafschaft Lippe im 18. Jahrhundert feststellen können (Frank 1995; ähnlich Sabean 1986: 234 ff.). Indessen spielte der Gegensatz zwischen »Lokalismus«, d. h. genauer: dem Gemeindeprinzip, und »Staat«, repräsentiert vor allem durch dessen Bürokratie, auch noch im Vormärz und in der 48er Revolution eine äußerst wichtige Rolle (Langewiesche 1989; Nolte 1994). Der Fremdheitserfahrung der Ortsbeamten in ihrem unmittelbaren sozialen Umfeld entsprach die Ausbildung bzw. Aufrechterhaltung von exklusiven Netzwerken innerhalb der bürokratischen Elite (Brakensiek 1999). Die Bedeutung von persönlichen Kontakten und soziokultureller Distinktion in der Lebenswelt der Verwaltungsträger ist im Hinblick auf deren gesellschaftliche Wirksamkeit nicht zu unterschätzen. Derzeit wird die Frage nach der Präsenz des »Staates im Dorf« und damit nach den Funktionsweisen der Kommunalverwaltung am Beispiel des Rhein-Maas-Raums in einem Forschungsprojekt an der Universität Trier untersucht. Die Tendenz zu einem Mehr an staatlicher Erfassung, Kontrolle und Normierung schwächte im 19. Jahrhundert die Stellung der Gemeinden (Eibach 1994; Raphael 2000). Andererseits wurde im Gegenzug in dem Jahrhundert, das Rechtsstaatlichkeit zum Programm erklärte, kommunale Selbstverwaltung konzediert. Auch hier lassen sich also Prozesse feststellen, die unabgeschlossen blieben oder Gegenbewegungen hervorriefen.

4. Bilanz und Perspektiven

Nähmen Historiker und Verwaltungswissenschaftler einander stärker zu Kenntnis, als sie es bislang tun, käme es zu einer differenzierteren Bewertung der Befunde. Die Verwaltungswissenschaftler würden feststellen, dass die von ihnen untersuchten Funktionsweisen moderner öffentlicher Verwaltung wie Steuerungsdefizite, Autonomie und Arrangement der Amtsträger mit ihrem sozialen Umfeld nicht besonders neu oder charakteristisch sind, selbst wenn sich die gesellschaftlichen, politischen und rechtlichen Rahmenbedingungen stark gewandelt haben. Historiker würden erfahren, dass »Gesetze, die nicht durchgesetzt werden« (Schlumbohm 1997), keineswegs ein Signum allein der frühneuzeitlichen Staatlichkeit waren. Was sich mit dem Übergang zur rechtsstaatlich-bürgerlichen Moderne ändert, ist der *Anspruch* auf eine *allgemeine* Umsetzung der Gesetze und in diesem Zusammenhang die Vereinheitlichung einer elaborierten Gesetzesbasis, die Genese der Bürokratie als soziale Gruppe mit Eigeninteresse, schließlich im preußisch-deutschen Staatsmodell eine enorme Ausweitung der Staatsaufgaben und zunehmende Interventionskapazitäten der Verwaltung. Zu jeder Zeit, selbst in den totalitären Gesellschaften des 20. Jahrhunderts, provozierten Normen sui generis Verstöße. Die Wahrscheinlichkeit der (weitgehenden) Durchsetzung von Gesetzen und Erlassen wächst mit deren Akzeptanz auf seiten der Verwalteten. Eine Verwaltungsgeschichte ohne Fokus auf die Praxis der Verwalteten – Untertanen, Bürger, Konsumenten – bleibt deswegen in jedem Fall vorläufig und unbefriedigend.

Innovation oder Neuer Wein in alten Schläuchen?

International gesehen, zeichnet sich die Verfassungsgeschichte zum einen durch ein hohes Maß an Beharrungskraft, zum anderen durch ihre Fähigkeit zur Adaption an sozialhistorische Methoden aus. Zukünftig wird über den alten, ehedem eine communis opinio darstellenden Anspruch, die »allgemeine Geschichte« zu formulieren, die Frage entscheiden, inwieweit die Verfassungsgeschichte in der Lage ist, die verschiedenen »Wenden« nach der Sozialgeschichte mit zu vollziehen oder aber diese Herausforderungen inhaltlich wie institutionell abzuwehren. Auf dem Sektor der Verwaltungsgeschichte, verstanden als Geschichte der Herrschaftspraxis, könnten, gerade weil diese als solche lange Zeit nicht im Zentrum des Interesses stand, Innovationen Anwendung finden. Unter den Auspizien aktueller kulturhistorischer Perspektiven gilt es konkret, Verwaltung als kommunikativ-symbolische Praxis zu untersuchen. Es ginge dann neben der institutionell-formellen vor allem um die informelle Herstellung und Reproduktion von Herrschaft im Alltag. Wie so oft in der Geschichte der modernen Geschichtsschreibung sind also alte Themen mit neuen Methoden und Fragestellungen zu versehen. Ob dabei etwas wirklich Neues entsteht oder nur frischer Wein in alte Schläuche gefüllt wird, bleibt abzuwarten.

Joachim Eibach, Privatdozent an der Universität Gießen und Mitarbeiter am Forschungszentrum Europäische Aufklärung Potsdam. Forschungsgebiete: Kriminalitäts- und Strafrechtsgeschichte, Verwaltungsgeschichte, Neue Kulturgeschichte.

Ute Frevert

Neue Politikgeschichte

1. Modernisierung der Politikgeschichte

Von einer neuen oder modernen Politikgeschichte ist in Deutschland seit den frühen siebziger Jahren die Rede. 1972 hielt Andreas Hillgruber auf dem Regensburger Historikertag eine programmatische Rede, in der er die politische Geschichte »in moderner Sicht« vorstellte (Hillgruber 1973). »Modern« hieß für ihn zunächst, älteren Formen der Politikgeschichte, beispielsweise solchen, die nach der Devise »Männer machen Geschichte« verfuhren, eine klare Absage zu erteilen. Stattdessen sollte sich die politische Geschichte modernen Fragestellungen öffnen, systematische Kategorien der Politikwissenschaft verwenden und eine enge Verbindung zur Sozial- und Strukturgeschichte suchen.

Mit diesem Modernisierungsangebot kam Hillgruber dem wissenschaftlichen und politischen Zeitgeist weit entgegen. Zugleich aber markierte er klare Grenzen. Gesellschaftsgeschichtlichen Integrationsansprüchen, wie er sie in Konzepten des »Sozialimperialismus«, des »Primats der Innenpolitik« oder des »Organisierten Kapitalismus« entdeckte, entzog er sich mit dem Hinweis auf das »relative Eigengewicht des Politischen«. Inhaltlich hielt er daran fest, dass sich die politische Geschichte schwerpunktmäßig mit »Staaten und ihren Beziehungen untereinander« zu beschäftigen habe; als »große Themen« identifizierte er die Geschichte der »deutschen Großmacht« zwischen 1866 und 1945 sowie die Geschichte des Weltmächtesystems nach 1945. Methodisch ging es ihm darum, die »Intentionen und Zielvorstellungen der Führungsgruppen der Großstaaten und ihrer wichtigsten Repräsentanten« herauszuarbeiten. In dem Maße, in dem das Entscheidungshandeln jener Führungsgruppen und Repräsentanten von anderen Faktoren (etwa von wirtschaftlichen Interessen) beeinflusst wurde, gerieten auch letztere in den Blick der »modernen« Politikgeschichte – aber lediglich an nachgeordneter Stelle (Hillgruber 1973: 530, 532 f., 542 f.).

Letztlich erwies sich der Aufbruch in die Modernität daher als mehrfach gebremst und – für Politikhistoriker besonders prekär – entscheidungsschwach. Wichtiger als der Abschied von älteren Konzepten und Denkmustern war die Abwehr des Neuen. Es galt, das Territorium der Politikgeschichte gegen das vorgebliche Hegemonialstreben einer ideologisierten und politisierten Sozialgeschichte zu verteidigen. Aus dieser defensiven Grundhaltung heraus konnte es opportun sein, der traditionellen Politikgeschichte einen modernen Anstrich zu geben; im

Kern aber hielt man an ihrem eingebürgerten methodischen Arsenal und Themenkanon fest. Defensiv kam auch die Bescheidenheitsgeste daher, mit der sich Politikgeschichte als eine »Teildisziplin« der allgemeinen Geschichtswissenschaft verortete. Auf der anderen Seite aber wurde die These vertreten, der »Verlauf der allgemeinen Geschichte« werde »wesentlich« durch die »Gegensätze zwischen den Groß- und Weltmächten« bestimmt – und nicht etwa, wie eine »herrschsüchtige« Wirtschafts- und Sozialgeschichte glauben machen wollte, durch sozioökonomische Konstellationen und Konfliktlagen (Hillgruber 1973: 532 f.).

> Moderne Politikgeschichte? Wehlers Urteil über Hillgruber

Diese Behauptung stieß erwartungsgemäß auf Widerspruch. Und auch die defensive Modernisierung der Politikgeschichte ging denjenigen nicht weit genug, die in den frühen siebziger Jahren eine grundlegende Erneuerung und Umorientierung der Geschichtswissenschaft aus dem Geist der Gesellschaft anstrebten. Im ersten Band von »Geschichte und Gesellschaft«, die sich im Untertitel »Zeitschrift für Historische Sozialwissenschaft« nannte (und nennt), saß Hans-Ulrich Wehler 1975 über Hillgruber und die von ihm vertretene Richtung zu Gericht. Er konfrontierte die Politikgeschichte mit ihren theoretischen und methodischen Unzulänglichkeiten, kritisierte ihren verengten Blick auf »Politik« und skizzierte im letzten Teil einige politikwissenschaftliche Begriffe und Konzepte, die zu einer Klärung und Erweiterung des Forschungsgegenstandes beitragen könnten. Eine moderne Politikgeschichte, die unter dem weiten Dach der Gesellschaftsgeschichte ihren legitimen Platz einnähme, müsse sich, so die Sentenz, radikaler von ihren traditionellen Perspektiven, Interpretationsansätzen und begrifflichen Instrumentarien trennen, als es Hillgruber und andere offenbar zu tun gewillt waren. Bislang jedenfalls unterscheide sich ihr Programm in nichts von der »Großen Politik der Kabinette« (Wehler 1975).

Wehlers Offensive war Teil eines allgemeineren wissenschaftspolitischen und epistemologischen Aufbruchs. Wenn sich Geschichte als »Historische Sozialwissenschaft« verstehen sollte und wollte, musste sie auf dreifache Weise modernisiert werden: Sie hatte sich mit Strukturen zu beschäftigen anstatt mit individuellen Akteuren und deren Intentionen, Vorstellungen oder Zielen; sie hatte sich sozialgeschichtlich zu orientieren und »Gesellschaft« anstatt »Politik« als Gravitationszentrum zu begreifen; und sie hatte – analog zu den systematischen Sozialwissenschaften – analytisch zu werden, anstatt Geschichten zu erzählen (Kocka 2000: 10 f.).

Diese dreifache »Wende« (Jürgen Kocka), sprachmächtig eingeklagt und institutionell bekräftigt, schien an der Politikgeschichte weitgehend vorbeizugehen. Ihre »Modernisierung« erschöpfte sich nach 1970 darin, komplexere Details staatlicher Innen- und Außenpolitik zu rekonstruieren; eine theoretische Neukonzeptualisierung des Politischen aber fand ebenso wenig statt wie eine gründliche Reflexion jener Fragen und Herausforderungen, die die historische Sozialwissenschaft aufgeworfen hatte. Weder der »Primat der Innenpolitik« noch das vorsichtigere Theorem der »restriktiven Bedingungen« politischen Entscheidungshandelns waren es augenscheinlich wert, intensiv diskutiert zu werden. Auf Grund dieser selbst auferlegten Zurückhaltung konnte Wehler in den neunziger Jahren zu Recht bilanzieren, der »Aufbruch in das gelobte Land einer wahrhaft ›modernen Politikgeschichte‹« habe in Deutschland noch immer nicht begonnen (Wehler 1998: 178 ff., v. a. 187, 160 ff.).

Gesellschaft statt Politik: Historische Sozialwissenschaft

Dies lag allerdings nicht nur in der Verantwortung der Politikhistoriker. Auch die Historische Sozialwissenschaft hat sich, ungeachtet ausgreifender Anfangsentwürfe, um die Weiterentwicklung der politischen Geschichtsschreibung nicht verdient gemacht. In ihrem Themenkanon kam das Politische nur am Rande vor. Zwar war und blieb »1933«, ein genuin politisches Datum, der Fluchtpunkt zahlreicher sozial- und gesellschaftsgeschichtlicher Untersuchungen. Auch das Selbstverständnis vieler Historiker und Historikerinnen, die sich diesem Ansatz verbunden fühlten, war ein politisches, wollten sie doch zur Selbstaufklärung der Gesellschaft beitragen und ihrer Wissenschaft eine kritische, nicht zuletzt auch herrschafts-kritische Funktion zuerkennen. Politisch war die Sozialgeschichte auch insofern, als sie, vor allem in ihren Anfangsjahren, bevorzugt Themen auswählte, die sich auf Politik und Verfassung aus innenpolitischer Sicht bezogen: Streiks, Verbände, Parteien, Wahlverhalten, Parlamentarismus.

Dennoch kann man nicht behaupten, dass die Historische Sozialwissenschaft im Allgemeinen und die Sozialgeschichte im besonderen ein großes Interesse oder ein waches Gespür für die Geschichte des Politischen an den Tag legten. In dem Maße, in dem sie »Gesellschaft« zum zentralen »historischen Zusammenhang« (Kocka) erklärten, nahmen sie nicht nur Abstand von der traditionellen Spielart von Politikgeschichte, die »Politik« und ganz besonders Außenpolitik als einen solchen Zusammenhang privilegiert hatte. Sie neigten zudem dazu, »Politik« in »Gesellschaft« aufzulösen und unkenntlich werden zu lassen. Politik verschwand zusehends aus der Arena der als wichtig erachteten Bereiche. Als erklärungsbedürftig erschien weniger das politische Handeln (im engeren oder weiteren Sinn) als soziale oder ökonomische Strukturzusammenhänge. Letztere galten nicht nur als Rahmenbedingungen, unter denen politische Entscheidungen gefällt wurden, sondern geradezu als deren Determinanten; sie erwarben gleichsam den Status unabhängiger Variablen, während Politik in die Nähe eines Derivats geriet.

2. Neue Politikgeschichte zwischen Staat und Alltag

Diese Neigung, Politik zu marginalisieren, zeichnete nicht nur sozialhistorische Forschungen in der Bundesrepublik aus. In Frankreich hatte die einflussreiche

»Annales« – »new social history«

Schule der »Annales« der »histoire évènementielle« (Ereignisgeschichte), der sie vor allem die Politikgeschichte zuordnete, eine klare Absage erteilt; statt kurzfristiger (politischer) Ereignisse standen langfristige ökonomische, soziale, demographische Entwicklungen im Mittelpunkt des Interesses (Juillard 1981). In Großbritannien und den USA ließen sich in den sechziger und siebziger Jahren des 20. Jahrhunderts ähnliche Tendenzen entdecken. Auch hier besetzte die »new social history« Themenfelder, die betont Abstand nahmen von jenen klassischen Perspektiven und Interpretationsansätzen, die die politische Geschichtsschreibung kennzeichneten (Leff 1995; Mares 1999). Verglichen mit der bundesrepublikanischen Entwicklung, gerierte sich gerade die US-amerikanische Sozialgeschichte sehr viel politikferner; die Wende zur »Gesellschaft« wurde hier ungleich entschiedener vollzogen.

»Bringing the state back in«

Eben deshalb schlug das Pendel hier auch am stärksten zurück. Seit den achtziger Jahren etablierte sich in den USA eine neue Forschungsrichtung, die Politikwissenschaftler und Sozialhistoriker in dem Bemühen vereinte, die Distanz zwischen »Politik« und »Gesellschaft« zu verringern. Unter dem Motto »bringing the state back in« (Zurückholen des Staates) erprobte sie eine Geschichtsschreibung, die dem Staat wieder größeres Gewicht einräumte, ohne dabei jedoch die Wirkmächtigkeit gesellschaftlicher und ökonomischer Strukturen zu unterschlagen. Zugleich lehnte sie es ab, den Staat – als vorgeblich wichtigsten politischen Akteur – in seinen wirtschaftlichen und sozialen Abhängigkeiten aufgehen zu lassen, und beharrte stattdessen auf seinem relativen Eigengewicht und seiner Fähigkeit, soziale Verhältnisse durch politisch-rechtliche Vorgaben zu gestalten (Evans/Rueschemeyer/Skocpol 1985; Skocpol 1992).

Entwicklung in der Bundesrepublik

In der Bundesrepublik war eine solche Rückkehr zum Staat als historischem Forschungsgegenstand nicht nötig, da man sich hier nie so weit wie in den USA oder in Großbritannien davon entfernt hatte (Langewiesche 1986: 19). Dazu hatte einerseits die in den siebziger Jahren mit großer Heftigkeit geführte Debatte über Konzepte des staatsmonopolistischen Kapitalismus beigetragen, die hauptsächlich von DDR-Historikern vertreten wurden (Kocka 1974). Im Gegenzug hatten sich Argumente zugunsten einer »relativen Autonomie« des Staates geltend gemacht und ein »Interesse des Staates an sich selbst« zum Ausgangspunkt politikwissenschaftlicher und politikgeschichtlicher Analysen bestimmt (Offe 1975: 12 f.). Andererseits hatten sowohl die traditionelle Staatslastigkeit der deutschen intellektuellen Diskussion als auch die starke Gestaltungspräsenz des Staates in der deutschen Geschichte des 19. und 20. Jahrhunderts verhindert, dass der Staat als politischer Akteur historiographisch ins Abseits geriet. Vielmehr bestand hier eher die Gefahr, das Politische im Staatlichen aufgehen zu lassen und nicht-staatliche Akteure aus dem Blick zu verlieren.

Dieser Gefahr begegnete zum einen die Politische Soziologie, die schon begrifflich versuchte, »Politik« und »Gesellschaft« intensiver aufeinander zu beziehen. Sie richtete ihre Aufmerksamkeit auf intermediäre Gruppen, Organisationen und Institutionen, die zwischen der Sphäre des Staates und der der Gesellschaft vermittelten. Bevorzugte Untersuchungsobjekte der siebziger und achtziger Jahre waren (neue) soziale Bewegungen, Verbände und Parteien sowie Wählerverhalten. Diese Forschungen wurden von der Historischen Sozialwissenschaft aufgegriffen und regten zahlreiche Spezialstudien zum Parteien-, Verbände- und Vereinswesen seit dem späten 18. Jahrhundert an.

> Alltagsgeschichte: Entstaatlichung des Politikbegriffs

Zum anderen übte die seit den achtziger Jahren präsente Alltagsgeschichte Kritik an der Verengung des politischen Raums auf den Staat und dessen Tätigkeiten. Unter Rückgriff auf Überlegungen des amerikanischen Politologen Theodore Lowi zu verschiedenen »policy arenas« schlug sie vor, zwischen einer Arena formalisierter und staatsbezogener Politik und einer »Arena der Alltagspolitik« zu unterscheiden. Beide Arenen waren aufeinander bezogen und prägten sich wechselseitig, folgten jedoch auch eigenen Logiken und Referenzen. In beiden spielten sowohl Gefühle eine Rolle als auch instrumentelle Orientierungen, beide zeichneten sich durch einen besonderen Intensitätsgrad dieser Gefühle und Praxen aus. War die Arena formalisierter und staatsbezogener Politik im Wesentlichen deckungsgleich mit dem Handlungsfeld von Verbandsfunktionären und Berufspolitikern, konnte sich in der Arena der Alltagspolitik der »Eigen-Sinn« der kleinen Leute entfalten: in Werkstätten und in der Fabrik ebenso wie in Nachbarschafts- und Familienbeziehungen, in Wirtshäusern und auf der Straße (Lüdtke 1982: 339 ff., 1993: 390 ff.; Lindenberger 1995).

Zweifellos hat die Alltagsgeschichte dazu beigetragen, den Begriff von Politik zu entstaatlichen und Politisches auch dort zu erkennen, wo es nicht um die Herstellung kollektiv bindender Entscheidungen ging. Ein derart entgrenzter Begriff des Politischen kann nicht nur den Forschungen zum 19. und 20. Jahrhundert, sondern auch und vor allem Studien zur Vormoderne neue heuristische Impulse vermitteln. Gerade für historische Zeiträume, in denen der Staat noch nicht jener omnipotente, multifunktionale Akteur war, als der er sich seit dem 17. Jahrhundert herauspräparierte, bietet ein staatsferner Begriff von Politik mehr Identifikations- und Anschlussmöglichkeiten als einer, der sich auf die Rekonstruktion zentralisierter Entscheidungsprozesse und -handlungen versteift. Aber auch in der Moderne eröffnet ein weiter, nicht auf Staatstätigkeiten und ihr Personal verengter Begriff von Politik neue Perspektiven. Er erlaubt es beispielsweise, soziale Gruppen zu untersuchen, deren politische Handlungsspielräume im klassischen Sinn ausgesprochen begrenzt waren, die aber gleichwohl über politische Artikulationsmöglichkeiten im weiteren Sinn verfügten. Dazu gehören (bis heute) Frauen, aber auch Jugendliche oder ethnische Minderheiten.

Der feministische Blick

Gerade die feministische Theorie hat frühzeitig darauf aufmerksam gemacht, dass ein enger Politikbegriff Frauen kategorisch aus dem Feld des Politischen herausdrängt und ihre historische Exklusion damit gleichsam begrifflich-methodisch reproduziert (Scott 1988: 26 f., 46 ff.). Wenn Politik lediglich das ist, was in Parlamenten und an Kabinettstischen, in Verbandslobbys und intermediären Organisationen verhandelt und entschieden wird, dann sind Frauen davon bis ins frühe 20. Jahrhundert hinein formal, danach faktisch ausgeschlossen. Politikgeschichte aus feministischer Sicht könnte unter diesen Umständen dreierlei heißen: Erstens könnte sie den Kampf von Frauen um Inklusion und die Abwehrstrategien männlicher Politiker untersuchen. Das ist seit den siebziger Jahren mit wechselnden Schwerpunkten getan worden und hat unter anderem eine Vielzahl von Studien zur Frauenbewegung und deren Widersachern hervorgebracht. Zweitens ließe sich der feministische Blick auf Politik aber auch so fokussieren, dass er die innere Logik der Politik – so wie sie in bestimmten historischen Epochen definiert wurde – in ihrer Geschlechtergebundenheit freilegt: ihre Semantik, ihre Metaphern, ihre Sagbarkeitsregeln, ihre internen Referenzen. Auf diese Weise ließe sich zeigen, dass der Raum des Politischen nicht nur männlich geprägt ist, sondern dass er auf der sprachlich und außersprachlich markierten Differenz der Geschlechter aufruht und diese auf seine spezifische Art reproduziert und verstärkt. Drittens schließlich – und hier treffen Geschlechter- und Alltagsgeschichte aufeinander – könnte eine feministische oder geschlechtergeschichtliche Sicht auf Politik die vorgeblichen Grenzen zwischen dem Politischen und dem Un- oder Nichtpolitischen, die oft, aber nicht immer, identisch sind mit den Grenzen zwischen Öffentlichkeit und Privatheit, in Frage stellen (Nagl-Docekal/Pauer-Studer 1996; Kühne 1998).

Die feministischen Bewegungen der siebziger und achtziger Jahre haben eben dies in ihrer »politischen« Praxis sehr erfolgreich getan. Unter dem Motto »Das Persönliche ist politisch« haben sie Themen- und Problemfelder, die vormals als unpolitisch galten, in den Bereich öffentlicher Diskussion und Kommunikation hineingezogen und politisch bearbeitbar gemacht (Benhabib 1996). Ihr Beispiel verweist darauf, dass die Grenzen des Politischen historisch variabel sind und dass die Definition dessen, was Politik und politikfähig sei, ein ausgesprochen zeitgebundenes Phänomen ist. Es ist darüber hinaus aber auch ein Machtphänomen, ein Ergebnis konkurrierender Interessen und Durchsetzungschancen. Ob eine bestimmte Akteursgruppe – hier: Frauen – als politikfähig wahrgenommen wird, hängt nicht nur von ihren eigenen Aktions- und Mobilisierungsformen ab, sondern auch von ihrer Fähigkeit, andere Gruppen zu assoziieren und mit ihnen zu koalieren. Ob die von dieser Akteursgruppe aufgeworfenen Probleme als »politisch« betrachtet werden, ist abhängig von der Wahrnehmungsbereitschaft anderer, aber auch von der Platzierung solcher Probleme in einem ebenso anschluss- wie dramatisierungsfähigen Kontext. Die Grenzziehung zwischen Politischem und Unpolitischem gehört damit zu den wichtigsten, aber auch umstrittensten Handlungsfeldern politischer Akteure.

3. Politik als Kommunikation

Daraus ergibt sich die Schlussfolgerung, dass eine allgemeine, überzeitliche Definition des Politischen, die sich etwa auf bestimmte Gegenstandsbereiche konzentriert, weder möglich noch sinnvoll ist. Dies bestätigt die – aus einer anderen historischen Erfahrung und Theorietradition stammende – These Carl Schmitts, wonach das Politische »kein eigenes Sachgebiet« bezeichne, sondern nur den »*Intensitätsgrad* einer Assoziation und Dissoziation von Menschen« (Schmitt 1991: 38). Es markiert den Willen und die Fähigkeit von Menschen, ihre gesellschaftlichen Beziehungen selbst zu ordnen, in der Regel durch »einvernehmliche« Kommunikations- und Reflexionsprozesse, letztinstanzlich mittels organisierter Gewalt (Preuß 1994: 129, 156; Arendt 1970: 45). Welche Beziehungen bewusster Ordnung und Steuerung bedürfen und welche außerhalb des politischen Feldes bleiben, ist eine Sache des Aushandelns. Auch die Medien, mittels derer geordnet und gesteuert werden kann, sind disponibel: Ob Recht oder physische Gewaltanwendung, ob Geld oder Moral eingesetzt werden, um in soziale Beziehungen zu intervenieren und sie verbindlich zu strukturieren, wird in einer politischen Arena verhandelt und entschieden, in die – direkt oder indirekt, manifest oder latent – vielfältige und widerstreitende Interessen und Informationen Eingang finden.

»Aushandeln« und Partizipation

Damit ist selbstverständlich nicht gemeint, dass solche Verhandlungen in einem herrschaftsfreien Raum unverstellter Kommunikation stattfinden. »Aushandeln« heißt nur, dass Politik sich nicht als eindimensionaler Akt oder Prozess darstellt, in dem von oben nach unten dekretiert, regiert, entschieden wird. Vielmehr ist festzuhalten, dass politisches Handeln immer kommunikatives Handeln ist und als solches nicht nur auf einer Sprechhandlung beruht, sondern auch auf einer Verstehenshandlung. Letztere setzt Partizipation voraus, nicht unbedingt im Sinne einer gleichberechtigten Teilhabe, aber zumindest als – wie auch immer generierte – Bereitschaft, die Nachricht innerhalb eines vorgegebenen Auswahlbereichs zu situieren und zu lesen.

Politik besteht damit nicht nur aus einem Sprechhandeln, das Informationen, Interessen, Botschaften, mitunter auch Befehle kommuniziert; sie besteht auch und in höherem Maße aus den Bemühungen, den Auswahlbereich, innerhalb dessen dieses Sprechhandeln vernommen, mit Sinn versehen und beantwortet wird, zu bestimmen, zu kontrollieren und zu begrenzen. Es geht ihr in der Regel darum, Eindeutigkeiten zu schaffen. Unter bestimmten Umständen aber kann es als opportun erscheinen, ebensolche Eindeutigkeiten zu vermeiden und gezielt Ambivalenzen zuzulassen, wofür sich das Medium der politischen Rede, historisch verbürgt, vorzüglich eignet. Gerade weil es so wichtig ist, die Verstehenshandlung zu präformieren und ihren Selektionsradius unter Kontrolle zu halten, bedient sich Politik einer schier unendlichen Fülle von Redeformen. Das ist im Übrigen kein Spezifikum moderner demokratischer Gesellschaften, selbst wenn diese, unterstützt durch eine exponentiell wachsende Medienvielfalt und -dichte, die Foren und Anlässe solcher Reden multipliziert haben. Auch in politischen Systemen, die totalitären Charakter tragen und dazu neigen, Kommunikation einlinig zu organisieren, fällt die Bedeutung ins Auge, die der politischen Rede zugemessen wird. Offensichtlich können und wollen auch totalitäre und autokratische Regime nicht darauf verzichten, ihre politischen Botschaften verständlich und damit zustimmungsfähig zu machen. Im Unterschied zu pluralistisch organisierten Gesellschaften aber legen sie großen Wert darauf, den Auswahlbereich des Publikums möglichst eng zu fassen und dessen Sinndeutungen autoritativ vorzugeben.

Die Vormoderne – Beispiel Huldigungen

Nicht die Kommunikation als solche, sondern lediglich der Grad ihrer Offenheit und Vieldeutigkeit unterscheidet demnach demokratische von nichtdemokratisch verfasster Politik. Diese Unterscheidung kennzeichnet nicht nur moderne, sondern auch vormoderne Gesellschaften. Auch in ihnen konstituiert sich Politik durch Kommunikation, auch sie verfügen über ein breites Arsenal kommunikativer Formen und Instrumente. Dazu gehören an vorderster Stelle Rituale und symbolische Praktiken, die die gegebenen oder erwünschten politischen Verhältnisse einerseits abbilden, andererseits aber (und mehr noch) herstellen helfen. Solche Rituale umfassen beispielsweise Huldigungsfeiern, in denen sich der Monarch den Untertanen präsentiert und deren Treue einfordert. Insoweit ließe sich eine Huldigung als Manifestation des Obrigkeitsstaates und als Ausweis autokratischer, von oben nach unten durchstrukturierter Herrschaft interpretieren. Dafür sprächen die präzis geplante Choreographie der Huldigung, die räumlich, sachlich und sozial festgelegten Positionen und Rollen, die vorgegebenen Gesten und Formeln, in denen sich die Feiern abspielten. Schaut man genauer hin, entfalten letztere aber noch eine andere politische Dimension: Sie waren auch Veranstaltungen der Untertanen, Medien ihrer potenziell herrschaftskritischen Erwartungen und Ziele. Die Huldigung zeichnete sich durch eine inhärente Reziprozität aus: Indem der Fürst die Loyalitätsbekundungen seiner Untertanen entgegennahm, verpflichtete er sich dazu, sich dieser Loyalität würdig zu erweisen, den Untertanen ein guter und gerechter Herrscher bzw. Landesvater zu sein und ihre Erwartungen nicht zu enttäuschen (Holenstein 1991).

> Rituelle Politik auch in der Moderne

Zweifellos drückt sich die reziproke Struktur einer mittelalterlichen oder frühneuzeitlichen Huldigung in anderen Zeichen und Referenzen aus als die Wechselseitigkeit moderner politischer Kommunikation. Gerade die Vormoderne entwickelte ein sehr komplexes und dichtes Netz ritueller Handlungen, die zwischen »oben« und »unten« vermittelten und politische Bedeutungen hervorbrachten. Das heißt aber nicht, dass die Moderne solchen Ritualen abschwor und sie durch informellere Muster politischer Kommunikation ersetzte. Auch im 19. und 20. Jahrhundert präsentiert sich Politik in Form von Ritualen und symbolischen Praktiken. Auf der Ebene internationaler Beziehungen ist dies überaus deutlich: Staatsbesuche sind bis heute protokollarisch bis ins kleinste Detail geordnete, hoch formalisierte Begegnungen, in denen jede Geste, jede Tischordnung, jeder überreichte Blumenstrauß, jedes Defilée eine genau umrissene Bedeutung haben und unmittelbar in Zeichensysteme politischer Macht und Ohnmacht übersetzbar sind. Aber auch innerhalb eines Landes konstituiert sich Politik mit Hilfe und entlang von rituellen Inszenierungen. Das reicht von Parteitagen bis zu Trauerfeiern, von parlamentarischen Debatten bis zu Straßendemonstrationen, von studentischen Teach-Ins bis zu gewerkschaftlichen Streikaufrufen, von Wahlkampfspots bis zu »Elefantenrunden«.

> Politik als »Spektakel«: Murray Edelman

Auf diesen rituellen Charakter des Politischen zu verweisen heißt allerdings nicht, rituelle Politik als die gleichsam nach außen gewandte Seite des politischen Geschäfts zu begreifen, der eine innere, »wirkliche« und tatsächlich bedeutungsvolle korrespondiere. Diese Lesart hat in den sechziger und siebziger Jahren der amerikanische Politikwissenschaftler Murray Edelman propagiert, der mit seinen Studien zum symbolischen Gebrauch der Politik großen Einfluss auf die demokratiekritische Debatte nahm. Für Edelman trägt Politik insofern einen »ritualhaften Charakter«, als sie von Politikern und ihren PR-Beratern als »Spektakel« präsentiert wird, mit allen Mitteln theatralischer Dramaturgie. Dahinter aber verbirgt sich eine Ebene wichtiger »politischer Entscheidungsprozesse«, die die »Lebensumstände der Menschen direkt beeinflussen« und die aus gutem Grund dieser öffentlichen Inszenierung entzogen sind. Spricht die dramaturgische Ebene das Publikum und seine Gefühle an, wirken im Hintergrund rationale Kräfte und Interessen, die durch das, was der Öffentlichkeit vorgeführt wird, verschleiert und verheimlicht werden (Edelman 1990: X ff.; ähnlich Voigt 1989: 10 ff.).

Eine solche Zweiteilung der Politik sieht darüber hinweg, dass auch das, was sich auf der Hinterbühne abspielt, durch Zeichen und deren Interpretation wirkt und insofern ebenso symbolisch-symbolisierend ist wie das, was vor dem Vorhang abläuft. Zudem neigt Edelman dazu, die Manipulierbarkeit solcher Zeichen zu überschätzen und ihre Eigendynamik unterzubewerten. Rituale sind nicht nur Mittel der Verführung und Täuschung, sie sind auch nicht nur Abbilder von etwas anderem, sondern sie entfalten eine eigene Materialität und Schwerkraft. In diesem Sinne hat Andreas Dörner jüngst für eine »politische Semiotik« plädiert, die Symbole nicht als »politisches Placebo« verkennt, sondern als genuine Dimension des Politischen anerkennt. Politische Sprache, Feste, Denkmäler – wie beispielsweise das lippische Hermannsdenkmal – seien daraufhin zu untersuchen, welche Bedeutungen sich mit ihnen verbinden und welche Funktionen sie innerhalb einer Gesellschaft oder einer sozialen Gruppe ausüben (Dörner 1996; vgl. Tacke 1995; zu politischen Festen Hettling/Nolte 1993).

Politik als Zeichensystem

Diese Sichtweise symbolischer Politik als eines Zeichensystems, das via Kommunikation politische Wirklichkeiten konstruiert, fügt sich ein in ein breiteres kulturwissenschaftliches Interesse an dem, was man in Anlehnung an Alfred Schütz die »sinnhafte Konstruktion von Welt« nennen könnte. Wirklichkeit ist, der einflussreichen wissenssoziologischen Ausgangsthese Peter Bergers und Thomas Luckmanns zufolge, nicht einfach gegeben, sondern wird als solche sozial konstruiert; ihre Aneignung vollzieht sich über ein System von Objektivationen, die die subjektiven Prozesse der Sinndeutung indizieren. Diese Objektivationen sind Zeichensysteme, zu denen in der Alltagswelt Gesten, Mimik, Körperhaltungen, vor allem aber Sprache gehören (Berger/Luckmann 1967: 49 ff.). Sprachformen, bildhafte Vorstellungen und Gesten stecken den Raum ab, in dem sich Wirklichkeitskonstruktionen entfalten können; sie sind dementsprechend auch zentrale Vektoren, die die politische Kultur einer Gesellschaft, ihren »mit Sinnbezügen gefüllten politischen Denk-, Handlungs- und Diskursrahmen« (Rohe 1994: 1), erschließen.

4. Politikgeschichte als Kulturgeschichte

Politik und Sprache: Gareth Stedman Jones

In ihrem Interesse an Semiotik und Sprache im Besonderen treffen sich ältere begriffsgeschichtliche Ansätze und neuere, kulturgeschichtlich orientierte Perspektiven, um Politik als kulturelles System zu erforschen. Einer der ersten Historiker, der die Anregungen der Begriffsgeschichte ernst nahm und Sprache nicht nur als Abbild, sondern auch als Produzentin sozialer Verhältnisse betrachtete, war Gareth Stedman Jones. Er legte 1983 eine Studie über »Sprache und Politik des Chartismus« vor, die den Chartismus im Lichte seines begrifflichen Repertoires als eine politische Bewegung aus dem Geist des Radikalismus interpretierte. Stedman Jones las die Reden und Schriften der Chartisten bewusst als politische Texte, ohne in ihnen das Abbild sozioökonomischer Klassenpositionen zu suchen. Die Dekodierung der politischen Sprache lege, so seine These, nicht umstandslos soziale oder wirtschaftliche Interessen frei; vielmehr gelte es, »die Produktion von Interessen, Identifikationen, Beschwerden und Wünschen innerhalb der politischen Sprachen selbst (zu) untersuchen«. Das Vokabular des Chartismus sei nicht einfach eine Übersetzung sozialer Erfahrungen, sondern die Form, in der sich diese Erfahrungen überhaupt erst konstituierten. Diese Form prägte »die politische Aktivität der Bewegung; sie definierte die Bedingungen, unter denen Unterdrückung wahrgenommen wurde, und sie ermöglichte die Vision einer Alternative. Sie bestimmte ferner die politische Krise, aus der sich der Chartismus entwickelte, und gestaltete die politischen Mittel, mit denen diese Krise gelöst wurde« (Stedman Jones 1988: 21 ff., 137 f.).

Dieser Ansatz hat in den achtziger Jahren eine hitzige Debatte ausgelöst. Warfen manche dem Autor vor, Politikgeschichte als Wiedererweckung der altvorderen Geistes- und Ideengeschichte zu schreiben und hinter die Fragestellungen und methodischen Zugänge einer politischen Sozialgeschichte zurückzufallen, schien anderen sein Vorgehen nicht radikal genug. Stedman Jones' Begriff des Politischen, monierte etwa Joan Scott, sei viel zu eng und auf »state policies« beschränkt; darüber hinaus sei sein Konzept (politischer) Sprache zu eindimensional und übersehe, dass Bedeutungen nicht durch stabile Definitionen entstehen, sondern in einem diskursiven Feld, das sich durch die Bildung von Oppositionen und die Konstruktion von Ein- und Ausschlüssen auszeichne. Dieses Feld wiederum sei, wie bei Michel Foucault nachzulesen, durch Machtbeziehungen geprägt, die die Regeln der In- und Exklusion bestimmten (Scott 1988: 56 ff.).

Kulturgeschichtliche Perspektiven

Der Gedanke, dass Sprache ein Exerzierplatz von Machtrelationen sei und solche Relationen selbst mitschaffe, hat mittlerweile einige begriffs- und sprachgeschichtliche Studien inspiriert. So hat etwa Willibald Steinmetz verschiedene Forschungsarbeiten zur Semantik politischer Sprache vorgelegt, in denen er den Sprachwandel im britischen Parlament des späten 18. und 19. Jahrhunderts oder in den politischen Kommunikationen der 1848er Revolution als Bewegung rekonstruiert, die die »Grenzen des Sagbaren« und damit auch des »Machbaren« verschiebt (Steinmetz 1993, 1998). Über die Französische Revolution von 1789 hat Lynn Hunt ein breit rezipiertes Buch veröffentlicht, das eine kulturwissenschaftliche Analyse politischer Macht bzw. Ermächtigung präsentiert. Inspiriert von französischen Historikern wie François Furet, Mona Ozouf und Maurice Agulhon, die bereits in den siebziger Jahren versucht hatten, den politischen Charakter der Revolution über eine Analyse ihrer Symbolsprache neu und umfassender zu bestimmen, widmete sie sich der »Politik der Revolution«. Darunter verstand sie die »Regeln des politischen Verhaltens«, in die gemeinsame Werte und Erwartungen eingingen und die die »politische Kultur der Revolution« bildeten. Im Mittelpunkt ihrer Untersuchung stand demgemäß der »symbolische Ausdruck« politischen Handelns: die »Art und Weise, wie die Menschen sprachen und wie sie die Revolution und sich selbst als Revolutionäre in Bildern und Gesten darstellten« (Hunt 1989: 22 ff.). Auch hier wird der Sprache eine entscheidende, wirklichkeitskonstituierende Bedeutung beigemessen – wobei sich diese Bedeutung nicht nur in Worten, sondern auch in Gesten und Bildern auszudrücken vermag.

All diese – und andere (Genèses 1995, 1996) – Studien stimmen darin überein, dass sie vehement gegen eine sozioökonomische Verkürzung des Politischen opponieren, dass sie Politik als eigenes Machtfeld historiographisch rehabilitieren wollen, dass sie dieses Machtfeld nicht auf den Kampf um politische Repräsentation im engen, verfassungsbezogenen und institutionellen Sinn verkürzen und dass sie das Politische in seinen sprachlich-bildlichen Symbolstrukturen zu erfassen suchen. Die Vorzüge einer solchen kulturwissenschaftlichen Annäherung an das Politische liegen auf der Hand: Sie vermag die Monopolisierung des Politischen durch den Staat, wie sie sich ideengeschichtlich seit der Neuzeit verfolgen lässt, aufzuheben (ohne gleichwohl den Staat als politischen Akteur und Weichensteller geringzuschätzen); sie öffnet den Blick für vielfältige Machtbeziehungen, die sich als politische dort konstituieren, wo es um die Begründung, Verteidigung und Ablehnung ungleicher sozialer Beziehungen geht; sie entdeckt diese Machtbeziehungen in einer symbolischen Praxis, die Sinndeutungen sowohl vorgibt als auch kommunikativ verhandelt.

Entgrenzung des Politikbegriffs: Gefahren und Chancen

Wo liegen die Grenzen einer kulturgeschichtlichen Perspektivierung des Politischen? Zweifellos ließe sich einwenden, dass eine so massive Entgrenzung des Politischen, wie sie die Kultur-, aber auch die Alltags- und Geschlechtergeschichte propagieren, zu einer Auflösung des Untersuchungsgegenstandes führen kann. Solche Einwände, die auch schon die Sozialgeschichte der späten sechziger und frühen siebziger Jahre trafen, sind nicht ganz unberechtigt. Die inflationäre Nutzung des Politikbegriffs – die sich im Übrigen bereits in unserer Alltagssprache spiegelt – und die »Politisierung« von Verhaltensweisen und Diskursen, die noch vor wenigen Jahrzehnten als gänzlich unpolitisch galten, tragen sicher dazu bei, die Unterscheidungsqualität des Begriffs zu mindern und möglicherweise ganz aufzulösen. Dem lässt sich allerdings nicht dadurch entgegenwirken, dass Politik wieder in klassischer Manier auf die internen Strukturen und externen Beziehungen eines Staates reduziert wird. Vielmehr sollte die in den letzten Jahren beobachtbare Erweiterung des Politik-Begriffs als Ausdruck eines veränderten Verständnisses von Machtbeziehungen und deren Wandelbarkeit verstanden werden. In diesem Verständnis prägen sich nicht nur neue Erfahrungen und Praxisformen aus, die in Zeiten wachsender Politikverdrossenheit (bezogen auf Politik im traditionellen Sinn) und Staatsskepsis auf eine Neu-»erfindung« des Politischen, zum Teil unter Rückgriff auf bürger- oder zivilgesellschaftliche Konzepte, abzielen (Beck 1993; Putnam 1999). Es geht darin auch um eine Rückgewinnung politischer Handlungsräume und -optionen, die sich jenseits des Staates und seiner gleichermaßen um Exklusion und Exklusivität bemühten Definitionsmacht ansiedeln. Damit wird das, was »politisch« ist, neu austariert, seine Grenzen neu gezogen.

Gerade dieser derzeit beobachtbare Vorgang kann dazu anregen, auch andere Zeiträume unter dem Gesichtspunkt zu betrachten, welche Vorstellungen des Politischen jeweils kursierten, welche Definitionskämpfe ausgefochten wurden, welche Verhaltensweisen als politisch wahrgenommen wurden und welche nicht. Vorstellungen, Kämpfe und Deutungen lassen sich dabei vorzugsweise in symbolischen Formen entziffern, in den Semantiken politischer Sprache und Rituale sowie deren Wandel. Darin Machtbeziehungen zu entdecken, Ein- und Ausschlussregeln zu identifizieren, sie auf ihre sozialen Herkünfte zu untersuchen, zugleich und vor allem aber danach zu fragen, in welchen Medien und unter welchen Kommunikationsstrukturen Soziales (Ökonomisches, Religiöses, Kulturelles, Moralisches) in Politisches transformiert wird und wie die Grenzen der Transformierbarkeit bestimmt werden – das wären Aufgaben für eine »neue Politikgeschichte«, die ihren Gegenstand nicht primär in einem »Sachgebiet« (Schmitt) findet, sondern in den Modalitäten und Mechanismen von Grenzziehungen. Ein solches dynamisches und konstruktivistisches Verständnis des Politischen könnte gewissermaßen eine »Modernisierung« zweiter Ordnung einleiten, die die sozialgeschichtlichen Anregungen der siebziger Jahre zugleich aufnähme und im Sinne neuerer kulturwissenschaftlicher Konzepte weiterentwickelte.

Ute Frevert, Professorin an der Universität Bielefeld. Forschungsgebiete: Politische Kommunikation (Skandale), Geschichte des Vertrauens, Europäische Identitäten.

Ausgewählte Literatur zur Politik- und Verfassungsgeschichte

Stichwort Politik- und Verfassungsgeschichte

Althoff, Gerd (1997): Spielregeln der Politik im Mittelalter. Kommunikation in Frieden und Fehde, Darmstadt.

Anderson, Perry (1979): Die Entstehung des absolutistischen Staates, Frankfurt a. M.

Asch, Ronald G. (1995): Triumph des Revisionismus oder Rückkehr zum Paradigma der bürgerlichen Revolution? Neuere Forschungen zur Vorgeschichte des englischen Bürgerkrieges, in: Zeitschrift für historische Forschung 22, S. 523–540.

Assmann, Aleida (1993): Arbeit am nationalen Gedächtnis. Ein kurze Geschichte der deutschen Bildungsidee, Frankfurt a. M.

Bagehot, Walter (1885): The English Constitution, (4. Aufl.) London.

Barnett, Anthony (1994) (Hg.): Power and the Throne. The Monarchy Debate, London.

Beik, William (1985): Absolutism and Society in Seventeenth-Century France. State Power and Provincial Aristocracy in Languedoc, Cambridge.

Blickle, Peter (1981): Deutsche Untertanen. Ein Widerspruch, München.

Böckenförde, Ernst-Wolfgang (1961): Die deutsche verfassungsgeschichtliche Forschung im 19. Jahrhundert. Zeitgebundene Fragestellungen und Leitbilder, Berlin.

Böhme, Helmut (1966): Deutschlands Weg zur Großmacht. Studien zum Verhältnis von Wirtschaft und Staat während der Reichsgründungszeit 1848–1881, Köln.

Boldt, Hans (1994): Deutsche Verfassungsgeschichte, Bd. 1: Von den Anfängen bis zum Ende des älteren deutschen Reiches 1806, (3. Aufl.) München.

Bracher, Karl Dietrich (1955): Die Auflösung der Weimarer Republik. Eine Studie zum Problem des Machtverfalls in der Demokratie, (5. Aufl. 1984) Düsseldorf.

Brunner, Otto (1968): Neue Wege der Verfassungs- und Sozialgeschichte, (3. Aufl. 1980) Göttingen.

Brunner, Otto (1973): Land und Herrschaft, (5. Aufl.) Darmstadt.

Cannadine, David (1994). Die Erfindung der britischen Monarchie 1820–1994, Berlin.

Chevallier, Jean-Jacques (1972): Histoire des institutions et régimes politiques de la France de 1789 à nos jours, Paris.

Conze, Werner (1957): Die Strukturgeschichte des technisch-industriellen Zeitalters als Aufgabe für Forschung und Unterricht, Köln.

Duby, Georges (1991): Histoire de la France de 1348 à 1842, Paris.

Duchhardt, Heinz (1991): Deutsche Verfassungsgeschichte 1495–1806, Stuttgart.

Duhamel, Alain (1980): La République gisgardienne, Paris.

Duhamel, Olivier/Parodi, Jean-Luc (1965) (Hg.): La Constitution de la Ve République, Paris.

Duindam, Jeroen (1995): Myths of Power. Norbert Elias and the Early Modern European Court, Amsterdam.

Eibach, Joachim (1994): Der Staat vor Ort. Amtmänner und Bürger im 19. Jahrhundert am Beispiel Badens, Frankfurt a. M.

Eichholz, Dietrich (1984–1996): Geschichte der deutschen Kriegswirtschaft 1939–1945, 3 Bde., Berlin.

Ellwein, Thomas (1993–1997): Der Staat als Zufall und Notwendigkeit. Die jüngere Verwaltungsentwicklung in Deutschland am Beispiel Ostwestfalen-Lippe. 2 Bde., Opladen.

Elton, Geoffrey R. (1982): The Tudor Constitution. Documents and Commentary, (2. Aufl.) Cambridge.

Frevert, Ute (1997) (Hg.): Militär und Gesellschaft im 19. und 20. Jahrhundert, Stuttgart.

Furet, François/Richet, Denis (1968): Die Französische Revolution, München.

Gerhard, Dietrich (1969) (Hg.): Ständische Vertretungen in Europa im 17. und 18. Jahrhundert, Göttingen.

Gierke, Otto von (1868–1913): Das deutsche Genossenschaftsrecht, 4 Bde., Berlin (Nachdruck Darmstadt 1954).

Giesen, Bernhard (1993): Die Intellektuellen und die Nation. Eine deutsche Achsenzeit, Frankfurt a. M.

Grimm, Dieter (1995): Deutsche Verfassungsgeschichte 1776–1866, Frankfurt a. M.

Groh, Dieter (1973): Kritische Geschichtswissenschaft in emanzipatorischer Absicht. Überlegungen zur Geschichtswissenschaft als Sozialwissenschaft, Stuttgart.

Haas, Stefan (1994): Historische Kulturforschung in Deutschland 1880–1930. Geschichtswissenschaft zwischen Synthese und Pluralität, Köln.

Hackl, Othmar/Messerschmidt, Manfred (1964–1981) (Hg.): Handbuch zur deutschen Militärgeschichte 1648–1939, 6 Bde. München.

Hanham, Harold John (1969): The Nineteenth Century Constitution 1815–1914. Documents and Commentary, Cambridge.

Hardtwig, Wolfgang (1990): Geschichtskultur und Wissenschaft, München.

Hartung, Fritz (1969): Deutsche Verfassungsgeschichte vom 15. Jahrhundert bis zur Gegenwart, (9. Aufl.) Stuttgart.

Haupt, Heinz-Gerhard/Tacke, Charlotte (1996): Die Kultur des Nationalen. Sozial- und kulturgeschichtliche Ansätze bei der Erforschung des europäischen Nationalismus im 19. und 20. Jahrhundert, in: Hardtwig, Wolfgang/Wehler, Hans-Ulrich (Hg): Kulturgeschichte heute, Göttingen, S. 255–283.

Hegel, Georg Wilhelm Friedrich (1961): Vorlesungen über die Philosophie der Geschichte, Stuttgart, (5. Aufl. Frankfurt a. M. 1999).

Henshall, Nicholas (1992): The Myth of Absolutism. Change and Continuity in Early Modern European Monarchy, London.

Hildebrand, Klaus (1976): Geschichte oder »Gesellschaftsgeschichte«? Die Notwendigkeit einer politischen Geschichtsschreibung von den internationalen Beziehungen, in: Historische Zeitschrift 223, S. 328–357.

Hillgruber, Andreas (1973): Politische Geschichte in moderner Sicht, in: Historische Zeitschrift 216, S. 529–552.

Hintze, Otto (1962): Staat und Verfassung. Gesammelte Abhandlungen zur allgemeinen Verfassungsgeschichte, hg. von Fritz Hartung, (2. Aufl.) Leipzig.

Hubatsch, Walther (1975–1983) (Hg.): Grundriß zur Deutschen Vewaltungsgeschichte, 22 Bde., Marburg.

Huber, Ernst Rudolf (1957–1991): Deutsche Verfassungsgeschichte seit 1789, 8 Bde., (z. T. neuere Aufl.) Stuttgart.

Hunt, Lynn (1989): Symbole der Macht. Macht der Symbole. Die Französische Revolution und der Entwurf einer politischen Kultur, Frankfurt a. M.

Jeserich, Kurt G. A./Pohl, Hans/Unruh, Georg-Christoph von (1983–1988) (Hg.): Deutsche Verwaltungsgeschichte, 6 Bde., Stuttgart.

Kleinschmidt, Harald (1998): Geschichte der internationalen Beziehungen. Ein systemgeschichtlicher Abriß, Stuttgart.

Kocka, Jürgen (1977): Sozialgeschichte. Begriff – Entwicklung – Probleme, (2. Aufl. 1986) Göttingen.

Lamprecht, Karl (1912): Deutsche Geschichte der jüngsten Vergangenheit und Gegenwart, 2 Bde., Berlin.

Le Roy Ladurie, Emmanuel (1991): L'Ancien Régime: de Louis XIII à Louis XV, 1610–1770, Paris.

Lefebvre, Georges (1932): La Grande Peur, Paris.

Lenman, Bruce P. (1992): The Eclipse of Parliament. Appearance and Reality in British Politics since 1914, London.

Lipp, Carola (1996): Politische Kultur oder das Politische und Gesellschaftliche in der Kultur, in: Hardtwig, Wolfgang/Wehler, Hans-Ulrich (Hg): Kulturgeschichte heute, Göttingen, S. 78–110.

Luhmann, Niklas (1990): Verfassung als evolutionäre Errungenschaft, in: Rechtssoziologisches Journal 9, S. 176–220.

Maier, Hans (1966): Die ältere deutsche Staats- und Verwaltungslehre, Neuwied.

Marquardt, Sabine (1997): Polis contra Polemos. Politik als Kampfbegriff der Weimarer Republik, Köln.

Meinecke, Friedrich (1968): Zur Geschichte der Geschichtsschreibung, München.

Meuschel, Sigrid (1992): Legitimation und Parteiherrschaft in der DDR. Zum Paradox von Stabilität und Revolution in der DDR 1945–1989, Frankfurt a. M.

Morabito, Marcel/Bourmaud, Daniel (1993): Histoire constitutionnelle et politique de la France 1789–1958, Paris.

Moraw, Peter (1989): Von offener Verfassung zu gestalteter Verdichtung. Das Reich im späten Mittelalter 1250–1490, Frankfurt a. M.

Mount, Ferdinand (1992): The British Constitution now, London.

Mousnier, Roland (1990–1992). Les institutions de la France sous la Monarchie Absolue. 1598 à 1789, 2 Bde., (2. Aufl.) Paris.

Nora, Pierre (Hg.) (1997): Les lieux de mémoire, 3 Bde., (2. Aufl.) Paris.

Oestreich, Gerhard (1969): Geist und Gestalt des frühmodernen Staates. Ausgewählte Aufsätze, Berlin.

Ozouf, Mona (1976): La fête révolutionnaire 1789–1799, Paris.

Peters, Jan (1995) (Hg.): Konflikt und Kontrolle in Gutsherrschaftsgesellschaften. Über Resistenz und Herrschaftsverhalten in ländlichen Sozialgebilden der Frühen Neuzeit, Göttingen.

Pröve, Ralf (1997) (Hg.): Klio in Uniform? Probleme und Perspektiven einer modernen Militärgeschichte der Frühen Neuzeit, Köln.

Rebel, Hermann (1983): Peasant Classes. The Bureaucratisation of Property and Family Relations under Early Habsburg Absolutism 1511–1636, Princeton.

Reichardt, Rolf (1998): Das Blut der Freiheit. Französische Revolution und demokratische Kultur, Frankfurt a. M.

Reinhard, Wolfgang/Schilling, Heinz (1995) (Hg.): Die katholische Konfessionalisierung, Gütersloh.

Reinhard, Wolfgang (2001): Geschichte der Staatsgewalt. Eine vergleichende Verfassungsgeschichte Europas von den Anfängen bis zur Gegenwart, 2. Aufl. München.

Ritter, Gerhard (1950): Gegenwärtige Lage und Zukunftsaufgaben deutscher Geschichtswissenschaft, in: Historische Zeitschrift 170, S. 1–22.

Ritter, Gerhard (1954): Staatskunst und Kriegshandwerk, 2 Bde., München.

Russel, Conrad (1973): The Origins of the English Civil War, Oxford.

Schilling, Heinz (1999): Die neue Zeit: vom Christenheitseuropa zum Europa der Staaten, 1250 bis 1750, Berlin.

Schlögl, Rudolf (1988): Absolutismus im 17. Jahrhundert – Bayerischer Adel zwischen Disziplinierung und Integration. Das Beispiel der Entschuldungspolitik nach dem Dreißigjährigen Krieg, in: Zeitschrift für historische Forschung 15, S. 151–186.

Schmid, Regula (1995): Reden, rufen, Zeichen setzen. Politisches Handeln während des Berner Twingherrenstreits 1469–1471, Zürich.

Schorn-Schütte, Luise (1984): Karl Lamprecht: Kulturgeschichtsschreibung zwischen Wissenschaft und Politik, Göttingen.

Schulze, Winfried (1987): Gerhard Oestreichs Begriff »Sozialdisziplinierung in der Frühen Neuzeit«, in: Zeitschrift für historische Forschung 14, S. 265–302.

Stollberg-Rilinger, Barbara (1996): Zeremoniell als politisches Verfahren. Rangordnung und Rangstreit als Strukturmerkmale des frühneuzeitlichen Reichstags, in: Kunisch, Johannes (Hg.): Neue Studien zur frühneuzeitlichen Reichsgeschichte, Berlin, S. 91–132.

Stolleis, Michael (1988–1999): Geschichte des öffentlichen Rechts in Deutschland, 3 Bde., München.

Stone, Lawrence (1972): The Causes of the English Revolution, London.

Thamer, Hans-Ulrich (1997): Politische Geschichte. Geschichte der internationalen Beziehungen, in: Dülmen, Richard van (Hg.): Das Fischer Lexikon Geschichte, Frankfurt a. M., S. 52–65.

Treitschke, Heinrich von (1879–1894): Deutsche Geschichte im 19. Jahrhundert, 5 Bde., Berlin (Nachdruck Essen 1997).

Voltaire (1878): Essai sur les mœurs, (Œuvres complètes de Voltaire; 11–13), 3 Bde., Paris (Nachdruck Nendeln 1967).

Wachsmuth, Wilhelm (1992): Entwurf einer Theorie der Geschichte, Halle 1820, hg. von Hans Schleier und Dieter Fleischer, Waltrop.

Wehler, Hans-Ulrich (1969): Bismarck und der Imperialismus, Köln (Neuaufl. Frankfurt a. M. 1985).

Wehler, Hans-Ulrich (1975): Moderne Politikgeschichte oder »Große Politik der Kabinette«?, in: Geschichte und Gesellschaft 1, S. 344–369.

Williams, Ernest N. (1960): The Eighteenth-Century Constitution, 1688–1815. Documents and Commentary, Cambridge.

Willoweit, Dietmar (1997): Deutsche Verfassungsgeschichte. Vom Frankenreich bis zur Wiedervereinigung Deutschlands. Ein Studienbuch, (3. Aufl.) München.

Wunder, Heide (1992): »Er ist die Sonn', sie ist der Mond«. Frauen in der Frühen Neuzeit, München.

Internationale Beziehungen

Artaud, Denise (1978): La question des dettes interalliés et la reconstruction de l'Europe (1917–1929), Lille.

Bariéty, Jacques (1977): Les relations franco-allemandes après la première guerre mondiale. 19 Novembre 1918–10 Janvier 1925. De l'exécution à la negociation, Paris.

Conze, Eckart (1995): Die gaullistische Herausforderung. Die deutsch-französischen Beziehungen in der amerikanischen Europapolitik 1958–1963, München.

Dehio, Ludwig (1948): Gleichgewicht oder Hegemonie. Betrachtungen über ein Grundproblem der neueren Staatengeschichte, Krefeld.

Deighton, Anne/Milward, Alan S. (1999) (Hg.): Widening, Deepening, and Acceleration. The European Economic Community 1957–1963, Baden-Baden.

Dunbabin, John P.D. (1994): The Cold War: The Great Powers and their Allies, London.

Duroselle, Jean-Baptiste (1974): La décision de politique étrangère. Esquisse d'un modèle-type, in: Relations internationales 1, S. 5–26.

Duroselle, Jean-Baptiste (1992): Tout empire périra. Théorie des relations internationales, (2. Aufl.) Paris.

Duroselle, Jean-Baptiste (1995): L'histoire des relations internationales vue par un historien, in: Relations internationales 83, S. 295–306.

Faulenbach, Bernd (1980): Ideologie des deutschen Weges. Die deutsche Geschichte in der Historiographie zwischen Kaiserreich und Nationalsozialismus, München.

Fischer, Fritz (1961): Griff nach der Weltmacht. Die Kriegszielpolitik des kaiserlichen Deutschland 1914/18, (Nachdruck der 3. Aufl. 1994) Düsseldorf.

Girault, René u. a. (1979–1993): Histoire des relations internationales contemporaines, 3 Bde. Paris.

Goetz, Walter (1924): Die deutsche Geschichtsschreibung der Gegenwart, in: ders.: Historiker in meiner Zeit, Köln 1957, S. 415–424.

Hildebrand, Klaus (1976): Geschichte oder »Gesellschaftsgeschichte«? Die Notwendigkeit einer Politischen Geschichtsschreibung von den Internationalen Beziehungen, in: Historische Zeitschrift 223, S. 328–357.

Hildebrand, Klaus (1995): Das vergangene Reich. Deutsche Außenpolitik von Bismarck bis Hitler, Stuttgart.

Hillgruber, Andreas (1973): Politische Geschichte in moderner Sicht, in: Historische Zeitschrift 216, S. 529–552.

Hillgruber, Andreas (1977): Deutsche Großmacht- und Weltpolitik im 19. und 20. Jahrhundert, Düsseldorf.

Hintze, Otto (1913): Machtstaat und Regierungsverfassung, in: ders.: Staat und Verfassung. Gesammelte Abhandlungen zur allgemeinen Verfassungsgeschichte, hg. von Gerhard Oestreich, (3. Aufl.) Göttingen 1970, S. 424–456.

Holland, Robert (1991): The Pursuit of Greatness: Britain and the World Role, 1900 – 1970, London.

Howard, Michael (1972): The Continental Commitment. The Dilemma of British Defence Policy in the Era of the two World Wars, London.

Junker, Detlef (1984): Die »revisionistische« Schule in der amerikanischen Historiographie und die Anfänge des Ost-West-Konflikts, in: Fischer, Alexander (Hg.): Die Deutschlandfrage und die Anfänge des Ost-West-Konflikts 1945–1949, Berlin, S. 25–39.

Kehr, Eckart (1970): Der Primat der Innenpolitik. Gesammelte Aufsätze zur preußisch-deutschen Sozialgeschichte im 19. und 20. Jahrhundert, hg. von Hans-Ulrich Wehler, (2. Aufl.) Frankfurt a. M.

Kennedy, Paul M. (1987): The Rise and Fall of the great Powers. Economic Change and military Conflict from 1500 to 2000, New York.

Krill, Hans-Heinz (1962): Die Ranke-Renaissance. Max Lenz und Erich Marcks. Ein Beitrag zum historisch-politischen Denken in Deutschland 1880–1935, Berlin.

Lenz, Max (1900): Die großen Mächte. Ein Rückblick auf unser Jahrhundert, Berlin.

Lundestad, Geir (1998): »Empire« by integration. The United States and European Integration, 1945–1997, New York.

Maier, Charles S. (1980): Marking Time: The Historiography of International Relations, in: Kammen, Michael (Hg.): The Past before us. Contemporary Historical Writing in the United States, Ithaca, S. 355–387.

Meyers, Reinhard (1981): Die Lehre von den internationalen Beziehungen. Ein entwicklungsgeschichtlicher Überblick, Königstein.

Oncken, Hermann (1919): Über die Zusammenhänge zwischen äußerer und innerer Politik, Leipzig.

Ranke, Leopold von (1833): Die großen Mächte. Fragment historischer Ansichten, in: ders., Die Großen Mächte, hg. von Ulrich Muhlack, Frankfurt a. M. 1995, S. 11–70.

Ranke, Leopold von (1836): Politisches Gespräch, in: ders., Die Großen Mächte, hg. von Ulrich Muhlack, Frankfurt a. M. 1995, S. 73–111.

Renouvin, Pierre (1953–1958) (Hg.): Histoire des relations internationales, 8 Bde., Paris.

Renouvin, Pierre/Duroselle, Jean-Baptiste (1964): Introduction à l'histoire des relations internationales, Paris.

Rittberger, Volker (1990) (Hg.): Theorien der Internationalen Beziehungen. Bestandsaufnahme und Forschungsperspektiven, Opladen.

Ritter, Gerhard (1950): Gegenwärtige Lage und Zukunftsaufgaben deutscher Geschichtswissenschaft, in: Historische Zeitschrift 170, S. 1–22.

Robbins, Keith (1997): Appeasement, (2. Aufl.) Oxford.

Schuker, Stephen (1976): The End of French Predominance in Europe. The Financial Crisis of 1924 and the Adoption of the Dawes Plan, Chapel Hill.

Schwabe, Klaus (1988) (Hg.): Die Anfänge des Schuman-Plans 1950/51, Baden-Baden.

Soutou, Georges-Henri (1989): L'Or et le Sang. Les buts de guerre économiques de la Première Guerre mondiale, Paris.

Spierenburg, Dirk/Poidevin, Raymond (1994): The History of the High Authority of the European Coal and Steel Community. Supranationality in operation, London.

Sybel, Heinrich von (1889–1895): Die Begründung des Deutschen Reiches durch Wilhelm I. Vornehmlich nach den preußischen Staatsakten, 7 Bde. München.

Thimme, Annelise (1994) (Hg.): Friedrich Thimme 1868–1938. Ein politischer Historiker, Publizist und Schriftsteller in seinen Briefen, Boppard.

Wehler, Hans-Ulrich (1969): Bismarck und der Imperialismus, Köln (Neuaufl. Frankfurt a. M. 1985).

Wehler, Hans-Ulrich (1975): Moderne Politikgeschichte oder »Große Politik der Kabinette«?, in: Geschichte und Gesellschaft 1, S. 344–369.

Wehler, Hans-Ulrich (1996): »Moderne« Politikgeschichte? Oder willkommen im Kreis der Neorankeaner 1914, in: Geschichte und Gesellschaft 22, S. 257–266.

Wilson, Keith (1985): The Policy of the Entente. Essays on the Determinants of British Foreign Policy 1904–1914, Cambridge.

Wirsching, Andreas (1996): Großbritanniens Europapolitik und das deutsch-französische Problem nach den beiden Weltkriegen, in: Geschichte in Wissenschaft und Unterricht 47, S. 209–224.

Young, Hugo (1998): This blessed Plot. Britain and Europe from Churchill to Blair, London.

Rechtsgeschichte

Alexy, Robert (1996): Theorie der juristischen Argumentation, (3. Aufl.) Frankfurt a. M.

Althoff, Gerd (1997): Spielregeln der Politik im Mittelalter. Kommunikation in Frieden und Fehde, Darmstadt.

Anderssen, Walter (1911): Der Wert der Rechtsgeschichte und seine Grenzen, Lausanne.

Birtsch, Günter (1981) (Hg.): Grund- und Freiheitsrechte im Wandel von Gesellschaft und Geschichte. Beiträge zur Geschichte der Grund- und Freiheitsrechte vom Ausgang des Mittelalters bis zur Revolution von 1848, Göttingen.

Birtsch, Günter (1987) (Hg.): Grund- und Freiheitsrechte von der ständischen zur spätbürgerlichen Gesellschaft, Göttingen.

Blasius, Dirk (1987): Ehescheidung in Deutschland 1794–1945, Göttingen.

Blauert, Andreas/Schwerhoff, Gerd (2000) (Hg.): Kriminalitätsgeschichte. Beiträge zur Sozial- und Kulturgeschichte der Vormoderne, Konstanz.

Brauneder, Wilhelm (2001) (Hg.): Wahlen und Wahlrecht, Berlin.

Caroni, Pio (1994): Der Schiffbruch der Geschichtlichkeit. Anmerkungen zum Neo-Pandektismus, in: Zeitschrift für Neuere Rechtsgeschichte 16, S. 85–100.

Coing, Helmut (1973 ff.) (Hg.): Handbuch der Quellen und Literatur der neueren europäischen Privatrechtsgeschichte, 9 Bde., München.

Dilcher, Gerhard (1984): Vom Beitrag der Rechtsgeschichte zu einer zeitgemäßen Zivilrechtswissenschaft, in: Archiv für die civilistische Praxis 184, S. 247–288.

Eibach, Joachim (1994): Der Staat vor Ort. Amtmänner und Bürger im 19. Jahrhundert am Beispiel Badens, Frankfurt a. M.

Eibach, Joachim (2001): Recht – Kultur – Diskurs. Nullum Crimen sine Scientia, in: Zeitschrift für Neuere Rechtsgeschichte 23, S. 102–120.

Fenske, Hans (1976): Geschichtswissenschaft und Rechtswissenschaft, in: Grimm, Dieter (Hg.): Rechtswissenschaft und Nachbarwissenschaften, Bd. 2, München, S. 35–52.

Hammerstein, Notker (1972): Jus und Historie. Ein Beitrag zur Geschichte des historischen Denkens an deutschen Universitäten im späten 17. und im 18. Jahrhundert, Göttingen.

Jeserich, Kurt G. A./Pohl, Hans/Unruh, Georg-Christoph von (1983–1988) (Hg.): Deutsche Verwaltungsgeschichte, 6 Bde., Stuttgart.

Killias, Martin (1994): Fragen an die Rechtsgeschichte aus der Sicht der Rechtssoziologie und der Kriminologie, in: Zeitschrift für Neuere Rechtsgeschichte 16, S. 101–121.

Klippel, Diethelm (1985): Juristische Zeitgeschichte. Die Bedeutung der Rechtsgeschichte für die Zivilrechtswissenschaft, Gießen.

Klippel, Diethelm (1987): Entstehung und heutige Aufgaben der »Privatrechtsgeschichte der Neuzeit«, in: Köbler, Gerhard (Hg.): Wege europäischer Rechtsgeschichte. Festschrift Karl Kroeschell, Frankfurt a. M., S. 145–167.

Klippel Diethelm (2000): Ideen – Normen – Lebenswelt. Exegese und Kontexterschließung in der Rechtsgeschichte, in: Scientia Poetica. Jahrbuch für Geschichte der Literatur und Wissenschaften 4, S. 179–191.

Kocka, Jürgen (1986): Sozialgeschichte. Begriff – Entwicklung – Probleme, (2. Aufl.) Göttingen.

Kötz, Hein (1992): Was erwartet die Rechtsvergleichung von der Rechtsgeschichte, in: Juristenzeitung 47, S. 20–22.

Koselleck, Reinhart, u. a. (1984): Gegenstand und Begriffe der Verfassungsgeschichtsschreibung, Berlin.

Koselleck, Reinhart (1987): Geschichte, Recht und Gerechtigkeit, in: Simon, Dieter (Hg.): Akten des 26. Deutschen Rechtshistorikertages, Frankfurt a. M., S. 129–149.

Kroeschell, Karl (1968): Haus und Herrschaft im frühen deutschen Recht. Ein methodischer Versuch, Göttingen.

Landau, Peter (1980): Bemerkungen zur Methode der Rechtsgeschichte, in: Zeitschrift für Neuere Rechtsgeschichte 2, S. 117–131.

Laun, Rudolf (1959): Aufgaben der Rechtsgeschichte, in: Bussmann, Kurt (Hg.): Festschrift Karl Haff, Innsbruck, S. 137–142.

Lottes, Günther (1996): »The State of the Art«. Stand und Perspektiven der »intellectual history«, in: Kroll, Frank-Lothar (Hg.): Neue Wege der Ideengeschichte. Festschrift für Kurt Kluxen, Paderborn, S. 27–45.

Mayer-Maly, Theo (1971): Die Wiederkehr von Rechtsfiguren, in: Juristenzeitung 26, S. 1–3.

Mesmer, Beatrix (1984): Familien- und Haushaltskonstellationen: Fragen an die Rechtsgeschichte, in: Zeitschrift für Neuere Rechtsgeschichte 6, S. 1–18.

Moeller, Ernst von (1905): Die Trennung der deutschen und römischen Rechtsgeschichte, Weimar.

Ogorek, Regina (1994): Rechtsgeschichte in der Bundesrepublik (1945–1990), in: Simon, Dieter (Hg.): Rechtswissenschaft in der Bonner Republik. Studien zur Wissenschaftsgeschichte der Jurisprudenz, Frankfurt a. M., S. 12–99.

Picker, Eduard (2000): Von Traumen und Träumen der Rechtsgeschicht(l)e(r). Zu Krise, Paralyse und Katharsis einer gebeutelten Wissenschaft, in: Klippel, Diethelm (Hg.): Colloquia für Dieter Schwab, Bielefeld, S. 137–151.

Raphael, Lutz (2000): Recht und Ordnung. Herrschaft durch Verwaltung im 19. Jahrhundert, Frankfurt a. M.

Reinhard, Wolfgang (2000): Geschichte der Staatsgewalt. Eine vergleichende Verfassungsgeschichte Europas von den Anfängen bis zur Gegenwart (2. Aufl.), München.

Rückert, Joachim/Willoweit, Dietmar (1995): Die Deutsche Rechtsgeschichte in der NS-Zeit, ihre Vorgeschichte und Nachwirkungen, Tübingen.

Savigny, Friedrich Carl von (1815): Ueber den Zweck dieser Zeitschrift, in: Zeitschrift für geschichtliche Rechtswissenschaft 1, S. 1–17.

Schmale, Wolfgang (1997): Archäologie der Grund- und Menschenrechte in der Frühen Neuzeit. Ein deutsch-französisches Paradigma, München.

Schmutz, Jürg (2000): Juristen für das Reich. Die deutschen Rechtsstudenten an der Universität Bologna 1265–1425, 2 Bde., Basel.

Schönfeld, Walther (1927): Vom Problem der Rechtsgeschichte, Halle.

Schwerhoff, Gerd (1999): Aktenkundig und gerichtsnotorisch. Einführung in die historische Kriminalitätsforschung, Tübingen.

Senn, Marcel (1982): Rechtshistorisches Selbstverständnis im Wandel. Ein Beitrag zur Wissenschaftstheorie und Wissenschaftsgeschichte der Rechtsgeschichte, Zürich.

Sibeth, Uwe (1994): Eherecht und Staatsbildung. Ehegesetzgebung und Eherechtsprechung in der Landgrafschaft Hessen (–Kassel) in der frühen Neuzeit, Darmstadt.

Stolleis Michael (1985): Aufgaben der neueren Rechtsgeschichte oder: Hic sunt leones, in: Rechtshistorisches Journal 4, S. 251–264.

Stolleis, Michael (1988–1999): Geschichte des öffentlichen Rechts in Deutschland, 3 Bde., München.

Stolleis, Michael (1998): Rechtsgeschichte, Verfassungsgeschichte, in: Goertz, Hans-Jürgen (Hg.): Geschichte. Ein Grundkurs, Reinbek, S. 340–361.

Wieacker, Franz (1967): Privatrechtsgeschichte der Neuzeit unter besonderer Berücksichtigung der deutschen Entwicklung (2. Aufl.), Göttingen.

Wieacker, Franz (1978): Zur Methodik der Rechtsgeschichte, in: Strasser, Rudolf (Hg.): Festschrift für Fritz Schwind. Rechtsgeschichte, Rechtsvergleichung, Rechtspolitik, Wien, S. 355–375.

Willoweit, Dietmar (2001): Deutsche Verfassungsgeschichte. Vom Frankenreich bis zur Wiedervereinigung Deutschlands (4. Aufl.), München.

Wolff, Hans Julius (1967): Der Rechtshistoriker und die Privatrechtsdogmatik, in: Esser, Josef (Hg.): Festschrift für Fritz von Hippel, Tübingen, S. 687–710.

Zimmermann, Reinhard (1992): Das römisch-kanonische ius commune als Grundlage europäischer Rechtseinheit, in: Juristenzeitung 47, S. 8–20.

Verfassungsgeschichte als Verwaltungsgeschichte

Althoff, Gerd (1997): Spielregeln der Politik im Mittelalter. Kommunikation in Frieden und Fehde, Darmstadt.

Blauert, Andreas/Schwerhoff, Gerd (2000) (Hg.): Kriminalitätsgeschichte. Beiträge zur Sozial- und Kulturgeschichte der Vormoderne, Konstanz.

Blickle, Peter (1998) (Hg.): Gemeinde und Staat im Alten Europa, München.

Brakensiek, Stefan (1999): Fürstendiener – Staatsbeamte – Bürger. Amtsführung und Lebenswelt der Ortsbeamten in niederhessischen Kleinstädten (1750–1830), Göttingen.

Brewer, John/Hellmuth, Eckhart (1999) (Hg.): Rethinking Leviathan. The Eighteenth-Century State in Britain and Germany, Oxford.

Duchhardt, Heinz (1994): Absolutismus – Abschied von einem Epochenbegriff? in: Historische Zeitschrift 258, S. 113–122.

Eibach, Joachim (1994): Der Staat vor Ort. Amtmänner und Bürger im 19. Jahrhundert am Beispiel Badens, Frankfurt a. M.

Ellwein, Thomas (1990): Über Verwaltungskunst oder: Grenzen der Verwaltungsführung und der Verwaltungswissenschaft, in: Staatswissenschaften und Staatspraxis 1, S. 89–104.

Ellwein, Thomas (1993–1997): Der Staat als Zufall und als Notwendigkeit. Die jüngere Verwaltungsentwicklung in Deutschland am Beispiel Ostwestfalen-Lippe, 2 Bde., Opladen.

Frank, Michael (1995): Dörfliche Gesellschaft und Kriminalität. Das Fallbeispiel Lippe 1650–1800, Paderborn.

Gestrich, Andreas (1994): Absolutismus und Öffentlichkeit. Politische Kommunikation in Deutschland zu Beginn des 18. Jahrhunderts, Göttingen.

Härter, Karl (2000) (Hg.): Policey und frühneuzeitliche Gesellschaft, Frankfurt a. M.

Härter, Karl/Stolleis, Michael (1996 ff.) (Hg.): Repertorium der Policeyordnungen der Frühen Neuzeit, Frankfurt a. M.

Henshall, Nicholas (1992): The Myth of Absolutism. Change and Continuity in Early Modern European Monarchy, London.

Hintze, Otto (1998): Allgemeine Verfassungs- und Verwaltungsgeschichte der neueren Staaten. Fragmente, Bd. 1, hg. von Giuseppe di Costanzo/Michael Erbe/Wolfgang Neugebauer, Bari.

Hohkamp, Michaela (1998): Herrschaft in der Herrschaft. Die vorderösterreichische Obervogtei Triberg von 1737 bis 1780, Göttingen.

Holenstein, André (2000): Die Umstände der Normen – die Normen der Umstände. Policeyordnungen im kommunikativen Handeln von Verwaltung und lokaler Gesellschaft im Ancien Régime, in: Härter, Karl (Hg.): Policey und frühneuzeitliche Gesellschaft, Frankfurt a. M., S. 1–46.

Jeserich, Kurt G. A./Pohl, Hans/Unruh, Georg-Christoph von (1983–1988) (Hg.): Deutsche Verwaltungsgeschichte, 6 Bde., Stuttgart.

Koselleck, Reinhart (1981): Preußen zwischen Reform und Revolution. Allgemeines Landrecht, Verwaltung und soziale Bewegung 1794–1848, (3. Aufl.) Stuttgart.

Langewiesche, Dieter (1989): Staat und Kommune. Zum Wandel der Staatsaufgaben in Deutschland im 19. Jahrhundert, in: Historische Zeitschrift 248, S. 621–635.

Mommsen, Hans (1966): Beamtentum im Dritten Reich, Stuttgart.

Moraw, Peter (1989): Von offener Verfassung zu gestalteter Verdichtung. Das Reich im späten Mittelalter 1250–1490, Frankfurt a. M.

Nolte, Paul (1994): Gemeindebürgertum und Liberalismus in Baden 1800–1850, Göttingen.

Oestreich, Gerhard (1969): Geist und Gestalt des frühmodernen Staates, Berlin.

Pröve, Ralf (2000): Stadtgemeindlicher Republikanismus und die »Macht des Volkes«. Civile Ordnungsformationen und kommunale Leitbilder politischer Partizipation in den deutschen Staaten vom Ende des 18. bis zur Mitte des 19. Jahrhunderts, Göttingen.

Raeff, Marc (1983): The Well-Ordered Police State, New Haven.

Raphael, Lutz (2000): Recht und Ordnung. Herrschaft durch Verwaltung im 19. Jahrhundert, Frankfurt a. M.

Rebentisch, Dieter (1989): Führerstaat und Verwaltung im Zweiten Weltkrieg. Verfassungsentwicklung und Verwaltungspolitik 1939–1945, Stuttgart.

Reinhard, Wolfgang (2000): Geschichte der Staatsgewalt. Eine vergleichende Verfassungsgeschichte Europas von den Anfängen bis zur Gegenwart, (2. Aufl.) München.

Rublack, Ulinka (1997): Frühneuzeitliche Staatlichkeit und lokale Herrschaftspraxis in Württemberg, in: Zeitschrift für historische Forschung 24, S. 347–376.

Ruck, Michael (1996): Korpsgeist und Staatsbewusstsein. Beamte im deutschen Südwesten 1928 bis 1972, München.

Sabean, David (1986): Das zweischneidige Schwert. Herrschaft und Widerspruch im Württemberg der frühen Neuzeit, Berlin.

Schiera, Pierangelo/Tenbruck, Friedrich (1989) (Hg.): Gustav Schmoller in seiner Zeit: Die Entstehung der Sozialwissenschaften in Deutschland und Italien, Bologna.

Schlumbohm, Jürgen (1997): Gesetze, die nicht durchgesetzt werden – ein Strukturmerkmal des frühneuzeitlichen Staates? In: Geschichte und Gesellschaft 23, S. 647–663.

Schmoller, Gustav (1998): Historisch-ethische Nationalökonomie als Kulturwissenschaft: Ausgewählte methodologische Schriften, hg. von Heino H. Nau, Marburg.

Schwerhoff, Gerd (1999): Aktenkundig und gerichtsnotorisch. Einführung in die historische Kriminalitätsforschung, Tübingen.

Stolleis, Michael (1988–1999): Geschichte des öffentlichen Rechts in Deutschland, 3 Bde., München.

Süle, Tibor (1988): Preußische Bürokratietradition: Zur Entwicklung von Verwaltung und Beamtenschaft in Deutschland 1871–1918, Göttingen.

Treichel, Eckhardt (1991): Der Primat der Bürokratie. Bürokratischer Staat und bürokratische Elite im Herzogtum Nassau 1806–1866, Stuttgart.

Weber, Max (1985): Wirtschaft und Gesellschaft. Grundriss der verstehenden Soziologie. Studienausgabe, hg. von Johannes Winckelmann, (5. Aufl.) Tübingen.

Wilke, Helmut (1987): Entzauberung des Staates, in: Jahrbuch zur Staats- und Verwaltungswissenschaft 1, S. 285–308.

Willoweit, Dietmar (1983): Die Entwicklung und Verwaltung der spätmittelalterlichen Landesherrschaft, in: Jeserich, Kurt G.A./Pohl, Hans/Unruh, Georg Christoph von (Hg.): Deutsche Verwaltungsgeschichte, Stuttgart, Bd. 1, S. 66–143.

Wrightson, Keith (1980): Two Concepts of Order. Justices, Constables and Jurymen in Seventeenth-Century England, in: Brewer, John/Styles, John (Hg.): An Ungovernable People, London, S. 21–46.

Würgler, Andreas (1995): Unruhen und Öffentlichkeit. Städtische und ländliche Protestbewegungen im 18. Jahrhundert, Tübingen.

Wunder, Bernd (1978): Privilegierung und Disziplinierung. Die Entstehung des Berufsbeamtentums in Bayern und Württemberg 1780–1825, München.

Wunder, Bernd (1998): Die badische Beamtenschaft zwischen Rheinbund und Reichsgründung (1806–1871), Stuttgart.

Neue Politikgeschichte

Arendt, Hannah (1970): Macht und Gewalt, (13. Aufl. 1998) München.

Beck, Ulrich (1993): Die Erfindung des Politischen, Frankfurt a. M.

Benhabib, Seyla (1996) (Hg.): Democracy and Difference: Contesting the Boundaries of the Political, Princeton.

Berger, Peter L./Luckmann, Thomas (1967): The Social Construction of Reality. A Treatise in the Sociology of Knowledge, London (dt.: Die gesellschaftliche Konstruktion der Wirklichkeit: eine Theorie der Wissenssoziologie, 17. Aufl. Frankfurt a. M. 2000).

Dörner, Andreas (1996): Politischer Mythos und symbolische Politik. Der Hermann-Mythos: Zur Entstehung des Nationalbewußtseins der Deutschen, Reinbek.

Edelman, Murray (1990): Politik als Ritual. Die symbolische Funktion staatlicher Institutionen und politischen Handelns, Frankfurt a. M.

Evans, Peter/Rueschemeyer, Dietrich/Skocpol, Theda (1985) (Hg.): Bringing the State Back in, Cambridge.

Genèses. Sciences sociales et histoire (1995, 1996): Histoire politique, histoire du politique I u. II, 20/23.

Hettling, Manfred/Nolte, Paul (1993) (Hg.): Bürgerliche Feste. Symbolische Formen politischen Handelns im 19. Jahrhundert, Göttingen.

Hillgruber, Andreas (1973): Politische Geschichte in moderner Sicht, in: Historische Zeitschrift 216, S. 529–552.

Holenstein, André (1991): Die Huldigung der Untertanen. Rechtskultur und Herrschaftsordnung 800–1800, Stuttgart.

Hunt, Lynn (1989): Symbole der Macht. Macht der Symbole. Die Französische Revolution und der Entwurf einer politischen Kultur, Frankfurt a. M.

Juillard, Jacques (1981): Political History in the 1980s, in: Rabb, Theodore K./Rotberg, Robert I. (Hg.): The New History. The 1980s and Beyond, Princeton, S. 30–47.

Kocka, Jürgen (1974): Organisierter Kapitalismus oder Staatsmonopolistischer Kapitalismus? Begriffliche Vorbemerkungen, in: Winkler, Heinrich A. (Hg.): Organisierter Kapitalismus, Göttingen, S. 19–35.

Kocka, Jürgen (2000): Historische Sozialwissenschaft Heute, in: Nolte, Paul u. a. (Hg.): Perspektiven der Gesellschaftsgeschichte, München, S. 5–24.

Kühne, Thomas (1998): Staatspolitik, Frauenpolitik, Männerpolitik: Politikgeschichte als Geschlechtergeschichte, in: Medick, Hans/Trepp, Anne-Charlott (Hg.): Geschlechtergeschichte und allgemeine Geschichte. Herausforderungen und Perspektiven, Göttingen, S. 171–231.

Langewiesche, Dieter (1986): Sozialgeschichte und Politische Geschichte, in: Schieder, Wolfgang/Sellin, Volker (Hg.): Sozialgeschichte in Deutschland, Bd. 1, Göttingen, S. 9–32.

Leff, Mark H. (1995): Revisioning U.S.A. Political History, in: American Historical Review 100, S. 829–853.

Lindenberger, Thomas (1995): Straßenpolitik. Zur Sozialgeschichte der öffentlichen Ordnung in Berlin 1900–1914, Bonn.

Lüdtke, Alf (1982): Rekonstruktion von Alltagswirklichkeit – Entpolitisierung der Sozialgeschichte?, in: Berdahl, Robert M. u. a.: Klassen und Kultur, Frankfurt a. M., S. 321–353.

Lüdtke, Alf (1993): Eigen-Sinn. Fabrikalltag, Arbeitererfahrungen und Politik vom Kaiserreich bis in den Faschismus, Hamburg.

Mares, Detlev (1999): Zum Verhältnis von Sozialgeschichte und Politikgeschichte in Großbritannien, in: Neue Politische Literatur 44, S. 81–86.

Nagl-Docekal, Herta/Pauer-Studer, Herlinde (1996) (Hg.): Politische Theorie, Differenz und Lebensqualität, Frankfurt a. M.

Offe, Claus (1975): Berufsbildungsreform. Eine Fallstudie über Reformpolitik, Frankfurt a. M.

Preuß, Ulrich K. (1994): Umrisse einer neuen konstitutionellen Form des Politischen, in: ders.: Revolution, Fortschritt und Verfassung, Frankfurt a. M., S. 123–170.

Putnam, Robert D. (1999): Demokratie in Amerika am Ende des 20. Jahrhunderts, in: Graf, Friedrich W./Platthaus, Andreas/Schleissing, Stephan (Hg.): Soziales Kapital in der Bürgergesellschaft, Stuttgart, S. 21–70.

Rohe, Karl (1994): Politische Kultur, in: Niedermayer, Oskar/Beyme, Klaus von (Hg.): Politische Kultur in Ost- und Westdeutschland, Berlin, S. 1–21.

Schmitt, Carl (1991): Der Begriff des Politischen, Berlin.

Scott, Joan (1988): Gender and the Politics of History, New York.

Skocpol, Theda (1992): Protecting Soldiers and Mothers. The Political Origins of Social Policy in the United States, Cambridge.

Stedman Jones, Gareth (1988): Klassen, Politik und Sprache, hg. von Peter Schöttler, Münster.

Steinmetz, Willibald (1993): Das Sagbare und das Machbare. Zum Wandel politischer Handlungsspielräume. England 1780–1867, Stuttgart.

Steinmetz, Willibald (1998): »Sprechen ist eine Tat bei euch.« Die Wörter und das Handeln in der Revolution von 1848, in: Dowe, Dieter/Haupt, Heinz-Gerhard/Langewiesche, Dieter (Hg.): Europa 1848. Revolution und Reform, Bonn, S. 1089–1138.

Tacke, Charlotte (1995): Denkmal im sozialen Raum. Nationale Symbole in Deutschland und Frankreich im 19. Jahrhundert, Göttingen.

Voigt, Rüdiger (1989) (Hg.): Symbole der Politik, Politik der Symbole, Opladen.

Wehler, Hans-Ulrich (1975): Moderne Politikgeschichte oder »Große Politik der Kabinette«?, in: Geschichte und Gesellschaft 1, S. 344–369.

Wehler, Hans-Ulrich (1998): Politik in der Geschichte, München.

Martin Dinges

Neue Kulturgeschichte

Seit etwa fünfzehn Jahren lässt sich alltagssprachlich geradezu eine Inflation des Wortes »Kultur« (Tisch-, Wohn-, Streitkultur ...) beobachten, die auf ein gewandeltes gesellschaftliches Selbstverständnis hindeutet. Nach der optimistischen Hoffnung auf die Verbesserbarkeit von Wirtschaft und Gesellschaft der ganzen Welt setzte sich seit Mitte der siebziger Jahre eine skeptischere Sicht durch. Neben den Grenzen des Wachstums beachtete man wieder die oft recht langfristig wirkenden kulturellen Voraussetzungen gesellschaftlichen Wandels. Steigende Individualisierung der Lebensstile und gleichzeitig zunehmender konsumvermittelter Konformitätsdruck förderten eine neue Sensibilität für Kulturelles. In der Soziologie begann während der siebziger Jahre, in der Geschichtswissenschaft während der achtziger Jahre eine Renaissance des Leitbegriffes »Kultur«. Er verdrängte dort »Gesellschaft«. Am insbesondere durch die Bielefelder Historiker Hans-Ulrich Wehler und Jürgen Kocka vertretenen Gesellschaftsverständnis wurde neben der Verdinglichung des Sozialen vor allem kritisiert, dass die historischen Subjekte, ihre Wahrnehmungsweisen und Handlungsspielräume zu kurz kämen sowie historische Verläufe von einem normativ gesetzten Standard des Modernen her bewertet würden. Diese Kritik wurde in der deutschen Geschichtswissenschaft zunächst nicht unter dem Leitbegriff »Kultur«, sondern unter dem Banner der »Alltags-« und später der »Mikrogeschichte« vor allem von Alf Lüdtke und Hans Medick geäußert, die am Max Planck-Institut für Geschichtswissenschaften in Göttingen forschen. Beide Leitbegriffe betonen Defizite in der Beachtung des Alltäglichen und der »kleinen« Lebenswelten, die nach Ansicht der Kritiker für die tatsächlichen Lebensbedingungen der historischen Subjekte wichtig und deshalb einer ebenso gründlichen Betrachtung würdig sind wie Großstrukturen. Außerdem würden in diesen »kleinen Welten« die Wirkungen der großen Strukturen wie z. B. Weltmarkt und Staat erst sichtbar, während diese Strukturen wiederum durch die Handlungen in den verschiedenen Lebenswelten mitgeprägt seien. Gesellschafts- und Kulturbegriff sind besonders in der deutschsprachigen Diskussion der achtziger Jahre also jeweils dominante Verbindungen mit den Gegensatzpaaren »objektiv versus subjektiv« und »Struktur versus Handlung« eingegangen, was sich hinsichtlich der Untersuchungsgegenstände – aber nicht hinsichtlich des Erklärungsanspruchs – auf »Großstruktur versus kleine Lebenswelt« zuspitzen ließe. Trotzdem geht es bei dieser Debatte aber um weit mehr als die Differenzen von Mikro- und Makrostudien (Schlumbohm 1998). Innerhalb der Historikerschaft verwendete zwar Richard van Dülmen für einflussreiche Sammelbände seit 1988 in Anlehnung an Sozialforschung das Etikett »Historische Kulturforschung«. Der Begriff Kulturgeschichte wurde aber erst seit 1992 durch eine Debatte in »Geschichte und Gesellschaft«, der Zeitschrift der kritisierten »Historischen Sozialwissenschafter«, wieder verbreitet (Hardtwig/Wehler 1996).

Die dabei auch von van Dülmen ausnahmsweise so bezeichnete »neuere Kulturgeschichte« grenzt dieser dezidert von der älteren deutschen Kulturgeschichte ab (Dülmen 1995). Deren Kulturbegriff sei normativ und zu sehr an der Oberschichtenkultur orientiert gewesen, während heute ein weiter und nicht für alle gleich verbindlicher Kulturbegriff zu Grunde gelegt werden müsse. Derzeit werde die relativ autonome kulturelle Praxis der historischen Subjekte stärker beachtet, während die objektiv prägenden Lebenszusammenhänge weniger betont würden. Das Verhältnis zur Tradition habe sich dahingehend verändert, dass diese nicht mehr nostalgisch verklärt – oder modernistisch verachtet –, sondern in ihrer Eigenständigkeit erforscht und geachtet würde. Die derzeitige Forschung bevorzuge kleine Handlungsräume, weil nur in ihnen die Rehabilitierung der Menschen als handelnder Subjekte möglich sei. Folgerichtig verzichte man auf globale Theorien des kulturellen Wandels, da diese es nicht gestatten, die Rolle von Subjektivität und sozialer Praxis angemessen zu berücksichtigen. Dieser Katalog mag das Selbstverständnis der neueren deutschen Kulturgeschichte zutreffend charakterisieren, Forschungserträge und methodisches Potenzial der älteren Kulturgeschichte werden dabei m. E. unterschätzt. Mittlerweile scheint sich jedenfalls »Historische Anthropologie« (auch als Zeitschriftentitel) als selbst gewählte Bezeichnung für diese dominante Richtung kulturgeschichtlicher Erneuerung im deutschen Sprachraum durchzusetzen.

Ein klar abgegrenzter Gegenstandsbereich der Kulturgeschichte lässt sich nicht bestimmen. Vielmehr griff die Forschung zunächst Themenbereiche auf, die nicht bereits von Politik-, Wirtschafts- und Gesellschaftsgeschichte besetzt waren. Das Wiederaufleben von Kulturgeschichte ist deshalb zunächst ein Hinweis auf bestehende Defizite der historischen Forschung. Der Begriff Kulturgeschichte wirkt weiter als Sammelbezeichnung für die Bearbeitung solcher »Reste«. Aus der Erforschung der alltäglichen Lebensbewältigung und der »Repräsentationen« ergaben sich aber so weit gehende theoretische und inhaltliche Herausforderungen an die bisherige Forschung, dass Kulturgeschichte auch einen umfassenden Neuansatz innerhalb der Geschichtswissenschaft bezeichnen kann. Diese ambivalente Assoziation der Kulturgeschichte mit vernachlässigten Themen und einem generellen Neuansatz prägte schon die ältere Kulturgeschichte.

Da die Existenz hunderter Definitionen von Kultur auf die Nichtexistenz eines konsensfähigen Kulturbegriffs hindeutet, sollen die wichtigsten derzeitigen Formen von Kulturgeschichtsschreibung mit ihren jeweiligen Grundannahmen und Forschungsschwerpunkten vorgestellt werden. Ob sie als Paradigmen im Sinne von Thomas Kuhn, also als forschungsleitende Konzepte, die ganze Programme durch Ein- bzw. Ausschluss bestimmter Annahmen strukturieren, oder als Diskurszusammenhänge zu betrachten sind (Haas 1994), kann hier dahingestellt bleiben. Gerade die Geschichte der Kulturgeschichte legt es nahe, die Chancen auf Vorherrschaft einzelner Paradigmen allenfalls als vorübergehend und sehr eingeschränkt einzuschätzen, da sie nie die gesamte Geschichtswissenschaft – schon gar nicht die gesamte Geschichtsschreibung – durchgehend strukturieren.

Neue Kulturgeschichte

Vorab sei bemerkt, dass der seit der Renaissance existierende Vorläufer der Kulturgeschichte, die Geschichte einzelner »Kunstgattungen« wie der bildenden Kunst oder der »schönen Literatur« in den Fächern Kunst- und Literaturgeschichte weiter gepflegt wird. Die spezifischen Leistungen können hier nicht gewürdigt werden; gleiches gilt auch für die Volkskunde, deren fachinterne Diskussion über »Kultur« den Historikern oft um Längen voraus war. Allerdings behindert diese im 19. Jahrhundert verfestigte Aufspaltung in Disziplinen erheblich die gegenseitige Wahrnehmung der Forschungsergebnisse und müsste überwunden werden. Der Begriff »moderne Kulturwissenschaft« verweist auf diesen Anspruch. Auch die Art Kulturgeschichte, die selbst innerhalb der Gesellschaftsgeschichte betrieben wurde, nämlich die Geschichte der Bildungs- und Kulturinstitutionen, soll hier nicht vertieft werden, denn ebenso wie die Erforschung anderer Gegenstände der Hochkultur hat sie in der Debatte um die neue Kulturgeschichte keine Rolle gespielt. Vielmehr sollen nur solche Ansätze dargestellt werden, die in der aktuellen Kulturgeschichte methodisch innovativ (weiter-)wirken oder zu deren direktem Diskussionshintergrund gehören. Dabei müssen um der Klarheit der Darstellung willen Schwerpunkte der jeweiligen Diskussionen etwas schematisch bestimmten Ansätzen zugeordnet werden. Da die deutsche Kulturgeschichtsschreibung noch mehr als die Geschichtswissenschaft insgesamt durch intensive Rezeptionen der internationalen Forschung geprägt ist, werden hierzulande weniger beachtete Ansätze etwas ausführlicher dargestellt.

1. Ältere deutschsprachige Kulturgeschichte – eine unterschätzte Tradition

Da in diesem Band die Entwicklungen der Geschichtswissenschaft im Zusammenhang mit der Herausforderung durch die Sozialgeschichte im Vordergrund stehen, kann die weitgehend vergessene ältere Kulturgeschichte seit dem ausgehenden

18. Jahrhundert allerdings nur sehr knapp charakterisiert werden. Als Erbe der Kulturgeschichte der Aufklärung (Johann Christian Adelung) bleiben die entschiedene Ausweitung des Themenfeldes über die Geschichte der Haupt- und Staatsaktionen hinaus, die Offenheit für die entstehende Quellenkritik und der vergleichende Ansatz wichtig. Problematischer ist der aufklärerische Fortschrittsoptimismus mit seinen spezifisch normativen Zügen und der dadurch geprägte Objektivismus des Kulturverständnisses, der wenig Interesse an Handlungsspielräumen der Subjekte innerhalb einer Kultur hatte. Für die bürgerlichen Kulturhistoriker wie etwa Wilhelm Wachsmuth seit ca. 1830 und besonders nach 1848, etwa für Wilhelm Heinrich Riehl, war »das Volk« als Träger der sittlichen Mission eines romantischen Kulturverständnisses, das sich auf Johann Gottfried Herder bezog, der zentrale Bezugspunkt. Er diente vor allem als Gegenkonzept zum Staat, von dem die Politikgeschichtsschreibung in der Nachfolge Georg Friedrich Wilhelm Hegels eine als »Versittlichung« verstandene Verwirklichung der Kultur erwartete. Dieses Staatsverständnis sollte gleichzeitig den Vorrang der Politikgeschichte begründen. Seit den 1850er Jahren entdeckten Kulturhistoriker die Ökonomie als unabhängig vom Volk, als (damaligem) historischen Subjekt, wirkender Faktor, der durchaus legitimatorisch auf das Betätigungsfeld des einflussreicher werdenden Bürgertums verwies. Erforschte man zunächst noch die »ökonomischen Entwicklungsgesetze der Völker«, so waren spätere Studien stärker empirisch angelegt. Wirtschaft wurde als Träger und damit als Teil von Kultur, der in das Geschichtsbild zu integrieren sei, betrachtet. Dabei wurden Fragestellungen und Methoden der Nationalökonomie rezipiert. Seit den 1860er Jahren griff man meist außerhalb der universitären Geschichtsschreibung Anregungen aus der Biologie und der Paläontologie auf, die einerseits den Zeithorizont der Kulturgeschichte bis in die Vorgeschichte erweiterten und andererseits eine stärkere Öffnung für materialistische Positionen einleiteten. Vor dem Hintergrund des philosophischen Jahrhundertstreits zwischen Idealismus und Materialismus hatte dies Folgen für die Positionierung der Kulturgeschichte innerhalb der Geschichtswissenschaften. Während die herrschende Politikgeschichte geradezu ausschließlich das Konzept frei handelnder Individuen verwendete und auch sonst die Einzigartigkeit, z. B. historischer Epochen, betonte, unterstrichen nun manche Kulturhistoriker die Bedeutung überindividueller Wirkkräfte. Sie blieben aber eine Minderheit gegenüber der mächtigen Tradition der idealistischen Kulturgeschichte, hinter der nicht zuletzt das Werk von Jacob Burckhardt stand. Karl Lamprecht versuchte seit den 1880er Jahren den Bruch zwischen idealistischen und materialistischen Deutungen für die Kulturgeschichte zu überwinden, indem er die beiden von ihm erforschten Bereiche Wirtschaft und Kunst (Ornamentik) durch Bezugnahme auf die Nation und das kollektive Bewusstsein synthetisierte. So wurde in den 1890er Jahren auch z. B. bei Georg Steinhausen die Rezeption der (Sozial-)Psychologie zentral, denn sie erlaubte es, die bisher additive zu einer konzeptuell integrierten Kulturgeschichte

weiterzuentwickeln. Eberhard Gothein entwickelte ausgehend vom Jesuitenstaat ein typologisches Verfahren, das Max Webers Konzept des Idealtypus inspirierte.

Neue Kulturgeschichte

Die Kulturgeschichte des 19. Jahrhunderts erweist sich insgesamt als die offenere, innovativere Variante der Geschichtswissenschaft, die nicht nur deren methodische Standards teilte, sondern immer wieder Anregungen aus Nachbardisziplinen produktiv aufgriff. Demgegenüber wehrte die Politikgeschichte, insbesondere in ihrer herrschenden borussisch kleindeutschen Variante, konsequent jede Neuerung ab und verteidigte den Staat als wichtigsten Forschungsgegenstand. Bereits kurz vor 1890 erreichte die mittlerweile theoretisch fundiertere Kulturgeschichte eine solches kritisches Potenzial, dass die Politikgeschichte, die nach der Reichsgründung in einer Orientierungskrise steckte, einer grundsätzlichen Auseinandersetzung nicht mehr ausweichen konnte. In diesem nach dem Hauptbeteiligten Karl Lamprecht benannten »Streit« ging es um die Probleme, ob Kultur- oder die Politikgeschichte das umfassendere Konzept sei und ob die historistische Erforschung von Individualitäten oder die typisierenden und vergleichenden Methoden der Kulturgeschichte angemessener wären. Schließlich betonte Lamprecht gegen »quellenpositivistische« Kritik erstmals dezidiert die Abhängigkeit der wissenschaftlichen Erkenntnis von der Weltanschauung des Historikers (Haas 1994: 115, 141). Bekanntlich setzte sich in diesem Streit institutionell die Politikgeschichte durch. Kulturgeschichtliche Lehrstühle und Institute wurden (bis auf Leipzig mit Karl Lamprecht und Wien mit Alfons Dopsch) allerdings auch deshalb nicht eingerichtet, weil diese Forschungsrichtung im Unterschied zur Religions- oder Wirtschaftsgeschichte keinen eigenen Gegenstand beanspruchte. Fragestellungen und Methoden der Kulturgeschichte wurden nach dem negativen Ausgang des Lamprecht-Streites auf allgemeinhistorischen, teilweise auch fachfremden Lehrstühlen, in als Randbereichen betrachteten Feldern der Geschichtswissenschaft wie der Landesgeschichte und in Nachbardisziplinen wie der Kultursoziologie weiterverfolgt. Außerhalb der Universitäten blühte sie in recht unterschiedlicher Qualität. Der Bibliothekar Steinhausen untersuchte typische Lebensformen bestimmter Epochen. Eduard Fuchs entwickelte die Sittengeschichte zur Analyse von »Verhaltensformen und sozial festgelegten Moralcodices« (Haas 1994: 199) und förderte damit die Offenheit für vielfältige Lebensformen und das Interesse am Fremden. Daneben gab es ästhetizistische Richtungen. Rudolf Hessen und Otto Rühle betrieben eine engagierte Kulturgeschichtsschreibung von unten, welche die bürgerliche Tradition der Kulturgeschichte als Oppositionswissenschaft nun als Geschichte der Unterschichten weiterführte. In den zwanziger Jahren verblasste der kulturgeschichtliche Diskurs, weil er sein konzeptuelles Ziel, unterschiedliche Bereiche der Geschichtsschreibung zu synthetisieren, zugunsten von Einzelforschungen aufgab.

Außerdem geriet die besonders im Rheinland und Sachsen betriebene ursprünglich pluridisziplinäre und innovative Kulturraumforschung teilweise in das Fahrwasser der Heimat- und Volksforschung. Deren völkische Leitideen verdrängten langsam das universale Programm der Kulturgeschichte, sodass die Landesgeschichte teilweise für chauvinistische Ansprüche, vor allem im Bereich der Ostforschung, instrumentalisierbar wurde. Schließlich wurden in den Jahren ab 1933 die kritischen Kulturhistoriker ihrer Wirkungsmöglichkeiten beraubt. Eine Anknüpfung an die kulturgeschichtliche Tradition war deshalb nach 1945 doppelt versperrt. In die gleiche Richtung wirkte auch, dass man seit den fünfziger Jahren dem Gesellschaftskonzept ein größeres Erklärungspotenzial zuschrieb. Die erst kürzlich erfolgte Rekonstruktion des Weges der deutschsprachigen Kulturgeschichte erlaubt eine positivere Einschätzung des theoretischen und methodischen Potenzials der älteren Kulturgeschichte, sodass eine Wiederaneignung ihrer oft sehr gegenstandsbezogenen Arbeiten nicht nur wegen des in ihnen erschlossenen Materials, sondern auch wegen ihrer Offenheit für Konstellationsanalysen, Sozialpsychologie und Kulturvergleich angeraten ist (Haas 1994).

2. Französische und englischsprachige Mentalitätengeschichte

Die französische Mentalitätsgeschichte entwickelte sich innerhalb der »Annales«-Schule (Erbe 1978; Raphael 1994) und ist eng mit den Namen ihrer interdisziplinär ausgerichteten Begründer, Marc Bloch und Lucien Febvre, verbunden. In den dreißiger Jahren wollten sie mentale Dispositionen einer Person oder Gesellschaft herausarbeiten, indem sie nach den ihr zur Verfügung stehenden geistigen Werkzeugen (outillage mental) fragten. Lucien Febvre untersuchte z. B. die Möglichkeit, im 16. Jahrhundert den Atheismus zu denken, Jean Delumeau (1985) die Geschichte eines Gefühls, der Angst. Mentalitätshistoriker nahmen an, dass solche psychischen Befindlichkeiten die kulturellen Handlungsmöglichkeiten während bestimmter Epochen konditionierten und dementsprechend für das Verständnis ihrer Geschichte grundlegend seien. Noch Begriffsbildungen der siebziger Jahre wie »Barockfrömmigkeit« oder »mentalité espagnole« (spanische Mentalität) spiegeln dies wider.

Die Mentalitätsgeschichte entwickelte sich seit den sechziger Jahren schrittweise zu einer Mentalitä*ten*geschichte im Plural. Aus der Wirtschafts- und Sozialgeschichte übernahmen insbesondere Pierre Chaunu, Michel Vovelle und Alain Croix die Methoden, kulturelle Phänomene quantitativ zu erfassen. Gleichförmige Quellen wie Testamente, Nachlassinventare oder Votivbilder wurden als Quellenkorpora ausgewertet. Die Einstellungen zu Tod, Kind, Sexualität und Politik sowie Frömmigkeitspraktiken wurden untersucht. Deren Wandel kam nun gegenüber dem früheren statischeren Mentalitätsverständnis stärker in den Blick. Sozial differenziert zielte man auf die Einstellungen oder Verhaltensweisen des durchschnittlichen historischen Subjekts innerhalb seiner Klasse, Konfession oder Region, die als »kollektive Mentalitäten« galten. Veränderungen im Zeitablauf wurden zumeist als die Verbreitung bestimmter kultureller Modelle durch die stilprägenden oberen Schichten bzw. Stände gedeutet. Entsprechend dem (materialistischen) Kulturverständnis der Mentalitätengeschichte galten etwa Frömmigkeitspraktiken als vorwiegend sozio-ökonomisch determiniert. Erst die vierte Generation der Mentalitätshistoriker entwickelte wie etwa Roger Chartier ein Kulturverständnis, in dem die Wahlmöglichkeiten der Individuen als Geschichte der Praktiken und Aneignungen wichtig wurden. Die Rezeption der französischen Mentalitätsgeschichte war in Deutschland, insbesondere wegen der letztlich historistisch geprägten Skepsis gegenüber quantitativen Methoden, gering (vgl. aber Schlögl 1995).

Neue Kulturgeschichte

Demgegenüber wurde die englischsprachige geistesgeschichtlich geprägte Forschung zu kollektiven Weltbildern stärker rezipiert. Die von Stuart Clark (1997) und Erik Midelfort (1999) untersuchte Bedeutung des Magischen im Weltbild der Frühen Neuzeit und Zusammenhänge zwischen Hexenverfolgungen und gesellschaftlichem Wandel regten insbesondere die Hexenforschung an. Edward P. Thompson ging den kollektiven Vorstellungen nach, die das Verhalten der Unterschichten bei englischen Hungerunruhen des 18. Jahrhunderts besser erklären sollten. Er deutete sie als »moralökonomische« Orientierung, in der Marktpreise nur so weit akzeptiert wurden, wie sie das Überleben aller Mitglieder der lokalen Gemeinschaft (!) nicht in Frage stellten. Mit dieser Betonung kultureller Faktoren überwand er die damalige ökonomistische Verkürzung der marxistischen Deutung der Klassenkämpfe und inspirierte nachhaltig die Protestforschung (Gailus/Lindenberger 1994). Diese und die Hexenforschung wurden im deutschen Sprachraum zu wichtigen Katalysatoren für die Entwicklung der historischen Anthropologie.

3. Von den Akkulturationstheorien über die Volkskulturdebatte zur historischen Anthropologie

Akkulturationstheorien thematisieren langfristigen kulturellen Wandel. Sie waren ein wichtiges Bindeglied zwischen der Sozialgeschichte und der entstehenden Kulturgeschichte, denn als Theorien gesellschaftlichen Wandels enthalten sie oft Aussagen über den kulturellen Wandel. Dieser wurde in der Regel als zielgerichtet (teleologisch) gedeutet, soll also auf Disziplinierung, Zivilisierung o. ä. hingegangen sein. Durchgehend bewerten sie den Wandel durch Markt oder Staat als dominant gegenüber der Kultur. Unterschiedlich schätzen sie das relative Gewicht von Markt- oder Staatsbildungsprozessen sowie von unpersönlichen oder durch Akteure beabsichtigte Wandlungsprozesse ein. Alle Akkulturationstheorien sind – entsprechend ihrer Bezeichnung – »Top-to-Bottom«-Theorien, da sie kulturellen Wandel als einen Prozess konzeptualisieren, in dem gesellschaftliche Eliten die Vertreter niedrigerer sozialer Ränge an eine neuere oder Hoch-Kultur heranführen.

Der Verfassungshistoriker Gerhard Oestreich entwickelte 1968 das seither stark rezipierte Konzept der »Sozialdisziplinierung«. Kulturgeschichtlich war daran der Versuch bedeutsam, auf kulturelle Aspekte der frühneuzeitlichen Staatsbildung hinzuweisen. Die Wirkung obrigkeitlicher Disziplinierungsabsichten auf das Verhalten der Zeitgenossen wird heute sehr skeptisch beurteilt und die Unterschätzung kirchlicher Einflüsse kritisiert.

Ebenfalls seit den siebziger Jahren wurde im deutschen Sprachraum das bereits 1936 entstandene Werk des Soziologen Norbert Elias (1969) rezipiert. Er beschreibt den Zivilisationsprozess als Effekt nicht beabsichtigter Wirkungen von Staatsbildung und Marktdurchsetzung, die als eigentliche Zivilisierungsagenten die Handlungsbedingungen der historischen Subjekte durch zunehmende gegenseitige Abhängigkeit veränderten. Den neuen Anforderungen mussten sich die Menschen durch Verhaltenswandel anpassen. So setzten sich nach Elias durch zunehmende Internalisierung z. B. verfeinerte Esssitten und höhere Reinlichkeitsstandards durch. Die als »Figuration« aufgefasste französische höfische Gesellschaft im Zeitalter Ludwig XIV. galt Elias als Musterbeispiel für die damit einhergehenden Machtverschiebungen. Vielfältige Anregungen dieses Ansatzes wurden von Historikern aufgegriffen. Fundamentale Kritik äußerte der Ethnologe Hans-Peter Duerr (1988–1997), der gegen Elias' Prozess der Zivilisierung die bereits große Zivilisiertheit der so genannten »Wilden« und die in jeder Gesellschaft gegebenen Selbst- und Fremdregulierungsmechanismen ins Feld führte.

Akkulturationstheorien sind mit dem Problem konfrontiert, dass sich gesellschaftliche Gruppen oder kolonisierte Völker eine andere Kultur oft gar nicht aufzwingen lassen wollen. Sie können diese annehmen, ablehnen oder beide Möglichkeiten kombinieren. Um solche Probleme der Kulturkonkurrenz ging es seit ca. 1980 in der Diskussion über Volks- und Elitenkultur, die zu einer stärkeren Beachtung des eigenständigen Stellenwertes der »Volkskultur« führte. Peter Burke (1981) betonte in einem Panorama europäischer Volkskultur die Wechselwirkungen zwischen Volks- und Elitenkultur bis hin zu der Möglichkeit, dass reicher werdende Unterschichten im 18. Jahrhundert eine recht eigenständige Kultur neu ausbilden konnten. Norbert Schindler (1992) unterstrich die vor allem bis zum Dreißigjährigen Krieg starke Widerständigkeit und den »Eigensinn« des Volkes gegen Veränderungsprozesse und markierte damit am deutlichsten die Grenzen der Akkulturationstheorien für die Analyse der Wechselseitigkeit kultureller Prozesse. Letztere könnten nur über Enkulturationstheorien angemessen gefasst werden, die allen am Prozess beteiligten Akteuren – nicht zuletzt den wichtigen kulturellen Vermittlern –, den Inhalten, Medien und Vermittlungsformen des kulturellen Austauschs ihren Platz einräumen (Dinges 1993). Mit ihrem differenzierteren Verständnis von Teilkulturen und Austauschprozessen beförderte die Debatte um Volks- und Elitenkultur die Rezeption des damals gerade dominant werdenden Kulturverständnisses der angloamerikanischen Sozial- bzw. Kulturanthropologie. Nicht deren langer Entwicklungsweg (Girtler 1979), sondern das für die Forschungspraxis rezipierte Kulturverständnis soll hier charakterisiert werden.

Neue Kulturgeschichte

Im Gegensatz zu den bisher dargestellten Ansätzen geht der in Deutschland besonders stark rezipierte amerikanische Ethnologe Clifford Geertz von einem umfassenden Kulturbegriff aus. Demnach ist auch Gesellschaft Kultur, da sie sich erst in einem Gewebe von Bedeutungen erschließt. Die von Geertz inspirierte symbolische Kulturanthropologie fragt hermeneutisch nach der Bedeutung der Handlungen, deren Sinn sie verstehen will. Aus den ethnomethodologischen Diskussionen um die Grenzen der Feldforschung und das Fremdverstehen zog er den Schluss, dass es nicht möglich ist, den anderen zu verstehen, indem man sich in ihn hineinversetzt (Empathie). Vielmehr versucht Geertz, den Standpunkt des »Eingeborenen« zu rekonstruieren, indem »die Erfahrungen anderer Leute im Kontext ihrer eigenen Ideen« betrachtet werden (Geertz 1987: 294). Dafür ist die Entschlüsselung der Symbole und Rituale zentral. Sie erlaubt eine Deutung z. B. des öffentlichen Lebens von Florenz während der Renaissance (Trexler 1980), der Florentiner Kriminalität und Religiosität während einer Pestwelle (Calvi 1989) oder von frühneuzeitlichen Ehrenhändeln als symbolische Kommunikation (Schreiner/Schwerhoff 1995). Die Auswahl der für diese Kulturhermeneutik zu erforschenden Kontexte wird statt mit einer vorgängigen Theorie aus dem Forschungsprozess begründet. Untersucht wird Handlungspraxis, die nicht mehr unter dem Gesichtspunkt ihrer Funktionalität innerhalb einer Kultur, sondern als Ausdruck von Kultur verstanden wird. Praxis gilt als kulturell strukturiert und strukturiert auch wieder Kultur. Diesen Doppelcharakter menschlichen Handelns als strukturierendes und strukturiertes Tun meint auch der einflussreiche Habitusbegriff des französischen Soziologen Pierre Bourdieu, den dieser aus einer ethnologischen Feldstudie entwickelte (Bourdieu 1976). Geertz betont die Entstehung von Kultur aus Interaktionen und konzeptualisiert sie als Text. Mit der Rezeption durch die Historiker wurde gesellschaftliche Ungleichheit als Faktor kultureller Praktiken stärker beachtet. Damit sind die Grundlagen des Kultur- und Methodenverständnisses der im deutschsprachigen Raum in den letzten ca. 15 Jahren entstandenen »Historischen Anthropologie« benannt.

Deren Forschungsertrag ist vielfältig, ein Themenkatalog von 1996 (Dressel 1996: 5) – menschliche Elementarerfahrungen; Familie und Verwandtschaft; Frauen, Männer, Geschlecht; Lebensphasen wie Kindheit, Jugend, Alter, Geburt und Tod; Religion, Religiosität; Arbeit; Konflikt; Begegnung mit dem Fremden; Raum und Zeit; Körper; Sexualität; das Innenleben des Menschen; Ernährung; Beziehung Mensch-Umwelt – ist bereits wieder ergänzungsbedürftig, z. B. um den Bereich Krankheit/Gesundheit. Die Themen kommen aus ganz unterschiedlichen Feldern z. B. aus der Geschichte der Sozialisation oder der Ethnologie. Mit dem historisch-anthropologischen Zugang werden also viele traditionell anders verortete Gegenstandsbereiche bearbeitet. Trotzdem scheint es so, als wäre die jeweilige Lebensbewältigung der historischen Subjekte das vorrangige Thema der historischen Anthropologie, die sich weniger für Typenbildungen interessiert.

4. Kultursemiotik und diskurstheoretische Ansätze

Daneben haben sich kultursemiotische Ansätze entwickelt, deren Gegenstand kulturelle Objektivationen sind, die hinsichtlich ihrer Bedeutung untersucht werden. Solche Objekte können Gegenstände der Alltagskultur wie Kleider oder Mahlzeiten sein, aber auch Objekte, die traditionell eher der Hochkultur zugeordnet wurden, wie literarische Texte oder Werke der bildenden Kunst oder das Buch. Die Zuordnung zu bestimmten sozial definierten Bereichen wie Volks- oder Hochkultur ist aber nicht sehr tragfähig, da z. B. Kleider und Bauten in beiden vorkommen und zwischen ihnen »wandern« können. Ebenso wäre eine Zuordnung zu den Bereichen »materieller« oder ideeller bzw. »geistiger« Kultur wenig überzeugend, da z. B. ein Buch ein materielles Objekt ist, dessen Form durchaus auf die Rezipierbarkeit seiner Inhalte zurückwirkt. Schließlich wäre auch eine getrennte Betrachtung der Lebensmittel von den Mahlzeiten, also ihrem wichtigsten Gebrauchszusammenhang, eine unfruchtbare Blickverengung. Die Kultursemiotik versucht durch das Verständnis kultureller Objekte als Zeichen die früheren Aufspaltungen des Feldes zu überwinden, die in den Debatten um das Materialismus/Idealismus-Problem und um materielle und ideelle Kultur diskutiert wurden.

Ein Kleidungsstück produziert als (materielles) Objekt mit Zeichencharakter nicht nur eine sondern ggf. mehrere Bedeutungen. Diese werden zwar bereits im Produktionsprozess vorgeprägt (kodiert), kommen aber erst innerhalb eines Kommunikationsprozesses voll zur Geltung. So ist ein Seidengürtel im 18. Jahrhundert zwar schon durch die materielle Seite kulturell als Kleidungsstück wohlhabender Leute vorkodiert, trägt ihn aber eine Magd, so könnte das darauf verweisen, dass sie bei reichen Leuten gearbeitet hat, den Gürtel geschenkt bekam oder selbst kaufen konnte. Diese Bedeutungen des Kleidungsstückes erschließen sich erst aus dem Kontext. Schließlich werden Kleidungsstücke von ihren Trägern durchaus als Zeichen gezielt manipuliert. Auch die Erfindung von Traditionen, etwa der Lederhose im Folklorismus, lässt sich als Manipulation von Zeichen deuten.

Texte setzen sich aus Zeichen zusammen, die nach bestimmten Regeln zusammengestellt werden. Bekanntere Regelsysteme sind Grammatik und Sprache. Die Kultursemiotik untersucht auch diese komplexeren Zeichensysteme, indem sie nach den Beziehungen zwischen diesen Zeichen sowie den Regeln ihrer Entstehung und Veränderung fragt. Eine Mahlzeit oder ein Alltagsritual lassen sich als ein solches komplexes Zeichensystem deuten. Erst wenn frühere Epochen oder der Wandel zeichengestützter Bedeutungsproduktion in der Vergangenheit untersucht werden, wird Kultursemiotik Teil der Kulturgeschichte.

Neue Kulturgeschichte

Beispielhaft zeigte Sidney Mintz (1987), welche unterschiedlichen Bedeutungen der Zucker und die Erfahrung des süßen Geschmacks für die Sklaven in den Plantagen, die Kaufleute, die englische Aristokratie und die englischen Arbeiter bei seiner Wanderung durch verschiedene Kulturen seit ca. 1500 haben konnte. Spielen bei dieser Untersuchung der Bedeutungen eines Lebensmittels noch Produktion und koloniale Herrschaftsverhältnisse eine zentrale Rolle, so räumt Daniel Roche (1994) der Art und Weise, wie Kleidung zum Zeichen gemacht wird, bereits eine größere Bedeutung ein. Er bindet den Zeichencharakter der Kleidung – und später weiterer Objekte (Roche 1997) – aber immer an die sozialen Verteilungen zurück, indem er die sozial distinktiven Wirkungen des Zeichens und seines Gebrauchs unterstreicht. In seiner Konzeptualisierung von Gruppenkleidungsstilen – der Notwendigkeit, Nützlichkeit oder Ostentation – verbindet Roche die kulturellen Praktiken auch mit den Interessen der Akteure. Erweitert man diesen Ansatz hin zur Untersuchung von Lebensstilen, ergeben sich Perspektiven für eine auch quantitativ abgesicherte neue Kulturgeschichte (Dinges 1997). Mit dem an Bourdieu angelehnten Distinktionsbegriff (kritisch dazu Schindler 1992: 20 ff.) kommen die Funktionen der Kleidung als Mittel zur Identitätsbildung und zur Selbststilisierung ebenso in den Blick wie flexible und interaktive Formen gesellschaftlicher Hierarchiebildungen. Auch die neue Konsumgeschichte konzeptualisiert den Güterkonsum gleichzeitig als Zeichenkonsum (Brewer/Porter 1993; Bermingham/Brewer 1995). Selbst für die Ernährungsgeschichte wurde kürzlich eindrucksvoll belegt, dass symbolische neben den materiellen Aspekten seit der Frühgeschichte eine mindestens gleichwertige Bedeutung haben (Flandrin/Montanari 1996). Hans-Jürgen Lüsebrink und Rolf Reichardt (1990) konzentrieren sich in ihrer Symbolgeschichte der Pariser Bastille auf die kulturellen und formalen Prozesse der Produktion, Verteilung und Rezeption der Bastille als politischem Zeichen. Dabei werden sowohl die literarischen (Beschreibungen, Lieder) wie die gegenständlichen (Bastillesteine, Tassen) Vermittlungsformen des Bastillesymbols als gleichzeitig materiale und bedeutungsvolle Texte untersucht.

Die hier ausgewählten Beispiele geben den materiellen Substraten und den Sozial- und Herrschaftsbeziehungen für die Produktion kultureller Bedeutungen einen insgesamt unterschiedlichen Stellenwert. Schon diese variablen Weisen der Vermittlung des Sozialen mit dem Kulturellen zeigen, wie durchlässig die Grenze zwischen Kultur- und Sozialgeschichte geworden ist.

Bei der »New Cultural History« einer Lynn Hunt und der für ihr Entstehen wichtigen Kooperation mit der Pariser Geschichte der Repräsentationen – also der Dar- und Vorstellungen – à la Roger Chartier wird die Entfernung zum klassisch von der Sozialgeschichte bearbeiteten Feld größer. Trotz grundlegender Gemeinsamkeiten mit der Kultursemiotik wird hier wie in vielen Diskurstheorien die Rolle des Textes als unhintergehbare Realität herausgestellt. Damit wird Michel Foucaults Kritik an der Vorstellung aufgegriffen, dass Universalien während der ganzen Menschheitsgeschichte existiert hätten und deshalb durchgängig von der Geschichtswissenschaft erforscht werden könnten. Demgegenüber hat er gezeigt, dass z. B. Vernunft und Wahnsinn, Strafe, ärztlicher Blick, Sexualität sowie verschiedene Wissenschaften historisch je völlig neu konzeptualisiert wurden. Durch die Brüche dieser Verständnisse vom Gegenstand (»Episteme«) entstanden historisch jeweils voneinander ganz unterschiedliche Entitäten. Diese Weiterentwicklung der These, dass jede Wirklichkeit immer nur als sprachlich verfasste beschreibbar und erforschbar ist, hätte als radikalste Folge, dass die historischen Subjekte in einem geradezu »stählernen Gehäuse« von Sprache gefangen wären, das ihre Wirklichkeitswahrnehmung durchgehend strukturiert. Damit scheinen genau die Freiheitsräume negiert zu sein, die die historische Anthropologie herausarbeiten wollte. Die diskurstheoretische Zuspitzung hat fundamentale Bedeutung für den Status der Geschichtswissenschaft, was in der Postmoderne-Diskussion verhandelt wird. Durch die Prämissen der New Cultural History werden deshalb zwar wichtige Verknüpfungen der Kulturgeschichte zu Herrschaft, Wirtschaft oder Psychologie auf den ersten Blick problematisch, Querverbindungen zu bestimmten Formen der Intellectual History aber möglich. Ein Beispiel ist die Deutung der politischen Sprache der Französischen Revolution als ein Text, der nicht nur Machtverhältnisse ausdrückt, sondern durch neue Begriffsbildungen auch veränderte Machtverteilungen schafft, indem er neue Handlungsfelder eröffnet (Hunt 1989). Sprache schafft dann neue Realitäten. Der New Cultural History geht es um die Formen der Herstellung von Wirklichkeit in Texten, die dekonstruiert werden, um dabei nachvollziehen zu können, wie sie funktionieren. Dadurch werden sprachliche Verfahren der Wirklichkeitskonstruktion gerade auch in ihrer Machthaltigkeit sichtbar und nach der Dekonstruktion wieder rekonstruierbar. Auf Parallelen zum Konzept der Erinnerungskultur, die die Herstellung und Veränderung des historischen Gedächtnisses, z. B. in Denkmälern, Feiern und Schulbüchern verfolgt, kann hier nur verwiesen werden. Kulturhistoriker könnten der Geschichtswissenschaft insgesamt einen erweiterten Blick auf historische Wirklichkeiten eröffnen, indem sie die Rezeptionsbarrieren überwinden und damit nach dem vollzogenen »cultural turn« (Kulturhistorische Wende) auch den »linguistic turn« (Linguistische Wende) in der deutschsprachigen Disziplin voranbrächten. Ihre Arbeiten würden damit anschlussfähig für interdisziplinäre Forschung im Rahmen einer entstehenden Kulturwissenschaft.

Neue Kulturgeschichte

So könnten wichtige Textsorten wie »schöne« Literatur, »kleine Gattungen« oder Bilder, die auf Grund wissenschaftsgeschichtlicher Entwicklungen fast ausschließlich von Literaturwissenschaften, Volkskunde oder Kunstgeschichte bearbeitet werden, wieder Eingang in den Quellenkanon der Geschichtswissenschaft finden. Jedenfalls muss man nicht jede Prämisse der New Cultural History teilen, Gesellschaft nicht ausschließlich für ein Produkt von Kultur halten oder den Körper nur als Text verstehen, um sich die methodischen Standards, das Reflexionsniveau, und die Forschungserträge dieser Variante der Kulturgeschichte anzueignen.

5. Bilanz und Perspektiven

Hier ist zunächst auf ein Forschungsfeld hinzuweisen, das als Interkulturgeschichte bezeichnet werden sollte. Zwar geht es dabei um einen Aspekt, der die Kulturgeschichte auch sonst beschäftigt, nämlich die Fremdwahrnehmungen und die damit zusammenhängenden Selbst-, Fremd- und Missverständnisse. Wird aber die Reflexion über die historischen Formen der Auseinandersetzung mit dem Fremden aus einer anderen Kultur zum Hauptgegenstand, dann ist die Bezeichnung Interkulturgeschichte sinnvoll. Probleme des kulturellen Austauschs sowie ggf. die Entstehung einer neuen Interkultur der beteiligten Akteure werden ebenfalls erforscht. Als Vorläufer ist hier die Stereotypenforschung zu nennen, die ursprünglich zumeist einseitige oder kontrastive Wahrnehmungen von »Völkern« und Statusgruppen analysierte. Die Reiseforschung griff u. a. diese Thematik auf. Weiterentwickelt wurde beides zur Untersuchung gegenseitiger Betrachtung bzw. auch der Rückwirkungen solcher Fremdwahrnehmungen z. B. Asiens und der Europäer (Osterhammel 1998) oder von Minderheiten wie den Juden im Reich (Hsia/Lehmann 1995). Bitterli (1986) bietet eine systematisierte Übersicht über Kulturkontakte im Kontext der Kolonialgeschichte. Stephen Greenblatt (1994) nutzt Fremdwahrnehmungen diskursanalytisch als Quelle für Aussagen über den Wahrnehmenden. Die französische Ethnohistoire (Wachtel 1977) untersuchte ausgehend von heutigen Äußerungen indianischer »Identität« z. B. in Festen, wie sich Elemente aus der Kultur der spanischen Kolonisatoren und der Indianer in diesen Feiern mischten und legte die unterschiedlichen Zeitschichten bis zurück in die Frühe Neuzeit frei (vgl. Burke 1998: 201 ff.). Solche Forschungen unterstreichen, dass kulturelle Objektivationen oft aus mehreren Komponenten zusammengesetzt sind. Diese Erkenntnis des »Hybridcharakters« von Kultur mahnt zur Vorsicht gegenüber der vorschnellen Annahme einfacher kultureller Identitäten. Wegen der Intensivierung von Kulturkontakten im Rahmen der Globalisierung dürfte sich die Interkulturgeschichte bald schnell entwickeln. Die Diplomatie- und Militärgeschichte harren noch weitgehend einer Erforschung in interkultureller Perspektive.

Die Geschlechtergeschichte hat Paradigmatisches zur Entwicklung der Kulturgeschichte beigetragen. Das zeigt besonders die Entnaturalisierung der Kategorie Geschlecht, die gleichzeitig eine Teilantwort auf die Frage nach dem Gegenkonzept zur Kultur, der Natur, ist. In der jüngeren Kulturgeschichte scheint es so, als seien uns dieser Gegenbegriff und die mit ihm aufgefasste Wirklichkeit abhanden gekommen: Das Meer wird als kulturelle Projektionsfläche untersucht, die Landschaft ist längst als Kulturlandschaft durchschaut, Körper und Sexualität gelten seit Michel Foucault als durch jeweils geltende Diskurse historisch konstituiert und Gerüche haben ebenso wie Gefühle (Vincent-Buffault 1991) eine Geschichte. Auch die Abwendung ökologischer Katastrophen scheint allenfalls noch als kulturelle Leistung denkbar. Ein eigenständiges Konzept von Natur ist jedenfalls derzeit in der geschichtswissenschaftlichen Debatte nicht erkennbar.

Ansonsten ist die Kulturgeschichte durch die Pluralität ihrer Ansätze und das Fehlen einer konsensfähigen Theorie gekennzeichnet. Auch gibt es kein theoretisches Modell, das den Zusammenhang zwischen der Vielfalt der Kulturen und der Einheit einer gegebenen Kultur konzeptualisiert. Stattdessen werden die Praktiken der Kulturproduktion bevorzugt untersucht. Als deren gemeinsamer Kern schält sich das Interesse an Sinnbildungsprozessen heraus, deren Bedeutungen man erschließen will. Mit dem verstärkten Interesse an »Egodokumenten« werden Subjektivität, erfahrungs- und wahrnehmungsgeschichtliche Themen in den nächsten Jahren noch wichtiger werden. Innerhalb der Disziplin steht Kulturgeschichte für die Legitimität unterschiedlicher Zugangsweisen zur Geschichte und gegen (ethno-)zentristische Theorien. Das mag im Zeichen der Postmoderne ein guter Standpunkt sein. Die Theorieskepsis schwächt aber ihre Stellung innerhalb des Fachs. Kulturgeschichte erweist sich jedenfalls insgesamt als substanzielle Fortentwicklung der Geschichtswissenschaften, die nicht zuletzt die große Chance bietet, das Publikum zu interessieren und zur Selbstverständigung in multikulturellen Gesellschaften beizutragen.

Martin Dinges, Professor an der Universität Mannheim und stellvertretender Leiter des Instituts für Geschichte der Medizin der Robert Bosch Stiftung Stuttgart. Forschungsgebiete: Kultur- und Sozialgeschichte der Frühen Neuzeit, Medizingeschichte der Neuzeit.

Roger Chartier

New Cultural History

Die Kategorie »New Cultural History« fand vor rund zehn Jahren Eingang in den Wortschatz der Historiker, als Lynn Hunt unter diesem Titel einen Sammelband veröffentlichte, der acht Aufsätze über verschiedene Modelle und Beispiele dieser neuen Art, Geschichtswissenschaft zu betreiben, vereinte (Hunt 1989). In der Einleitung hob sie die drei Hauptmerkmale hervor, die diesen Arbeiten trotz der Unterschiedlichkeit ihrer Gegenstände (Texte, Bilder, Rituale, etc.) einen Zusammenhang verliehen.

<small>Merkmale nach Lynn Hunt</small>

Indem sie ihre Aufmerksamkeit auf Sprechweisen, Repräsentationen und Praktiken richtet, bietet die New Cultural History zunächst einmal eine neue und ungewöhnliche Art, die Beziehungen zwischen symbolischen Formen und sozialer Welt zu begreifen. Dem klassischen, der objektiven Bestimmung gesellschaftlicher Schichten und Unterschiede verpflichteten Ansatz hält sie die bewegliche, instabile, konfliktreiche Konstruktion eben dieser Schichten und Unterschiede auf der Grundlage von Praktiken ohne Diskurs, von konkurrierenden Vorstellungen und performativen Diskurswirkungen entgegen. Sodann findet die New Cultural History Verstehensmodelle bei Nachbarn, die bis dato von den Historikern kaum aufgesucht wurden: zum einen bei den Anthropologen und zum anderen bei den Literaturwissenschaftlern. Althergebrachte Allianzen zwischen der Geschichte und befreundeten oder rivalisierenden Disziplinen wie der Geografie, der Psychologie oder der Soziologie werden so durch neue nachbarschaftliche Beziehungen ersetzt. Diese nötigen die Historiker dazu, Texte und Bilder auf eine weniger unmittelbar dokumentarische Weise zu lesen und stattdessen ihre symbolischen Bedeutungen als individuelle Verhaltensweisen oder kollektive Rituale zu verstehen. Schließlich hat diese eher mit Fallstudien als mit umfassenden Theorieentwürfen verfahrende Geschichte die Historiker dazu veranlasst, ihre eigenen Vorgehensweisen und insbesondere die bewussten oder unbewussten Entscheidungen zu reflektieren, die ihre Art der Erzählung und der Analyse bestimmen.

Dies sind die drei grundlegenden Eigenschaften, die für Lynn Hunt eine neue geschichtswissenschaftliche Praxis definierten. Sie sah damit eine Übereinstimmung zwischen Forschungsansätzen, die aus spürbar unterschiedlichen Kontexten herrührten: So verwendeten etwa auf amerikanischer Seite verschiedene Historiker Begriffe und Modelle, die sie bei Anthropologen (Victor Turner, Mary Douglas, Clifford Geertz) entlehnt hatten. Auf französischer Seite übte man aus der Tradition der »Annales« heraus Kritik sowohl an den klassischen Definitionen der Mentalitäten als auch an den statistischen Gewissheiten einer seriellen Geschichtsschreibung der dritten Ebene – derjenigen der Kultur. Hinzuzufügen wären (obgleich dieser Hinweis merkwürdigerweise im Buch von Lynn Hunt fehlt) die zur gleichen Zeit von einer Reduzierung des Beobachtungsmaßstabs und deren kognitiven Folgewirkungen ausgehenden Anregungen. Eine solche Reduzierung wurde von der italienischen »Microstoria« (Mikrogeschichte) empfohlen und erfolgreich praktiziert. Indem es höchst unterschiedliche Forschungsansätze auf ein und denselben Begriff brachte, verlieh das Buch von Lynn Hunt einem Komplex von bisher gar nicht oder nur schlecht wahrgenommenen Veränderungen Visibilität und Einheit. So war die Kategorie New Cultural History z. B. rund zehn Jahre zuvor in der historiographischen Selbstthematisierung von Dominick LaCapra und Steven Kaplan überhaupt nicht vorhanden (LaCapra/Kaplan 1982).

Charakteristika der Mentalitätsgeschichte

Die neue Kulturgeschichte der achtziger Jahre war eindeutig im Gegensatz zu den Postulaten definiert, die bis dahin die Mentalitätsgeschichte beherrscht hatten (Le Goff 1974). Zum Ersten war der Gegenstand der Mentalitätsgeschichte demjenigen der klassischen Geistesgeschichte genau entgegengesetzt. Den durch die bewusste Ausarbeitung eines einzelnen Geistes hervorgebrachten Ideen stellte man die – stets kollektive – Mentalität gegenüber, die automatisch den unpersönlichen Gehalt gemeinsamer Ansichten regelte. Daher rührte die Möglichkeit der Mentalitätsgeschichte, sich mit der quantitativen Geschichtsschreibung zu verbinden. Denn da sie das Kollektive, das Automatische, das Repetitive zum Gegenstand hatte, konnte und musste die Mentalitätsgeschichte seriell und statistisch sein. Insofern trat sie das Vermächtnis der Wirtschafts-, Bevölkerungs- und Gesellschaftsgeschichte an, die vor dem Hintergrund der großen Krisen der dreißiger Jahre und der unmittelbaren Nachkriegszeit die innovativsten Gebiete der Geschichtswissenschaft gewesen waren. Als die Mentalitätsgeschichte in den sechziger Jahren ein neues, viel versprechendes und originelles Forschungsfeld definierte, tat sie dies oft, indem sie auf diejenigen Methoden zurückgriff, welche einst die Eroberungen der Sozial- und Wirtschaftsgeschichte abgesichert hatten: so etwa die Techniken der regressiven Statistik und der mathematischen Serienanalyse.

Zum Zweiten ergaben sich aus dem Primat der Serien, also der Herstellung und Bearbeitung homogener, repetitiver, in regelmäßigen Zeitintervallen vergleichbarer Daten, zwei Konsequenzen. Die erste war, dass dichten, weitgehend repräsentativen und über einen langen Zeitraum verfügbaren Quellen der Vorzug gegeben wurde: z. B. Nachlassinventaren, Testamenten, Bibliothekskatalogen, Gerichtsarchiven etc. Die zweite Konsequenz bestand in dem Versuch, im Einklang mit Braudels Modell der verschiedenen Zeitebenen, nämlich »longue durée« (lange Dauer), »conjoncture« (mittlere Dauer), »événement« (Ereignis), die lange Zeit der Mentalitäten, die Veränderungen zumeist überdauern, und die kurze Zeit der plötzlichen Preisgabe oder des schnellen Austauschs von Überzeugungen und Empfindungen miteinander zu vereinbaren.

Philippe Ariès

Eine dritte Eigenschaft der Mentalitätsgeschichte in ihrem goldenen Zeitalter hing mit der ambivalenten Auffassung ihres Gesellschaftsbezugs zusammen. In der Tat schien der Begriff Mentalität darauf angelegt zu sein, vorhandene Unterschiede zugunsten solcher Kategorien zu verwischen, die von allen Zeitgenossen einer Epoche geteilt wurden. Von allen Mentalitätshistorikern war Philippe Ariès zweifellos derjenige, der am stärksten eine solche Gleichsetzung des Begriffs der Mentalität mit einer gemeinsamen Wahrnehmung vertrat. Die Anerkennung kultureller Archetypen, die von einer ganzen Gesellschaft geteilt werden, bedeutete sicherlich nicht, sämtliche Differenzen zwischen gesellschaftlichen Gruppen oder zwischen Klerikern und Laien abzustreiten. Doch diese Unterschiede wurden innerhalb eines Prozesses von »langer Dauer« gedacht, der letztendlich gemeinsame Vorstellungen und Verhaltensweisen hervorbrachte. Indem er auf diese Weise eine (zumindest tendenzielle) grundsätzliche Einheit des kollektiven Unbewussten postulierte, las Philippe Ariès Texte und Bilder nicht mehr als Manifestationen individueller Eigenheiten, sondern um in ihnen den unbewussten Ausdruck einer kollektiven Wahrnehmung zu entziffern oder um den banalen Hintergrund der gemeinsamen, auf spontane und allgemeine Weise geteilten Vorstellungen aufzuspüren (Ariès 1977).

Andere Mentalitätshistoriker, die sich eher in der Nachfolge der Sozialgeschichte sahen, legten ihr Hauptaugenmerk vor allem auf die Überbrückung der Kluft zwischen Denk- und Wahrnehmungsweisen einerseits und sozialen Differenzen andererseits. Aus diesem Blickwinkel richtete sich die Klassifizierung mentaler Gegebenheiten nach denjenigen Unterteilungen, die durch eine Analyse der Gesellschaftsstruktur festgelegt wurden. So kam es zu einer Überlagerung der sozialen Grenzen, die Gruppen oder Schichten voneinander trennten, mit den Abgrenzungen zwischen verschiedenen Mentalitäten (Mandrou 1961). Dieser Vorrang der gesellschaftlichen Schnitte ist ohne Zweifel die deutlichste Spur der Abhängigkeit der Mentalitätsgeschichte von der Sozialgeschichte französischer Tradition.

Gründe für den Erfolg der Mentalitätsgeschichte

Wie ist der Erfolg der Mentalitätsgeschichte in den sechziger und siebziger Jahren sowohl bei Historikern als auch bei Lesern in Frankreich und außerhalb Frankreichs zu erklären? Zweifellos dadurch, dass ein solcher Ansatz gerade auf Grund seiner Mannigfaltigkeit die Herstellung eines Gleichgewichts zwischen der Geschichte und den Sozialwissenschaften erlaubte. Obgleich die Geschichtswissenschaft in ihrer intellektuellen und institutionellen Vorreiterrolle durch die Entwicklungen der Psychologie, Soziologie und Anthropologie zunehmend umstritten war, hielt sie stand, indem sie sich die Fragestellungen der sie in Zweifel ziehenden Disziplinen einverleibte. Ihr Interesse verschob sich somit in die Richtung solcher Gegenstände (Glaubenssysteme, kollektive Einstellungen, Ritualformen etc.), die bis dahin zwar ihren Nachbarinnen zu Eigen waren, sich aber dennoch voll und ganz ins Programm einer Geschichte der kollektiven Mentalitäten einfügten. Indem sie sich die Vorgehensweisen und Analysemethoden der Sozial- und Wirtschaftsgeschichte aneignete und dabei zugleich eine Verschiebung der historischen Fragestellung anzeigte, konnte sich die Mentalitätsgeschichte in den historiographischen Vordergrund spielen und eine effiziente Antwort auf die Herausforderungen der Sozialwissenschaften formulieren.

Die Kritik Carlo Ginzburgs

Trotzdem blieben kritische Stimmen gegen ihre Postulate und Interessengebiete nicht aus. Die ersten kamen aus Italien. Bereits 1970 wies Franco Venturi daraufhin, dass in der Mentalitätsgeschichte die kreative Kraft neuartiger Ideen zugunsten simpler mentaler Strukturen ohne Dynamik und Originalität ausgelöscht würden (Venturi 1970). Einige Jahre später erweiterte Carlo Ginzburg die Kritik (Ginzburg 1976). Er lehnte den Begriff der Mentalität aus drei Gründen ab: zunächst, weil er ausschließlich die unbeweglichen, dunklen und unbewussten Elemente der Weltbilder betonte, was dazu führte, dass die Bedeutung rational und bewusst geäußerter Ideen unterbewertet würde. Sodann, weil er unberechtigterweise die Teilhabe aller gesellschaftlichen Milieus an denselben Kategorien und Vorstellungen unterstellte. Und schließlich, weil er mit einer quantitativen und seriellen Vorgehensweise verbunden war, die zugleich den Gehalt des Denkens verdinglichte, auf den repetitivsten Formulierungen beharrte und Außergewöhnliches ignorierte. Die Historiker wurden daher dazu aufgefordert, individuelle Aneignungen statistischen Verteilungen vorzuziehen. Es sollte darum gehen zu verstehen, wie ein Individuum oder eine Gemeinschaft in Abhängigkeit von ihrer jeweiligen Kultur Ideen und Glaubensvorstellungen, Texte und Bücher interpretierten, die in der Gesellschaft, der sie angehörten, zirkulierten.

Die Kritik Geoffrey Lloyds

Im Jahr 1990 verstärkte Geoffrey Lloyd die Anklagerede noch (Lloyd 1990). Die Kritik erstreckte sich auf zwei grundlegende Annahmen der Mentalitätsgeschichte: zum einen, dass einer ganzen Gesellschaft ein stabiler und homogener Komplex an Vorstellungen und Glaubensinhalten zukommt; zum anderen, dass alle Denk- und Verhaltensweisen eines Individuums von einer einzigen mentalen Struktur gesteuert werden. Diese beiden Annahmen waren die Bedingungen, die es überhaupt erst ermöglichten, eine Mentalität von der anderen zu unterscheiden und in jedem Individuum die mentale Ausrüstung zu erkennen, die es mit seinen Zeitgenossen teilt. Eine solche Denkweise löst jedoch, Lloyd zufolge, die Eigentümlichkeit jedes einzelnen Ausdrucks in der ständigen Wiederkehr des Kollektiven auf. Sie sperrt die Mannigfaltigkeit der Glaubenssysteme und der Betrachtungsweisen, die ein und dieselbe Gruppe oder ein und dasselbe Individuum zu mobilisieren vermag, in einer künstlichen Einheitlichkeit ein. Lloyd schlug folglich vor, den Begriff der Mentalität durch den der Rationalitätsstile (styles de rationalité) zu ersetzen, dessen Verwendung direkt von den Diskurskontexten und Erfahrungsregistern abhängt. Diese schreiben jeweils eigene Regeln und Konventionen vor, definieren eine spezifische Kommunikationsform und unterstellen bestimmte Erwartungshaltungen. Aus diesem Grund ist es vollkommen unmöglich, die Vielfalt der Denk-, Verstehens- und Argumentationsweisen auf eine homogene und einzige Mentalität zurückzuführen.

Von Kritik zur New Cultural History

Vielleicht war der Prozess gegen die Mentalitätsgeschichte in dem Sinne ungerecht, dass diese nicht nur eine pauschale Definition des Mentalitätsbegriffs verwandte und umsetzte. Sie vermochte sehr wohl soziale Unterschiede zu berücksichtigen, die innerhalb einer Gesellschaft verschiedene Denk- und Wahrnehmungsweisen oder Weltanschauungen bestimmten, und sie ignorierte nicht immer die Möglichkeit der Präsenz verschiedener oder selbst widersprüchlicher Mentalitäten in ein und derselben Person. Dennoch hat die an der dominierenden Variante der Kulturgeschichte geübte Kritik ihrem exzessiven Charakter zum Trotz den Weg zu einer neuen Betrachtungsweise der kulturellen Produktionen und Praktiken eröffnet. Gleichviel, ob sie aus der Tradition der Annales hervorgingen oder von außerhalb dieser Tradition kamen – diese neuen Perspektiven hatten gewisse Forderungen gemein: so z. B. dass sie individuelle Gebräuche statistischen Verteilungen vorzogen; dass sie entgegen der bloß unterstellten Effizienz kultureller Modelle und Normen die spezifischen Modalitäten ihrer Aneignung betrachteten; dass sie schließlich die Repräsentationen der sozialen Welt als konstitutiv für die eine Gesellschaft kennzeichnenden Unterschiede und Auseinandersetzungen auffassten. Diese in der Abgrenzung und der Analyse historischer Objekte praktizierten Verschiebungen sind es, welche die Kategorie der New Cultural History im Jahre 1989 bezeichnen und miteinander verbinden wollte.

1. Die Kulturgeschichte: eine unmögliche Definition?

Wie sind heute, zu Beginn des 21. Jahrhunderts, die Entwicklungslinien der Kulturgeschichte einzuschätzen? Wenn sie auch heutzutage dominierend ist, so bleibt es doch mühsam, sie in ihrer Eigentümlichkeit zu definieren. Soll man es anhand der Gegenstände und Praktiken tun, deren Studium sich diese Geschichte zu Eigen macht? Dann wäre das Risiko groß, keine klare und eindeutige Grenze zwischen der Kulturgeschichte und anderen Arten der Geschichte – Ideen-, Literatur-, Kunst-, Erziehungs-, Medien-, Wissenschaftsgeschichte etc. – ziehen zu können. Muss man folglich die Perspektive wechseln und annehmen, dass jede Geschichte, gleich welcher Art, ob Wirtschafts- oder Sozial-, Bevölkerungs- oder Politikgeschichte, Kulturgeschichte ist, und zwar in dem Maße, wie alle Gesten, alle Verhaltensweisen und alle objektiv messbaren Phänomene stets die Resultate der Bedeutungen sind, die Personen Dingen, Wörtern oder Handlungen beimessen? Das Risiko dieses grundsätzlich anthropologischen Blickwinkels besteht in einer imperialistischen Definition der Kategorie Kulturgeschichte, die durch deren Identifizierung mit der Geschichte selbst zu ihrer eigenen Auflösung führt. Die Hauptschwierigkeit liegt letztendlich in den vielen unterschiedlichen Auffassungen des Wortes »Kultur«. Sie können schematisch auf zwei Bedeutungsfamilien verteilt werden: zum einen diejenige, welche die Werke und die Gesten meint, die in einer gegebenen Gesellschaft von den Notwendigkeiten des Alltags ausgenommen und einem ästhetischen oder intellektuellen Urteil unterworfen sind; und zum anderen diejenige, welche auf die alltäglichen Handlungen zielt, durch die eine Gemeinschaft, gleich welcher Art, ihren Bezug zur Welt, zu den anderen oder zu sich selbst lebt und reflektiert.

1. Ästhetische und intellektuelle Schöpfungen

Die erste Klasse von Bedeutungen führt dazu, die Geschichte der Texte, der Werke und der kulturellen Praktiken als eine zweidimensionale Geschichte zu entwerfen. So schlägt es Carl Schorske vor: »Der Historiker versucht, das Artefakt in einem zeitlichen Feld zu lokalisieren und zu interpretieren, in dem sich zwei Linien kreuzen. Die eine Linie ist vertikal oder diachronisch. Durch sie etabliert er die Beziehung eines Textes oder eines Denksystems zu früheren Äußerungen in demselben Zweig kultureller Aktivitäten (Malerei, Politik, etc.). Die andere ist horizontal oder synchronisch. Durch sie schätzt er das Verhältnis des Gehalts eines intellektuellen Gegenstandes zu dem ein, was in anderen Zweigen oder Aspekten einer Kultur zur selben Zeit erscheint« (Schorske 1979: XXI f.). Es geht somit darum, jedes kulturelle Erzeugnis zugleich im Rahmen der Geschichte seiner Gattung, seiner Disziplin oder seines Betätigungsfelds sowie in Beziehung zu den übrigen ästhetischen oder intellektuellen Schöpfungen und kulturellen Praktiken seiner Zeit zu denken.

2. Alltägliche Symbole und Bedeutungen

Letztere führen zur zweiten Familie von Definitionen der Kultur. Diese stützt sich stark auf den Sinn, den die symbolische Anthropologie und insbesondere Clifford Geertz dem Begriff beilegt: »Der Kulturbegriff, dem ich zuneige [...], bezeichnet ein historisch vermitteltes und in Symbolen verkörpertes Bedeutungsmuster, ein System vererbter Vorstellungen, die durch symbolische Formen ausgedrückt werden, durch welche Menschen ihr Wissen und ihre Einstellungen über das Leben mitteilen, bewahren und entwickeln.« (Geertz 1973: 89). Die Gesamtheit der symbolischen Sprachen und Handlungsweisen einer Gemeinschaft konstituiert also deren Kultur. Daher rührt das Interesse der von der Anthropologie beeinflussten Historiker an kollektiven Äußerungen, in denen die Ausdrucksmöglichkeiten eines kulturellen Systems zu Höhepunkten gelangen: Gewaltrituale, Übergangsriten, Karnevalsfeiern etc. (Davis 1975; Darnton 1982).

2. Gemeinsame Repräsentationen und einzelne Werke

Je nach ihren verschiedenen Erbschaften und Traditionen hat die New Cultural History unterschiedliche Gegenstände, Gebiete und Methoden bevorzugt. Eine vollständige Bestandsaufnahme wäre unmöglich. Sachdienlicher ist es zweifellos, einige der Fragen näher zu bestimmen, die diesen unterschiedlichen Ansätzen gemeinsam sind. Ein erster zentraler Punkt betrifft die notwendige Beziehung zwischen einzelnen Werken und gemeinsamen Repräsentationen. Die zentrale Frage hierbei ist die nach dem Prozess, durch welchen Leser, Zuschauer oder Zuhörer den Texten, die sie sich aneignen, Sinn verleihen. In Abgrenzung gegen den strikten Formalismus der »Nouvelle critique« oder des »New Criticism« hat diese Fragestellung alle diejenigen Forschungsansätze beschäftigt, die die Produktion von Bedeutung als das Ergebnis der Beziehung zwischen Lesern und Texten betrachten. Innerhalb der Literaturgeschichte nahm dieses Projekt unterschiedliche Formen an. Das Augenmerk richtete sich dabei entweder auf das dialogische Verhältnis zwischen den Textaussagen und den ästhetischen und interpretativen Kategorien des Publikums (Jauss 1974) oder auf die dynamische Interaktion zwischen dem Text und seinem Leser, verstanden in einer phänomenologischen Perspektive (Iser 1976). Oder aber es richtete sich auf die Austauschprozesse zwischen den Werken selbst und den Diskursen oder Alltagspraktiken, die zugleich die Matrizes der ästhetischen Kreation und die Bedingungen ihrer Verstehbarkeit darstellen (Greenblatt 1988).

Geschichte des Lesens

Derartige Forschungsansätze zwangen dazu, sich von allen strukturalistischen oder semiotischen Lesarten zu verabschieden, die den Sinn eines Werkes lediglich auf das automatische und unpersönliche Funktionieren der Sprache zurückführten. Sie wurden ihrerseits zur Zielscheibe der Kritik von Seiten der New Cultural History. Zum einen betrachten sie die Texte zumeist, als existierten sie nur aus sich selbst heraus, ohne die Gegenstände oder Stimmen, die sie übermitteln. Die kulturelle Lesart hingegen ruft die Tatsache in Erinnerung, dass die Formen, in denen die Werke zu lesen, zu hören oder zu sehen sind, ebenfalls zur Konstruktion ihrer Bedeutung beitragen. Daher rührt der neue Stellenwert der Disziplinen, die für eine genaue

Beschreibung der Schriftobjekte stehen, die die Texte transportieren: Paläographie, Studium mittelalterlicher Kodizes, Bibliographie (McKenzie 1986; Petrucci 1995). Von daher rührt ebenfalls die neuerliche Beachtung der ursprünglichen Geschichtlichkeit von Texten. Diese besteht in der gemeinsamen Betrachtung der zu einer bestimmten Zeit und an einem bestimmten Ort geltenden Bezeichnungs- und Ordnungskategorien des Diskurses mit der Materialität der Texte, die als ihr Druckbild auf der Buchseite (oder als ihre Anordnung in einer Handschrift) verstanden wird (Grazia/Stallybrass 1993). Zum anderen haben die literaturkritischen Ansätze, welche die Lektüre als »Rezeption« oder »Antwort« betrachteten, den Leseprozess stillschweigend verallgemeinert und zu einem Akt erklärt, der sich stets gleiche und dessen Umstände und konkrete Modalitäten unwichtig seien. Als Reaktion auf eine derartige Negierung der Geschichtlichkeit des Lesers ist es angebracht darauf hinzuweisen, dass auch der Prozess des Lesens eine Geschichte (und eine Soziologie) hat, und dass die Bedeutungen von Texten von den Fähigkeiten, Konventionen und Praktiken abhängen, die den Gemeinschaften zu Eigen sind, welche in synchroner und diachroner Perspektive das jeweilige Publikum der Texte darstellen (Cavallo/Chartier 1995; Bouza 1999). Eine nach der Art von Donald F. McKenzie verstandene »Textsoziologie« hat somit die Veröffentlichungs-, Verbreitungs- und Aneignungsweisen von Texten zum Gegenstand. Für sie ist die »Welt des Textes« eine Welt der Objekte und der »Leistungen« und die »Welt des Lesers« eine Welt der »Interpretationsgemeinschaften« (Fish 1980). Letztere besitzen den Text und sind durch eine Summe von Kompetenzen, Normen und Gebräuchen gekennzeichnet.

Textsoziologie

Gestützt auf die bibliographische Tradition setzt die »Textsoziologie« den Akzent auf die Materialität der Texte und die Geschichtlichkeit des Lesers, und zwar in zweifacher Absicht. Einerseits geht es ihr darum, die Auswirkungen von Veränderungen der handschriftlichen oder gedruckten Form eines Werkes auf seine Stellung, seinen Rang und seine Wahrnehmung herauszufinden. Andererseits will sie zeigen, dass durch die besonderen Publikationsformen vor dem 18. Jahrhundert die Stabilität und Triftigkeit derjenigen Kategorien in Frage gestellt werden, welche die Kritik spontan mit der Literatur verbindet: so etwa diejenige des »Werks«, des »Autors«, der »Figur« etc.

Dieses zweifache Erkenntnisinteresse begründete die Definition eigener Forschungsfelder für eine kulturhistorische Herangehensweise an die Werke (was allerdings nicht bedeutet, dass diese Felder spezifisch für diese oder jene Disziplin wären): So wurden etwa die historischen Variationen der Kriterien, die »Literatur« definieren, oder die Modalitäten und Werkzeuge der Konstitution von Repertoires kanonischer Werke untersucht. Die Auswirkungen der Zwänge, denen das literarische Schaffen durch Mäzenatentum, Patronage, die Akademie oder den Markt unterworfen war, wurden ebenso analysiert wie der Einfluss der verschiedenen Akteure (Kopisten, Verleger, Typographen, Lektoren etc.) und der Abläufe im Publikationsprozess der Texte.

Obgleich sie einer bestimmten Ordnung entstammen, entziehen sich die Werke derselben und existieren nur, indem sie diejenigen Bedeutungen annehmen, die ihr jeweiliges Publikum ihnen, manchmal mit sehr großem Abstand, verleiht. Zu durchdenken ist somit folgende paradoxe Verbindung: Die Unterscheidung, durch die alle Gesellschaften unter variierenden Umständen ein bestimmtes Gebiet von Erzeugnissen, Erfahrungen und Freuden von anderen Gebieten absondern, muss mit bestimmten Abhängigkeiten verbunden werden – solchen nämlich, die eine ästhetische oder intellektuelle Erfindung ermöglichen und verstehbar machen, indem sie diese in die soziale Welt und das Symbolsystem ihrer Leser oder Zuschauer einschreiben (Chartier 1998). Die neue und ungewöhnliche Überlappung von Ansätzen (Textkritik, Buchgeschichte, Kultursoziologie), die sich zwar lange Zeit fremd waren, dann jedoch durch das Projekt der Kulturgeschichte zusammenfanden, beinhaltet ein grundsätzliches Interesse: zu begreifen, auf welche Weise die einzelnen erfinderischen Aneignungen bestimmter Leser (oder Zuschauer) gleichzeitig von mehreren Faktoren abhängen: den Bedeutungsintentionen der Werke selbst, den Bedeutungsgewohnheiten, die durch die Publikations- und Verbreitungsformen auferlegt sind, und schließlich den Kompetenzen, Kategorien und Vorstellungen, welche das Verhältnis einer jeden Gemeinschaft zu sich selbst bestimmen.

3. Kultur der Gebildeten und Volkskultur

Eine zweite Frage, von der die New Cultural History bewegt wurde, ist die nach den Beziehungen zwischen Volkskultur und Kultur der Gebildeten. Die verschiedenen Sichtweisen auf beide lassen sich auf zwei große Beschreibungs- und Interpretationsmodelle zurückführen. In dem Bestreben, jede Art von kulturellem Ethnozentrismus abzuschaffen, behandelt das erste Modell die Volkskultur als ein kohärentes und autonomes symbolisches System, das sich nach einer der gebildeten Kultur völlig fremden und nicht auf diese zurückführbaren Logik ordnet. Das zweite Modell ist darum bemüht, die bestehenden Herrschaftsverhältnisse und Ungleichheiten der sozialen Welt in Erinnerung zu rufen, und versteht daher die Volkskultur aus ihren Abhängigkeiten und Mängeln im Verhältnis zur Kultur der Herrschenden. Auf der einen Seite also wird die Volkskultur als autonomes, unabhängiges und in sich geschlossenes symbolisches System gedacht; auf der anderen Seite hingegen wird sie vollständig durch ihre Distanz zur kulturellen Legitimität definiert. Die Historiker haben lange zwischen diesen beiden Blickwinkeln hin und her geschwankt. Dies zeigt sich zum einen in Arbeiten über eine als spezifisch

»popular« eingestufte Religion oder Literatur und zum anderen in der von Zeit zu Zeit immer wieder einmal aufgegriffenen Konstruktion eines Gegensatzes zwischen dem goldenen Zeitalter einer freien und kraftvollen Volkskultur und den Zeiten von Zensur und Zwang, die sie verurteilen und zerstören.

Konfrontation und Akkulturation?

Die kulturhistorischen Arbeiten führten zu einer Ablehnung derart scharfer Trennungen. Zunächst einmal ist klar, dass das Schema, in dem Glanz und Elend der Volkskultur sich gegenüberstehen, keine Eigenheit der Neuzeit ist. Es findet sich auch bei den Mediävisten, die das 13. Jahrhundert als eine Zeit christlicher Akkulturation bezeichnen, in der die Traditionen der laizistischen Volkskultur des 11. und 12. Jahrhunderts zerstört wurden. Es kennzeichnet gleichfalls die Umbruchprozesse, in deren Verlauf sich zwischen 1870 und 1914 die westlichen Gesellschaften von einer traditionellen, bäuerlichen und »populären« Kultur zu einer nationalen, homogenen, vereinheitlichten und entgrenzten Kultur hin entwickelten. Und ein vergleichbarer Kontrast soll im 20. Jahrhundert die durch die neuen Medien verbreitete Massenkultur von einer alten, gemeinschaftlichen und schöpferischen Kultur unterscheiden. Das historiographische Schicksal der Volkskultur ist es demnach, ständig unterdrückt zu werden und doch immer wieder aufzuerstehen. Das eigentliche Problem liegt folglich nicht darin, das unwiderrufliche Verschwinden einer beherrschten Kultur zu datieren, beispielsweise auf 1600 oder 1650 (Burke 1978), sondern zu verstehen, wie sich in jeder Epoche die komplexen Verhältnisse zwischen aufgezwungenen, mehr oder weniger verbindlichen Formen und geschützten, mehr oder weniger verfälschten Identitäten gestalten.

Die Durchsetzungskraft dominanter kultureller Modelle hebt den ihnen eigenen Rezeptionsspielraum nicht auf. Es existiert stets ein Abstand zwischen der Norm und dem Gelebten, dem Dogma und dem Glauben, den Maßregeln und dem Verhalten. In diesen Abstand dringen unbemerkt Neuformulierungen und Umdeutungen, Aneignungen und Widerstände ein (Certeau 1980). Umgekehrt müssen die Einführung einer neuartigen Disziplin, die Einimpfung eines neuen Gehorsams oder die Festlegung neuer Verhaltensregeln stets zu den verwurzelten Vorstellungen und den von allen geteilten Traditionen passen und sich auf sie abstimmen. Es wäre demnach vergeblich, wollte man eine »populare« Kultur, Religion oder Literatur anhand von spezifischen Praktiken, Glaubensformen oder Texten identifizieren. Diese Feststellung hat dazu geführt, dass man die Mechanismen, durch die die Beherrschten ihre eigene Unterlegenheit und Illegitimität verinnerlichen, zusammen mit den Abläufen betrachtet, mittels derer es einer beherrschten Kultur gelingt, etwas von ihrem symbolischen Zusammenhalt zu bewahren. Diese Lektion gilt für die Auseinandersetzung zwischen Klerikern und Landbevölkerung in Alteuropa (Ginzburg 1976) ebenso wie für die Beziehungen zwischen Besiegten und Siegern in der Kolonialwelt (Gruzinski 1988).

4. Diskurse und Praktiken

Eine weitere Herausforderung für die Kulturgeschichte, welcher Art auch immer ihre Herangehensweisen und Gegenstände sind, besteht in der Verknüpfung von Praktiken und Diskursen. Die diesbezügliche Infragestellung althergebrachter Gewissheiten kam in Gestalt des »linguistic turn« (Linguistische Wende), der auf zwei essentiellen Ideen beruhte: dass die Sprache ein System von Zeichen ist, deren Beziehungen untereinander von selbst vielfache und instabile Bedeutungen hervorbringen; und dass die »Wirklichkeit« kein objektiver, außerhalb des Diskurses liegender Bezugspunkt ist, sondern stets in der Sprache und durch sie konstruiert wird. Eine solche Perspektive geht davon aus, dass soziale Interessen niemals eine im Voraus existierende Realität, sondern stets das Ergebnis symbolischer und linguistischer Konstruktionen sind. Sie geht weiterhin davon aus, dass jede Handlung, gleich welcher Art, in der Ordnung des Diskurses verortet ist (Baker 1990).

Handeln und Erfahrung außerhalb des Diskurses

Gegen diese Postulate haben viele eingewendet, dass frühere Handlungen zwar zumeist ausschließlich durch Texte, die sie darstellen oder organisieren, vorschreiben oder verbieten wollten, zugänglich sind; dass aber im Gegenzug dieses nicht die Identität der folgenden beiden logischen Abläufe impliziert: desjenigen nämlich, der die Produktion und die Rezeption des Diskurses lenkt, mit demjenigen, der Verhaltensweisen und Handlungen regelt. Um diese Nichtableitbarkeit der Erfahrung aus dem Diskurs, der praktischen Logik aus der logozentrischen Logik zu denken, konnten sich die Historiker auf die von Michel Foucault (1969) vorgeschlagene Unterscheidung zwischen »diskursiven Formationen« und »nicht-diskursiven Systemen« oder die Unterscheidung von Pierre Bourdieu (1997) zwischen »praktischem Sinn« und »scholastischer Vernunft« stützen.

Derartige Unterscheidungen weisen auf die Gefahr einer unkontrollierten Verwendung des Textbegriffs hin, der oftmals unberechtigterweise auf Handlungen angewendet wird, deren Abläufe in nichts den Strategien gleichen, welche die Aussagen von Diskursen bestimmen. Außerdem führen diese Unterscheidungen zu dem Gedanken, dass die Herstellung von Interessenlagen durch die zu einem bestimmten Zeitpunkt disponiblen Sprachen ihrerseits durch die ungleichen (materiellen, sprachlichen oder konzeptuellen) Ressourcen der Individuen eingeschränkt wird. Die sozialen Eigenschaften und Stellungen, welche die gesellschaftlichen Gruppen in ihrer Unterschiedlichkeit kennzeichnen, sind nicht bloß eine Wirkung des Diskurses. Sie bezeichnen auch die Bedingungen der Möglichkeit eben dieser Wirkung.

Der Gegenstand einer Geschichtswissenschaft, die zu erkennen sucht, auf welche Weise die gesellschaftlichen Akteure ihren Handlungen und Aussagen Sinn verleihen, liegt folglich in einem Spannungsfeld zwischen dem Erfindungsreichtum der Personen und Gemeinschaften auf der einen Seite und den Zwängen und Konventionen, die, je nach ihrem Rang in den Herrschaftsverhältnissen, mehr oder weniger stark einschränken, was ihnen zu denken, zu sagen und zu tun möglich ist, auf der anderen Seite. Diese Feststellung gilt für gebildete Werke und ästhetische Kreationen, die immer in den Traditionen und Bezügen verhaftet sind, die sie begreiflich, kommunizierbar und verstehbar machen. Sie gilt gleichermaßen für alle gewöhnlichen, verstreuten, stillen Handlungen, die den Alltag ausmachen.

»Repräsentationen« Auf der Grundlage einer solchen Feststellung ist die neuerliche Lektüre der sozialwissenschaftlichen Klassiker (Norbert Elias, Max Weber, Emile Durkheim, Marcel Mauss, Maurice Halbwachs) durch die Historiker zu verstehen. Verständlich wird so auch der Stellenwert eines Begriffs wie »Repräsentation«, der für sich allein genommen schon beinahe die neue Kulturgeschichte bezeichnet – erlaubt er doch, gesellschaftliche Stellungen und Beziehungen auf enge Weise mit der Selbst- und Fremdwahrnehmung von Individuen und Gruppen zu verknüpfen. Die nach Art der Durkheimschen Soziologie aufgefassten kollektiven Vorstellungen oder Repräsentationen verkörpern in den Individuen die Schichtungen der sozialen Welt in der Form von Ordnungs- und Urteilsschemata. Sie sind es, die die unterschiedlichen Darstellungsweisen der sozialen Identität oder der politischen Macht so transportieren, wie die Zeichen, die Verhaltensweisen und die Rituale sie offenbaren. Und schließlich finden die kollektiven und symbolischen Repräsentationen in ihren – individuellen oder kollektiven, konkreten oder abstrakten – Trägern Garanten für Stabilität und Kontinuität.

In den kulturwissenschaftlichen Arbeiten der letzten Jahre hat dieser dreifache Wortsinn der Repräsentation breite Verwendung gefunden. Dafür gibt es zwei wesentliche Gründe. Zum einen hat der Rückgang der Gewalt zwischen Individuen, der die westlichen Gesellschaften vom Mittelalter bis zum 18. Jahrhundert kennzeichnet und aus der (zumindest tendenziellen) Besetzung des legalen Gewaltmonopols durch den Staat herrührt, die direkten, brutalen und blutigen Kämpfe durch Auseinandersetzungen ersetzt, deren Gegenstand und Instrument bestimmte Repräsentationen waren (Elias 1939). Zum anderen hängt die Autorität einer Macht oder die Herrschaft einer Gruppe davon ab, ob den von ihnen unterbreiteten Repräsentationen ihrer selbst Glauben geschenkt wird oder nicht. Die New Cultural History schlägt so der politischen Geschichte und der Sozialgeschichte vor, Herrschaftsbeziehungen als symbolische Kräfteverhältnisse zu behandeln, als eine Geschichte der Annahme oder Zurückweisung der ihre Unterwerfung sichernden und perpetuierenden Repräsentationen durch die Beherrschten.

Symbolische Gewalt setzt voraus, dass der oder die ihr Ausgesetzte durch Verinnerlichung ihrer Legitimität zu ihrer Wirksamkeit beiträgt (Bourdieu 1989). Durch die Aufmerksamkeit, die der symbolischen Gewalt zuteil wurde, hat sich das Ver-

Symbolische Gewalt – Identitäten – Geschlecht

ständnis mehrerer wesentlicher Tatsachen grundlegend gewandelt: So basiert z. B. die Ausübung von Autorität auf der Zustimmung zu den Zeichen, Ritualen und Bildern, durch die sie sichtbar wird und zum Gehorsam auffordert (Bouza 1999). Die Konstruktion sozialer oder religiöser Identitäten spielt sich im Spannungsfeld zwischen den von Obrigkeiten oder Orthodoxien verordneten Vorstellungen auf der einen und dem Zugehörigkeitsgefühl einer jeden Gemeinschaft auf der anderen Seite ab (Ginzburg 1966; Geremek 1980). Und schließlich werden die Beziehungen der Geschlechter untereinander als ein Einschärfen männlicher Herrschaft durch bestimmte Repräsentationen und Handlungen verstanden und als die Affirmation einer eigenen weiblichen Identität, mit oder ohne Zustimmung durch die Ablehnung bzw. Aneignung der auferlegten Modelle (Duby/Perrot 1991–92; Scott 1996; Bourdieu 1998). Die Reflexion über die Definition sexueller Identitäten, die Lynn Hunt 1989 als eines der ureigenen Charakteristika der New Cultural History bezeichnete, stellt eine exemplarische Illustration der heute an jede geschichtswissenschaftliche Praxis gestellten Anforderungen dar: gleichzeitig zu verstehen, wie Repräsentationen und Diskurse Herrschaftsverhältnisse konstruieren und wie sie dabei ihrerseits von den ungleichen Ressourcen und den gegensätzlichen Interessen abhängen, welche diejenigen, deren Macht sie legitimieren, von denjenigen unterscheiden, für deren Unterwerfung sie sorgen (oder sorgen sollten).

Diversität statt Reduktionismus

Ist die Kohärenz der New Cultural History so stark, wie Lynn Hunt es verkündet hat? Die Diversität der Forschungsgegenstände, der methodologischen Perspektiven und der theoretischen Bezugspunkte, die in den letzten zehn Jahren die Kulturgeschichte bestimmten, erlaubt es, daran zu zweifeln. Allzu riskant wäre es, die in diesem kurzen Essay erwähnten Arbeiten unter ein und dieselbe Kategorie zu fassen. Dennoch bleibt, jenseits der Grenzziehungen, eine Anzahl gemeinsamer Fragen und Anforderungen. In diesem Sinne ist die New Cultural History nicht, oder nicht mehr, durch die Einheit eines Ansatzes gekennzeichnet. Sie ist ein Raum des Austausches und der Diskussion zwischen Historikern, deren Gemeinsamkeit in der Ablehnung der Reduktion historischer Phänomene auf eine einzige Dimension besteht, und die sich sowohl von den Illusionen des »linguistic turn« (Linguistische Wende) als auch von den einengenden Vermächtnissen befreit haben, die der Primat des Politischen oder die Allmacht des Sozialen postulierten.

Roger Chartier, Directeur d'Études an der École des Hautes Études en Sciences Sociales Paris und Visiting Professor an der University of Pennsylvania Philadelphia. Forschungsgebiete: Schreib- und Buchkultur der Frühen Neuzeit, Schauspieltexte der Frühen Neuzeit.

Susanna Burghartz

Historische Anthropologie/Mikrogeschichte

1. Das Unbehagen an der (Struktur-)Geschichte

»Die Geschichte ist den Geschichten feindlich, und nur in den Geschichten sind Menschen zu erkennen (Bichsel 1982: 20).« Diese Überzeugung formulierte Peter Bichsel in seinen Poetik-Vorlesungen und setzte im Folgenden seine Rolle von derjenigen des Historikers ab. Der Schriftsteller, so Bichsel, »beschreibt nicht Realitäten, er schreibt nicht ›die Geschichte‹, sondern ›Geschichten‹. Das unterscheidet ihn vom Historiker, der daran glaubt, dass man das, womit er sich beschäftigt, ›Die Geschichte‹ nämlich, nicht in die Mehrzahl setzen könne« (1982: 79). Das Unbehagen an einer Geschichte ohne Menschen beschäftigte nicht nur den Schriftsteller. Es hatte vielmehr seit den siebziger Jahren zu einer wachsenden Kritik an der Dominanz von Strukturalismus, Strukturfunktionalismus und Strukturgeschichte geführt. Historikerinnen und Historiker aus verschiedenen Ländern und nationalen Geschichtskulturen interessierten sich zunehmend für die Einzelnen und ihre Erfahrungen, Handlungen und Handlungsspielräume, aber auch für symbolische Formen und Rituale und deren Bedeutungen und Eigen-Logiken. In je unterschiedlichen historiographischen Kontexten, Arbeits- und Diskussionszusammenhängen wurden neue Fragen gestellt und neue Antworten auf alte Fragen gegeben. Schon 1978 schlug Jacques Le Goff als Vertreter der so genannten »nouvelle histoire« (Neue Geschichte) vor, Geschichte, Anthropologie/Ethnologie und Soziologie zu einer »anthropologie historique« zusammenzuführen, um so die sich abzeichnenden Defizite der strukturgeschichtlich umfassenden »histoire totale« der »Annales«-Schule zu überwinden. Statt geschichtsphilosophisch überhöhter großer Fragen und Prozesse wünschte er sich die Auseinandersetzung mit einer Geschichte, wie sie die Menschen gelebt und erlebt hatten (Le Goff 1978: 241). Dieses Feld, das sich in der Folge im deutschsprachigen Bereich unter dem Stichwort »Historische Anthropologie« formierte, zeichnet sich mittlerweile durch eine große, bisweilen unüberschaubare konzeptuelle Vielfalt aus, bedingt nicht zuletzt auch durch seine heterogenen Ursprünge. Gemeinsam scheint den verschiedenen Ausprägungen ihr Interesse an Menschen, ihren Erfahrungen und Wahrnehmungen im Wandel der Zeit. Darüber hinaus allerdings sind die Unterschiede in den Fragen, Perspektiven, theoretischen Orientierungen und methodischen Zugriffen häufig größer als die Gemeinsamkeiten.

2. Erweiterung der Ränder – Historisierung des »Natürlichen«

Lange Zeit schloss die Geschichtswissenschaft – ob nun in der Variante der Politik-, Verfassungs- oder der neueren Sozialgeschichte – Erfahrungen in menschlichen Grundkonstellationen als ahistorisch aus ihrem Themenrepertoire aus oder verwies sie zumindest an die Ränder der Disziplin. Im deutschen Sprachbereich waren entsprechende Themen traditionell von der disziplinär marginalisierten Kulturgeschichtsschreibung behandelt worden. Seit den sechziger Jahren plädierten hier einzelne Historiker wie etwa Thomas Nipperdey (1969) für eine Anthropologisierung der Geschichte, in deren Zentrum Handlungen und Verhalten von Menschen und damit die subjektive Seite der Geschichte stehen sollte. Dieses Interesse speiste sich nicht zuletzt aus der Kritik an einer zunehmend erfolgreichen, strukturgeschichtlich orientierten Geschichte als »Historische Sozialwissenschaft«. Auch für andere Exponenten wie Jochen Martin (1994) vom Freiburger Institut für »Historische Anthropologie« stand und steht ein universal-historischer, anthropologischer Zugriff auf »menschliche Grundphänomene« und »elementare Erfahrungen des Menschen« im Zentrum, und damit Fragen, wie sie auch in der Zeitschrift »Saeculum. Jahrbuch für Universalgeschichte« behandelt werden. »Grundsituationen und elementare Erfahrungen des Menschen« wie Geburt und Tod, Krankheit, Geschlechterrollen, Familie, Arbeit, Mangel, Überfluss wurden für verschiedene Zeiten und Räume aufgearbeitet. Im Unterschied zu diesen auf je verschiedene Weise historischen Ansätzen ist eine Gruppe interdisziplinär arbeitender, kulturwissenschaftlich ausgerichteter WissenschafterInnen im Umfeld der Zeitschrift »Paragrana« (seit 1992) stärker an einer phänomenologisch konzipierten, philosophischen Anthropologie orientiert.

Ausgangspunkt »Annales«

Innerhalb der Disziplin war für die internationale Auseinandersetzung über den Zusammenhang von Geschichte und Ethnologie vor allem die Debatte der französischen Annales-Historiker prägend. Seit der Gründung der Zeitschrift (1929) waren für sie interdisziplinäre Diskussionen zentral. Das frühe Interesse an Geografie und Soziologie hatte in der Annales-Gruppe zur Abkehr von der Ereignisgeschichte geführt. An deren Stelle trat ein wachsendes Interesse an einer »histoire du longue durée« (Geschichte der langen Dauer) oder sogar an einer »histoire immobile« (unbewegte Geschichte) (Fernand Braudel). In den sechziger Jahren wurden frühere Überlegungen der Gründerväter Marc Bloch und Lucien Febvre erneut aufgenommen und zu einer Geschichte der Mentalitäten, Wahrnehmungen und des »Imaginaire« weiterentwickelt. Diese neuen Ansätze waren eng verknüpft mit einer Neuausrichtung der interdisziplinären Interessen auf die Ethnologie und mit einer Kritik am bisherigen Kulturkonzept der Annales als dritter und damit Wirtschaft und Gesellschaft nachgeordneter Ebene. Dies führte zur Entdeckung anthropolo-

Internationale Entwicklungen

gischer Themen und ihrer historischen Dimension und Aufarbeitung: So entstanden die »Geschichte der Kindheit« (1975) und die »Geschichte des Todes« (1980) von Philippe Ariès, die »Geschichte der Familie« (Burguière u. a. 1996–98) im interkulturellen Vergleich oder die »Geschichte des privaten Lebens« (Ariès/Duby 1989). Führende Vertreter der französischen Geschichtswissenschaft wie Jacques Le Goff, Georges Duby, Emmanuel Le Roy Ladurie oder Roger Chartier erhoben die »anthropologie historique« als »nouvelle histoire« zum Programm und ermöglichten damit eine Anknüpfung und zugleich Weiterentwicklung der Annales-Tradition (Le Goff 1978). Dagegen kam es in der (bundes-)deutschen Geschichtswissenschaft zu einer heftigen Kontroverse (vgl. Schulze 1994: 7) zwischen alltags- und mikrogeschichtlichen Historikern einerseits und Vertretern der Historischen Sozialwissenschaft andererseits, die bis in die Gegenwart zu wenig fruchtbaren Grenzziehungen und Ausgrenzungen geführt hat. Gleichzeitig wurden durch diese Auseinandersetzungen (Medick 1984; Lüdtke 1989), aber auch durch programmatische Überlegungen italienischer Historiker/innen der »Microstoria« (Mikrogeschichte) (Levi 1991; Ginzburg 1993) und ihre Diskussionen in der Zeitschrift »Quaderni Storici«, die prinzipiellen, konzeptuellen Unterschiede und Unvereinbarkeiten zwischen den beiden Ausrichtungen sichtbarer. Die seit dem 19. Jahrhundert vollzogene Ausdifferenzierung und Abgrenzung der Disziplinen der Ethnologie/Anthropologie und der Geschichtswissenschaft erwies sich zugleich auch als strikte Grenzziehung zwischen Natur und Kultur (in einem engen Sinn), die wesentliche Bereiche menschlichen Lebens der Geschichtswissenschaft als Gegenstand entzogen hatte. Die interdisziplinäre Zusammenarbeit von Ethnologie und Geschichte führte daher zu einer erheblichen Ausdehnung des Gegenstandsbereichs der Geschichte (Pomata 1983). Die entsprechende Historisierung vermeintlich naturgegebener Fakten und »Tatsachen« wurde darüber hinaus auch durch andere intellektuelle Debatten im Zuge des »linguistic turn« (Linguistische Wende) und der damit verbundenen Postmoderne und Dekonstruktion erheblich vorangetrieben, ohne dass deren Ergebnisse, wie etwa die vollständige Diskursivierung des Körpers, immer von der Historischen Anthropologie geteilt und akzeptiert würden. Kennzeichnend für die verschiedenen Formen *historischer* Anthropologie ist, dass sie nicht die universellen Konstanten und Charakteristika menschlicher Grundphänomene herausarbeiten und analysieren wollen, sondern vielmehr an deren »Zeitlichkeit« (Martin 1994: 42) und damit an der »geschichtlichen Bedingtheit und Wandelbarkeit anthropologischer Strukturen« (Lepenies 1975: 330) interessiert sind und nach den entsprechenden individuellen wie auch kollektiven Erfahrungen (Geschlecht, Tod, Geburt, Sexualität etc.) und ihren Veränderungen fragen.

3. Anthropologie und Geschichte: Andere Themen – neue Felder

Politik, Staat, aber auch Bevölkerungsgeschichte, wirtschaftliche Strukturen und ihre Entwicklung hatten im Zentrum der traditionellen Geschichtswissenschaft gestanden. Dagegen favorisierte die Historische Anthropologie neue Themen und andere Untersuchungsfelder, die sich ihrerseits im Lauf der letzten dreißig Jahre permanent verändert und weiter entwickelt haben. Unterschiedliche Ausgangspunkte und intellektuelle Wurzeln haben dazu geführt, dass in den verschiedenen Bereichen unterschiedliche Akzente gesetzt und verschiedene Aspekte hervorgehoben wurden, die sich zum Teil ergänzen und verbinden, zum Teil aber auch nebeneinander in vergleichsweise großer Unabhängigkeit und erstaunlicher gegenseitiger Ignoranz bestehen, wie beispielsweise die Protestforschung und die Kriminalitätsgeschichte.

Familie und Sozialisation

Ausgehend von der klassischen Sozialgeschichte spielte zunächst die Familiengeschichte als wesentliches Prinzip der Vergesellschaftung eine wichtige Rolle. Haus und Familie wurden ebenso als rechtliche Institutionen wie als Lebensort thematisiert (Dülmen 1990). Die sich historisch immer wieder wandelnde Bedeutung von Verwandtschaft und den entsprechenden Netzwerken für die soziale und ökonomische Organisation (Sabean 1990, 1998; Baumann 1990) waren in diesem Feld von ebenso zentralem Interesse wie die enge Durchdringung von Emotionen und Interessen (Medick/Sabean 1984). Schon früh hat die Geschichte der Sozialisation und der Lebensalter spezifische Aufmerksamkeit auf sich gezogen. Neben den Arbeiten von Philippe Ariès zu Kindheit und Tod sind hier vor allem die von Jochen Martin herausgegebenen Bände zu Jugend (1986) und Geschlechterrollen (1989), die Arbeiten von Detlev Peukert zur Geschichte der Jugend in der ersten Hälfte des 20. Jahrhunderts (1987) und die Geschichte des Alters von Peter Borscheid (1987) zu nennen. Der Rückgriff auf ethnologische und volkskundliche Konzepte erwies sich für die Interpretation von »rites de passage« (Schwellenrituale) als Gestaltung grundlegender menschlicher Erfahrungen und Übergangssituationen wie Geburt, Heirat und Tod auch für die Geschichtswissenschaft als ausgesprochen anregend. Paradigmatisch sind die Analysen zu Florenz von Christiane Klapisch-Zuber (1985), die ein ganzes Bedeutungs- und Beziehungsuniversum mit den entsprechenden Machtkonstellationen und Beziehungsnetzen für die florentinische Oberschicht der Renaissance beschrieben hat. Zugleich haben sich in diesem Kontext Fragen von Gütertransfer und Gabentausch für die Analyse von ökonomischer wie symbolischer Ordnung der Renaissance-Gesellschaft als ebenso fruchtbar erwiesen wie für die antiken Gesellschaften (Wagner-Hasel 2000).

Im Anschluss an historisch demographische Untersuchungen wurden zunehmend die Beziehungen zwischen den Geschlechtern und vor allem die Geschichte der Sexualität in den Blick genommen. Dabei interessiert die innerhäusliche und

Geschlecht – Sexualität – Körpergeschichte

innereheliche Machtverteilung ebenso wie die geschlechtsspezifische Arbeitsorganisation (Mitterauer 1992) oder Formen illegitimer Sexualität und unehelicher Geburten (Beck 1983). Die Sexualitätsgeschichte hat sich mittlerweile zu einem eigenen Forschungszweig weiterentwickelt, der stark von Foucaults diskursgeschichtlichen Überlegungen zur Konstruktion von Sexualität geprägt ist (Gleixner 1994) und neben historisch-anthropologischen Fragestellungen (Muir/Ruggiero 1990) vermehrt auch geschlechtergeschichtliche Perspektiven und Themen der Geschichte der Homosexualität aufgreift, die diesen Rahmen sprengen. An der Grenze von Medizingeschichte, historischer Anthropologie und Körpergeschichte haben sich zahlreiche Untersuchungen etwa zur Geschichte von Schwangerschaft, Geburt und Hebammen (Labouvie 1998), des medizinischen Wissens und der Leibkonzeption etabliert (Duden 1987). Gerade die Körpergeschichte hat sich als eigenständiges Forschungsfeld, für das diskursgeschichtliche und dekonstruktivistische Anregungen und Positionen eine wesentliche Rolle spielen, auch jenseits der historischen Anthropologie weiterentwickelt (Lorenz 2000).

Hexenforschung – Religiöse Praxis

An der Schnittstelle von Sozialgeschichte, Religionsgeschichte, Magie-, aber auch Medizin- und Körpergeschichte hat schon früh die Hexenforschung ethnologische Konzepte zur Interpretation spätmittelalterlicher und frühneuzeitlicher Zauberei- und Hexenprozesse beigezogen. Hier spielten sozial- und kulturanthropologische Modelle der Beziehungs- und Symbolanalyse eine wichtige Rolle. In neueren Arbeiten hat in diesem Forschungsfeld mit den Untersuchungen von Lyndal Roper (1995) eine interessante Annäherung historisch-anthropologischer und psychohistorischer Fragestellungen stattgefunden. Neben den magischen, volkskulturellen Vorstellungen interessiert sich die historisch-anthropologische Forschung für weitere Formen popularer Frömmigkeit und religiöser Praxis wie Wallfahrten (Habermas 1991), Beichte oder die Rolle der Pfarrer in der dörflichen Gesellschaft (Ulbrich 1999). Die gesellschaftliche Bedeutung religiöser Feste, Kulte und Rituale wurde analysiert und die Topographien des Sakralen, die sich etwa in Prozessionen niederschlagen, als Ausdruck sozialer Ordnung und Code weltlicher Macht untersucht, wie dies Richard Trexler (1980) beispielhaft für Florenz vorgeführt hat.

Volkskultur – Protestkultur

Forschungen zu popularen Glaubensvorstellungen, Magie, Hexerei, aber auch lebensweltlichen Ritualen, Festen und Praktiken, haben immer wieder mit spezifischen Konzepten von Volkskultur gearbeitet, die ihrerseits in den Diskussionen der letzten Jahrzehnte erhebliche Veränderungen durchgemacht haben. Aus der Ethnologie kolonialer Gesellschaften wurde zunächst die modernisierungstheoretisch fundierte

Akkulturationstheorie übernommen, um den durch eine hegemoniale, koloniale Kultur erzwungenen sozialen und kulturellen Wandel traditionaler Gesellschaften zu diskutieren. Damit wurde für die europäischen Gesellschaften eine streng dichotome Unterscheidung von Eliten- und Volkskultur konzipiert (Muchembled 1982), die noch dem Modernisierungsparadigma verhaftet war. Dagegen führte die weitere Erforschung der Volkskultur dazu, das Verhältnis zur Elitenkultur zunehmend differenziert zu sehen. Das alltagsgeschichtliche Interesse an Erfahrungen und Lebensweisen der Unterschichten betonte deren Handlungsmöglichkeiten, -spielräume und Eigensinn (Alf Lüdtke) und die »widerspenstige« Praxis der Individuen (Schindler 1992), deren Geschichte nun ein eigenes Interesse zugeschrieben wurde. Diese Entwicklung war ihrerseits beeinflusst durch die Protest- und Revoltenforschung, die seit den sechziger Jahren eine intensivere Erforschung der Volkskultur im Prozess der Formierung des (früh)modernen Staates vorantrieb. Entsprechend konnte Hans Medick »kulturelle Differenzen und Gegensätze als entscheidende Triebkräfte für historische Veränderungen« ausmachen (Medick 1984: 50). Wegweisend für die historische Anthropologie waren Arbeiten von Edward P. Thompson (1980) zur Protestkultur englischer Unterschichten des 18. Jahrhunderts im Rahmen einer spezifischen »moral economy« (moralische Ökonomie), die Untersuchung von Emanuel Le Roy Ladurie über den Karneval in Romans (1989), aber auch Arbeiten zu weniger spektakulären Unruhen französischer Drucker (Darnton 1989), deren Verhalten an traditionellen Vorstellungen von Ehre als handlungsleitendem Code orientiert waren. Eine weitere Annäherung von stärker ethnologisch-volkskundlich ausgerichteten Forschungen zu Ritualen, Volks- und Alltagskultur und stärker sozialgeschichtlich geprägter Protestforschung gelang durch eine Dynamisierung des Herrschaftskonzeptes. Auf diese Weise konnte David Sabean (1986) in aufschlussreichen Einzelfalluntersuchungen die komplexen Interaktionen von Obrigkeit und Untertanen im Prozess der Herstellung und Aufrechterhaltung von Herrschaft und ihrer Begrenzung fassen.

Kriminalitätsgeschichte

Neben die Aufstandsforschung trat im deutschsprachigen Raum seit den späten achtziger Jahren die Kriminalitätsgeschichte als Bereich, in dem wichtige historisch-anthropologische Untersuchungen und Fallstudien erschienen (Blauert/Schwerhoff 2000). War international die historische Kriminalitätsforschung weitgehend sozialgeschichtlich und damit auch an den Paradigmen von Modernisierung, Zivilisierung und Fortschritt orientiert gewesen, so entwickelte sich auf Grund der verspäteten Rezeption im deutschsprachigen Bereich eine stärker kulturgeschichtlich ausgerichtete Forschungspraxis, die den Einbezug historisch-anthropologischer Fragen und Konzepte erleichterte, mögliche Kosten der Modernisierung im Auge behielt und sich für die gesellschaftlichen und kulturellen Bedeutungen des gerichtlich sanktionierten Verhaltens interessierte, ohne der langfristigen, strukturgeschichtlichen Fortschrittsperspektive auf Repression selbstverständlich den Vorzug zu geben. Eine solche Einordnung in den Bedeutungszusammenhang der zeitgenössischen Gesellschaft und Kultur hat Regina Schulte (1989) am Beispiel von Brandstiftung, Kindsmord und Wilderei für Oberbayern in der zweiten Hälfte des 19. Jahrhunderts beispielhaft vorgeführt. Entsprechende Fallstudien machen deutlich, welches Erkenntnispotenzial die historisch-anthropologische Analyse im genauen Blick auf Gesellschaften und ihre Eigenlogiken freisetzen kann.

Alltag – Erfahrung – Selbstzeugnisse

Eine weitere wichtige Quelle historisch-anthropologischer Arbeit war die Alltagsgeschichte in ihren verschiedenen Ausrichtungen. Für die mittelalterliche und frühneuzeitliche Geschichte spielte vor allem in der französischen, aber auch in der österreichischen Geschichtswissenschaft (Jaritz 1989) die Erforschung des Alltagslebens, seiner Zwänge und Möglichkeiten, und die eigentliche materielle Kultur mit ihrer Sprache der Dinge eine wichtige Rolle (Roche 1997). Mit etwas anderer Akzentsetzung wurden für den gleichen Zeitraum mit dem Konzept der Lebensformen historisch-anthropologische Fragen im Sinne elementarer Grunderfahrungen und ihrer Vergesellschaftungsformen aufgenommen (Borst 1973). Die Alltagsgeschichte des 19. und vor allem 20. Jahrhunderts hat dagegen die Lebenswelten der Unterschichten und einfachen Leute, ihre Anpassungen und ihren Widerstand zum Gegenstand historischer Forschung gemacht (Lüdtke 1989), deren wesentlicher Leitbegriff »Erfahrung« geworden ist. Lange Zeit stand hier der Alltag im Faschismus ebenso wie in der Nachkriegszeit im Zentrum und damit zugleich Erdulden und Aneignen historischer Prozesse (Broszat/Frölich 1987), aber auch deren Einbindung in gesamtgesellschaftliche Entwicklungen und Zusammenhänge und ihre aktive Aneignung und Rekonstruktion im Prozess der Erinnerung und des Erzählens. Neben der physischen und dinglichen Materialität und deren symbolischen Bedeutungen nehmen Fragen von Gedächtnis, Erinnerung und deren Konstruktion sowohl im Bereich einer alltagsgeschichtlich orientierten »oral history« (mündliche Geschichte) (Niethammer 1991) wie auch in der wieder stärker auf Individuen und auch Individualisierungsprozesse gerichteten Selbstzeugnisforschung einen wichtigen Platz ein (Dekker 1988, Schulze 1996). Für vormoderne Gesellschaften werden im Zusammenhang mit dem kulturellen Gedächtnis, Gedenken und Traditionsbildung Funktionen von Oralität und Schriftlichkeit diskutiert (Goody 1981), dabei spielt nicht nur das Schreiben sondern auch die Geschichte der Lektüre und die Leseforschung eine wichtige Rolle (Chartier 1990). In der Frage nach der kulturellen Bedeutung von Schrift berühren sich historisch-anthropologische Fragestellungen mit der Frage nach Repräsentation, wie sie die Textwissenschaft verfolgt haben, und mit mediengeschichtlichen Ansätzen.

Schrift wurde schon früh zum Kriterium für Zivilisation und damit auch zum Charakteristikum europäischer im Vergleich mit außereuropäischen Gesellschaf-

> Ethnologie – Das Fremde
> in der eigenen Geschichte

ten, die als schriftlose Kulturen zugleich auch als »Völker ohne Geschichte« qualifiziert wurden. Mit ihrem expliziten Interesse an Ethnologie interessiert sich die historische Anthropologie für die Geschichte dieser Kulturen (Wolf 1986; Sahlins 1992) und gleichzeitig hat sich in der interdisziplinären Diskussion das Interesse der Disziplin Ethnologie an der historischen Dimension ebenfalls verstärkt. Fremdheit und Alterität blieben in der Folge als Problem nicht auf außereuropäische Kulturen beschränkt. Das Verhältnis von Eigenem zum Fremden und Anderen wurde vielmehr als Schlüssel zum Verständnis von Kulturen in antiken Reiseberichten untersucht (Hartog 1980), wobei sich zeigte, dass antike Gesellschaften Identitätsfragen gerade in Bezug auf ihre Ränder und deren Überschreitung thematisierten. Schließlich wurde das Fremde ebenso mitten in der eigenen Kultur wie in der eigenen Geschichte entdeckt.

Die vielen Felder historisch-anthropologischer Untersuchungen sind damit keineswegs abschließend aufgeführt. Sie sind, wie einzelne Bereiche (z. B. die Körpergeschichte) zeigen, in einem ständigen Prozess der Veränderung, Erneuerung und Erweiterung, der die theoretisch-konzeptuelle Gemengelage einzelner Bereiche ebenso unablässig verändert, wie er strikte Grenzziehungen zwischen der historischen Anthropologie und anderen, stärker diskursgeschichtlich oder postmodern geprägten Zugriffen problematisch erscheinen lässt.

4. Neue Perspektiven und neue Ziele: Mikrogeschichte als theoretisch-konzeptuelle Herausforderung

Die Kritik am Verschwinden der historischen Akteure hinter den dominierenden Strukturen führte nicht nur zur Etablierung neuer Themen und Felder in der Geschichtswissenschaft, sondern auch zu einer prinzipiellen Diskussion und Reflexion, die darauf zielte, die Perspektive historischer Forschung grundlegend zu verändern, wie dies die Gründung der Zeitschrift »Historische Anthropologie. Kultur, Gesellschaft, Alltag« (1993) dokumentiert. Ausgangspunkt war die zentrale methodische Herausforderung, die Doppelkonstitution historischer Prozesse und damit »die Gleichzeitigkeit von gegebenen und produzierten Verhältnissen, die komplexe wechselseitige Beziehung zwischen umfassenden Strukturen und der Praxis der ›Subjekte‹, zwischen Lebens-, Produktions- und Herrschaftsverhältnissen und den Erfahrungen und Verhaltensweisen der Betroffenen« (Medick 1984: 295) angemessen zu erfassen. Dieses Kernproblem führte zu einem erweiterten Verständnis des Kulturbegriffs. Kultur wird nicht mehr als autonomer gesellschaftlicher Bereich ästhetischer Produktion aufgefasst, sie verliert ihre gerade für den deutschen Sprachraum lange bestimmende Fixierung auf Hochkultur ebenso wie die Einschränkung der älteren Volkskunde auf die Sachkultur. Kultur wird als etwas Umfassendes verstanden, das zum einen Individuen und soziale Gruppen prägt, zum anderen durch die individuelle und kollektive Praxis gestaltet wird. Die Ausdehnung des Kulturbegriffs führt nicht zu einer neuen, allgemein akzeptierten Definition, sondern vielmehr zu Kultur(en) im Plural. Das entsprechend weit gefasste und symbolorientierte Kulturverständnis der Historischen Anthropologie interessiert sich für die sozio-kulturelle Praxis und fragt nach dem Netz von Bedeutungen, die Menschen ihren Handlungen zuschreiben. Kultur wird damit immer in ihren konkreten, historisch spezifischen Ausdrücken fassbar.

> Verkleinerung des Beobachtungsmaßstabes

Die Auswahl entsprechender Erkenntnisgegenstände erfolgte je nach methodisch-konzeptueller Ausrichtung unterschiedlich. Hatte die Mentalitätsgeschichte, die als kulturgeschichtliche Weiterentwicklung der Strukturgeschichte verstanden werden kann, mit der »histoire sérielle« (Serielle Geschichte) den Wiederholungscharakter betont und sich entsprechend für das Dokument oder die »Tatsache« nur noch hinsichtlich der Serie interessiert, so setzte dem die ethnologisch orientierte historische Anthropologie das Interesse am Einzelnen als Repräsentant von Gruppen und damit der Serie die Analogie entgegen. Die Mikrogeschichte wählte als Verfahren des Vergleichs zur Einordnung dagegen nicht das Typische, sondern »das außergewöhnliche Normale« (Ginzburg/Poni 1985: 51) und damit die Abweichung. Sie betonte also stärker Grenzen, Brüche, aber auch Möglichkeiten der Vergangenheit, die Handlungsspielräume eröffneten, auch wenn sie nicht unbedingt dominant geworden sind. Dieses Vorgehen, das gegenüber der großen Serie das Einzelne bevorzugte, korrespondierte mit einem zentralen Anliegen der Mikrogeschichte: der Verkleinerung des Beobachtungsmaßstabes (Ginzburg 1993: 191). Ausgehend vom kulturanthropologischen Konzept der »dichten Beschreibung« (Geertz 1983) versuchen Historiker/innen die Erschließung umfassenderer historischer Zusammenhänge durch Nahaufnahmen als Detailgeschichte des Ganzen, als »histoire totale«, aber nicht als »histoire globale« (Medick 1996: 24), die ihrerseits die Makroebene mit »long shots« bevorzugt. Im Selbstverständnis der Mikrogeschichte ist dabei die Unterscheidung zentral, dass Historiker keine Dörfer untersuchen, sondern in Dörfern (Levi 1991: 93), dass also nicht der Untersuchungsgegenstand oder die Fragestellung klein sind, sondern der Beobachtungsmaßstab verkleinert wird und durch dieses mikrologische Vorgehen, andere, neue Fragestellungen möglich werden. Die mikrogeschichtliche Forschung hat dabei im Wesentlichen zwei Vorgehensweisen entwickelt: Zum einen werden soziale Strukturen untersucht und dafür möglichst viele Quellen einer überschaubaren lokalen oder regionalen Einheit mit Hilfe prosopographischer Verfahren und Netzwerkanalysen analysiert. Das soziale Gefüge wird als Resultat der Interaktionen zahlloser Strategien verstanden, d. h. als ein Geflecht das nur aus großer Nähe rekonstruiert werden kann, wie dies Giovanni Levi (1986) am Beispiel der bäuerlichen Welt im Piemont des 17. Jahrhunderts gezeigt hat. Zum andern werden kulturelle Bedeutungen und Möglichkeiten rekonstruiert, die eher Einzelfälle und einzelne Personen – etwa den Müller Menocchio in Ginzburgs »Der Käse und die Würmer« (1979) oder Bertrande und Martin Guerre (Davis 1984) – oder einen spezifischen Dokumentenbestand detektivisch untersuchen oder besondere Einzelereignisse und deren Dynamik wie den Karneval in Romans im Jahre 1579–80 rekonstruieren (Le Roy Ladurie 1989). Schließlich haben vor allem Historiker der deutschen Geschichte (z. B. Sabean 1986, 1990; Medick 1996 oder Schnyder-Burghartz 1992) versucht, quantitative und qualitative Betrachtung zu verbinden und eine »Detailgeschichte des Ganzen« zu schreiben (Medick 1996: 24).

Dezentrierung der Perspektive

Gemeinsam ist diesen verschiedenen Untersuchungen unabhängig von der gewählten konkreten Untersuchungseinheit und Methode ihr Interesse an der Kontextualisierung und damit zugleich an der Aufhebung ethnozentrisch und teleologisch strukturierter konsistenter Kategoriensysteme wie etwa »die nationale Einheit, das Entstehen des Bürgertums, die Zivilisationsaufgabe der weißen Rasse oder der wirtschaftliche Fortschritt« (Ginzburg 1993: 179). Sie zielen auf die Dezentrierung der Perspektive und fragen auch nach den Kosten von Fortschritt und Makroentwicklung. Schon früh richtete der Sozialhistoriker Edward P. Thompson (1980) sein Augenmerk auf die andersartigen, sozialen Logiken der englischen Unterschichten des 18. Jahrhunderts und betonte den Zusammenhang von kulturellen Normen, Ökonomie und Politik. Er versuchte, eine Geschichte »von unten« und zugleich »von innen« zu schreiben, indem er Eigensinn und »agency« (Handlungsvermögen) dieser Unterschichten in der Analyse und Decodierung ihres sichtbaren Verhaltens hervorhob. Auf Grund dieses Interesses an Handlungslogiken, die nicht immer und nicht unbedingt parallel zu den dominanten Strukturentwicklungen verliefen oder sogar in ihnen aufgingen, wurden Überlegungen des Soziologen und Ethnologen Pierre Bourdieu wichtig, dessen Habitus-Konzept und seine Theorie der Praxis zu wichtigen Bezugspunkten neuerer historisch-anthropologischer Arbeiten geworden sind (Bourdieu 1976).

»Eingeborene Theorien« statt Modernisierung

Gemeinsam ist der ethnologisch orientierten historischen Anthropologie und der Mikrogeschichte auch ihre Bereitschaft, die Beziehung zu ihrem jeweiligen Untersuchungsgegenstand nicht nur oder nicht einmal in erster Linie in Form von Analogien und damit als Kontinuitätslinie aufzufassen, sondern vielmehr ins Zentrum die Fremdheit der untersuchten Kultur zu stellen (Medick 1984: 302; Davis 1981: 267). Fremdheit und Fremdartigkeit werden als intellektuelle Herausforderung und Chance verstanden, neu über die eigene Gegenwart und Kultur nachzudenken, indem Brüche ebenso wie andersartige Kontexte und Bewertungsmaßstäbe nicht systematisch und selbstverständlich den Modernisierungslinien untergeordnet werden, die tatsächlich oder vermeintlich die Vergangenheit mit der Gegenwart als kontinuierliche Entwicklung verbinden. Dementsprechend besteht ein ausgeprägtes Interesse an der Fremdheit der »eingeborenen Theorien«, wie sie gerade auch durch praxeologisch ausgerichtete Untersuchungen rekonstruiert werden können. Multiperspektivität ist das Ziel einer solchen Geschichtsschreibung, die historische Phänomene und Prozesse nicht bedingungslos linearen Modellen unterordnen will, sondern vielmehr die Gleichzeitigkeit des Ungleichzeitigen betont.

> Problem der Verbindung von Mikro und Makro

Vor allem die Mikrogeschichte hat daraus schon früh die Konsequenz gezogen, dass Selbstreflexivität ein wichtiges Merkmal der Geschichtsschreibung sei. So sollten die Grenzen der Erkenntnismöglichkeiten der Geschichte in die Darstellung einbezogen werden und so zugleich die eigene Argumentationsweise offen gelegt und reflektiert werden (Ginzburg 1993: 182 f.). Bei all diesen Bemühungen um neue methodische und darstellerische Konzeptionen blieb das Problem bestehen, Nahsicht und Gesamtschau zu vermitteln und dadurch die Diskrepanz zwischen allgemeiner und besonderer Geschichte, zwischen Mikro- und Makroebene aufzuheben. Auf diese Herausforderung wurden in den letzten Jahrzehnten unterschiedliche Antworten gegeben. Siegfried Kracauer (1971), der allerdings erst in den neunziger Jahren breiter rezipiert wurde, hatte schon früh den ständigen Wechsel zwischen den Perspektiven des »close-up« und des »long shot« gefordert, da durch die Betrachtung aus der Nähe andere Dinge erfassbar werden als durch die Gesamtschau (und umgekehrt). Entsprechend ergibt sich die Verbindung von Makro- und Mikroebene nicht automatisch oder selbstverständlich. Kracauer fasste dieses Problem mit dem »law of levels«; es besagt, dass die Realität gerade nicht kontinuierlich sondern heterogen ist, was sich entsprechend auf die Darstellung auswirken muss. Während verschiedene postmoderne Theoretiker und auch Historiker/innen daraus die Konsequenz gezogen haben, die Geschichtswissenschaft müsse zu einer fragmentarischen Darstellungsweise kommen, um so die Nichteinheit der Geschichte und ihre mehrsinnigen Relevanzen angemessen zu erfassen, wehrten sich VertreterInnen der Mikrogeschichte vehement gegen diese Fragmentarisierung. Ginzburg und Levi hielten explizit am Anspruch fest, die Vergangenheit zu erkennen und das Detail nicht für sich, sondern in seinem Kontext zu verstehen und diesen jeweiligen Zusammenhang auch zu betonen. Gerade in den verschiedenen Formen des Vergleichs, die die historische Anthropologie und insbesondere die Mikrogeschichte pflegen, liegt nach Ginzburg die Zurückweisung relativistischer Positionen, ohne dass deswegen die jeder Forschung innewohnenden konstruktivistischen Elemente geleugnet würden (Ginzburg 1993: 189 f.). Wieweit es der Historischen Anthropologie gelingen wird, neue Metanarrative zu formulieren, die der Forderung nach

Dezentrierung und Multiperspektivität genügen, ohne im kritisierten Sinne fragmentarisch, d. h. beliebig und relativistisch, zu werden, ist noch offen. Zwar gelang es vor allem Ginzburg und Levi, den ursprünglich negativ besetzten Begriff »Mikrogeschichte« als einer Geschichte des Kleinen, Minderen und damit Unwichtigen positiv zu wenden. Damit ist aber das der bisherigen Theoriebildung der Makro- und Mikroebene inhärente Problem, unterschiedliche Qualitäten von Relevanz zu erzeugen, noch nicht gelöst. Ebenso ist bislang ungeklärt, wie die heterogenen Beobachtungsmaßstäbe von Mikro- und Makroperspektive in einer Erzählung, die auf eine darstellerische Synthese zielt, aufgehoben werden können, ohne dadurch hierarchisierend geordnet und homogenisiert zu werden. Entsprechend unterschiedlich wird das Verhältnis zur »histoire totale« auch durch verschiedene Vertreter der historischen Anthropologie angegangen: Neben Konzepten der »bricolage« (Bastelei), Multiperspektivität, dem Aufgeben einer einheitlichen Erzählung und der Dezentrierung stehen, vermittelt über die »dichte Beschreibung«, das Festhalten an vollständiger Rekonstruktion und der Einheit einer Kultur.

5. Historische Anthropologie – eine Geschichte der Möglichkeiten?

Trotz dieser grundsätzlichen Schwierigkeiten haben sich Historische Anthropologie und Mikrogeschichte als wichtige und fruchtbare Ansätze innerhalb der Geschichtswissenschaften erwiesen. Natalie Zemon Davis hat schon 1981 vier zentrale Grundzüge benannt, die – ursprünglich aus der interdisziplinären Diskussion mit der Ethnologie hervorgegangen – die Möglichkeiten der Disziplin bereichern. Die vom Konzept der »dichten Beschreibung« übernommene detaillierte Beobachtung von lebendigen Prozessen sozialer Interaktion macht es möglich, die Ebene der Erfahrungen und Handlungen der historischen Akteure und Subjekte durchaus auch in ihrer Heterogenität und Widersprüchlichkeit in die Analyse und Interpretation vergangener Gesellschaften angemessener und vielfältiger einzubeziehen. Symbole und symbolische Handlungen und Verhaltensweisen sind durch entsprechende ethnologische Modelle und Theorien als integrale und wesentliche Bestandteile von Gesellschaft interpretierbar geworden, deren Verständnis für die Analyse komplexer gesellschaftlicher Zusammenhänge unabdingbar ist. Ethnologische Konzepte liefern darüber hinaus Erklärungsangebote, wie die verschiedenen Ebenen eines sozialen Systems zusammengehören. Schließlich bietet die Ethnologie Erfahrungen und kritische Reflexionen im Umgang mit der Fremdheit anderer Kulturen (zunächst in der jeweiligen Gegenwart, dann aber auch übertragen auf die eigene Vergangenheit). Sie erlaubt damit die Metareflexion der Beziehung von Erkenntnissubjekt und -objekt und zugleich die Reflexion der Frage nach angemessenen Darstellungsmöglichkeiten der Untersuchungsergebnisse.

Für eine pluralistische Gesellschaft erscheint die verschiedentlich konstatierte,

Pluralismus der Fragen und Methoden

zurzeit herrschende methodische Deregulierung nicht einfach als Verlust an Ordnung und Definitionsmacht (Schulze 1994: 13). Vielmehr erreicht sie die Dezentrierung einsinniger Relevanzkriterien und des mit ihnen allzu häufig implizit einhergehenden Ethnozentrismus. Sie lässt damit einen Pluralismus von Fragestellungen und Methoden zu, der seinerseits eine eigentliche Pluralisierungsdynamik mit derzeit offenem Ende freisetzt. Eine solche Entwicklung ist nicht nur durch die Aufgabe dezidierter, fester Standpunkte gekennzeichnet, sondern auch durch die Eröffnung neuer Möglichkeiten, die nicht zuletzt durch den Abbau fest gefügter Erklärungshierarchien und die Problematisierung allzu eindeutiger Vorstellungen von historischer Entwicklung gewonnen werden können. Dadurch gewinnt die historische Disziplin sowohl an Vielfalt wie auch an Breite und Tiefe, indem neue Bereiche menschlicher Existenz einer Historisierung unterzogen werden.

Hatte sich ursprünglich die ethnologisch orientierte Historische Anthropologie wie auch die Mikrogeschichte aus der Kritik an den Unzulänglichkeiten der Strukturgeschichte und der historischen Sozialwissenschaft entwickelt, so haben wichtige Exponenten dieser Richtungen seit längerem betont, dass die große Herausforderung in einer angemessenen Verbindung von Mikro- und Makroperspektive liegt. Denn Mikrogeschichte kann darüber sprechen, wie das Mögliche in soziale Prozesse implementiert worden ist, und sie kann unsere Vorstellung von dem, was möglich war, erweitern. Durch die Thematisierung von Möglichkeiten weist sie jedoch notwendig über die jeweilige Einzelgeschichte hinaus, sie muss daher in Bezug zur Makrogeschichte treten, ohne einfach in ihr aufzugehen. Natalie Zemon Davis hat als führende Vertreterin dieses Ansatzes schon 1990 die wichtigste Herausforderung darin gesehen, neue Formen für die Geschichtsschreibung zu finden, um so die gegenseitige Interferenz von Sozialem und Kultur angemessener ausdrücken zu können. Diese Forderung ist nach wie vor aktuell. Allerdings muss sich hierfür die Historische Anthropologie neben der Diskussion mit der Ethnologie auch entsprechend intensiv der Auseinandersetzung mit der Literaturwissenschaft (linguistic turn) und anderen Kulturwissenschaften und ihren postmodernen Überlegungen und Konsequenzen stellen. Für den weiteren Erfolg der Historischen Anthropologie wird entscheidend sein, inwieweit sie diese Diskussionen produktiv wendet und (mit)gestaltet und so die Erkenntnisgewinne aus der Auseinandersetzung mit Sozial- und Strukturgeschichte im aktuellen Diskussionsprozess einbringen und transformieren kann.

Susanna Burghartz, Professorin (Forschungsprofessur SNF) an der Universität Basel. Forschungsgebiete: Historische Kriminalitätsforschung, Frauen- und Geschlechtergeschichte der Vormoderne, Wahrnehmungs- und Repräsentationsgeschichte, Frühe Kolonialgeschichte.

Rolf Reichardt

Bild- und Mediengeschichte

1. Eine historische Disziplin in statu nascendi

»Eine moderne Kulturgeschichte muss wesentlich eine Geschichte der Imaginationen sein. Imaginationen aber verfestigen sich in Bildern« (Hardtwig 1998: 322). Wenn man sich – wie der Verfasser – dieser These anschließt, dann hat die Bildwissenschaft für die Entwicklung der Kulturgeschichte die Bedeutung einer Grundlagenwissenschaft. Das heißt, sie ist keine historische Hilfswissenschaft, keine bloße Erweiterung des üblichen Spektrums historischer Quellen und Stoffe, sondern eine vollwertige Disziplin, die eine neue Dimension des Fragens, des Verstehens und des Umgangs mit geschichtlichen Dokumenten eigener Art eröffnet. Grundsätzlich übergreift sie die historischen Teildisziplinen; denn insofern Bilder mentale Attitüden, gesellschaftliche Strukturen und Bewegungen ebenso visualisieren können wie sprachliche Formationen und politische Ansprüche, ist die Bildgeschichte anschlussfähig sowohl für die Sozialgeschichte und die Historische Anthropologie als auch für die Politik- und die Begriffsgeschichte.

Die Relevanz der Bilder hängt medienbedingt zusammen mit ihrer besonderen Prägnanz und Anschaulichkeit. Historisch-funktional gesehen, sind Bilder kollektiv gebildete visuelle Stereotypen, die gesellschaftliche Wahrnehmung und Sinnbildung konkretisieren, die soziales Wissen, Dispositionen, Affekte und Erinnerungen fixieren und im kulturellen Gedächtnis speichern, und zwar nicht nur bündiger und sinnfälliger, sondern oft auch einprägsamer und wirkungsvoller, als Schrifttexte es vermögen. Quellenmäßig gesehen können diese »Images« allgemein als Niederschlag des bildlichen Charakters sozialer Vor- und Einstellungen gelten; im Besonderen gehören sie zu einer volksnahen Kultur der Nichtschriftlichkeit, der Visualität und Oralität, deren große gesellschaftliche Bedeutung im vorindustriellen Zeitalter heute angesichts der rasant wachsenden Rolle bewegter Bilder immer deutlicher wird. Gemeint sind in unserem Zusammenhang vor allem solche Bilder, die in den Print-, Film- und elektronischen Medien vervielfältigt wurden und werden, nicht so sehr künstlerische Einzelwerke, obwohl auch sie – etwa über Reproduktionsstiche – erhebliche Reichweite erlangen können. Daher wird diese Quellengruppe auch treffend als »Bildpublizistik« bezeichnet. Bilder sind also hervorragende Zeitzeugnisse für die Rekonstruktion historischer Sehweisen, für eine Geschichte kollektiver Wahrnehmungen, Sinnbildungsmuster und visueller Darstellungsformen, ihrer Strukturen und Veränderungen. Mehr noch, Bilder sind nicht nur Indikatoren, sondern zugleich auch geschichtliche Faktoren: mit Bildern in der Öffentlichkeit argumentieren und überzeugen, mit Bildern seine Meinung bekennen, sich verteidigen und rechtfertigen, mit Bildern den Gegner angreifen und entwaffnen, mit Bildern Zeiterfahrungen verarbeiten und deuten, mit Bildern Emotionen mobilisieren, politische Gefolgschaft sammeln und kollektives Bewusstsein prägen – darin bestand spätestens seit den Tagen der Reformation ein wesentlicher Teil der politisch-sozialen Kommunikationsgeschichte, zumal in Krisenzeiten.

Quellenkritische Standards

Will sie Ernsthaftigkeit beanspruchen, muss die Bildgeschichte eine Reihe wissenschaftlicher Standards beachten. Sie sind nicht trivial, wenn man bedenkt, wie unkritisch die als Buchgattung nach wie vor populären »Illustrierten Geschichten« mit Bildern umgehen und wie beiläufig so manche an sich seriöse historische Darstellung nachträglich »illustriert« wird. Zunächst verdienen Bilder denselben dokumentarischen Respekt und dieselbe quellenkritische Aufmerksamkeit wie schriftliche Texte auch. Das heißt zum einen: anstatt Bilder nur ausschnitthaft zu zeigen und für ein »schöneres Layout« zu manipulieren, sind sie einschließlich ihrer Beischriften vollständig und unversehrt abzubilden. Zum anderen gilt es, ein Bild möglichst genau zu datieren, seinen oder seine Urheber und Verleger zu ermitteln, seinen Titel, seine Technik und seine Maße anzugeben, seine Gattungszugehörigkeit zu bestimmen sowie einen Besitznachweis zu führen. All das ist nicht nur ein Gebot der Exaktheit, sondern auch wichtig für die Interpretation. Macht es doch für die Funktion und soziale Reichweite eines Bildes einen großen Unterschied, ob es sich z. B. um ein Original oder eine Kopie, um einen kunstvollen großformatigen Kupferstich oder ein flüchtig radiertes und koloriertes populäres Flugblatt, um ein Historienbild oder eine Karikatur, ein Einzelwerk in einem Salon oder einen massenhaft vertriebenen Druck handelt. Viele dieser Fragen lassen sich bereits durch – die oft versäumte – Autopsie klären.

Kontext und Rezeption

Daneben dürfen die engeren und weiteren »Kontexte« der Bilder nicht vernachlässigt werden. Erstens ist zu fragen sowohl nach den speziellen Umständen, unter denen ein Bild entstanden ist, als auch nach begleitenden Kommentaren sowie unmittelbar anschließenden Texten und Nachbarbildern; denn die in graphischen Sammlungen archivierten Blätter sind oft aus ihren ursprünglichen publizistischen Zusammenhängen gerissen (Zeitschriften, Bilderserien usw.), die es zu rekonstruieren gilt. Zweitens können auch die etwas allgemeineren Rahmenbedingungen aufschlussreich sein, etwa eine Programmatik oder eine plurimediale Zeitdiskussion, an der ein Bild teilhat; denn gerade öffentlichkeitsorientierte Bilder sind keine abgeschlossene Welt für sich, sondern kommunizieren vielfach mit Zeitungsberichten und Flugschriften, Liedern und Monumenten. Drittens ist der bildgeschichtliche Hintergrund zu beachten, den jedes neue Bild zustimmend oder ablehnend, adaptierend oder verkehrend verarbeitet; er umfasst die ikonographische Tradition ebenso wie gattungs- und themenspezifische Konventionen. Nicht weniger als auf diese Entstehungskontexte der Bilder kommt es außerdem auf ihre Verbreitung, Rezeption und Wirkung an, d. h. auf ihr Publikum, die Möglichkeiten ihrer individuellen oder kollektiven »Lektüre« und die Reaktionen, die sie hervorriefen. Auch wenn man oft keine Antwort findet, muss man sich doch grundsätzlich der Bedeutung all dieser Gesichtspunkte bewusst bleiben.

Was schließlich die Interpretation betrifft, so ist davon auszugehen, dass geschichtliche Bilder nicht so sehr die materielle historische Wirklichkeit spiegeln als vielmehr Sichtweisen derselben darstellen. Selbst wenn sie zweifelsfrei identifizierbare Personen und Gegenstände, konkrete historische Szenen und Ereignisse zeigen, tun sie das nicht objektiv und vollständig, sondern selektierend, perspektivierend und formgebend, sind also bereits in solchen vordergründig »klaren« Fällen nicht selbstevident, sondern im Gegenteil erklärungsbedürftig, wie die öffentliche Diskussion um die Fotos der Wehrmachtsausstellung einmal mehr erwiesen hat. Das gilt natürlich erst recht für Bilder, die mit Anspielungen und Verschlüsselungen, mit Symbolen und Allegorien arbeiten. Daher muss der Interpret zunächst je nach Kultur und Epoche eine versunkene Bildsprache mit ihrer eigenen Syntax und Semantik erlernen, um die Ikonographie der Bilder zu verstehen und ihren Zeugniswert richtig einschätzen zu können. Wenn er sich allerdings auf die geschichtliche Situationshaftigkeit und die konkreten Aussagen dieser »Quelle« beschränkt, kann er mit dem genuinen Eigensinn des Bildes etwas Wesentliches verfehlen: »die transhistorische, eigenbestimmte Anschauungswirklichkeit des Bildes«, seine unhintergehbare ästhetische Form, die ihm »eigene Sinndichte der Anschauung« (Krüger 1997: 62, 77). Die besondere geschichtliche Wirkungskraft bestimmter Bilder und Bildideen erklärt sich eben nicht nur aus ihrer Funktionalität, sondern auch aus ihrer Ästhetik.

Der Eigensinn zum Bild

Fragt man nun nach Lehrbüchern der eingangs postulierten Bildwissenschaft, in denen die skizzierten Regeln systematisch entfaltet und angewandt werden, so erhält man bislang keine befriedigende Antwort. Zwar setzt sich die inzwischen lange Reihe kulturhistorischer Ausstellungen immer noch fort, zwar kursiert das Wort vom »pictorial turn« (Der Eigensinn zum Bild) der Kulturwissenschaften (Mitchell 1997); doch wie in jenen Ausstellungen Kunst- und Fachhistoriker zeitweise mehr neben- als miteinander arbeiten, so fehlt es sowohl an fächerübergreifenden Darstellungen als auch an einer zusammenhängenden interdisziplinären Diskussion zur fraglichen Bildwissenschaft. Symptomatisch dafür erscheinen neuere Zeitschriften wie »Fotogeschichte« (1981 ff.), »Representations« (1983 ff.), »Print Quarterly« (1984 ff.) und »L'Image« (1995 ff.), die ein wachsendes historisches

Interesse am Visuellen signalisieren, die Bilder aber überwiegend aus der speziellen Perspektive einzelner Fächer betrachten. Die gerade erst im Entstehen begriffene Bildgeschichte ist also im Augenblick noch darauf angewiesen, ihre Regeln und Konzepte aus verschiedenen traditionsreichen Teildisziplinen zu entlehnen und probeweise zusammenzubauen.

Welche Fachrichtungen dafür besonders in Frage kommen, soll ein kurzer Überblick über die einschlägigsten Arbeitsbereiche umreißen. Da der unerschöpfliche Stoff einer Geschichte der Bildmedien mindestens von der Ara Pacis Augustae bis zu den Werbespots unserer Gegenwart reicht und da die jeweils zuständigen Teilwissenschaften dazu eine Fülle wichtiger Spezialuntersuchungen vorgelegt haben, muss die folgende Skizze im doppelten Sinne exemplarisch verfahren: chronologisch, indem sie sich auf die Bildpublizistik der Neuzeit vom 16. bis zum 19. Jahrhundert konzentriert; bibliographisch, indem sie vorzugsweise Neuerscheinungen nennt, die auf weitere grundlegende Literatur verweisen.

2. Konvergierende Arbeitsbereiche der historischen Bildforschung

Notwendige Bedingung der Bildwissenschaft ist eine ausreichende Quellengrundlage. Während dies für alltagsweltliche Zeugnisse lange vernachlässigt worden ist, kann die Archivierung und Verzeichnung wertvolleren Bildmaterials auf eine »archivalische« Tradition zurückblicken, die sich bis zu den Münzsammlern der Renaissance zurückverfolgen lässt (Haskell 1995). Sie hat sich zunächst in Repertoires und kritischen Bestandskatalogen großer öffentlicher Sammlungen von Bologna und Berlin bis Paris, von Rotterdam und London bis Washington niedergeschlagen: unverzichtbare Findbücher und Kontrollinstrumente für jeden, der die alten gedruckten Bildblätter ermitteln und exakt beschreiben will. In dem Maße, wie dann u. a. die interdisziplinären Pionierstudien von Robert W. Scribner (1981) die allegorische Bildsprache und den Motivreichtum, die massenwirksame Frömmigkeit und Bildpolemik der Reformationsgrafik herausarbeiteten und damit die historische Relevanz solcher Sammlungen nachwiesen, folgten in einem zweiten Schritt gewichtige Editionsunternehmen. Soweit diese sich im Großen und Ganzen auf die Reproduktion und den Besitznachweis historischer Druckgrafik beschränken, sind sie eine wichtige Ergänzung der Bestandskataloge. Wenn sie darüber hinaus so genaue und eindringliche Kommentare liefern wie die auf mindestens zehn Foliobände angelegten »Deutschen illustrierten Flugblätter des 16. und 17. Jahrhunderts« (W. Harms 1985 ff.), können sie einen eigenen Forschungszweig generieren über die zeitspezifische Bildsprache des Mediums »Illustriertes Flugblatt« und seine Funktionen als Ware, Nachrichtenmedium und Werbeträger, als Mittel von Seelsorge und Vergesellschaftung (Schilling 1990; W. Harms/Schilling 1998).

Kulturwissenschaft

Wird diese Arbeitsrichtung in erster Linie von interdisziplinär orientierten Germanisten getragen, so gingen auch die übrigen Anstöße zu einer historischen »Bildwissenschaft« hauptsächlich von Grenzbereichen der etablierten Fächer aus, unter anderem von Forschungen über die alteuropäische »Liedpublizistik«. Die thematische Spannweite der einschlägigen philologisch-musikethnologischen Untersuchungen reicht von den Liedflugblättern im Zeitalter der Glaubenskämpfe über die englischen Straßenballaden des 16. und 17. Jahrhunderts bis zur Politisierung deutscher und französischer Liedblatt-Illustrationen im 19. Jahrhundert. Abgesehen von seinen speziellen Ergebnissen eröffnet dieser Arbeitsansatz in dreifacher Hinsicht allgemeinere Aufschlüsse über typische Eigenheiten der historischen Bildpublizistik. Verdeutlicht er doch in besonderem Maße, dass die alten Moritatenblätter aufs Engste mit einer Kolportagekultur der Straße und öffentlichen Plätze zusammenhingen, dass sie auf Grund ihres »theatralischen« Charakters zu improvisierten, sängerisch-schauspielerischen »Aufführungen« einluden und dass sie überhaupt mit den Nachbarmedien in wechselseitigem Funktionszusammenhang und Austausch standen (Reichardt 1999b). Als beispielsweise im Jahre 1701 die Geschichte von der Verwandlung eines hartherzigen Edelmanns in einen Hund auf illustrierten Flugblättern visualisiert wurde, hatte sie bereits eine sechzigjährige »Medienkarriere« hinter sich – vom Zeitungslied, das die Straßensänger auf Jahrmärkten vorführten, über Predigten und illustrierte Geschichtswerke bis hin zur Tagespresse (Brednich 1985).

»Bilderwut«

Die historische »Volkskunde« im engeren Sinne hat nicht nur einen unvermutet reichen Quellenbestand erschlossen, der u. a. in den Bildbänden über die »Populäre Druckgraphik Europas« dokumentiert ist (Hinweise bei Brückner 1979); sie hat auch und besonders zu den Fragen nach der »Lesbarkeit« der Bilder (Schenda 1987) sowie nach ihrer Produktion und Distribution grundsätzlich wichtige Arbeitsansätze und Ergebnisse vorzuweisen, die modifiziert auf andere Bereiche der Bildpublizistik übertragbar sind. So lässt sich die zunehmende Verbreitung gedruckter Bilder in ihrem ganzen Ausmaß erst genauer abschätzen, wenn man berücksichtigt, dass z. B. ein Stahlstich von der Enthüllung des Denkmals Friedrichs des Großen 1851 binnen eines Monats in 50.000 Abzügen à fünf Silbergroschen verkauft wurde und dass in Deutschland um 1861 über 500 »Bilderfabriken« pausenlos daran arbeiteten, Reproduktionsgraphiken von Genreszenen, Herrscherportraits und religiösen Bildern in Auflagen von durchschnittlich 2000 bis 8000 Stück auf den Markt zu werfen und sowohl in der Presse wie auf Gewerbeausstellungen systematisch für ihren Absatz zu werben (Pieske 1988). Eine nicht ganz so massenhafte, aber tendenziell ähnliche »Bilderwut« ist im 19. Jahrhundert auch anderwärts zu beobachten, etwa am französischen Napoleonkult, der wesentlich von Bilderbögen und ikonographischen Festprogrammen popularisiert wurde, oder an der Hochkonjunktur illustrierter Pfennigmagazine in England.

Außerdem können Historiker von Volkskundlern lernen, bildliche Stilisierungen zu erkennen und zu deuten. So geben sich beispielsweise die in vielen Ländern Alteuropas verbreiteten populären Bilderbögen mit Darstellungen der ambulanten Straßengewerbe und ihrer jeweiligen Kaufrufe zwar als authentische Selbstbilder des einfachen Volkes, erweisen sich bei genauer Betrachtung aber als eine ebenso kunstvolle wie raffinierte Mischung von Spiegelung des Volkslebens und »folklorisierender« Projektion bürgerlicher Kulturbedürfnisse (Milliot 1995).

Kunstwissenschaft

Besonders hingewiesen sei auf zwei volkskundliche Arbeitsansätze, die besonders konsequent von der »Eigenlogik« der Bilder ausgehen und mehr Beachtung verdienten, als sie bisher erhalten haben. Der eine besteht in der vorbildlichen seriellen Auswertung eines Korpus von über 4000 provenzalischen Votivtafeln des 17. bis 20. Jahrhunderts durch Bernard Cousin (1983); mit Hilfe durchgehender formaler und motivgeschichtlicher Raster kann er – an einem scheinbar banalen und zeitlosen Medium der Volksfrömmigkeit selbst – von der »Verweiblichung« der bildlichen Danksagungen bis zur schwindenden Rolle der himmlischen Mittlerfiguren langfristige Säkularisierungstrends und insgesamt einen fundamentalen Mentalitätswandel sichtbar machen. Der andere stammt von dem schwedischen Kulturwissenschaftler Nils-Arvid Bringéus (1982) und besteht im zugleich umfassenden und differenzierten Konzept einer ethnologischen Bildwissenschaft (»Bildlore«), welche die üblichen nationalen, sozialen und chronologischen Grenzen systematisch übergreift, Bilder zugleich mentalitäts-, funktions- und wirkungsgeschichtlich untersucht, Bildsequenzen, Bildpaare und Kontrastbilder ebenso berücksichtigt wie geschichtliche Bildveränderungen und -manipulationen.

Leistet damit die Volkskunde wegweisende Beiträge zu den möglichen Fragestellungen und Vorgehensweisen einer kulturhistorischen Massenbildforschung, so lehrt die »Kunstgeschichte« die umfassende Interpretation des einzelnen Bildwerks, seine eindringliche Beschreibung und Formanalyse, die Auslotung seiner historischen Tiefe. Diese Relevanz der Kunstwissenschaft für die Historie ist weitgehend verkannt worden, solange erstere es verschmähte, in die Niederungen der alltäglichen Imagerie hinabzusteigen, und letztere hauptsächlich am realienkundlichen Zeugniswert der Bilder interessiert war. In Teilbereichen hat zwar eine Umorientierung begonnen, seitdem vor zwei Jahrzehnten die verdrängten kulturhistorischen Konzepte Aby Warburgs und Erwin Panofskys wieder entdeckt wurden; doch noch immer ist es ungewöhnlich, dass ein Forscher so erfolgreich wie Francis Haskell von der Historie zur Kunstwissenschaft überwechselt oder dass ein namhafter Kunsthistoriker ein Buch über das Frontispiz eines politischen Traktats schreibt (Bredekamp 1999).

Nebenschauplätze der Kunstgeschichte

Vor allem drei »Nebenschauplätze« der Kunstgeschichte haben sich für eine historische Bildwissenschaft als fruchtbar erwiesen. Gemeint ist zunächst der Ikonoklasmus von den Bilderstürmen der Reformationszeit bis zum Sturz der kommunistischen Denkmäler nach 1989; das Phänomen hat exemplarische Bedeutung, weil sich an ihm Zusammenhänge zwischen geschichtlichen Bildwelten und politisch-sozialen Bewegungen besonders gut verfolgen lassen (Schnitzler 1996; Gamboni 1997). Dazu kommt sodann ein neues Interesse an Geschichtsgemälden, zumal an den lange abschätzig betrachteten »Historienschinken« des 19. Jahrhunderts: gerade in ihrer Konventionalität ermöglichen sie wertvolle Einsichten sowohl in das Verhältnis der Auftraggeber zur visuell-kulturellen Tradition und den Bildvorstellungen ihrer Gegenwart als auch zur politischen Rezeptions- und Wirkungsgeschichte hochkünstlerischer Vor-Bilder (Germer/Zimmermann 1997). Und indem schließlich drittens einige kunstwissenschaftliche »Grenzgänger« vorführten, dass Karikaturen dieselbe interpretatorische Sorgfalt verdienen wie Werke der Hochkunst, haben sie neue wissenschaftliche Standards für die kulturhistorische Verwendung gedruckter Bildsatiren aufgestellt (Herding/Otto 1980; Langemeyer 1984). Daraus haben sich die bislang vielleicht intensivsten Annäherungen zwischen Kunst- und Fachhistorie entwickelt, ob es sich nun um den englischen Grafikmarkt zurzeit von William Hogarth und Horace Walpole (Donald 1996), den ungeahnt reichen Bilderfundus einer Stadt wie Hamburg allein zur 1848er Revolution (U. Harms 1988) oder die französischen Pressekarikaturen und ihre europäische Ausstrahlung handelt (Rütten 1991). Wie eng dabei meistens der Diskurs der satirischen und allegorischen Bildflugblätter mit dem der Tagespresse zusammenhängt, wie ältere ikonographische Traditionen zu einer neuartigen Bildsprache verschmolzen werden und wie diese politische Kultur alle Bereiche der Kunst von der Malerei bis zur Architektur durchdringt, lässt sich an der ungewöhnlich reichhaltigen Druckgrafik der Französische Revolution besonders differenziert herausarbeiten (Herding/Reichardt 1989; Duprat 1992).

Vom »Hobby« der Grenzgänger . . .

Und die »Fachhistorie« selbst und von sich aus? Seitdem bereits der Internationale Historikerkongress in Oslo (1928) den Anstoß zu einer »Historischen Bildkunde« gegeben hatte und einige Frühneuzeitler aus diesem rudimentären Programm in den achtziger Jahren ein methodisches Konzept entwickelt haben (Wohlfeil 1986, 1991a: 17–35), das auf die Panofskysche Ikonologie zurückgreift, mehren sich Äußerungen zum historischen »Quellenwert« von Bildern. Doch obwohl sich der Bogen solcher Äußerungen von ersten Vorlesungen über Arbeitsgespräche und Tagungsakten (Krüger 1997; Ménard/Duprat 1998) bis hin zum »Bild«-Kapitel eines neuen Studienbuchs spannt (Grötecke 2000), ist bisher – abgesehen von dem bemerkenswerten Überblick Heike Talkenbergers (1994) – keine grundsätzliche und zusammenhängende Fachdiskussion zu Stande gekommen, weil die einschlägigen Überlegungen in den Zirkeln kleiner Gruppen von Spezialisten für einzelne Epochen und Sachgebiete bleiben.

Wenn infolgedessen die fachhistorische Bildforschung nach wie vor weitgehend ein »Hobby« einzelner Grenzgänger ist, so hat sie doch eine ganze Reihe beispielhafter Spezialstudien hervorgebracht. Was größere Bildbestände betrifft, hat es sich als lohnend erwiesen, etwa die illustrierten Titelblätter reichspublizistischer Werke im Zusammenhang zu betrachten und als allegorische Deutungen des »Jus Publicum Imperii« (Reichsrecht) sowie als Wunschprojektionen eines religiös verankerten Reichspatriotismus zu entschlüsseln (Roeck 1983) oder aus illustrierten Flugblättern die Emblematik und Ikonographie der Reichskriege im 17. Jahrhundert herauszufiltern (Burkhardt 1997). Dass ferner auch auf den ersten Blick konventionelle Suiten von Ereignisbildern bedeutsam sein können, wurde an einer Augsburger Stichserie zum Spanischen Erbfolgekrieg gezeigt, die so absichtsvoll aus Motiven insbesondere ludovizianischer Vor-Bilder kompiliert wurde, dass sie als raffinierte Replik auf die Bildpropaganda des »Sonnenkönigs« zu lesen ist (Schwarz 1991). Und die sozialhistorische Relevanz selbst bildpublizistischer Einzelwerke wurde z. B. anhand eines symbolträchtigen Stichs des Antwerpener Meisters Hieronymus Wierix aus dem späten 16. Jahrhundert verdeutlicht; denn sobald man dieses Bild in eine Gruppe ähnlicher Gemälde flämischer Maler einordnet, erweist es sich als gültige Visualisierung der zeitgenössischen Friedenshoffnungen einer ganzen Region (Wohlfeil 1991b: 211–258).

| . . . zur Kulturhistorischen Bildwissenschaft |

Zusammengenommen erscheinen solche Arbeiten inzwischen gewiss zu fundiert und zu zahlreich, als dass man den Fachhistorikern heute noch pauschal »Bildignoranz« und »eine überholte fachliche Borniertheit« in Bezug auf Bilder vorwerfen könnte (Talkenberger 1994: 288, 313). Aber indem die weiterhin vertretene »Historische Bildkunde« die geschichtswissenschaftliche Untersuchung von Bildquellen auf einen methodischen Dreischritt von der »Vor-ikonographischen Beschreibung« über die »Ikonographisch-historische Analyse« zum »Erschließen des historischen Dokumentensinns« festlegt (zuletzt Wohlfeil, 1991a: 24–33), beschränkt sie die Bilder auf ihren – tendenziell realkundlichen – Zeugniswert und reduziert die »Bildkunde« zu einer Hilfswissenschaft für besondere, etwas ungewöhnliche »Quellen«, ohne die genuine Aussagekraft der Bilder wirklich zu nutzen. Dies ist allerdings, wie der vorstehende Überblick gezeigt hat, keineswegs die einzige Antwort der Historiker auf die Herausforderung des »pictorial turn«. Vielmehr zeichnen sich in Randbereichen sowohl der Literatur- und Kunstwissenschaft als auch

3. Perspektiven historischer Bildforschung

Aufgabe der Textorientierung

Diese neue »Disziplin« der Kulturgeschichte verwendet Bilder nicht länger als Zeugnisse historischer Realien und als Illustrationen vorgefertigter Texte, sondern lässt sich auf die Eigenwirklichkeit und die Eigenlogik der Bilder selbst ein. Es kommt ihr darauf an, die übliche textorientierte Perspektive aufzugeben und von den Bildern selbst, von ihrer spezifischen Sprache und Semiotik auszugehen, sich geduldig in »differenziertes Sehen« einzuüben (Grötecke 2000: 253). Auch beschränkt sie sich nicht darauf, die Bilder nur in Einzelaspekten ikonographisch, funktional und rezeptionshistorisch zu analysieren, sondern untersucht sie auch formal und als ganze Werke, um ihrem auratischen Charakter auf die Spur zu kommen.

Ein solcher Perspektivwechsel kann ebenso vielfältige wie überraschende Einsichten ergeben: etwa die eine, dass sich über das berühmte Frontispiz des »Leviathan« die aus einer »Philosophie der Angst« erwachsene Staatstheorie von Thomas Hobbes in ihrem bildlichen Charakter und Zusammenhang erschließen lässt (Bredekamp 1999); oder die andere, dass Analysen von Geschichtsbildern auch etwas zur Theoriediskussion um den Gegensatz von Struktur- und Ereignisgeschichte beizutragen haben (Reichardt 2000). Im Allgemeinen aber erscheinen vier Arbeitsansätze, Fragerichtungen und Vorgehensweisen für die Entwicklung einer kulturhistorischen Bildwissenschaft besonders wichtig und aussichtsreich.

Vorab ist zu berücksichtigen, dass die Aussagekraft und Stringenz bildgeschichtlicher Untersuchungen wesentlich mitbedingt wird durch die zu Grunde gelegten »Bild-Korpora« (s. a. Schmitt 1996). Je mehr die zu analysierenden Bilder aus dem gleichen Entstehungszusammenhang kommen und untereinander eine gewisse Homogenität aufweisen, desto sicherer und berechtigter kann man sie vergleichend betrachten, zueinander in Beziehung setzen, ihren Diskurs und ihre Funktionen verfolgen. Anstatt Bilder zu suchen, die bestimmte vom Historiker vorgegebene Themen und Problematiken illustrieren, ist es daher mediengerechter, vorliegende Bildensembles als Grundlage eigener Untersuchungen anzuerkennen – seien es nun Kupferstichfolgen (Schwarz 1991), Produktionen einzelner Bilderverleger (Pieske 1988) oder bebilderte Periodika. Fallstudien etwa über das »Journal des Luxus und der Moden« (Purdy 1998) oder über die verbildlichte Ideologie bürgerlicher Töchtererziehung in Periodika der Kaiserzeit wie der »Gartenlaube«

und der »Illustrierten Zeitung« (Wildmeister 1998) belegen, wie sehr gerade der letztgenannte Zugang dem Bildmedium entspricht.

Serieller Ansatz

Damit lässt sich besonders gut der »*serielle Arbeitsansatz*« verbinden; denn auf Grund ihrer Periodizität führt die Bildpresse vor, was sonst mühsam erschlossen werden muss: dass Bilder oft in Reihen zusammenhängen, dass sie durch Wiederholung bei Produzenten wie Rezipienten visuelle Deutungsmuster einschleifen, die mit der Zeit durch bloße Anspielungen zu aktivieren sind und raffinierte Bilddiskurse ermöglichen. Zu einer eigenen Arbeitsrichtung verselbstständigt sich der zukunftsträchtige serielle Ansatz, wenn er Massen von Bildern verschiedenster Art in elektronischen Datenbanken formal-thematisch kategorisiert und vernetzt, um die kollektiven visuellen Vorstellungen vergangener Gesellschaften und Zeiten objektiv zu »errechnen« (Baschet 1996). Derart gleichsam vom Höhenkamm der »großen Werke« in die Niederungen des Durchschnittlichen und Typischen hinabzusteigen, ist einer sozialhistorisch verstandenen Kulturgeschichte »von unten« zweifellos förderlich – allerdings auf Kosten der Individualität und Mehrdeutigkeit der einzelnen Bilder, ihrer durchaus unterschiedlichen Aura und Potenz. Daher darf die serielle Auswertung den Bezug zum individuellen Bild nicht verlieren; sie sollte vielmehr kombiniert und gekreuzt werden mit exemplarischen Interpretationen von Einzelwerken, die sich als typisch beziehungsweise als »konjunkturell« signifikant herausgestellt haben (Danelzik-Brüggemann 1996).

Intermedialität

Zusätzliche, neue Perspektiven könnte eine systematischere Erforschung der »*intermedialen Beziehungen*« von Bildern öffnen. Diese sind kein selbstgenügsames Medium. Denn zum einen ist das Problem der Bild-Text-Beziehung allgegenwärtig, weil gedruckte Bilder in der Regel schriftlich betitelt sind, in der Zeichnung Schriftelemente enthalten, von Texten begleitet werden bzw. ihrerseits Flugschriften und Periodika illustrieren. Im Gang befindliche Studien über die alten Almanache und Volkskalender des 17. bis 18. Jahrhunderts zeigen beispielsweise, dass die Kalenderbilder nicht nur andere Grafiken verarbeiteten, sondern auch von Texten begleitet und kommentiert wurden, die ihrerseits Flugschriften und Zeitungsartikel selektiv adaptierten. Zum anderen stehen Bilder auch zur auditivmusikalischen Kommunikation oft insofern in enger Beziehung, als sie kommentierende Liedverse enthalten, Lieder visualisieren oder selbst illustrierte Blätter der Liedpublizistik sind (Reichardt 1999b). Eine umfassende Bildgeschichte läuft somit auf eine facettenreiche Medienhistorie und eine historische Semiotik hinaus, die Theaterstücke, Denkmäler und Feste ebenso einschließt wie Briefe, Pamphlete, Zeitschriften und Zeitungen (vgl. als Fallstudie Lüsebrink/Reichardt 1990).

Interkulturalität

Damit hängt wiederum eine sehr entwicklungsfähige Arbeitsrichtung zusammen, die sich der sozialen und räumlichen »*Interkulturalität*« der Bilder widmet. Sie trägt zum Ersten neueren Erkenntnissen Rechnung, dass die übliche Gegenüberstellung und scharfe Trennung von Volks- und Elitenkultur die geschichtliche Wirklichkeit zu sehr vereinfacht, dass es vielmehr im Bereich der Bilder neben Trivialisierungen von »oben« nach »unten« auch ebenbürtige Bildbeziehungen, ja Vorbild-Wirkungen in der Gegenrichtung gibt. Was zum Zweiten die räumliche Interkulturalität betrifft, geht der Arbeitsansatz u. a. von den Beobachtungen aus, dass französische Bildflugblätter zu »Medienereignissen« während des Ancien Régime regelmäßig von deutschen Stechern kopiert und verwandelt wurden (Lüsebrink/Reichardt 1996), dass der internationale Bilderkampf, der die Eroberungskriege Ludwigs XIV. begleitete, seine Munition aus einem gemeinsamen Fundus von Motiven und Symbolen bezog (Cillessen 1997), dass sich in der revolutionären Bildpublizistik von 1789 bis 1848 Elemente einer visuellen politischen Kultur Westeuropas entwickelten (Rütten 1991; Doosry u. a. 1998). In der Tat gibt es im Bereich der geschichtlichen visuellen Kultur auf lokaler und regionaler wie auf nationaler und internationaler Ebene vernachlässigte Phänomene von Bild-Filiationen und -Vernetzungen (Reichardt 1998b), die man in Analogie zur »Intertextualität« der Literaturhistoriker als »Interpikturalität« bezeichnen und entsprechend bearbeiten könnte. So gesehen sollten Bilder weniger einzeln je für sich, sondern verstärkt gruppenweise in ihren Beziehungen untereinander, in ihrem Spiel wechselseitiger Zitate, Umdeutungen und Verkehrungen untersucht werden, und zwar über gesellschaftliche und Landesgrenzen hinaus.

Erweiterung der Historischen Semantik

Als Visualisierungen geschichtlicher Werthaltungen, politisch-sozialer Grundsätze und Begriffe können Bilder schließlich auch die textorientierte »*Historische Semantik*« um eine neue Dimension erweitern, wie beispielsweise am aufklärerischen Doppelkonzept »Licht vs. Finsternis« gezeigt werden konnte (Reichardt 1998a). Lassen sich Bilder doch insofern gut mit Begriffen verknüpfen, als sie eine strukturelle Affinität aufweisen: wie wirkungsmächtigen Bildern ein »Rest« an Rätselhaftigkeit eignet, den auch die genaueste Analyse nicht auflösen kann, so zeichnen sich auch zentrale Schlagwörter durch eine gewisse Ambivalenz und Mehrdeutigkeit aus, ohne die sie nicht zum Streitobjekt konkurrierender Gruppen und Deutungen werden könnten. Es handelt sich um einen höchst wirkungsvollen Funktionszusammenhang von Schrift und Bild (Reichardt 1998b): Während – historisch gesehen – schriftliche Texte in erster Linie die Funktion haben, die Begriffe theoretisch zu fundieren und inhaltlich zu differenzieren, reduzieren Bilder diese Begriffe zwar oft auf ihre Kernbedeutung, steigern dafür aber ihre gesellschaftliche Wirkungskraft, indem sie sie versinnlichen, emotionalisieren und im Ergebnis popularisieren. Denn durch ihre Verbildlichung und Allegorisierung erhalten allgemeine, oft abstrakte Prinzipien und Schlagwörter wie »Freiheit« oder »Aristokratie« gleichsam einen Körper, eine typisierte, leicht erkennbare Gestalt, die das in ihnen enthaltene Bedeutungs- und Handlungspotenzial sinnfällig und erlebbar macht. Und in dem Maße, wie diese Verbildlichung nicht distanziert und wertneutral bleibt, sondern entschieden, ja nicht selten emphatisch entweder schroffe Ablehnung oder aber begeisterte Zustimmung signalisiert, fördert sie die emotionale Aufladung der visualisierten Konzepte und damit deren appellative Potenz. Der diskursive Grundcharakter der Kulturgeschichte wird hier – im Medium der Bilder – besonders deutlich.

Rolf Reichardt, Honorarprofessor an der Universität Gießen und Bibliotheksdirektor an der Universitätsbibliothek Mainz. Forschungsgebiete: Historische Semantik, Interkulturelle Kommunikations- und Mediengeschichte, Geschichte der politischen Bildpublizistik in Westeuropa vom 17. bis 19. Jahrhundert.

Rebekka Habermas

Frauen- und Geschlechtergeschichte

Auch Frauen haben eine Geschichte. Diese Erkenntnis klingt mittlerweile schal, wenn nicht gar banal. Und doch sind die Folgen dieser Einsicht alles andere als banal. Ihr verdanken wir die Entwicklung einer theoretisch hoch ambitionierten Frauen- und Geschlechtergeschichte, die gerade in den letzten Jahren die zentralen Debatten innerhalb der Geschichtswissenschaft maßgeblich mitgeprägt hat.

Der Weg zu dieser Frauen- und Geschlechtergeschichte war lang und keineswegs geradlinig: Schon in den Geschichtsdarstellungen der Frühen Neuzeit, in Klosterchroniken, Familiengeschichten, Kompendien und Historien großer Dynastien, finden wir Frauen. Gewiss, ihre Geschichte findet weniger Berücksichtigung als die der Männer, und doch gehörte das weibliche Geschlecht selbstverständlich zu Clios Universum (vgl. Wunder 1994; Davis 1980). Diese selbstverständliche Zugehörigkeit zur Historie änderte sich erst mit dem so genannten Professionalisierungsschub des ausgehenden 18. Jahrhunderts, der langfristig zu einer neuen Form von Geschichtsschreibung führte: zur »wissenschaftlichen« Geschichtsschreibung, die die Lösung vom bisher verbindlichen christlichen Weltbild und Heilsplan einläutete. Diese Säkularisierung der Geschichtsbetrachtung war für die Frauengeschichte insofern besonders folgenreich, als sie mit einer Neubestimmung »des Menschen« und nicht mehr des Menschenpaares wie in der Genesis einherging (Pomata 1993; Wunder 1994). Der Mann wurde der Kultur, die Frau der Natur zugeordnet. Die Natur freilich – so wollte die entstehende Aufklärungshistorie Glauben machen – existiert jenseits von Geschichtlichkeit.

Akademische Geschichtsschreibung: Männergeschichte

In Anbetracht einer solchen Neudefinition überrascht es nicht, dass die nun entstehende akademische Geschichtswissenschaft Frauen als Objekte der Geschichtsforschung weitgehend ausschloss. Mehr noch, die akademische Geschichtswissenschaft war (und darin unterscheidet sie sich nicht von den anderen wissenschaftlichen Disziplinen des 19. Jahrhunderts) von Anfang an »gendered« (Smith 1998), d. h. sie war was die Beurteilung ihrer Gegenstände und die Art ihrer Ordnungssysteme anbelangt nicht neutral, sondern schrieb damit gleichsam eine bestimmte Geschlechterordnung fort. Um der neu gesetzten Aufgabe – nämlich zu zeigen, »wie es eigentlich gewesen ist« – gerecht zu werden, sollten nun die philologischen Methoden der Quellenkritik angewandt werden, mit deren Hilfe man glaubte, in einem regelrechten Reinigungsritual wahre von falscher Überlieferung unterscheiden zu können. Mithilfe dieses Reinigungsrituals schied man jedoch nicht nur Falsches von Wahrem, sondern auch vermeintlich Privates, und damit für die Geschichtswissenschaft Überflüssiges, von Öffentlichem, d. h. Politischem und damit Wichtigem, schied man Weibliches von Männlichem und kreierte gleichsam unter der Hand eine neue Form der Nationalgeschichte, in deren Mittelpunkt die Haupt- und Staatsaktionen von Männern standen. Diese galt von nun an im Unterschied zu allen anderen Formen als objektive, reine und insofern eben auch politisch neutrale und damit wissenschaftliche Art der Geschichtswissenschaft. Frauen tauchten als Objekte dieser neuen nationalstaatlichen Meistererzählungen allenfalls in Randbereichen der Disziplin auf: in der Kultur- und Sittengeschichte (Stollberg-Rilinger 1996).

Blieb die akademische Frauengeschichte im 19. Jahrhundert auch eine Ausnahmeerscheinung, so finden wir nichtsdestotrotz eine kaum zu überblickende Fülle von Untersuchungen zu vergangenen weiblichen Lebenswelten: freilich aus der Feder von so genannten Amateurinnen, von Autorinnen, die sich jenseits des akademischen Raumes mit Geschichte beschäftigten und sich dadurch ihren Lebensunterhalt verdienten. Erinnert sei nur an Madame de Staels Darstellung der Französischen Revolution, an die von der Französin Louise Keralio Robert verfasste vierbändige Biografie Elisabeth I., oder an die vielen historischen Romane, in deren Mittelpunkt ein bewegendes Frauenschicksal stand.

Anfänge akademischer Frauengeschichte

Erst im letzten Drittel des 19. Jahrhunderts begann sich die universitäre Geschichtsforschung intensiver für die Geschichte von Frauen zu interessieren. Mittlerweile nämlich hatten sich Frauen den Zugang zur Universität erkämpft und erste Historikerinnen tauchten an den Frauencolleges der nordamerikanischen Ostküste, an der Universität Zürich und bald auch in London und Berlin auf. Einige dieser ersten Universitätshistorikerinnen verließen die ausgetretenen Pfade der Nationalgeschichte, um sich stattdessen mit bisher von der Geschichtswissenschaft vernachlässigten Themen aus den Bereichen der Sozial- und Wirtschaftsgeschichte und ebenfalls mit Themen der Frauengeschichte zu befassen: mit der Geschichte der Frauen in der Antike, mit mittelalterlichen Nonnenklöstern, mit der Erforschung der Frauenbewegung und mit der Geschichte der Hausarbeit. Wie innovativ ihre Arbeiten auch waren, fast alle Untersuchungen dieser Historikerinnen und historisch arbeitenden Soziologinnen und Nationalökonominnen – erinnert sei an Eileen Power, Margarete Freudenthal, Käthe Schirrmacher oder Lucie Varga – gerieten im Verlauf der beiden Weltkriege in Vergessenheit.

Entwicklung der Frauenbewegung

Als sich in den sechziger Jahren, unter dem Einfluss der Frauenbewegung, verstärkt Interesse an Frauengeschichte entwickelte, wurden einige dieser Pionierarbeiten wieder entdeckt. Die sechziger Jahre waren aber nicht nur eine Zeit der Wiederentdeckungen, sondern auch des Neubeginns. Erstmals wurde Frauengeschichte offensiv als ein auch und zeitweise vor allem politisches Programm eingefordert, reklamierte man die Gleichbehandlung von Frauen und Männern vor dem Gesetz und am Arbeitsplatz, ebenso wie in der Geschichtswissenschaft. Frauen seien die Hälfte der Menschheit und darum gebühre ihnen die Hälfte der Geschichte. »Auch Frauen haben eine Geschichte« war das neue Credo – womit gleichzeitig der erste Angriff auf die so genannte allgemeine Geschichte, wie sie sich im 19. Jahrhundert herausgebildet hatte, formuliert war. Kurzum, der Ausschluss der Frauen aus der Geschichte sollte rückgängig gemacht werden. Statt in die ahistorische, immergleiche Sphäre des Natürlichen verwiesen zu werden, sollten sie nun als Teil der so genannten allgemeinen Geschichte anerkannt werden.

Gleichzeitig wurden Forderungen nach Institutionalisierung von Frauengeschichte laut (Offen/Pierson/Randell 1991; Allen 1996): In den Vereinigten Staaten und wenig später in Großbritannien fanden in den siebziger Jahren erste Seminare und Konferenzen zur Frauengeschichte statt, Zeitschriften wurden gegründet und eigene Studienprogramme entwickelt. In Frankreich und im deutschsprachigen Raum verlief die Entwicklung langsamer: Lehrstühle wurden erst gegen Ende der achtziger Jahre, Zeitschriften wie »L'Homme« in den neunziger Jahren gegründet. Erste Gesamtdarstellungen zur deutschen (Frevert 1986; Wunder 1992) und schließlich europäischen Frauengeschichte liegen seit Mitte der achtziger Jahre vor (Anderson/Zinsser 1992/1993; Bock 2000; Duby/Perrot 1993–1995; Hufton 1998).

Wie viele nationale Besonderheiten die Entwicklung der Frauengeschichte respektive Geschlechtergeschichte auch mitbestimmt haben, zumindest aus der Rückschau lässt sich eine gemeinsame Entwicklung beobachten – eine Entwicklung, die von den sechziger Jahren bis heute in grob drei Schritten verlief: Von der Frauengeschichte der siebziger zur Geschlechtergeschichte der frühen achtziger über den »linguistic turn« (Linguistische Wende) bis hin zu einer Form der Geschlechtergeschichte, wie sie sich in den letzten Jahren abzeichnet.

1. Frauengeschichte

Die sich in den sechziger und siebziger Jahren entwickelnde Frauengeschichte war eng verwoben mit den »identity politics« der Frauenbewegung, mit dem Kampf um Gleichheit und damit stark interessiert an Fragen der Macht, der Ungleichheit, der Unterdrückung. So war es nur folgerichtig, dass sich die überwiegende Mehrzahl der frauengeschichtlichen Arbeiten dieser frühen Jahre an dem von Simone de Beauvoir entwickelten so genannten Unterdrückungsansatz orientierte. In ihrem Klassiker »Le Deuxième Sexe« aus dem Jahre 1949 entwirft de Beauvoir die Geschichte der Frauen als eine der Unterdrückung und des Leides, da – wie sie auf der Grundlage eines breiten empirischen Materials belegt – Frauen auf Grund ihrer

Gebärfähigkeit überall und zu allen Zeiten Opfer männlicher Herrschaft gewesen seien. Ähnlich argumentieren die frühen frauengeschichtlichen Untersuchungen, die zuerst in den Vereinigten Staaten wie England und schließlich in Deutschland, Frankreich und Italien unternommen wurden: die Arbeiten zu religiösen Frauen im Mittelalter und zu Frauen im Handwerk der Frühen Neuzeit, die Hexen- und Hebammenforschung, die Arbeiten zu Frauenleben im Bürgertum des 19. Jahrhunderts, zur Frauenbewegung und schließlich die Studien zu Arbeiterinnen und zur Situation von Frauen im Nationalsozialismus.

E.P. Thompsons Erfahrungsbegriff

Kommt diesen frühen Arbeiten zweifellos das Verdienst zu, bis dato kaum oder nur am Rande beachtete Aspekte der Geschichte zu beleuchten, eben – wie es ein Sammelband programmatisch nannte – »becoming visible« (Bridenthal/Koonz 1977), so regte sich doch auch Kritik an diesem Ansatz: eine Kritik, die schließlich zu neuen Formen der Frauengeschichte führte. Kritisiert wurde erstens, dass die Konzentration auf Unterdrückungsaspekte zur Folge habe, dass Frauen als Wesen erschienen, die weder die Fantasie, noch die Kraft gehabt hätten, eigene Handlungsoptionen bzw. eigene Deutungen zu entwickeln. Diese Kritik verdankt viel einer Neubewertung des Erfahrungsbegriffs, der im Gefolge des englischen Historikers Edward P. Thompson vorgenommen und von der jüngeren Kulturgeschichte weiterentwickelt wurde. In Absetzung von der klassischen Struktur- und Sozialgeschichte hat Thompson mit der Einführung des Erfahrungsbegriffs die Vorstellung erschüttert, historische Akteurinnen und Akteure seien mehr oder minder Opfer omnipotenter Strukturen. Er weist demgegenüber daraufhin, dass die Akteure und Akteurinnen diese Strukturen insofern gestalten, als sie diese auf sehr spezifische Weise erfahren und im Akte der Erfahrung mit Bedeutung aufladen. Für die Frauengeschichte war diese Einsicht insofern weiterführend, da sie es erlaubte, Frauen anders denn als immer gleiche Opfer zu sehen. Überdies wurde deutlich, dass Frauen andere Erfahrungen machen und dass man erst, wenn man die Alterität dieser Erfahrungen nachzuzeichnen versucht, Frauen in der Geschichte »sichtbar« machen kann. Als besonders fruchtbar erwies sich diese Einsicht im Bereich der bundesrepublikanischen Alltags- (Wierling 1989) und der internationalen Kriminalitäts- wie Protestforschung (Rublack 1998). Diese Untersuchungen machten deutlich, dass Frauen spezifische Bedürfnisse auf teilweise sehr eigene Art und Weise artikulierten und zuweilen auch durchsetzten und damit ihre Leben aktiv gestalteten.

Kritik am Unterdrückungsansatz

Darüber hinaus geriet eine Frauenforschung, die sich am Unterdrückungsansatz orientierte, aus einem zweiten Grund in die Kritik. Geht man nämlich davon aus, dass das weibliche Geschlecht in allen Gesellschaften und zu allen Zeiten stets unterdrückt wurde, so werden Frauen erneut als statische und ahistorische Wesen festgeschrieben, die jenseits von Geschichtlichkeit leben – eine Festschreibung, die insofern Methode und Geschichte hat, als seit der Aufklärungshistorie die Annahme eines naturhaften Weiblichen konstitutiv für den Ausschluss von Frauen aus geschichtswissenschaftlicher Betrachtung war. Indirekt zementiert wird damit überdies die Unterteilung in geschichtsmächtige öffentliche Räume und Orte des Privaten, die der geschichtswissenschaftlichen Betrachtung nicht für wert erachtet werden. Wie problematisch eine solche Unterteilung ist, wurde vor allem in den Arbeiten aus der Nachbardisziplin der Sozial- und Kulturanthropologie deutlich, die nachwiesen, dass die Dichotomien »privat/öffentlich« und »Natur/Kultur« keineswegs Allgemeingültigkeit für alle Zeiten und Kulturen beanspruchen können, sondern vor allem ethnozentrische Denkfiguren aus dem Europa des 18. Jahrhunderts sind. Anders ausgedrückt: Dass überhaupt zwischen Privatem und Öffentlichem unterschieden wird, ist nicht selbstverständlich; das Private ist nicht an sich weiblich und nicht per definitionem ein Ort von minderer Bedeutung (vgl. MacCormack/Strathern 1980; Ortner/Whitehead 1981). Beispielhaft umgesetzt wurde diese Einsicht etwa in den Arbeiten von Caroll Smith-Rosenberg (1985), deren Untersuchung über bürgerliche Frauen in den Vereinigten Staaten des 19. Jahrhunderts zeigte, dass die Beschränkung weiblichen Lebensraums auf das Hausinnere nicht nur als Akt des Ausschlusses und der Unterdrückung zu verstehen ist, sondern sich hier auch die Möglichkeit eröffnete, eine eigene »female culture« zu entwickeln, die für das weibliche Geschlecht durchaus positive Bedeutung hatte.

2. Geschlechtergeschichte

Ungeachtet der Tatsache, dass die Arbeiten von Smith-Rosenberg mittlerweile insofern wieder in Frage gestellt wurden, als die darin unterstellte klare Trennung von Innen- und Außenräumen in weibliche und männliche Sphären selbst problematisiert wurde (Davidoff/Hall 1987; Habermas 2000), läutete die Analyse von Dichotomien wie »Natur/Kultur« und »öffentlich/privat« eine erste große Wende in der Frauengeschichte ein: die Wende zur Geschlechtergeschichte. Waren Kategorien wie »öffentlich« und »privat« oder wie »Kultur« und »Natur« erst einmal in Frage gestellt, so war es nur noch ein kleiner Schritt, den Begriff der Frau selbst zu dekonstruieren. Genau das geschah mit der Schaffung der neuen Kategorie »gender«, Geschlecht, die Ann Oakely 1972 folgendermaßen von der Kategorie »sex« unterschied: »›Sex‹ ist ein Wort, das sich auf biologische Unterschiede zwischen Mann und Frau bezieht, ›gender‹ ist eine Sache der Kultur: es beinhaltet soziale Unterschiede zwischen ›maskulin‹ und ›feminin‹. Die Konstanz von ›sex‹ muss zugegeben werden, aber ebenso die Veränderlichkeit von ›gender‹« (Oakeley 1972: 16). Damit stand eine Kategorie zur Verfügung, die der Tatsache Rechnung trägt, dass die ungleiche Verteilung von Rechten und Pflichten, Macht und Ohnmacht zwischen dem männlichen und dem weiblichen Geschlecht nicht natürlich gegeben, sondern kulturell bestimmt wird. Frauen können nicht mehr dem als ahistorisch geltenden Bereich der Biologie zugeordnet werden, sondern müssen – zumindest theoretisch – zur wandelbaren Welt des Sozialen und Kulturellen zugelassen werden.

Diese Einsicht hatte viele Folgen. Einerseits wurde nun deutlich, dass sich die Bedeutung von Geschlecht je nach Epoche verändert, dass Geschlecht beispielsweise in der Reformation etwas anderes bedeutete als im ausgehenden 18. Jahrhundert. Andererseits zeigte sich, wie groß die Unterschiede zwischen den je nach »Rasse« und »Klasse« doch sehr unterschiedlichen Lebensbedingungen von Frauen auch innerhalb einer Epoche waren, ja dass es nicht selten zu Konflikten zwischen Frauen kam, da ihre Interessen durchaus unterschiedlich sein konnten.

Männergeschichte

Darüber hinaus war die Kategorie »gender« für die Entstehung der Männergeschichte förderlich, und zwar insofern als sie verdeutlichte, dass auch Männer ein Geschlecht haben und dass dieses eine Geschichte hat. Es entstand die Männergeschichte, die sich freilich insbesondere im deutschsprachigen Raum nur sehr schleppend entwickelt hat (Dinges 1998; Roper/Tosh 1991; Schissler 1992). Dass es bis heute vergleichsweise wenig männergeschichtliche Untersuchungen gibt, hat vor allem historische Gründe: Spätestens seitdem in der Aufklärungshistorie Männer dem Bereich der Kultur und Frauen dem der Natur zugeordnet wurden, galten Männer als geschlechtslose, ja der Natur regelrecht entfremdete Wesen. Sie in ihrer sich wandelnden Geschlechtlichkeit darzustellen, stellte folglich eine nicht geringe Herausforderung dar, die bis dato vor allem für die Erforschung männerbündischer Institutionen und Gruppierungen angenommen wurde (Carnes 1989). Gleichzeitig war damit insofern ein zweiter zentraler Angriff auf die Nationalgeschichte, die sich im 19. Jahrhundert herausgebildet hatte, formuliert, als die vermeintliche Neutralität der männlichen Subjekte von Haupt- und Staatsaktionen dekonstruiert wurde.

Konsequenzen für die allgemeine Geschichte

Mag es auch die eigentliche Aufgabe der Männergeschichte sein, »Männer als Männer sichtbar zu machen und sie aus der Selbstverständlichkeit, mit der sie das ›allgemein Menschliche‹ zu verkörpern vorgeben, herauszureißen«(Kühne 1998: 212), so trägt sie unter der Hand dazu bei, dass die so genannte allgemeine Geschichte ihr Gesicht verändert. Weibliche Lebenswelten, Verhaltensformen und Erfahrungsweisen erscheinen unter einer männergeschichtlichen Perspektive nämlich nicht mehr als deviant, gemessen an einem vermeintlich allgemeinen Parameter, da dieser nun seines Allgemeinheitsanspruchs beraubt ist. Anders formuliert, statt die Geschichte als Ort zu begreifen, an dem mit Geschlechtlichkeit ausgestattete weibliche Akteure und »allgemeine«, d. h. geschlechtslose, männliche Akteure agieren, deren Relevanz sich aber eben auf den allgemeinen Teil beschränkt, zeigt sich die Omnipräsenz von Geschlecht in allen Feldern, womit gleichsam der Begriff der allgemeinen Geschichte dekonstruiert ist. Das freilich bedeutete, dass der »gendered« Charakter der so genannten wissenschaftlichen Geschichtswissenschaft, die sich seit dem 19. Jahrhundert in strikter Abgrenzung zum Naturhaften und damit Biologischen definiert hatte, offen zu Tage getreten war, was nicht wenig dazu beitrug, dass sich die Krise, in der die Geschichtswissenschaft etwa seit den achtziger Jahren aus sehr unterschiedlichen Gründen geraten war, weiter verschärfte.

3. Linguistic turn

Wie sehr auch die Einführung der Kategorie Geschlecht – zumindest theoretisch – die Perspektive auf die gesamte Geschichte veränderte, die Geschlechtergeschichte blieb hier nicht stehen. Sie entwickelte sich, nicht zuletzt unter dem Einfluss des Poststrukturalismus, weiter und nahm schließlich eine dritte – bis heute kontrovers beurteilte – Wendung. Ausgangspunkt dieser Entwicklung war eine in den Arbeiten zur Körpergeschichte (Duden 1987) schon angelegte und von Joan Scott (1988) schließlich formulierte Kritik an der Kategorie Geschlecht selbst. Die Unterscheidung zwischen gender und sex – so ihr Argument –, in der ersteres auf ein soziales und kulturelles Konstrukt verweist, während letzteres auf vermeintlich nackte Fakten hindeutet, operiert mit essentialistischen Denkfiguren, die die Geschlechtergeschichte eigentlich überwinden wollte: Essentialistisch sind diese Denkfiguren insofern, als unterstellt wird, der Bereich der Biologie sei ein eo ipso gegebener, quasi natürlicher und damit unabhängig von sozialen oder kulturellen Deutungen oder diskursiven Strategien. Durch die Hintertür hat sich hier der altbekannte Gegensatz Natur versus Kultur wieder eingeschlichen. Dadurch, dass davon ausgegangen wird, Frauen hätten andere Bedürfnisse und Interessen als Männer, wird implizit unterstellt, diese seien letztlich doch natürlichen und nicht sozialen Ursprungs. Oder wie es Gisela Bock formuliert: »Wieder wird die Dimension des weiblichen Körpers, Sexualität, Mutterschaft und physiologische Geschlechtsunterschiede, in eine angeblich vor-soziale Sphäre verbannt und umso weniger die Frage gelöst, welche Teile der weiblichen Erfahrung und Praxis ›biologisch‹ und welche ›sozial‹ oder ›kulturell‹ sind« (Bock 1991: 8).

Joan Scott:
Die Macht der Diskurse

Um dieser essentialistischen Falle zu entgehen, schlug Joan Scott in den achtziger Jahren eine neue Verbindung zwischen Geschlechtergeschichte und linguistic turn vor. Linguistic turn meint die unter dem Einfluss von Michel Foucault und der dekonstruktivistischen Literaturwissenschaft entstandene Strömung, die Sprache einen privilegierten Platz bei der Erstellung von Bedeutung und damit von Realität einräumt. Statt – wie es herkömmlichen Formen der Geschichtsschreibung unterstellt wird – Sprache als etwas zu verstehen, was historische Realität schlicht widerspiegelt, wird Sprache nun als konstitutives Element im Hinblick auf die Hervorbringung historischer Ereignisse und menschlichen Bewusstseins verstanden. Kurzum: Es wird die Macht von Diskursen, Realität herzustellen, anerkannt.

Dekonstruktion

Die Bedeutung von Sprache hatte die Geschlechtergeschichte – darauf hat Kathleen Canning (1994: 370) mit Recht hingewiesen – freilich schon in dem Moment erkannt, in dem sie den Mythos der Dichotomie »Natur/Kultur« auflöste bzw. als sie auf die Konstruktion des männlichen als des allgemeinen Geschlechts hinwies. So gesehen gibt es eine spezifische Affinität zwischen dem linguistic turn und der Geschlechtergeschichte – oder anders ausgedrückt, Geschlechtergeschichte verstand ihre historischen Analysen stets auch als Akte der Dekonstruktion. Und doch ist die Aufmerksamkeit für Fragen der Bedeutungserstellung und damit die Notwendigkeit zur Dekonstruktion unter poststrukturalistischem Einfluss zweifellos gewachsen, das belegen nicht zuletzt die zahlreichen Untersuchungen (Walkowitz 1992; Gleixner 1994; Planert 1998), die zumindest teilweise diskursanalytisch verfahren. Klassisch ist hier nach wie vor der Aufsatz, in dem Scott selbst die Möglichkeiten der Diskursanalyse aufgezeigt hat. In »L'Ouvriére! Mot impie, sordide ....« (in: Scott 1988) werden die Diskurse der französischen politischen Ökonomie des 19. Jahrhunderts rekonstruiert, die sich mit der Arbeiterinnenfrage beschäftigen. Deutlich wird, dass Frauen in diesen Diskursen als Objekte der Untersuchung auftauchen und gleichzeitig als Repräsentantinnen von Ideen über soziale Ordnung und soziale Organisation, dass hier eben nicht »nur« über Frauen, sondern über die Geschlechterordnung als einer sozialen Ordnung der Gesellschaft debattiert wird.

Unter der Hand haben diese diskursanalytischen Arbeiten auch den Themenbereich der Geschlechtergeschichte ausgeweitet. Nicht mehr nur die von der Frauengeschichte der siebziger und beginnenden achtziger Jahre behandelten Themen wie Familie, Hexen, Hebammen, Frauenbewegung und Frauen im Nationalsozialismus werden untersucht, sondern mittlerweile liegen erste Studien einer geschlechtergeschichtlichen Verwaltungs-, Politik- und Rechtsgeschichte vor – Untersuchungen, die unter Beweis gestellt haben, dass »›gender‹ tatsächlich ein genereller Aspekt der sozialen Organisation ist. ›Gender‹ ist an vielen Stellen zu finden, da die Bedeutungen sexueller Differenz als Teil verschiedener Formen des Kampfes um Macht beschworen und umkämpft sind. Soziales und kulturelles Wissen über sexuelle Differenz wird deshalb in den meisten Ereignissen und Prozessen produziert, die als Geschichte untersucht werden« (Scott 1988: 6; vgl. Scott 1996).

Konstruktion von Geschlecht

Hat der linguistic turn die Aufmerksamkeit für die sprachliche Verfasstheit geschärft und damit zu einer Vielfalt von Dekonstruktionen und Demaskierungen von Kategorien wie Geschlecht, Klasse und Rasse, welche ihrerseits wiederum zu einer Themenerweiterung der Geschlechtergeschichte führten, beigetragen, so geht Joan Scott einen entscheidenden Schritt weiter: Sie zieht aus der Einsicht in die Macht der Sprache und aus der in der Auseinandersetzung mit der Dichotomie gender/sex deutlich gewordenen Gefahr, erneut Essentialismen aufzusitzen, den Schluss, Geschlechtergeschichte müsse sich ausschließlich auf die Untersuchung der Frage, wie Geschlecht und damit Geschlechterhierarchien konstruiert und legitimiert werden, beschränken. Da Bedeutungserstellungen keine einmaligen Akte, sondern konfliktreiche Prozesse seien, ginge es dabei aber nicht um die hinlänglich bekannte Suche nach der Chimäre Ursprung, sondern um das Nachzeichnen der Bedeutungserstellung und -verschiebung. Das heißt, Geschlechtergeschichte solle sich nicht länger mit der nun vermeintlich naiven Frage beschäftigen, was Männern und Frauen widerfuhr und wie sie damit umgingen, sondern ausschließlich damit, wie die Bedeutung von Mann und Frau konstruiert wurde – und zwar in allen erdenklichen Feldern der Wirtschaft, der Politik und des Sozialen.

Kritik am Erfahrungsbegriff

Eine solche Neufassung des Gegenstandsbereichs und der methodischen Zugangsweisen der Geschlechtergeschichte ergibt sich – so ein zweites zentrales Argument von Scott – daraus, dass neben Geschlecht auch die Kategorie Erfahrung problematische Implikationen habe und darum keine sinnvolle Verwendung mehr finden könne: Für die poststrukturalistische Geschlechtergeschichte sei es obsolet, Erfahrungen zu rekonstruieren, da der Erfahrungsbegriff selbst eine Verdunklung der diskursiven Konstruktion des Subjekts darstelle. Der Begriff Erfahrung, wie er von Thompson entwickelt wurde, rekurriere auf eine Realität vorsprachlicher Natur und suggeriere die Möglichkeit, ein authentisches Erleben von Subjekten zu rekonstruieren und sitze damit dem naiven Glauben auf, Erfahrung und Sprache ließen sich trennen. Stattdessen müsse jedoch davon ausgegangen werden, dass Subjekte ihrerseits diskursiv konstituiert werden und dass »Erfahrung eine sprachliche Angelegenheit ist (sie vollzieht sich nicht außerhalb etablierter Bedeutungen)« (Scott 1992: 34). Scott plädiert somit einerseits für eine Beschränkung der Geschlechtergeschichte auf die Diskursanalyse und andererseits für eine Ausweitung der geschlechtergeschichtlichen Diskursanalyse auf alle Felder der so genannten allgemeinen Geschichte.

4. Aktuelle Debatten

Scotts Plädoyer blieb nicht unwidersprochen. Wird von grundsätzlichen Einwänden abgesehen, wie sie im Übrigen auch für den linguistic turn jenseits der Geschlechtergeschichte immer wieder formuliert worden sind, so stellt sich die aktuelle Diskussion in der Geschlechtergeschichte folgendermaßen dar. Zum einen ist offensichtlich, dass die Geschlechtergeschichte den Überlegungen poststrukturalistischer Theoretikerinnen viel verdankt: Die Macht von Sprache, Dinge zu benennen und ihnen dadurch Gestalt zu verleihen, wurde deutlich. Die totale Präsenz von Geschlechterordnungen auch in bisher von der Geschlechtergeschichte wenig beachteten Feldern der Politik- und Wirtschafts-, der Wissenschafts- (Schiebinger 1993) und Technikgeschichte wurde augenscheinlich. Die Problematik einer allzu dokumentarischen Lesart der Quellen, die von der altbewährten Quellenkritik in vielen Dimensionen verkannt wurde, trat offen zu Tage. Ebenso konnten zentrale Kategorien dekonstruiert und damit manche Selbstverständlichkeiten der altbekannten Meistererzählungen erschüttert werden.

Erfahrung vs. Repräsentation

Zum anderen stellte sich die Frage, ob die von Scott und anderen favorisierte Beschränkung auf das Feld der Diskursanalyse wirklich weiterführend ist, ob wirklich alle anderen Zugänge zur Frauen- und Geschlechtergeschichte – seien sie nun sozialgeschichtlich, historisch-anthropologisch oder auch geistesgeschichtlich – eo ipso ausgedient haben? Oder ob – so die Kritikerinnen von Scott – eine solche Beschränkung nicht auch Gefahr laufe, zu einer Engführung von Fragestellungen zu führen, die besser vermieden werden sollte. Kurzum, es entspann sich eine Debatte zwischen den so genannten Erfahrungshistorikerinnen und den Repräsentationshistorikerinnen – eine Debatte, die im Wesentlichen um folgende sechs Punkte kreiste.

Diskursanalyse: Frauen als Objekte

Erstens kritisieren Erfahrungshistorikerinnen, dass Frauen in diskursanalytischen Arbeiten als Subjekte insofern erneut zum Verschwinden gebracht werden, als sich die poststrukturalistische Geschlechtergeschichte überwiegend mit Diskursen beschäftigt, die von Männern produziert wurden (seien es nun medizinische Elaborate der frühen Neuzeit oder Gesetzestexte des 19. Jahrhunderts oder wissenschaftliche Elaborate des 20. Jahrhunderts) und in denen Frauen erneut in erster Linie als Objekte auftauchen. Obschon diese Kritik bei Repräsentationshistorikerinnen auf taube Ohren stößt, da hier schon allein auf Grund des Subjektbegriffs eine Argumentation entdeckt wird, die auf biologischen Essentialismen fußt, genügt ein kurzer Blick in geschlechtergeschichtliche Diskursanalysen, um den Vorwurf einer erneuten Degradierung von Frauen zu Objekten zu bestätigen: Frauen tauchen in diesen Studien in der Tat fast ausschließlich als Objekte auf, womit eine Fortschreibung stattfindet, die spätestens seit der Erweiterung der frühen Unterdrückungsgeschichte durch den Erfahrungsbegriff in ihrer ganzen Fragwürdigkeit offensichtlich geworden ist.

Zweitens wird angemahnt, dass die Auswahlkriterien der Texte, die zur Dekonstruktion von Diskursen herangezogen werden, unklar seien. Warum etwa nimmt Scott in ihrem eindrucksvollen Aufsatz »L'Ouvrière, mot impie...« das Werk eines Jules Simon als Quelle und nicht Texte anderer Ökonomen (Downs 1993: 422)? Diese Frage ist nicht so nebensächlich, wie sie auf den ersten Blick erscheint. Da die Auswahl der zu analysierenden Texte selbstredend die zu dekonstruierende Geschlechterordnung bestimmt, ist es zentral, Kriterien für diese Auswahl zu benennen: Sollen die Texte zugrunde gelegt werden, die zu Recht oder Unrecht als klassisch kanonisiert worden sind? Damit wäre man allerdings in allzu großer Nähe zu einer Geistesgeschichte, die der Poststrukturalismus eigentlich untergraben möchte. Oder sollen die Texte zugrunde gelegt werden, die unter den Zeitgenossen und Zeitgenossinnen am weitesten Verbreitung gefunden haben? Damit allerdings wären die historischen Akteure und Akteurinnen wieder eingeführt, deren sich die Repräsentationshistorikerinnen eigentlich entledigen wollen.

Relevanz der Kontexte

Drittens wird die Entscheidung der poststrukturalistischen Historikerinnen, Kontexte oder das, was herkömmlicherweise als soziale Realität bezeichnet wird, nicht mit in die Untersuchung einzubeziehen, problematisiert. Ja, Kritikerinnen wenden ein, dass die bloße Dekonstruktion diskursiver Strategien, ohne die Berücksichtigung der sozialen, ökonomischen, politischen und kulturellen Kontexte, wenig Sinn mache. Schließlich sei die Bedeutung von Diskursen – so das Argument der Erfahrungshistorikerinnen, die hier in der langen Tradition der Hermeneutik stehen – nur vor dem Hintergrund eben dieser Kontexte zu erstellen, da Bedeutung eben nicht eo ipso gegeben und auch nicht ausschließlich diskursiv bestimmt sei. Ob die Debatte über Arbeiterinnen im Frankreich des 19. Jahrhunderts im Angesicht der Industrialisierung stattfindet oder zweihundert Jahre vorher, vor dem Hintergrund einer Agrargesellschaft, mache eben doch einen Unterschied: für die in den Diskursen ent- und vielleicht auch wieder verworfenen Geschlechterordnungen wie aber auch für die Objekte dieser Diskurse (Canning 1994).

Reformulierung des Erfahrungsbegriffs?

Daran schließt sich viertens die Frage an, ob der Preis für eine Verabschiedung des Erfahrungsbegriffs und damit auch der Akteurinnen und Akteure nicht doch zu hoch ist. Bei allen, zweifellos häufig unterschätzten, Gefahren, die der Erfahrungsbegriff in sich birgt, und bei allen essentialistischen Vorstellungen von Authentizität und Wahrhaftigkeit, die häufig mitschwingen, müsse diese Kategorie – so behaupten die Erfahrungshistorikerinnen – doch nicht gleich vollkommen entsorgt werden. Wäre es nicht sinnvoller, die Kategorie Erfahrung zu reformulieren, sie sozusagen einer durchaus auch poststrukturalistisch inspirierten Inspektion zu unterziehen, um sie danach in vielleicht minder essentialistischer Weise zu nutzen? Es ginge folglich nicht darum, sich von der Kategorie zu verabschieden, sondern sie zu rekonzeptualisieren – ein Vorschlag, dem umso ernsthafter nachgegangen werden solle, als die Vorteile des Erfahrungsbegriffs auch aus poststrukturalistischer Perspektive auf der Hand lägen: Schließlich habe die Kategorie Erfahrung den entscheidenden Vorteil, nicht-hegemoniale Diskurse – welche nicht selten die von Frauen waren – mit in eine Untersuchung einbeziehen zu können, und damit differente diskursive Strategien zu Tage zu fördern. Die Aufmerksamkeit für Differenz zu schärfen sei deshalb von Bedeutung, weil sie vor der Gefahr schütze, historische Alterität zum Verschwinden zu bringen. Kurzum, der Verzicht auf den Erfahrungsbegriff drohe zum einen Differenz und zum anderen auch die Vielfalt, Ungleichzeitigkeit und Widersprüchlichkeit historischer Entwicklungen zum Verschwinden zu bringen und damit Beihilfe zur Produktion weiterer teleologischer Meistererzählungen zu leisten, die der Poststrukturalismus eigentlich verhindern wollte.

Dies führt zu einem fünften Problem: Diskursanalysen könnten – und in dieser Einschätzung stimmen Erfahrungs- und Repräsentationshistorikerinnen überein – historischen Wandel nur nachzeichnen, aber nicht erklären. Um Wandel präziser zu erklären, müssten – so die Argumente der Kritikerinnen am Poststrukturalismus – die sozialen, ökonomischen und politischen Kontexte berücksichtigt werden und müssten auch die Subjekte und ihre Interaktionen bzw. ihre Erfahrungen wieder mit ins Spiel kommen.

Körpererfahrung

Sechstens sei es fraglich, ob die mit der Trennung von sex und gender apostrophierte erneute Trennung in Natur und Kultur wirklich nur dadurch vermieden werden kann, dass man den geschlechtlichen Körper als biologische Tatsache zur Gänze negiert oder polemischer gefragt: »Wenn ›Frau‹ nur eine leere Kategorie ist, warum habe ich dann Angst, nachts allein auf die Straße zu gehen?« (Downs 1993). Weniger polemisch und weiterführender stellt sich mit Lyndal Roper (1995, 1999) die Frage, ob sich die Dimensionen körperlicher Erfahrung wirklich in diskursiven Strategien auflösen lassen. Lässt sich die Geschlechterdifferenz hinlänglich als kulturelles Konstrukt beschreiben, obschon wir wissen, wie häufig weit bis in das 19. Jahrhundert hinein eine Geburt über Leben und Tod einer Frau entschied, und obschon damit die Möglichkeit geleugnet wird, dass Schmerzerfahrungen ihrerseits strukturierende Kraft haben?

Schließlich geben Kritikerinnen an der von Scott propagierten Form von Geschlechtergeschichte zu bedenken, dass die Dekonstruktion von Kategorien und die Analyse diskursiver Strategien für geschichtswissenschaftliche Analysen zwar unerlässlich, aber nicht ausreichend seien, da damit ein geradezu programmati-

Verzicht auf Meistererzählungen? scher Verzicht auf die Deutung komplexer historischer Prozesse einherginge. Ohne solche Deutungen, die – so das Argument – ja nicht zwangsläufig in die mittlerweile hinlänglich bekannten Fallen der großen Meistererzählungen treten müssen, käme die Geschichtswissenschaft nicht aus. Lynn Hunt (1998) hat unlängst die These aufgestellt, dass der totale Verzicht auf Meistererzählungen zur Selbstmarginalisierung der Geschlechtergeschichte führe und damit dazu, dass man der so genannten allgemeinen Geschichte – und zwar in ihrer altbekannten Gestalt – das Feld überlasse.

5. Perspektiven

Damit hat Lynn Hunt gleichzeitig auf ein altes Problem verwiesen, das sich jedoch nach über dreißig Jahren neuerer Frauen- und Geschlechtergeschichte mit neuer Dringlichkeit stellt. Dreißig Jahre nach den emphatischen Aufrufen, der Hälfte der Menschheit ihre Vergangenheit zurückzugeben und damit auch die so genannte allgemeine Geschichte zu verändern, ist die Bilanz nämlich nicht nur positiv. Zum einen ist gerade in den letzten Jahren deutlich geworden, dass die Geschlechtergeschichte eines der am stärksten expandierenden Forschungsgebiete ist und überdies als das Feld gilt, welches inhaltlich wie methodisch erheblich zur Innovation der Disziplin beigetragen hat. Zum anderen werden geschlechtergeschichtliche Forschungen nach wie vor marginalisiert. Diese Tendenz zur Marginalisierung ist teilweise dem Erbe der »akademischen Geschichtswissenschaft« des 19. Jahrhunderts geschuldet. Ihr entgegenzuwirken ist der Geschlechtergeschichte zumindest im deutschsprachigen Raum nicht in dem Maße gelungen, wie man das zu Beginn der siebziger Jahre erhofft hatte – darauf hat Karin Hausen (1998) mit Recht hingewiesen. Aber auch in den Vereinigten Staaten gilt die Geschlechtergeschichte keineswegs als selbstverständlicher Aspekt der so genannten allgemeinen Geschichte, noch hat sich die allgemeine Geschichte im Sinne einer geschlechtergeschichtlichen Erweiterung verändert oder ist gar zur Gänze dekonstruiert. Die poststrukturalistische Geschlechtergeschichte hat daran nichts zu ändern vermocht, gleichwohl es ihr gelungen ist, diese Marginalisierungstendenzen selbst zum Gegenstand historischer Forschung zu machen (Smith 1998).

Sei es auf Grund der neuen Aktualität der Debatte über das Verhältnis zwischen allgemeiner und Geschlechtergeschichte, sei es, weil die Kontroverse zwischen Erfahrungs- und Repräsentationshistorikerinnen abzuflauen scheint, oder sei es, weil sich ein Generationenwechsel anbahnt oder weil sich die institutionellen Rahmenbedingungen der Disziplin zu verändern beginnen: Eine ganze Reihe von Indizien spricht dafür, dass die Geschlechtergeschichte heute – nach den Aufbrüchen der sechziger Jahre, nach der Wende hin zur Geschlechtergeschichte und nach ihrer Radikalisierung durch den Poststrukturalismus – vor einer neuen Wende steht. Neue geschichtswissenschaftliche Ansätze scheinen sich an Clios Horizont abzuzeichnen – Ansätze, die einerseits dem linguistic turn viel verdanken und die sich andererseits nicht darauf beschränken wollen zu dekonstruieren, sondern für eine behutsame Entwicklung neuer Erzählungen plädieren (Hunt 1998). Damit einher geht eine Reformulierung des Verhältnisses zwischen »allgemeiner« und Geschlechtergeschichte – ein Verhältnis, das auch institutionelle und damit wissenschaftspolitische Implikationen hat und zwar insbesondere in den Ländern, in denen, wie in der Bundesrepublik, Geschlechtergeschichte nach wie vor mit erheblichen Widerständen zu kämpfen hat.

Neue Ansätze – Neue Verbindungen

Diese neueren Ansätze der Geschlechtergeschichte treten weniger in Form programmatischer Entwürfe als in der Gestalt empirischer Untersuchungen auf. Nimmt man etwa die hier nur beispielhaft angeführten und in vielem sehr verschiedenen historischen Studien von Susanna Burghartz (1999) über die Ehe in der Frühen Neuzeit, von Isabel Hull (1996) über die Staatsbildung im 18. Jahrhundert oder von Kathleen Canning (1996) über die Arbeiterschaft des ausgehenden 19. und beginnenden 20. Jahrhunderts, so zeigt sich erstens, dass hier Diskursanalysen mit einem rekonzeptualisierten Erfahrungsbegriff wie aber auch mit der Untersuchung von Praktiken verbunden werden. Programmatisch formuliert heißt das, den linguistic turn dadurch fruchtbar zu machen, dass man den Erfahrungsbegriff nicht schlicht verabschiedet, sondern dekonstruiert, um ihn sodann neu zu konzeptualisieren. D. h., dass neben der Analyse von Diskursen die Dynamik von Erfahrung Berücksichtigung findet. Auch den anderen Kritiken an einer allzu engen Diskursgeschichte tragen diese neueren Arbeiten Rechnung: Körperlichkeit, soziale, ökonomische, politische oder kulturelle Kontexte, Akteure und Akteurinnen treten nicht im alten, essentialistischen Gewande auf und spielen doch eine Rolle in diesen Analysen.

Zweitens werden Frauen wie Männer gleichermaßen in den Blick genommen, was den entscheidenden Vorteil mit sich bringt, dass Frauen nicht länger in künstlicher Isolierung untersucht werden, sondern als Teil eines »andauernden Kampfes zwischen Akteuren und Akteurinnen um die Kontrolle über das Drehbuch, ein Kampf, der schließlich das Stück – die Spieler – sogar das Theater selbst verändert« (Smith-Rosenberg 1985: 17). Ein weiterer Gewinn dieser Erweiterung des Blickfeldes liegt darin, dass Männer als solche und nicht als Vertreter eines allgemeinen Geschlechts sichtbar werden, d. h. die Männergeschichte wird als Herausforderung angenommen.

Drittens werden Themen der klassischen »allgemeinen Geschichte« untersucht: Staatsbildung, Konfessionalisierung, Klassenbildung. Diese Themen aus der Politik-, Verwaltungs-, Kirchen- und Gesellschaftsgeschichte – also aus Kernbereichen der klassischen Nationalgeschichte – verändern in den Studien von Burghartz, Hull und Canning ihr Gesicht. Unter der Hand werden die zentralen Kategorien und Perspektiven von scheinbar altbewährten Meistererzählungen (etwa modernisierungstheoretische Ansätze, der Subjektbegriff, der Politikbegriff etc.) dekonstruiert.

Das führt viertens dazu, dass sich die Geschlechtergeschichte in einer »allgemeinen« Geschichte auflöst, die mit Fug und Recht sich eigentlich erst dadurch als eine allgemeine bezeichnen kann, da sie erst jetzt von Frauen und Männern und der Ordnung der Geschlechter genauso handelt wie von anderen Ordnungen. Anders ausgedrückt, es geht weniger denn je um die bloße Hinzufügung der einen im Laufe der Herausbildung der Geschichtswissenschaft unter die Räder gekommenen Hälfte der Menschheit. Im Mittelpunkt steht nun nicht mehr und nicht weniger als die Neubewertung der so genannten allgemeinen Geschichte – eine Neubewertung, die mit der Selbstauflösung der Geschlechtergeschichte einhergeht.

Diese Selbstauflösung freilich wird teilweise mit Skepsis betrachtet. Schließlich steht zu befürchten, dass es Frauen damit erneut droht, an Clios Ränder gedrängt zu werden. Ist diese Sorge in Anbetracht der in der Bundesrepublik nach wie vor prekären institutionellen Lage der Geschlechtergeschichte einerseits durchaus verständlich, so ist sie andererseits doch auch gegenstandslos: Schließlich weist das weite Feld der Geschlechtergeschichte am Beginn des dritten Jahrtausends eine solche Breite von Themen und methodischen Ansätzen auf, dass auch die neuesten Perspektiven einer Hull oder Canning nur einen unter vielen möglichen Wegen aufzeigen, die die Geschlechtergeschichte nehmen wird. Von einer Frauengeschichte, die den Unterdrückungsansatz fortschreibt, über eine Sozialgeschichte mit geschlechtergeschichtlichen Aspekten und eine diskursanalytische Geschlechtergeschichte bis zu einer Männergeschichte, die Erfahrungskategorien mit Diskursanalysen zu verbinden sucht, reicht mittlerweile das Spektrum. Ein Spektrum, das belegt, wie folgenreich die auf den ersten Blick banale Einsicht war, dass auch Frauen eine Geschichte und – wie man nun hinzufügen muss – auch Männer ein Geschlecht haben.

Rebekka Habermas, Professorin an der Universität Göttingen. Forschungsgebiete: Geschichte des Bürgertums, Geschlechtergeschichte, Rechts- und Kriminalitätsgeschichte des 18. und 19. Jahrhunderts.

Ausgewählte Literatur zur Neuen Kulturgeschichte

Stichwort Neue Kulturgeschichte

Ariès, Philippe (1980): Geschichte des Todes (9. Aufl. 1999), München.

Ariès, Philippe/Duby, Georges (1989–1993) (Hg.): Geschichte des privaten Lebens, 5 Bde., Frankfurt a. M.

Bermingham, Ann/Brewer, John (1995) (Hg.): The Consumption of Culture. 1600–1800. Image, Object, Text, London.

Bitterli, Urs (1986): Alte Welt – neue Welt. Formen des europäisch-überseeischen Kulturkontaktes vom 15. bis zum 18. Jahrhundert, München.

Blaschitz, Gertrud u. a. (1992) (Hg.): Symbole des Alltags – Alltag der Symbole. Festschrift für Harry Kühnel zum 65. Geburtstag, Graz.

Borst, Arno (1973): Lebensformen im Mittelalter, (Neuaufl. 1997) Berlin.

Bourdieu, Pierre (1976): Entwurf einer Theorie der Praxis auf der ethnologischen Grundlage der kabylischen Gesellschaft, Frankfurt a. M.

Braudel, Fernand (1990): Sozialgeschichte des 15. bis 18. Jahrhunderts, 3 Bde., (2. Aufl) München.

Brednich, Rolf W. (1988) (Hg.): Grundriss der Volkskunde, Hamburg.

Bremmer, Jan/Roodenburg, Herman (1992) (Hg.): A Cultural History of Gesture, Ithaca.

Brewer, John/Porter, Roy (1993) (Hg.): Consumption and the World of Goods, London.

Burke, Peter (1981): Helden, Schurken und Narren. Europäische Volkskultur in der frühen Neuzeit (2. Aufl. 1985), Stuttgart.

Burke, Peter (1998): Eleganz und Haltung. Die Vielfalt der Kulturgeschichte, Berlin.

Calvi, Giulia (1989): Histories of a Plague Year. The Social and the Imaginary in Baroque Florence, Berkeley.

Chartier, Roger (1989): Die unvollendete Vergangenheit. Geschichte und die Macht der Weltauslegung, Berlin.

Chaunu, Pierre (1968): Europäische Kultur im Zeitalter des Absolutismus, München.

Chvojka, Erhard u. a. (1997) (Hg.): Neue Blicke. Historische Anthropologie in der Praxis, Wien.

Clark, Stuart (1997): Thinking with Demons: The Idea of Witchcraft in Early Modern Europe, Oxford.

Conrad, Christoph/Kessel, Martina (1998) (Hg.): Kultur und Geschichte. Neue Einblicke in eine alte Beziehung, Stuttgart.

Corbin, Alain (1995): Die Sprache der Glocken. Ländliche Gefühlskultur und symbolische Ordnung im Frankreich des 19. Jahrhunderts, Frankfurt a. M.

Daniel, Ute (1993): »Kultur« und »Gesellschaft«. Überlegungen zum Gegenstandsbereich der Sozialgeschichte, in: Geschichte und Gesellschaft 19, S. 69–99.

Daniel, Ute (1996): Historie und Hermeneutik. Zu Geschichte und Gegenwart einer turbulenten Beziehung, in: Handlung – Kultur – Interpretation 5, S. 135–157.

Daniel, Ute (1997): Clio unter Kulturschock. Zu den aktuellen Debatten der Geschichtswissenschaft, in: Geschichte in Wissenschaft und Unterricht 48, S. 195–218 und S. 259–278.

Darnton, Robert (1989): Das große Katzenmassaker. Streifzüge durch die französischen Kultur vor der Revolution, München.

Davis, Natalie Z. (1987): Humanismus, Narrenherrschaft und die Riten der Gewalt. Gesellschaft und Kultur im frühneuzeitlichen Frankreich, Frankfurt a. M.

Delumeau, Jean (1985): Angst im Abendland. Die Geschichte kollektiver Ängste im Europa des 14.–18. Jahrhunderts, 2 Bde., Reinbek.

Dinges, Martin (1993): Ehrenhändel als kommunikative Gattungen: Kultureller Wandel in der Frühen Neuzeit, Archiv für Kulturgeschichte 75, S. 359–393.

Dinges, Martin (1994): Der Maurermeister und der Finanzrichter. Ehre, Geld und soziale Kontrolle im Paris des 18. Jahrhunderts, Göttingen.

Dinges, Martin (1997): »Historische Anthropologie« und »Gesellschaftsgeschichte«: Mit dem Lebensstilkonzept zu einer »Alltagskulturgeschichte« der Frühen Neuzeit?, in: Zeitschrift für historische Forschung 24, S. 179–214.

Dinzelbacher, Peter (1993) (Hg.): Europäische Mentalitätsgeschichte, Stuttgart.

Dirlmeier, Ulf (1996–2000): Geschichte des Wohnens, 5 Bde., Stuttgart.

Dressel, Gert (1996): Historische Anthropologie. Eine Einführung, Wien

Dülmen, Richard van/Schindler, Norbert (1984) (Hg.): Volkskultur. Zur Wiederentdeckung des vergessenen Alltags (16.–20. Jahrhundert), Frankfurt a. M.

Dülmen, Richard van (1991): Historische Anthropologie in der deutschen Sozialgeschichtsschreibung, in: Geschichte in Wissenschaft und Unterricht 42, S. 692–709.

Dülmen, Richard van (1990–1994): Kultur und Alltag in der Frühen Neuzeit, 3 Bde., München.

Dülmen, Richard van (1995): Historische Kulturforschung zur Frühen Neuzeit. Entwicklung – Probleme – Aufgaben, in: Geschichte und Gesellschaft 21, S. 403–429.

Dülmen, Richard van (1996) (Hg.): Körpergeschichten, Frankfurt a. M.

Duerr, Hans Peter (1988–1997): Der Mythos vom Zivilisationsprozeß, 4 Bde., Frankfurt a. M.

Duindam, Jeroen (1995): Myths of Power. Norbert Elias and the Early Modern European Court, Amsterdam.

Elias, Norbert (1969): Die Höfische Gesellschaft – Untersuchungen zur Soziologie des Königtums und der höfischen Aristokratie, (9. Aufl. 1999) Frankfurt a. M.

Elias, Norbert (1969): Über den Prozeß der Zivilisation: Soziogenetische und psychogenetische Untersuchungen, 2 Bde., Bern, (22. Aufl. 1999 Frankfurt a. M.).

Erbe, Michael (1978): Zur neueren französischen Sozialgeschichtsschreibung, Darmstadt.

Flandrin, Jean-Louis/Montanari, Massimo (1996) (Hg.): Histoire de l'Alimentation, Paris.

Gailus, Manfred/Lindenberger, Thomas (1994): Zwanzig Jahre »moralische Ökonomie«. Ein sozialhistorsches Konzept ist volljährig geworden, in: Geschichte und Gesellschaft 20, S. 469–477.

Geertz, Clifford (1987): Dichte Beschreibung. Beiträge zum Verstehen kultureller Systeme, (6. Aufl. 1999) Frankfurt a. M.

Girtler, Roland (1979): Kulturanthropologie. Entwicklungslinien, Paradigmata, Methoden, München.

Greenblatt, Stephen J. (1994): Wunderbare Besitztümer. Die Erfindung des Fremden, Berlin.

Groh, Dieter (1992): Anthropologische Dimensionen der Geschichte, Frankfurt a. M.

Haas, Stefan (1994): Historische Kulturforschung in Deutschland 1880–1930, Köln.

Habermas, Rebekka/Minkmar, Nils (1992) (Hg.): Das Schwein des Häuptlings. Beiträge zur Historischen Anthropologie, Berlin.

Hardtwig, Wolfgang/Wehler, Hans Ulrich (1996) (Hg.): Kulturgeschichte heute, Göttingen.

Hsia, Ronny Po-Chia/Lehmann, Hartmut (1995) (Hg.): In and Out of the Ghetto. Jewish-Gentile Relations in Late Medieval and Early Modern Germany, Cambridge.

Hsia, Ronny Po-Chia/Scribner, Robert (1997): Problems in the Historical Anthropology of Early Modern Europe, Wiesbaden.

Hunt, Lynn (1989): Symbole der Macht. Macht der Symbole. Die Französische Revolution und der Entwurf einer politischen Kultur, Frankfurt a. M.

Hunt, Lynn (1989) (Hg.): The New Cultural History, Berkeley.

Jütte, Robert (1990): Moderne Linguistik und »Nouvelle Histoire«, in: Geschichte und Gesellschaft 16, S. 104–120.

Jütte, Robert (1991): Ärzte, Heiler und Patienten. Medizinischer Alltag in der Frühen Neuzeit, München.

Karant-Nunn, Susan (1997): The Reformation of Ritual. An Interpretation of Early Modern Germany, London.

Klapisch-Zuber, Christiane (1995): Das Haus, der Name, der Brautschatz: Strategien und Rituale im gesellschaftlichen Leben der Renaissance, Frankfurt a. M.

Kühme, Dorothea (1997): Bürger und Spiel. Gesellschaftsspiele im deutschen Bürgertum zwischen 1750 und 1850, Frankfurt a. M.

Labouvie, Eva (1992): Verbotene Künste. Volksmagie und ländlicher Aberglaube in den Dorfgemeinden des Saarraumes (16.–19. Jahrhundert), St. Ingbert.

Labouvie, Eva (1998): Andere Umstände. Eine Kulturgeschichte der Geburt, Köln.

Laqueur, Thomas (1992): Auf den Leib geschrieben. Die Inszenierung der Geschlechter von der Antike bis Freud, Frankfurt a. M.

Lehmann, Hartmut (1995) (Hg.): Wege zu einer neuen Kulturgeschichte, Göttingen.

Levi, Giovanni (1986): Das immaterielle Erbe. Eine bäuerliche Welt an der Schwelle zur Moderne, Berlin.

Lorenz, Maren (1999): Kriminelle Körper – gestörte Gemüter. Die Normierung des Individuums in Gerichtsmedizin und Psychiatrie der Aufklärung, Hamburg.

Lotman, Jurij M. (1997): Rußlands Adel. Eine Kulturgeschichte von Peter I. bis Nikolaus I., Köln.

Lüsebrink, Hans-Jürgen/Reichardt, Rolf (1990): Die »Bastille«. Zur Symbolgeschichte von Herrschaft und Freiheit, Frankfurt a. M.

Medick, Hans (1996): Weben und Überleben in Laichingen 1650–1900. Lokalgeschichte als Allgemeine Geschichte, Göttingen.

Medick, Hans/David Sabean (1984) (Hg.): Emotionen und materielle Interessen. Sozialanthropologische und historische Beiträge zur Familienforschung, Göttingen.

Mennell, Stephen (1988): Die Kultivierung des Appetits. Die Geschichte des Essens vom Mittelalter bis heute, Frankfurt a. M.

Mergel, Thomas/Welskopp, Thomas (1997) (Hg.): Geschichte zwischen Kultur und Gesellschaft, München.

Midelfort, Erik H. C. (1999): A History of Madness in Sixteenth-Century Germany, Stanford.

Mintz, Sidney (1987): Die süße Macht. Kulturgeschichte des Zuckers, Frankfurt a. M.

Mohrmann, Ruth (1990): Alltagswelt im Land Braunschweig. Städtische und ländliche Wohnkultur vom 16. bis zum frühen 20. Jahrhundert, 2 Bde., Münster.

Muchembled, Robert (1990): Die Erfindung des modernen Menschen. Gefühlsdifferenzierung und kollektive Verhaltensweisen im Zeitalter des Absolutismus, Reinbek.

Münch, Paul (1992): Lebensformen in der Frühen Neuzeit, Frankfurt a. M.

Muir, Edward (1997): Ritual in Early Modern Europe, Cambridge.

Osterhammel, Jürgen (1998): Die Entzauberung Asiens. Europa und die asiatischen Reiche im 18. Jahrhundert, München.

Raphael, Lutz (1994): Die Erben von Bloch und Febvre. Annales-Geschichtsschreibung und »nouvelle histoire« in Frankreich 1945–1980, Stuttgart.

Rioux, Jean-Pierre/Sirinelli, Jean-François (1997) (Hg.): Pour une histoire culturelle, Paris.

Roche, Daniel (1994): The Culture of Clothing. Dress and Fashion in the ›Ancient Régime‹, Cambridge.

Roche, Daniel (1997): Histoire des choses banales. Naissance de la consommation dans les sociétés traditionelles, Paris.

Roeck, Bernd (1991): Lebenswelt und Kultur des Bürgertums in der frühen Neuzeit, München.

Roodenburg, Herman (1991): A Cultural History of Gesture, Cambridge.

Ruppert, Wolfgang (1993): Fahrrad, Auto, Fernsehschrank. Zur Kulturgeschichte der Alltagsdinge, Frankfurt a. M.

Schindler, Norbert (1992): Widerspenstige Leute. Studien zur Volkskultur in der frühen Neuzeit, Frankfurt a. M.

Schivelbusch, Wolfgang (1983): Lichtblicke. Zur Geschichte der künstlichen Helligkeit im 19. Jahrhundert, München.

Schlögl, Rudolf (1995): Glaube und Religion in der Säkularisierung. Die katholische Stadt – Köln, Aachen, Münster – 1740–1840, München.

Schlumbohm, Jürgen (1998) (Hg.): Mikrogeschichte – Makrogeschichte: komplementär oder inkommensurabel?, Göttingen.

Schreiner, Klaus/Schwerhoff, Gerd (1995) (Hg.): Verletzte Ehre. Ehrkonflikte in Gesellschaften des Mittelalters und der Frühen Neuzeit, Köln.

Schulze, Winfried (1996) (Hg.): Ego-Dokumente. Annäherung an den Menschen in der Geschichte, Berlin.

Trexler, Richard C. (1980): Public Life in Renaissance Florence, New York.

Turgeon, Laurier u. a. (1996) (Hg.): Transferts culturels et métissages Amérique/Europe XVIe–XXe siècle = Cultural Transfer, America and Europe: 500 Years of Interculturation, Laval.

Vincent-Buffault, Anne (1991): The History of Tears. Sensibility and Sentimentality in France, Houndmills.

Wachtel, Nathan (1977): The Vision of the Vainquished: The Spanish Conquest of Peru through Indian Eyes 1530–1570, Hassocks.

Walz, Rainer (1993): Hexenglaube und magische Kommunikation im Dorf der Frühen Neuzeit, Paderborn.

Wehler, Hans-Ulrich (1998): Die Herausforderung der Kulturgeschichte, München.

Windler, Christian (1999): La diplomatie comme expérience de l'Autre. Consuls français au Maghreb (1700–1840), Basel.

Wolfram, Herwig (1992): Kommunikation und Alltag in Spätmittelalter und Früher Neuzeit, Wien.

New Cultural History

Ariès, Philippe (1977): L'Homme devant la mort, Paris (dt.: Geschichte des Todes, 9. Aufl. München 1999).

Baker, Keith M. (1990): Inventing the French Revolution: Essays on French Political Culture in the Eighteenth Century, Cambridge.

Bourdieu, Pierre (1989): La Noblesse d'Etat. Grandes écoles et esprit de corps, Paris.

Bourdieu, Pierre (1997): Méditations pascaliennes, Paris.

Bourdieu, Pierre (1998): La domination masculine, Paris (dt.: Die männliche Herrschaft, Frankfurt a. M. 2000).

Bouza, Fernando (1998): Imagen y propaganda. Capítulos de historia cultural del reinado de Felipe II, Madrid.

Bouza, Fernando (1999): Comunicación, conocimiento y memoria en la España de lo siglos XVI y XVII, Salamanca.

Burke, Peter (1978): Popular Culture in Early Modern Europe, London (dt.: Helden, Schurken und Narren. Europäische Volkskultur in der Frühen Neuzeit, 2. Aufl. Stuttgart 1985).

Cavallo, Guglielmo/Chartier, Roger (1995) (Hg.): Storia della lettura nel mondo occidentale, Rom.

Certeau, Michel de (1980): L'Invention du quotidien, Bd. 1: Arts de faire, (Neuaufl. 1990) Paris (dt.: Kunst des Handelns, Berlin 1988).

Chartier, Roger (1998): Au bord de la falaise. L'histoire entre certitudes et inquétude, Paris.

Darnton, Robert (1982): The Great Cat Massacre and Other Episodes in French Cultural History, New York (dt.: Das große Katzenmassaker. Streifzüge durch die französische Kultur vor der Revolution, München 1989).

Davis, Natalie Z. (1975): Society and Culture in Early Modern France, Stanford (dt.: Humanismus, Narrenherrschaft und Riten der Gewalt. Gesellschaft und Kultur im frühneuzeitlichen Frankreich, Frankfurt a. M. 1987).

Duby, Georges/Perrot, Michèlle (1991–1992) (Hg.): Histoire de femmes, 5 Bde., Paris (dt.: Geschichte der Frauen, 5 Bde., Frankfurt a. M. 1993–1995).

Elias, Norbert (1939): Über den Prozeß der Zivilisation. Soziogenetische und psychogenetische Untersuchungen, Basel (22. Aufl. 1999 Frankfurt a. M.).

Fish, Stanley (1980): Is There a Text in This Class: The Authority of Interpretive Communities, London.

Foucault, Michel (1969): L'Archéologie du savoir, Paris (dt.: Archäologie des Wissens, 8. Aufl. Frankfurt a. M. 1997).

Geertz, Clifford (1973): The Interpretation of Cultures, (3. Aufl. 1998) New York.

Geremek, Bronislaw (1980): Inutiles au monde. Truands et misérables dans l'Europe moderne (1350–1600), Paris.

Ginzburg, Carlo (1966): I Benandanti. Stregoneria e culti agrari tra Cinquecento e Seicento, Turin (dt.: Die Benandanti. Feldkulte und Hexenwesen im 16. und 17. Jahrhundert, Hamburg 1993).

Ginzburg, Carlo (1976): Il formaggio e i vermi. Il cosmo di un mugnaio del'500, Turin (dt.: Der Käse und die Würmer. Die Welt eines Müllers um 1600, Berlin 1996).

Grazia, Margreta de/Stallybrass, Peter (1993): The Materiality of the Shakepearean Text, in: Shakespeare Quarterly 44, S. 255–283.

Greenblatt, Stephen (1988): Shakespearean Negotiations: The Circulation of Social Energy in Renaissance England, Berkeley.

Gruzinski, Serge (1988): La colonisation de l'imaginaire. Sociétés indigènes et occidentalisation dans le Mexique espagnol, XVIe–XVIIIe siècles, Paris.

Hunt, Lynn (1989) (Hg.): The New Cultural History, Berkeley.

Iser, Wolfgang (1976): Der Akt des Lesens. Theorie ästhetischer Wirkung, (4. Aufl. 1994) München.

Jauss, Hans Robert (1974): Literaturgeschichte als Provokation, (10. Aufl. 1992) Frankfurt a. M.

LaCapra, Dominick/Kaplan, Steven L. (1982) (Hg.): Modern European Intellectual History: Reappraisal and New Perspectives, Ithaca.

Le Goff, Jacques (1974): Les mentalités. Une histoire ambiguë, in: ders. (Hg.): Faire de l'Histoire, Bd. 3: Nouveaux objets, Paris, S. 76–94.

Lloyd, Geoffrey (1990): Demystifying Mentalities, Cambridge.

Mandrou, Robert (1961): Introduction à la France moderne, 1500–1640. Essai de psychologie historique, (Neuaufl. 1998) Paris.

McKenzie, Donald F. (1968): Bibliography and the sociology of texts, The Panizzi Lectures 1985, London.

Petrucci, Armando (1995): Writers and Readers in Medieval Italy: Studies in the History of Written Culture, New Haven.

Schorske, Carl (1979): Fin-de-siècle Vienna. Politics and Culture, New York.

Scott, Joan (1996): Only Paradoxes to Offer: French Feminists and the Rights of Man, London.

Venturi, Franco (1970): Utopia e riforma nell'Illuminismo, Turin.

Historische Anthropologie/Mikrogeschichte

Burguière, André u. a. (1996–1998) (Hg.): Geschichte der Familie, 4 Bde., Frankfurt a. M.

Ariès, Philippe/Duby, Georges (1989) (Hg.): Geschichte des privaten Lebens, 5 Bde., (Neuaufl. 1999) Augsburg.

Ariès, Philippe (1975): Geschichte der Kindheit, (12. Aufl. 1998) München.

Ariès, Philippe (1980): Geschichte des Todes, (9. Aufl. 1999) München.

Baumann, Max (1990): Kleine Leute: Schicksale einer Bauernfamilie 1670–1970, Zürich.

Beck, Rainer (1983): Illegitimität und voreheliche Sexualität auf dem Land. Unterfinning, 1671–1770, in: Dülmen, Richard van (Hg.): Kultur der einfachen Leute, München, S. 112–150.

Bichsel, Peter (1982): Der Leser. Das Erzählen. Frankfurter Poetik-Vorlesungen, Darmstadt.

Blauert, Andreas/Schwerhoff Gerd (2000) (Hg.): Kriminalitätsgeschichte. Beiträge zur Sozial- und Kulturgeschichte der Vormoderne, Konstanz.

Bloch, Marc (1998): Die wundertätigen Könige, München.

Borscheid, Peter (1987): Geschichte des Alters, Münster.

Borst, Arno (1973): Lebensformen im Mittelalter, (Neuaufl. 1997) Frankfurt a. M.

Broszat, Martin/Fröhlich, Elke (1987): Alltag und Widerstand – Bayern im Nationalsozialismus, München.

Chartier, Roger (1990): Lesewelten. Buch und Lektüre in der frühen Neuzeit, Frankfurt a. M.

Darnton, Robert (1989): Das grosse Katzenmassaker. Streifzüge durch die französische Kultur vor der Revolution, München.

Davis, Natalie Z. (1981): The Possibilities of the Past, in: Journal of Interdisciplinary History 12, S. 267–295.

Davis, Natalie Z. (1984): Die wahrhaftige Geschichte von der Wiederkehr des Martin Guerre, München.

Davis, Natalie Z. (1987): Humanismus, Narrenherrschaft und die Riten der Gewalt, Frankfurt a. M.

Davis, Natalie Z. (1990): The Shapes of Social History, in: Storia della Storiografia 17, S. 28–34.

Dekker, Rudolf M. (1988): Egodocumenten: Een literatuuroverzicht, in: Tijdschrift voor Geschiedenis 101, S.161–189.

Dressel, Gert (1996): Historische Anthropologie. Eine Einführung, Wien.

Duden, Barbara (1987): Geschichte unter der Haut. Ein Eisenacher Arzt und seine Patientinnen um 1730, Stuttgart.

Dülmen, Richard van (1990): Kultur und Alltag in der Frühen Neuzeit, Bd. 1: Das Haus und seine Menschen 16.–18. Jahrhundert, München.

Dülmen, Richard van (2000): Historische Anthropologie. Entwicklung, Probleme, Aufgaben, Köln.

Dülmen, Richard van/Schindler, Norbert (1984) (Hg.):Volkskultur. Zur Wiederentdeckung des vergessenen Alltag (16.–20. Jahrhundert), Frankfurt a. M.

Geertz, Clifford, (1983): Dichte Beschreibung. Beiträge zum Verstehen kultureller Systeme, (6. Aufl. 1999) Frankfurt a. M.

Ginzburg, Carlo (1979): Der Käse und die Würmer. Die Welt eines Müllers um 1600, (Neuaufl. 1996 Berlin) Frankfurt a. M.

Ginzburg, Carlo (1983): Spurensicherungen. Über verborgene Geschichte, Kunst und soziales Gedächtnis, Berlin.

Ginzburg, Carlo (1993): Mikro-Historie. Zwei oder drei Dinge, die ich von ihr weiß, in: Historische Anthropologie 1, S. 169–192.

Ginzburg, Carlo/Poni, Carlo (1985): Was ist Mikrogeschichte?, in: Geschichtswerkstatt 6, S. 48–52.

Gleixner, Ulrike (1994): »Das Mensch« und »der Kerl«. Die Konstruktion von Geschlecht in Unzuchtsverfahren der Frühen Neuzeit (1700–1760), Frankfurt a. M.

Goody, Jack (1981) (Hg.): Literalität in traditionalen Gesellschaften, Frankfurt a. M.

Habermas, Rebekka (1991): Wallfahrt und Aufruhr. Zur Geschichte des Wunderglaubens in der frühen Neuzeit, Frankfurt a. M.

Hartog, François (1980): Le miroir d'Hérodote. Essai sur la représentation de l'autre, Paris.

Jaritz, Gerhard (1989): Zwischen Augenblick und Ewigkeit. Einführung in die Alltagsgeschichte des Mittelalters, Wien.

Klapisch-Zuber, Christiane (1985): Women, Family, and Ritual in Renaissance Italy, Chicago.

Kracauer, Siegfried (1971): Geschichte – Vor den letzten Dingen, Frankfurt a. M.

Labouvie, Eva (1998): Andere Umstände. Eine Kulturgeschichte der Geburt, Köln.

Le Goff, Jacques (1978), L'Histoire nouvelle, in: Le Goff, Jacques/Chartier, Roger/Revel, Jacques (Hg.): La nouvelle histoire, Paris, S. 210–241 (dt.: Die Rückeroberung des historischen Denkens. Grundlagen der Neuen Geschichtswissenschaft, Frankfurt a. M. 1994).

Le Roy Ladurie Emmanuel (1989): Karneval in Romans. Eine Revolte und ihr blutiges Ende 1579–1580, München.

Le Roy Ladurie, Emmanuel (1980): Montaillou: Ein Dorf vor dem Inquisitor 1294 bis 1324, (Neuaufl. Berlin 2000) Frankfurt a. M.

Lepenies, Wolf (1975): Geschichte und Anthropologie. Zur wissenschaftlichen Einschätzung eines aktuellen Disziplinenkontaktes, in: Geschichte und Gesellschaft 1, S. 325–343.

Levi, Giovanni (1986): Das immaterielle Erbe. Eine bäuerliche Welt an der Schwelle zur Moderne, Berlin.

Levi, Giovanni (1991): On Microhistory, in: Burke, Peter (Hg.), New Perspectives on Historical Writing, Oxford, S. 93–113.

Lorenz, Maren (2000): Leibhaftige Vergangenheit. Einführung in die Körpergeschichte, Tübingen.

Lüdtke, Alf (1989): Alltagsgeschichte. Zur Rekonstruktion historischer Erfahrungen und Lebensweisen, Frankfurt a. M.

Martin, Jochen (1994): Der Wandel des Beständigen. Überlegungen zu einer historischen Anthropologie, in: Freiburger Universitätsblätter, S. 126, S. 35–46

Martin, Jochen/Nitschke, August (1986) (Hg.): Zur Sozialgeschichte der Kindheit, Freiburg.

Martin, Jochen/Zoeppfel, Renate (1989) (Hg.): Aufgaben, Rollen und Räume von Mann und Frau, 2 Bde., München.

Medick, Hans (1984): ›Missionare im Ruderboot‹? Ethnologische Erkenntnisweisen als Herausforderung an die Sozialgeschichte, in: Geschichte und Gesellschaft 10, S. 295–319.

Medick, Hans/Sabean, David (1984): Emotionen und materielle Interessen. Sozialanthropologische und historische Beiträge zur Familienforschung, Göttingen.

Medick, Hans (1996): Weben und Überleben in Laichingen 1650–1900. Lokalgeschichte als Allgemeine Geschichte, Göttingen.

Mitterauer, Michael (1992): Familie und Arbeitsteilung. Historisch vergleichende Studien, Wien.

Muchembled, Robert (1982): Kultur des Volkes, Kultur der Eliten: die Geschichte einer erfolgreichen Verdrängung, Stuttgart.

Muir, Edward/Ruggiero, Guido (1990) (Hg.): Sex and Gender in Historical Perspective, Baltimore.

Niethammer, Lutz/Plato, Alexander von/Wierling Dorothee (1991): Die volkseigene Erfahrung. Eine Archäologie des Lebens in der Industrieprovinz der DDR. 30 biographische Eröffnungen, Berlin.

Nipperdey, Thomas (1969): Die anthropologische Dimension der Geschichtswissenschaft, in: ders. Gesellschaft, Kultur, Theorie. Gesammelte Aufsätze zur neueren Geschichte, Göttingen, S. 33–58.

Peukert, Detlev J. K. (1987): Jugend zwischen Krieg und Krise. Lebenswelten von Arbeiterjungen in der Weimarer Republik, Köln.

Pomata, Gianna (1983): La storia delle donne: una questione di confine, in: Il mondo contemporaneo, Bd. 10: Gli strumenti della ricerca. Questioni di metodo, Florenz, S. 1434–1469 (dt.: Die Geschichte der Frauen zwischen Anthropologie und Biologie, in: Feministische Studien 2, 1983, S. 113–127).

Roche, Daniel (1997): Histoire des choses banales. Naissance de la consomation dans les sociétés traditionnelles (XVI^{le}–XIXe siècle), Paris.

Roper, Lyndal (1995): Ödipus und der Teufel. Körper und Psyche in der Frühen Neuzeit, Frankfurt a. M.

Sabean, David (1986): Das zweischneidige Schwert. Herrschaft und Widerspruch im Württemberg der frühen Neuzeit, Berlin.

Sabean, David (1990): Property, production, and family in Neckarhausen, 1700–1870, Cambridge.

Sabean, David (1998): Kinship in Neckarhausen, 1700–1870, Cambridge.

Sahlins, Marshall David (1992): Inseln der Geschichte, Hamburg.

Schindler, Norbert (1992): Widerspenstige Leute. Studien zur Volkskultur in der frühen Neuzeit, Frankfurt a. M.

Schnyder-Burghartz, Albert (1992): Alltag und Lebensformen auf der Basler Landschaft um 1700. Vorindustrielle, ländliche Kultur und Gesellschaft aus mikrohistorischer Perspektive – Bretzwil und das obere Waldenburger Amt von 1690 bis 1750, Liestal.

Schulte, Regina (1989): Das Dorf im Verhör. Brandstifter, Kindsmörderinnen und Wilderer vor den Schranken des bürgerlichen Gerichts Oberbayern 1848–1910, Reinbek.

Schulze, Winfried (1994) (Hg.): Sozialgeschichte, Alltagsgeschichte, Mikro-Geschichte. Eine Diskussion, Göttingen.

Schulze, Winfried (1996) (Hg.): Ego-Dokumente. Annäherung an den Menschen in der Geschichte, Berlin.

Thompson, Edward P. (1980): Plebeische Kultur und moralische Ökonomie. Aufsätze zur englischen Sozialgeschichte des 18. und 19. Jahrhunderts, Frankfurt a. M.

Trexler, Richard C. (1980): Public life in Renaissance Florence, New York.

Ulbrich, Claudia (1999): Shulamit und Margarete. Macht, Geschlecht und Religion in einer ländlichen Gesellschaft des 18. Jahrhunderts, Wien.

Wagner-Hasel, Beate (2000): Der Stoff der Gaben: Kultur und Politik des Schenkens und Tauschens im archaischen Griechenland, Frankfurt a. M.

Wolf, Eric R. (1986): Die Völker ohne Geschichte. Europa und die andere Welt seit 1400, Frankfurt a. M.

Bild- und Mediengeschichte

Baschet, Jérôme (1996): Inventivité et sérialité des images médiévales. Pour une approche iconographique élargie, in: Annales 51, S. 93–133.

Bredekamp, Horst (1999): Thomas Hobbes visuelle Strategien. Der Leviathan – Urbild des modernen Staates, Berlin.

Brednich, Rolf W. (1985): Der Edelmann als Hund. Eine Sensationsmeldung des 17. Jahrhunderts und ihr Weg durch die Medien, in: Fabula 26, S. 29–57.

Brewer, John (1986) (Hg.): The English Satirical Print, 1600–1832, 7 Bde., Cambridge.

Bringéus, Nils-Arvid (1982): Volkstümliche Bilderkunde, München.

Brückner, Wolfgang (1979): Massenbildforschung 1968–1978, in: Internationales Archiv für Sozialgeschichte der deutschen Literatur 4, S. 130–178.

Burkhardt, Johannes (1997): Reichskriege in der frühneuzeitlichen Bildpublizistik, in: Müller, Rainer A. (Hg.): Bilder des Reiches, Sigmaringen, S. 51–97.

Cilleßen, Wolfgang (1997) (Hg.): Krieg der Bilder. Druckgraphik als Medium politischer Auseinandersetzung im Europa des Absolutismus, Berlin.

Coupe, William A. (1985–1993): German Political Satires from the Reformation to the Second World War, 6 Bde., White Plains.

Cousin, Bernard (1983): Le miracle et le quotidien. Les ex-voto provençaux images d'une société, Aix-en-Provence.

Danelzik-Brüggemann, Christoph (1996): Ereignisse und Bilder. Bildpublizistik und politische Kultur in Deutschland zur Zeit der Französischen Revolution, Berlin.

Donald, Diana (1996): The Age of Caricature. Satirical Prints in the Reign of George III, New Haven.

Doosry, Yasmin u. a. (1998) (Hg.): 1848: Das Europa der Bilder, 2 Bde., Nürnberg.

Duprat, Annie (1992): Le roi décapité. Essai sur les imaginaires politiques, Paris.

Gamboni, Dario (1997): The Destruction of Art. Iconoclasm and Vandalism since the French Revolution, London.

Germer, Stefan/Zimmermann, Michael F. (1997) (Hg.): Bilder der Macht – Macht der Bilder. Zeitgeschichte in Darstellungen des 19. Jahrhunderts, München.

Grötecke, Iris (2000): Kunstgeschichte: Bilder als Quellen gesehen, in: Völker-Rasor, Anette (Hg.): Frühe Neuzeit, München, S. 237–254.

Hardtwig, Wolfgang (1998): Der Historiker und die Bilder. Überlegungen zu Francis Haskell, in: Geschichte und Gesellschaft 24, S. 305–322.

Harms, Ute (1988): »... Und das nennen Sie eine Republik?!!!« Politische Karikatur in Hamburg um 1848, Münster.

Harms, Wolfgang (1985 ff.) (Hg.): Deutsche illustrierte Flugblätter des 16. und 17. Jahrhunderts, Tübingen.

Harms, Wolfgang /Schilling, Michael (1998) (Hg.): Das illustrierte Flugblatt in der Kultur der Frühen Neuzeit, Bern.

Haskell, Francis (1995): Die Geschichte und ihre Bilder, München.

Herding, Klaus/Otto, Gunter (1980) (Hg.): »Nervöse Auffangsorgane des inneren und äußeren Lebens«: Karikaturen, Gießen.

Herding, Klaus/Reichardt, Rolf (1989): Die Bildpublizistik der Französischen Revolution, Frankfurt a. M.

Krüger, Klaus (1997): Geschichtlichkeit und Autonomie. Die Ästhetik des Bildes als Gegenstand historischer Forschung, in: Oexle, Otto Gerhard (Hg.): Der Blick auf die Bilder. Kunstgeschichte und Geschichte im Gespräch, Göttingen, S. 53–86.

Langemeyer, Gerhard u. a. (1984) (Hg.): Bild als Waffe. Mittel und Motive der Karikatur in fünf Jahrhunderten, München.

Lüsebrink, Hans-Jürgen/Reichardt, Rolf (1990): Die »Bastille«. Zur Symbolgeschichte von Herrschaft und Freiheit, Frankfurt a. M.

Lüsebrink, Hans-Jürgen/Reichardt, Rolf (1996): »Kauft schöne Bilder, Kupferstiche ...« Illustrierte Flugblätter und französisch-deutscher Kulturtransfer 1600–1830, Mainz.

Ménard, Michèle/Duprat, Annie (1998) (Hg.): Histoire – Images – Imaginaires (fin XVe siècle – début XXe siècle), Le Mans.

Milliot, Vincent (1995): Les ›Cris de Paris‹ ou le peuple travesti. Les représentations des petits métiers parisiens (XVIe-XVIIIe siècles), Paris.

Mitchell, William J. T. (1997): The Pictorial Turn, in: Kragava, Christian (Hg.): Privileg Blick. Kritik der visuellen Kultur, Berlin, S. 15–40.

Otto, Ingrid (1990): Bürgerliche Töchtererziehung im Spiegel illustrierter Zeitschriften von 1865 bis 1915, Hildesheim.

Pieske, Christa (1988): Bilder für jedermann. Wandbilddrucke 1840–1940, München.

Purdy, Daniel L. (1998): The Tyranny of Elegance. Consumer Cosmopolitism in the Era of Goethe, Baltimore.

Reichardt, Rolf (1998a): »Lumières« versus »Ténèbres«: Politisierung und Visualisierung aufklärerischer Schlüsselwörter in Frankreich vom XVII. zum XIX. Jahrhundert, in: ders. (Hg.): Aufklärung und Historische Semantik, Berlin, S. 83–170.

Reichardt, Rolf (1998b): Historical Semantics and Political Iconography: The Case of the Game of the French Revolution (1791/92), in: Hampsher-Monk, Iain u. a. (Hg.): History of Concepts. Comparative Perspectives, Amsterdam, S.191–225 und S. 272–276.

Reichardt, Rolf (1999a): The Heroic Deeds of the New Hercules: The Politicization of Popular Prints in the French Revolution, in: Germani, Ian/Swales, Robin (Hg.): Symbols, Myths and Images of the French Revolution, Regina, S.17–46.

Reichardt, Rolf (1999b): Gesungene Bilder – gemalte Lieder. Wechselbeziehungen zwischen französischen Chansons und Druckgraphik vom Ancien Régime zum 19. Jahrhundert, in: Schneider, Herbert (Hg.): Chanson und Vaudeville. Gesellschaftliches Singen und unterhaltende Kommunikation im 18. und 19. Jahrhundert, St. Ingbert, S. 71–135.

Reichardt, Rolf (2000): Historisch-politische Bildpublizistik als Anzeiger von Ereignis-Strukturen. Ein Essay anhand französischer Medienereignisse (1660–1804), in: Kritische Berichte 28, S. 38–61.

Roeck, Bernd (1983): Titelkupfer reichspublizistischer Werke der Barockzeit als historische Quellen, in: Archiv für Kulturgeschichte 65, S. 329–370.

Rütten, Raimund (1991) (Hg.): Die Karikatur zwischen Republik und Zensur. Bildsatire in Frankreich 1830–1880. Eine Sprache des Widerstands? Marburg.

Schenda, Rudolf (1987): Bilder vom Lesen – Lesen von Bildern, in: Internationales Archiv für Sozialgeschichte der deutschen Literatur 12, S. 82–106.

Schilling, Michael (1990): Bildpublizistik der frühen Neuzeit. Aufgaben und Leistungen des illustrierten Flugblatts in Deutschland bis um 1700, Tübingen.

Schmid, Georg (2000): Die Geschichtsfalle. Über Bilder, Einbildungen und Geschichtsbilder, Wien.

Schmitt, Jean-Claude (1996): La culture de l'imago, in: Annales 51, S. 3–36.

Schnitzler, Norbert (1996): Ikonoklasmus – Bildersturm. Theologischer Bilderstreit und ikonoklastisches Handeln während des 15. und 16. Jahrhunderts, München.

Schwarz, Werner (1991): »Repraesentatio Belli« – Eine Kupferstichfolge zum Spanischen Erbfolgekrieg aus dem Augsburger Verlag Jeremias Wolff, in: Zeitschrift des historischen Vereins für Schwaben 84, S. 129–184.

Scribner, Robert W. (1981): »For the Sake of Simple Folk«. Popular Propaganda for the German Reformation, Cambridge.

Talkenberger, Heike (1994): Von der Illustration zur Interpretation. Das Bild als historische Quelle. Methodische Überlegungen zur Historischen Bildkunde, in: Zeitschrift für Historische Forschung 21, S. 289–314.

Wildmeister, Birgit (1998): Die Bilderwelt der »Gartenlaube«. Ein Beitrag zur Kulturgeschichte des bürgerlichen Lebens in der zweiten Hälfte des 19. Jahrhunderts, Würzburg.

Wohlfeil, Rainer (1986): Das Bild als Geschichtsquelle, in: Historische Zeitschrift 243, S. 91–100.

Wohlfeil, Rainer (1991a): Methodische Reflexionen zur Historischen Bildkunde, in: Tolkemitt, Brigitte/Wohlfeil, Rainer (Hg.): Historische Bildkunde: Probleme – Wege – Beispiele, Berlin, S. 17–35.

Wohlfeil, Rainer (1991b): Pax antwerpiensis. Eine Fallstudie zur Verbildlichung der Friedensidee im 16. Jahrhundert am Beispiel der Allegorie ›Kuß von Gerechtigkeit und Friede‹, in: Tolkemitt, Brigitte/Wohlfeil, Rainer (Hg.): Historische Bildkunde: Probleme – Wege – Beispiele, Berlin, S. 211–258.

Frauen- und Geschlechtergeschichte

Allen, Ann T. (1996): The March through Institutions: Women's Studies in the United States and West and East Germany, 1980–1995, in: Signs 22, S. 152–180.

Anderson, Bonnie/Zinsser, Judith (1992/1993): Eine eigene Geschichte. Frauen in Europa, Zürich.

Beauvoir, Simone de (1949): Le Deuxième Sexe. Les Faits et les mythes, Paris (dt.: Das andere Geschlecht: Sitte und Sexus der Frau, Reinbek 2000).

Bock, Gisela (1991): Challenging Dichotomies: Perspectives on Women's History, in: Offen, Karen/Pierson, Ruth R./Rendall, Jane (Hg.): Writing Women's History. International Perspectives, Bloomington, S. 1–24.

Bock, Gisela (2000): Frauen in der europäischen Geschichte. Vom Mittelalter bis zur Gegenwart, München.

Bridenthal, Renate/Koonz, Claudia (1977) (Hg.): Becoming visible. Women in European History, (3. Aufl. 1998) Boston.

Burghartz, Susanna (1999): Zeiten der Reinheit – Orte der Unzucht. Ehe und Sexualität in Basel während der frühen Neuzeit, Göttingen.

Canning, Kathleen (1994): Feminist History after the Linguistic Turn: Historicizing Discourse and Experience, in: Signs 19, S. 368–404.

Canning, Kathleen (1996): Languages of Labor and Gender. Female Factory Work in Germany, 1850–1914, Ithaca.

Carnes, Mark C. (1989): Secret Ritual and Manhood in Victorian America, New Haven.

Davidoff, Leonore/Hall, Catherine (1987): Family Fortunes. Men and Women of the English Middle Class, 1780–1850, London.

Davis, Natalie Z. (1980): Gender and Genre: Women As Historical Writers, 1400–1820, in: Labalme, Patricia H. (Hg.): Beyond Their Sex. Learned Women of the European Past, New York, S. 153–182.

Dinges, Martin (1998): Hausväter, Priester, Kastraten. Zur Konstruktion von Männlichkeit in Spätmittelalter und früher Neuzeit, Göttingen.

Downs, Laura (1993): If »Woman« is Just an Empty Category, then Why am I Afraid to Walk Alone at Night? Identity Politics Meets the Postmodern Subject, in: Comparative Studies in Society and History 35, S. 414–437.

Duby, Georges/Perrot, Michelle (Hg.) (1993–1995): Geschichte der Frauen, 5 Bde., Frankfurt a. M.

Duden, Barbara (1987): Geschichte unter der Haut. Ein Eisenacher Arzt und seine Patientinnen um 1730, Stuttgart.

Frevert, Ute (1986): Frauen-Geschichte. Zwischen Bürgerlicher Verbesserung und Neuer Weiblichkeit, Frankfurt a. M.

Gleixner, Ulrike (1994): »Das Mensch« und »der Kerl«. Die Konstruktion von Geschlecht in Unzuchtsverfahren der Frühen Neuzeit (1700–1760), Frankfurt a. M.

Habermas, Rebekka (2000): Frauen und Männer des Bürgertums. Eine Familiengeschichte (1750–1850), Göttingen.

Hausen, Karin (1998): Die Nicht-Einheit der Geschichte als historiographische Herausforderung. Zur historischen Relevanz und Anstößigkeit der Geschlechtergeschichte, in: Medick, Hans/Trepp, Anne-Charlott (Hg.): Geschlechtergeschichte und allgemeine Geschichte. Herausforderungen und Perspektiven, Göttingen, S. 15–55.

Hufton, Olwen (1998): Frauenleben. Eine europäische Geschichte 1500–1800, Frankfurt a. M.

Hull, Isabel (1996): Sexuality, State and Civil Society in Germany 1700–1815, Ithaca.

Hunt, Lynn (1998): The Challenge of Gender. Deconstruction of Categories and Reconstruction of Narratives in Gender History, in: Medick, Hans/Trepp, Anne-Charlott (Hg.): Geschlechtergeschichte und allgemeine Geschichte. Herausforderungen und Perspektiven, Göttingen, S. 57–97.

Kühne, Thomas (1996) (Hg.): Männergeschichte – Geschlechtergeschichte. Männlichkeit im Wandel der Moderne, Frankfurt a. M.

Kühne, Thomas (1998): Staatspolitik, Frauenpolitik, Männerpolitik: Politikgeschichte als Geschlechtergeschichte, in: Medick, Hans/Trepp, Anne-Charlotte (Hg.): Geschlechtergeschichte und allgemeine Geschichte. Herausforderungen und Perspektiven, Göttingen, S. 171–231.

MacCormack, Carol/Strathern, Marilyn (1980) (Hg.): Nature, Culture and Gender, Cambridge.

Oakeley, Ann (1972): Sex, Gender and Society, New York.

Offen, Karen/Pierson, Ruth R./Rendall, Jane (1991) (Hg.): Writing Women's History: International Perspectives, Bloomington.

Ortner, Sherry B./Whitehead, Harriet (1981) (Hg.): Sexual Meanings. The Cultural Construction of Gender and Sexuality, Cambridge.

Planert, Ute (1998): Antifeminismus im Kaiserreich. Diskurs, soziale Formation und politische Mentalität, Göttingen.

Pomata, Gianna (1993): History, Particular and Universal: On Reading Some Recent Women's Textbooks, in: Feminist Studies 19, S. 7–50.

Roper, Lyndal (1995): Ödipus und der Teufel. Körper und Psyche in der frühen Neuzeit, Frankfurt a. M.

Roper, Lyndal (1999): Jenseits des linguistic turn, in: Historische Anthropologie 3, S. 452–466.

Roper, Michael/Tosh, John (1991) (Hg.): Manful Assertions. Masculinities in Britain since 1800, London.

Rublack, Ulinka (1998): Magd, Metz' oder Mörderin. Frauen vor frühneuzeitlichen Gerichten, Frankfurt a. M.

Schiebinger, Lionda (1993): Nature's Body. Gender in the Making of Modern Science, Boston.

Schissler, Hanna (1992): Männerstudien in den U.S.A., in: Geschichte und Gesellschaft 18, S. 204–220.

Scott, Joan (1988): Gender and the Politics of History, New York.

Scott, Joan (1992): »Experience«, in: Butler, Judith/ Scott, Joan (Hg.): Feminists theorize the Political, New York, S. 22–40.

Scott, Joan (1996): Only Paradoxes to Offer. French Feminists and the Rights of Man, Cambridge.

Smith, Bonnie (1998): The Gender of History. Men, Women, and Historical Practice, Cambridge.

Smith-Rosenberg, Caroll (1985): Disorderly Conduct. Visions of Gender in Victorian America, Oxford.

Stollberg-Rilinger, Barbara (1996): Väter der Frauengeschichte? Das Geschlecht als historische Kategorie im 18. und 19. Jahrhundert, in: Historische Zeitschrift 262, S. 39–71.

Walkowitz, Judith (1992): City of Dreadful Delight: Narratives of Sexual Danger in Victorian London, London.

Wierling, Dorothee (1989): Alltagsgeschichte und Geschichte der Geschlechterbeziehungen. Über historische und historiographische Verhältnisse, in: Lüdtke, Alf (Hg.): Alltagsgeschichte. Zur Rekonstruktion historischer Erfahrungen und Lebensweisen, Frankfurt a.M, S.169–190.

Wunder, Heide (1992): »Er ist die Sonn', sie ist der Mond«. Frauen in der Frühen Neuzeit, München.

Wunder, Heide (1994): Überlegungen zum »Modernisierungsschub des historischen Denkens im 18. Jahrhundert« aus der Perspektive der Geschlechtergeschichte, in: Rüsen, Jörn/Schulin, Ernst (Hg.): Geschichtsdiskurs, Bd. 2: Anfänge modernen historischen Denkens, Frankfurt a. M., S. 320–332.

Günther Lottes

Neue Ideengeschichte

Seit den späten sechziger Jahren ist in der ideengeschichtlichen Forschung ein methodischer Entwicklungsschub zu beobachten, der seinen Ausgang von einem Ungenügen an den bis dahin üblichen Gipfelwanderungen nimmt, bei denen die Interpreten das Gespräch mit den großen Denkern suchten. Dieser Ansatz passte weder in eine Zeit, in der der Siegeszug der Sozialgeschichte längst die Gesellschaft als Subjekt und Objekt des historischen Prozesses in den Blick gerückt hatte. Noch ließ sich vermeiden, dass in einem als philosophisches Erbauungsgeschäft verstandenen hermeneutischen Prozess der Interpretenhorizont zum Nachteil des historischen Kontextes dominierte. Die Folge war die Forderung nach einer Historisierung der Ideengeschichte durch Kontextualisierung der Texte, der in den verschiedenen akademisch-intellektuellen Kulturen der westlichen Welt in unterschiedlicher Weise nachgekommen wurde. In Deutschland erwies sich die Herausforderung der Sozialgeschichte und der Sozialwissenschaften als der bestimmende Faktor. Die traditionsreiche Ideengeschichte sollte durch das Experiment einer Sozialgeschichte der Ideen in den neuen sozialgeschichtlichen Horizont eingeholt werden. In der angelsächsischen Forschung, in der die Ideengeschichte stärker als eigene Disziplin konturiert war und auch institutionell im Koordinatensystem von politischer Wissenschaft, Geschichte und Philosophie ihren Platz hatte, kam der entscheidende Impuls von der Philosophie, genauer gesagt von der Sprachphilosophie John Austins und John Searles, die mit der Theorie der »speech acts« (Sprechakte) die Frage nach der Rückbindung von Äußerungen in Handlungszusammenhänge stellten. In Frankreich schließlich fand sich die Geschichte der Ideen in einen Spannungsverhältnis zwischen den auf die Mentalitätsgeschichte ausgedehnten methodischen Ansprüchen der »Annales« und der Denkweise des Strukturalismus mit seiner teils linguistischen, teils soziologischen Tradition wieder.

1. Ideengeschichte als Pflege der Wissenstradition

Alle drei akademischen Kulturen haben in ihren spezifischen Zugriffsweisen auf die ideengeschichtliche Forschung innovativ gewirkt und neue methodische Wege zur Kontextualisierung der Texte beschritten. Gleichwohl hat sich die Faszination der großen Denker und der großen Texte nahezu ungebrochen erhalten. Die Gründe hierfür sind zum einen forschungs- und vor allem unterrichtspragmatischer Art. Zum anderen stellt der Rekurs auf kanonische Texte ein Kernstück unserer Praxis der theoretischen Weltorientierung dar. Philosophieren heißt zwar nicht nur, aber immer auch Auseinandersetzung mit den großen Denkern und den großen Texten über die Zeiten hinweg. Dahinter steckt kein im eigentlichen Sinne historisches Interesse. Vielmehr geht es um die Vergegenwärtigung eines Stücks unseres kulturellen Gedächtnisses oder, anders gesagt, um eine Befragung der Tradition unter Fragestellungen, die auf die Aneignung bzw. Adjustierung der legitimierenden Wissenstradition in aktuellen Argumentationszusammenhängen zielen. Der Rekurs auf die kanonischen Texte als Vergegenwärtigungsgeschichte rückt damit selbst als ein Gegenstand ideengeschichtlicher Forschung in den Blick. Welcher Text wird wann und zu welchem Zweck wie vergegenwärtigend interpretiert? Von besonderem Interesse sind hierbei natürlich die Veränderungen des Kanons in Umbruchsituationen. Verwiesen sei nur auf die dramatischen Wechselfälle in der Wirkungsgeschichte von Karl Marx. Ebenso wichtig, wenn auch schwerer zu ermitteln, sind die Konjunkturen der Texte innerhalb des Kanons, dessen Werthierarchie im Wechselspiel der Erinnerungsinteressen verändert wird.

2. Sozialgeschichte der Ideen zwischen Ideologiekritik und Wissenssoziologie

Ein erster Kontextualisierungsimpuls ging von der politischen Umbruchsituation seit Mitte der sechziger Jahre aus, an deren theoretischer Gestaltung die »Frankfurter Schule« wesentlichen Anteil hatte. Der unter den Bedingungen des Kalten Krieges verdrängte bzw. gemiedene Marx wurde provokativ enttabuisiert und avancierte vom Lagerautor in den Rang eines zur Wissenstradition gehörigen großen Denkers. Zu einer weit reichenden Rekonstruktion des Kanons ist es, abgesehen von der Wiederentdeckung einiger prophetischer Texte, indes nicht gekommen. Der Ideengeschichte wuchs eher die Aufgabe zu, den entwicklungsgeschichtlichen Ort und die entwicklungsgeschichtliche Tendenz oder, mit Jürgen Habermas zu sprechen, den emanzipatorischen Gehalt von Texten zu bezeichnen (Habermas 1963). Texte wurden nun gern ideologiekritischen Betrachtungen unterzogen, gesellschaftliche Standorte und Interessenlagen ausgemacht, Verblendungszusammenhänge ausgeleuchtet, Widersprüche aufgedeckt und emanzipatorische Potenziale wiedergewonnen. Die Interpretationsansätze der sechziger und siebziger Jahre erwiesen sich indes nur sehr bedingt als brauchbare Bausteine einer Sozialgeschichte der Ideen in entwicklungsgeschichtlicher Perspektive. Das Experiment einer sozialgeschichtlichen Kontextualisierung der Texte scheiterte letztlich an der Zuordnungsproblematik. Die Trägergruppen von Ideen bzw. Ideenkomplexen wurden eher aus dem Text extrapoliert als rezeptionsgeschichtlich ermittelt. Die sozialgeschichtliche Situation, in der die Texte entstanden oder rezipiert wurden, erschien bestenfalls schemenhaft.

Neue Ideengeschichte

Ein weiteres Ergebnis der Sozialhistorisierung der Ideengeschichte war die Hinwendung zu Texten der »mittleren« Ebene bis hin zu der Forderung nach einer Quantifizierung ideengeschichtlicher Sachverhalte, deren Möglichkeiten die französische Forschung, den Quantifizierungsansätzen der Mentalitätsgeschichte folgend, demonstrierte (Vovelle 1973; Chaunu 1978). Die Hauptprobleme der Sozialgeschichte der mittleren Textebene blieben jedoch die Korpusbildung und forschungspragmatisch die inhaltliche Erschließung größerer Textmengen etwa durch die Standardisierung von Fragestellungen bzw. Interpretationsfiguren.

3. Ideengeschichte und Sprachgeschichte

Die Wirkungsmächtigkeit des sozialgeschichtlichen Paradigmas reichte bis zu den begriffs- und sprachgeschichtlichen Kontextualisierungsversuchen Reinhart Kosellecks, dessen begriffsgeschichtlicher Ansatz von der Vorstellung ausgeht, dass der Wandel der sozialen Wirklichkeit sich semantisch in bestimmten Leitbegriffen der politisch-sozialen Welt niederschlägt. Koselleck spricht davon, dass die Begriffsgeschichte die Konvergenz von Begriff und Geschichte zum Thema habe, und siedelt diese zwischen einer reinen Geschichte der Ideen und einer »Reflexhistorie materieller Prozesse« als eine sich in der Sprache widerspiegelnde Auseinandersetzung mit der Welt an (Koselleck 1972: XXIV). Die Grundannahmen über das Verhältnis von Sprache und historischen Wandel sind – zumal für die in dem programmatisch-exemplarischen Lexikonunternehmen »Geschichtliche Grundbegriffe« (Brunner/Conze/Koselleck 1972–1997) ins Auge gefasste Epoche des 18. und 19. Jahrhunderts mit ihrem beschleunigten sozialen und politischen Wandel – einleuchtend. Aber ob dieser Niederschlag des sozialen Wandels in der Sprache überhaupt in Leitbegriffen am besten fassbar wird und, wenn ja, ob es sich dann bei diesen Leitbegriffen um diejenigen handelt, die das Lexikon ausgewählt hat, ist eine andere Frage. Dessen Begriffsauswahl orientiert sich nämlich nicht an den zeitgenössischen Diskursen, sondern ist – von der Warte eines um die Mitte des 19. Jahrhunderts fokussierten Durchbruchs zur Moderne aus – rekonstruktiv. Für die Vernetzung der Begriffsgeschichte mit anderen Ansätzen der Ideengeschichte wäre es sicherlich sinnvoller, den begriffsgeschichtlichen Wandel von einem dann näher zu bestimmenden zeitlichen Horizont her darzustellen und dabei von solchen Begriffen auszugehen, die in ihrer Zeit eine diskursorganisierende Funktion hatten, ob sie nun auf uns gekommen sind oder nicht. Verwiesen sei auf Begriffe wie »Glück« und »Tugend«, »Armut« und »Nutzen«, »Ordnung« und »Vorurteil«.

Ein weiteres Problem des begriffsgeschichtlichen Ansatzes liegt in dem problematischen Verhältnis von Begriffsgeschichte und Begriffsentstehungsgeschichte. Zwar weiß Koselleck: »Ein treffender Begriff mag sogar fehlen, er kann tastend gesucht werden, er kann von alters her sich anbieten, aber nicht mehr stimmen, neue Worte treten hinzu, Bindestrichbildungen häufen sich, weil neue Erfahrungen oder Hoffnungen formuliert sein wollen (etwa Social-Democratie)« (Koselleck 1972: XXIII). Die begriffsgeschichtliche Methode erfasst solche Diskurssituationen indes immer nur vom Begriff her, wodurch die für die Semantik des Begriffs unter Umständen entscheidende Entwicklung zum Begriff hin entweder nur in einer ganz allgemein ideengeschichtlichen Form oder nur ausschnitthaft in den Blick kommt und historische Feinabstimmungen erschwert werden. Dies gilt etwa für Begriffe wie »konservativ« oder »radikal«, die sich erst durchzusetzen begannen, nachdem entscheidende theoretische Positionen bereits formuliert waren, es die so bezeichnete Sache also bereits (seit längerem) gab. Wer hier nur vom Begriff her denkt, dem entgehen die Weichenstellungen in der Formationsperiode der mit diesen Begriffen verbundenen Weltanschauungen. Diese Beobachtung führt zu dem grundsätzlichen Vorbehalt, dass die Grundkonzeption der »Geschichtlichen Grundbegriffe« letztlich reaktiv ist und die Gestaltungsmacht von Ideen und von Sprache überhaupt gleichsam strukturell unterschätzt. Zwar werden die »Geschichtlichen Grundbegriffe« programmatisch nicht nur als Indikatoren sozialgeschichtlichen Wandels, sondern auch als Faktoren dieses Prozesses angesehen, eingelöst wird diese Einsicht aber bestenfalls akzidentiell.

Rolf Reichardts »Handbuch politisch-sozialer Grundbegriffe in Frankreich 1680–1820« (Reichardt/Schmitt 1985 ff.) nimmt viele der hier angesprochenen Kritikpunkte produktiv auf und entwickelt auf dieser Grundlage hinsichtlich der Begriffsauswahl, der Quellentiefe, der diskursiven Vernetzung der Begriffe und der Formulierung von Arbeitsregeln für die Erschließung ihrer Semantik einen neuen methodischen Standard für eine Begriffsgeschichte, die sich als »sozialhistorische Semantik zwischen ›Lexikometrie‹ und ›Begriffsgeschichte‹« versteht (Einleitung Reichardts in: Reichardt/Schmitt 1985: Bd. 1, 60). Sein Zugriff ist sowohl historisch konkreter als auch linguistisch und sprachgeschichtlich gesättigter, insofern er auf einer breiten Quellengrundlage konsequent von den zeitgenössischen semantischen Horizonten ausgeht und auf die zeitgenössischen Begriffsvernetzungen und ihre Transformationen blickt. Diese Quellengrundlage reicht von zeitgenössischen Wörterbüchern über Journale und Flugschriften bis zu Almanachen, Katechismen und Liedern und bezieht sogar Bildquellen mit ein. Wenn die von Melvin Richter avisierte Kooperation von deutscher Begriffsgeschichte und angelsächsischer Diskursgeschichte zu Stande kommen sollte (Richter 1991), dann wird dies auf dem von Reichardt etablierten methodischen Niveau geschehen müssen.

Reichardts konsequente und methodisch anspruchsvolle Verortung der Begriffsgeschichte in den zeitgenössischen Sprachhandlungskontexten wirft indes neue Probleme auf, die bei der Benutzung seines Handbuchs für Diskursanalysen zu bedenken sind. So stellt

> Neue Ideengeschichte

sich die Frage, ob nicht die Gefahr besteht, dass die Zusammenstellung des Quellenkorpus zu einer »self-fulfilling prophecy« führt. Wann im Sprach- und Begriffskrieg, den die französische Aufklärung gegen die traditionelle katholische Weltanschauung führte, wurde eigentlich die Schwelle vom Lagerbegriff zu einem für alle Sprecher verbindlichen Begriff überschritten? Welche Macht entfaltete die Begriffsbesetzungspolitik des »mouvement philosophique« tatsächlich?

4. Ideengeschichte und Wissensordnung

Aus dem Unbehagen an der traditionellen Ideengeschichte ging auch Michel Foucaults Programm einer sog. Archäologie des Wissens hervor. Es trägt die Züge eines Gegenentwurfs, der in einer manchmal sehr scharfsinnigen, manchmal auch reichlich überspitzten Auseinandersetzung mit den Defiziten der herkömmlichen ideengeschichtlichen Interpretationspraktiken Gestalt annimmt. Foucault beschreibt sie geradezu als »die Preisgabe der Ideengeschichte, die systematische Zurückweisung ihrer Postulate und Prozeduren, der Versuch, eine ganz andere Geschichte dessen zu schreiben, was die Menschen gesagt haben« (Foucault 1973: 197). Viele der Einwände, die Foucault erhebt, treffen auf die begriffs- bzw. die im angelsächsischen Sinne diskursgeschichtlich geläuterte Ideengeschichte der Gegenwart nicht mehr zu. Dennoch bleibt manches von dem, was Foucault etwa zu den interpretationsverzerrenden Wirkungen des Kohärenzprinzips oder der unkritischen Verwendung von Diskurseinheiten wie der Kategorie des »Werks« zu sagen hat, nach wie vor bedenkenswert.

Foucaults Alternativkonzept einer Archäologie des Wissens zielt nun in Abkehr von den Untersuchungsgegenständen und Fragestellungen der Ideengeschichte nicht mehr auf Ideen oder Ideenkomplexe und deren Verbindungsvarianten, sondern will die diesen zu Grunde liegenden Aussageregelmäßigkeiten aufdecken, die zusammengenommen das bilden, was er eine »diskursive Formation« nennt (Foucault 1973: 48 ff.). Foucault greift damit hinter den Diskursbegriff zurück, der später in der angelsächsischen Forschung Verwendung findet, und nimmt eine Metaebene in den Blick, auf der die Bedingungen des Aussagbaren markiert werden. Grundsätzlich wird damit einer Geschichte der Ideen, die fälschlich den Eindruck erweckte, über herausgehobene Objektivationen des Denkens sowie deren Verbindungen und Wirkungen in der Zeit auch die Geschichte des Denkens zu erfassen, das Programm einer Geschichte des Denkens als Untersuchung der jeweils historisch gegebenen Bedingungen der Möglichkeit von Aussagen gegenübergestellt. Foucault bleibt allerdings vorsichtig und formuliert diesen Anspruch zunächst nur für einzelne Diskurse wie denjenigen der Medizin, der Sprachwissenschaft, der Naturgeschichte oder der politischen Ökonomie, während er Aussagen über die interdiskursive Konfiguration der »Gesamtheit der zeitgenössischen Diskurse« oder »das, was man gemeinhin den ›Geist der Klassik‹ nennt«, zumindest auf der Grundlage des bisherigen Wissensstandes, wenn auch vielleicht nicht grundsätzlich, für unmöglich hält (Foucault 1973: 225).

Foucault hat mit seiner Akzentuierung der diskursiven Formationen zweifellos ein wichtiges neues Forschungsfeld abgesteckt und der Ideengeschichte einen neuen Weg gewiesen. Die Umsetzung seines Konzepts erweist sich indes als schwierig, weil sowohl Foucaults Fallstudien zu den oben genannten Themen als auch seine tastenden Versuche, den neuen Gegenstandsbereich abzustecken, zu viele Fragen offen lassen. Zwar lassen sich die sog. diskursiven Formationen ganz generell als das Regelfeld charakterisieren, in dem die Aussagen in einem Diskurs hervorgebracht und ausgetauscht werden, ein Regelfeld, das überpersönlich ist und auch nicht in einer Formulierung, gleichsam als Leitaussage, fassbar wird, sondern einen »koexistentiellen Raum« zu den Aussagen bildet (Foucault 1973: 209). Foucaults Vorschläge, diesen Raum von vier Richtungen aus zu erschließen, nämlich über die Formation der Gegenstände, die Formation der Äußerungsmodalitäten, die Formation der Begriffe und schließlich die Formation der Strategien (Foucault 1973: 3–7), zeichnen sich aber namentlich dort, wo sie sich von seinem medizingeschichtlichen Referenzhorizont lösen, durch eine »suggestive Unbestimmtheit« aus (Stierle 1979: 164). In seiner Antrittsvorlesung vor dem Collège de France unterscheidet Foucault ferner zwischen Diskurskontrollen durch Ausschließungsmechanismen (Tabuisierungen, Ausgrenzung des Wahnsinns und Wahrheitsregeln) und interne Prozeduren wie den Kommentar bzw. die Exegese kanonischer Texte (Foucault 1974). Diese Bemerkungen legen es nahe, den Katalog der die Diskursformation bestimmenden Faktoren in einer Weise zu erweitern, die deren Charakter als ein überpersönliches Regelfeld in Frage stellt. Fragen nach der Struktursituation der Intelligenz (Gerth 1976), nach der Organisation von Meinungsmacht oder nach dem Aufbau von Sprachherrschaft, die gerade für die französische Aufklärung so entscheidend sind, sprengen am Ende doch den Rahmen, den Foucault vor Augen hat, wenn er von den Äußerungsmodalitäten spricht.

Foucault hat seine Vorstellungen vor allem an wissenschaftsgeschichtlichen Gegenständen entwickelt, sodass schließlich die Frage zu stellen ist, ob sie überhaupt und, wenn ja, wie sie auf den weiteren, nicht disziplinär organisierten Bereich des Denkens übertragen werden können. Die Frage betrifft im Übrigen nicht nur die Untersuchungen Foucaults, sondern auch das Potenzial von Thomas Kuhns Interpretation wissenschaftlicher Revolutionen für die Ideengeschichte im weiteren Sinne (Kuhn 1999). Kuhn zeigte sich über die Resonanz seines Hauptwerks außerhalb der Wissenschaftsgeschichte und der Wissenschaftstheorie »verwirrt«, weil er viele seiner Kategorien aus den Bereichen der allgemeinen Kultur- und Geistesgeschichte gewonnen und nur auf die Naturwissenschaften angewandt hatte.

Neue Ideengeschichte

In der Tat liegt in der Heimholung der Wissenschaftsgeschichte in die allgemeine Wissensgeschichte einerseits sowie in der Entzauberung und Historisierung szientistischer Diskurse andererseits eine wichtige Entwicklung der Ideengeschichte im letzten Vierteljahrhundert. Dass der Versuch unternommen wird, dabei gewonnene Interpretationsmuster wie Kuhns Konzept des Paradigmenwechsels oder Foucaults aus einem medizinhistorischen Horizont entwickelte Vorstellung der diskursiven Formationen wegen ihres Erklärungspotenzials auch auf andere Gegenstandsbereiche anzuwenden, ist verständlich und legitim. Dies muss keineswegs nur von heuristischem Wert sein, sofern der unterschiedlichen disziplinären Verdichtung der einzelnen Diskurse und den sich daraus ergebenden Folgerungen für die Formulierung von Fragestellungen und die Konstitution von Untersuchungsgegenständen gebührend Rechnung getragen wird.

5. Ideengeschichte und Diskursgeschichte

Etwas später als die deutsche Begriffsgeschichte und die französische Wissensarchäologie, nämlich Ende der sechziger Jahre setzte mit Quentin Skinners programmatischen Aufsatz »Meaning and Understanding in the History of Ideas« (1969) die angelsächsische Kritik an der herkömmlichen Ideengeschichte ein. Inspiriert durch die angloamerikanische Sprachphilosophie im Gefolge Ludwig Wittgensteins – James Tully stellt seinem gedruckten Skinner-Symposium bezeichnenderweise das Wittgenstein-Zitat »Words are deeds« (Worte sind Taten) voran (Tully 1988) – bildete Austins Theorie der Sprechakte die theoretische Grundlage für einen neuen Ansatz der Ideengeschichte, der in der internationalen Forschung bisher wohl die nachhaltigste Wirkung gezeigt hat. Während Skinner auf diesem Fundament in einer Reihe von Artikeln – ähnlich wie Foucault vornehmlich mit dem Gestus der kritischen Distanzierung – einen methodologischen Rahmen für eine erneuerte Geistesgeschichte zu entwickeln suchte, etablierte John Pocock mit seinen Arbeiten zur Ancient-Constitution-Ideologie und zur Transformation des politischen Humanismus im Zuge seiner sich über zwei Jahrhunderte erstreckenden Rezeption im anglo-amerikanischen Kulturraum eine neue ideengeschichtliche Praxis, die mit den von Skinner aufgestellten methodischen Forderungen im Wesentlichen konvergierte (vgl. Hellmuth/von Ehrenstein 2001).

Während sich die deutsche Begriffs- und Sprachgeschichte der historischen Semantik und Foucault den diskursiven Formationen hinter den Diskursen zuwandte, propagierten Pocock, Skinner und John Dunn die Kontextualisierung der Texte im ursprünglichsten Sinn dieses Wortes. Für den von der Sprachphilosophie inspirierten Skinner stand die Frage nach der Textbedeutung und der Aussageabsicht des Verfassers im Sinne der Austinschen Unterscheidung zwischen lokutionären und illokutionären Akten – zumindest in seinen theoretischen Aussagen – im Vordergrund. Zu diesem Zweck schlug er vor, die Sprachspiele oder Aussagekonventionen zu analysieren, in denen Texte produziert werden.

In seinem thematischen Hauptwerk, den »Foundations of Modern Political Thought«, charakterisiert Skinner die Art und Weise, wie er diesen Anspruch umzusetzen gedenkt, als den Versuch, Geschichte folgendermaßen zu schreiben: »Weniger zentriert auf die klassischen Texte als vielmehr auf die Geschichte der Ideenzusammenhänge (ideologies), ist es mein Ziel, ein Grundgerüst zu erstellen, in dem die Texte führender Theoretiker situiert werden können« (Skinner 1978: Bd. 1, XI). Der Begriff der »Ideologie« ist in diesem Zusammenhang weder im Sinne der Ideologiekritik noch in demjenigen der Wissenssoziologie, sondern ganz neutral im Sinne von problembezogenen Ideenverbindungen zu verstehen. Skinner begründet diesen gegen die Praxis des Studiums der großen Denker gerichteten Ansatz mit der These, dass die Problemlösungs- und Reflexionskapazitäten einer Epoche nicht aus der gedanklichen Vogelperspektive der »klassischen Texte« ermittelt werden dürften, die sie hinterlassen hat. Sie seien vielmehr von einer mittleren Textebene her zu erschließen, deren Analyse die Aussagen der großen Texte zugleich besser verständlich mache. Skinners Einwand gegen die herkömmliche Ideengeschichte leuchtet unmittelbar ein und zwingt zu methodischen Kurskorrekturen, die geeignet sind, die Historisierung der »intellectual history« auf eine völlig neue Ebene zu heben. Ein Problem, das sich für die von Skinner in den »Foundations« in den Blick genommenen Epochen zugegebenermaßen kaum stellt, bleibt freilich vorerst ungelöst, wird aber immer dringlicher, je größer die Textdichte und je textlicher die Kommunikation wird: Wie kann die mittlere Untersuchungsebene, auf der sich die Analyse künftig bewegen soll, in den verschiedenen Epochen begründet konturiert werden? Welche Texte sind ihr zuzurechnen und welche nicht? In diese Richtung zielt auch die Kritik an der Cambridge School von Mark Bevir: Die Rekonstruktion des sprachlichen Kontextes durch den Historiker obliegt bereits einer problematischen Vorauswahl. Zudem, so Bevir, neige Skinner dazu, die Bedeutung der Sprachkonventionen einer Zeit gegenüber dem individuellen Autor zu überschätzen (Bevir 1998).

Eine zweite kritische Anmerkung zu Skinners neuer »Intellectual History« der mittleren Ebene betrifft die Umsetzung der sprachphilosophischen Begründung seines Ansatzes in seiner praktischen Arbeit. Im Vorwort zu den »Foundations« äußert sich Skinner ganz im Sinne der Austinschen Formel »How to do things with

Neue Ideengeschichte

words« programmatisch zum Verhältnis von politischem Denken und politischem Handeln: »Meiner Ansicht nach ist es die politische Praxis selbst, welche die hauptsächlichen Probleme für den politischen Theoretiker hervorbringt, indem sie bestimmte Themen als problematisch erkennen lässt und diesbezügliche Fragen zu Leitthemen der Debatte macht« (Skinner 1978: Bd. 1, XI). Wenn dies zutrifft oder zumindest für eine ausreichende Anzahl von Texten nachgewiesen werden kann, stellt sich natürlich die Frage, auf welcher Abstraktionsebene der Mechanismus von Problemstellung und Problemlösung im Sinne der Sprechakttheorie sinnvoll untersucht werden kann. Wie konkret muss und kann der Handlungskontext gedacht werden, auf den hin politische Ideen artikuliert werden?

Die Rückbindung an den Handlungskontext ist auch das Problem der politischen Sprachen, die John Pocock seit Mitte der fünfziger Jahre in so eindrucksvoller Weise rekonstruiert hat. Zwar sieht Pocock politisches Denken wie Skinner im Widerspiel von Problemdruck und Problemlösung entstehen, lokalisiert das Problem aber gerade nicht in einem konkreten politischen Kontext. Kein Wunder, dass Pococks politische Sprachen unter diesen Umständen gleichsam zu sich in der Zeit entfaltenden Metatexten werden, deren Interpretation den gleichen Gefahren ausgesetzt ist wie diejenige der großen Texte. So erlangt Pococks »civic humanism« (politischer Humanismus) auf der von ihm anvisierten Untersuchungsebene eine größere innere Geschlossenheit als im Gebrauch der Autoren, die sich dieser Sprache bedienen. Und folgerichtig stößt er auf Kohärenzprobleme, die sich auf der Ebene des tatsächlich geführten Diskurses entweder nicht oder nicht in gleicher Schärfe stellen, weil die Autoren mehrere politische Sprachen gleichzeitig beherrschten oder sie unter Ausblendung der für Pocock aufscheinenden »grammatischen Zwänge« kombinierten.

Die Ideengeschichte hat – dies lässt sich als Fazit der vorausgegangenen Bestandsaufnahme wohl festhalten – inhaltlich und methodisch ein ganz neues Gesicht bekommen. Die skizzierten Veränderungen lassen sich, ohne großen interpretatorischen Einzelleistungen in der Vergangenheit Abbruch tun zu wollen, als ein Professionalisierungsschub beschreiben, der die Disziplin auf einem neuen Niveau (re)konstituiert hat, auch wenn die vorgestellten Neuansätze weitgehend nebeneinander stehen und sich auch nicht ohne weiteres miteinander vereinbaren lassen.

Günther Lottes, Direktor des Forschungszentrums Europäische Aufklärung Potsdam und Professor an der Universität Potsdam. Forschungsgebiete: Internationale Ideengeschichte und Sozialgeschichte der Frühen Neuzeit, Aufklärungsforschung.

Luise Schorn-Schütte

Neue Geistesgeschichte

1. Traditionen

Eine einheitliche europäische Tradition der Geistesgeschichte gibt es ebenso wenig wie eine gesamteuropäische »neue Geistesgeschichte«; nichts zeigt dies deutlicher als das Fehlen eines gemeinsamen Begriffes für eine gemeinsame Sache. Das deutsche Wort Geistesgeschichte nämlich findet lediglich im angelsächsischen Raum mit dem Begriff der »Intellectual History« eine Entsprechung.

Der geistesgeschichtliche Forschungsansatz hat seine Wurzeln in der deutschen Philosophie und Geschichtsschreibung des ausgehenden 19. Jahrhunderts und wird zutreffend verbunden mit den Namen von Johann Gottfried Herder, Gustav Droysen, Wilhelm Dilthey, Leopold v. Ranke, Wilhelm Windelband und Heinrich Rickert. Von hier aus gingen Einflüsse nach Frankreich und England, aber auch nach Osteuropa (Polen, Russland) und in die Vereinigten Staaten. In den ersten Jahrzehnten des zwanzigsten Jahrhunderts entfalteten sich eigene nationale Traditionen (zu nennen sind u. a. Arthur O. Lovejoy für England, Perry Miller für die USA, als Skeptiker Lucien Febvre für Frankreich). Die geistesgeschichtliche Forschung in Deutschland (Friedrich Meinecke, Ernst Troeltsch u. a.) hatte sich neben der dominanten politischen Geschichtsschreibung zu behaupten. Für alle nationalen Varianten blieb die Disziplinen übergreifende Zusammenarbeit geistesgeschichtlicher Forschungsansätze prägend. Mit einigen Zeitversetzungen entstanden von den ausgehenden vierziger bis in die beginnenden sechziger Jahre hinein in ihrem Anliegen vergleichbare nationale Oppositionsbewegungen, die dem geistesgeschichtlichen Zugriff eine Verkürzung der wissenschaftlichen Erkenntnismöglichkeiten vorwarfen; in Deutschland ging dies einher mit einer Intensivierung der sozial- und wirtschaftsgeschichtlichen Forschungen, die bis zum Ende der achtziger Jahre die deutschsprachige Geschichtsschreibung dominierten.

| Geist und Materie | Zwei Kernpunkte geistesgeschichtlicher Forschung lassen sich benennen; nicht zuletzt an ihnen entzündete sich wiederholt die Kritik. *Zum Ersten* ging es um das Verhältnis von »geistig-sittlicher« und »natürlicher« Welt (Droysen), von Geist und Materie |

(Dilthey), von Ideen/Denken und Realität (Troeltsch), um das Verhältnis von Ideologien und gesellschaftlicher Realität, wie es Lucien Febvre für sein Lutherbuch 1929 formulierte (Febvre 1996). Während noch Droysen von der Annahme eines zugrunde liegenden einheitlichen menschlichen Geistes ausging, der die wissenschaftlichen Zugänge zu beiden Bereichen miteinander verbinde, werden seit Dilthey getrennte Wissenschaften akzeptiert, die unterschiedliche Gegenstände und Methoden besitzen. In den Geisteswissenschaften geht es demnach um die Beschreibung des Wechselverhältnisses von Individuen und zeitgenössischen Kollektivkräften (Institutionen, geistige Strömungen, Traditionen, Rechtsformen). Der Einzelne ist stets Teil seiner historisch gewordenen Lebenswelt, deshalb kann er, so Dilthey, durch vergleichendes Erfahren die Strukturprinzipien des Geisteslebens vergangener Zeiten und Epochen nachvollziehen.

Wertrelativismus

Damit erschließt sich *zum anderen* das Phänomen der Historisierung der Welt, das sich rasch zum Problem des Wertrelativismus entfaltete. Das erkennende Subjekt kann Vergangenheit nur beschreiben mit Hilfe der eigenen zeitgebundenen Normen und Werte, eine in diesem Sinne nicht-subjektive Erkenntnis gibt es in den Geisteswissenschaften nicht. Ebenso wenig gibt es eine wertstabile, überzeitlichen Normen folgende geistesgeschichtliche Forschung, die Historisierung der Realität als ganzer ist unabweisbar, der Historiker ist Konstrukteur vergangener Realitäten.

In einer Zeit, in der »die Gesellschaft als historischer Akteur« (Lottes 1996: 27) in den Mittelpunkt des Interesses rückte, wie dies u. a. für Frankreich seit dem Beginn der fünfziger Jahre galt und wie dies für die alte Bundesrepublik insbesondere in ihrer steten Herausforderung durch die marxistische Geschichtsschreibung der vergangenen DDR seit den ausgehenden fünfziger Jahren zu beobachten war, musste die seit der Jahrhundertwende praktizierte geistesgeschichtliche Forschung obsolet werden. Hinzu kam die immer bedrängendere Herausforderung durch die Naturwissenschaften, die wissenschaftliche Objektivität mit ausschließlicher Gültigkeit für die Erkenntnis der Natur beanspruchten. Für diese Debatten schienen solche methodischen Konzepte besser geeignet, die wie der »wissenschaftliche Marxismus«, oder der die lange Dauer historischen Wandels analysierende Strukturalismus, soziale Regelmäßigkeiten, wenn nicht gar Gesetzmäßigkeiten beschreiben zu können glaubten. Selbst wenn die auch in Deutschland hoch entwickelte Sozial- und Wirtschaftsgeschichtsforschung keine historischen Gesetzmäßigkeiten behauptete, wurde ihr doch innerhalb dieser Auseinandersetzungen besondere Legitimität zugewiesen. Geistesgeschichtliche Forschung in der skizzierten Tradition verlor zumindest in Deutschland und Frankreich für Jahrzehnte ihren eigenständigen Anspruch.

2. Begriffsgeschichte, Diskursgeschichte – neue Geistesgeschichte?

Angesichts sich wandelnder Rahmenbedingungen veränderten sich auch die inhaltlichen Schwerpunktsetzungen historischer Forschung. Solche Veränderungen kommen nicht plötzlich, sondern bereiten sich langfristig vor; lediglich ihr Erscheinen kann im Sinne von Thomas S. Kuhn als Paradigmenwechsel umbruchhafte Züge annehmen. In diesem Sinne konnte auch das seit der Mitte der achtziger Jahre wieder erwachte und wieder legitime Interesse u. a. an mentalem und geistigem Wandel jenseits wirtschaftlicher und sozialer Strukturen an etablierte Formen der Geschichtsschreibung anknüpfen. Das erklärt zugleich, warum der Gegenstandsbereich geistesgeschichtlicher Forschung umfassender wurde (Darnton 1980: 337).

In der alten Bundesrepublik Deutschland war dies neben den Forschungen zur Sozialgeschichte der Ideen vor allem die *Begriffsgeschichtsschreibung*, mit deren Hilfe zudem methodisch neue Wege beschritten wurden.

»Geschichtliche Grundbegriffe«

In dem mehrbändigen Lexikon »Geschichtliche Grundbegriffe. Lexikon zur politisch sozialen Sprache in Deutschland« (Brunner/Conze/Koselleck 1972–1997) wurden die Ergebnisse der Forschungen zur Entstehung und Durchsetzung von epochenprägenden Begriffen vorgelegt. Auf Grund ihrer akademischen Herkunft verbanden die drei Herausgeber drei Traditionen deutschsprachiger Geschichtsschreibung aus der Zwischenkriegszeit: Reinhart Koselleck stand für die Gadamersche Philosophie und Hermeneutik, Werner Conze für die sozialgeschichtliche Variante der Volks- und Landesgeschichtsschreibung und Otto Brunner für jene Verfassungsgeschichtsschreibung Alteuropas, die mit der Betonung der Zeitbindung der Begriffe das unhistorische Verfahren der Verfassungsgeschichtsschreibung des ausgehenden 19. Jahrhunderts herausgearbeitet hatte. Für alle drei war unabweisbar, dass begriffsgeschichtliche Forschung den Stellenwert von Sprache für die Konstitution und die Veränderung historischer Realität zu artikulieren habe. Es ging um die Kontextualisierung historischer Begriffe. Damit aber war, ohne dass dies in den methodischen Reflexionen Erwähnung gefunden hätte, eine der zentralen Fragestellungen der geistesgeschichtlichen Forschungen aus dem Anfang des Jahrhunderts wieder aufgenommen worden. Denn Kontextualisierung der Texte bedeutet nichts anderes als jener Frage nach dem Zusammenhang von Ideen und Realität und der Möglichkeit ihrer wechselseitigen Prägung nach zu gehen. Für die Begriffsgeschichte entscheidend und insofern die geistesgeschichtlichen Ansätze weiterführend war die nachhaltige Betonung der Rolle von Sprache für die Vermittlung ebenso wie für die Prägung des Kontextes von Ideen. Die Annahme ist einsichtig, dass sich der Wandel sozialer Wirklichkeiten auch im Wandel des Sprechens über diese wiederfindet (Lottes 1996: 33 spricht von »semantischem Niederschlag«). Koselleck, Conze und Brunner selbst betonten als neues Element ihres begriffsgeschichtlichen Zugriffs in Absetzung von der älteren Geistes-/Ideengeschichte (Dilthey und Meinecke) die Möglichkeit, den Wandel sozialer Ordnungen als *zielgerichteten* im Sinne der Modernisierungstheorie (»von Alteuropa in die Moderne«) am Wandel bestimmter Schlüsselbegriffe nachvollziehen zu können. Für sie stand deshalb nicht der einzelne Sprecher (Textproduzent) im Mittelpunkt, sondern die Vielzahl der Sprechenden, die überindividuellen Strukturen mithin, unter denen Sprache entsteht und sich wandelt (Dipper 2000).

Neben europaweiter Akzeptanz dieser deutschen Begriffsgeschichtsschreibung gab es einerseits deutliche Kritik insbesondere an dem modernisierungstheoretischen und überindividuellen Ansatz, andererseits vergleichbare, begriffsgeschichtlich ansetzende Forschungen insbesondere in den angelsächsischen Ländern. Sowohl die Kritik (in Frankreich formuliert durch die Gegensätze zwischen »histoire des mentalites« und einer Ideengeschichte im Sinne Ludwig Goldmanns) als auch die parallelen Verfahren in Gestalt der »New History of Ideas« in England und den USA (angeregt durch Quentin Skinner und John Pocock), in Italien (Rezeption des Brunnerschen Ansatzes) (Chignola 2000) und in den Niederlanden (Gelderen 1992: 1–12) können als Varianten der »neuen Geistesgeschichtsschreibung/history of ideas« charakterisiert werden. Denn für alle gilt die Grundannahme, dass der Wandel sozialer, politischer und wirtschaftlicher Ordnungen sich im Wandel von Sprache/Begriffen artikuliert bzw. durch jene motiviert ist und als solcher für den Historiker erkennbar bzw. konstruierbar ist. Lucien Febvre formulierte die Frage 1929 mit Blick auf seine Lutherbiografie sehr klar: Wie lassen sich die Beziehungen zwischen Ideen (oder Ideologien) und sozialer Ordnung fassen und charakterisieren? (Febvre 1996)

Jenseits dieses gemeinsamen Nenners bleiben die Unterschiede bestehen; sie sollen nur knapp skizziert werden.

Mentalitätsgeschichte vs. neue Geistesgeschichte

Die Kritik der ersten »Annales«-Generation (Febvre u. a.) in den ausgehenden dreißiger Jahren des 20. Jahrhunderts galt jener Form geistesgeschichtlicher Forschung des frühen 20. Jahrhunderts, die eingangs erwähnt wurde. Unabhängig davon aber betonte auch diese Schule, dass die historische Rolle der Ideen nicht unbeachtet bleiben oder gar den materiellen Interessen untergeordnet werden dürfe. Lucien Febvre hat diesen Ansatz kontinuierlich weiterverfolgt und mit dem Begriff des »geistigen Werkzeugs« eine Kategorie entwickelt, die von Zeitgenossen (wie z. B. Erwin Panofsky) in vergleichbarem Sprachgebrauch (Habitus, »habit-forming-force«) aufgenommen bzw. parallel formuliert worden war (Chartier 1988). Das grundlegende Problem der Rezeption und Verarbeitung epochenprägender Denkkategorien durch bestimmte soziale Gruppen blieb allerdings für diese Generation der Annales-Schule offen. Um hier weiter zu kommen, bedienten sich die nachfolgenden Forscher (u. a. Robert Mandrou, Jacques le Goff, Alphonse Dupront) seit den sechziger Jahren zunehmend der Methoden der quantifizierenden Analyse von Massenquellen und der methodischen Ansätze von Nachbardisziplinen wie der Soziologie und Anthropologie. Und exakt an dieser Stelle trennten sich die Wege der französischen Mentalitätsgeschichtsschreibung und der »erneuerten Geistesgeschichtsschreibung«, vertreten u. a. durch Ludwig Goldmann (Chartier 1988:

24). Beiden Richtungen ging es um die Untersuchung der Beziehungen zwischen Denken und sozialer Ordnung. Goldmann aber lehnte es nachdrücklich ab, literarische Massenproduktionen als repräsentativ für epochenspezifische Denkkategorien zu betrachten; die Anwendung quantitativer Methoden schied für die neue geistesgeschichtliche Analyse aus. Nur die Autoren der großen literarischen Texte einer Zeit (Philosophen, Schriftsteller) »erreichen den höchstmöglichen Bewußtseinsstand der repräsentierten gesellschaftlichen Gruppe« (Chartier 1988: 24), nur deren Analyse könne den Weg zum kohärenten Denken einer bestimmten historischen Zeitspanne weisen. Nicht die Reduktion von Ideen oder Denkstrukturen auf materielle Reproduktionsbedingungen ist demnach das Anliegen der Geistesgeschichte, sondern die Suche nach deren epochenspezifischen *Funktionen* (Chartier 1988: 27). Da diese Suche auch als »Dekodierung von Texten oder Diskursen« zu charakterisieren ist, wurde auch für die geistesgeschichtliche Forschung in Frankreich sehr bald die Frage nach der Beziehung von Sprache und »historischer Realität« zum Kernproblem.

> Cambridge School

Die angelsächsische Diskussion ging eigenständige Wege. Denn anders als in Frankreich oder auch in der alten Bundesrepublik gab es in England ebenso wie in den USA bis weit in die fünfziger Jahre des 20. Jahrhunderts hinein eine unangefochten gültige Geistesgeschichtsschreibung, die sich vornehmlich der Darstellung der Geschichte des *politischen Denkens* widmete und sich im Sinne der Vorkriegsdiskussionen an den Texten der großen Denker orientierte (Arthur O. Lovejoy u. a.) (Richter 1991; Hampsher-Monk 1998). Erst seit dem Beginn der sechziger Jahre entzündete sich an dieser Arbeitsweise die Kritik einer neuen Generation der Forscher zum politischen Denken, vornehmlich formuliert von John Pocock einerseits, Quentin Skinner andererseits. Daraus erklärt sich die Hauptrichtung der Kritik: In der angelsächsischen Diskussion ging es nicht in erster Linie darum, ob es ein Wechselverhältnis zwischen Wissen bzw. Denken und sozialer Ordnung gäbe; dieses war unbestritten. Den Kritikern ging es vielmehr darum, die unhistorische Projektion wesenhafter politischer Grundtugenden zeitgenössisch-angelsächsischer Ordnung in die Geschichte zu beenden und stattdessen die Zeitgenossen des 16. bis 18. Jahrhunderts selbst zur Sprache kommen zu lassen. In seinem einflussreich gewordenen Aufsatz von 1969 »Meaning and Understanding in the History of Ideas« hat Skinner diese ältere Zugangsweise einerseits als unhistorisch charakterisiert und andererseits den »Mythos der Kohärenz« des Werkes politischer Denker scharf kritisiert (Skinner 1969).

Angesichts der gemeinsamen Absicht, die unbedeutenderen Texte hinter den so genannten großen wieder zum Sprechen zu bringen und andererseits der politischen Sprache der Zeitgenossen selbst (nicht zuletzt als Instrument des Verständnisses für die Historiker) wieder zu ihrem Recht zu verhelfen, ist sicherlich zutreffend von vergleichbaren Ansätzen zwischen der »Cambridge School« des politischen Denkens und der in Deutschland wirksamen Begriffsgeschichtsschreibung gesprochen worden. Dennoch bleiben die Unterschiede deutlich.

John Pocock

John Pococks Ansatz fand seine eindrucksvolle Umsetzung in dem 1975 erschienenen Werk »The Machiavellian Moment. Florentine Political Thought and the Atlantic Republican Tradition« (Pocock 1975). Darin gelang ihm der Nachweis der Beziehung zwischen der politisch-theoretischen Begrifflichkeit des italienischen Renaissancehumanismus und den politischen Debatten um die Legitimation republikanischer Ordnung im angelsächsischen Raum des 17./18. Jahrhunderts. Die Hauptaufgabe des Historikers der politischen Ideen, so Pocock, bestehe darin, die Sprachen, in denen Politik diskutiert werde, zu identifizieren, sie zu (re-)konstruieren und ihren Wandel im Laufe der Zeit zu beschreiben (Hampsher-Monk 1998). Diese Vorstellung geht davon aus, dass es zu bestimmten historischen Phasen bestimmte politische Sprachen gab. Die Möglichkeit ihrer Beschreibung durch den Historiker setzt voraus, dass politisches Handeln sich in Sprache wiederfinden lässt, d. h. Pocock parallelisierte Nomen und Phänomen. In Anlehnung an Traditionen der französischen Sprachphilosophie (u. a. Ferdinand Saussure) unterschied er synchrone und diachrone Dimensionen der Sprache, d. h. die Sprache als ganze von der Sprache in aktuellen Sprechsituationen. Die Relevanz politischer Sprachen für bestimmte historische Situationen erschließt sich dem Historiker anhand bestimmter Kriterien, die Pocock im Laufe seiner Forschungen festlegte, um die Subjektivität des interpretierenden Historikers möglichst weitgehend zu begrenzen (u. a. Verwendung identischer Begriffe durch verschiedene Autoren; Kommunikation der Autoren über die Begriffe bis hin zur Entwicklung einer Metasprache). Die mit seinem Zugriff verbundenen Probleme waren Pocock bewusst; als schwerwiegend erschien ihm vor allem die Konstruktion der Geschlossenheit einer politischen Sprache, die in der angenommenen Dichte kaum je existiert haben dürfte. Als Kontrollmechanismus diente ihm deshalb die Intention, deren Verwirklichung politische Sprachen dienen sollten.

Quentin Skinner

Im Unterschied zu Pocock, dessen methodische Reflexionen aus den konkreten Analysen erwuchsen, hatte Quentin Skinner von Anbeginn eine theoretische Fundierung vorzuweisen. Nachdrücklich betonte er seine Einbindung in die Sprechakttheorie der nordamerikanischen Sprachwissenschaft im Sinne John Austins und John Searles. Während es Pocock um das Gesamt einer politischen Sprache ging, muss der Historiker im Verständnis Skinners diejenigen »wesentlichen« Sprechakte analysieren, aus denen sich die politische Sprache als Teil einer vorhandenen Sprache zusammensetzt. Dabei ist Sprache nicht reduziert auf Schreiben und Sprechen; der politische Gebrauch von Sprache dokumentiert sich darin, dass Sprache in die Welt wirkt, politische Sprache also zugleich sichtbar wird als politisches Handeln. Um die Bedeutung von bestimmten Ausdrücken zu verstehen, muss deren Wirkungsgehalt nachvollzogen werden; dies geschieht über die Untersuchung der sprachlichen Konventionen einer Zeit. Diese werden nicht als statische sichtbar, sondern sind im Wandel begriffen, gehen auf vorhandene Konventionen zurück oder versuchen neue zu begründen. Das Problem, das sich dem Historiker dabei stellt, ist die in die Konventionen eingebundene Absicht des Sprechenden, deren »Isolierung« für den Historiker nur schwer zu leisten ist.

Skinners Konzept wandte sich gegen Textualisten und Kontextualisten gleichermaßen. Diejenigen, die allein den Text lesen zu sollen meinten, vergaßen dessen Einbindung in vielfältige, keineswegs nur soziale Entstehungsbedingungen. Diejenigen, die als Kontextualisten allein auf die soziale Einbindung von Sprache bedacht waren, vergaßen die Einbindung des Autors in sprachliche Konventionen. Eben diese arbeitete Skinner scharf heraus. In den sprachlichen Konventionen werden die Wirkungszusammenhänge der zeitgenössischen Sprache sichtbar; deshalb können Bedeutungen, die dieser nicht entstammen, für die Analyse nicht herangezogen werden. Die Aufgabe des Historikers ist vielmehr die Freilegung des zeitgenössischen politischen Vokabulars. Zugleich ist es seine Aufgabe, sprachliche Innovationen zu identifizieren, denn in der rhetorischen Veränderung wird der Bedeutungswandel des Politischen greifbar. Beispielhaft für dieses Verfahren war die Debatte um den Bedeutungswandel des Wortes Republik von Charles de Montesquieu bis Thomas Jefferson.

Sprache und Realität: Begriffsgeschichte vs. Cambridge School

In den voneinander abweichenden Auffassungen von historischer Realität – die knappe Skizze hat dies sichtbar gemacht – liegt der prinzipielle Unterschied zwischen Begriffsgeschichte und der Cambridge School des politischen Denkens. Während die begriffsgeschichtliche Forschung (im Sinne von Brunner/Conze/Koselleck) von einer Dichotomie zwischen der materiellen Welt und dem Begriff bzw. der Sprache ausgeht, betrachtet das angelsächsische Konzept der politischen Sprachen die Vergangenheit als Einheit in der Kommunikation. Für den Historiker begründet/konstituiert jene die historische Realität:»Die angelsächsische politische Ideengeschichte sucht Richtungsänderungen in der Entwicklung politischer Diskurse entweder als Objekt selbstständiger historischer Untersuchung, oder als die ursprüngliche Begründung politischer Realität zu verstehen, nicht aber als Faktor in oder relativ zu einer unabhängig existierenden Realität.« (Hampsher-Monk 1998: 48) Für die Cambridge School ist Sprache deshalb nicht lediglich Reflex dieser Wirklichkeit, die unabhängig und außerhalb von ihr angesiedelt wird. Gerade dies aber ist die Auffassung der deutschen begriffsgeschichtlichen Forschung (Koselleck 1986).

Die angelsächsische Position führt deshalb auch noch einen Schritt weiter. Wenn politisches Handeln nur als sprachliches Handeln verstanden werden kann, dann ist Sprache Handeln. Dann aber geht es nicht mehr nur um die wechselseitige Wirkung von politischem Handeln und der Verwendung adäquater Begriffe; dann sind sozialer und politischer Wandel identisch mit sprachlichem Wandel. »In diesem Sinne ist die Feder wahrlich mächtiger als das Schwert [...]: Politische Realität kann nicht anders als sprachlich konstituiert sein« (Hampsher-Monk 1998: 48).

3. Aktuelle Tendenzen

Auf Grund der hier beschriebenen, unterschiedlichen Auffassungen von historischer Realität gehört die Diskussion über eine »neue Geistesgeschichte« zugleich in den größeren Zusammenhang der europäisch-nordamerikanischen Diskussionen um den Charakter der Geschichtswissenschaft. Eine maßgebliche Entwicklungsrichtung liegt deshalb in der Konvergenz verschiedener methodischer Neuansätze, die sich in den letzten Jahrzehnten nebeneinander entfalteten, in den jüngeren Diskussionen aber energische Schritte aufeinander zugetan haben. Diese Bewegung wurde bereits in den Parallelen deutlich, die sich zwischen Begriffsgeschichtsschreibung, Geschichtsschreibung der politischen Ideen und französischer Geschichtsschreibung des Diskurses zeigen ließen.

Auflösung »harter« Institutionen – Wissenssoziologie

Die Rezeption und Weiterentwicklung der Ansätze der Cambridge School hat in Deutschland in den letzten Jahren eine gewichtige, wenn auch nicht dominante Rolle gespielt (Lottes 1996; Schorn-Schütte 1998; Strohmeyer 1998). Das gilt mit Schwerpunkt für die Forschungen zur Geschichte der Frühen Neuzeit, zeigt sich aber auch in der Geschichtsschreibung zum 19. und 20. Jahrhundert (Anselm Doering-Manteuffel u. a.). Anders als in England ist die Forschung zu Strukturen politischen Denkens in Deutschland noch immer sehr rasch dem Vorwurf des »Idealismus« (was immer auch damit gemeint sein mag) ausgesetzt (Stollberg-Rilinger 1999: 18). Aufschwung aber erhält die neue Geistesgeschichtsschreibung durch die Intensivierung der Diskussionen um die Rolle des Alten Reiches in der frühneuzeitlichen deutschen Geschichte einerseits, durch die Debatten um Begriff und Erscheinung von »Verfassung«, »moderner Staat« und »Absolutismus« andererseits (siehe dazu auch den Artikel zur Verfassungsgeschichte in diesem Band) sowie durch die Untersuchungen zur Entwicklung eines autonomen Herrschaftsdiskurses in Deutschland, also die Entstehung eines eigenen politischen Denkens unabhängig von den Symbolisierungen von Macht seit der Reformation zum dritten. Gemeinsame Grundlage dieser Diskussionen ist die Auflösung »harter« Verfassungsinstitutionen und ihre Beschreibung als »Sinngebilde mit regulierender und orientierender

Funktion« (Blänkner/Jussen 1998: 12) im Anschluss an die Diskussionen der politikwissenschaftlichen Institutionentheorie und diejenigen der Wissenssoziologie, die den Zusammenhang von Wirklichkeit und Wissen thematisieren: »Die entscheidende Frage ist demnach: wie es möglich ist, ›dass subjektiv gemeinter Sinn zu objektiver Faktizität wird‹« (Oexle 1998: 139). Im Zentrum des Interesses stehen die Umsetzungsprozesse zwischen Nomen und Phänomen, zwischen Wissen und Wirklichkeit. Damit wird die Bedeutung von Sprache, von Begriffen noch einmal unterstrichen. Für die deutsche Diskussion hat sich seit der Mitte der achtziger Jahre die Anregung durch die Wissenssoziologie als besonders fruchtbar erwiesen. Die Frage, wie soziale Wirklichkeit, das Bild, das sich die Menschen von dieser machen und das menschliche Handeln, das aus der Vorstellung von der Wirklichkeit herrührt, in Beziehung zu setzen seien, wurde u. a. durch die Mittelalterforschung auf der Grundlage wissenssoziologischer Theorien diskutiert (Oexle 1987). Rasch wurde deutlich, dass im Mittelpunkt dieser Verschränkungen das »Wissen« steht als der Begriff, den sich die Zeitgenossen von der Wirklichkeit machen. Damit wurde auch die wissenssoziologische Diskussion auf die Bedeutung von Sprache, von Begriffen verwiesen. Otto G. Oexle charakterisierte die Ebenen der Verschränkung, die der Historiker zu analysieren hat, als Deutungsschemata der sozialen Wirklichkeit: »[...] sie sind einerseits ›Schemata der Erfahrung‹, in denen die soziale Wirklichkeit erfassbar ist; andererseits sind sie ›Schemata der Deutung‹, insofern das Erfahrene sinn-voll erfahren wird. Daraus ergibt sich die Möglichkeit des Handelns.« (Oexle 1987: 71) Dieser Ansatz ist nicht zuletzt dadurch dem der New Cambridge History nahe, dass die Ebene des Handelns (vermittelt durch Sprache) nachdrücklich mit einbezogen wird.

Politische Sprachen

Es bleibt abzuwarten, ob die Diskussion in der deutschen Geschichtswissenschaft sich an dieser Stelle weiter intensivieren wird. Für die Forschungen zur Geschichte des politischen Denkens der Frühneuzeit liegt in dem Konzept der politischen Sprache ein großes Potenzial. Denn Sprache ebenso wie nichtverbale Formen der Kommunikation (Symbole, Gesten) öffnen den Blick für die Zweiseitigkeit des politischen Diskurses. Damit ließe sich die Forschung über die bisherigen Deutungen hinaus führen, die die obrigkeitlichen Funktionen politischer Kommunikation sehr, um nicht zu sagen allzu stark betonen. Und ein weiterer Gewinn steht zu vermuten: für die begriffsgeschichtliche Forschung war stets die Richtung von Entwicklung als »Moderner – Werden« ein entscheidendes Bewertungskriterium. Die Suche nach den zeitspezifischen politischen Sprachen vermeidet diese Fragestellung deshalb, weil politische Kommunikation sich selbstverständlich nicht nur an dem orientiert, was das Vorhandene überwinden will, sondern auch an dem ansetzen kann, was als Tradition ernst genommen werden soll und deshalb prägend weiter wirkt.

Darüber hinaus ist die Wirkung des Unbeabsichtigten, des Nichtintendierten menschlicher Handlungen zu berücksichtigen (Ball 1998). Begriffe, politische Sprachen bestehen aus verschiedenen Bedeutungsschichten; deren Entflechtung und Abschichtung ist eine der wichtigen Aufgaben des Historikers im Sinne der New Cambridge History. Deren methodischer Zugang, Deutungsschichten verschiedener Zeiten voneinander zu trennen, die als unbeabsichtigte Effekte in die Kommunikation der nächsten Generationen mit hinein ragen, erleichtert diese Aufgabe erheblich.

Desiderate

In England und Nordamerika dominiert die New History of Ideas seit geraumer Zeit die Forschungen zum politischen Denken. Das Terrain ist in Rede und Gegenrede allmählich so unübersichtlich geworden, dass es schwer fällt, einen präzisen Überblick zu geben. Dennoch ist der Ertrag dieser Variante der neuen Geistesgeschichte groß, unabhängig von den auch methodischen Einwänden und Korrekturen am ursprünglichen Konzept von Skinner/Pocock. Ein ernst zu nehmender Vorbehalt bleibt selbstverständlich die Skepsis gegenüber der Verbindung von »meaning« und »intention« (Skinner), also der Bedeutung eines Sprechaktes und der Absicht, die der jeweilige Sprecher damit verbindet. Während Skinner ebenso wie Pocock die individuelle Leistung des Autors betont, wird in der jüngeren Diskussion zurecht auf die soziale Verortung des Autors, seine kulturelle Praxis und seinen individuellen Erfahrungshorizont verwiesen. Damit wird die Notwendigkeit formuliert, die Wirkungsgeschichte des Sprechaktes jenseits der rein sprach- und philosophiegeschichtlichen Untersuchungen stärker als bisher mit zu berücksichtigen (Sharpe 1999; Gelderen 1998). Hierher gehören u. a. alle Formen der Repräsentation von Herrschaft und deren Wirkung auf das »Publikum«. Jüngere Forschungen zur Geschichte des englischen Theaters im 16. und 17. Jahrhundert z. B. haben die breite Wirkungsmöglichkeit dieses Mediums der Sprache und Gesten als eines charakterisiert, das den Erfahrungshorizont der Zeitgenossen maßgeblich prägte und dementsprechend bewusst für politische Zwecke eingesetzt wurde. Ebenso gilt dies für alle bildlichen Darstellungen politischer bzw. herrschaftlicher Ordnung. Die damit verbundene Diskussion über den Aussagewert von Kunst für das Verständnis zeitgenössischer Ordnung ist keineswegs neu; Johan Huizingas Arbeiten haben in den dreißiger Jahren des zwanzigsten Jahrhunderts Maßstäbe gesetzt, an die nicht zuletzt die gegenwärtige Forschung zur politischen Sprache und Kultur der »niederländischen Revolution« anknüpft (Gelderen 1998: 234 ff.). Offen allerdings ist bis heute, wie das Wechselspiel zwischen künstlerischen Äußerungen einer Zeit und deren Begriff (Sprache) davon zu charakterisieren ist. Die Aussagekraft nichtsprachlicher zeitgenössischer Äußerungen eröffnet sich nur, wenn die Umsetzung bestimmter Wissensbestände der Zeitgenossen in individuelle künstlerische Ausdrucksformen bekannt ist; dieses Wechselverhältnis aber soll durch das Kunstverstehen gerade erst erschlossen werden (Freedberg/ Vried 1991).

Zur Aufgabe, die Wirkungsgeschichte des Sprechaktes mit einzubeziehen, gehört schließlich auch die Betonung dessen, was Terence Ball als »Konsequenzen, die entstanden sind, ohne dass dies beabsichtigt war« bezeichnete (Ball 1998: 84). Denn die Wirkung von Autoren, seien sie als Wort oder als Handlung vollzogen, kann unbeabsichtigte, nichtintendierte Folgen haben; diese Einsicht ist auch in der deutschsprachigen Diskussion der letzten Jahre ernst genommen worden. Die Analyse politischer Sprachen muss deshalb nicht nur den Kontext mit einbeziehen, sie muss zudem die Vielfalt der Wirkungen, die sprachlichen Konventionen, die aufeinander aufbauen und die ursprüngliche Absicht überlagern könnten, mit berücksichtigen. In den sehr intensiven Debatten, die z. Zt. über Existenz und Ausformung eines Republikanismus vom Mittelalter bis in die Neuzeit geführt werden (Maissen 2001), sind diese Überlegungen von Bedeutung.

Begriffsgeschichte *plus* New History of Ideas?

Inwieweit aus den skizzierten Diskussionen eine stärkere Verzahnung von Begriffsgeschichte und New History of Ideas erwachsen wird, ist offen. Melvin Richter war einer der ersten, der die Parallelität der beiden Forschungsrichtungen als Anregung für eine Weiterentwicklung auf beiden Seiten formulierte (Richter 1991). Um dies zu motivieren, sei es vor allem notwendig, dass die deutsche Begriffsgeschichtsschreibung die Beziehungen in den Blick nähme, die als Strukturen zwischen den einzelnen Begriffen vorhanden seien. Erst dann könnten Aussagen über »semantische und linguistische Felder« im politischen und sozialen Diskurs zu bestimmten Zeitschnitten formuliert werden. Des Weiteren könne die Begriffsgeschichtsschreibung von der Einsicht der Cambridge School profitieren, dass Sprache zugleich Handeln sei; ließen sich doch damit die Fragen nach sprachlichen Konventionen und Legitimationsmustern deutlich präzisieren. Zu einer solchen Verfeinerung des Instrumentariums gehöre schließlich auch die Berücksichtigung der (zeitgenössischen) Technik der Gegenbegriffe hinzu, die im politischen Diskurs Methoden der Ausgrenzung von Seiten der Zeitgenossen sichtbar werden lassen.

Der gegenwärtige Stand der europäischen Diskussionen zeichnet sich dadurch aus, dass die tiefen Gräben zwischen den »materialistischen« und den »idealistischen« Lagern der Geschichtsschreibung des zwanzigsten Jahrhunderts als überwunden gelten können. Die damit verbundene Vertiefung und Erneuerung methodischer Reflexionen bedarf allerdings weiterer Anstrengungen.

Luise Schorn-Schütte, Professorin an der Universität Frankfurt am Main. Forschungsgebiete: Geschichte des politischen Denkens in der Frühen Neuzeit, Europäische Geschichte der Reformation, Wissenschaftsgeschichte des 19. und 20. Jahrhunderts.

Raingard Eßer

Historische Semantik

Historische Semantik befasst sich mit der Geschichte der Bedeutung von Wörtern. Sie fragt danach, wie die Sprecher einer Sprache das vorhandene Bedeutungspotenzial sprachlicher Ausdrücke dazu nutzen, erfolgreich zu kommunizieren, also beispielsweise neue Gedanken auszudrücken, bekannte Gedanken besonders treffend auszudrücken und auf ihre Kommunikationspartner geschickt Einfluss zu nehmen. Die Historische Semantik fragt darüber hinaus nach den Folgen, die diese Praxis für Bedeutungsentwicklung und Bedeutungswandel sprachlicher Ausdrücke (d. h. der Wörter und der Wortgruppen) hat. Diese Definition des Germanisten Gerd Fritz (1998) gilt sicherlich auch für die Nutzung der Historischen Semantik als Instrumentarium der Geschichtswissenschaft. Tatsächlich ist die Historische Semantik seit ihrer »Wiederentdeckung« als Erkenntnismethode in der deutschen »scientific community« bislang sehr viel stärker von Historikern und Philosophen diskutiert und genutzt worden als von Sprachwissenschaftlern. Die Beschäftigung mit der Sprachgeschichte galt seit dem systemlinguistischen Boom, der in Deutschland ab der Mitte der sechziger Jahre einsetzte, als altmodisch und überholt. Erst in den letzten Jahren ist auch in der Germanistik ein wieder erwachendes Interesse an diesem Forschungsfeld zu beobachten. Von der Philosophie gingen mit ihrer in neueren Projekten wie dem »Historischen Wörterbuch der Philosophie« formulierten Suche nach Herkunft und Grundlage philosophischer Termini keine Impulse für das Verständnis epistemischer Grundströmungen historischen Alltagswissens aus. Hier blieb und bleibt man vielmehr auf die Geschichte fachsprachlicher Begriffe beschränkt, die weniger durch ihr Verhältnis zur außersprachlichen Welt, als durch ihre Position in mehr oder weniger systematischen philosophischen Gedankengebäuden bestimmt werden.

1. Anfänge

Die Forderung, Geschichte auch als Bedeutungsgeschichte von Schlüsselwörtern zu schreiben, geht bereits auf die Frühgeschichte der französischen »Annales« zurück. Getragen von Lucien Febvres Postulat einer Bedeutungsgeschichte wirtschaftlich-sozialer Schlüsselwörter des alten Frankreich erschien ab dem zweiten Jahrgang der Zeitschrift eine Sektion mit dem Titel »Les mots et les choses« (Die Wörter und die Dinge), zu der Febvre selbst lexikologische Beiträge zu so wichtigen

»outillage mental«

Begriffen wie »Arbeit« und »Zivilisation« verfasste (Febvre 1930). Im Rahmen seiner Hinwendung zur historischen Kategorie der Mentalität entwickelte Febvre dann ein genaueres theoretisches Gerüst über die Rolle und Aufgabe der Sprache in der historischen Forschung. Sprache war für Febvre das geistige Werkzeug (»outillage mental«), mit dessen Hilfe Menschen denken. In jeder Epoche gibt es, so Febvre in seinem 1942 geschriebenen Buch »Le problème de l'incroyance au 16e siècle: la religion de Rabelais« (Febvre 1968), sprachliche, affektive und begriffliche Stützen, die die Formen des Denkens und Empfindens festlegen und so Kategorien wie das Natürliche und das Magische, das Mögliche und das Unmögliche bestimmen. Eine Analyse dieser Begriffe in ihrem zeitgeschichtlichen Kontext gehört deshalb – so Febvre – zu den Notwendigkeiten historischer Forschung vor allem im Bereich der Mentalitätsgeschichte. Die Skepsis, die Febvre allerdings selbst wegen des Fehlens eines sprachwissenschaftlichen Instrumentariums gegenüber der Durchführbarkeit einer linguistisch gesättigten Geschichtsschreibung äußerte, war berechtigt. Abgesehen von einigen inhaltsanalytischen Untersuchungen, die in den USA im Zuge der Totalitarismusforschung in den vierziger Jahren angestellt wurden (beispielsweise Lasswell 1949), blieb die Resonanz auf eine historische Sprachanalyse in der Geschichtswissenschaft anfangs gering. Erst mit der breiteren Rezeption von Ferdinand de Saussures allgemeiner Sprachwissenschaft in den sechziger Jahren erhielt die Forderung Febvres nach einer Verbindung von Linguistik und Geschichtswissenschaft – zunächst hauptsächlich in Frankreich – neuen Auftrieb. Hier entstanden Anfang der siebziger Jahre beispielsweise mit den Arbeiten von Régine Robin fruchtbare und methodologisch überzeugende historische Studien, in denen sozialhistorische Fragen mit linguistischen Methoden beantwortet wurden (Robin 1970, 1973). Die Analyse von Begriffen zur Kennzeichnung der verschiedenen politischen Klassen im revolutionären Frankreich, wie sie Robin mit Hilfe seriell ermittelter Daten aus den vorrevolutionären »cahiers de doléance« (Beschwerdeschriften) im französischen Département Semur-en-Auxois vorlegte, blieb als Forschungstechnik zunächst auf die französische Geschichtswissenschaft beschränkt und wurde sogar in den Vereinigten Staaten und Großbritannien rigoros abgelehnt Symptomatisch dafür ist beispielsweise der Verriss von Robins Buch durch Charles Tilly im American Historical Review 1971. Das zur selben Zeit in Deutschland von Otto Brunner, Werner Conze und Reinhart Koselleck begonnene Großunternehmen der »Geschichtlichen Grundbegriffe«, in dem sie das von ihnen entwickelte Konzept der Begriffsgeschichte realisierten, hatte seinen Referenzhorizont nicht im interdisziplinären Kontakt zwischen Linguistik und Geschichtswissenschaft, sondern verstand sich vielmehr als Reaktion auf die deutsche philosophische Tradition der Begriffsphilosophie und auf die Hermeneutik im Sinne Hans-Georg Gadamers (Schöttler 1988).

2. Historische Semantik und der »linguistic turn«

Erst mit der Auseinandersetzung um die so genannte Postmoderne interessierte man sich zunächst in den Vereinigten Staaten, dann auch in Großbritannien, Frankreich und Deutschland im größeren Rahmen für eine Geschichte der Sprache, der in ihr transportierten Ideen und deren Bedeutung für politische und gesellschaftliche Prozesse. Im Zusammenhang mit der zunächst als philosophische Fachdebatte angestoßenen Diskussion um den so genannten »linguistic turn« (Linguistische Wende) (Rorty zuerst 1967) beschäftigten sich jetzt auch Historiker mit der Erfassung von Wirklichkeit unter den schnell zu Modewörtern aufsteigenden, strukturierenden Konzeptionen von »Text« und »Diskurs«, die vor allem als Kategorien des neuen geschichtswissenschaftlichen Paradigmas der Kulturgeschichte verwendet wurden. Im Anschluss an das Konzept der symbolischen Ethnologie des amerikanischen Anthropologen Clifford Geertz hielten nun linguistisch-semiotische Theorien und Methoden Einzug in die Geschichtswissenschaft. Gleichzeitig verstand und versteht sich diese Hinwendung zu linguistischen Interpretationstechniken als Reaktion auf eine wachsende Verdrossenheit über die konventionelle Ideengeschichte mit ihrem traditionellen Bezug auf die Leittexte so genannter großer Autoren und deren wechselseitige Beeinflussung, die angesichts der sozial- und später der kulturgeschichtlichen Herausforderungen nicht mehr zeitgemäß erschien. Wegweisend für eine Neuorientierung waren hier vor allem die Arbeiten der amerikanischen Historiker Dominick LaCapra und Steven Kaplan (LaCapra/Kaplan 1982; LaCapra 1983, 1985) und die im American Historical Review geführte, durch den Überblicksartikel von John Toews (1987) angestoßene und von David Harlan (1989), Gertrud Himmelfarb (1989) und anderen weitergeführte Debatte um eine neue »Intellectual History«. Hierbei ging es vor allem um die Verbindung der Ideengeschichte mit dem neuen, interdisziplinären Interesse an der Geschichte unter den Kategorien »Bedeutung« und »Erfahrung«, die mit den Methoden der Sprach- und Textanalyse erfasst werden sollten.

> Von der Sprache der Arbeiterklasse zur Neuen Kulturgeschichte

Erste, tastende Versuche zu einer Geschichte der Sprache der englischen Arbeiterklasse legte in Großbritannien bereits 1983 Gareth Stedman Jones vor, dessen »Languages of Class« einen Beitrag zur damals aktuellen anglo-marxistischen Debatte um die Frage nach dem Verhältnis von Ideologie und Ökonomie als Motoren der Geschichte leisten wollte. Mit seinen Vorstellungen von Rolle und Bedeutung der Sprache wollte Stedman Jones die Dichotomie zwischen Klassenbewusstsein einerseits und den sozio-ökonomischen Gegebenheiten andererseits überwinden. Sein Konzept wurde allerdings von seinen britischen Kollegen größtenteils missverstanden, die ihn in die Nähe des als Kulturalisten kritisierten oder – je nach politischem Standpunkt – gelobten Edward P. Thompson rückten. In der Tat blieb Stedman

Jones' Konzept von Sprache zu wenig theoretisch ausformuliert, um den gegen ihn geäußerten Vorwurf, er habe einfach nur den marxistisch belasteten Begriff »Ideology« gegen das weniger »verdächtige« und zu diesem Zeitpunkt »modischere« »Language« eingetauscht, zu entkräften (Schöttler 1988). Dennoch nahm auch jenseits aller (anglo-) marxistischen Grabenkämpfe in der britischen Geschichtsschreibung das Interesse am »linguistic turn« mit seinen Implikationen für die Untersuchung politischer und sozialer Sprachen zu. Grob vereinfacht entwickelte sich dieser neue Boom von Büchern, die den Begriff »Language« in ihrem Titel führten, vor demselben Hintergrund, der bereits oben im Zusammenhang mit der US-amerikanischen Debatte angeführt worden ist: aus der neuen Kulturgeschichte einerseits (dazu: Burke/Porter 1987; Corfield 1991) und aus der Kritik an der herkömmlichen Ideengeschichte andererseits (u. a. Pagden 1987). Die Rezeption und Umsetzung der Sprachtheorien Saussures und seiner Interpreten fand dabei sowohl bei Kulturwissenschaftlern als auch bei Ideengeschichtlern in unterschiedlicher Intensität und Konsequenz statt. In Anlehnung an Michel Foucaults Theorien von der sozialen Setzung gesellschaftlicher Grundhaltungen galt nun beispielsweise für die Kulturhistorikerin Lynn Hunt jede Form der Wirklichkeitserfassung als »Text« und war nur im Medium der Sprache erfassbar und erfahrbar. Sprache selbst wurde hier als zugleich wirklichkeitsinterpretierend und wirklichkeitskonstituierend verstanden. Sie drückt Machtverhältnisse aus, kann aber gleichzeitig durch Nuancierungen und Neuinterpretationen auch Machtverhältnisse verändern (Hunt 1989). Sozusagen am anderen Ende des Spektrums von historisch-linguistisch arbeitenden Wissenschaftlern stehen beispielsweise der britische Politikwissenschaftler Quentin Skinner und sein neuseeländischer Kollege, der Historiker John G. A. Pocock, für die die Sprache von mehr oder weniger autonomen Akteuren benutzt wird, um ihre Ideen in bestimmten Kontexten und mit einem bestimmten, realpolitischen Ziel zu formulieren (Skinner 1988; Pocock 1996). Während die kulturgeschichtlich orientierte Auseinandersetzung mit der Sprache und deren Wirkungsmächtigkeit in der deutschen, britischen, französischen und US-amerikanischen Forschung durchaus kompatibel ist und miteinander im Dialog steht, beharren die nationalen Wissenschaftler einer neuen Ideengeschichte sehr viel stärker auf der Eigenständigkeit ihrer jeweiligen Traditionen und Methoden. Die nationale Lagerbildung erscheint hier geradezu als Topos (Schöttler 1997: 148).

Kampfbegriff »Postmoderne«

Die Einbeziehung linguistisch-semiotischer Methoden und Theorien in die Geschichtswissenschaft hat neben Befürwortern auch erbitterte Widersacher auf den Plan gerufen. Schlagworte wie »linguistische Wende«, »Poststrukturalismus« und »Dekonstruktionismus« wurden unter dem pejorativen Kampfbegriff »Postmoderne« subsummiert, die sich wiederum durch ihren Hang zur »Zersplitterung« und zum »Torsohaften« – so die polemischen Formulierungen Ernst Hanischs – und durch ihre

Frontstellung gegen die Historische Sozialwissenschaft auszeichne (Hanisch 1996: 213 f.). Dieser Kritik liegt eine Vermischung des Verständnisses des Begriffs »linguistic turn« als Methode des historischen Erkenntnisgewinns einerseits und seiner Auslegung als Weltanschauung andererseits zugrunde, die den wissenschaftlichen Techniken einer ernsthaft betriebenen Historischen Semantik in keiner Weise gerecht wird. Die Bezeichnung der semiotischen Geschichte als »Semigeschichte« auf dem Weg zur »Nichtgeschichte«, die sich fast nur für die Form der Darstellung, nicht aber für die Geschichtsforschung und ihren historischen Gegenstand selbst interessiere (Hanisch 1996: 218), negiert die methodische Schärfe und die intensive Auseinandersetzung mit einem tragfähigen Quellenkorpus in historisch-semantischen Arbeiten. Auch die in diesem Zusammenhang von Georg Iggers vorgeschlagene Unterscheidung zwischen einer »radikalen Theorie der Linguistischen Wende« in der Nachfolge von Michel Foucault, Roland Barthes und Jacques Derrida mit seinem Postulat »Il n'y a pas de hors-texte« (Es gibt kein Außerhalb des Textes) und der »Anwendung linguistischer Begriffe und Methoden und [von] Diskurstheorien in der Geschichtsschreibung« (Iggers 1995: 558) schafft letztlich Dichotomien, die der Ausstrahlungskraft der erstgenannten auch auf die historische Wissenschaft nicht gerecht werden.

3. Historische Semantik als Begriffsgeschichte

»Geschichtliche Grundbegriffe«

In Deutschland firmierte die Historische Semantik zunächst und vor allem im Programm der Begriffsgeschichte, wie es ursprünglich von Otto Brunner, Werner Conze und Reinhart Koselleck in den »Geschichtlichen Grundbegriffen« formuliert und umgesetzt wurde. Dieses »Historische Lexikon zur politisch-sozialen Sprache in Deutschland«, so der Untertitel des monumentalen Unternehmens, das 1972 begonnen und 1997 mit Band 8.2 abgeschlossen wurde, verstand sich als eine Sozial- und Mentalitätsgeschichte begrifflich orientierter Sprachhandlungen. Die Begriffsgeschichte bediente damit das von ihren »Gründervätern« selbst angestoßene und in den siebziger Jahren in der Geschichtswissenschaft dominierende Paradigma der Sozialgeschichte, der sie – so Koselleck – »Faktoren und Indikatoren geschichtlicher Bewegung« lieferte, an denen sich Strukturwandel markieren lässt (Brunner/Conze/Koselleck 1972: XIV). Die Begriffsgeschichte sah sich als spezialisierte Form der Quellenkritik, die zentrale Ausdrücke auf ihren politischen und sozialen Inhalt hin analysierte und in ihren historischen Kontext einordnete. Die Herausgeber sahen eine Dreiteilung der Artikel vor. Zunächst war von den Autoren ein Vorspann zu schreiben, in dem die Wort- und Begriffsgeschichte bis in die Frühe

Neuzeit nachgezeichnet werden sollte. Im Hauptteil der Analyse wurde die neuzeitliche Verwendung des jeweiligen Begriffs vorgestellt und schließlich in einem Ausblick auf den gegenwärtigen Gebrauch hingewiesen. Für den Artikel zu dem Begriff »Bürger« bedeutete das beispielsweise zunächst die Auseinandersetzung mit dem antiken Wortgebrauch aus dem Umfeld der Aristoteles-Rezeption. Über den Bürgerbegriff im Römischen Recht, in der neuzeitlichen Souveränitätslehre Jean Bodins, im deutschen Reichsrecht und in den politischen und rechtswissenschaftlichen Leittexten des 18. und 19. Jahrhunderts (etwa von Georg W. F. Hegel, Karl v. Rotteck/Karl T. Welcker, Karl Marx und Friedrich Engels) entwickelte der Autor die Genese des Wortes vom Standesbegriff zum Klassen- und Staatsbegriff, der seine Neuinterpretation vor allem den politischen Bewegungen des 19. Jahrhunderts verdankte. Die »Geschichtlichen Grundbegriffe«, die vom Arbeitskreis für moderne Sozialgeschichte zunächst an der Universität Heidelberg, dann am Zentrum für interdisziplinäre Forschung an der Universität Bielefeld getragen wurden, orientierten sich mit ihrem Untersuchungsfeld an der von ihren Herausgebern als »Sattelzeit« bezeichneten Periode zwischen ca. 1750 und 1850. Dieser Zeitraum wurde als eine Phase beschleunigten gesellschaftlichen, politischen und kulturellen Wandels identifiziert, die gleichzeitig zu einem Bedeutungswandel klassischer Topoi und zur Entstehung neuer Begriffe (wie etwa »Klasse«) führte. Vor allem in dieser Periode, in der sich – so Koselleck in der Einleitung zum ersten Band des Lexikons – Verzeitlichung, Demokratisierung und Ideologisierbarkeit als Charakteristika moderner politischer und sozialer Begriffe herausbildeten, die nun auch erstmals in einer breiten Öffentlichkeit diskutiert wurden, suchte man nach dem Spannungsbogen von Sachwandel und Wortbedeutungswandel, um damit geschichtliche Bewegungen und Strukturveränderungen aufzudecken (Brunner/Conze/Koselleck 1972: XVI–XVII). Die Begriffsgeschichte als Hilfsmittel der Sozialgeschichte ging und geht nicht davon aus, dass Wirklichkeit ausschließlich über das Medium des »Textes« – wie weit auch immer dieser Begriff gefasst sein möge – ermittelt werden kann. Neben den linguistischen Kontexten bestehen für Koselleck und seine Mitarbeiter vielmehr unabhängige (soziale) Realitäten, die mit den sprachlichen Realitäten korrespondieren, nicht aber mit ihnen gleichgesetzt werden können.

Kritische Haltung der Sozialhistoriker

Zweifellos konnten und können mit dem Instrumentarium der Begriffsgeschichte, wie es sich in der Grundform des Lexikons präsentiert, wichtige Forschungserfolge auf dem Gebiet der Sozial- und Mentalitäts-, aber auch der neuen Ideengeschichte erzielt werden. Dennoch ist das Konzept auch in den Reihen der Sozialhistoriker auf Kritik gestoßen. Es wurde bezweifelt, dass sich die sozialhistorische Relevanz mit dem sachgeschichtlichen Verweischarakter von Begriffen theoretisch vereinbaren lässt, weil sich Strukturwandel aus kollektiven Quellen wie Notariatsakten und

Pfarrregistern sehr viel unmittelbarer belegen lässt als aus sprachlichen Bezeichnungen (Reichardt/Schmitt 1985). Zudem konnte das Lexikon seiner angestrebten Quellenauswahl von so genannten »Klassikern«, Lexika und Alltagstexten nicht gerecht werden, da gerade letztere nur sehr gelegentlich und nach dem Ermessen der jeweiligen Bearbeiter berücksichtigt wurden. Damit fielen Herausgeber und Verfasser ausgerechnet in die Falle einer ideengeschichtlichen »Gipfelwanderung«, der sie ihr eigenes, gerade nicht elitengeschichtliches Konzept entgegengestellt hatten. Methodisch, so wurde dem Unternehmen vorgeworfen, bewege es sich nach wie vor in den historisch-kritisch-philologischen Bahnen der traditionellen Ideengeschichte der großen Denker und könne deswegen keineswegs, wie es vorgebe, der Sozialgeschichte zuarbeiten (Berding 1976: 99). Eine etwa seriell gestützte Auswahl von Alltagstexten, die Ausdruck einer gesellschaftlichen Sprache jenseits des Elitendiskurses sein kann, fand nicht statt. Schließlich, so wurde von Seiten der neuen Ideengeschichte argumentiert, greift der von Koselleck und seinem Forschungsteam erarbeitete Ansatz der Geschichte von Schlüsselbegriffen zu kurz, um auch die diskursorganisierenden Sprachkontexte der gewählten Wörter adäquat zu erfassen. Problematisch ist hier zum einen die Reduzierung von Diskursmustern auf Leitbegriffe, die die jeweiligen Diskurstraditionen und Entwicklungskontexte, in denen sie entstanden sind, nicht hinreichend berücksichtigen. Ein grundsätzliches Problem sieht Günther Lottes deshalb darin, dass durch die Fixierung auf Leitbegriffe die Begriffsentstehungsgeschichte nicht genügend herausgearbeitet werden kann (Lottes 1996). Er verweist mit Recht darauf, dass Begriffe als solche häufig erst dann eine Leitfunktion im Diskurs übernehmen, wenn sich die mit ihnen verbundenen Vorstellungen bereits durchgesetzt haben. Dieser Durchsetzungsprozess von Leitbegriffen, in dem sich die »Weichenstellungen in der Formationsperiode der mit diesen Begriffen verbundenen Weltanschauungen« (Lottes 1996: 34) abzeichnen, kann mit dem Instrumentarium der Begriffsgeschichte, das den im Kontext der »Sattelzeit« und der Moderne relevanten Leitvokabeln der Geschichte nachspürt, nicht adäquat erfasst werden. Mit der chronologischen Fixierung auf die »Sattelzeit« fehlen in dem Lexikon außerdem Begriffe, die in früheren Zeiten eine wichtige Rolle gespielt, dann aber ihre Schlüsselfunktion verloren haben. So gibt es beispielsweise keine Einträge zu den für die Zeitgenossen des 17. und 18. Jahrhunderts so wichtigen Schlüsselwörtern wie »Tugend« oder »Nutzen«. Der von den Verfassern gewählte Begriffshorizont wird also nicht aus dem entwickelt, was in der Epoche selbst wichtig war, sondern aus der Perspektive der »Sattelzeit« gleichsam rückwirkend abgezirkelt. Trotz dieser Fixierung des Lexikons auf die zweite Hälfte des 18. und die erste Hälfte des 19. Jahrhunderts sind mit Hilfe der begriffsgeschichtlichen Methode auch innovative Arbeiten im Bereich anderer Zeitepochen entstanden (Dreitzel 1991; Stollberg-Rilinger 1999). Bei aller Kritik

> Begriffsentstehungsgeschichte

Internationale Ausstrahlung

darf zudem die enorme Ausstrahlungskraft des Unternehmens auf die deutsche und die internationale Geschichtswissenschaft nicht unterschätzt werden. Wenn in irgendeiner Form internationale Vergleiche zwischen den verschiedenen »Techniken« der Diskursanalyse angestellt werden, so steht für die deutsche Seite stets Kosellecks Begriffsgeschichte (Richter 1991; Hampsher-Monk/Tilmans/Vree 1998). Obwohl die »Geschichtlichen Grundbegriffe« sich dezidiert nur mit der deutschen Geschichte beschäftigen und obwohl auch Kosellecks theoretisch-methodische Überlegungen zum Konzept des Unternehmens nicht in andere Sprachen übersetzt worden sind, gehört das Lexikon zur Grundausstattung auch jeder britischen oder französischen Universitätsbibliothek. Vergleichbare Untersuchungen der politisch-sozialen Sprache anderer Länder sind bislang nur in sehr viel kleinerem Rahmen entstanden. Schließlich sei noch angemerkt, dass ein so großes Langzeitunternehmen mit seiner Vielzahl von Autoren schon von Natur aus auf Kompromisse angewiesen ist, und dass sein spiritus rector selbst sich von den programmatischen Vorgaben seiner 1972 formulierten Einleitung weiterentwickelt hat. In seinen späteren Arbeiten vor allem zu den von ihm entwickelten Kategorien »Erfahrungsraum« und »Erwartungshorizont« fordert Koselleck vielmehr eine Sozial- und Mentalitätsgeschichte begrifflich orientierter Sprachhandlungen, die über die Analyse von einzelnen Leitbegriffen weit hinausgeht (Koselleck 1989).

4. Jenseits der »Geschichtlichen Grundbegriffe«

Linguistische Kritik

Kritik am Konzept der Begriffsgeschichte wurde auch von sprachwissenschaftlicher Seite, und hier namentlich von dem Kölner Linguisten Dietrich Busse, geäußert, der die begriffliche Unsauberkeit von Kosellecks Instrumentarium bemängelte (Busse 1987). Koselleck habe kein theoretisch untermauertes Konzept der Kategorien »Begriff« und »Bedeutung« entwickelt. Tatsächlich hatte Koselleck selbst bereits 1983 bei der Verwendung des Wortes »Begriff« als Leitkategorie des Lexikons »eine logische Lässigkeit« festgestellt, da sich »ein einmal geprägter Begriff als solcher [...] der Veränderung [entzieht]« (Koselleck 1983: 14, 34). Was sich ändere, sei nicht der Begriff, sondern der Wortgebrauch. Zudem kritisierte der Sprachwissenschaftler Kosellecks Überbetonung der Autonomie des Wortes, wobei die Kontextualisierung – d. h. die Beachtung der Rolle von Sprecher und Zuhörer, deren jeweilige Position im kommunikativen Kontext, die Erwartungshaltungen und die Rahmenbedingungen – fehlt. Aus diesen Defiziten heraus entwickelt Busse dann das Programm einer Geschichte der kognitiven und semantischen Strukturen, das schließlich in die Forderung nach einer über die Analyse einzelner Begriffe und Leitwörter hinausgehende Diskursgeschichte mündet. Diese Diskursgeschichte wird verstanden als »Versuch, Möglichkeiten zur linguistischen Beschreibung und Untersuchung des Wandels ganzer semantischer Netze und impliziter, tiefensemantischer Phänomene zu erkunden« (Busse/Hermanns/Teubert 1994: 7). In diesem Sinne sind in der deutschen Sprachwissenschaft vor allem im Umfeld des Düsseldorfer Projektes »Politische Leitvokabeln in den Westzonen und der Bundesrepublik Deutschland 1945–1961« in den letzten Jahren interessante Fallstudien zur bundesdeutschen Nachkriegsgeschichte entstanden (Busse/Hermanns/Teubert 1994).

»Sagbares« und »Machbares«

Diese Erweiterung von Worteinheiten hin zu »semantischen Netzen« im Sinne der genannten Linguisten ist auch von Historikern, und namentlich von den Schülern Reinhart Kosellecks, aufgenommen worden. Willibald Steinmetz etwa versteht seine Arbeit zum Wandel politischer Handlungsspielräume im England des 18. und 19. Jahrhunderts als »weder Ideengeschichte noch Begriffsgeschichte«, sondern versucht über die »Analyse elementarer Sätze« »das Sagbare und das Machbare« aus den englischen Parlamentsdebatten zwischen 1780 und 1867 herauszufiltern und damit den Kanon verfügbarer Redeweisen zu Grenzen und Kompetenzen politischen Handelns in diesem Zeitraum vorzustellen (Steinmetz 1993: 30). Die Satzanalyse zielt vor allem auf die Wirklichkeitskonstitution unterhalb der reflektierten Begriffsbildung. Damit verwirklicht Steinmetz die von der neuen Ideengeschichte geforderte Analyse von Texten einer so genannten mittleren Textebene, also von Texten aus der Alltagssprache unterhalb des Gelehrtendiskurses, wenn es sich auch in dem von ihm gewählten Fall um den Alltag einer politischen Elite handelt. Gleichzeitig distanziert sich Steinmetz damit von der Fixierung auf Leitbegriffe und versteht seine Arbeit als historisch-empirischen Beitrag zu der von Busse geforderten Diskursgeschichte. Durch den Zugriff auf ein dichtes und gleichzeitig überschaubares, klar abgestecktes Quellenkorpus, das anhand einer fest definierten Fragestellung bearbeitet wird, bietet Steinmetz eines der bislang seltenen überzeugenden Fallbeispiele für die praktische Umsetzung methodisch-linguistischer Forderungen. Die Arbeit orientiert sich damit auch an den methodisch-theoretischen Vorgaben der bereits erwähnten französischen Historikerin Régine Robin. Trotz seiner Stützung auf serielle Daten, grenzt sich Steinmetz allerdings deutlich von der vor allem in Frankreich betriebenen lexikometrischen Forschung ab, deren Erkenntnisinteresse hauptsächlich auf linguistischer, weniger auf historischer oder politikwissenschaftlicher Ebene liegt. Forschungspostulaten wie dem von Busse oder dem vom Heidelberg/Mannheimer linguistischen Arbeitskreis Fritz Hermanns' formulierten Programm steht hier die Forschungspraxis historischen Arbeitens gegenüber, die sich in den Koordinaten eines kohärenten, aber überschaubaren Materialkorpus und den sprachlichen Möglichkeiten der Geschichtsschreibung mit ihrer Orientierung an Chronologie und erzählender Darstellung bewegen muss.

»Handbuch politisch-sozialer Grundbegriffe in Frankreich«

Auch Rolf Reichardt bietet in seinem mittlerweile auf zwanzig Bände angewachsenen »Handbuch politisch-sozialer Grundbegriffe in Frankreich 1680–1820« eine Erweiterung des begriffsgeschichtlichen Modells auf mehreren Ebenen (Reichardt/Schmitt 1985). Er ersetzt die Kosellecksche Einzelwortanalyse durch die Untersuchung ganzer Wortfelder, politischer Begriffsnetze und des Begriffsgefüges semantischer Oppositions-, Äquivalenz- und Komplementärbeziehungen (Reichardt/Schmitt 1988). Dieser Ansatz versucht, das einem bestimmten Begriff zugeordnete Vokabular mit in die Analyse aufzunehmen und nach seiner Häufigkeit zu hierarchisieren. Praktisch heißt das, dass alle Worte und Wendungen, die den jeweils zentralen Begriff definieren, inhaltlich füllen, erklären und ausdifferenzieren, bei der Interpretation von Begriffsbedeutung und deren Wandel mit berücksichtigt werden. Bei der Analyse des Begriffs »Terreur« (Schrecken) bedeutet das zum Beispiel, dass auch die ab 1795 auftretenden Neologismen »Terrorisme« und »Terroriste« und ihr Bedeutungswandel mit in den Artikel aufgenommen werden (Reichardt/Schmitt, Heft 3, 1985). Die systematischen Gegenbegriffe (im Vokabular der Aufklärung beispielsweise »Lumières« (Licht) und »Ténèbres« (Finsternis)) gehören hierbei ebenso in die Begriffsfeldanalyse wie die historischen Konkretisierungen abstrakter Schlagworte sowie umgekehrt die Verwandlung konkreter Orte oder Ereignisse in Kollektivsymbole, wie etwa die »Bastille« (Lüsebrink/Reichardt 1990). Mit Hilfe einer seriell gesättigten Quellenauswahl, die sich an den methodischen Vorgaben der Mentalitätsforschung zur Erfassung des Alltagswissens orientiert, versucht Reichardt zudem, den gegen die Begriffsgeschichte erhobenen Vorwurf einer konservativen Methodologie und einer Ausrichtung auf den Elitendiskurs zu entkräften. Die breit ausgewerteten Quellen aus dem Bereich des politischen und gesellschaftlichen Alltags – Wörterbücher, Journale, Flugschriften, Almanache, Katechismen, Lieder und Bilder – werden im Lexikon konsequent aus ihrem eigenen Zeithorizont interpretiert.

Einfluss der Neuen Kulturgeschichte

Auch Reichardt ist bei seinem ursprünglich für das Handbuch formulierten Konzept nicht stehen geblieben. In seinen neueren theoretischen und methodischen Ausführungen spiegelt sich der historiographische Paradigmenwechsel von der Sozialgeschichte hin zur Kulturgeschichte und den hier transportierten neuen Schlüsselkonzepten wie »Bedeutung« und »Erfahrung« (Reichardt 1998). Diese Erweiterung seines ursprünglichen Programms einer sozialhistorischen Diskurssemantik um eine kulturhistorische Dimension findet dann unter anderem ihren Niederschlag in der Erweiterung des zu untersuchenden Textkorpus. So fordert Reichardt die stärkere Auswertung von alltäglichen Massenpublikationen wie Flugschriften und Flugblättern und die Einbeziehung der bildlichen Dimension von Sprache sowie die Untersuchung von Kollektivsymbolen und Ritualen. Gerade der Bildpublizistik und der Text-Bild-Analyse widmet er sich selbst seit einigen Jahren und erschließt damit ein weites, bislang weitgehend unbearbeitetes Feld, das zwischen der Geschichte und der Kunstgeschichte angesiedelt ist (Reichardt 2000). Neben dieser interdisziplinären Ausrichtung kann der interkulturelle Diskurstransfer als wichtigstes neueres Forschungsfeld der Historischen Semantik gelten. Hier hat wiederum Reichardt zusammen mit dem Romanisten Hans-Jürgen Lüsebrink vor allem im Bereich des deutsch-französischen Kulturtransfers im Revolutionszeitalter wegweisende Studien vorgelegt, in denen er sich mit Formen kreativer Übersetzungen sowohl von Leitbegriffen wie »Revolution« als auch von literarischen, wissenschaftlichen und politischen Texten und von Druckgraphiken zu historischen Zentralereignissen beschäftigt (Lüsebrink/Reichardt 1997; Reichardt 1998).

Die alte Kritik an der Sozialgeschichte, sie beschäftige sich nur mit anonymen Strukturen, die die historischen Akteure zu passiven Objekten reduziere, wurde auch gegen die »Geschichtlichen Grundbegriffe« als einer Geschichte der Sprache ohne Sprecher erhoben (Hampsher-Monk/Tilmans/Vree 1998). Diesen Vorwurf muss sich zu einem gewissen Grad auch die von Reichardt betriebene sozialhistorische Diskurssemantik mit ihrer bewussten Stützung auf serielle Datenerhebung gefallen lassen. Allein die bloße Anzahl der von ihm untersuchten Texte macht die geforderte Kontextanalyse allerdings schwierig.

5. Ausblick

Insgesamt ist die erste Begeisterung über die Verknüpfungsmöglichkeiten von Sprachanalyse und historischer Forschung auch in dem ohnehin nicht dominanten Kreis derjenigen, die sich damit beschäftigt haben, abgeklungen. Will man die Frage nach dem »Wohin« der Historischen Semantik stellen und beantworten, so muss man an die genannten Forderungen ihrer zurzeit wichtigsten Protagonisten anknüpfen und die sozialen und kulturellen Kontexte historischer Sprachen stärker als bisher in die Analyse mit einbeziehen. In der Forderung nach einer »Sozialgeschichte des kommunikativen Milieus« (Lottes 1996: 42; Reichardt 1998: 24) verbindet sich die Historische Semantik mit den Postulaten, die auch bei den Verfechtern einer neueren Ideengeschichte »die Runde machen« (so etwa auf der 2. Tagung des DFG-Schwerpunktprogramms »Ideen als gesellschaftliche Gestaltungskräfte der Neuzeit« in Rauischholzhausen bei Gießen, 23.–24.10.1999). Diese Untersuchungen müssen sowohl die Produktionsbedingungen der Texte als auch die institutionalisierten Kanäle der Sprachvermittlungen mit einbeziehen. Eine solche Analyse hat etwa Karl T. Winkler in seiner umfangreichen Studie zu den Kommunikationsstrukturen im England von der Restauration bis zur Mitte des 18. Jahrhunderts vorgelegt, in der er die Marktgesetzlichkeiten von Zeitungskonkurrenz und Zeitungsstreit, die staatliche Zensurpolitk und deren Auswirkungen auf die Debattenkultur herausarbeitet (Winkler 1998). Mit der Forderung nach der Untersuchung von diskursiven Rahmenbedingungen einher geht das Postulat nach einer stärkeren Unterscheidung verschiedener diskursiver Milieus und der hier verwendeten Sprachen. Unterschiedliche Sprachsituationen verlangen unterschiedliche Sprachen. Die Protagonisten beziehen sich in unterschiedlichen Situationen auf unterschiedliche Wissens- und Erfahrungshorizonte.

Die Konjunktur der Sprache an sich als Königsweg zur Welterklärung flaut zweifellos ab. Realgeschichtliche Komponenten und deren Verzahnung mit Sprechakten und Sprechsituationen müssen stärker als bisher in die Historische Semantik einbezogen werden. Sprache ist immer nur zu verstehen im Kontext historischer Gegebenheiten. Sie ist – und damit kann man wieder zu Gerd Fritz' Definition zurückkehren – der Versuch, auf Probleme und Sachverhalte verbal zu reagieren. Die Angemessenheit, das heißt der Erfolg dieser Reaktion für die am kommunikativen Prozess Beteiligten richtet sich (auch) nach der erfolgreichen »Wahl der Waffen«, deren Durchschlagkraft allerdings ebenfalls Konjunkturen unterworfen ist. Im gesellschaftlichen und politischen Alltag stehen mehrere Sprachen im Dialog oder auch in Konkurrenz zueinander. In ihren Konstruktionen beeinflussen sie sich und tauschen Sprachspiele, rhetorische Figuren und Topoi aus. Gerade diesen »Wettstreit der Sprachen« und seine Interdiskursivität hat die Historische Semantik in Zukunft stärker in den Blick zu nehmen, will sie die Wandlungsprozesse einer Gesellschaft adäquat erfassen.

Raingard Eßer, Senior Lecturer an der University of the West of England Bristol. Forschungsgebiete: Sozial- und Ideengeschichte Westeuropas in der Frühen Neuzeit.

Iain Hampsher-Monk

Neuere angloamerikanische Ideengeschichte

Die angloamerikanische Ideengeschichte wurde während der letzten fünfzig Jahre von linguistischen Analysen dominiert. Der »linguistic turn« (Linguistische Wende) ist nicht nur eine selbstverständliche und logische Konsequenz der Tatsache, dass politische Ideen der Vergangenheit uns fast ausschließlich als Texte zugänglich sind und deshalb mit dem Instrumentarium der Diskursanalyse untersucht werden müssen; der »linguistic turn« ist auch Teil eines allgemeinen Interesses an Sprache, das sich aus dem Einfluss Ludwig Wittgensteins speist und ebenso in anderen Disziplinen zu verzeichnen ist, die sich im weiteren Sinne mit historischen Texten beschäftigen, z. B. in der Literaturwissenschaft oder Kunstgeschichte (Skinner 1986; Baxendall 1985). In der *politischen Ideengeschichte* hat allerdings die Tatsache, dass sich neben der Geschichte sowohl die Politikwissenschaft als auch die Philosophie mit den politischen Texten der Vergangenheit beschäftigt, zu Spannungen geführt. Während die Politikwissenschaft stärker auf aktuelle, praktische Fragen hin orientiert ist, hat die Geschichtswissenschaft eher interpretierenden, beobachtenden Charakter. Die gewachsene Sensibilität für die sprachlichen Eigenschaften von Ideen fordert zu einer spezifischen Historisierung der politischen Texte der Vergangenheit auf. Neben dem dominierenden, eher philosophischen Ansatz hat es auch andere Einflüsse gegeben. Einige stammen von einzelnen Denkern wie Karl Marx, Antonio Gramsci, Friedrich Nietzsche oder Michel Foucault, die den Zusammenhang von Diskurs und manifester Realität und die Rolle der Vergangenheit als historische Konstruktion entweder hervorgehoben und negiert haben. Andere Einflüsse sind von der politischen Theorie auf die politische Ideengeschichte ausgeübt worden. So wurden »Rational Choice«-Theorien auf die Schriften von Thomas Hobbes und Karl Marx angewendet und feministische Theorien bei der Auswahl und Interpretation politischer Texte zugrunde gelegt.

1. Hauptwerke

Zwei große Studien haben die politische Ideengeschichte der letzten fünfzig Jahre entscheidend geprägt: John G. A. Pococks »Machiavellian Moment« (1975) und Quentin Skinners »Foundations of Modern Political Thought« (1978). Die erste folgte einer, wie Pocock es ausdrückte, »Tunnel-Perspektive«, bei der eine bestimmte politische Theorie oder, wie es im akademischen Jargon heißt, Sprache,

Die »Cambridge Revolution«

nämlich diejenige des Republikanismus, im Vordergrund stand. Die zweite interpretierte in einer Synthese die seit der Heraufkunft der Moderne entstandenen Sprachen im Zusammenhang mit Konflikten um Ideen. Beide Studien stehen im Zentrum eines breiteren Œvres der Autoren und für bestimmte methodische Positionen. Beide Autoren und ihre Werke hatten zudem Vorbildfunktion für größere Projekte und Arbeitsgemeinschaften. Skinner konnte seine eigenen Arbeiten und die mittlerweile umfangreiche Reihe »Ideas in Context«, deren Herausgeber er ist, bei Cambridge University Press lancieren. Pococks Einfluss konzentrierte sich auf das Centre for the Study of British Political Thought an der Folger Library in Washington und die daran angeschlossene internationale Seminarreihe mit Publikationen (Pocock 1985b). Die oben genannte Interpretationsmethode ist mittlerweile als »Cambridge School« zu einem Markenzeichen geworden. Die Zuspitzung scheint in diesem Fall angebracht, denn sowohl Skinner als auch Pocock haben in Cambridge studiert und Publikationen aus der Cambridge University Press dominieren das Feld. Während Skinner in Cambridge blieb, hat Pocock jedoch an verschiedenen anglophonen Universitäten außerhalb Englands gelehrt und damit einen Schülerkreis geschaffen, der nicht institutionell mit Cambridge verbunden ist.

Die Cambridge Revolution lässt sich entweder ganz allgemein als besondere Ausformung des »linguistic turn« des 20. Jahrhunderts oder detaillierter mit Blick auf die verschiedenen Nuancen der Pocockschen und Skinnerschen Methode beschreiben (Hampsher-Monk 1998). Auf der allgemeinen Ebene können zwei Beobachtungen festgehalten werden: erstens die Betonung der Notwendigkeit einer historischen Einordnung politischer Theorien. In verschiedenen Kontexten war dieses Vorgehen bereits vor der Entstehung der Cambridge School etabliert. Neu war nun die bewusste methodische Rechtfertigung dieses Verfahrens, womit gleichzeitig bestimmte Interpretationsansätze in der Philosophie und den Sozialwissenschaften attackiert wurden. Charakteristisch ist hier Pococks Forderung nach »einer eindeutig autonomen Methode, die das Phänomen politischer Ideen als ein strikt historisches betrachtet und, weil Geschichte sich mit den Ereignissen der Vergangenheit beschäftigt, sogar als historisches Ereignis, das durch seinen Kontext definiert ist« (Pocock 1971: 4).

Diese Forderung lässt sich als Reaktion bzw. Gegenangriff auf den massiven Aufstieg der Sozialwissenschaften in der Nachkriegszeit und deren partielle Anlehnung an naturwissenschaftliche Erklärungsmodelle interpretieren. Max Webers Arbeiten gewannen in dieser Zeit an Bedeutung, weil hier Typen politischer Herrschaft und die Bedingungen ihrer Existenz diskutiert wurden. Solch eine Theorie bot den Rahmen für sozialwissenschaftliche Interpretationen, die sich auf positivistische Ansätze stützten, die in Webers eigener Schaffenszeit allerdings kaum durchdacht worden waren. Weber in einer solchen Weise anzuwenden, konnte nur zu einer Verzerrung seiner *eigenen* Vorstellungen führen (was im Einzelnen nachzuweisen wäre). Allerdings brauchten sich die Sozialwissenschaftler darum keine Gedanken zu machen. In ihrem Bemühen um die Verifizierung oder Falsifizierung von Theorien spielte es keine Rolle, ob sie von Weber, Vilfredo Pareto oder von ihnen selbst stammten. Die Suche nach allgemeinen Theorien für gegenwärtige Forschungsfragen stand jedoch nicht im Zentrum historischer Forschung. Hier kam es darauf an, einen Zusammenhang zwischen Theorien und historischen Aussagen herzustellen und diese in einen historischen Kontext einzuordnen. Die Kontextualisierung des politischen Denkens, nicht Wahrheitsfindung oder Anwendbarkeit, stand und steht also im Mittelpunkt des Forschungsinteresses (Bellamy 1992).

Ein zweites Charakteristikum der »Cambridge Revolution« war die Suche nach explizit philosophischen Erklärungsmustern für die Politische Ideengeschichte. Pocock und Skinner haben dies auf verschiedenen Wegen getan. Skinners methodische Grundüberlegungen finden sich bereits in seinen frühen Werken, in denen er seine Interpretation politischer Theorien mit der angloamerikanischen linguistischen Philosophie, den Sprechakttheorien John L. Austins und Richard Searles, verknüpft (Austin 1962; Searle 1969; Tully 1988). Pocock dagegen hatte sich bereits als Ideenhistoriker einen Namen gemacht, bevor er seine methodischen Reflexionen veröffentlichte. Damit verbunden war ein langer intellektueller Prozess, der zunächst zu einer Annäherung an das Paradigmenmodell Thomas Kuhns und schließlich zur Formulierung seiner Theorie der politischen »Sprachen« im Sinne Saussurescher Analyse führte (Pocock 1971; Pocock 1985a; Hampsher-Monk 1984).

Quentin Skinner

Kernstück des Skinnerschen Modells ist die Vorstellung, dass ein Text der politischen Theorie ein doppelter Sprechakt ist. Damit meint Skinner einerseits Sprechakte im Sinne Austins und Searles. Nach Austins Theorie sind gesprochene und geschriebene Sprechakte weniger sprachliche als vielmehr *performative* Akte (Austin 1962). Ein typisches Beispiel ist das Wort »versprechen«, das gleichzeitig das ausführt, was es bedeutet. Gerade im Bereich der politischen Sprache (und in der Politik selbst) existieren viele wichtige performative Begriffe. Augenfällig sind solche performativen Implikationen etwa bei Verben wie »gründen«, »verbannen«, »abschaffen« (z. B. die Monarchie) oder »erklären« (z. B. Unabhängigkeit, Menschenrechte oder Frauenrechte). Während wir reden oder schreiben, handeln wir also oft zugleich, beispielhaft im Fall politischen Handelns. Verbunden mit der Vorstellung von performativen Akten ist die schwierige Frage nach der Intention. Skinner hat sich seinem Ziel einer historischen Interpretation über die Rehabilitierung des Autors genähert. Einige Kritiker haben auf die Betonung eines so diffusen Kriteriums wie der Absicht (intention) des Autors mit Skepsis reagiert. Absicht im Sinne Skinners meint aber die Existenz und das Agieren innerhalb einer Konvention bzw. eines konventionellen Bedeutungsrepertoires, in dem Intentionen interpretiert werden können. Wie in der vielfach verwendeten Analogie zum Schachspiel, wo ein Zug nur nach bekannten und akzeptierten Regeln erfolgt, so kann man auch in einer Sprache mit ihren Bedeutungen, Assoziationen und Erwartungen, mit ihrer Grammatik und Syntax manche Redeweisen leichter, manche gar nicht erfassen. Dementsprechend kann ein Autor nur bestimmte, von der Öffentlichkeit überwachte und nachvollziehbare Züge machen. Dies wird besonders deutlich in der Zuschreibung von neuen Genres und Ideen, über die sich der Autor noch gar nicht im Klaren sein konnte. Deshalb ist z. B. die Interpretation von Niccolo Machiavellis »Principe« als Satire (im Sinne des Wortgebrauchs des 18. Jahrhunderts) zur überspitzten Darstellung der Fürstenherrschaft unzulässig. Weil in Machiavellis kulturellem Horizont das literarische Genre der Satire unbekannt war, konnte er auch keine schreiben.

Wandel politischer Ideen

Skinner benutzt den Begriff der kommunikativen Absicht in spezifischer, dynamischer Weise, um den Charakter der Innovation hervorzuheben. Als Reaktion auf seine Kritiker, die ihm vorwarfen, jede Form von Innovation auszuschließen, machte er deutlich, dass neuartige Sprechakte nur vor dem Hintergrund konventioneller Kommunikationsformen identifiziert werden können (Tully 1988). Dies bedeutet gleichzeitig, dass mit seinem Analyseverfahren nicht nur die Rekonstruktion historischer Prozesse im Hinblick auf die Entwicklung von Ideen, sondern auch ein Verständnis des *politischen* Charakters dieses Wandels möglich ist. Normalerweise versuchen politische Akteure durch das Pochen auf bestimmte ethisch aufgeladene Begriffe ihre Standpunkte durchzusetzen. Dazu gehören Anerkennung und Referenz. Der politische Autor, der sein Publikum zur Annahme eines bestimmten Arrangements überreden will, wird das mit positiv konnotierten Begriffen tun und versuchen, das von ihm gewünschte Arrangement diesen Begriffen anzupassen. Ein typisches modernes Beispiel für dieses Verfahren, so Skinner, ist die Rezeption anerkannter Untertöne (commendatory overtones) demokratischer Theorien für eine in der Praxis sehr elitäre und letztlich undemokratische Politik durch sog. »konkurrierende Eliten«, die davon profitieren (Skinner 1973). Ein weiteres überzeugendes Beispiel ist die Strategie Edmund Burkes, die anerkannten, aber (jedenfalls für die meisten Whigs) unangenehm radikalen Assoziationen des Begriffs »Sozialvertrag« für eine Gesellschaft umzudeuten, die jedes voluntaristische Element, das dieser Begriff enthielt, ablehnte. Dieses Verfahren, ein Muster (stabiler) Deutungen und Assoziationen als Scharnier zum Transfer hin zu einem ganz anderen Muster mit einer anderen Bedeutung zu benutzen, ist ein typisches Beispiel für politische Rhetorik und gleichzeitig für den Wandel politischer Theorien (Skinner 1990, 1996). Aus dieser Beobachtung lässt sich ein nützliches Arbeitsverfahren für Ideenhistoriker ableiten, aus dem sich Untersuchungskriterien für die oft abschreckende Masse an Redeweisen und Quellen ergeben. Ein weiteres überzeugendes Beispiel für diese Methode hat Martin van Gelderen mit seiner Untersuchung der Publizistik zum Aufstand der Niederlande vorgelegt. Er konnte nachweisen, dass Publizisten und Pamphletisten im Verlauf des niederländischen Unabhängigkeitskriegs immer wieder die Bedeutung von z. B. Stadtrechten, die den Bürgern städtische Freiheiten garantierten, als Legitimation für den Aufstand und die Freiheit des ganzen Landes uminterpretierten (Gelderen 1992, 1996). Dieses Interesse an den Überzeugungsmöglichkeiten der Sprache hat klare Affinitäten zur Rhetorik, und es überrascht nicht, dass sich Skinner vor kurzem in einer größeren Studie mit Hobbes' Hinwendung zur Rhetorik und seiner Stellung innerhalb der frühneuzeitlichen Rhetorik beschäftigt hat.

John Pocock

Um Skinners Konzeption der Absicht erfolgreich anzuwenden, muss man sich zum einen mit den intellektuellen Ressourcen, die den politischen Akteuren zu Verfügung standen, vertraut machen. Man muss zum anderen den unmittelbaren Kontext kennen, in dem er oder sie handelte. Deshalb erfordert die neue Ideengeschichte eine sehr viel breitere Quellengrundlage, um so eine intertextuelle Verbindung zu schaffen und das Traditionelle wie das Innovative in der politischen Sprache feststellen zu können. Während sich Skinner vor allem mit den Veränderungen, also den innovativen Sprechakten, beschäftigt hat, sucht Pocock nach den traditionellen Elementen der politischen Sprache und deren langfristigen Modifikationen. Zwar akzeptiert er die These, dass politische Innovationen anhand der Sprache identifiziert werden können (Pocock 1973, 1985a). Sein Hauptinteresse gilt jedoch den langfristigen, weniger offensichtlichen Formen, in denen Menschen ihre politische Situation ausdrücken. Diese Formen nennt er »Sprachen«, weil sie ein eigenes Vokabular, eine eigene Struktur, eine eigene Syntax und eigene Assoziationen besitzen und damit dem Aufbau natürlicher Sprachen entsprechen. Wie natürliche Sprachen sind sie die Grundlage der Rede (Parole); wie natürliche Sprachen setzen sie dem Sagbaren Grenzen. Sprechakte können jedoch die Sprache über einen längeren Zeitraum hinweg verändern. Eine bedeutende Studie hat Pocock der Sprache des Republikanismus gewidmet, der er vom klassischen Griechenland bis an die Amerikanische Frontier nachspürt (1975). Pococks frühe Studie »The Ancient Constitution and the Feudal Law« hat sich mit Sprachen beschäftigt, die aus soziologischen und begrifflichen Gründen voneinander isoliert waren (1957). Dabei hat sich Pocock besonders mit der Sprache des englischen Common Law beschäftigt. Er konnte nachweisen, dass jeder bedeutenden linguistischen Äußerung ein Präzedenzfall zugrunde liegt. Die Hypothese scheint allerdings auch den Unterschied zwischen Gegenwart und Zukunft zu verwischen. Diese Vorstellung setzte sich allmählich auch bei den humanistischen Rechtswissenschaftlern in Kontinentaleuropa wie Guillaume Baudé und Jacques Cujas durch, die, »je länger sie sich mit den Rechtsquellen des Römischen Rechts beschäftigten, desto mehr zu der Erkenntnis kamen, dass es sich hier um ein bestimmtes Recht in einem bestimmten historischen Kontext handelte« (Franklin 1963; Kelley 1970: 27). Pocock hat nun die *Interaktion zwischen Sprachen*, besonders zwischen den Sprachen des jüngeren Naturrechts und des klassischen Republikanismus, die für das Modell der britischen Mischverfassung wiederentdeckt wurden, untersucht. In Amerika wurde diese Debatte aufgenommen und im Hinblick auf die Gründungsphase der USA lebhaft diskutiert. In Frage stand hier, ob die Vereinigten Staaten sich als »liberal« oder »republikanisch« verstanden. Diese Diskussion erinnert an Debatten in den italienischen Stadtstaaten der Renaissance, die ihre Gründung entweder auf die römische Republik oder auf die Zeit des Prinzipats zurückführten und die gelegentlich eher ideologischer als wissenschaftlicher Natur waren.

Neue Sicht der Aufklärung

Pococks jüngste Arbeit zu Edward Gibbon, deren erste Bände 1999 erschienen, sind Teil einer groß angelegten Studie, in der er die verschiedenen sprachlichen Milieus, in denen Gibbon operierte und die er selbst mitgestaltete, identifizieren will. Die »französische Gefahr« der Übernahme des Subjekts durch den Kontext lauert hier auf jeder Seite, gewinnt aber nie die Oberhand. Für die britische Geschichte haben Pococks Arbeiten eine bis dahin von anachronistischen Projektionen moderner Sprache überschattete Interpretation abgelöst, die sich auf Burke und die Französische Revolution bezog, aber für ein Verständnis der Themen des 18. Jahrhunderts unbrauchbar war. Durch die Studien Pococks und anderer Wissenschaftler wird die konservative schottische und englische Aufklärung heute als ein Versuch der Adaption traditioneller politischer Sprachen verstanden, die sowohl aus einem klassischen als auch aus einem »gotischen« Fundus schöpfte und damit auf die Bedrohungen der Moderne – Ausdehnung exekutiver Gewalt, expandierende Bürokratie, Steuererhöhungen, wachsender Handel, luxuriöser Lebensstil, Niedergang religiösen Sektierertums – reagierte. Besonders die Studie zu Gibbon, das Ergebnis von mehr als zwanzig Jahren Forschung, macht deutlich, wie wichtig es für die Zeitgenossen war, sich und der Gesellschaft eine neue Geschichte zu schreiben, um die Veränderungen zu verarbeiten, und zweifellos war Gibbon einer der ambitioniertesten und einflussreichsten Interpreten seiner Zeit.

2. Überlegungen zu einem neuen Kanon und zur Agenda

Ein wichtiges Anliegen der Cambridge School richtete sich gegen die Dominanz der »großen Texte« des Kanons zugunsten einer intertextuellen Interpretation, in der sich aus »kleinen Texten« oft ein neuer Fragenkatalog für die großen Werke

Feministische Kritik

ergab. In vielen Fällen erhielten bislang als unbedeutend angesehene Texte eine Schlüsselfunktion. Ein Teil der Revolution bestand deshalb in der Quellenpublikation, die unter dem Reihentitel »Cambridge Texts in the History of Political Thought« von Quentin Skinner, Raymond Geuss und Richard Tuck ediert wurde. Gelegentlich schien sogar die Demontage des Kanons das Ziel zu sein. Von feministischer Seite wurde ebenfalls Kritik am etablierten Kanon politischer Leittexte (sog. Produkte toter weißer Männer) geäußert. Auf der Grundlage der nicht unberechtigten These, dass dieser Kanon von Repräsentanten und Befürwortern des Patriarchats zusammengestellt war, formierte sich die feministische Kritik von einer Attacke auf den traditionellen Kanon zu einem Generalangriff gegen jede politische Ideengeschichte. Wenn Feministinnen eine politische Theorie nach ihren Vorstellung suchten, so mussten sie sie neu erfinden. Können wir deshalb die Geschichte neu schreiben?

Der Rückzug von dieser radikalen »Tabula rasa«-Position hat allerdings doch zu einer Neuinterpretation des historischen Materials aus feministischer Perspektive geführt. Diese Neuinterpretation ist nicht immer spannungsfrei, aber insgesamt fruchtbar gewesen. Politische Ideengeschichte aus feministischer Perspektive konnte nun aus mindestens drei verschiedenen Positionen geschrieben werden. Zum einen wurde der bestehende Textkanon einem neuen, bis dahin in der männlich dominierten Forschung unbekannten Fragenkatalog unterworfen, der vor allem das Problem einer Identifizierung des Politischen und die angenommenen Grenzen zwischen öffentlicher und privater Sphäre thematisierte. Die feministische Interpretation der bereits vorhandenen politischen Ideengeschichte konnte also Vorannahmen und Argumentationslücken aufdecken und forderte insgesamt zu einem Überdenken der Voraussetzungen bestehender Texte auf. Dazu gehört beispielsweise die erstaunliche, aber bis vor kurzem größtenteils ignorierte Feststellung von Hobbes, dass alle Kinder eine natürliche Verpflichtung zum Gehorsam ihren Müttern gegenüber haben, weil diese die Macht über Leben und Tod der Kinder besitzen. Daraus folgert Hobbes 1651, dass die natürliche Gesellschaft eine matriarchale Gesellschaft sei (Hobbes 1991). Ebenso attackiert John Locke die Darstellung des Patriarchats von dem Royalisten Robert Filmer, weil dieser die Autoritätsstrukturen im Haushalt als patriarchalisch missinterpretiere, während sie tatsächlich auf beiden Elternteilen beruhe. Deshalb ist auch Filmers Projektion der Familienstruktur auf die politische Gemeinschaft in Lokkes Augen falsch. Hobbes und Locke vermeiden es allerdings, Konsequenzen aus diesen Beobachtungen für das Matriarchat und eine Gleichheit der Geschlechter zu ziehen (Pateman 1988, 1989). Gerade die Lücken und Ungereimtheiten in diesbezüglich nicht nahe liegenden, ansonsten aber viel untersuchten Texten haben brillante neue Einsichten ergeben (Jagentowicz 1996; Oliver/Pearsall 1998). Die feministische Kritik am Kanon förderte zudem das Studium der Rolle von

Frauen als *Subjekte* in diesen Texten. Es ließ sich also eine Geschichte der Frauen *in* der politischen Theorie schreiben (Kennedy/Mendus 1987; Elshtain 1981; Clarke/ Lange 1979; Okin 1980).

Feministische Ideengeschichte

In eine andere Richtung zielte die Analyse von Frauen als *Autorinnen* politischer Theorien. Es wurde eine Reihe politischer Texte von Frauen wiederentdeckt (Astell 1996; Pisan 1994). Die Diskrepanz zwischen der Geschichte weiblicher politischer Ideen und der Geschichte feministischer Theorie wurde von manchen Forschern und Forscherinnen mit Unbehagen zur Kenntnis genommen. Studien zu Mary Wollstonecraft führten aber zu einer allmählichen Anerkennung der tatsächlichen historischen Agenda. Trotz einiger euphorischer und unhistorischer Versuche, historische Autorinnen in eine feministische Theorie zu zwängen, sind hier auch großartige Studien entstanden (Sapiro 1992). Der Wunsch, alle Autorinnen zu feministischen Kritikerinnen der sozialen Ordnung zu stilisieren, lässt sich in der Regel jedoch nicht bestätigen. Carole Pateman hat kürzlich in einer Studie zu Mary Astell darauf hingewiesen, dass selbst bei konservativen Autorinnen schon auf Grund ihrer sozialen Stellung eine durch das Geschlecht bestimmte Argumentation sichtbar wird. Gerade weil sie Hierarchie und Unterwerfung befürwortete, »war sie sich stärker über die Konsequenzen und Grenzen der naturrechtlichen Forderungen im Klaren als manche heutige Verfechter dieser Doktrin« (Pateman 1998: 368 f.). Die Fragen und Quellen, die Feministinnen in die Debatte eingebracht haben, sind mittlerweile ein integraler Teil der Politischen Ideengeschichte und stehen interessanterweise im Kreuzfeuer von historischer und politischer Interpretation des Materials.

Kontextualisierung vs. politische Instrumentalisierung

Die Kontextualisierung der Denker des 18. Jahrhunderts scheint deren Argumentationsweisen einer Instrumentalisierung durch die heutige Politik entzogen zu haben. Entgegen der oft geäußerten Auffassung liegt der Grund hierfür nicht im Gegensatz zwischen historischer und politischer Interpretation der Texte. Sowohl Pococks als auch Skinners Arbeiten stützen und verdeutlichen den politischen Hintergrund der Sprechakte und Sprachen, die sie untersuchen. Die Unterschiede liegen vielmehr im eher kontemplativen Interesse der Geschichte gegenüber dem stärker praxisorientierten Vorgehen der Politikwissenschaft. Das Motiv für eine Untersuchung der politischen Ideen, oder im postmodernen Jargon der politischen Diskurse, der Vergangenheit kann einerseits der Wunsch zu verstehen, andererseits die Suche nach politischen Vorbildern und Handlungsanweisungen für die Gegenwart sein. Ein historisches Verständnis der Texte muss nicht unbedingt eine praktische politische Relevanz für heutige Probleme ausschließen, lässt aber doch oft von einem Bezug auf die Gegenwart absehen. Im Fall von Locke z. B. steht der religiöse

Kontext einer Übertragung seiner Ideen auf moderne, säkulare Fragen entgegen. Auf dieser Folie lassen sich die Spannungen innerhalb der politischen Ideengeschichte verstehen.

Beispiel Karl Marx

Ein interessantes Beispiel für die Polarität zwischen historischer und praxisbezogener Deutung politischer Texte sind die Arbeiten von Karl Marx. In der Auseinandersetzung mit seinen Werken haben sich zwei Richtungen der politischen Ideengeschichte herausgebildet. Sowohl Marxisten als auch Liberale haben mit Hinweis auf historische Denker, intellektuelle Bewegungen und konkrete Texte Ermahnungen und Belehrungen für ihre Zeitgenossen formuliert. Bezeichnend ist die Analyse des Englischen Bürgerkriegs. Petegorski hat in seiner 1940 im Left Wing Book Club veröffentlichten Studie die Levellers im Sinne des Historischen Materialismus als Sozialdemokraten in Englands gescheiterter »Proto-Revolution« interpretiert (Petegorski 1940). In Crawford B. Macphersons klassischer Studie »Political Theory of Possessive Individualism« (1962) wurde der kleinbürgerliche Charakter dieser Gruppe (als Variante des von Hobbes, Locke und Harrington beschriebenen Besitzindividualismus) enthüllt. Macphersons relevante Studie wurde in weiten Kreisen heftig diskutiert (Hampsher-Monk 1976). »Protoproletarier« wurden nun auch in anderen Randgruppen wie den Diggers, Antinomianern und Ranters entdeckt. Arbeiten auf der Basis des Historischen Materialismus werden zwar nach wie vor geschrieben, geraten aber immer stärker in das Kreuzfeuer der Revisionisten, die die Anwendbarkeit marxistischer Kategorien ablehnen. Im Zentrum der Auseinandersetzung stand zudem der Säulenheilige der Liberalen John Locke, dessen notorisch offener Eigentumsbegriff reichlich Stoff für Interpretationskunst bietet (Ashcraft 1992; Wood 1994).

Während der Marxismus die Schablone für die Interpretation anderer politischer Denker wurde, wurde gleichzeitig ironischerweise Marx und mit ihm seine Theorien in ihrem historischen Entstehungsfeld kontextualisiert und damit auch als zeitübergreifendes Interpretament diskreditiert. Die erwähnten Pioniere marxistischer Studien waren entweder Anhänger der Zweiten Internationale oder Marxisten-Leninisten, die den Marxismus als kohärente, zusammenhängende Theorie interpretierten. Die englische Publikation der »Ökonomischen und Philosophischen Manuskripte« von 1844 ermöglichte Einsichten in Marx' sukzessive entwickeltes und letztlich Fragment bleibendes Gedankengebäude. Die »Frühen Schriften« erschienen erst 1927–1932 in englischer Übersetzung. Die Herausgeber der Ostberliner Marx-Engels-Ausgabe von 1957 ignorierten die frühen Schriften; englische Editionen und Kommentare erschienen erst in den sechziger Jahren. Entscheidend wirkte hier der britische Wissenschaftler David Mclellan, der ab Mitte der sechziger Jahre Studien und Übersetzungen vorlegte, die Marx sehr viel stärker in Auseinandersetzung mit einem geistigen als mit einem kapitalistischen Umfeld kontextualisierten (Mclellan 1969, 1970). Eine Generation später hat Terrell Carver zwar wiederum Marx' idealistische Ursprünge angezweifelt, aber gleichzeitig die enge Beziehung zwischen ihm und Engels in Frage gestellt und Marx' historischen Materialismus deutlich von Engels und von »real existierenden« dialektischen Materialismen unterschieden (Carver 1983).

3. Absichten, Rekonstruktionen und historische Authentizität

Eine interessanter politiktheoretischer Ansatz im Hinblick auf die historische Kontextualisierung politischer Texte, der besonders bei der Interpretation von Marx und Hobbes entstand, ist die strenge philosophische »Rekonstruktion« von Argumenten. Spieltheoretische Ansätze einer Arbeitsgruppe mit dem schillernden Namen »No Bullshit Marxism Group« sind hier besonders hervorzuheben. Roemer, Elster und Cohen haben Marx mit den Mitteln und vor dem Hintergrund der aktuellen Politiktheorie auf die Integrität ihrer Argumente hin untersucht, ohne Anspruch auf historische Rekonstruktion (Roemer 1986; Elster 1985; Cohen 1978). Dieser Ansatz wurde zwar als unhistorisch bezeichnet, hatte aber für Historiker, die ihre Aufgabe auch in der Lösung aktueller Probleme sehen, ihre Berechtigung.

Methodische Angelpunkte

Problematisch ist hier vor allem die Identifikation von »Argumenten«. Folgt man Skinners Methode, so fällt jeder Standpunkt, der auf Kategorien beruht, die dem Autor in seinem historischen Kontext nicht zu Verfügung standen, als Interpretation weg. Betrachtet man aber das historische Thema (und deshalb auch die Intention) insgesamt, so muss man sich nicht auf die Kategorien beschränken, die dem Autor zur Verfügung standen, um einen Aspekt seines Arguments darzustellen. Die philosophische Grundlage der Sprechakttheorien geht davon aus, dass die Absichten des Autors durch das ihm im Sprechakt zur Verfügung stehende Repertoire begrenzt werden. Komplexe politisch-philosophische Texte (obwohl einige Ausdrucksformen zweifellos durch die zur Verfügung stehenden Erklärungsmuster festgelegt und beschränkt werden) bewegen sich in der Regel auf einem höheren Abstraktions- und Generalisierungsniveau als die Aussagen im Einzelnen. Es ist kaum sinnvoll, Hobbes' Absicht beim Schreiben des »Leviathan« aufzuspüren, wenn dies nur im Rahmen der traditionellen Ausdrucksformen und Gedankengebäude geschehen soll. Wenn es eine *einzige* Autorenabsicht gäbe, so wäre dies, in den Worten von Hobbes 1651, »dem Menschen die gegenseitige Beziehung zwischen Schutz und Gehorsam vor Augen zu führen« (Hobbes 1991: 491). Versteht man *diese* Intention als primäre Absicht des Verfassers, dann verlangt sogar die historische Interpretation von Hobbes' Argument, wie Pocock bereits vor dreißig Jahren, wenn auch etwas missbilligend, festgestellt hat, »die politische Theorie der Vergangenheit auf einer höheren Abstraktions- und Generalisierungsebene zu verstehen« (Pocock 1962: 187). Aus dieser Perspektive müssen dem Interpreten alle denkbaren Ressourcen, sogar die dem Autor selbst unbekannten, zur Verfügung gestellt werden, um das Argument insgesamt zu verstehen. Es macht dann Sinn, Hobbes' Argumente (besser gesagt: die Argumente des Textes) mit einem ganzen Sortiment von »Rational Choice«-Techniken herauszuarbeiten. Und es macht Sinn, Marx' programmatische Einleitung zur »Kritik der Politischen Ökonomie« als Skizze für das »Kapital« zu lesen, wie es Gerald Cohen als kohärente Rekonstruktion von Marx' eigener Theorie vorgelegt hat. Dieses Verfahren ist auch im Sinne historischer Forschung legitim, wenn man revisionistische Standards bzgl. der Absicht des Autors anlegt. Cohen versteht seine Verteidigung von Marx unter zwei Voraussetzungen: die Texte von Marx selbst und die hohen akademischen Standards der analytischen Philosophie des 20. Jahrhunderts. Er sieht seine Aufgabe darin, »eine tragfähige Theorie der Geschichte vorzustellen, die im großen Rahmen mit Marx' Schriften übereinstimmt und die Marx als *eine einigermaßen klare Interpretation seiner Gedanken anerkannt haben könnte*« (Hervorhebung: I. H.-M.) (Cohen 1978: IX). Jon Elster ist (vom intentionalistischen Standpunkt aus) noch eigensinniger. Für ihn sind die »zentralen Einsichten von Marx so wertvoll, dass wir ihm und uns keinen Gefallen täten, wenn wir en bloc die Methode akzeptieren würden, in der sie verwurzelt sind« (Elster 1985: 5).

Analogie zur Musik

Diese Analogie lässt sich durch ein Beispiel aus der Musikgeschichte, die nach der historischen Authentizität musikalischer Vorträge fragt, ergänzen (Castiglione 1993). Mit authentischen Instrumenten und Darbietungen versucht man hier, den Ton zu treffen, den der Komponist für sein Werk im Ohr hatte. »Komponisten« wollen aber auf ihre Zuhörer nicht nur durch eine bestimmte Musik wirken. Authentische Musik *an sich* kann die modernen Zuhörer nicht in der Form erreichen wie das Publikum zurzeit der Komposition. Um im Auditorium denselben Effekt zu erzielen, muss die Musik heute anders sein. Der Musikkritiker Hans Keller hat diese Tatsache folgendermaßen umschrieben: Wir haben zeitgenössische Instrumente, aber keine zeitgenössischen Ohren. Wie können wir Händel wie seine Zeitgenossen »hören«, wenn wir doch schon Brahms und Strawinsky kennen? Gibt es hier Parallelen zur Politischen Ideengeschichte? Ein Vortrag über Hobbes ist wie ein Musikstück – der Redner wie der Dirigent versucht, einen Text / eine Komposition aus der Vergangenheit wieder zum Leben zu erwecken. Sowohl der Redner als auch der Dirigent braucht Fantasie und Überzeugungskraft und muss gleichzeitig dem Autor oder Komponisten des Stücks treu bleiben. Möglicherweise besteht eine fundamentale Spannung bei dem Versuch, eine historisch authentische Bedeutung hinter den Argumenten des Autors oder der Autorin und dem intendierten rhetorischen Effekt zu rekonstruieren. Ein Hauptkritikpunkt der Politikwissenschaftler gegen die »historische Revolution« richtet sich gegen die Fixierung einer historisch begrenzten Interpretation von Texten, die bislang als offen und ausdeutbar galten. Dadurch, so wird argumentiert, entsteht ein Bruch zwischen der Geschichte der politischen Ideen und der Aktivität des politischen Theoretisierens. Diese Kritik wurde nicht nur im angloamerikanischen Bereich geäußert. Hans Georg Gadamer erinnerte sich an seinen Lehrer Martin Heidegger, dem es in seinen Seminaren gelungen sei, »die großen philosophischen Texte der Vergangenheit in ihrer ursprünglichen Ausdruckskraft zu rekonstruieren und seine Studenten zur Herausforderung der scheinbaren Selbstverständlichkeiten der philosophischen Gegenwart aufzufordern« (Philipse 1998: XIII). Aber der multivalente Charakter ist eben ein Faszinosum der politischen Theorie. Sie ist offen für philosophische, praktische und historische Interpretationen und gerade darin besteht ihre Spannung und Attraktivität.

4. Geschichte und Normative Politische Theorie

In seiner 1990 veröffentlichten Retrospektive zur politischen Theorie hat David Miller (1990) die Hoffnung geäußert, dass die Begriffsgeschichte die Politische Ideengeschichte und die Normative Politische Theorie wieder vereinen könne. Es sieht nicht so aus, als würde sich diese Hoffnung erfüllen. Es ist auch nicht klar, woraus sich diese Hoffnung gespeist hat. Ebenso wie die verschiedenen Zweige der Cambridge School beschäftigt sich die Begriffsgeschichte in ihren verschiedenen Ausformungen mit der Rekonstruktion des historischen Verständnisses von Texten der politischen Theorie oder von anderen Texten, auf die sich diese Theorien bezogen (Hampsher-Monk/Tilmans/Vree 1998). Der führende Vertreter der US-amerikanischen Begriffsgeschichte Terence Ball hat in seinem letzten Sammelband auf die Inkohärenz des Konzepts der »Absicht der Gründerväter« im Hinblick auf das US-amerikanische Verfassungsrecht hingewiesen. Die Absichten der Architekten der Verfassung in ihrem Kontext zu interpretieren, macht die Anwendung der Verfassung auf moderne Fälle schwierig, ja manchmal unmöglich (Ball 1995). Man könnte z. B. polemisch fragen, ob die Verfasser des vierten Amendments das Recht der Bürger, Waffen zu tragen auch für automatische Schnellfeuergewehre oder nur für die Vorderlader ihrer Zeit vorgesehen hatten.

Begriffsgeschichte

Mit ihrem Insistieren auf den hermeneutischen und sozialen Besonderheiten der Vergangenheit und der sich daraus ergebenden Beziehung zur Gegenwart ist die deutsche Begriffsgeschichte noch stärker in einer historischen Ausrichtung verankert. Weder

Pocock noch Skinner haben sich systematisch mit dem Projekt der Begriffsgeschichte auseinander gesetzt. Skinner hat sich allerdings kritisch zu Raymond Williams »Keywords«, einer lexikalischen Variante der Begriffsgeschichte, geäußert (Skinner 1989). Auch Pocock hat in einem Sammelband einen Beitrag zu diesem Thema verfasst (Lehmann/Richter 1992).

> Relevanz und Anwendbarkeit

Eine Annäherung zwischen der historischen und der praktisch-politischen Ideengeschichte scheint aber von der Cambridge School selbst auszugehen. Die Cambridge School hat immer gegen die Idee der »Relevanz« historischer Texte und deren »Anwendbarkeit« auf gegenwärtige Situationen Stellung bezogen. Grundlage dieser oft polemischen Ablehnung war der Ansatz der Kontextualisierung, der historischen Einbettung der Texte. Dieser ersten Kritikwelle folgte eine zweite Phase. Nun ging man davon aus, dass die alten Theoretiker zu uns sprechen *können*, dass sie mindestens interessante politische Kategorien oder Konzepte formulieren. Beide Positionen basieren auf unterschiedlichen Perspektiven, die methodisch weitgehend überwunden zu sein scheinen. Auf der einen Seite steht Pococks »Sprache«, auf der anderen Skinners »Sprechakte«. Da Sprechakte nur in einer Sprache geäußert werden können und Sprache sich nur durch neue Sprechakte oder neue Nuancen dieser Akte verändern kann, wirken beide Theorien der Cambridge School komplementär. Beide Wissenschaftler haben allerdings in der Anwendung ihrer Methode auf die Politik verschiedene Wege beschritten und damit den »linguistic turn« auf unterschiedliche Weise formuliert. Pocock sieht die Verbindung zwischen Geschichte und Politik vor allem in der Darstellung des anglophonen politischen Diskurses und seiner inhärenten Wegweiser: Analysiert man diese Wegweiser, verlieren die politischen Akteure ihren Referenzhorizont und damit Argumentationsrepertoire und politische Vorbilder. »Die anglobritische Geschichte wie auch die Geschichtswissenschaft«, so Pocock, »haben sich mit der Dominanz der Tudor-Herrschaft über Staat und Kirche beschäftigt [...]. Die Frage heute lautet, ob diese Herrschaft weiterbestehen soll, und nicht, ob sie jemals bestanden hat« (Pocock 1993: 378).

Für Skinner dagegen besteht der politische Gewinn seiner Methode nicht in einem Festhalten an linguistischen Konventionen und Kontinuitäten, sondern in der Wiederentdeckung vergessener Konzepte, Wertesysteme und Denkstile. Damit können herkömmliche Vorstellungen über die Möglichkeiten des Machbaren (und des Sagbaren) neu überdacht werden. Das beste Beispiel für diese Herausforderung ist Skinners Ablehnung des Konzepts einer positiven und einer negativen Freiheit als Symmetrie zur Unterscheidung zwischen republikanischen und liberalen Konzepten der politischen Gesellschaft (fairerweise ist hier anzumerken, dass dieses Konzept von Isaiah Berlin nie im Hinblick auf eine bestimmte historische Tradition formuliert wurde). Die Vorstellungen von negativer Freiheit stünden vielmehr, so

Skinner, im Einklang mit dem Republikanismus. Noch bemerkenswerter ist Skinners neuerdings formulierte These, dass die englische republikanische Tradition, die er als neorömisch bezeichnet, deutlich die Vorstellung von Freiheit als Abwesenheit von Gewalt (coerced action) ablehnte, und statt dessen Freiheit als Unabhängigkeit vom Willen anderer verstand. Diese Vorstellung benötigt mehr institutionelle Garantien als die Ablehnung von Gewalt. Freiheit (selbst im negativen Sinne) bedeutet dann die Abwesenheit der Drohung mit Beeinflussung oder Zwang und die aktive Teilnahme der Individuen am legislativen Prozess. Dieses republikanische Freiheitskonzept verdient es, so Skinner, *politisch* wiederbelebt zu werden. Die Präsentation dieser These in einer Antrittsvorlesung ausgerechnet auf einem Lehrstuhl, der durch königliche Charta eingerichtet wurde, ist in sich selbst ein Sprechakt mit politischer und polemischer Aussagekraft, mit dem Skinner die Geschichte der politischen Ideen wieder in eine politische und praktische Richtung gelenkt hat (Skinner 1998). Dennoch bleibt die Rückkehr der historischen Schule zur These von der politischen Relevanz im Vergleich zu den durchdachten ursprünglichen Konzepten der historischen Kontextualisierung bislang ohne überzeugendes theoretisches Gerüst.

Iain Hampsher-Monk, Professor für Politische Theorie an der University of Exeter. Forschungsgebiete: Geschichte der Politischen Ideen, Methodenfragen der Politiktheorie.

Robert Jütte

Diskursanalyse in Frankreich

In den letzten Jahren hat sich nicht nur in geschichtswissenschaftlichen Arbeiten der Begriff »Diskurs« eingebürgert. Allerdings ist in der überwiegenden Mehrzahl dieser Publikationen den Autoren die epistemologische Tragweite dieses Konzepts nicht bewusst. »Diskurs« ist für manche Historiker – ähnlich wie vorher »Mentalität« – zu einer Art Zauberwort geworden, das sich nahezu beliebig verwenden lässt. Diesem inflationären Gebrauch und Missbrauch eines Begriffs, dessen Bedeutung in den Sprach- und Sozialwissenschaften mehr oder weniger fest umrissen ist, lässt sich kaum noch wirksam entgegensteuern, zumal die einschlägigen Einführungen in die Diskurstheorien von den Historikern meist nicht beachtet werden (Kittler/Turk 1977; Cerquiglini/Gumbrecht 1983; Fohrmann/Müller 1987; Busse/Hermanns/Teubert 1994; Jung 1996).

Fragt man bei Diskussionen nach dem jeweils verwendeten »Diskurs«-Begriff, so folgt dann meistens gebetsmühlenartig der Hinweis auf Michel Foucault, wobei sich beim Nachhaken herausstellt, dass die Befragten den französischen Theoretiker, auf den sie sich berufen, in der Regel nicht gelesen haben. Der erste Schritt zu einer Problematisierung dieses modischen Begriffs besteht also darin, die unterschiedlichen Diskurs-Definitionen französischer Provenienz (Michel Foucault, Jacques Lacan, Roland Barthes, Michel Pêcheux) zu erläutern sowie anschließend nach ihrem möglichen Anwendungsbereich für die historische Forschung zu fragen.

1. Linguistische Diskurstheorien in der französischen Geschichtswissenschaft

Da Foucault inzwischen zu einem der einflussreichsten Theoretiker für die moderne Sozial- und Kulturgeschichte geworden ist, überrascht es nicht, dass sich nicht nur Sprach- und Literaturwissenschaftler, sondern nun auch einige wenige Historiker/innen auf seinen methodisch eher vagen Diskursbegriff berufen. Diese auffällige Dominanz der Foucaultschen Diskurstheorie darf aber nicht darüber hinwegtäuschen, dass man in der französischen Sprach- und Geschichtswissenschaft unter dem Begriff »Diskurs« häufig etwas gänzlich anderes versteht. Es handelt sich dabei um Studien, die sehr viel stärker der modernen Linguistik und den dort diskutierten Diskurstheorien verpflichtet sind. Das hängt damit zusammen, dass in Frankreich die Geschichtswissenschaft im Unterschied zu Deutschland sehr viel früher den interdisziplinären Kontakt mit der Sprachwissenschaft suchte. Doch trotz aller Bemühungen von Marc Bloch und Lucien Febvre blieb der Einfluss der modernen Linguistik auf die französische Geschichtswissenschaft bis in die fünfziger Jahre eher gering.

Anfänge im Kontext der »Annales«

1958 erschien in der innovativsten französischen Geschichtszeitschrift »Annales« ein außerhalb Frankreichs wenig beachteter Artikel des aus Litauen gebürtigen Literatur- und Sprachwissenschaftlers Algirdas-Julien Greimas, in dem er den angeblich so »fortschrittlichen« Historikerkollegen vorwarf, die moderne Linguistik bisher nicht zur Kenntnis genommen zu haben und sich immer noch an einer historischen Sprachwissenschaft zu orientieren, die durch Ferdinand de Saussures Unterscheidung zwischen diachronischer und synchronischer Betrachtungsweise inzwischen wissenschaftlich als überholt gelte (Greimas 1958). Greimas wies auch erstmals auf die Gemeinsamkeiten zwischen struktureller Sprachwissenschaft und der »Nouvelle Ecole Historique« (Neue Historische Schule) hin. Beide unterscheiden sich seiner Meinung nach kaum in den Postulaten, die von ihm mit »compréhension, totalité, synchronie« (Verstehbarkeit, Ganzheit, Gleichzeitigkeit) schlagwortartig bezeichnet wurden. Die Geschichte beider Disziplinen zeigt in der Tat Parallelen in Methodologie und Erkenntnisinteresse (Dupront 1979). Wie dem linguistischen Strukturalismus geht es der Strukturgeschichte um die Verbindung von diachronischer mit synchronischer Analyse eines historischen Phänomens und um die Erfassung der geschichtlichen »Totalität« (histoire totale), in deren Mittelpunkt der Mensch und nicht die Sprache steht.

Die bereits von dem Mitbegründer der Annales-Schule Lucien Febvre geforderte Synthese von Linguistik und Geschichtswissenschaft ist das Ziel einer Gruppe französischer Historiker und Sprachwissenschaftler, deren Hauptinteresse dem Zusammenhang von Diskurs und Ideologie gilt. Zu ihren Protagonisten zählt Régine Robin, der wir die bisher einzige zusammenfassende Darstellung dieses interdisziplinären Arbeitsfeldes verdanken (Robin 1973). Nach Meinung dieser heute in Montreal lehrenden Historikerin sind Sprache, verbale Kommunikation und Diskurs nicht weniger wichtig als ökonomische Krisen und soziale Strukturen. Die Geschichtswissenschaft habe bisher, so Robin, mehr den Inhalten als der sprachlichen Form Aufmerksamkeit geschenkt. Dies gelte es zu ändern. Bei alledem dürfe aber die linguistische Methode nie zum Selbstzweck werden. Der Historiker müsse wissen, dass sein Erkenntnisinteresse anders gelagert sei als das eines Sprachwissenschaftlers. Die Anwendung fachfremder Analyseverfahren sei vielmehr ein erster Schritt auf dem Weg zum Synkretismus, dessen Endziel wiederum die Synthese der beiden Disziplinen sein müsse.

In diesem Zusammenhang dürfen auch die warnenden Stimmen unter den kooperationswilligen Linguisten aus den siebziger Jahren nicht überhört werden.

So wird beispielsweise betont, dass diejenigen historischen und sozialen Faktoren, die sich mit sprachlichen Phänomenen in Verbindung bringen lassen, für den Historiker normalerweise nur von nebensächlicher Bedeutung sind (Guespin 1971). Worauf es entscheidend ankomme, solle die interdisziplinäre Arbeit für beide Seiten erfolgreich verlaufen, sei die grundsätzliche Anerkennung der Autonomie eines jeden Faches, die aber eine enge Zusammenarbeit nicht ausschließe.

Zellig S. Harris

Zu den sprachwissenschaftlichen Diskurstheorien, die schon früh von französischen Historikern rezipiert wurden, gehört die so genannte »discourse analysis« des amerikanischen Linguisten Zellig S. Harris. Grundtechniken dieser Methode sind Segmentierung und Klassifizierung mit anschließender Bildung von so genannten »Äquivalenzklassen«. Das heißt, die Sätze eines Textkorpus werden mit Hilfe grammatischer Transformationsregeln umgeformt, in Kernsätze zerlegt und dann zu parallel strukturierten Sätzen zusammengefasst. Es geht also um die optimale transformationelle Umgestaltung des ursprünglichen Textes, damit möglichst viele analysierbare Äquivalenzklassen entstehen.

Die von Harris entwickelte Discourse analysis (Harris 1952) stieß bei interdisziplinär arbeitenden Geschichtswissenschaftlern und Sprachhistorikern auf Resonanz, wozu nicht zuletzt die Übersetzung der wichtigsten seiner Arbeiten ins Französische beigetragen haben dürfte. So untersuchte man mit Hilfe dieser Methode die Edikte Anne Robert Turgots (Maldidier/Robin 1973), die Diskussionen auf dem Sozialistenkongress in Tours (1920) (Marcellesi 1971), die Reden Maurice Thorez' und Leon Blums im Jahr 1936 (Courdesses 1971) sowie die öffentliche Debatte um den Algerienkrieg (1954–1962) (Maldidier 1971). Besondere Erwähnung verdient in diesem Zusammenhang die methodisch vorbildliche Arbeit von Geneviève Provost-Chaveau (1978). Ihre Studie behandelt den sozialistischen Diskurs am Beispiel zweier Reden, die Jean Jaurès im Jahr 1905 gehalten hat. Allerdings wird an dieser Untersuchung zugleich die Gefahr der Banalität deutlich, wie Provost-Chaveau am Schluss ihrer Arbeit selbst eingesteht. Wie mager manchmal das Ergebnis einer mit recht hohem methodischen Aufwand angefertigten Studie ausfallen kann, zeigt sich an den Untersuchungen, die Denise Maldidier über die Wirkung des Algerienkrieges auf die politische Öffentlichkeit angestellt hat. Darin wird der komplexe politische Sachverhalt unter linguistischem Aspekt in zwei Basisaussagen zerlegt, nämlich »l'Algérie est la France« (Algerien ist Frankreich) und »l'Algérie est l'Algérie« (Algerien ist Algerien). Für den Historiker, der es meist mit Gemengelagen zu tun hat, dürfte eine solche Vereinfachung mit den übrigen Quellen kaum in Einklang zu bringen sein.

Gerade bei den diskursanalytischen Studien, die sich nicht auf Foucault berufen, sondern an sprachwissenschaftlichen Ansätzen orientieren, besteht nach Meinung des deutschen Sozialhistorikers Rolf Reichardt die Gefahr, dass die linguistische

Begrenzte Aussagekraft

Verfahrensweise »vom bloßen Hilfsmittel des Historikers zur eigenständigen, zunächst allerdings recht aufwendigen Forschungsmethode« wird (Reichardt 1978: 161). Jeder Historiker, der sich diskursanalytischer Methoden bedient, wird sich also von vornherein über die begrenzte Aussagekraft seiner auf diese Weise gewonnenen Ergebnisse im Klaren sein müssen und sich bei der Anwendung des häufig recht komplizierten textanalytischen Instrumentariums immer wieder die Frage nach dem ursprünglichen Erkenntnisinteresse zu stellen haben.

2. Diskurstheorien anderer Provenienz (Barthes, Lacan, Pêcheux)

Roland Barthes

Zu den französischen Theoretikern, die sich bereits Ende der sechziger Jahre mit der Historizität von Diskursen befassten, zählt der Literaturtheoretiker Roland Barthes. Bereits in seinem viel beachteten Aufsatz mit dem Titel »Literatur oder Geschichte« stellt Barthes nicht mehr die Frage nach dem Autor und seinen Intentionen. Stattdessen fordert er ein Primat des Signifikanten über das Signifikat, das heißt vor allem ein stärkeres Eingehen auf die Möglichkeitsbedingungen von Texten, einschließlich ihrer sprachlichen Realisierung (Barthes 1967). In diesem Zusammenhang fällt bei ihm noch nicht das Stichwort »Diskurs«. Dieser Begriff taucht erst in den späteren Arbeiten auf. Dort führt Barthes näher aus, was er unter Diskurs versteht und was dieser Begriff für die Geschichtswissenschaft zu leisten vermag. Diskurs umfasst seiner Meinung nach Einheiten, die größer als ein Satz sind. Was konkret damit gemeint ist, zeigt Barthes am Beispiel der Geschichtsschreibung auf. Historiographische Texte stellen seiner Auffassung nach eine Form von Diskurs über die Vergangenheit dar. Unter Zuhilfenahme einzelner linguistischer Theoreme (z. B. Roman Jacobsons Theorie) versucht Barthes, der impliziten Bedeutung historiographischer Äußerungen auf die Spur zu kommen. In seinem späteren Werk hat er sich allerdings anderen literatur- und sprachtheoretischen Themen zugewandt und vermutlich deswegen seine Diskurstheorie nicht weiter ausgebaut. Anders als Foucault ist Barthes weder in der französischen noch in der internationalen Geschichtswissenschaft breit rezipiert worden. Lediglich seine semiologischen Arbeiten haben vereinzelt das Interesse von Kulturhistorikern geweckt, die sich beispielsweise mit dem Zeichencharakter der Kleidung in bestimmten Epochen beschäftigen (Jütte 1993). Seine diskurstheoretischen Überlegungen zu historiographischen Darstellungsformen wurden dagegen von einigen wenigen geschichtstheoretisch interessierten Literaturwissenschaftlern aufgegriffen (Schlieben-Lange 1976).

Jacques Lacan

Der französische Arzt und Psychiater Jacques Lacan unternahm in den späten fünfziger Jahren den Versuch, den Diskursbegriff psychoanalytisch zu begründen. Ihm schwebte eine Vermittlung zwischen dem Subjektbegriff einerseits und dem Macht- und Herrschaftsbegriff andererseits vor Augen (Lipowatz 1982). Lacan kritisierte vor allem die amerikanische Psychoanalyse, der er einen mangelnden Sinn für das Historische vorwarf. Nach Lacan ist der Diskurs die symbolische Form, in der sich das Unbewusste in den sozialen Beziehungen manifestiert. Das impliziert ähnlich wie bei Foucault, dass sich das Gesagte bzw. der Text nicht hinterfragen lässt. Ein Diskurs ist nach Lacan durch vier Positionen oder Merkmale (Funktionen, Variablen, Terme, Signifikanten) gekennzeichnet. Bestimmt wird der Diskurs durch die Angaben darüber, was oder wen er beherrscht. Nach Lacan gibt es keinen herrschaftsfreien Diskurs und auch keinen universellen »Einheitsdiskurs«. In der psychoanalytischen Praxis ging es ihm vor allem darum, den Fluss der Konversation in der Sitzung mit dem Klienten aufzubrechen, um so zur Wahrheit zu gelangen. Die Rolle, die Lacan dem Analytiker zuschreibt, wird von ihm wie folgt definiert: »Als Zeuge aufgerufen für die Ehrlichkeit des Subjekts, als Verwahrer der Prozessakten seines Diskurses, als Referenz für seine Genauigkeit, als Garant seiner Aufrichtigkeit, als Hüter seines Testaments, als Geschichtsschreiber seines jeweils letzten Willens hat der Analytiker etwas von einem Kopisten« (Lacan 1973: 159).

Angesichts des hohen Abstraktionsgrades des Lacanschen Modells überrascht es allerdings nicht, dass selbst Psychohistoriker mit dieser psychoanalytischen Diskurstheorie bisher offensichtlich nichts oder nur wenig anzufangen vermochten (Frenken/Rheinheimer 2000), zumal sich Lacan in seinen späteren Lebensjahren einer nur noch Eingeweihten verständlichen Symbolsprache bediente.

Michel Pêcheux

Die von dem französischen Kulturtheoretiker und Marxisten Michel Pêcheux entwickelte Methode der »Automatischen Diskurs-Analyse (ADA)« orientiert sich methodologisch an quantitativen Verfahren der amerikanischen Linguistik. Die miteinander zu vergleichenden Textkorpora werden in Bedeutungssequenzen untergliedert, deren elementare Aussagen wiederum in binäre Relationen oder Äquivalenzklassen aufzulösen sind. Mit Hilfe des Computers werden dann sämtliche Verknüpfungen, Überlagerungen und Abhängigkeiten dieser Bedeutungsrelationen errechnet und grafisch dargestellt. Unter automatischer Diskursanalyse versteht Pêcheux: »auf der einen Seite verschiedene Praktiken, ein Text- oder Gesprächsarchiv zu lesen auf der Grundlage konstituierter diskursiver Korpora; auf der anderen Seite auch jene Verfahren, die linguistisch entwickelt worden sind, um die Minimalebene der syntaktischen, intra- und interpropositionellen Analyse verlassen zu können und jenseits der Satzeinheiten die intradiskursiven Fäden sprachlicher Verkettung zu verfolgen, besonders anhand bestimmter Äußerungsmerkmale« (Pêcheux 1983: 55).

Diese Umgestaltung des ursprünglichen Textes in möglichst viele elementare Aussagen ist allerdings recht kompliziert und arbeitsintensiv. Auch stehen die erzielten Ergebnisse oft in keinem Verhältnis zum materiellen und zeitlichen Aufwand (Schöttler 1989). Historische Untersuchungen, die diese diskursanalytische Methode verwenden, befassen sich beispielsweise mit den Schriften der französischen Illuminaten (Gayout/Pecheux 1971), dem Diskurs über Kriminalität in den akademischen Preisschriften des 18. Jahrhunderts (Lüsebrink 1983), der Diskussion unter Pariser Studenten im Mai 1968 (Pêcheux/Wesselius 1973) oder mit dem sowjetischen Parteidiskurs der sechziger Jahre (Sériot 1985).

3. Foucaults Theorie einer diskursiven Praxis

Als epistemologisches Konzept taucht der Begriff »discours«, der im Gegensatz zum Deutschen in der französischen Sprache nicht als Fremdwort markiert ist (Schöttler 1988) erstmals Mitte der sechziger Jahre in den frühen Arbeiten Michel Foucaults auf. Der französische Althistoriker Paul Veyne hat versucht, Foucaults Diskursbegriff »negativ« zu definieren, d. h. zu beschreiben, was mit diesem Begriff gerade nicht gemeint ist. Diskurs, so Veyne, ist »weder Semantik, noch Ideologie, noch Implizites« (Veyne 1981: 25).

Diskursformationen

Doch was versteht Foucault selbst unter Diskurs und Diskursanalyse? Im Unterschied zur Sprache ist das Feld der diskursiven Ereignisse, wie Foucault schreibt, »die stets endliche und zur Zeit begrenzte Menge von allein den linguistischen Sequenzen, die formuliert worden sind« (Foucault 1973: 42). Dieses theoretische Modell wird in der »Archäologie des Wissens« (1973) näher beschrieben, wobei Foucault zur Verdeutlichung des Gesagten auf Beispiele für Diskurse aus seinen früheren Arbeiten (»Die Geburt der Klinik«: franz. 1965, dt. 1975; »Wahnsinn und Gesellschaft«: franz. 1961, dt. 1969) zurückgreift, wo so genannte »diskursive Formationen« beschrieben werden. Konkret damit gemeint sind »Bedingungen [...], denen die Elemente dieser Verteilung unterworfen sind (Gegenstände, Äußerungsmodalität, Begriffe, thematische Wahl)« (Foucault 1973: 58).

Der Diskursanalyse kommt nach Foucault die Aufgabe zu, das ganze Gebiet der Institutionen, ökonomischen Prozesse und gesellschaftlichen Beziehungen zu entdecken, über die sich eine diskursive Formation artikulieren kann. Sie zielt dabei auf »die eigenartige Ebene, auf der die Geschichte begrenzte Diskurstypen verursachen kann, die ihren eigenen Typ von Historizität haben und mit einer Menge verschiedener Historizitäten in Beziehung stehen.« (Foucault 1973: 235) Methodologische Problemfelder einer Diskursanalyse sind nach Foucault: 1) die Formation oder räumliche Anordnung der einzelnen Aussagen eines Diskurses und ihrer internen Hierarchien; 2) die Formation der Gegenstände, Äußerungsmodalitäten, Begriffe und Strategien, die dem Diskurs zugrunde liegen; 3) die Formation der außerhalb des Diskurses angesiedelten diskursiven und nicht-diskursiven Praktiken, wozu z. B. Institutionen gehören. So gibt es z. B. einen klinischen, einen psychiatrischen, einen juristischen oder auch einen ökonomischen Diskurs. Allen gemeinsam ist, dass sie den genannten Formationsregeln unterworfen sind. Nach Foucaults eigener Interpretation behandeln seine frühen Arbeiten unterschiedliche Aspekte solcher Diskursformationen. »Die Ordnung der Dinge« sei im Wesentlichen eine Beschreibung von Begriffsrastern, die in Diskursen zur Anwendung kommen. In »Wahnsinn und Gesellschaft« sei es ihm um eine Diskursformation gegangen, die sich durch eine Vielzahl von Gegenständen auszeichnet. In der »Geburt der Klinik« habe die Bestimmung der Subjektpositionen des ärztlichen Diskurses im Vordergrund gestanden.

Beispiel: Entstehung der klinischen Medizin

Was Foucault unter »diskursiver Praxis« versteht, erläutert er in der »Archäologie des Wissens« am Beispiel der Entstehung der klinischen Medizin. Der neue ärztliche Blick auf die Krankheit ist, wie Foucault in seiner historischen Studie »Die Geburt der Klinik« näher ausführte, nicht ein Resultat des Sieges aufklärerischer Ideen über religiöse Vorurteile oder des Einbruchs revolutionärer politischer Ideen in den Raum medizinischen Wissens. Die Praxis des klinischen Diskurses sei vielmehr das Ergebnis eines »In-Beziehung-Setzens von verschiedenen Elementen, von denen bestimmte neu, andere schon vorher existent sind« (Foucault 1973: 80). Als entscheidend erwies sich nach Foucault die neue Formation des ärztlichen »Subjekts«, das durch seine Rolle in der Gesellschaft (sozialer, ökonomischer, akademischer, pädagogischer Status) gekennzeichnet ist und von bestimmten »institutionellen Plätzen« (Krankenhaus, Privatpraxis, Laboratorium) seine diskursive Tätigkeit entfaltet und sich unterschiedlicher Kommunikationssysteme bedient. Ein weiteres Beispiel dient Foucault dazu, seine Theorie der diskursiven Praxis zu verdeutlichen. So ist z. B. der Diskurs über den Wahnsinn, dem er ein eigenes Buch gewidmet hat, durch eine Menge diskursiver und nichtdiskursiver Gegenstände gekennzeichnet. Diese werden in besonderen »Instanzen der Abgrenzung« (Medizin, Strafjustiz, Kirche, Kunst- und Literaturkritik) gebildet, um dann in einer diskursiven Praxis umgebildet und neu formiert zu werden. Die Folge ist ein geänderter Umgang mit den Geisteskranken, der auf neuen Erfahrungsmodi beruht.

Eine Diskursgeschichte ist deswegen auch etwas gänzlich anderes als die übliche Ideengeschichte (vgl. Lottes in diesem Band). Nach Foucault ist die herkömmliche Ideengeschichte durch ihre Fixierung auf drei große Themen (Genese, Kontinuität, Totalisierung) gekennzeichnet. Ihm geht es dagegen um eine allgemeine Geschichte, die der relativen Eigenständigkeit der Praktiken Rechnung trägt. Foucault denkt also Geschichte als subjektlosen, nicht-teleologischen Prozess, der auf unterschiedlich determinierten Praxisebenen abläuft.

Seit den siebziger Jahren interessierte sich Foucault immer mehr für den Prozess und die Techniken der Reglementierung, denen die diskursive Praxis unterworfen ist. Dazu gehören »Prozeduren der Ausschließung«, wie z. B. Verbote, die bestimmte Diskursgegenstände tabuisieren oder den Diskurs einer bestimmten Gruppe von Subjekten vorbehalten. Ein weiteres Ausschließungsprinzip ist nach Foucault die Opposition wahr/falsch. Eine andere Möglichkeit der Diskursreglementierung besteht zum Beispiel darin, dass es bestimmte, privilegierte Arten von Wissen gibt, die nicht allen Diskursteilnehmern zugänglich sind. Die Diskursanalyse besteht danach aus zwei Teilen: der »Genealogie«, welche die Entstehung der Diskurse beschreibt, und der »Kritik«, welche die Formen der Diskursverknappung aufzeigt.

»Dispositive«

Der neue Begriff, mit dem Foucault seine Konzeption der Diskursreglementierung erweitert, heißt »Dispositiv«, worunter er ein komplexes Netz von diskursiven und nicht-diskursiven Elementen versteht, die ihre Positionen oder Funktionen im Laufe der Zeit verändern. Das »Dispositiv« ist im Wesentlichen strategischer Natur. Im Unterschied zu seinen früheren Werken geht es Foucault nun nicht mehr in erster Linie um die Frage, wie man verstreute diskursive Elemente als Diskurse identifizieren und individualisieren kann. Die diskursiven Elemente interessieren ihn nun vor allem insofern, als sie für eine bestimmte Strategie von Relevanz sind. Ein solches »Dispositiv« ist z. B. das Panopticon, das in Foucaults »Überwachen und Strafen« (1976) als Paradigma der überwachenden, disziplinierenden und normalisierenden Macht erscheint und in diesem Fall eine architektonische Form annimmt. Ein weiteres »Dispositiv«, das von Foucault untersucht wird, ist die Sexualität, wo es ebenfalls um Machtausübung durch Wissen sowie um Disziplinarmacht geht. Dieser Perspektivwechsel, den Foucault in den siebziger Jahren vollzog, führte dazu, dass aus dem ursprünglichen Spezialfall der Diskursanalyse, der Untersuchung von »Dispositiven«, allmählich der Hauptgegenstand seiner theoretischen Überlegungen wurde.

Rezeptionshemmnisse

Mit der von Foucault theoretisch allerdings nur recht bruchstückhaft ausgearbeiteten Diskursanalyse öffnete sich seit den späten sechziger Jahren ein weites Feld für geschichtswissenschaftliche Forschungen, das allerdings nur wenige Historiker so konsequent und mutig betreten haben, wie sich Foucault das vorgestellt hat (Giard 1992; Jones/Porter 1994; Chartier 1997). Das hängt nicht zuletzt damit zusammen, dass Brüche zwischen Foucaults eigenen historischen Arbeiten und seiner später entwickelten »Theorie einer diskursiven Praxis« festzustellen sind und dass sich Historiker an der vagen Begrifflichkeit und den epistemologischen Konsequenzen seiner Theorie stießen (Kammler 1986). Gleichwohl ist es vor allem diesem französischen Philosophen zu verdanken, dass inzwischen auch Historiker nicht nur das erforschen, was die Menschen tun, sondern auch das, was sie sagen.

4. Aktuelle Tendenzen und Perspektiven

Habermas' Diskursbegriff

Im Unterschied zu den bisher vorgestellten Diskurstheorien versteht man Diskurs im deutschen Sprachraum meist im Sinne der von Habermas konzipierten »Diskurs-Ethik«, d. h. als einen herrschaftsfreien, rationalen Dialog zwischen aufgeklärten Subjekten. Da es immer wieder zu Verwechslungen kommt, macht es Sinn, hier kurz darauf einzugehen, was Habermas unter Diskurs versteht. Als Vertreter der Frankfurter Schule unterscheidet Habermas zwischen kommunikativem Handeln und Diskurs. Ersteres bedarf des außersprachlichen Kontextes, während im letzteren »nur sprachliche Äußerungen thematisch zugelassen« sind (Habermas 1971: 115). Ein solcher Diskurs ist nach Habermas durch eine ideale Sprechsituation gekennzeichnet. Äußere Einwirkungen und Zwänge (z. B. Machtverhältnisse) werden also ausgeschlossen. Somit sind auch die Sprechakte, die in Diskursen verwendet werden, ideal geregelt. In Anlehnung an den sprachphilosophischen Ansatz von John R. Searle definiert Habermas einen Sprechakt als eine Äußerung, die aus einem performativen Satz und einem davon abhängigen Satz propositionalen Inhalts zusammengesetzt ist. Während Searle konstative, kommissive, direktive, deklarative und expressive Sprechakte unterscheidet, nimmt Habermas, indem er nach der pragmatischen Funktion fragt, eine andere Einteilung vor. Da es ein nahezu aussichtsloses Unterfangen ist, die komplexe Wirklichkeit menschlicher Kommunikation auf einen Idealtypus, wie ihn Habermas' Diskursbegriff zweifellos verkörpert, zu reduzieren, ist dieser Ansatz einer Universal-Pragmatik, die vom Kontext abstrahiert, für die Analyse historischer oder alltagssprachlicher Texte kaum geeignet. Habermas' Theorie der kommunikativen Kompetenz hat deshalb zwar die epistemologische Diskussion in den Sozialwissenschaften befruchtet, doch für diskursanalytische Untersuchungen von Sprach- und Literaturhistorikern (von Sozialhistorikern ganz zu schweigen) war sie auf Grund ihres Abstraktionsniveaus kaum geeignet (Gumbrecht 1977; Jütte 1990).

Aufwand und Ergebnis

Die ursprüngliche Begeisterung französischer Historikerinnen und Historiker für sprachwissenschaftlich orientierte Diskursanalysen, wie sie vor allem in den siebziger und achtziger Jahren zu beobachten war, scheint mittlerweile nachgelassen zu haben. Dagegen hält das Interesse an der Foucaultschen Diskurstheorie weiter an. Über die Gründe lässt sich lediglich spekulieren. Der »linguistic turn« (Linguistische Wende), der schon früh in der französischen Geschichtswissenschaft zu beobachten ist, führte anfangs dazu, Theorien und Methoden der modernen Linguistik zu übernehmen und am historischen Material zu überprüfen. Der methodische Aufwand war dabei manchmal recht hoch und das Ergebnis – zumindest aus der Sicht der Historiker – oft recht mager.

> Linguistische Kompetenz – »gesellschaftlicher Sinn«

Dennoch hat sich gerade in Frankreich eine Vielzahl von Ansätzen behauptet, die sich im weitesten Sinne unter dem Stichwort »Diskursanalyse« subsummieren lassen. Diese Ansätze sind häufig interdisziplinär und integrieren zumeist gewisse Elemente aus den benachbarten Humanwissenschaften. Inwieweit es sich dabei noch um linguistische Analysen oder eher um historisch-sozialwissenschaftliche bzw. kulturwissenschaftliche Untersuchungen handelt, ist eine müßige Frage, die vom eigenen Fachverständnis abhängt. Dennoch darf auch von Seiten der Geschichtswissenschaft bei aller fachübergreifenden Offenheit die Frage der spezifisch sprachwissenschaftlichen Perspektive in der Diskursanalyse nicht mit dem Hinweis auf linguistische und literaturwissenschaftliche Ansätze, die von Foucault inspiriert wurden (Link/Link-Heer 1990), an die Seite geschoben werden. Gerade die französische Geschichtswissenschaft hat deutlich gemacht, dass eine spezifisch linguistische Kompetenz für eine Analyse der »Produktion gesellschaftlichen Sinns« (Matthias Jung) große Vorteile bringt. Dass die deutsche Geschichtswissenschaft, die sich bereits schwer tat, Foucault zu rezipieren, hier noch erheblichen Nachholbedarf hat, liegt auf der Hand (Dinges 1994). Insofern war der linguistic turn in der deutschen Geschichtswissenschaft bereits vorüber, bevor er richtig begonnen hatte.

Auch in der französischen Geschichtswissenschaft gibt es – so lässt sich zusammenfassend feststellen – bislang kaum ausgearbeitete Vorschläge zur methodischen Umsetzung von Diskursanalysen. Die vorhandenen Studien weisen einen unterschiedlichen Standardisierungsgrad (entweder eher quantifizierend oder eher qualitativ ausgerichtet) auf. Aus forschungspraktischen Gründen hat es sich als sinnvoll erwiesen, bei der Diskursanalyse mit der Festlegung des zu untersuchenden Diskurses zu beginnen und dann die Fragestellung genau zu fixieren. Erst dann stellt sich die Frage nach der diskurstheoretischen Konzeption und den erforderlichen Parametern. Daraus ergibt sich wiederum das zu wählende Analyseverfahren.

Für welche Methode sich der Historiker schließlich auch entscheidet, er muss sicherstellen, dass er auf folgende Fragen eine schlüssige und nachprüfbare Antwort gibt: Wie sind die spezifischen Diskurse entstanden und welche Veränderungen haben sie im Laufe der Zeit erfahren? Auf welche Gegenstandsbereiche und auf welches Zielpublikum bezieht sich der Diskurs? Welche Inhalte werden transportiert? Welche rhetorischen Mittel und materielle Praktiken kommen dabei zum Einsatz? Wer sind die Träger der Diskurse? Wie erfolgreich sind die angewandten Diskursstrategien? Je nachdem, was man genau untersuchen möchte, wird der einen oder anderen Frage mehr Gewicht zukommen. Doch am Sinn und Zweck solcher Untersuchungen dürfte mittlerweile kein Zweifel mehr bestehen, denn inzwischen haben sogar die Historiker – wenngleich vielleicht nicht in dem Maße wie es wünschenswert wäre – begriffen, dass gesellschaftliche Phänomene nicht nur in der Gegenwart, sondern auch in der Vergangenheit kulturell geprägt und diskursiv konstruiert sind.

Robert Jütte, Professor und Leiter des Instituts für Geschichte der Medizin der Robert Bosch Stiftung Stuttgart. Forschungsgebiete: Sozialgeschichte der Medizin, Wissenschaftsgeschichte, Vergleichende Stadtgeschichte, Jüdische Geschichte.

Ausgewählte Literatur zur Neuen Ideengeschichte

Stichwort Neue Ideengeschichte

Bevir, Mark (1999): The Logic of the History of Ideas, Cambridge.
Brunner, Otto/Conze, Werner/Koselleck, Reinhart (1972–1997) (Hg.): Geschichtliche Grundbegriffe. Historisches Lexikon zur politisch-sozialen Sprache in Deutschland, 8 Bde., Stuttgart.
Chaunu, Pierre (1978): La mort à Paris. XVIe, XVIIe, XVIIIe siècle, Paris.
Dunn, John (1969): The Political Thought of John Locke, Cambridge.
Foucault, Michel (1973): Archäologie des Wissens, (8. Aufl. 1997) Frankfurt a. M.
Foucault, Michel (1974): Die Ordnung des Diskurses, (7. Aufl. 2000) Frankfurt a. M.
Gerth, Hans H. (1976): Bürgerliche Intelligenz um 1800. Zur Soziologie des deutschen Frühliberalismus, Göttingen.
Habermas, Jürgen (1963): Theorie und Praxis. Sozialphilosophische Studien, (6. Aufl. 1993) Frankfurt a. M.
Hellmuth, Eckhart/von Ehrenstein, Christoph (2001): Intellectual History Made in Britain: Die Cambridge School und ihre Kritiker, in: Geschichte und Gesellschaft 27, S. 149–172.
Koselleck, Reinhart (1972): Einleitung, in: Brunner, Otto/Conze, Werner/Koselleck, Reinhart (Hg.): Geschichtliche Grundbegriffe. Historisches Lexikon zur politisch-sozialen Sprache in Deutschland, Stuttgart, Bd. 1, S. XIII–XXVII.
Kuhn, Thomas S. (1999): Die Struktur wissenschaftlicher Revolutionen, (15. Aufl.) Frankfurt a. M.
Reichardt, Rolf/Schmitt, Eberhard (1985 ff.) (Hg.): Handbuch politisch-sozialer Grundbegriffe in Frankreich 1680–1820, München.
Richter, Melvin (1991): Zur Rekonstruktion der Geschichte der Politischen Sprachen: Pocock, Skinner und die Geschichtlichen Grundbegriffe, in: Bödeker, Hans E./Hinrichs, Ernst (Hg.): Alteuropa – Ancien Régime – Frühe Neuzeit. Probleme und Methoden der Forschung, Stuttgart, S. 134–174.
Skinner, Quentin (1969): Meaning and Understanding in the History of Ideas, in: History and Theory 8, S. 3–53.
Skinner, Quentin (1978): The Foundations of Modern Political Thought, 2 Bde., Cambridge.
Stierle, Karlheinz (1979): Historische Semantik und die Geschichtlichkeit der Bedeutung, in: Koselleck, Reinhart (Hg.): Historische Semantik und Begriffsgeschichte, Stuttgart, S. 154–189.
Tully, James (1988) (Hg.): Meaning and Context. Quentin Skinner and his Critics, Princeton.
Vovelle, Michel (1973): Piété baroque et déchristianisation en Provence au XVIIIe siècle, Paris.

Neue Geistesgeschichte

Ball, Terence (1989) (Hg.): Political Innovation and Conceptual Change, Cambridge.

Ball, Terence (1998): Conceptual History and the History of Political Thought, in: Hampsher-Monk, Iain/Tilmans, Karin/Vree, Frank van (Hg.): History of Concepts: Comparative Perspectives, Amsterdam, S. 75–86.

Berger, Peter L./Luckmann, Thomas (1969): Die gesellschaftliche Konstruktion der Wirklichkeit. Eine Theorie der Wissenssoziologie, (17. Aufl. 2000) Frankfurt a. M.

Bevir, Mark (1997): Mind and Method in the History of Ideas, in: History and Theory 36, S. 167–189.

Bevir, Mark (1999): The Logic of the History of Ideas, Cambridge.

Beyrau, Dietrich/Doering-Manteuffel, Anselm/Raphael, Lutz (1998) (Hg.): Ordnungssysteme. Studien zur Ideengeschichte der Neuzeit, München.

Blänkner, Reinhard/Jussen, Bernhard (1998): Institutionen und Ereignis. Anfragen an zwei alt gewordene geschichtswissenschaftliche Kategorien, in: dies. (Hg.): Institutionen und Ereignis. Über historische Praktiken und Vorstellungen gesellschaftlichen Ordnens, Göttingen.

Boucher, David (1985): Texts in Context. Revisionist Methods for studying the History of Ideas, Dordrecht.

Brunner, Otto/Conze, Werner/Koselleck, Reinhart (1972–1997) (Hg.): Geschichtliche Grundbegriffe. Historisches Lexikon zur politisch-sozialen Sprache in Deutschland, 8 Bde., Stuttgart.

Chartier, Roger (1988): Geistesgeschichte oder histoire des mentalites?, in: LaCapra, Dominick/Kaplan, Steven L. (Hg.): Geschichte denken. Neubestimmungen und Perspektiven moderner europäischer Geistesgeschichte, Frankfurt a. M., S. 11–44.

Chignola, Sandro (2000): Begriffsgeschichte in Italy. On the Logic of Modern Political Concepts, in: History of Concepts Newsletter 3, S. 9–17.

Condren, Conal (1985): The Status and Appraisal of Classic Texts. An Essay on Political Theory, Its Inheritance, and the History of Ideas, Princeton.

Darnton, Robert (1980): Intellectual and Cultural History, in: Kammen, Michael (Hg.): The Past before us. Contemporary Historical Writing in the United States, Ithaca.

Diggins, John P. (1984): The Oyster and the Pearl. The Problem of Contextualism in Intellectual History, in: History and Theory 23, S. 151–169.

Dipper, Christof (2000): Die »Geschichtlichen Grundbegriffe«. Von der Begriffsgeschichte zur Theorie der historischen Zeiten, in: Historische Zeitschrift 270, S. 281–308.

Febvre, Lucien (1996): Luther, hg. von Peter Schoettler, Frankfurt a. M.

Freedberg, David/Vried, Jan de (1991) (Hg.): Art in History, History in Art. Studies in 17th Century Dutch Culture, Santa Monica.

Gelderen, Martin van (1992): The Political Thought of the Dutch Revolt, 1555–1590, Cambridge.

Gelderen, Martin van (1998): Between Cambridge and Heidelberg. Concepts, Languages and Images in Intellectual History, in: Hampsher-Monk, Iain/Tilmans, Karin/Vree, Frank van (Hg.): History of Concepts: Comparative Perspectives, Amsterdam, S. 227–238.

Gilbert, Felix (1971): Intellectual History: Its Aims and Methods, in: Daedalus, Journal of the American Academy of Arts and Sciences 100, S. 80–97.

Hampsher-Monk, Iain (1998): Speech Acts, Languages or Conceptual History?, in: ders./Tilmans, Karin/Vree, Frank van (Hg.): History of Concepts: Comparative Perspectives, Amsterdam, S. 37–50.

Harlan, David (1989): Intellectual History and the Return of Literature, in: American Historical Review 94, S. 581–609.

Kelley, Donald R. (1987): Horizons of Intellectual History: Retrospect, Circumspect, Prospect, in: Journal of the History of Ideas 48, S. 143–169.

King, Preston (1983) (Hg.): The History of Ideas. An Introduction to Method, Worcester.

Koselleck, Reinhart (1979): Vergangene Zukunft. Zur Semantik geschichtlicher Zeiten, Frankfurt a. M.

Koselleck, Reinhart (1986): Sozialgeschichte und Begriffsgeschichte, in: Schieder, Wolfgang/Sellin, Volker (Hg.): Sozialgeschichte in Deutschland, Bd. 1, Göttingen, S. 89–109.

Krieger, Leonard (1973): The Autonomy of Intellectual History, in: Journal of the History of Ideas 4, S. 499–516.

Kuhn, Thomas S. (1999): Die Struktur wissenschaftlicher Revolutionen, (15. Aufl.) Frankfurt a. M.

LaCapra, Dominick (1980): Rethinking Intellectual History and Reading Texts, in: History and Theory 19, S. 245–276.

Lehmann, Hartmut/Richter, Melvin (1996) (Hg.): The Meaning of Historical Terms and Concepts. New Studies on »Begriffsgeschichte«, Washington.

Lottes, Günther (1996): »The State of the Art«. Stand und Perspektiven der »intellectual history«, in: Kroll, Frank-Lothar (Hg.): Neue Wege der Ideengeschichte. Festschrift für Kurt Kluxen zum 85. Geburtstag, Paderborn, S. 27–45.

Lovejoy, Arthur O. (1938): The Historiography of Ideas, in: Proceedings of the American Philosophical Society 78, S. 529–543.

Maissen, Thomas (2001): Artikel Republik/Republikanismus, in: Der Neue Pauly. Enzyklopädie der Antike. Rezeption und Wissenschaftsgeschichte, Band 15, Stuttgart.

Nitschke, Peter (2000): Einführung in die politische Theorie der Prämoderne 1500–1800, Darmstadt.

Oexle, Otto G. (1987): Deutungsschemata der sozialen Wirklichkeit im frühen und hohen Mittelalter. Ein Beitrag zur Geschichte des Wissens, in: Graus, Frantisek (Hg.): Mentalitäten im Mittelalter. Methodische und inhaltliche Probleme, Sigmaringen, S. 65–117.

Oexle, Otto G. (1998): Die Entstehung politischer Stände im Spätmittelalter – Wirklichkeit und Wissen, in: Blänkner, Reinhard/Jussen, Bernhard (Hg.): Institutionen und Ereignis. Über historische Praktiken und Vorstellungen gesellschaftlichen Ordnens, Göttingen 1998, S. 137–162.

Pagden, Anthony (1987) (Hg.): The Languages of Political Theory in Early-Modern Europe, Cambridge.

Pocock, John (1975): The Machiavellian Moment. Florentine Political Thought and the Atlantic Republican Tradition, Princeton.

Pocock, John (1985): The State of the Art, in: ders.: Virtue, Commerce, and History, Cambridge, S. 1–34.

Pocock, John (1993): Die andere Bürgergesellschaft. Zur Dialektik von Tugend und Korruption, Frankfurt a. M.

Richter, Melvin (1991): Zur Rekonstruktion der Geschichte der Politischen Sprachen: Pocock, Skinner und die Geschichtlichen Grundbegriffe, in: Bödeker, Hans E./Hinrichs, Ernst (Hg.):

Alteuropa – Ancien Régime – Frühe Neuzeit. Probleme und Methoden der Forschung, Stuttgart, S. 134–174.

Richter, Melvin (1995): The History of Political and Social Concepts. A Critical Introduction, New York.

Rorty, Richard/Schneewind, Jerome B./Skinner, Quentin (1984) (Hg.): Philosophy in History, Cambridge.

Rosa, Hartmut (1994): Ideengeschichte und Gesellschaftstheorie: Der Beitrag der »Cambridge School« zur Metatheorie, in: Politische Vierteljahresschrift 35, S. 197–223.

Schorn-Schütte, Luise (1998): Ideen-, Geistes-, Kulturgeschichte, in: Goertz, Hans-Jürgen (Hg.): Geschichte. Ein Grundkurs, Hamburg, S. 489–515.

Sharpe, Kevin (1999): Representations and Negotiations: Texts, Images and Authority in Early Modern England, in: The Historical Journal 42, S. 853–881.

Skinner, Quentin (1969): Meaning and Understanding in the History of Ideas, in: History and Theory 8, S. 3–53.

Skinner, Quentin (1978): The Foundations of Modern Political Thought, 2 Bde., Cambridge.

Stollberg-Rilinger, Barbara (1999): Vormünder des Volkes? Konzepte landständischer Repräsentation in der Spätphase des Alten Reiches, Berlin.

Strohmeyer, Arno (1998): Vergleichende Ständegeschichte und »intellectual history« als Forschungsstrategie in Ostmitteleuropa. Das politische Denken der österreichischen und ungarischen Städte (1550–1650), in: Comparativ, Geschichte und Kultur Ostmitteleuropas 5, S. 74–91.

Toews, John E. (1987): Intellectual History after the Linguistic Turn, in: American Historical Review 92, S. 879–907.

Tully, James (1988) (Hg.): Meaning and Context. Quentin Skinner and his Critics, Princeton.

Historische Semantik

Berding, Helmut (1976): Begriffsgeschichte und Sozialgeschichte, in: Historische Zeitschrift 223, S. 98–110.

Brunner, Otto/Conze, Werner/Koselleck, Reinhart (1972–1997) (Hg.): Geschichtliche Grundbegriffe. Historisches Lexikon der politisch-sozialen Sprache in Deutschland, 8 Bde., Stuttgart.

Burke, Peter/Porter, Roy (1987) (Hg.): The Social History of Language, Cambridge.

Busse, Dietrich (1987): Historische Semantik. Analyse eines Programms, Stuttgart.

Busse, Dietrich/Hermanns, Fritz/Teubert, Wolfgang (1994) (Hg.): Begriffsgeschichte und Diskursgeschichte. Methodenfragen und Forschungsergebnisse der Historischen Semantik, Opladen.

Corfield, Penelope, J. (1991) (Hg.): Language, History and Class, Oxford.

Dreitzel, Horst (1991): Monarchiebegriff und Fürstengesellschaft. Semantik und Theorie der Einherrschaft in Deutschland von der Reformation bis zum Vormärz, 2 Bde., Köln.

Febvre, Lucien (1930): Les mots et les choses en histoire économique, in: Annales d'histoire économique et sociale 2, S. 231–234.

Febvre, Lucien (1968): La problème de l'incroyance au XVIe siècle. La religion de Rabelais, Paris.

Fritz, Gerd (1998): Historische Semantik, Stuttgart.

Hampsher-Monk, Iain/Tilmans, Karin/Vree, Frank van (1998) (Hg.): History of Concepts. Comparative Perspectives, Amsterdam.

Hanisch, Ernst (1996): Die linguistische Wende: Geschichtswissenschaft und Literatur, in: Hardtwig, Wolfgang/Wehler, Hans-Ulrich (Hg.): Kulturgeschichte heute, Göttingen, S. 212–230.

Harlan, David (1989): Intellectual History and the Return of Literature, in: American Historical Review 94, S. 581–609.

Himmelfarb, Gertrude (1998): Some Reflections on the New History, in: American Historical Review 94, S. 661–670.

Hunt, Lynn (1989) (Hg.): The New Cultural History, Berkeley.

Iggers, Georg G. (1995): Zur »Linguistischen Wende« im Geschichtsdenken und in der Geschichtsschreibung, in: Geschichte und Gesellschaft 21, S. 557–579.

Koselleck, Reinhart (1983): Begriffsgeschichtliche Probleme der Verfassungsgeschichtsschreibung, in: Quaritsch, Helmut (Red.): Gegenstand und Begriffe der Verfassungsgeschichtsschreibung, Berlin, S. 7–22.

Koselleck, Reinhart (1989): Vergangene Zukunft. Zur Semantik geschichtlicher Zeiten, Frankfurt a. M.

LaCapra, Dominick (1983): Rethinking Intellectual History: Texts, Contexts and Language, Ithaca.

LaCapra, Dominick (1985): History and Criticism, Ithaca.

LaCapra, Dominick/Kaplan, Steven L. (1982) (Hg.): Modern European Intellectual History: Reappraisal and New Perspectives, Ithaca.

Laswell, Harold D. u. a. (1949): Language of Politics. Studies in Quantitative Semantics, (2. Aufl. 1965), Cambridge.

Lehmann, Hartmut/Richter, Melvin (1996) (Hg.): The Meaning of Historical Terms and Concepts. New Studies on »Begriffsgeschichte«, Washington.

Lottes, Günther (1988): Historische Semantik, Kontextanalyse und traditionelle Ideengeschichte, in: Reichardt, Rolf/Schmitt, Eberhard (Hg.): Die Französische Revolution als Bruch des gesellschaftlichen Bewußtseins, München, S. 226–232.

Lottes, Günther (1996): »The State of the Art«. Stand und Perspektiven der »intellectual history«, in: Kroll, Franz-Lothar (Hg.): Neue Wege der Ideengeschichte. Festschrift für Kurt Kluxen zum 85. Geburtstag, Paderborn, S. 27–45.

Lüsebrink, Hans-Jürgen/Reichardt, Rolf (1990): Die »Bastille«. Zur Symbolgeschichte von Herrschaft und Freiheit, Frankfurt a. M.

Lüsebrink, Hans-Jürgen/Reichardt, Rolf (1997) (Hg.): Kulturtransfer im Epochenumbruch. Frankreich-Deutschland 1770–1815, 2 Bde., Leipzig.

Pagden, Anthony (1987) (Hg.): The Languages of Political Theory in Early-Modern Europe, Cambridge.

Pocock, John (1996): Concepts and Discourses: A Difference in Culture? Comments on a Paper by Melvin Richter, in: Lehmann, Hartmut/Richter, Melvin (Hg.): The Meaning of Historical Terms and Concepts, Washington, S. 47–58.

Reichardt, Rolf (1998) (Hg.): Aufklärung und Historische Semantik. Interdisziplinäre Beiträge zur westeuropäischen Kulturgeschichte, Berlin.

Reichardt, Rolf (2000): Wortfelder – Bilder – semantische Netze. Beispiele interdisziplinärer Quellen und Methoden in der Historischen Semantik, in: Scholz, Gunter (Hg.): Die Interdisziplinarität der Begriffsgeschichte, Hamburg.

Reichardt, Rolf/Schmitt, Eberhard (1985 ff.) (Hg.): Handbuch politisch-sozialer Grundbegriffe in Frankreich 1680–1820, München.

Reichardt, Rolf/Schmitt, Eberhard (1988) (Hg.): Die Französische Revolution als Bruch des gesellschaftlichen Bewußtseins, München.

Richter, Melvin (1991): Zur Rekonstruktion der Geschichte politischer Sprachen: Pocock, Skinner und Geschichtliche Grundbegriffe, in: Bödecker, Hans E./Hinrichs, Ernst (Hg.): Alteuropa – Ancien Régime – Frühe Neuzeit. Probleme und Methoden der Forschung, Stuttgart, S. 134–174.

Robin, Régine (1970): La société française en 1789: Semur-en-Auxois, Paris.

Robin, Régine (1973): Histoire et Linguistique, Paris.

Rorty, Richard (1967) (Hg.): The Linguistic Turn. Recent Essays in Philosophic Method, (2. Aufl. 1992) Chicago.

Schöttler, Peter (1988): Sozialgeschichtliches Paradigma und historische Diskursanalyse in: Fohrmann, Jürgen/Müller, Harro (Hg.): Diskurstheorien und Literaturwissenschaft, Frankfurt a. M., S. 159–199.

Schöttler, Peter (1989): Mentalitäten, Ideologien, Diskurse. Zur sozialgeschichtlichen Thematisierung der »dritten Ebene« in: Lüdtke, Alf (Hg.): Alltagsgeschichte. Zur Rekonstruktion historischer Erfahrungen und Lebensweisen, Frankfurt a. M., S. 85–136.

Schöttler, Peter (1997): Wer hat Angst vor dem »linguistic turn«?, in: Geschichte und Gesellschaft 23, S. 134–151.

Skinner, Quentin (1988): Language and Political Change, in: Ball, Terence/Farr, James/Hanson, Russell (Hg.): Political Innovation and Conceptual Change, Cambridge, S. 6–23.

Stedman Jones, Gareth (1983): Languages of Class. Studies in English Working Class History 1832–1982, Cambridge.

Steinmetz, Willibald (1993): Das Sagbare und das Machbare. Zum Wandel politischer Handlungsspielräume, England 1780–1867, Stuttgart.

Stollberg-Rilinger, Barbara (1999): Vormünder des Volkes? Konzepte landständischer Repräsentation in der Spätphase des Alten Reiches, Berlin.

Tilly, Charles (1971): Review: Régine Robin, La société française en 1789: Semur-en-Auxois, Paris 1970, in: American Historical Review 76, S. 787.

Toews, John E. (1987): Review Article: Intellectual History after the Linguistic Turn: The Autonomy of Meaning and the Irreducibility of Experience, in: American Historical Review 92, S. 879–907.

Winkler, Karl T. (1998): Wörterkrieg. Politische Debattenkultur in England 1689–1750, Stuttgart.

Neuere angloamerikanische Ideengeschichte

Ashcraft, Richard (1992): The Radical Dimensions of Locke's Political Thought, in: History of Political Thought 13, S. 703–772.

Astell, Mary (1996): Political Writings, hg. von Patricia Springborg, Cambridge.

Austin, John L. (1962): How to do Things with Words, London (dt.: Zur Theorie der Sprechakte, Stuttgart 1998).

Ball, Terence (1995): Constitutional Interpretation: What's wrong with »Original Intent«?, in: ders.: Reappraising Political Theory, Oxford, S. 250–272.

Baxandall, Michael (1985): Patterns of Intention: On the Historical Explanation of Pictures, London.

Bellamy, Richard (1992): Liberalism and Modern Society, Cambridge.

Carver, Terrell (1983): Marx and Engels: The Intellectual Relationship, Brighton.

Castiglione, Dario (1993): Historical Arguments in Political Theory, in: Political Theory Newsletter 5, S. 89–109.

Clarke, Lorenne M. G./Lange, Lynda (1979): The Sexism of Social and Political Theory: Women and Reproduction from Plato to Nietzsche, Toronto.

Cohen, Gerald A. (1978): Karl Marx's Theory of History: A Defence, (Neuaufl. 2000) Oxford.

Elshtain, Jean B. (1981): Public Man and Private Woman: Women in Social and Political Thought, Princeton.

Elster, Jon (1985): Making Sense of Marx, Cambridge.

Franklin, Julian (1963): Jean Bodin and the Sixteenth-Century Revolution in the Methodology of Law and History, New York.

Gelderen, Martin van (1992): Political Thought of the Dutch Revolt, 1555–1590, Cambridge.

Gelderen, Martin van (1996): Liberty, Civic Rights, and Duties in Sixteenth-Century Europe and the Rise of the Dutch Republic, in: Coleman, Janet (Hg.): The Individual in Political Theory and Practice, Oxford, S. 99–122.

Hampsher-Monk, Iain (1976): The Political Theory of the Levellers: Putney, Property and Professor Macpherson, in: Political Studies 24, S. 397–422.

Hampsher-Monk, Iain (1984): Political Languages in Time – The Work of J. G. A. Pocock, in: British Journal of Political Science 14, S. 89–116.

Hampsher-Monk, Iain (1998): Speech Acts, Languages or Begriffsgeschichte, in: ders./Tilmans, Karin/Vree, Frank van (Hg.): Conceptual History: Comparative Perspectives, Amsterdam, S. 37–50.

Hobbes, Thomas (1991): Leviathan, or The Matter, Forme, and Power of a Commonwealth Ecclesiastical and Civil, hg. von Richard Tuck, Cambridge.

Jagentowicz, Patricia (1996): Feminist Interpretations of G. W. F. Hegel, Philadelphia.

Kelley, Donald R. (1970): Foundations of Modern Historical Scholarship, Language Law and History in the French Renaissance, New York.

Kennedy, Angus J. (1994): Christine de Pisan: A Bibliographical Guide, (2. Aufl.) London.

Kennedy, Ellen/Mendus, Susan (1987) (Hg.): Women in Western Political Philosophy, Brighton.

Lehmann, Hartmut/Richter, Melvin (1992) (Hg.): The Meaning of Historical Terms and Concepts. New Studies in Begriffsgeschichte, Washington.

Mclellan, David (1969): The Young Hegelians and Karl Marx, London.

Mclellan, David (1970): Marx Before Marxism, London.

Macpherson, Crawford B. (1962): The Political Theory of Possessive Individualism: Hobbes to Locke, Oxford.

Miller, David (1990): The Resurgence of Political Theory, in: Political Studies 38, S. 421–437.

Okin, Susan M. (1980): Women in Western Political Thought, Princeton.

Oliver, Kelly/Pearsall, Marilyn (1998) (Hg.): Feminist Interpretations of Friedrich Nietzsche, Philadelphia.

Pateman, Carole (1988): The Sexual Contract, Cambridge.

Pateman, Carole (1989): »God Hath Ordained to Man a Helper«: Hobbes, Patriarchy and Conjugal Right, in: British Journal of Political Science 19, S. 445–464.

Pateman, Carole (1998), Women's Writing, Women's Standing: Theory and Politics in the Early Modern Period, in: Smith, Hilda (Hg.): Women Writers and the Early Modern British Political Tradition, Cambridge, S. 363–382.

Petegorski, David W. (1940): Left Wing Democracy in the English Civil War, London.

Philipse, Herman (1998): Heidegger's Philosophy of Being. A Critical Interpretation, Princeton.

Pisan, Cristine de (1994): The Book of the Body Politic, hg. von Kate L. Forhan, Cambridge.

Pocock, John G. A. (1957): The Ancient Constitution and the Feudal Law. A Study of English Historical Thought in the Seventeenth Century, Cambridge (Neudruck 1987).

Pocock, John G. A. (1962): The History of Political Thought. A Methodological Enquiry, in: Philosophy, Politics, Society 2, S. 183–202.

Pocock, John G. A. (1971): Politics Language and Time. Essays on Political Thought and History, (Neuaufl. Chicago 1996) New York.

Pocock, John G. A. (1973): Verbalizing a Political Act. Toward a Politics of Speech, in: Political Theory 1, S. 27–45.

Pocock, John G. A. (1975): The Machiavellian Moment. Florentine Political Thought and the Atlantic Republican Tradition, Princeton.

Pocock, John G. A. (1985a): Introduction. The State of the Art, in: ders.: Virtue, Commerce and History. Essays on Political Thought and History, Chiefly in the Eighteenth Century, Cambridge, S. 1–34.

Pocock, John G. A. (1985b): The History of Political Thought the Creation of a Center, in: Journal of British Studies 24, S. 283–310.

Pocock, John G. A. (1993): A Discourse on Sovereignty, in: Phillipson, Nicholas u. a. (Hg.): Political Discourse in Early Modern Britain, Cambridge, S. 377–428.

Pocock, John G. A. (1999): Barbarism and Religion, 2 Bde., Cambridge.

Roemer, Eric (1986) (Hg.): Analytical Marxism, Cambridge.

Sapiro, Virginia (1992): A Vindication of Political Virtue: The Political Theory of Mary Wollstonecraft, Chicago.

Searle, John R. (1969): Speech Acts: An Essay in the Philosophy of Language, Cambridge (dt.: Sprechakte. Ein sprachphilosophischer Essay, Neuaufl. Frankfurt a. M. 1997).

Skinner, Quentin (1973): The Empirical Theorists of Democracy and their Critics. A Plague on Both Their Houses, in: Political Theory 1, S. 287–306.

Skinner, Quentin (1978): The Foundations of Modern Political Thought, 2 Bde., Cambridge.

Skinner, Quentin (1986): Ambrogio Lorenzetti. The Artist as Political Philosopher, in: Proceedings of the British Academy 72, 1–56.

Skinner, Quentin (1989): Language and Political Change, in: Ball, Terence u. a. (Hg.): Political Innovation and Conceptual Change, Cambridge, S. 6–23.

Skinner, Quentin (1990): Thomas Hobbes. Rhetoric and the Construction of Morality, in: Proceedings of the British Academy 76, S. 1–61.

Skinner, Quentin (1996): Reason and Rhetoric in the Philosophy of Hobbes, Cambridge.

Skinner, Quentin (1998): Liberty Before Liberalism, Cambridge.

Tully, James (1988) (Hg.): Meaning and Context. Quentin Skinner and His Critics, Cambridge.

Wood, Ellen (1994): Radicalism, Capitalism and Historical Contexts: Not only a Reply to Richard Ashcraft on John Locke, in: History of Political Thought 15, S. 323–273.

Diskursanalyse in Frankreich

Barthes, Roland (1967): Le discours de l'histoire, in: Information sur les sciences sociales 6, S. 65–75 (dt.: Historie und ihr Diskurs, in: Alternative 62, 1968, S. 171–180).

Busse, Dietrich/Hermanns, Fritz/Teubert, Wolfgang (1994) (Hg.): Begriffsgeschichte und Diskursgeschichte. Methodenfragen und Forschungsergebnisse der historischen Semantik, Opladen.

Cerquiglini, Bernhard/Gumbrecht, Hans Ulrich (1983) (Hg.): Der Diskurs der Literatur- und Sprachhistorie. Wissenschaftsgeschichte als Innovationsvorgabe, Frankfurt a. M.

Chartier, Roger (1997): Foucault et les historiens, les historiens et Foucault. Archéologique des discours et généalogie des pratiques: à propos de la Révolution, in: Centre Georges Pompidou (Hg.): Au risque de Foucault, Paris, S. 223–238.

Courdesse, Lucile (1971): Blum et Theorez en Mai 1936, in: Langue française 9, S. 22–33.

Dinges, Martin (1994): The Reception of Michel Foucault's Ideas on Social Discipline, Mental Asylums, Hospitals and the Medical Profession in German Historiography, in: Jones, Colin/Porter, Roy (Hg.): Reassessing Foucault. Power, Medicine and the Body, London, S. 181–212.

Dupront, Alphonse (1979): Langage et histoire, in: XIIIe congrés international des sciences historiques, T. 1: communications, Bd. 1, Moskau, S. 1–88.

Fohrmann, Jürgen/Müller, Harro (1987) (Hg.): Diskurstheorie und Literaturwissenschaft. Materialien, Frankfurt a. M.

Foucault, Michel (1969): Wahnsinn und Gesellschaft. Eine Geschichte des Wahns im Zeitalter der Vernunft, (12. Aufl. 1999) Frankfurt a. M.

Foucault, Michel (1973): Archäologie des Wissens, (8. Aufl. 1997) Frankfurt a. M.

Foucault, Michel (1974): Die Ordnung des Diskurses, (7. Aufl. 2000 Frankfurt a. M.) München.

Foucault, Michel (1975): Die Geburt der Klinik. Eine Archäologie des ärztlichen Blicks, (5. Aufl. 1999 Frankfurt a. M.) München.

Foucault, Michel (1976): Überwachen und Strafen. Die Geburt des Gefängnisses, (Neuaufl. 2000) Frankfurt a. M.

Frenken, Ralph/Rheinheimer, Martin (2000) (Hg.): Die Psychohistorie des Erlebens, Kiel.

Gadet, Françoise/Pêcheux, Michel (1982): Sprachtheorie und Diskursanalyse in Frankreich, in: Das Argument 133, S. 386–399.

Gayot, Gerard/Pêcheux, Michel (1971): Recherches sur le discours illuministe au 18e siècle: Louis Claude de Saint-Martin et les »circonstances«, in: Annales, S. 681–704.

Giard, Luce (1992) (Hg.): Michel Foucault. Lire l'oeuvre, Grenoble 1992.

Greimas, Algirdas-Julien (1958): Histoire et linguistique, in: Annales 12, S. 110–115.

Guespin, Louis (1971): Problématique des travaux sur le discours politique, in: Langages 23, S. 3–24.

Guilhaumou, Jacques u. a. (1974) (Hg.): Langage et idéologies. Le discours comme l'objet de l'histoire, Paris.

Gumbrecht, Hans Ulrich (1977): Historische Textpragmatik als Grundlagenwissenschaft der Geschichtsschreibung, in: Lendemains 6, S. 125–135.

Habermas, Jürgen (1971): Vorbereitende Bemerkungen zu einer Theorie der kommunikativen Kompetenz, in: ders./Luhmann, Niklas (Hg.): Theorie der Gesellschaft oder Sozialtechnologie, Frankfurt a. M., S. 101–141.

Harris, Zellig S. (1952): Discourse Analysis, in: Language 28, S. 1–30, S. 474–494.

Jones, Colin/Porter, Roy (1994) (Hg.): Reassessing Foucault. Power, Medicine and the Body, London.

Jung, Matthias (1996): Linguistische Diskursgeschichte, in: Böke, Karin/Jung, Matthias/Wengeler, Martin (Hg.): Öffentlicher Sprachgebrauch. Praktische, theoretische und historische Perspektiven, Opladen, S. 453–472.

Jütte, Robert (1990): Moderne Linguistik und »Nouvelle Histoire«, in: Geschichte und Gesellschaft 16, S. 104–120.

Jütte, Robert (1993): Stigma-Symbole: Kleidung als identitätsstiftendes Merkmal bei spätmittelalterlichen und frühneuzeitlichen Randgruppen (Juden, Dirnen, Aussätzige, Bettler), in: Bulst, Neithard/Jütte, Robert (Hg.): Zwischen Sein und Schein. Kleidung und Identität in der ständischen Gesellschaft, Freiburg, S. 66–90.

Kammler, Clemens (1986): Michel Foucault. Eine kritische Analyse seines Werks, Bonn.

Kittler, Friedrich A./Turk, Horst (1977) (Hg.): Urszenen. Literaturwissenschaft als Diskursanalyse und Diskurskritik, Frankfurt a. M.

Lacan, Jacques (1973): Funktion und Feld des Sprechens und der Sprache in der Psychoanalyse, in: Schriften I, hg. von Norbert Haas, Freiburg, S. 71–170.

Link, Jürgen/Link-Heer, Ursula (1990): Diskurs/Interdiskurs und Literaturanalyse, in: Zeitschrift für Literaturwissenschaft und Linguistik 77, S. 88–99.

Lipowatz, Athanasios (1982): Diskurs und Macht. Jacques Lacans Begriff des Diskurses, Marburg.

Lüsebrink, Hans-Jürgen (1983): Kriminalität und Literatur im Frankreich des 18. Jahrhunderts, München.

Maldidier, Denise (1971): Le discours politique de la guerre d'Algérie; approche synchronique et diachronique, in: Langages 23, S. 57–86.

Maldidier, Denise/Nomand, Claudine/Robin, Régine (1972) (Hg.): Discours et idéologies, Paris.

Maldidier, Denise/Robin, Régine (1973): Polémique idéologique et affrontement discursif en 1776. Les grands edicts de Turgot et les remontrances du Parlement de Paris, in: Le mouvement social 85, S. 13–80.

Marcellesi, Jean-Baptiste (1971): Le congrès de Tours (dec. 1920). Etudes sociolinguistiques, Paris.

Pêcheux, Michel (1969): Analyse automatique du discours, Paris.

Pêcheux, Michel (1983): Über die Rolle des Gedächtnisses als interdiskursives Material. Ein Forschungsprojekt im Rahmen der Diskursanalyse und Archivlektüre, in: Geier, Manfred/Woetzel, Harald (Hg.): Das Subjekt des Diskurses, Berlin, S. 50–58.

Pêcheux, Michel (1984): Sur le contexts épistémologiques de l'analyse du discours, in: Mots 9, S. 7–19.

Pêcheux, Michel /Wesselius, J. (1973): A propos du mouvement étudiant et des luttes de la classe ouvrière: trois organisations etudiantes en 1968, in: Robin, Régine: Linguistique et histoire, Paris, S. 245–260.

Provost-Chaveau, Geneviève (1978): Analyse linguistique du discours jaurésien, in: Langages 52, S. 7–127.

Reichardt, Rolf (1978): »Histoire des Mentalités«. Eine neue Dimension der Sozialgeschichte am Beispiel des französischen Ancien Régime, in: Internationales Archiv für die Sozialgeschichte der deutschen Literatur 3, S. 130–166.

Robin, Régine (1973): Linguistique et histoire, Paris.

Robin, Régine (1986): L'analyse du discours entre la linguistique et les sciences humaines: l'éternel malentendu, in: Langages 81, S. 121–128.

Sériot, Patrick (1985): Analyse du discours politique soviétique, Paris.

Schlieben-Lange, Brigitte (1976): Für eine historische Analyse von Sprechakten, in: Weber, Heinrich/Weydt, Harald (Hg.): Sprachtheorie und Pragmatik, Tübingen, S. 113–119.

Schöttler, Peter (1988): Sozialgeschichtliches Paradigma und historische Diskursanalyse, in: Fohrmann, Jürgen/Müller, Harro (Hg.): Diskurstheorie und Literaturwissenschaft, Frankfurt a. M., S. 159–199.

Schöttler, Peter (1989): Mentalitäten, Ideologien, Diskurse. Zur sozialgeschichtlichen Thematisierung der »dritten Ebene«, in: Lüdtke, Alf (Hg.): Alltagsgeschichte. Zur Rekonstruktion historischer Erfahrungen und Lebensweisen. Frankfurt a. M., S. 85–136.

Veyne, Paul (1981): Der Eisberg der Geschichte. Foucault revolutioniert die Historie, Berlin.

Marcus Sandl

Geschichte und Postmoderne

Es gehört zum ureigensten Feld der Historiographie, die Zeit inhaltlich zu strukturieren und in Abschnitte zu unterteilen. Der Historiker schafft »Epochen«, und er schafft sie mit dem Gestus absoluter Souveränität, der dem eigen ist, der zu seinem Gegenstand Distanz besitzt. Diese Distanz droht der Geschichtsschreibung verloren zu gehen, sobald sie selbst auf ihre zeitbedingten Voraussetzungen überprüft und zum Gegenstand der Betrachtung gemacht wird. Sie gerät dann in die paradoxe Situation, von ihrem Gegenstand gewissermaßen eingeholt zu werden. Das ist immer wieder geschehen und hat zu teilweise einschneidenden Korrekturen der methodischen und theoretischen Grundlagen des historischen Denkens geführt. Eine Vielzahl neuer Forschungsrichtungen von der Strukturgeschichte über die Gesellschaftsgeschichte bis zur Historischen Semantik geht auf die kritische Überprüfung der herrschenden Erkenntnisinteressen und Erklärungsmodelle zurück. Dass diese Korrekturen, trotz der dahinterstehenden Kritik, die Kontinuität der jüngeren Historiographiegeschichte nicht in Frage stellten, lag am Rekurs auf eine gemeinsame Epoche – die Moderne – und auf die Modernisierung als die zentrale Denkfigur auch wissenschaftsimmanenten Wandels. Dieser epochale Konsens scheint in jüngster Zeit in Gefahr, da die Forderung nach einer wissenschaftlichen Selbstreflexion mit der Kritik der »modernen« Erkenntnishaltung selbst verbunden wird. Zur Diskussion steht nichts weniger als ein Paradigmenwechsel im Sinne einer fundamentalen Neuordnung des Koordinatensystems, in dem Geschichte seit dem Ende der Aufklärung als Wissenschaft betrieben wurde und wird. Die Brisanz einer solchen Forderung liegt auf der Hand. Ohne die Moderne als gemeinsamen Referenzhorizont drohen Verwissenschaftlichungsprozesse ein jähes Ende zu nehmen und die mühsam errungenen Standards für Wissenschaftlichkeit und »Wahrheit« selbst zur Disposition zu stehen. Die Paradoxie, die jede historiographische Selbstreflexion beinhaltet, wird radikalisiert – Geschichtsschreibung droht von ihrem Gegenstand nicht nur eingeholt, sondern sogar überholt und ausgebremst zu werden. Eine entsprechende Schärfe und Polemik zeichnet die Debatte aus. Vor allem von den Vertretern des diskursleitenden gesellschaftsgeschichtlichen Ansatzes wurde die Diskussion bislang mit einigem Erfolg abgeblockt und unter Hinweis auf den »Zeitgeist« in die Feuilletons verwiesen. Eine ernsthafte Auseinandersetzung mit den Problemen des Verwissenschaftlichungs- und Modernisierungsparadigmas in der Geschichtsschreibung beginnt somit erst.

1. Zur Geschichte der Postmoderne-Debatte

Hinter der sich abzeichnenden Grundlagendiskussion in der Geschichtswissenschaft steht eine Debatte, die seit einigen Jahren unter dem Schlagwort der Postmoderne Furore macht. Von der Postmoderne ist mittlerweile nicht mehr nur in den Geistes- und Kulturwissenschaften die Rede, sondern auch in vermeintlich »härteren« oder »gefestigteren« Wissensbereichen und Disziplinen. Sie hat die Theologie ebenso erfasst wie die Medizin, ist in der Politik gleichermaßen zu finden wie in der Ökonomie. Der postmoderne Zweifel an den (Erkenntnis-)Leistungen der Moderne scheint grenzenlos. Unübersehbar artikuliert sich in ihm ein Unbehagen am säkularen technischen und wissenschaftlichen Fortschritt, dessen Schattenseiten durch die »Errungenschaften« der Moderne nicht mehr verborgen werden können. So hat sich gerade in jüngster Zeit, denkt man beispielsweise an die Gentechnologie, die Diskrepanz zwischen den technischen Entwicklungen und Entwicklungsmöglichkeiten und den ethischen und politischen Diskussionen um ihre Folgen in kaum mehr zu schließender Weise vergrößert. Auch in anderen Bereichen erweist sich die einmal in Gang gebrachte Dynamik als nicht mehr beherrschbar. Insbesondere ökonomische und soziale Umwälzungen lassen sich angesichts einer zunehmenden globalen Vernetzung und Interaktion kaum mehr transparent machen, geschweige denn steuern. Gleichzeitig, und damit eng verbunden, sind zentrale Grundüberzeugungen der Moderne verloren gegangen. Die gesellschaftliche Emanzipation des Einzelnen scheint mittlerweile ebenso fragwürdig wie das Zivilisierungspotenzial kultureller und politischer Aufklärung. All dies ist Teil der Debatte um die Postmoderne und trägt dazu bei, dass der Begriff in sehr unterschiedlicher, zum Teil diametral entgegengesetzter Weise verwendet wird. Was den einen als Reaktion auf die Krise des »modernen« Bewusstseins erscheint, machen die anderen als »Beliebigkeit« und »neue Unübersichtlichkeit« für eben diese Krise verantwortlich. Abgrenzungs- und Differenzierungsversuche schlagen sich in neuen Wortschöpfungen nieder, die von der »zweiten Moderne« bis hin zur »Post-Postmoderne« reichen. Schon in der Frage, welcher Zeitraum mit dem Begriff Moderne bezeichnet wird, gibt es große disziplinäre und nationale Unterschiede (Welsch 1987). Aber auch im Falle der Postmoderne ist nicht geklärt, ob man darunter noch einen Teil der Moderne oder schon deren Negation begreift, ja ob man es überhaupt mit einem Epochenbegriff zu tun hat oder ob es nicht vielmehr darum geht, einen bestimmten (Denk-)Stil zu bezeichnen (Eifler/Saame 1990).

Die Unschärfe des Postmoderne-Begriffs zwischen Stil- und Epochenbezeichnung besteht im Grunde seit den ersten literaturtheoretischen Versuchen seiner paradigmatischen Definition Ende der fünfziger Jahre (Welsch 1988b). Konfrontiert mit der Krise klassisch-moderner Erzählstrategien, wie sie seit Beginn des Jahrhunderts in den Romanen von Marcel Proust über James Joyce bis zu Thomas Mann ausgebildet worden waren, entwickelten US-amerikanische Literaturwissenschaftler zu dieser Zeit das Konzept eines neuen Stils, den sie mit dem Terminus Postmoderne bezeichneten (Howe 1959). Die Definitionsmerkmale der literarischen Postmoderne, repräsentiert u. a. von Leonhard Cohen und Norman Mailer, fand man zum einen auf der

Geschichte und Postmoderne

Ebene neuer Ausdrucksformen, zum anderen hinsichtlich veränderter Rezeptionserwartungen. Zu ihrem wichtigsten Schlagwort wurde »Pluralität«, womit die Verwendung unterschiedlicher Erzählweisen und Methoden innerhalb eines Romans propagiert wurde, aber auch die konsequente Neutralität gegenüber unterschiedlichen Wahrnehmungs- und Bedeutungshorizonten. Diese Vielfalt kontrastierte stark mit dem analytischen und rationalistischen Intellektualismus der literarischen Moderne. Aufgabe einer postmodernen Literatur sei es gerade, so heißt es in Leslie A. Fiedlers programmatischem Aufsatz »Cross the Border – Close the Gap« von 1969, »die Grenze zwischen dem Wunderbaren und dem Wahrscheinlichen zu überschreiten, zwischen dem Wirklichen und dem Mythischen, zwischen der bürgerlichen Welt mit Boudoir und Buchhaltung und dem Königreich dessen, was man lange als Märchen zu bezeichnen pflegte« (Fiedler 1969: 70). Verbunden wurde die Pluralität der Ausdrucksformen mit der Abwendung von elitären »bürgerlichen« Rezeptionsmodellen. Literatur sollte nach der Vorstellung der literaturtheoretischen Postmoderne nicht mehr einer kleinen, gebildeten Elite vorbehalten bleiben, sondern allen Schichten offen stehen.

Die Stichworte »Pluralität« und »Vielfalt« wurden dann seit Beginn der siebziger Jahre in der Architekturtheorie aufgegriffen und auch in Europa rezipiert. Explizit verwendete der amerikanische Architekt Charles Jencks erstmals 1975 den Terminus Postmoderne im Zusammenhang mit der Architektur und gab damit den Startschuss für eine öffentlichkeitswirksam geführte und kontroverse Debatte. Anknüpfend an die literaturtheoretischen Begriffsgehalte ging es auch den postmodernen Architekturkritikern und Architekten darum, »den Anspruch des Elitären [...] durch Erweiterung der Sprache der Architektur in verschiedene Richtungen« zu überwinden (Jencks 1980: 8). Durch den neuen disziplinären Kontext kam es allerdings zu wichtigen Akzentverschiebungen. An die Stelle des synchronen Nebeneinanders unterschiedlicher Erzählweisen in der Literatur trat in der Architektur eine diachrone Intertextualität. Klarheit und Funktionalität als Kategorien der Moderne, wie sie beispielsweise in der Bauhaus-Konzeption von Walter Gropius und Mies van der Rohe in paradigmatischer Weise verwirklicht worden waren, erschienen wegen ihrer Sterilität delegitimiert. Sie hatten nach Überzeugung ihrer postmodernen Kritiker dazu geführt, Architektur als einen der wichtigsten Bedeutungsträger kultureller und gesellschaftlicher Kommunikation zu neutralisieren. »Vielsprachigkeit«, umgesetzt vor allem durch ein ausgefeiltes System von historischen Anleihen und »Zitaten«, sollte dieses Defizit beheben und die Architektur wieder zu einem Teil des öffentlichen Austausches machen. Im Gefolge der Architekturdebatte wurde die auf »Zitaten« und diachronen Verweisungen beruhende Intertextualität zur zentralen postmodernen Ausdrucksform (Klotz 1987).

2. Die Postmoderne als philosophischer Diskurs der Moderne

Solange die Diskussion um die Differenz moderner und postmoderner Ausdrucksformen kreiste, blieb sie, trotz aller Brisanz, ein disziplinär jeweils eng begrenztes Phänomen. Interdisziplinäre Rezeptionsvorgänge verliefen über die je spezifisch strukturierte Dichotomie von postmoderner Pluralität und Vielfalt einerseits und moderner Funktionalität und Einheit andererseits. Bis heute ist das Pluralitätspostulat zentral für die Definition postmoderner Positionen (Welsch 1997). Eine universale Sprengkraft entwickelte die Diskussion um die Postmoderne allerdings erst, als sie von der Philosophie aufgegriffen und als Diskurs der Moderne reformuliert wurde. Dies geschah namentlich durch den französischen Wissenschaftstheoretiker Jean-François Lyotard, aber auch Michel Foucault und Jacques Derrida, beide aus jeweils fachspezifischen, wissensgeschichtlichen und erkenntnistheoretischen Fragestellungen heraus argumentierend, gaben wichtige Impulse für die weitere Entwicklung der Debatte. In den Arbeiten, die in diesem Umfeld in den siebziger und achtziger Jahren entstanden, kam es zu einem Perspektivenwechsel von den Ausdrucksformen der Postmoderne zu den Erkenntnisbedingungen der Moderne. Unter dem Begriff Postmoderne wurde nun, sofern er überhaupt Verwendung fand, nicht mehr eine nach-moderne Pragmatik wie im angelsächsischen Bereich entworfen, sondern die moderne Erkenntnishaltung selbst problematisiert und deren immanente Macht- und Herrschaftsmechanismen aufgedeckt. Vor allem Friedrich Nietzsche, aber auch Martin Heidegger standen mit ihrer Metaphysikkritik Pate. Die philosophische Postmoderne suchte in dieser Tradition den epistemologischen Bruch mit den herrschenden technischen und wissenschaftlichen Aneignungsformen der Welt.

Im Einzelnen wurde die Kritik der modernen Erkenntnishaltung auf drei Feldern formuliert. Eine zentrale Rolle spielte vor allem in den Schriften Foucaults die Kritik des modernen Erkenntnissubjekts. Nach Überzeugung Foucaults zeichnet das moderne Wissen seit seiner Entstehung Ende des 18. Jahrhunderts eine Doppelbewegung von Historisierung und Enthistorisierung aus, durch welche beherrschbare Subjekt-Objekt-Verhältnisse geschaffen wurden (Foucault 1996). Suchte man vor diesem Bruch nach der zeitlosen Ordnung der Dinge und entwarf Modelle ihrer neutralen Repräsentation, so kommt es nun zu einer Verzeitlichung der Wissensbildung und gleichzeitig zu einer Trennung zwischen dem erkennenden Menschen und der erkannten Welt. Die Identität der Moderne, so der dahinter stehende Grundgedanke, ist Neuheit; Modernität ist per definitionem anders als das Alte, sie ist Fortschritt, kein Zustand, sondern ein Prozess. Das moderne Individuum geht deshalb, so der Schluss, mit historisch Gewordenem um. Es historisiert die Welt, unterwirft sie damit dem Prinzip der Vergänglichkeit und eignet sie sich aus der solchermaßen geschaffenen Distanz an. Im gleichen Zuge nimmt es sich als Erkenntnissubjekt jedoch aus dem Fluss der Zeit heraus und setzt sich als Transzendentales absolut, sodass eine Historisierung des eigenen Erkenntnisstandpunkts ausbleibt. Nur auf diese Weise sichert die Moderne ihre paradoxe Identität, gleichzeitig Telos der geschichtlichen Entwicklung und – als Modernisierung – deren überzeitliches Prinzip zu sein. Alle Wissensbereiche von der Linguistik über die Ökonomie bis zur Biologie lösen sich, wie Foucault in »Die Ordnung der Dinge« (1999) gezeigt hat, in der einen Bewegung, der Bewegung des Fortschritts auf, dem sich die Moderne verpflichtet hat. Und im gleichen Zuge, wie sich die Moderne auf diese Weise ans Ende des »menschheitlichen« Fortschritts setzt, fungiert sie als Paradigma seiner wissenschaftlichen Aneignung. Die Moderne ist ihrem Erkenntnisanspruch nach totalitär.

Geschichte und Postmoderne

Der Problematisierung des modernen Erkenntnisstandpunkts widmet sich im Umfeld der französischen Postmoderne neben der Diskursanalyse auch die so genannte »Dekonstruktion«, die vor allem Jacques Derrida in seinen Hauptwerken entwickelt hat (Derrida 1977, 1982). Mit der diachronen Dialektik von Erkenntnisgegenstand und Erkenntnissubjekt korrespondiert demnach ein synchrones dualistisches Erkenntnisprinzip. Dieses Erkenntnisprinzip, das die abendländische Philosophie insgesamt geprägt hat, beruht auf dem Gedanken der Dichotomie von Wirklichkeit und Sprache und, daraus folgend, der Sprache als Repräsentationsweise von Wirklichkeit. Derrida wendet sich in seinen Arbeiten, anknüpfend an Ferdinand de Saussures Semiotik, der Kritik der in der Regel nicht reflektierten metaphysischen Grundannahmen zu, auf welchen das Repräsentationsmodell basiert. Im Mittelpunkt steht auch in der Philosophie Derridas das Problem der Vereinheitlichung und Komplexitätsreduktion, hier allerdings auf der Ebene des sprachlich gedachten Erkenntnisprozesses betrachtet. Im Zuge der Versprachlichung, so Derridas Annahme, wird ein metaphysisch verfasster Referent geschaffen, der es gestattet, einheitsstiftende Strategien der Kontingenzbewältigung und Weltaneignung zu entwickeln. Heterogenität und Eigenheit verlieren im Zuge der sprachlichen (Re-) Organisation von Wirklichkeit zugunsten einer beherrschbaren Allgemeinheit an Wert. Derridas Ausweg aus diesem Dilemma ist die konsequente Aufhebung der dualistischen Unterscheidung von Sprache und Wirklichkeit im Modell eines umfassenden Textes, der einer semiotischen, auf wechselseitige Verweisungsprozesse abhebenden Analyse zugänglich gemacht werden kann. In diesem »Dekonstruktion« genannten Verfahren ist es durch den Verzicht auf einen letztbegründenden einheitsstiftenden Referenten möglich, Positionen der Differenz zu formulieren und Heterogenität zu sichern.

Wie Derrida will auch Lyotard in seinem Buch über »Das postmoderne Wissen« (1999), das seit seinem Erscheinen im Jahre 1979 zum programmatischen Hauptwerk der philosophischen Postmoderne avancierte, eine Position der Differenz formulieren. Er setzt dabei allerdings nicht beim Problem von Sprache und Wirklichkeit an, sondern rückt die gesellschaftlichen Entstehungsprinzipien und Distributionsmechanismen des modernen Wissens in den Blick. Ihm geht es um die Rahmenbedingungen, unter welchen die moderne Wissenschaft ihre Erkenntnisse formuliert und rechtfertigt. Wissenschaftlichkeit ist keineswegs, wie Lyotard feststellt, voraussetzungslos. Sie funktioniert nur auf der Basis konkreter Legitimationsstrukturen, die durch eine Art Metadiskurs geschaffen und gesichert werden müssen. Dieser in der Regel philosophische Diskurs der Moderne hat nach Lyotard drei Metaerzählungen hervorgebracht: die Dialektik des Geistes, die Hermeneutik des Sinns und die Emanzipation des vernünftigen oder arbeitenden Subjekts. So hat beispielsweise der Kommunismus, der der dritten Metaerzählung zuzuordnen ist, dem wissenschaftlichen Erkenntnisfortschritt eine zentrale Rolle bei der Erreichung seiner ethisch-politischen Ziele zugewiesen. In gleicher Weise zeichnet die Aufklärung oder der Idealismus die Moderne als kohärenten, mit der Entwicklungslogik des wissenschaftlichen Fortschritts identischen sozialen Funktionszusammenhang. Die Postmoderne im Sinne Lyotards artikuliert dagegen Zweifel an der Herrschaft eines allgemeinen gesellschaftlichen Entwicklungsprinzips. An Stelle der Metaerzählungen entwirft sie das Bild einer fragmentierten und pluralen Gesellschaft, die sich in ständig neuen und einmaligen Konfigurationen – den Wittgensteinischen »Sprachspielen« entsprechend – organisiert. Im Hintergrund dieser Überlegungen steht die Rehabilitierung eines gesellschaftlich-politischen Kerngedankens der Moderne, nämlich die Freiheit des Individuums, der durch die modernen Metaerzählungen gefährdet erscheint.

Die Postmoderne ist, wie die philosophische Diskussion des Begriffs zeigt, nicht ohne einen Blick auf das (epistemologische) Wesen und die Eigenart der Moderne zu verstehen. Das spiegelt sich auch in der Rezeptionsgeschichte Derridas und Foucaults wider. Die von Derrida beeinflusste Literaturwissenschaft richtet ihr Interesse ebenso wie die an Foucault orientierte Diskursgeschichte auf die Grundlagen des modernen Wissens (Culler 1994; Dreyfus/Rabinow 1994). Ohne die Moderne, so lautet der zentrale Kernsatz des postmodernen Selbstverständnisses, kann es per definitionem auch keine »Post-Moderne« geben. An diesem Punkt zeigt sich, dass im Begriff der Postmoderne keineswegs ein neues Epochenbewusstsein zum Ausdruck gebracht wird. Die Moderne als historischen Zeitraum für beendet zu erklären, ist weder beabsichtigt noch erscheint es erkenntnistheoretisch überhaupt denkbar. Gesucht wird vielmehr nach Möglichkeiten, moderne Positionen aus einer Art Außenperspektive kritisch zu beleuchten und gegebenenfalls zu revidieren. Darin liegt auch der entscheidende Unterschied zur so genannten »Posthistoire«, also der Überzeugung, dass die Geschichte mit der Industrie- und Dienstleistungsgesellschaft sowie dem Zusammenbruch der sozialistischen Staaten zu einem Ende gekommen sei, da nun keine grundlegenden Veränderungen mehr zu erwarten sind (Niethammer 1989; Fukuyama 1992).

Geschichte und Postmoderne

Von Epochenbezeichnungen zu sprechen, verbietet sich jedoch schon aus einem anderen Grund. Denn auch die Moderne selbst war nie eine Epoche im eigentlichen Sinne eines in sich geschlossenen, inhaltlich profilierten Zeitraumes, sondern immer das, als was sie sich in ihren Metaerzählungen entworfen hat, nämlich ein Projekt. Sie definierte sich mit anderen Worten nie immanent, sondern immer als Prozess, hinter welchem sich ein Heilsversprechen verbarg. Insbesondere Jürgen Habermas hat dieses Heilsversprechen in der Auseinandersetzung mit postmodernen Positionen in jüngerer Zeit wieder aktualisiert und verteidigt (Habermas 1981, 1993). Das Projekt der Moderne, so Habermas, sei historisch in der Epoche der Aufklärung zu situieren und mit dem dort formulierten Willen, das Zeitalter der Vernunft einzuleiten, in Bezug zu setzen. So weist die Moderne in Habermas' Konzeption immer über sich selbst hinaus auf die Verwirklichung der in der Aufklärung formulierten Ideale. Historischer Ursprung und ungeschichtliche Norm verbinden sich dabei in einer Zeit übergreifenden, nicht zu historisierenden Weise. Genau das wird jedoch von der Postmoderne kritisiert. Als Bindeglied zwischen dem historischen und dem idealen Ort der Aufklärung entzieht sich die Moderne ihrer Verantwortung für die Gegenwart. Diese Verantwortung gilt es im Sinne postmoderner Positionen einzufordern.

3. Die Moderne und die Geschichte

Im Selbstverständnis der Moderne als historisches Projekt liegt auch der tiefere Grund für die Rolle, die die Geschichtswissenschaft in diesem Zusammenhang spielt. Natürlich begreift sich beispielsweise die Gesellschaftsgeschichte, wie nicht nur Jürgen Kocka (1989) immer wieder betont, als Teil des historischen Prozesses der politischen und kulturellen Aufklärung. Die Verbindungen von Moderne und Geschichtswissenschaft sind jedoch fundamentaler, als es die Rede von der Aufklärung durch Geschichte suggeriert. Von Beginn an war die Geschichtsschreibung zutiefst mit dem Projekt Moderne verstrickt. Wenn man die Moderne mit der »Sattelzeit« (Reinhart Koselleck) um 1750 beginnen lässt, so war die Geschichtsschreibung, je nach Leseweise der Metapher, ihre Steigbügelhalterin oder Bergführerin. Geschichte als methodisch betriebene Wissenschaft entstand in dem Moment, in dem sich eine Avantgarde bildete, die die Last des Überkommenen abstreifen wollte, ohne auf etwas Normatives in der Vergangenheit zu rekurrieren. Es ging also zunächst einmal um Alterität, um ein Anderssein, das sich als historisch neuartig im ureigentlichsten Sinne von »modern« verstand. Die Option, die eigene Alterität inhaltlich zu definieren und so eine positive Identität auszubilden, hatte die Moderne jedoch nie. Als geschichtliches Projekt widersprach sie jeder abschließenden inhaltlichen Festlegung. Von Beginn an trug sie somit die Züge einer Radikalisierung der Erneuerung, einer Absolutsetzung der Alterität als solcher, die jede Form einer positiven Bestimmung als kontraproduktiv verweigerte, da sie dem Projektcharakter widersprach (Grasskamp 1998).

In den historiographischen Erzählstrategien spiegelt sich die Verstrickung von Geschichtswissenschaft und Moderne bis heute wider. Zwei historische Metaerzählungen im Sinne Lyotards verdienen in diesem Zusammenhang besondere Aufmerksamkeit. Die erste bezieht sich auf den Gegenstand der Geschichtswissenschaft – den sozialen, kulturellen und ökonomischen Wandel –, und lässt sich allgemein als Fortschrittsmodell beschreiben. Dieses Modell entfaltet dort seine Wirkung, wo historische Einzelereignisse in übergreifende theoretisch fundierte Sinnzusammenhänge überführt werden, wie sie beispielsweise der historische Materialismus oder der Idealismus zur Verfügung stellen. Allgemeiner und weltanschaulich neutraler formuliert geht es bei dieser Metaerzählung um den erkenntniskonstitutiven Charakter von Entwicklungsvorstellungen. Entwicklung heißt nicht, dass die gesamte Geschichte als linearer Ereigniszusammenhang im Hinblick auf die Gegenwart gedacht wird. Im Gegenteil, der Bruch nimmt sogar eine zentrale Rolle innerhalb entsprechender Paradigmen ein. Entscheidend ist jedoch, dass er dort, wo er thematisiert wird, der Selbstbeschreibung der Moderne dient und mithin im Dienste ihrer historischen Selbstvergewisserung steht. Die allgemeinste Form eines modernisierungstheoretischen Bruchs ist die Unterscheidung von Moderne und Vormoderne, die immer wieder in zahlreichen Variationen auftaucht. Wortschöpfungen, die mit den Präfixen »alt« wie »Alteuropa«, »früh« wie »frühmoderner Staat« oder »proto« wie »Protoindustrialisierung« gebildet werden, gehören in diesen Zusammenhang, aber auch die Rede von der frühen Neuzeit als »Musterbuch der Moderne« deutet auf einen entsprechenden entwicklungsgeschichtlichen Erkenntnishorizont hin (Vierhaus 1992; Schulze 1993). Die Vormoderne erfüllt hier nicht nur die narrative Funktion einer Vorgeschichte, in deren Licht sich die Moderne als die sich vollendende Vergangenheit erweist, sondern dient auch als heuristischer Projektionsraum, in dem sich »Modernität« überhaupt erst definieren lässt.

Vor allem die Bielefelder »Historische Sozialwissenschaft« hat diesen Doppelcharakter der Moderne ihrer historiographischen Gesamtkonzeption zugrunde gelegt und ihre Erzählstrategien daraus entworfen. Dabei wurde, namentlich durch

Geschichte und Postmoderne

Hans-Ulrich Wehler, auf Modernisierungstheorien zurückgegriffen, die als Erklärungsmodelle für die langfristigen gesellschaftlichen und ökonomischen Umwälzungen vor allem in den USA und Großbritannien entwickelt worden waren. Hintergrund dieser Theorie-Adaption war der von Wehler 1975 bekundete Wille, den westeuropäischen Weg zu einer demokratischen und pluralen Industriegesellschaft auf der geschichtswissenschaftlichen Theorieebene gewissermaßen als Idealtyp zu universalisieren (Wehler 1975: 60 f.). Neben der Industrialisierung gehört die Urbanisierung, die soziale Nivellierung und die fortschreitende Individualisierung zu den wichtigen Topoi der Modernisierungsforschung. Damit einhergehend wird ein ganzes Bündel von politischen und kulturellen Faktoren wie Demokratisierung, Säkularisierung und Rationalisierung des menschlichen Denkens und Handelns mit dem Terminus Moderne assoziiert. Folgerichtig bildeten und bilden diese Gebiete thematische Schwerpunkte der Historischen Sozialwissenschaft, und die Projektion von Einzelereignissen auf eine modernisierungstheoretische Entwicklungsachse ist die dominierende Form ihrer Interpretation. Die Moderne ist auch hier als das Andere definiert, und sie ist dennoch das Telos, das je schon in der Geschichte angelegt war.

Die zweite, dazu gewissermaßen komplementäre Metaerzählung dient der Erklärung von Veränderungen in der Geschichtsbetrachtung selbst. Hier dominieren Erzählstrategien der Verwissenschaftlichung und fortschreitenden Wahrheitsfindung seit der Entstehung der modernen Geschichtsschreibung in der Spätaufklärung. Moderne Verwissenschaftlichungsprozesse zeichnen sich demnach durch zweierlei aus: zum einen durch einen klar umgrenzten Gegenstandsbereich, zum anderen durch ein hohes Maß an methodischer Rationalität. Der Gegenstandsbereich der Geschichtswissenschaft ist »die Geschichte« als Kollektivsingular, wie sie sich unter den Bedingungen des modernen Fortschrittsgedankens Ende des 18. Jahrhunderts herausbildete. An die Stelle einer Vielzahl von individuellen Erinnerungen und Geschichten trat die eine, alle historischen Sachverhalte umfassende Geschichte. Dem Referenten »Geschichte« entsprach auf der anderen Seite die Entwicklung methodischer Referenzpraktiken, die im Zuge eines längeren Entwicklungsprozesses verfeinert und verbessert wurden. Ziel war es und ist es bis heute, die unter dem Kollektivsingular begriffene historische Wirklichkeit in methodisch überprüfbarer Weise so zu rekonstruieren, »wie sie war«, und die Ergebnisse in der wissenschaftlichen Diskussion zu verifizieren. Es geht mit anderen Worten um Wahrheit, und zwar um Wahrheit im Sinne einer letztlich unhistorischen und kontextunabhängigen Erkenntnis. Der moderne Organisationsmodus der Erkenntnisbildung ist mithin einem unhistorischen Wahrheitsbegriff verpflichtet. Eine unhistorische Wahrheit zu formulieren, bedeutet jedoch keineswegs,

Neutralität gegenüber ihrem Referenzhorizont zu wahren. Denn jedes wissenschaftliche Ergebnis, das als Wahrheit formuliert wird, ist letztlich eine Affirmation der Moderne als Resultat des historischen Fortschritts. Indem die Geschichtswissenschaft, wie Jörn Rüsen bemerkt hat, »Modernisierung historisch nachvollzieht, legitimiert sie Modernität« (Rüsen 1993: 21). Geschichte als Wissenschaft macht somit aus dem Gewordensein – der eigenen modernen Gegenwart – ein Prinzip des Werdens, und sie schließt – qua ihrer Wissenschaftlichkeit – die Pluralität der Vergangenheit darin ein, um sie als Ganze der eigenen Ordnung zu unterwerfen.

4. Postmoderne Tendenzen in der Geschichtsschreibung

Die Metaerzählung der Entwicklung ist allerdings ebenso wie die der Verwissenschaftlichung in jüngerer Zeit unter dem Eindruck der Krise der Moderne unter Beschuss geraten. Gegen die Theorien der Modernisierung insbesondere in der Gestalt der Gesellschaftsgeschichte haben eine Reihe von jüngeren Historikerinnen und Historikern argumentiert, die man im weitesten Sinne zur »Neuen Kulturgeschichte« rechnen kann. Nicht mehr das »Eigene« im Sinne der Moderne als Telos geschichtlichen Wandels interessiert nun, sondern das »Fremde« bzw. das »Andere«. Entsprechend verpflichtet sich diese Geschichtsschreibung dem Ideal der Methodenvielfalt und thematischen Pluralität und lehnt die herrschende Vorstellung von der einen Geschichte, nämlich der Geschichte als Vorgeschichte der Moderne, ab. Konkret heißt das, die Quellen im Hinblick auf den Bedeutungshorizont der Zeitgenossen zu lesen und sie nicht auf eine jenseits ihrer selbst liegende säkulare Entwicklung hin zu interpretieren. Im Zuge dieser heuristischen Neuorientierung entstanden, zum Teil unter Berufung auf Foucaults Arbeiten (Dinges 1994), gänzlich neue Themenfelder. Statt auf Arbeiterbewegung und Klassenbildung, industrielles Wachstum, Bürokratisierung und Verstaatlichung richtete sich der Blick auf symbolische und diskursive Formen der Weltaneignung, auf die Wahrnehmung von Geschlecht oder Körper, Krankheit oder Kriminalität. An die Stelle des Kollektivsingulars »Geschichte« traten Kategorien wie Erinnerung, kulturelle Konstruktion und Gedächtnis (Schmidt 1991; Niethammer 1993; Jelavich 1995). Nicht mehr der Strom der Zeit ist nun die treffende Metapher für das Ganze der Geschichte, sondern das Mosaik, das aus zahllosen, sehr verschiedenfarbigen Steinen zusammenzusetzen ist.

Besonders im angelsächsischen, aber auch im französischen Bereich fand die Kritik an historischen Metaerzählungen zudem als Revisionismus eingeschliffener Interpretationsmuster mittlerer Reichweite einen spezifischen Ausdruck. Im Mittelpunkt standen dabei die großen nationalgeschichtlichen Ereignisse, die wie der Englische Bürgerkrieg oder die Französische Revolution als Achsenzeiten bürgerlich-gesellschaftlicher Entwicklungsprozesse konzeptualisiert worden waren. So fungierte der »Civil War« in der englischen Geschichtsschreibung traditionellerweise als Prisma, um die Entfaltung moderner freiheitlicher Verfassungsformen und parlamentarischer Entscheidungsmechanismen zu beschreiben, wobei die Zeit vor 1640 in der Regel die Signatur einer reinen Vorgeschichte erhielt (Stone 1972). Gegen diese teleologische Interpretation des 16. und frühen 17. Jahrhunderts setzte seit den siebziger Jahren eine Reihe von Historikern ein an der Ereignisgeschichte orientiertes Programm, ohne allerdings zu einem über die Ablehnung deterministisch-strukturalistischer Erklärungsmuster hinausgehenden Konsens zu gelangen (Clark 1986; Burgess 1990; Asch 1995). In der französischen Geschichtsschreibung wurden im selben Zeitraum die auf die Revolution von 1789 fokussierten Interpretationsansätze der neueren Nationalgeschichte Frankreichs in Frage gestellt. Gegenüber einer am Erbe der Ideen von 1789 interessierten Deutung der Revolutionsgeschichte, die durch weltanschauliche Vorannahmen in höchsten Maße beeinflusst wurde, verkündete man, allen voran François Furet, das »Ende der Revolution« und mahnte ihre Historisierung an. Eine dezidiert konservative Ausformung erhielt der französische Revisionismus zudem durch die Betonung der dunklen Seiten der Revolution, insbesondere der Zeit des »Terreur« (Schreckensherrschaft). In der Regel ging es jedoch auch hier um die Verabschiedung des Kontinuitätsaspekts, durch welchen das Jahr 1789 eine moderne Signatur bekommen hatte, und die Hinwendung zu den »kleinen Geschichten« und konkreten Ereignissen (Furet 1980, 1988).

Geschichte und Postmoderne

In engem Zusammenhang mit der Kritik herrschender Entwicklungs- und Kontinuitätsvorstellungen ist auch die Metaerzählung von der Verwissenschaftlichung ins Wanken geraten. Von unterschiedlichen Positionen aus ist die Geschichte der Geschichtsschreibung hinterfragt worden, wobei sich insbesondere die Repräsentationsproblematik als fruchtbarer Ansatz erwiesen hat. Der bislang von Historikern kaum reflektierte Zusammenhang von Sprache und Erkenntnisgegenstand führte zur Entdeckung narrativer Strukturen in der Geschichtsschreibung, die auf den Prozess der Erkenntnisbildung wesentlichen Einfluss haben. Eine breite Öffentlichkeit erreichte Hayden Whites bereits 1973 erschienene Untersuchung der »historischen Einbildungskraft« im 19. Jahrhundert (White 1991), in welcher er die Werke so einflussreicher Historiker wie Jules Michelet, Leopold von Ranke oder Alexis de Tocqueville nach den zu Grunde liegenden Erzählstrukturen befragt. White kommt dabei zu dem Schluss, dass trotz der Anwendung streng wissenschaftlicher Verfahrensweisen die poetisch-narrative Matrix der Zeit die Forschungsergebnisse zutiefst präjudiziert. Insofern die Geschichtsschreibung Orientierung in der Zeit bieten will, ist sie auf konventionelle Erzählstrategien angewiesen, mit deren Hilfe an sich kontingente Einzelereignisse der Vergangenheit in übergreifende Sinnzusammenhänge aufgelöst werden können. Eine klare Trennlinie zwischen poetischen und wissenschaftlichen Erzählungen existiert nach White dabei nicht, da die sprachlichen Grundlagen der Erkenntnisbildung nicht im vollen Umfang rationalisierbar sind (White 1990). Deshalb lassen sich in historischen Texten literarische Makrostrukturen wie Satire, Tragödie, Komödie oder Romanze ebenso ausfindig machen wie basale Sprachfiguren und Tropen.

Whites Ansatz aufnehmend, beleuchteten in der Folgezeit eine Reihe von Historikern unter unterschiedlichen Aspekten die narrativen Strukturen der Geschichtsschreibung (Ankersmit 1993; Jenkins 1995; Zagorin 1999). Unter dem Schlagwort »linguistic turn« (Linguistische Wende), das auf den amerikanischen Philosophen und Wissenschaftstheoretiker Richard Rorty (1967) zurückgeht, wurde und wird dabei eine größere Sensibilität für den Sprachbezug historiographischer Erkenntnis angemahnt. Da die Historiographie es auf Quellen- wie auf Darstellungsebene mit sprachlichen Formen zu tun hat, ist sie, so die dem linguistic turn zu Grunde liegende These, auch den ihnen eigenen Gesetzen der »Erzählung« und Sinnkonstitution unterworfen. Wissenschaftliche Erklärungsangebote entfalten ihre Plausibilität demnach nicht unabhängig von ihrer Ausdrucksform, sondern sind Teil eines je konkreten, sprachlich vorstrukturierten Bedeutungsfeldes. Konsequenterweise muss deshalb die ästhetisch-formale Dimension der Geschichtsschreibung Teil der methodischen und theoretischen Reflexion werden. Die gerade von Historikern unter dem Eindruck gängiger Hermeneutik-Modelle gepflegte Inhaltsfixierung hat allerdings bislang weitgehend verhindert, dass die Darstellungs- und Ausdrucksform zum Gegenstand der Historik wurde (Schöttler 1997).

Neben der Aufdeckung historiographischer Erzählstrategien wurde die Kontextualisierung der modernen Geschichtsschreibung innerhalb aktueller kultureller und gesellschaftlicher Formationen vorangetrieben (Ernst 1992). Die Geschichtswissenschaft, so der dahinter stehende Gedanke, ist Teil einer umfassenderen Geschichtskultur, die bestimmte Erinnerungsinteressen und Erinnerungsmedien favorisiert, andere Formen der Vergangenheitsbezüge dagegen delegitimiert. Auch aus dieser Perspektive relativiert sich der Wissenschaftsstatus der modernen Historiographie. In radikaler Zuspitzung der Repräsentationskrise wurde von einigen Geschichtstheoretikern schließlich der Referenzgegenstand »Geschichte« selbst in Frage gestellt. Die Historie erscheint dabei nicht länger als stabiler Bezugspunkt von Verwissenschaftlichungsstrategien, sondern als narrative Konstruktion der jeweiligen Gegenwart. Geschichte wird mit anderen Worten als »Text« betrachtet, der keinerlei Verbindung mit außersprachlich existierenden vergangenen Welten besitzt, sondern ausschließlich aktuellen Regeln der Bedeutungskonstitution gehorcht (Rusch 1991; Jenkins 1991). Aus dieser Position erscheinen letztlich alle Versuche, etwas über die Vergangenheit zu sagen, zum Scheitern verurteilt.

Welche Perspektiven ergeben sich nun für eine Geschichtsschreibung, die die in der Postmoderne-Debatte formulierte Kritik aufnimmt? Neben die fortschritts-

und modernisierungstheoretisch arbeitende Geschichtswissenschaft ist eine Historiographie getreten, die den Blick auf synchrone Sinn- und Bedeutungsstrukturen richtet. Die enge Verbindung von historischer Analytik und sozialwissenschaftlicher Begrifflichkeit, die bereits auf der Ebene der Kategorien Ergebnisse präjudiziert, wurde dadurch in Frage gestellt. Als Alternative zeichnet sich eine Vorgehensweise ab, die die jedem historischen Zeitraum eigene Ordnung ernst nimmt, indem sie versucht, eine Immanenzebene zu schaffen, die nicht sofort einem allgemeinen Prinzip unterworfen wird. Nur durch die permanente Überprüfung der verwendeten Begrifflichkeiten und Erkenntnismodelle am historischen Material entgeht die Geschichtsschreibung der Versuchung, geläufige Erklärungsmuster in anachronistischer Weise zu übertragen und somit eigene Sinnstrukturen zu verallgemeinern.

Geschichte und Postmoderne

In einer höheren Sensibilität gegenüber der Sprache und den Erklärungsmodellen erschöpft sich allerdings, wie einige Historiker meinen (Wehler 1998; Lorenz 1998; Evans 1998), die Kritik an der bestehenden Geschichtswissenschaft nicht. Die Forderung postmoderner Philosophen, sich mit den eigenen Erkenntnisvoraussetzungen auseinander zu setzen und die darin verborgenen Macht- und Herrschaftsmechanismen aufzudecken, ist auch für die Geschichtsschreibung von fundamentaler Bedeutung. Die Rede von der Postmoderne reduziert sich nicht auf die Entdeckung und Erschließung neuer, »unmoderner« Untersuchungsfelder oder thematischer Pluralität um jeden Preis, die mit dem Kampfbegriff der »Beliebigkeit« vom Tisch zu wischen sind. Hinter der Problematik der Inhalte des modernen Wissens steht jene der Verfahren moderner Wissensbildung, die bereits die Formen der Bemächtigung und Beherrschung der »Geschichte« beinhalten. So erweist sich die historische Hermeneutik als Lehre vom Verstehen fremden Sinns selbst als dem Projekt der Moderne zutiefst verpflichtet, aktualisiert sie doch in jedem Moment die Einheit der Geschichte im Hinblick auf die Gegenwart, »als hätten die Wörter ihren Sinn, die Wünsche ihre Richtung, die Ideen ihre Logik immer bewahrt« (Foucault 1996: 69). Sie fixiert damit historische Identität als moderne Identität und schließt Positionen der Differenz von vornherein aus. Diese Positionen gilt es zu reformulieren, will man über den herrschenden Zweifel am Heilsversprechen der Moderne hinaus zu neuen Formen der historiographischen Wissensbildung gelangen. Der erkenntnistheoretischen Dimension der Postmoderne haben sich die Historiker in ihren aktuellen Diskussionen bislang weitgehend entzogen.

Marcus Sandl, Mitarbeiter am Lehrstuhl für Neuere Geschichte an der Universität Konstanz. Forschungsgebiete: Politisch-ökonomische Wandlungsprozesse und Wissenschaftsgeschichte des 18. Jahrhunderts, Theorie der Geschichte und Methodenlehre, Reformationsgeschichte.

Steven Ellis

Revisionismus

1. Gegenwartsbezogene vs. vergangenheitsbezogene Geschichte

Der Revisionismus gehört zu den wichtigsten und zugleich umstrittensten Entwicklungen der angloamerikanischen Geschichtsschreibung in der Ära der sog. »Postmoderne«. Der Revisionismus entstand in den siebziger Jahren im Kontext der wissenschaftlichen Diskussion um Begriffe wie »Moderne« und »Modernisierung«. Mit der wachsenden Kritik an Konzepten wie wissenschaftlicher Fortschritt, soziale und technische Verbesserung und Zivilisationsgewinn durch Erziehung geriet auch der Glaube an die großen Erzählungen der Geschichte unter Beschuss. Im Kern war der Revisionismus eine Reaktion (neben anderen) gegen die sog. »present-centered history« (Bradshaw 1988–1989), also die Interpretation der Geschichte aus dem Blickwinkel aktueller moderner Probleme und Fragen. Er verstand sich unter anderem als eine Geschichtsschreibung entsprechend dem Rankeschen Diktum »wie es eigentlich gewesen ist«. Paradoxerweise war der Revisionismus zudem eine Reaktion auf eine weitere hartnäckige Maxime in der Geschichtswissenschaft, für deren Verbreitung Leopold von Ranke letztlich auch verantwortlich war. Gemeint ist Rankes Idee vom Aufstieg der Nationen und der Nationalstaaten in einer von Gott gelenkten historischen Entwicklung und die Vorstellung, dass jede Nation ihre eigene Schicksalsstunde habe (Kearney 1989: 1).

»Revisionismus«-Debatten

Diese postmoderne Revision der geschichtswissenschaftlichen Agenda hat die Praxis der Geschichtsschreibung in den letzten 25 Jahren entscheidend beeinflusst. Erstaunlicherweise ist der Revisionismus als explizites Programm jedoch nur in einigen Ländern wie England, Frankreich und Irland diskutiert worden. In der deutschen Historiographie hat sich der Begriff z. B. nicht durchgesetzt, obwohl die Zeitgeschichte gerade dort einen Nährboden für eine revisionistische Interpretation bildet. In der Praxis spielte allerdings auch hier die Diskussion um gegenwarts- und vergangenheitsbezogene Geschichte vor allem zwischen Sozial- und Kulturwissenschaftlern eine wichtige Rolle (Medick 1984: 301 ff.; Kocka 1991). Dasselbe gilt auch für die Geschichtswissenschaft in Italien und in den Vereinigten Staaten (Riall 1994; Foner 1990). Für die deutsche Historiographie ist der Verzicht auf den Begriff »Revisionismus« allerdings besonders erstaunlich, weil man vielleicht gerade von den Geschichtswissenschaftlern aus der ehemaligen DDR erwartet hätte, dass sie die sog. »bürgerliche« Geschichtsschreibung des Westens als »revisionistisch«

bezeichnen. Im vorliegenden Zusammenhang erscheint es wenig sinnvoll, nach den Gründen für das Vorhandensein oder Nicht-Vorhandensein einer expliziten »Revisionismus«-Debatte in den verschiedenen nationalen akademischen Diskursen unter den Vorzeichen der Postmoderne zu fragen. Anstelle dessen werden im Folgenden die wichtigsten Debatten um den Revisionismus als historiographisches Konzept vorgestellt. In diesem Zusammenhang ist zu fragen, ob wesentliche Unterschiede in der jeweiligen nationalen Interpretation oder in der Anwendung verschiedener wissenschaftlicher Techniken und Methoden festzustellen sind. Gibt es z. B. einen Unterschied zwischen revisionistischen Analysen der Geschichte in kleineren und größeren Nationen? Die Revisionismusdebatte wurde und wird besonders im Bereich der Frühneuzeit-Forschung geführt. Hier liegen die Ursprünge revisionistischer Interpretationen, hier wurden sie auch systematischer durchgeführt als für andere Epochen. Die Ursache für das starke Interesse der Frühneuzeit-Forschung am Konzept des Revisionismus liegt möglicherweise darin, dass auf diese Zeit besonders häufig Modernisierungstheorien – etwa als Periode des Übergangs vom Feudalismus zum modernen Nationalstaat kapitalistischer oder sozialistischer Prägung – angewandt worden sind. Ein zweites Charakteristikum ist die Zentrierung auf die angloamerikanische Forschung. Zwar haben revisionistische Interpretationen in jüngster Zeit auch Eingang in die französische Historiographie, vor allem zur Französischen Revolution, gefunden. Diese Beiträge stammen allerdings hauptsächlich von englischen und amerikanischen Wissenschaftlern (Jones 1996: v. a. 72; Kates 1998; Comninel 1987). Angloamerikanische Forscher sehen Analogien zu ihrer revisionistischen Theoriebildung auch in der italienischen Geschichtswissenschaft. Der Begriff »Revisionismus« taucht im italienischen akademischen Diskurs allerdings nicht auf (Riall 1994). Der folgende Artikel beschäftigt sich deshalb mit der geschichtswissenschaftlichen Auseinandersetzung mit der Postmoderne unter dem Schlagwort »Revisionismus« in den beiden (eng verwandten) Ländern, in denen das Konzept explizit diskutiert worden ist: England und Irland. Englands Status als »große Nation« hat dazu geführt, dass die englische Geschichtswissenschaft eine starke Außenwirkung entfalten konnte. Die Beschäftigung mit der weniger bekannten Geschichtsschreibung der benachbarten »kleinen Nation« Irland fördert dagegen einige interessante Kontraste zu Tage, die die aktuelle Agenda der »Revisionismus«-Debatte verdeutlichen.

Der Begriff und seine Inhalte

Vor einer Diskussion des Konzepts »Revisionismus« sei auf den marxistischen Ursprung des Begriffs hingewiesen. Als »revisionistisch« galt jede Form der Abweichung von der offiziellen Parteilinie. Im historiographischen Kontext kann darunter eine neue Interpretation der Vergangenheit im Lichte neuer Quellen, neuer Perspektiven oder neuer Analysemethoden verstanden werden, die sich gegen eine bestehende Orthodoxie richtet. Bereits 1916 richtete der führende britische Historiker Albert

F. Pollard in der Zeitschrift »History«, dem offiziellen Publikationsorgan der Historical Association, eine Sektion für »Historical Revisions« ein, in der Aufsätze veröffentlicht werden sollten, die unhinterfragte Annahmen widerlegen (Brady 1994: 5). In gewissem Sinne sind alle Historiker Revisionisten, da sie immer eine »vollständigere« oder »ausgewogenere« Interpretation der Geschichte beabsichtigen. Der Begriff wird normalerweise allerdings nur auf solche Revisionen angewendet, die sich besonders kritisch oder nachhaltig gegen bestehende Orthodoxien wenden. »Revisionismus« als Schlagwort hat in jüngster Zeit auch in die akademische Alltagssprache Einzug gehalten. Neuerdings werden alle grundsätzlichen Neuinterpretationen scheinbar bekannter Entwicklungen als »revisionistisch« bezeichnet. Der Begriff »Revisionismus« hat somit eine doppelte Bedeutung bekommen. Für viele Historiker ist das Charakteristikum ihrer Studien eine Revision des aktuellen Kenntnisstandes, andere verwenden ihn als pejorativen Kampfbegriff. Darüber hinaus stellt der Begriff in der allgemeinen Öffentlichkeit, zumindest im nationalistischen Irland, eine Beschimpfung dar.

2. Die Ursprünge des Revisionismus: Die Englische Revolution und die Reaktion auf die »Whig History«

Nichtsdestoweniger können wir an John Morrills Definition des Begriffs »Revisionismus«, bezogen auf die Analyse der Stuart-Monarchie in England, als »eine Geschichtsschreibung, die eine neue und kohärente Antwort auf die bis dahin dominante Interpretation der Geschichte gegeben hat«, anknüpfen (Morrill 1999: 1). Daraus folgt, dass Revisionismus nur auf der Schablone dieser etablierten Orthodoxie zu verstehen ist. Die revisionistischen Interpreten dieser Epoche haben nicht unbedingt viel gemeinsam. Ein Kritikpunkt gegen die Verwendung des Begriffs ist deshalb seine ausgesprochene Offenheit, die bei einigen Historikern zu genereller Ablehnung geführt hat. Tatsächlich ist es den revisionistischen Autoren zumindest zunächst nicht gelungen, ein kohärentes Gegenbild zur kritisierten Orthodoxie zu entwerfen, in dem sich die verschiedenen politischen, sozio-ökonomischen, religiösen oder intellektuellen Aspekte zu einem Gesamtkonzept zusammenfügen (Burgess 1990; Asch 1995; Brady 1994: 11, 22 ff., 200 ff.).

Englischer Bürgerkrieg – die »Whig«-Interpretation

Vor dem Hintergrund des marxistischen Ursprungs des Begriffs haben revisionistische Historiker vor allem die Französische und Englische Revolution neu zu interpretieren versucht. Revisionisten haben Analysen des Englischen Bürgerkriegs und der Französischen Revolution als proto-moderne, bürgerliche Revolutionen im Sinne von Marx, Engels und Lenin kritisiert (Jones 1996: 73; Schröder 1986). In der englischen Geschichtsschreibung zum 17. Jahrhundert geriet besonders die alte

Interpretation der frühen Stuart-Zeit unter revisionistischen Beschuss. Hier ist es vor allem die sog. »Whig«-Interpretation der Geschichte gewesen, die zu revisionistischer Kritik herausforderte. Die »whiggistische« Meistererzählung dient der Unterstützung heutiger, moderner politischer Ziele und basiert auf der Vorstellung, dass die Geschichte Englands *sui generis* die Geschichte eines natürlichen, evolutionären Fortschritts in Richtung Freiheit und Wohlstand ist, der sich unabhängig von äußeren Einflüssen vollzog (Burgess 1999: 7). Die Abwendung von dieser teleologischen Interpretation der Geschichte hat auch in der revisionistisch orientierten Geschichtsschreibung anderer Länder zu einer Kritik am Konzept eines nationalen Sonderwegs und zu einem neuen Interesse an komparativer Forschung geführt. Hauptziele revisionistischer Angriffe auf die alte Interpretation des Englischen Bürgerkriegs waren allerdings die sozialhistorischen Studien von Christopher Hill und Lawrence Stone. Möglicherweise unter dem Einfluss von Alfred Cobhams Kritik an marxistischen Interpretationen der Französischen Revolution (Cobham 1964; Kates 1998: 5 f.) attackierten Revisionisten eine soziale Interpretation des Englischen Bürgerkriegs als den Versuch, einer anachronistischen politischen Geschichte eine soziale Dimension aufzudrücken und dabei »die Analyse der Vergangenheit mit gegenwärtigen Standards und Konzepten zu organisieren« (Burgess 1990: 614 f.). Die Englische Revolution unter sozialen Vorzeichen analog zu den revolutionären Ereignissen in Frankreich und Russland zu interpretieren, kann hier nur als unbelegte Hypothese verstanden werden. Obwohl Stone eine Interpretation der Englischen Revolution nach marxistischen Vorgaben ausdrücklich abgelehnt hat, wird seine Analyse der »Causes of the English Revolution« von der Vorstellung eines sozialen Determinismus getragen. Wie andere »prä-revisionistische« Forscher konstruiert Stone einen immanenten Zusammenhang zwischen sozialem Wandel, intellektuellem Eifer und zwangsläufiger politischer Revolution (Stone 1972: v. a. 48, 54, 114; Morrill 1999: 7, 17 f.).

Kontinuitätslinien oder Zufälle?

Als Reaktion auf diese Interpretation haben Historiker so unterschiedlicher politischer Ausrichtung wie Mark Kishlansky (1979), John Morrill (1996) und Conrad Russell (1976) die alte Vorstellung eines fortschreitenden Niedergangs der Beziehungen zwischen Krone und Parlament im frühen 17. Jahrhundert in Frage gestellt und Argumente gegen die etablierte These einer sich vergrößernden Differenz zwischen »court« und »country«, einer wachsenden politischen Opposition vor allem im Parlament und der politischen Kontinuität zwischen der Regierung von James I. und Charles I. vorgebracht. Wann, so wurde gefragt, soll die Englische Revolution überhaupt stattgefunden haben: 1640, 1642, 1649 oder in den 1650er Jahren? Anders formuliert, wurde der »Kampf um die Verfassung« nun nicht länger als Kampf um Freiheit und Demokratie interpretiert. Die Interpretationen des Englischen Bürgerkriegs als Kampf um die großen politischen Prinzipien und Englands Führungsrolle bei der Entstehung westlicher freiheitlicher Werte oder der kapitalistischen Gesellschaft wurden von den Revisionisten auf eine Analyse der unmittelbaren Ursachen des Bürgerkriegs reduziert, der selbst in den 1640er Jahren alles andere als unvermeidlich und – ein Schlüsselargument – von Zufällen (contingency) bestimmt war.

3. Der irische Revisionismus und das Problem der Teilung

In der irischen Geschichtswissenschaft bestimmt der Revisionismus die wissenschaftliche Debatte vom Spätmittelalter bis fast in die unmittelbare Gegenwart. Ähnlich wie in England entstand der Revisionismus als Reaktion auf das von verschiedenen Fraktionen als national-irisches Äquivalent zur Whig-Interpretation der Geschichte bezeichnete Paradigma. Im irischen Kontext bedeutete dies eine Geschichtsschreibung, die von einem nationalen Determinismus dominiert war und das Ziel der irischen Geschichte in nationaler Souveränität und einem unabhängigen irischen Staat sah, dessen unausrottbare Wurzeln bis in eine graue Vorzeit zurückreichten (Ó Tuathaigh 1994: 312). Diese teleologische Interpretation der irischen Geschichte wurde allerdings 1920 durch die politische Teilung des Landes in zwei rivalisierende Staaten komplizierter. Die Teilung verstärkte frühere Divergenzen zwischen nationalistischen und unionistischen, d. h. an einer Union mit Großbritannien festhaltenden, Perspektiven auf die irische Geschichte. Sie tangierte zudem das Verhältnis zwischen akademischer und populärer Geschichtsschreibung, genauer gesagt zwischen der akademischen Agenda und historischen Versatzstücken, die sich moderne Staaten und ihre Bürger zur Herstellung einer nationalen Identität zurechtlegen (Bottigheimer 1994). In der Regel beeinflussen sich beide Seiten gegenseitig, etwa durch Forschungsgelder, die die Regierung für bestimmte Forschungen bereitstellt. Ein sprechendes Beispiel sind die staatlichen Feiern zum 200. Jahrestag der Rebellion von 1798, eines Aufstands, an dem sich sowohl Katholiken als auch Protestanten beteiligten, und im Gegensatz dazu das Ausbleiben von Feierlichkeiten zur Erinnerung an die Gründung der ersten Republik in Irland durch Oliver Cromwell 1649 im folgenden Jahr, die offenbar nicht als Bestandteil einer »nützlichen Vergangenheit« galt.

Staatlich definierte Agenda: Irland und die DDR

Im modernen Irland führte die Teilung und Trennung der Gesellschaft zur Herausbildung konkurrierender Versionen der populären Geschichte, die von staatlicher Einflussnahme geprägt waren. In den zwanziger Jahren distanzierte sich die Regierung des Irischen Freistaates von der diskreditierten britischen Administration und förderte eine Version der irischen Geschichte mittels einer Strategie, die mit der DDR-Geschichtswissenschaft nach der Teilung Deutschlands durchaus vergleichbar ist. Der

Freistaat erklärte sich zum rechtmäßigen Erben von Irlands gälischer Vergangenheit und setzte die Rehabilitation und Verherrlichung der traditionellen gälischen Zivilisation, den historischen Charakter des irischen Kampfes um Freiheit und Unabhängigkeit und die Errungenschaften der vermeintlichen Helden in dieser Auseinandersetzung auf die akademische Agenda, die von nationalistisch orientierten Wissenschaftlern dominiert wurde. Geschichtsschreibung diente hier der Selbstbestärkung. In apostolischer Folge glorifizierte man die nationalen Heroen von Brian Boru bis Hugh O'Neill und Wolfe Tone in ihrem männlichen, jahrhundertelangen Kampf. Wie die Helden der »Arbeiter- und Bauernbewegung«, etwa der »Protokommunist und Revolutionär« Thomas Müntzer, dem »weiteren Aufbau des Sozialismus« zuarbeiteten, so halfen Irlands Helden bei der unvermeidlichen Erschaffung eines unabhängigen gesamtirischen Nationalstaats.

»Frühbürgerliche Revolution«: »Hibernisierung« des Mittelalters

Einerseits war diese Entdeckung bislang vernachlässigter Aspekte der irischen Vergangenheit zu begrüßen. Unterschiedliche Perspektiven gehören zu einer guten Geschichtsschreibung. Andererseits wurde in beiden Fällen – im geteilten Irland wie im geteilten Deutschland – der Perspektivenwechsel von der jeweiligen neuen politischen Ideologie dominiert. In der DDR mutierten »Reformation und Bauernkrieg« zur ›frühbürgerlichen Revolution‹ als »Bedingung des beginnenden Übergangs vom Feudalismus zum Kapitalismus« (Brinks 1992; Blaschke 1997). Im Irischen Freistaat wurde der Anspruch auf die ganze Insel und ihre Bevölkerung in der Verfassung von 1937 festgeschrieben. Für die irische Geschichtswissenschaft bedeutete dies eine Interpretation der irischen Geschichte nach anachronistischen hibernozentrischen Maßstäben: Aus den Engländern, die im Mittelalter auf der Insel lebten, wurden »Anglo-Iren« und die »Gaedhil« (Iren) wurden tautologisch umbenannt zu »Gaelic Irish«, um damit einen Unterschied zu den Engländern und »Gaedhil« in Britannien zu konstruieren, die man nicht als Teil der irischen Nation ansah. Trotz des unterschiedlichen politischen Drucks auf Historiker, die Geschichte neu zu interpretieren, deckten sich die Ergebnisse der Mediävistik und der neueren Geschichte. In ihrem Bemühen um die nationale Agenda hibernisierten die Mediävisten die englische Bevölkerung des mittelalterlichen Irland gleich zweimal: einmal als »Anglo-Irische Separatisten« des 14. und 15. Jahrhunderts und ein Jahrhundert später als »katholische Nationalisten«. In Nordirland zeigten die Geschichtswissenschaftler allerdings wenig Interesse an Irlands Vergangenheit vor der englischen Besiedlung Ulsters ab 1608. Mangels alternativer Interpretationen setzte sich so der Trend zur »Hibernisierung« des irischen Mittelalters (getragen durch weitere Anachronismen wie die Applizierung der »Home Rule« auf die Situation des 15. Jahrhunderts und das Konzept der Gälisierung) konkurrenzlos durch. Damit wurde gleichzeitig die Vorstellung von zwei Nationen auf einer Insel an den Rand gedrängt.

Der Beginn der Unruhen in Nordirland 1969 stellte die Beziehung zwischen akademischer und populärer Geschichte erneut in Frage. Die politische Destabilisierung Nordirlands erschütterte die bislang allgemein akzeptierte Teilung der irischen Geschichte, die für die Zeit bis 1608 als Geschichte des südlichen Staates und für Nordirland als britische Geschichte geschrieben wurde. <u>Seit den siebziger Jahren führen irische Historiker hitzige Debatten über populäre nationale Mythen und falsche Vorstellungen von Irlands Vergangenheit.</u> Der erste akademische Großangriff auf anachronistische Verfahren und begriffliche Manipulationen einer nationalistisch orientierten Interpretation der irischen Geschichte wurde im Bereich der irischen Spätmittelalter- und Frühneuzeit-Forschung (1300 bis ca.1650) vorgenommen (Ellis 1986–1987; Brady 1994: 9 f.; Frame 1993). Dabei gab es Widerstand gegen Versuche, der englischen Bevölkerung des mittelalterlichen Irland eine eigene Identität zuzugestehen und sie als Untertanen des englischen Königs auf irischem Boden zu akzeptieren. Brendan Bradshaw forderte weiterhin eine Interpretation der irischen Geschichte mit dem Akzent auf der »katastrophalen Dimension« und beschwor eine »gegenwartsorientierte« oder sogar »absichtlich unhistorische« Geschichtsschreibung, »um die moderne Nation mit der ›eingeborenen Rasse‹ früherer Epochen zu verbinden«. Außerdem versuchte man, zwischen zwei Arten der Geschichtsschreibung zu unterscheiden: einerseits diejenige, welche »die Nation zusammenhält und mit neuen Energien versieht«, und andererseits die »nationalistisch nutzlose und unterminierende Geschichtsschreibung oder Pseudogeschichte Irlands aus englischer Feder« (in: Brady 1994: 187, 210 ff.; vgl. Nicholls 1999). Die irische Öffentlichkeit interessierte sich sehr viel mehr für Ereignisse der jüngeren irischen Geschichte wie die große Hungersnot oder den Aufstand von 1916. Dementsprechend verlagerte sich die Debatte bald in die neuere Geschichte. Hier wiederholen sich allerdings die Argumente und Gegenargumente. Im öffentlichen Diskurs nahmen bald auch Vertreter anderer Disziplinen, Politikwissenschaftler, Wirtschaftswissenschaftler, Kulturjournalisten und Literaturkritiker an der Auseinandersetzung teil, die nun mit ausgesprochen akademischen Begriffen geführt wurde (Boyce/O'Day 1996; Brady 1994).

Unstrittene Gegenwart – Kontroverse Geschichte

Die Umstände der deutschen und der irischen Teilung, und damit auch die Auswirkungen auf die jeweilige Geschichtsschreibung, waren unterschiedlich. Der »Arbeiter- und Bauernstaat« brach plötzlich und in einer Art zusammen, die viele gute Arbeiten über Thomas Müntzer und den Bauernkrieg ungerechterweise diskreditierte. In Irland führte das Wiederaufflammen des Bürgerkriegs schließlich zu einer Neureflexion der traditionellen Interpretationen der irischen Geschichte, die im Zentrum der revisionistischen Debatte stehen. Der Kontext, in dem sich die irische Debatte abspielte, unterschied sich auch deutlich von der englischen Diskussion um den Revisionismus. Neben der Tatsache, dass der Status von Nation und Staat in Irland politisch viel stärker umstritten war, gab es auch große Unterschiede zwischen den Historiographien beider Länder. Die englische (ebenso wie die französische) Historiographie war entwickelter und offener für internationale Einflüsse. Dieser Umstand spiegelt Englands Rolle als frühere Kolonialmacht mit Welteinfluss wider. In diesem Sinne war die englische Geschichte der Frühen Neuzeit eben nicht nur die Geschichte Englands, sondern auch die Vorgeschichte der englischen Kolonien, in die später englische Siedler und Sprache sowie englische Institutionen, Gesetze und Kultur exportiert wurden. Trotz gelegentlicher Irritationen englischer Historiker über eine Einmischung von außen in »ihre Geschichte«, war die englische Geschichtswissenschaft deshalb international. Demgegenüber war die irische Geschichtswissenschaft lange Zeit unterentwickelt. Trotz des wachsenden Interesses an der irischen Geschichte, das sich nicht zuletzt aus Irlands Rolle als einem der Krisenherde dieser Welt speist, haben irische Historiker, seien sie Revisionisten oder Anti-Revisionisten, die irische Geschichte lange Zeit ebenfalls als »ihre« Domäne betrachtet. Insgesamt verdeutlicht die Debatte, dass eine kontroverse Gegenwart auch kontroverse Geschichtsinterpretationen produziert. Dies ist nicht notwendigerweise ein Nachteil, sondern beleuchtet vielmehr die unhinterfragten Annahmen der Historiker.

4. Die New British History und ihre Kritiker

Der Grund, warum die Auseinandersetzung um den Revisionismus besonders heftig im Bereich der Frühneuzeit-Forschung (und in Irland auch in der Mediävistik) geführt wurde, ist möglicherweise, dass dieses Forschungsfeld auf den Britischen Inseln traditionell um Fragen der Nation kreiste – während man sich in anderen Ländern stärker mit dem Phänomen der Staatsbildung beschäftigt hat. Angeblich erlangte die Nation im Nationalstaat Modernität, aber in der mittelalterlichen und frühmodernen Praxis war die Königsherrschaft über verschiedene Nationen die politische Norm. Sicherlich kann man den Revisionisten der frühen Stuart-Zeit vorwerfen, dass sie nach der Diskreditierung des sozialhistorischen Ansatzes kein überzeugendes Erklärungsmuster für den Bürgerkrieg entwickelt, sondern anstelle dessen Interpretationen der irischen und schottischen Geschichte angeführt haben (Burgess 1999: 20, 115). Tatsache ist aber, dass die königliche Autorität zuerst in diesen beiden anderen Königreichen der multiplen britischen Monarchie zusammengebrochen ist. Irland und Schottland waren bis dato in der traditionellen Erfolgsgeschichte des englischen Nationalstaates marginalisiert worden. Angesichts der jüngsten politischen Entwicklungen in und außerhalb Großbritanniens, wie der erstarkenden Devolutionsbewegung und der Entstehung eines europäischen »Superstaates« in nuce, schreibt man nun auch in Großbritannien die Geschichte der Frühen Neuzeit nicht länger als Geschichte der Nation, sondern eher als Geschichte der Staatsbildung.

> Staatsbildung statt Geschichte der Nation

Dieser Trend wurde verstärkt durch die Arbeiten englischsprachiger Europahistoriker, die sich mit den zusammengesetzten Staatsgebilden und multiplen Monarchien auf dem Kontinent beschäftigten und damit einen Vergleichsrahmen für die Tudor- und Stuartherrschaft in Großbritannien anboten (Koenigsberger 1986; Elliott 1992; Evans 1979). Obwohl die politischen Probleme der Habsburgmonarchie, der skandinavischen Doppelmonarchie Dänemark und Norwegen oder der Union von Polen und Litauen nicht direkt mit der politischen Situation auf den Britischen Inseln vergleichbar sind, kann man doch den multinationalen Charakter sowie ähnliche Strategien auf dem Weg zur Staatlichkeit und Herrschaftssicherung konstatieren. Auf Grund der Konzeption des Britischen Königreichs als multiple Monarchie konnten die Revisionisten neue Interpretamente für eine Erklärung des Bürgerkriegs vorschlagen. Hier sahen sie zugleich sowohl die Anfänge des Empire als auch des modernen britischen Staates. Die Einbeziehung anderer, zeitgenössischer Sichtweisen war schon immer eine revisionistische Strategie gegen die Whig-Interpretation gewesen. Im Zuge dessen, was unter dem Schlagwort der »New British History« als holistisches Erklärungsmuster für die politische Geschichte der Britischen Inseln im Hinblick auf die Interaktion zwischen den verschiedenen Nationen und Königreichen zusammengefasst wurde (Ellis 1988: 44; Burgess 1999), kam es zu einer wahren Flut von Konferenzen und Aufsatzsammlungen, an denen sich Spezialisten der irischen, schottischen und walisischen Geschichte beteiligten und die so die traditionelle, auf England zentrierte Geschichte mit einer stark komparatistischen Perspektive als Staatsbildung neu interpretierten.

Dieser Trend führte zu einer radikalen Neudefinition der historiographischen Agenda. Das alte Paradigma der Tudor-Geschichte als Ära fortschreitender administrativer Vereinheitlichung, königlicher Zentralisierung sowie eines kulturellen Imperialismus wurde nun angegriffen. Der Erfolgsgeschichte der königlichen Autorität im englischen Kernland stand nun die sehr viel fragilere Herrschaft in den Grenzregionen der Tudormonarchie gegenüber. Die Revisionisten der Stuart-Zeit schrieben den Bürgerkrieg zu einem Krieg der drei Königreiche (1638–1652) um, dessen Ursachen sie im Versagen der Monarchie beim Aufbau gesamtbritischer Regierungsstrukturen für England, Irland und Schottland sahen. Die Lösung dieses Dilemmas wurde im anglo-schottischen Unionsakt von 1707 verortet, der eine »more perfect union« zwischen England und Schottland ermöglichte (Bradshaw/Morrill 1996; Ellis 1995; Morrill 1996). Selbst die traditionelle Periodisierung der britischen Geschichte wird zurzeit in Frage gestellt. Zum einen scheint der Zerfall der anglo-französischen Doppelmonarchie (1449–1453) ein wichtigeres Datum zu sein als der Beginn der Tudor-Herrschaft 1485. Zum anderen sind für

Irland, Wales und den englischen Norden die 1530er Jahre mit den neuen königlichen Verwaltungsinitiativen von größerer Bedeutung. <u>1603 wird als Stichdatum weiterhin akzeptiert, markiert aber viel stärker die anglo-schottische königliche Personalunion und die Vollendung der englischen Eroberung Irlands als den dynastischen Thronwechsel von den Tudors zu den Stuarts.</u> Für die Stuart-Zeit heben Revisionisten deshalb auch nicht die zahlreichen politischen Krisen zwischen König und Parlament hervor, sondern die verschiedenen Vereinigungsprojekte und -pläne, wie etwa die Union unter Cromwell von 1652, die als Vorspiel für die Union von 1707 gelesen wird (Ellis 1988; Ellis/Barber 1995; Bradshaw/Morrill 1996). Zusammengefasst: <u>Die Meistererzählung der britischen Geschichte hat also wieder Konjunktur; diesmal aber nicht mehr als Geschichte der Nation, sondern als Geschichte der Staatsbildung. In mancher Hinsicht fällt die New British History damit vielleicht aus dem postmodernen Rahmen.</u> Der Rückzug von der Postmoderne manifestiert sich allerdings weniger in einer simplen Rückkehr zu Modernisierungstheorien als vielmehr in der Diskussion unangenehmer aktueller Tatsachen (z. B. die Teilung Irlands oder die problematische Verfassung des Vereinigten Königreichs). Die Analyse der vier Nationen und drei Königreiche auf den Britischen Inseln demonstriert den komparatistischen Ansatz und die Fokussierung der Frühen Neuzeit als charakteristisch revisionistisch. Außerdem erklärt die neue Synthese zumindest, warum Iren, Schotten und Waliser Mitglieder des modernen britischen Staates sind.

Konkurrierende Meistererzählungen

Im irischen Kontext lieferte die New British History das dringend benötigte Korrektiv zu traditionalistischen Perspektiven. Die vorherrschende, ganz auf Irland zentrierte Interpretation, sei es nun als nationalistische »imagined community« im Sinne Benedict Andersons (1991) oder nicht, hatte zu sehr den Blick auf die britische Tradition und dessen Einfluss auf die Staatsbildung in Irland verstellt. Die irische Meistererzählung vom Aufstieg der irischen Nation als unabhängigem irischen Staat hatte den anderen, britisch dominierten Staat auf der Insel völlig außer Acht gelassen. Die Existenz dieser Bevölkerungsgruppe und ihre britische Identität wurden in einer Weise kurzzeitigen Faktoren und Zufällen der Geschichte zugeschrieben, die einem *Revisionismus avant la lettre* entsprach. <u>Tatsächlich aber existierte ein vereinigtes Irland eben nur unter britischer Herrschaft</u> (1603–1920). Außerhalb dieser Periode war die Insel geteilt und von verfeindeten Nationen beherrscht, die ihrerseits z. T. enge Verbindungen zu Teilen Britanniens unterhielten. Deshalb ist die Republik Irland selbst nach achtzig Jahren politischer Unabhängigkeit noch stark englisch geprägt, so etwa in puncto Sprache, Rechtstradition und Verwaltungsstruktur. In vieler Hinsicht kann man das heutige Irland genauso als ein Produkt des britischen Staatsbildungsprozesses begreifen wie Wales, nämlich als englische Königsherrschaft über eine gemischte Bevölkerung von Einheimischen und Siedlern und damit als ein Produkt der Staatlichkeit Heinrichs VIII. Wenn man Heinrich für die Grenzziehung zwischen England und Wales verantwortlich machen kann, dann ebenso dafür, dass die Iren in Schottland nicht zu der irischen Nation im neuen irischen Königreich gerechnet werden können. Nach 1801 wurde das irische Problem im Vereinigten Königreich marginalisiert, aber im weiteren Kontext des britische Empire nahmen Iren überproportional viele Schlüsselpositionen ein. In beiden Weltkriegen befehligten irische Generäle britische Truppen.

Neuer Anglozentrismus?

Die Einbettung von verschiedenen nationalen Geschichten in die neue Meistererzählung der britischen Staatsbildung ist allerdings nicht in jedem Fall ein Gewinn. Aus mehreren Gründen wird die New British History vermutlich auch in Zukunft kontrovers bleiben. Zahlreiche englische Historiker können sich nicht mit der Tatsache anfreunden, dass ihr Forschungsgegenstand – England – an die südöstliche Peripherie der Britischen Inseln verdrängt wird und damit an Bedeutung verliert. Tatsächlich ist die englische Politik allerdings seit 1066 nicht allein für das englische Kernland gemacht worden. Hier waren revisionistische Korrekturen längst überfällig. Auf der anderen Seite fürchten irische und schottische Historiker den Verlust ihres genuinen Forschungsfeldes zugunsten eines verdeckten neuen Anglozentrismus (Asch 1993: 4; Canny 1995; Burgess 1999: 9 f.). Als Rezept gegen diese Angst vor einer neuen englischen Meistererzählung schlägt der englische Historiker Peter Lake vor, »in der Unbestimmtheit und Vielstimmigkeit der post-revisionistischen Ära zu verharren«, anstatt einen »neuen dominanten Legitimationsdiskurs über die britischen Geschichte, nationale Identität und multiple Monarchien« zu entwickeln und diesen mit aktuellen politischen Problemen zu verknüpfen (Lake 1996: 281 ff.). Arbeitsökonomisch gesehen, baut sich vor dem einzelnen Historiker die erforderliche Kenntnis über vier Nationen und drei Königreiche als schier unüberwindbare Hürde auf. Historiker, die Fragen zur Geschichte der Regionen außerhalb des englischen Kernlands bislang an die Keltisten abgeben zu können glaubten, sehen sich jetzt gezwungen, ihr Forschungsfeld und ihren Kenntnisstand zu erweitern. Viele umgehen dieses Problem dadurch, dass sie sich zwar nominell mit der britischen Geschichte beschäftigen, tatsächlich aber Experten einer Nationalgeschichte bleiben und lediglich die Forschungsliteratur zu den jeweils anderen britischen Nationen rezipieren (Canny 1995: 148; Burgess 1999: 239).

Irischer »Sonderweg«?

Es überrascht nicht, dass die lauteste Kritik an der New British History aus den Reihen der irischen Nationalhistoriker geäußert wurde, die selbst die Bezeichnung »Britische Inseln« ablehnen. Interessanterweise wurden allerdings in der Auseinandersetzung um die New British History die revisionistischen Grabenkämpfe nicht einfach wiederholt. Führende irische Anti-Revisionisten wie Brendan Bradshaw erschienen nun als Advokaten der New British History, während einer der schärfsten Gegner Bradshaws in der Revisionismusdebatte plötzlich seine nationalistischen Wurzeln entdeckte (Bradshaw/Morrill 1996; Canny 1995; Asch 1993). Ein Grund für diesen Gesinnungswandel könnte darin liegen, dass die New British History im irischen Kontext gleichsam doppelt revisionistisch ist. Einerseits richtet sie sich gegen die Whig-Interpretation der englischen Geschichte. Andererseits kritisiert sie die traditionelle britische Geschichte, deren Paradigma der wachsende Einfluss Englands auf den Britischen Inseln war. Für Bradshaw ergibt sich aus dieser doppelten Frontstellung die Möglichkeit, seine These vom irischen Sonderweg zu verteidigen und gleichzeitig die Rückkehr der Meistererzählung zu feiern, die ja die Revisionisten abgelehnt hatten (in: Brady 1994: 200; Bradshaw/Roberts 1998). Tatsächlich übernahmen irische Historiker den deutschen Begriff »Sonderweg« in ihr Vokabular zur Erklärung der Besonderheiten der irischen Geschichte (Bottigheimer/Lotz-Heumann 1998: 307). Im Allgemeinen gilt die New British History aber als »Verrat an der nationalistischen Sache«, weil sie »eine nationale Identität [beschwört], in der das ›Englische‹ einen wesentlichen Bestandteil bildet« (Burgess 1999: 239 f.). Tatsächlich ist die New British History einer britischen Perspektive ebenso verpflichtet wie die ältere irische Geschichtsschreibung einer gesamtirischen Perspektive. Wenn aber eine Insel von zwei Staaten und zwei Völkern geteilt wird, muss auch eine »gegenwartsbezogene Geschichte« diesen Umstand in Betracht ziehen.

5. Nach dem Revisionismus

Wie sieht die Forschungslandschaft nach den revisionistischen Kontroversen aus? In gewisser Hinsicht kann man die revisionistische Debatte als historiographische Reflexion der fundamentalen politischen Umwälzungen in Europa während der letzten gut zehn Jahre und damit als Reaktion auf den Zusammenbruch des Sozialismus und die Entstehung eines multinationalen europäischen Staates beschreiben. Verbindet man die Geschichtsschreibung mit Modernisierungstheorien unterschiedlicher Provenienz, sei es der Aufstieg des Sozialismus oder die Entstehung von Nationalstaaten, dann hat der Zusammenbruch der osteuropäischen Staaten ebenso wie die Europäische Union diese Meistererzählungen diskreditiert. Das Konzept des Revisionismus hat zudem dort stärkere Kontroversen hervorgerufen, wo die akademische Forschung eng mit populären Geschichtserzählungen verbunden war. Der Vergleich zwischen der irischen und der englischen Kontroverse zeigt, dass der Revisionismus jeweils auf die nationale historiographische Agenda reagiert. Interpretamente wie das der »eingeborenen Rasse« und des »Vaterlandes« wurden von irischen Revisionisten heftig attackiert, während diese in der englischen Historiographie keine Rolle spielten. Andererseits ignorierte die irische Diskussion Theorien des sozialen Wandels, des Aufstiegs des Kapitalismus und der parlamentarischen Demokratie, die Hauptangriffsziele der englischen Revisionisten waren.

> **Pluralität vs. Meistererzählung**

Bei allen Unterschieden ist die vielleicht schärfste Kontroverse diejenige zwischen vergangenheits- und gegenwartsbezogener Geschichte. <u>Die Aufgabe der Historiker besteht darin, einerseits die Vergangenheit aus sich selbst heraus zu interpretieren, andererseits aufzuzeigen, wie aus der Vergangenheit Gegenwart wurde.</u> Die Fokussierung der Vergangenheit *an sich* und der Möglichkeiten, die sich den Zeitgenossen boten, macht die Geschichte zu einer Geschichte der Eventualitäten. Die Fokussierung der Optionen, die die Zeitgenossen tatsächlich gewählt und die die weitere Entwicklung beeinflusst haben, bietet Erklärungsmuster für die Gegenwart. Der erste Ansatz reduziert die Geschichte auf eine Abfolge beliebiger Ereignisse (»one damn thing after another«), der zweite erklärt die Gegenwart als Resultat angeblicher Zwangsläufigkeiten. In der Praxis sind Historiker oft genug bereit, ein Konzept zugunsten eines anderen fallen zu lassen. Moderne Gesellschaften sind durchaus in der Lage, ihre Zukunft aktiv zu gestalten. Deshalb durchlaufen Meistererzählungen Konjunkturen. Sollte eine neue, post-revisionistische Tendenz auf die Abschaffung der großen Geschichtserzählungen hinauslaufen, dürfen sich Historiker nicht wundern, wenn ihre Rolle bald von weniger wissenschaftlich ausgerichteten Interpreten der Vergangenheit übernommen wird. Das Misstrauen gegenüber der New British History, eine »old English history« in »Three-Kingdoms-Verkleidung« zu sein (Canny 1995: 147 f.), ist nicht begründet: Die Periodisierung der englischen Geschichte wurde mit einer ebenso radikalen Neuorientierung konfrontiert wie die schottische und die irische Geschichte. Was wir brauchen, sind tatsächlich viele Geschichtserzählungen: Die Geschichte der irischen und der schottischen Nation ist ebenso wichtig wie die Geschichte britischer Staatsbildung. Was wir nicht brauchen, ist die Dominanz einer einzigen *Meister*erzählung. In einer geteilten Gesellschaft wie der irischen kann die Suche nach den Ursprüngen heutiger Vorstellungen und Ziele in der Vergangenheit nicht mittels der anachronistischen Übertragung moderner Konzepte und Begriffe zum Zwecke der Legitimierung spezifisch moderner Positionen erfolgen. Sonst degeneriert jede Meistererzählung zu politischer Propaganda.

Steven Ellis, Professor an der National University of Ireland Galway. Forschungsgebiete: Geschichte der Britischen Inseln von 1300 bis 1700, Grenzgesellschaften, Frühneuzeitliche Geschichtsschreibung.

Gérard Noiriel

Die Wiederkehr der Narrativität

In den siebziger Jahren begannen die Historiker, sich für die Frage der »Narrativität« zu begeistern. Wenn die Diskussionen um dieses Thema bis heute niemals wirklich aufgehört haben, so liegt dies nicht nur daran, dass alle Gebiete der historischen Forschung betroffen sind, sondern auch daran, dass sich in dieser Debatte Autoren gegenüber stehen, die radikal verschiedene Konzeptionen der Geschichte vertreten und so die Polemik oft mit großer Heftigkeit vorangetrieben haben.

1. Geschichts-»Schreibung« versus Geschichts-»Wissenschaft«

Der berühmte Artikel, den der Historiker Lawrence Stone (1979) Ende der siebziger Jahre dem »Revival of the Narrative« widmete, kann als Ausgangspunkt der internationalen Reflexion über die Wiederkehr der Narrativität in der Geschichte gelten. Um den eigentlichen Gegenstand dieser Frage zu verstehen, ist es somit nicht unnütz, sich die Hauptargumente dieser Studie wieder ins Gedächtnis zu rufen. In den siebziger Jahren geriet der in den vorangehenden Jahrzehnten sehr verbreitete kollektive Glaube an eine wahrhaft wissenschaftliche Geschichtsschreibung allmählich ernsthaft ins Wanken. Der Aufsatz von Lawrence Stone war die spektakulärste Manifestation der Zweifel, die zu diesem Zeitpunkt die dezidiert sozialwissenschaftlich engagierten Historiker befielen. Nach einem kurzen Überblick über die seit den fünfziger Jahren aus dem Blickwinkel einer »wissenschaftlichen« Geschichte heraus veröffentlichten Arbeiten konstatierte Lawrence Stone, dass die Benutzung mathematischer Modelle, der intensive Rückgriff auf Statistik und die Vermehrung von unter großem Einsatz an Mitarbeitern und erheblichem finanziellem Aufwand betriebenen quantitativen Untersuchungen es nicht ermöglicht hätten, die großen Fragen der historischen Forschung in befriedigender Weise zu beantworten. Zu dieser intellektuellen Niederlage kam noch die politische. Die Popularität der Geschichtswissenschaft nach dem Krieg hing mit dem Erfolg des Marxismus innerhalb der Universitätswelt und mit der Dynamik der Arbeiterbewegung auf der sozialen Bühne zusammen. Ab Mai 1968 dann ließen die Krise des Marxismus und das in linksintellektuellen Kreisen aufkommende Bewusstsein für die Grausamkeiten des Stalinismus die Idee selbst einer historischen »Wissenschaft« suspekt erscheinen. Für Lawrence Stone erklärt diese kollektive Entzaube-

> **Lawrence Stone:**
> **»Revival of Narrative«**

rung, warum gerade die vormals am stärksten mit dem Konzept einer »wissenschaftlichen« Geschichte verbundenen Historiker nun an die »narrative« Geschichtsschreibung anknüpften. Die im Verlauf dieser Periode aufkommenden neuen Forschungsrichtungen – sei es die »Mentalitätsgeschichte« in Frankreich, sei es die »microstoria« (Mikrogeschichte) in Italien oder die »historische Anthropologie« in den Vereinigten Staaten – lehnten die »longue durée« (lange Dauer), den Primat der Wirtschaft und die kalte Objektivität quantitativer Analysen ab, um sich stattdessen subjektiveren, das Studium von Individuen und kulturellen Repräsentationen vorziehenden, Ansätzen zuzuwenden.

Wie die folgende kleine Tabelle zeigt, die ich verfertigt habe, um die Thesen im Text von Lawrence Stone zu synthetisieren, wird der Begriff »Narrativität« in einem äußerst weiten Sinne gebraucht. Er bezeichnet nicht nur die mit dem Schreiben von Geschichte verbundenen Probleme, sondern er benennt auch, auf allgemeinere Weise, ein neues Paradigma historischer Forschung, das Stück für Stück dem Paradigma der »wissenschaftlichen« Historiographie entgegengesetzt wird.

Konzeptualisierung der Aufgaben des Historikers	wissenschaftlich	literarisch
Zentrale Fragestellungen der Historiographie:	Lebensumstände der Menschen	Menschen in Lebensumständen
Wichtigste Einflüsse:	Soziologie, Demographie, Wirtschaftswissenschaft	Anthropologie, Psychologie
Untersuchungsgegenstand:	Soziale Gruppen	Individuen
Erklärungsmodelle historischen Wandels:	stratifiziert und monokausal	zusammenhängend und multikausal
Methode:	Gruppenquantifizierung	Einzelbeispiele
Vorgehensweise:	analytisch	deskriptiv

Die Tatsache, dass Stone seine gesamte Analyse um diesen Gegensatz von »wissenschaftlicher« und »narrativer« Geschichtsschreibung entwarf, trug zum Erfolg seines Aufsatzes bei. Durch dieses Vorgehen reaktivierte der Autor in der Tat – vielleicht ohne es zu wollen – ein Problem, das seit der Herausbildung der Geschichte als universitärer Disziplin zu Beginn des 19. Jahrhunderts im Zentrum der Diskussionen der Historiker gestanden hatte. Obgleich hier nicht ausführlich auf diese Frage eingegangen werden kann, die bereits Gegenstand zahlreicher Arbeiten war, erscheint es nichtsdestoweniger angebracht, kurz die drei wesentlichen Etappen der »Auseinandersetzung« in Erinnerung zu rufen, in der sich während zweier Jahrhunderte »wissenschaftliche« und »narrative« Geschichtsschreibung gegenüber standen.

> **Leopold von Ranke: Geschichte zwischen Wissenschaft und Literatur**

Die erste Episode fand zum Zeitpunkt der Gründung der Berliner Universität (im Jahr 1810) statt. Leopold von Ranke (1867–68) gelang es, die Verselbstständigung der Geschichte von der Philosophie zu rechtfertigen, indem er sich gleichzeitig auf zwei mit dem philosophischen Modell konkurrierende Erkenntnismodelle stützte. Einerseits lehnte er die spekulative Vorgehensweise der Philosophen ab und präsentierte die Geschichte als eine »Wissenschaft«, die sich dem empirischen Studium des Vergangenen, »wie es eigentlich gewesen ist«, widmet. Andererseits jedoch beklagte er die Abstraktion der Philosophie und ihren universellen Erkenntnisanspruch, indem er sich nicht auf die Wissenschaft, sondern auf die Literatur stützte. Zu einer Zeit, als die historischen Romane von Walter Scott Triumphe feierten, lieferte die Romanfiktion den Historikern formale Mittel, die sich als gut geeignet für ihr Projekt eines »Wiederauferstehenlassens der Vergangenheit« erwiesen. Mit Hilfe gewisser Erzähltechniken bemühten sich die Historiker, ihre Leser zu fesseln, indem sie die historischen Fakten in eine »Geschichte« integrierten, welche sie erzählten, als handele es sich um ein Theaterstück mit individuellen oder kollektiven »Rollen« (das Volk, die Nation, etc.). Obgleich er auch die wissenschaftliche Dimension der Geschichte unterstrich, betrachtete Ranke aus diesem Grund die Disziplin als eine literarische Gattung (Gilbert 1990). Zur gleichen Zeit trat in Frankreich die »narrativistische Schule« ihren Siegeszug an, die junge, von romantischen Themen beeinflusste Historiker versammelte. Diese verurteilten die von der vorangehenden Generation praktizierte »philosophische« Geschichtsschreibung und warfen ihr vor, »die Narrativität als den wesentlichen Teil der Geschichte fast immer zu vernachlässigen«, wie es Augustin Thierry, der Anführer dieser Bewegung, ausdrückte (in: Gauchet 1997: 818). Schon zu dieser Zeit befand sich die Definition der Geschichte somit in einem Spannungsfeld zwischen zwei einander widersprechenden Typen von Anforderungen: die einen zerrten die Disziplin in Richtung der Wissenschaften, die anderen in Richtung der Literatur. Dieser epistemologische Doppelstatus wurde für lange Zeit durch Wilhelm von Humboldt (1821) und dessen berühmte Vorlesung über die »Aufgabe des Geschichtsschreibers« aufrechterhalten. Humboldt betonte, dass der Historiker auf Grund seiner empirischen Arbeitsweise ein wahrhafter Wissenschaftler sei, der die Analyse (das kritische Studium der Quellen, um diese in »historische Tatsachen« zu verwandeln) mit der Synthese (der Anordnung dieser »Tatsachen« zu einem kohärenten Ganzen) verbinde. Doch der Historiker, so fügte Humboldt hinzu, müsse auch ein Künstler sein, der dank der Qualität seines Stils dazu in der Lage sei, seinen Lesern die Atmosphäre einer Epoche und die von den Menschen früherer Zeiten erfahrenen Gefühle und Leiden zu vermitteln.

> **Herausforderung der Soziologie**

Gegen Ende des 19. Jahrhunderts hielten neue Disziplinen, allen voran die Soziologie, ihren Einzug in die Universitätswelt und machten der Geschichte ihr Monopol im Bereich der empirischen Gesellschaftsforschung streitig. Die Polemiken verstärkten sich auf Grund der Auseinandersetzungen innerhalb der Philosophie. Die durch die Schüler von Auguste Comte getragene positivistische Strömung behauptete, die Geschichte könne eine Wissenschaft vom Typ der Naturwissenschaften werden, indem sie die universellen Gesetzmäßigkeiten des sozialen Lebens freilege. Dieser Standpunkt jedoch wurde von der hauptsächlich durch Wilhelm Dilthey (1883) entwickelten hermeneutischen Philosophie bestritten. In Fortführung der Humboldtschen Analysen sah Dilthey die Geschichte als Teil der »Geisteswissenschaften«. Im Unterschied zu den Naturwissenschaften, welche die Welt der Gegenstände studieren, beschäftige sich die Geschichte mit dem Menschen. Sie wende sich dem Studium von Einzelphänomenen zu und ziele auf das Verständnis (die Bedeutung) menschlicher Handlungen und Psychologie ab. Für Dilthey muss die Vergangenheit wie ein großer, aus Zeichen (Spuren) bestehender »Text« angegangen werden, dessen Entzifferung Aufgabe des Historikers ist. Zwar hielten die meisten Historiker sich aus diesen epistemologischen Streitigkeiten heraus; alle jedoch fühlten sich von den institutionellen Umwälzungen ihrer Disziplin betroffen. In zahlreichen Ländern Westeuropas sowie in Amerika schlossen sich die Historiker Ende des 19. Jahrhunderts in Gelehrtengesellschaften zusammen, bildeten Berufsverbände und gründeten Fachzeitschriften. Die von den Naturwissenschaften abgeschaute Arbeitsweise dieser Gesellschaften trieb die Historiker an den Universitäten dazu, sich selbst als »Wissenschaftler« und nicht mehr als »Künstler« zu definieren. Nunmehr schrieben sie vor allem für ihresgleichen und nicht mehr bloß für das »breitere Publikum«. Aus diesem Grund betrachteten sie die Sprache hauptsächlich als ein Kommunikationsmittel zwischen Spezialisten desselben Fachgebiets und nicht mehr als eine Vermittlungsinstanz zwischen vergangener Wirklichkeit und diskursiver Repräsentation. Oder anders ausgedrückt: Die Historiker der Jahrhundertwende befassten sich vor allem mit der kommunikativen Dimension der Sprache, zum Schaden ihrer referentiellen Dimension. Deshalb beklagten sie regelmäßig den allzu »literarischen« Stil der vorangegangenen Historikergeneration, ihren übermäßigen Gebrauch von Metaphern und anderen rhetorischen Mitteln, die der Transparenz wissenschaftlicher Kommunikation schaden.

Die letzte Etappe, die es zu erwähnen gilt, um die Entstehung der Debatte zwischen »wissenschaftlicher« und »narrativer« Geschichte zu beleuchten, erstreckt sich von den fünfziger bis in die siebziger Jahre. Die Begeisterung der Historiker für die Wissenschaft spiegelte in der Universitätswelt nach dem Zweiten Weltkrieg weit verbreitete Sehnsüchte wider. Im Bereich der Philosophie behaupteten die (vor allem in Europa einflussreichen) Marxisten, der Historische Materialismus stelle die wahre Geschichtswissenschaft dar. In den Vereinigten Staaten fand sich der szientistische Diskurs durch die jüngsten Fortschritte des logischen Positivismus bestärkt. Carl Hempel (1942) behauptete, allgemeine Gesetze hätten in den Naturwissenschaften und in der Geschichte identische Funktionen, da die Begriffe »Gesetz«, »Ursache« und »Erklärung« sich überschnitten. Es existiere somit kein logischer Grund dafür, dass die Geschichte nicht eine richtige Wissenschaft werde. Bereits in den fünfziger Jahren wurden diese neuen Spielarten des Positivismus von denjenigen Philosophen radikal verworfen, die sich auf Edmund Husserl und Martin Heidegger beriefen, um die Diltheysche Sichtweise zu bereichern. Fragen der Sprache und der Narrativität wurden nun für die hermeneutische Reflexion grundlegend. Hans-Georg Gadamer (1960) betonte, dass wir nur durch die Sprache Zugang zur Vergangenheit erlangen. Doch ist diese Kommunikation zwischen den früheren und den heutigen Menschen weder linear noch transparent. Die Sprache überträgt Denktraditionen, die unsere Weltanschauung bedingen, ohne dass wir uns dessen recht bewusst sind. Im Gegensatz zu den Behauptungen der Positivisten kann der Historiker somit keinen Anspruch auf Objektivität erheben, denn – ob er es will oder nicht – sein Blick auf die Vergangenheit wird durch Vorurteile gelenkt, die in der Denktradition verankert sind, der er selbst entstammt. Gadamer wies ebenfalls die der wissenschaftlichen Geschichtsschreibung so teure Grundannahme zurück, die »Wahrheit« eines historischen Textes liege vollständig in diesem selbst verschlossen. Er behauptete, dass sich die Bedeutung eines Textes durch dessen mehrfache Lektüre beständig weiter entwickle. Historisches Wissen muss folglich als ein immer wieder aufgenommener »Dialog« zwischen demjenigen, der den Text verfasst hat, und seinen späteren Lesern betrachtet werden. In Frankreich ging die von Paul Ricœur (1983–1985) ausgearbeitete Positivismus-Kritik in dieselbe Richtung. Seiner Ansicht nach kann die Geschichte keine Wissenschaft sein, da sie eine Wissensform darstellt, die zur Gattung der Erzählung gehört, die bei ihm im aristotelischen Sinn als »erzähltechnische Komposition dargestellter Handlungen« (mise en intrigue d'actions représentées) verstanden wird (1983: 66 f.). Zwar kann der sich dem Studium von Einzelphänomenen widmende Historiker nicht hoffen, »universelle Gesetzmäßigkeiten« freizulegen, wie dies die Physiker tun; nichtsdestoweniger vermag er jedoch allgemeine Aussagen zu treffen. Dank der »erzähltechnischen Komposition« verbindet die historische Darstellung Zwecke, Ursachen und Zufälle unter der zeitlichen Einheit einer restlos vollständigen Handlung.

Französischer Strukturalismus

Die hermeneutische Philosophie war nicht die einzige geistige Strömung, welche die Grundvoraussetzungen einer wissenschaftlichen Geschichte angriff. Schon seit den fünfziger Jahren und hauptsächlich in Frankreich meldete sich auch die Literaturwissenschaft unter dem Banner des »Strukturalismus« zu Wort. Wenn dessen Mitstreiter den historischen Positivismus verwarfen, so nicht auf Grund seines wissenschaftlichen Anspruchs. Die Strukturalisten forderten vielmehr, dass die Geschichte, wie auch alle anderen Geisteswissenschaften, in einer neuen Disziplin verschmelzen solle, die das Studium aller Diskursformen beinhalte. Vom Schweizer Linguisten Ferdinand de Saussure (1915) übernahmen sie die Zeichentheorie, die als Verhältnis von »signifiant« (Bezeichnendes, Form) und »signifé« (Bezeichnetes, Inhalt) der sprachlichen Mitteilung verstanden wurde. Sie stützten sich aber auch auf die Arbeiten »russischer Formalisten«, die in der Zwischenkriegszeit die Methode de Saussures beträchtlich erweitert hatten, um aus ihr eine umfassende Untersuchungsmethode für literarische Texte zu machen. Die Strukturalisten bedienten sich dieser Innovationen, um eine kritische Theorie zu entwickeln, deren erklärtes Ziel es war, die Hegemonie der Sozialwissenschaften in der intellektuellen Welt der Nachkriegszeit zu beenden. Für Roland Barthes, den einflussreichsten Sprecher des französischen Strukturalismus jener Zeit, sollte die Textkritik die Sozialkritik als Befreiungsinstrument der unterdrückten Klassen ersetzen. Die Geschichte und die Sozialwissenschaften waren, Barthes zufolge, an ihrem Projekt einer gesellschaftlichen Umgestaltung gescheitert, weil die Vertreter dieser Disziplinen auf naive Weise geglaubt hatten, die »Wirklichkeit« direkt erreichen zu können, und nicht bemerkten, dass dieselbe uns nur durch die Vermittlung der Sprache zugänglich ist. Gegen den »Realismus« der Sozialwissenschaften behauptete Barthes mit Nachdruck, dass »einer Tatsache stets nur linguistische Existenz zukomme«. Er glaubte, die dominierende Ideologie überdecke diese Wahrheit, indem sie von ihm so genannte »Wirklichkeitseffekte« (effets du réel) hervorbringe. Indem sie die formalen Abläufe freilege, die zum Fortbestand dieser realistischen Vorurteile beitragen, könne die strukturalistische Kritik somit auf effiziente Weise gegen die Entfremdung der beherrschten Klassen ankämpfen. Die Arbeiten, die Roland Barthes der Geschichte gewidmet hat, folgen dieser Logik. Aus der Analyse der Werke großer »Historiker« der Vergangenheit (Herodot, Machiavelli, Bossuet, Michelet etc.) schlussfolgerte er, dass der historische Diskurs ebenfalls zur Produktion von »Wirklichkeitseffekten« beiträgt, weil er sich bemüht, die Spuren des Sprechers zu beseitigen, und weil er die Verwechslung von Referenz und Bedeutung aufrecht erhält (Barthes 1967: 74).

Poststrukturalismus

Die dritte Strömung, die zu erwähnen ist, um die zentralen Probleme der Debatte um die Wiederkehr der Narrativität in der Geschichte zu verstehen, tritt Ende der sechziger Jahre in Erscheinung. Im neuen revolutionären Kontext vor und nach den Ereignissen des Mai 1968 kombinierte eine neue Philosophengeneration aus der Hermeneutik und dem Strukturalismus entlehnte Argumente, um neue epistemologische Denkwege einzuschlagen. Auch diese jungen Philosophen (die man in den Vereinigten Staaten »Poststrukturalisten« nennt) machten gegen den Positivismus mobil. Dabei übernahmen sie allerdings das strukturalistische Projekt der Gründung einer Diskurswissenschaft, die alles daran setzen sollte, das Wissen zu revolutionieren. Jacques Derrida (1967) nannte diese Wissenschaft »Grammatologie«, Michel Foucault (1969) »Archäologie des Wissens« und Jean-Pierre Faye (1973) »allgemeine Narratik« (narratique générale). Sehr schnell jedoch zogen politische Desillusionierung und der wachsende Einfluss Friedrich Nietzsches die Preisgabe des Wissenschaftlichkeitsanspruchs nach sich. Seit Beginn der siebziger Jahre machten es sich die poststrukturalistischen Denker zur Hauptaufgabe, das Wissen zu »dekonstruieren«. Wie die Strukturalisten wiesen auch sie die der Hermeneutik so teuren Begriffe »Autor« und »Intentionalität« zurück, um stattdessen die Regeln der Diskurserzeugung und der Intertextualität freizulegen. Gleichzeitig jedoch stützten sich die poststrukturalistischen Philosophen auf Nietzsche und Heidegger, um die Grundthesen des Strukturalismus zu widerlegen – allen voran die Hypothese einer festen und stabilen Beziehung zwischen »signifiant« und »signifié«, auf der die gesamte linguistische Theorie von de Saussure beruhte. Michel Foucault (1971) entwickelte eine Genealogie der Machtverhältnisse, welche die Idee eines Fixpunktes, von dem aus der Historiker die Frage nach wahr und falsch beantworten könnte, verwarf. Jacques Derrida (1972) griff das westliche Denken an und warf ihm vor, seit Platon beständig die Stimme als einzige Trägerin von Bedeutung zum Schaden der Schrift bevorzugt zu haben. Im Gegensatz zu dieser auf der »Metaphysik der Präsenz« (métaphysique de la présence) gegründeten Tradition sieht Derrida die Schrift als »Abständigkeit« (décalage), als Spur einer Abwesenheit, die beim Sender wie beim Empfänger unbemerkt bleibt. Die Dekonstruktion hat zum Ziel, in einem endlosen Prozess alle Facetten dieser »Différance« zu sondieren, indem sie die Barrieren niederreißt, welche die Wissensgebiete – vor allem die Philosophie und die Literatur, den wahren und den fiktionalen Diskurs – voneinander trennen. Ende der siebziger Jahre wird die Bewegung der Dekonstruktion durch François Lyotard mit einem Buch beendet, das den Begriff »Postmoderne« weltweit verbreitet. Dieser Begriff bezeichnet für ihn »den Zustand der Kultur nach den Umwälzungen, welche seit dem Ende des 19. Jahrhunderts die Spielregeln der Wissenschaft, der Literatur und der Kunst in Mitleidenschaft gezogen haben« (Lyotard 1979: 7). Um hier bei der Frage nach der »Narrativität« zu bleiben, ist festzuhalten, dass sich die »Postmoderne«, Lyotard zufolge, durch eine generelle Skepsis in Bezug auf die »großen Erzählungen« auszeichnet (die Menschen glauben nicht mehr an die Reden über den »Fortschritt«, über die »Emanzipation der Massen« etc.). Weil jedoch die Bürger auch eine skeptische Haltung gegenüber der »großen Erzählung« der Wissenschaft einnehmen, müssen die Forscher von nun an immer häufiger ihre Laboratorien verlassen und ihren Wissensbereich in der Öffentlichkeit verteidigen. Von daher rührt die Vervielfachung der Diskurse *über* die Wissenschaft, die belegen, dass in unserer postmodernen Gesellschaft die Wissenschaft selbst von einer Wiederkehr des Narrativen gekennzeichnet ist.

Lawrence Stone – Paul Veyne

Diese kurze Rückschau erlaubt es, den Beitrag und die Grenzen des Aufsatzes von Lawrence Stone, der als Ausgangspunkt dieser Studie dient, besser zu verorten. Durch die Betonung seines Abstands zu dem von der Avantgarde der Nachkriegshistoriker verteidigten szientistischen Modell, bestätigt dieser Text, dass die Geschichtsschreibung in eine neue Ära eingetreten ist. Doch dieser Aufsatz markiert auch das Ende einer Epoche. In der Tat ist festzustellen, dass sich Lawrence Stone zur Rechtfertigung der Idee einer »Erneuerung der Narrativität« auf Argumente und Beispiele stützt, die ausschließlich die historische Disziplin betreffen. Sein Diskurs über Geschichte verharrt innerhalb des Universums solcher Bezugnahmen und Sorgen, die »normalen« Historikern zu Eigen sind. Seit den achtziger Jahren konnten jedoch Historiker, die in die Debatte um die Narrativität eingriffen, die von mir genannten philosophischen oder literaturwissenschaftlichen Reflexionen nicht mehr ignorieren. In dieser Hinsicht erscheint es mir sehr bezeichnend, dass Lawrence Stone in seinem Aufsatz das Buch nicht erwähnt, das Paul Veyne (1971) ganz zu Beginn der siebziger Jahre veröffentlichte, um seinerseits die Idee einer Wiederkehr der Narrativität in der Geschichte zu verteidigen. Der Hauptgrund für dieses »Vergessen« liegt in der Tatsache, dass das Buch von Veyne eine neue Art, Geschichte zu denken, inauguriert. Im Unterschied zu Stone bezieht sich Veyne praktisch nie auf empirische Arbeiten von Historikern. Seine gesamte Analyse ist mit philosophischen Reflexionen angefüllt (Nietzsche, Heidegger, Foucault, Ricoeur etc.), auf die er sich bezieht, um den Gedanken zu verteidigen, dass die Geschichte nichts als eine »erzähltechnische Komposition« (mise en intrigue), nichts als die Kunst sei, wahre Geschichten zu erzählen. Wenn Stone dieses Buch nicht zitierte, so zweifellos darum, weil er meinte, diese Art von epistemologischen Abhandlungen sei eine philosophische Stilübung, die Historiker nicht beträfe. Diese Arbeitsaufteilung ist es, welche eine neue Generation epistemologisch interessierter Historiker seit den achtziger Jahren zu bekämpfen sucht.

2. Die Folgen der Wiederkehr der Narrativität für die empirische Forschung

Es ist nicht zu leugnen, dass die Wiederkehr der Narrativität seit rund zwanzig Jahren zur Erneuerung der empirischen Geschichtsforschung beigetragen hat. Die von Lawrence Stone ausgemachten Tendenzen (Abkehr von der quantitativen Geschichtsschreibung, Rückgang der sich auf soziale Klassenmodelle stützenden Analysen und wirtschaftsstrukturellen Erklärungsmuster) haben sich in den folgenden Jahrzehnten verstärkt. Umgekehrt haben die Kulturgeschichte und die anthropologisch beeinflusste Geschichte (die sich für das Studium von Repräsentationen, individuellen Interaktionen und in ihrem Kontext erfassten Ereignissen interessieren) eine neue Dynamik entfaltet. Von all diesen neuen Forschungsgebieten verdienen es vor allem zwei, hier näher beleuchtet zu werden.

> **Neue Ansätze:**
> **Cambridge School**
> **Historische Anthropologie**

Erstens sind all jene Arbeiten zu zitieren, die sich bemüht haben, die Prinzipien der hermeneutischen Philosophie umzusetzen. Schon in den sechziger Jahren wurde diese Perspektive von der Cambridge School angenommen, die wesentliche Anregungen von John Pocock (1975) und Quentin Skinner (1996) erhielt. Es handelte sich um Studien über das politische Denken großer Autoren der Renaissance und der Frühen Neuzeit (Machiavelli, Hobbes u. a.). Die Hermeneutik spielte ebenfalls eine große Rolle für die beachtlichen Fortschritte der historischen Anthropologie. Die von dem amerikanischen Ethnologen Clifford Geertz (1973) erarbeitete Methode der »dichten Beschreibung« (thick description) wurde auf die Notwendigkeiten der historischen Forschung angewendet. Dies geschah zu dem Zweck, die Beherrschten oder sozialen Randgruppen (Frauen, Arbeiter, Immigranten etc.), deren Kultur und Praktiken von den Dominierenden zumeist verkannt wurden, in einem neuen Licht zu sehen. Da diese Arbeiten bevorzugt kleine Gemeinschaften betrachten, grenzen sie einen Analyseraum ab, der reduziert genug ist, um jedes teilhabende Individuum präzise anhand der Tatsachen und Gesten seines Alltags und seiner Beziehungen zu den anderen Individuen seiner Umwelt zu studieren. Auf diese Weise darf der Historiker hoffen, die Logik der spezifischen Verhaltensweisen bestimmter Randgruppen, die Kohärenz ihres – vom unsrigen oftmals sehr weit entfernten – kulturellen Universums besser zu verstehen. Die Wiederherstellung dieser Kohärenz vollzieht sich auch durch die Annahme einer Schreibweise, welche die generalisierenden Abstraktionen der sozialwissenschaftlichen Geschichte zugunsten solcher Erzähltechniken aufgibt, dank derer der Historiker hoffen darf, dem Leser die Gefühle, die Hoffnungen und die Ängste der von ihm studierten Individuen besser zu vermitteln. In diesem Zusammenhang ist besonders auf die Historische Anthropologie deutscher Prägung (Medick 1984) und auf die »Microstoria« (Mikrogeschichte) in Italien (Levi 1985) hinzuweisen.

> **Sprach- und**
> **Diskursgeschichte**

Doch die empirische Forschung profitierte auch von der poststrukturalistischen Version der Wiederkehr der Narrativität, indem sie neue Forschungsfelder im Bereich der Sprach- und Diskursgeschichte eröffnete. Die insbesondere von Reinhart Koselleck entwickelte und durch seine Schüler in diverse Richtungen weiter geführte deutsche »Begriffsgeschichte« ist in doppelter Hinsicht eigentümlich. Zum einen konstituierte sie sich lange bevor die Frage nach der Wiederkehr der Narrativität in Mode kam. Zum anderen rückt sie durch ihr Interesse für semantische Fragestellungen in die Nähe der Phänomenologie und der Hermeneutik. Im Falle Frankreichs hingegen war die Sprachgeschichte von vornherein durch strukturalistische Modelle gekennzeichnet. Das ist einer der Gründe für den hohen Stellenwert der Lexikographie und für die Bindungen zwischen Historikern und Linguisten, die in Frankreich enger als anderswo waren (Guilhaumou/Maldidier/Robin 1994). In Großbritannien und den Vereinigten Staaten ermöglichte der Einfluss des Poststrukturalismus eine Erneuerung der Sozialgeschichte, indem er die Rolle der Sprache in der Konstruktion sozialer Identitäten herausstrich (Jones 1983). Eins der wichtigsten Themen der poststrukturalistischen Philosophie, das Studium des Diskurses als Form von Macht, wurde in zahlreichen Arbeiten über Geschlechtergeschichte, Geschichte der Sexualität, der europäischen Vorherrschaft etc. vertieft (Scott 1988; Laqueur 1990).

> Hayden White – Literarische und private Quellen

Die Wiederkehr der Narrativität hatte auch im Bereich der Epistemologie und der Methodologie wichtige Folgen. Die zahlreichen Studien, die Hayden White in Fortführung der von Roland Barthes initiierten Fragestellungen dem historischen Diskurs widmete, ermöglichten die Eröffnung eines neuen Forschungsfeldes, das sich mit den verschiedenen Facetten des Schreibens von Geschichte befasst: dem heuristischen Wert von Romantechniken (Davidson 1984), dem Status der Beschreibung (Megill 1989), dem Gebrauch rhetorischer Figuren (Carrard 1992), der Rolle der Einbildungskraft in der Arbeit des Historikers (Fried 1996). Literarische Quellen – welche die Wirtschafts- und Sozialgeschichte vernachlässigt hatte, da sie der Ansicht war, fiktionale Texte könnten keinerlei nützlichen Beitrag zur Kenntnis der Vergangenheit leisten – wurden rehabilitiert. Anhänger der narrativen Geschichtsschreibung wiesen darauf hin, dass man die Geschichte unterdrückter Gruppen (Sklaven, Außenseiter, Frauen u. a.), die im Allgemeinen kaum Spuren in den offiziellen Archiven hinterlassen haben, nur schreiben könne, indem man »private« Dokumente heranziehe: Briefe, Tagebücher etc. In den letzten Jahren versuchte eine kleine Anzahl von Historikern, die traditionelle Schreibweise der Geschichte zu erneuern, indem sie Vorgehensweisen von Romanschriftstellern entlehnten. Einige von ihnen integrierten kleine fiktionale Texte in ihren ansonsten klassischen historischen Diskurs. Andere wiederum präsentierten ihre Forschungsergebnisse in Form einer fiktionalen Erzählung (Spence 1988). Die Infragestellung der Grenzen zwischen wissenschaftlichem und fiktionalem Schreiben wurde auch von den Historikern vertreten, die den allzu akademischen Charakter universitärer Geschichtsforschung beklagten. In Deutschland ermutigten die Anhänger der Alltagsgeschichte (Lüdtke 1989) die Akteure dazu, ihre eigene Geschichte zu schreiben. Umgekehrt ermöglichen sozialgeschichtliche Forschungen die Erstellung von Drehbüchern für Dokumentarfilme, die im Fernsehen gesendet werden.

3. Epistemologische Kontroversen: das Anliegen des »linguistic turn«

Hegemonie der Sozialgeschichte

Die Wiederkehr der Narrativität hatte auch wichtige Auswirkungen auf die epistemologische Reflexion der Historiker. Eine erbittert umkämpfte Frage betrifft den »linguistic turn« (Linguistische Wende). Der Gegenstand dieser Debatte ist nicht etwa die korrekte Einschätzung des Stellenwerts, der den empirischen Arbeiten über Sprache und Diskurs heutzutage in der Geschichtsforschung zukommt. Das Problem ist viel umfassender, denn es betrifft die Grundlagen der historischen Kenntnis selbst: die Frage nach Wahrheit, nach Objektivität, nach dem Verhältnis zwischen Realität und Repräsentation. Die Anhänger des »linguistic turn« sind der Ansicht, die Wiederkehr der Narrativität in der Geschichte sei in der Tat ein entscheidender Wendepunkt im Bereich der Epistemologie, der unsere Wahrnehmung der Wirklichkeit völlig verändert habe. Die szientistischen und realistischen Grundannahmen der positivistischen Geschichtsschreibung werden endgültig abgelehnt, da Literaturwissenschaft und Sprachphilosophie gezeigt haben, dass jede Realität sprachlich oder textuell verfasst ist. Um zu verstehen, warum die Diskussion um den linguistic turn zu Polemiken von solch extremer Heftigkeit führte, muss man sie im Kontext der Auseinandersetzungen betrachten, die seit den siebziger Jahren zwei Historikergenerationen miteinander ausgefochten haben. Der oben erwähnte Aufsatz von Lawrence Stone übergeht diese – doch wesentliche – Dimension der Wiederkehr der Narrativität vollständig. Bei seiner Lektüre entsteht der Eindruck, Historiker aus der Traditionslinie der »wissenschaftlichen« Geschichtsschreibung hätten den Anstoß zu dem Paradigmenwechsel gegeben. In Wirklichkeit gehörte die Mehrzahl derer, die sich auf die Narrativität stützten, um die historische Forschung zu erneuern, zu einer neuen Generation von Forschern. Diese lehnten nachdrücklich die bei den Sozialwissenschaften entlehnten Erklärungsmodelle der vorangehenden Generation ab. Unter diesen Voraussetzungen ist besser verständlich, warum diese jungen Historiker sich Argumente zu Eigen machten, die Roland Barthes schon zwei Jahrzehnte zuvor gegen die Sozialwissenschaften vorgebracht hatte. Wie bereits angemerkt, hatte die Textkritik im Verlauf der fünfziger und sechziger Jahre den Ehrgeiz, die Sozialkritik in der französischen Geisteswelt vom Thron zu stoßen. Zwanzig Jahre später nahmen die Historiker des linguistic turn einen ganz ähnlichen Kampf auf, um der Hegemonie der Sozialgeschichte ein Ende zu bereiten (LaCapra 1983; Orr 1986).

Argumente gegen die »wissenschaftliche« Sozialgeschichte

Man könnte die epistemologischen Argumente der Vertreter des linguistic turn gegen die Sozialgeschichte schematisch in drei große Gruppen zusammenfassen. Die erste vereint die Anhänger der »Intellectual History« Quentin Skinners, der »Microstoria« sowie der anthropologischen Geschichtsschreibung. Sie machten sich die von Hans-Georg Gadamer entwickelten hermeneutischen Thesen zu Eigen und behaupteten, dass jeder Historiker, der wirklich zur Kenntnis eines Teils der Vergangenheit beitragen will, diese notwendigerweise wie einen Text in seinem Kontext zu studieren habe; denn dies sei die einzige Möglichkeit, die Bedeutung zu verstehen, die frühere Menschen ihren Handlungen beimaßen. Sie gingen davon aus, dass die von der Wirtschafts- und Sozialgeschichte entwickelten quantitativen Methoden und Fernand Braudels Konzept der »longue durée« in eine Sackgasse geführt hätten, da sie lediglich Voraussetzungen unserer eigenen Epoche auf die Vergangenheit projizierten. Das zweite Bündel von Kritikpunkten, welche die Anhänger des linguistic turn an die vorangehende Historikergeneration richteten, vermischte Argumente, die zuvor sowohl von strukturalistischen als auch von poststrukturalistischen Theoretikern erarbeitet worden waren. Sozialhistoriker wie Edward P. Thompson (1963) und seine Schüler hatten die Herausbildung sozialer Identitäten untersucht, indem sie ihr Augenmerk auf die Erfahrungswelt der Akteure richteten (und hier vor allem auf das Ringen gegen die herrschende Klasse). Die Adepten des linguistic turn kritisierten diesen Ansatz, da er ihrer Ansicht nach die empirischen Vorurteile von Forschern illustrierte, die »die Dinge, wie sie wirklich gewesen sind«, studieren wollen, ohne zu bedenken, dass die einzige von uns erreichbare Realität textueller und sprachlicher Natur ist. Infolgedessen müsse der Historiker, der verstehen will, wie die Akteure der Vergangenheit ihre soziale Identität konstruierten, deren Sprache und nicht deren Erfahrungen untersuchen (Jones 1983). Die dritte Gruppe von Kritiken betraf die Frage nach historischer Wahrheit und Objektivität. Während sie die positivistischen Argumente der sozialwissenschaftlichen Geschichtsschreibung widerlegten, kamen die Nacheiferer von Roland Barthes, wie Hayden White (1987) und gewisse poststrukturalistische Historiker, zu dem Ergebnis, dass kein Unterschied zwischen historischem und fiktionalem Diskurs bestehe. Hinzuzufügen bleibt schließlich noch, dass die Anhänger des linguistic turn sehr häufig ihre epistemologische Kritik mit Argumenten politischer Natur vermengten. Microstoria und anthropologische Geschichtsschreibung beklagten den »technokratischen« Charakter sozialwissenschaftlich orientierter Geschichte, und poststrukturalistische Historiker betrachteten die Indifferenz derselben in Bezug auf sprachliche Phänomene als Verstärkung kultureller Herrschaftsstrukturen, die auf »Wirklichkeitseffekte« gegründet sind.

Reaktionen der Sozialhistoriker

Diese Beschuldigungen hatten extrem heftige Reaktionen von Seiten der solcherart in Frage gestellten Historiker zur Folge. Einige von ihnen warfen ihren jungen Kollegen vor, sich mit der Leidenschaft von Neophyten der Epistemologie zuzuwenden und dabei Banalitäten des philosophischen Diskurses zu übernehmen, um ihren persönlichen Ehrgeiz zu befriedigen (Thompson 1978). Andere wiederum glaubten, die

Vertreter des linguistic turn stellten durch ihren Versuch, die soziale Wirklichkeit zu leugnen, eine Rückversicherung für reaktionäre Kräfte dar (diese personifizierten damals Ronald Reagan und Margaret Thatcher), wodurch sie ihre kleinbürgerliche Ideologie verrieten (Palmer 1990). Die jede historische Wahrheit in Abrede stellenden Thesen von Hayden White wurden von einer großen Zahl der Historiker verurteilt, weil diese der Ansicht waren, ein solcher Relativismus spiele den »Revisionisten« in die Hände, welche die Existenz der Gaskammern und den Holocaust leugnen (Momigliano 1984; Chartier 1998). Trotz allem ist darauf hinzuweisen, dass sich die Polemik um den linguistic turn seit einigen Jahren in ihrer Eigenart verändert hat. Heute sind die meisten Historiker der Generation, die eine streng wissenschaftliche Geschichtsschreibung forderte, längst im Ruhestand; und von den jungen »Outsidern«, die in den siebziger und achtziger Jahren für die Wiederkehr der Narrativität kämpften, bekleiden viele heute sehr angesehene Posten in der Universitätshierarchie. Dies ist ohne Zweifel eine Erklärung für die Tatsache, dass sich in der aktuellen Diskussion nicht mehr die Verteidiger des linguistic turn und ihre Gegner gegenüber stehen, sondern Historiker, die die Wiederkehr der Narrativität jeweils in einem radikal anderen Sinne interpretieren. Diese Spaltung ist besonders innerhalb der US-amerikanischen »Intellectual History« spürbar, die in der Debatte um den linguistic turn eine herausragende Rolle gespielt hat. Diese Meinungsverschiedenheiten kamen in ihrer ganzen Breite anlässlich eines Diskussionsforums zum Vorschein, das der »American Historical Review« Ende der achtziger Jahre veranstaltete. Die Anhänger der »Dekonstruktion« warfen Quentin Skinner und seinen Schülern vor, die »Speech Act«-Theorie von John Searle (1969) übernommen zu haben und dabei so zu verfahren, als seien die geschriebenen Texte, mit denen der Historiker arbeitet, mit »Sprechakten« gleichzusetzen. Für David Harlan (1989) muss die Intellectual History von Quentin Skinner mit Entschlossenheit zurückgewiesen werden, da sie die phonozentristischen Vorurteile illustriere, die Jacques Derrida als Konstante der westlichen Metaphysik entlarvt habe. Sprachphilosophie und Literaturwissenschaft haben den Glauben an eine feste und bestimmbare Vergangenheit unterhöhlt. Man könnte viele weitere Beispiele zitieren, die dieselbe Art von Gespaltenheit illustrieren – vor allem innerhalb der feministischen Geschichtsschreibung, wo sich Anhänger der »Erfahrungswelt« und Vertreter des »Poststrukturalismus« mit viel Energie die Stirn bieten (Downs 1993; Scott 1993).

4. Die pragmatistische Kritik

Nach zwei Jahrzehnten Diskussion um die Wiederkehr der Narrativität scheint der Augenblick gekommen, Bilanz zu ziehen. Abgesehen von der Erneuerung der Methoden, der Untersuchungsgegenstände und der Praxis des Schreibens von Ge-

Überwindung des Positivismus

schichte kommt dieser Bewegung das Verdienst zu, den Positivismus überwunden zu haben. Praktisch kein Historiker würde heute noch zu behaupten wagen, die Geschichte müsse sich am Vorbild der Naturwissenschaften orientieren und der Endzweck historischer Forschung sei die Freilegung der Entwicklungsgesetze der Menschheit. Die Diskussionen um den linguistic turn haben außerdem die Historiker zu der Einsicht gebracht, dass jeder Diskurs über die Geschichte ein Minimum an epistemologischer Kompetenz voraussetzt, die nur zu erreichen ist, wenn man sich den Nachbardisziplinen zuwendet. Dennoch bleibt anzuerkennen, dass die anfänglichen Hauptziele der Anhänger der Narrativität nicht erreicht worden sind. Viele von ihnen glaubten, die Rückkehr zu einer narrativeren Geschichtsschreibung könne dem besonders seit den sechziger Jahren spürbaren Aufsplitterungsprozess der Disziplin Einhalt gebieten. Desgleichen sollte die Wiederkehr der Narrativität erlauben, das Band zwischen professionellen Historikern und dem breiten Publikum erneut zu knüpfen, welches von der »wissenschaftlichen« Historiographie durch ihren Hang zur Modellbildung, zur Benutzung esoterischen Vokabulars etc. zerrissen worden war (Novick 1988). Die Anhänger des linguistic turn hofften ihrerseits darauf, dass die Historiker sich rasch die epistemologische Kultur aneignen würden, die ihnen stets abgegangen war, damit sie für ihre eigene Reflexion nicht länger von den Sozialwissenschaften oder der Philosophie abhängig wären (Jones 1972). Doch man muss wohl zugeben, dass diese beiden Ziele nicht erreicht wurden. Seit zwanzig Jahren hat sich die Aufsplitterung der Disziplin beständig nur noch verschlimmert, und die poststrukturalistischen Strömungen haben nicht wenig zu diesem Auflösungsprozess beigetragen. Und so wie einst Jacques Derrida seine Karriere in dem Bestreben begonnen hatte, den Diskurs von Michel Foucault zu »dekonstruieren«, so dekonstruieren sich heute die poststrukturalistischen Denker gegenseitig (Kellner 1994). Unter diesen Bedingungen überrascht die Feststellung kaum, dass die große Mehrheit der Historiker sich aus diesen epistemologischen Diskussionen herausgehalten hat (Vann 1998). Und letztlich zeigt der Blick auf die vom linguistic turn verursachten Polemiken, dass es die Historiker nicht geschafft haben, eine autonome epistemologische Reflexion zu erarbeiten. Heute wie gestern müssen sie sich beständig auf die Autorität »großer Philosophen« stützen, um ihre Streitigkeiten zu entscheiden.

Epistemologische Defizite

Betrachtet man zum Beispiel das oben erwähnte Diskussionsforum des »American Historical Review«, so stellt man fest, dass David Harlan (1989) in seiner Kritik an Quentin Skinner niemals auf den empirischen Gehalt des Werkes eingeht. Seiner Meinung nach ist die Vorgehensweise von Skinner abzulehnen, weil Derrida, Gadamer oder Rorty »gezeigt« haben, dass die Voraussetzungen, auf denen sie beruht, fehlerhaft sind. David Harlan wendet somit eine Argumentationslogik gegen Quentin Skinner, die dieser selbst Ende der sechziger Jahre bemüht hatte, um die alte Geistesgeschichte zu diskreditieren – hatte er diese doch nicht aus empirischen Gründen verworfen, sondern weil sie auf von ihm so genannten »philosophical mistakes« (Skinner 1969: 29) beruhe. Dieses Beispiel zeigt, dass der hohe Stellenwert der Epistemologie bei den Anhängern der Narrativität die Debatte um die empirischen Dimensionen der Geschichtsforschung auf den zweiten Rang verwiesen hat. Infolgedessen scheinen viele Historiker heute der Ansicht zu sein, Innovation in der Geschichtswissenschaft bestehe im Wesentlichen in der Beförderung neuer theoretischer Ansätze. Dadurch erklärt sich auch der immer schnellere Umlauf neuer »Paradigmen« (sog. new medievalism, new historicism, new narrativism, new annalistic, post-post structuralism etc.), die lediglich die intellektuellen Modeerscheinungen des Augenblicks widerspiegeln. Doch wie schon David Hollinger betonte: »Da diese Moden kommen und gehen, dürfen die Historiker ruhig mit Vorsicht reagieren« (1989: 620).

Pragmatismus

Pragmatischer veranlagte Historiker schlagen einen anderen Umgang mit dem linguistic turn vor. Mit den Anhängern der Wiederkehr der Narrativität stimmen sie dahingehend überein, dass es kein epistemologisches Kriterium gibt, welches es erlaubt, die Geschichte als »Wissenschaft« zu definieren. Zudem glauben sie aber auch, die »postmodernen« Historiker hätten mit ihrer Behauptung Recht, dass alle Versuche, dem Wissen feste und allgemein gültige Grundlagen zu geben, gescheitert seien. Ihrer Ansicht nach hängt die Hauptursache dieses Scheiterns mit der Unmöglichkeit zusammen, die Frage nach dem Verhältnis zwischen Realität und Repräsentation von einem außersprachlichen Standpunkt aus zu stellen. Trotzdem werfen die pragmatischen Historiker den poststrukturalistischen vor, nicht alle Konsequenzen aus ihren Grundannahmen zu ziehen. Warum z. B. fahren die Historiker fort, »große Philosophen« als Schiedsrichter (oder Gendarmen) ihrer Dispute zu benutzen, wenn die Philosophie gar nicht die Kriterien beizusteuern vermag, welche die Debatten über die historische Erkenntnis entscheiden könnten? Natürlich können die Philosophie, die Literaturwissenschaft und die Sozialwissenschaften Begriffe, Fragestellungen und Methoden beisteuern, die der empirischen Geschichtsforschung von Nutzen sind (Iggers 1995). Aber es wäre illusorisch zu glauben, die Epistemologie könne den Historikern die Sicherheiten bieten, die diese von jener verlangen. Im Gegensatz zu einer häufig in den Reflexionen über den linguistic turn anzutreffenden Fehlauslegung bedeutet die Tatsache, dass man sich niemals außerhalb der Sprache befinden kann, keineswegs, dass dieselbe die einzige Wirklichkeit ist, zu der die Geschichtsforschung Zugang hat. Wie der pragmatistische Philosoph Richard Rorty schreibt, gibt es heutzutage »leider Menschen, die uns, als seien sie gerade erst auf der Erde angekommen, darüber informieren, ›*die Philosophie habe gezeigt*‹, dass die Sprache nicht auf eine außersprachliche Realität referiere; sodass alles, worüber wir sprechen können, nur Text sei [...]. Ausgehend von dem Gedanken, dass wir ›ohne Begriff nicht denken und ohne Worte nicht reden‹ können, schlussfolgern (diese Autoren) fälschlicherweise, dass wir ›nur über das nachdenken oder reden können, was von unseren Gedanken oder unserer Rede hervorgebracht wurde‹« (1993: 291). <u>Angesichts der Tatsache, dass es kein Kriterium gibt, durch welches sich die verschiedenen Wissensarten eindeutig voneinander unterscheiden lassen, bleibt für die Pragmatiker das Problem, ob die Geschichte »wissenschaftlich« oder »narrativisch« sei, unlösbar.</u> Aus diesem Grund schlagen sie den Historikern vor, sich anderen Gesprächsthemen zuzuwenden, die den praktischen Problemen, mit denen sie in ihrer beruflichen Tätigkeit konfrontiert werden, näher liegen (Noiriel 1996).

Gérard Noiriel, Directeur d'Études an der École des Hautes Études en Sciences Sociales (Paris). Forschungsgebiete: Geschichte der Geschichtswissenschaft, Immigration und nationale Identitäten, Machtbeziehungen in modernen Gesellschaften.

Gabriel Motzkin

Das Ende der Meistererzählungen

1. Explizite und implizite Meistererzählungen

Eine Meistererzählung (master narrative) diktiert die Grundstruktur anderer Erzählungen. Ein Autobiograph, der seine Lebensgeschichte anhand Freudscher Konzepte verfasst, bedient sich Freuds Meistererzählung der psychologischen Entwicklung. Meistererzählungen wirken explizit oder implizit. Eine *explizite* Meistererzählung gibt sich selbst als solche zu erkennen. Sie wurde auf zwei Arten verfasst: entweder als Universalgeschichte oder als Nationalgeschichte mit langfristiger Perspektive, wie es im 19. Jahrhundert üblich war.

Seit kurzem ist das Konzept der Meistererzählung in seiner *impliziten* Form, also ohne ausdrücklich vorgestelltes, aber implizit immer vorhandenes Programm, in die Kritik geraten. Typisch für diese Form der Meistererzählung sind die Arbeiten historisch orientierter Philosophen. Implizite Meistererzählungen müssen nicht unbedingt aus dem Bereich der Geschichte stammen. Sie können auch auf der Anthropologie, der Biologie oder der Theologie basieren. Kritisiert wird hier vor allem, dass implizite Meistererzählungen die historiographische Darstellung der Evidenz verzerren.

Vor dem Zweiten Weltkrieg hat der Historismus entscheidenden Einfluss auf implizite und explizite Meistererzählungen ausgeübt. Aus historistischer Perspektive besteht die Geschichte aus bestimmten Einheiten wie Individuen oder Nationen, die einer historischen Entwicklung unterworfen sind. Aufgabe der Geschichtswissenschaft ist es, diese Entwicklung zu beschreiben. Meistererzählungen vermitteln die »integrative story« für die verschiedenen Einzelteile. Wissenschaftliche Entdeckungen und Neuinterpretationen werden in Meistererzählungen eingeordnet. Während die expliziten Meistererzählungen zu Beginn des 20. Jahrhunderts an Wirkungsmächtigkeit verloren, beeinflussten implizite Erzählungen nach wie vor die Geschichtsschreibung. Zudem ist in den letzten Jahrzehnten die Diskursform der Erzählung selbst zum Gegenstand wissenschaftlicher Analysen geworden. Gegenwärtig gibt es eine explizite Narratologie, implizite Meistererzählungen und nicht-narrative Formen empirischer historischer Forschung.

Die Kritik an expliziten Meistererzählungen und am Einfluss der Universalgeschichte auf die historische Forschung setzte schon vor dem Zweiten Weltkrieg ein. Die Grundlagen für diese Skepsis lassen sich bereits früher feststellen. So machte es die im 19. Jahrhundert sprunghaft ansteigende Zahl historischer Studien im-

> **Meistererzählungen**

mer schwieriger, die Fülle neuer Erkenntnisse in eine Meistererzählung zu integrieren. Gleichzeitig führte das wachsende akademische Misstrauen gegen den Historismus zu einer Suche nach neuen Wegen der Interpretation. Gerade im Zeitalter von Oswald Spengler und Arnold Toynbee gerieten die expliziten Meistererzählungen schließlich als tendenziös und abseitig in Misskredit.

Zu Beginn des 20. Jahrhunderts trat als weiteres Phänomen die wachsende Entfremdung von Massen- und Elitenkultur hinzu. Herbert G. Wells' »The Outline of History« fand zwar ein Massenpublikum, aber kaum Widerhall in der akademischen Welt (Wells 1920). Seit den sechziger Jahren haben Historiker mit unterschiedlichen Mitteln versucht, die Kluft zwischen Öffentlichkeit und akademischer Elite wieder zu schließen. So lassen sich die Studien zu Massenbewegungen und sozialen Klassen als Versuch der Sozialgeschichte interpretieren, Kultur einem breiteren Publikum zu erschließen und damit zu demokratisieren. Allerdings ist eine Geschichte der Massenbewegungen nicht notwendigerweise eine Geschichte für die Massen. Seit den siebziger Jahren haben sich Postmodernisten mit diesem Problem auseinander gesetzt. Hier wurde die These vertreten, dass Elitenkultur eine antidemokratische Hegemonie über die Kultur ausübt, die für alternative Modelle keinen Platz lässt. Solche hegemonialen Geschichten sind Meistererzählungen im doppelten Sinn: Sie bestimmen die Interpretation der Welt und sie unterdrücken alle Alternativen. Der Postmodernismus hat es allerdings bislang versäumt, die Frage zu beantworten, wie man alternative Modelle in einem ausbalancierten Rahmen vorstellen und wie man die jeweiligen Interpretationen wissenschaftlich miteinander vergleichen kann. Gerade die Forderung nach Komparation verfolgt die Postmodernisten, da sie einerseits auf der Vielzahl von Alternativmodellen insistieren, andererseits aber den Status der Wissenschaft selbst in Frage stellen und diese als Meistererzählung anklagen. Denkt man diese Position weiter, so bedeutet die Ablehnung der Wissenschaft gleichzeitig die Akzeptanz anderer Meistererzählungen (wie etwa Ideologie) oder aber eine narrative Anarchie, in der die Menschen, Institutionen und sozialen Organisationen nicht zwischen verschiedenen Erzählungen wählen müssen.

> **Narrativität der Geschichte: Hayden White**

Dieses Fazit bedeutet aber nicht, dass die gegenwärtige Kultur bereit ist für eine neue explizite Meistererzählung. Eine Meistererzählung, die die Historiker zufrieden stellt, wäre nicht gerade populär, da sie vor allem der wissenschaftlichen Forschung neue Impulse geben müsste. Explizite Meistererzählungen rufen aber unkonventionelle Forschungsansätze hervor. Sie stellen Fragen nach der Narrativität von Geschichte, während die historische Forschung zurzeit von analytischen Kategorien dominiert wird. Das ist etwas anderes als die große Theorie der historiographischen Narrativität. Spezifische Probleme der Narrativität stellen sich z. B. bei der Integration von Nebenhandlungen in die Meistererzählung: Wie kann die Geschichte von Königin Elisabeth und dem Earl of Essex in die Regierungsgeschichte Elisabeths I. eingeordnet werden? Wie kann man den Holocaust aus eschatologischer Perspektive interpretieren? Während Biografen und Theologen mit diesen Fragen ständig kämpfen, haben sich Historiker sehr viel weniger damit auseinander gesetzt. In seiner postmodernen Einführung in die narrative Theorie hat Hayden White bewusst auf eine Meistererzählung verzichtet. Für ihn ist Historiographie zwar narrativ, aber ein »master narrative« gibt es nicht (White 1973, 1987). Die Vorannahmen der Historiker können mit Hilfe der literaturwissenschaftlichen Textkritik festgestellt werden. Die Geschichtserzählung ist Whites Studienobjekt, aber nicht seine Art zu schreiben.

Politisch begründetes Misstrauen

Das Misstrauen gegenüber Meistererzählungen ist auch politisch begründet, denn sowohl der Nationalsozialismus als auch der Kommunismus propagierten Meistererzählungen. Explizite Meistererzählungen gelten seither als Werkzeuge undemokratischer Kräfte. Die *implizite* Meistererzählung der Liberalen mit ihrem Glauben an den demokratischen Fortschritt gilt allerdings ebenfalls als ideologisch, weil sie die Demokratie nicht als historischen Agenten begreift. In der liberalen Geschichtserzählung ist die Demokratie das Ziel und nicht der Akteur. Im Nationalsozialismus war die germanische Rasse, im Kommunismus die Arbeiterklasse Akteur und gleichzeitig Zielpunkt der Geschichte. Diese Mischung von Agent und Ziel konnte von der Kombination des Universellen mit dem Individuellen, der Welt mit dem Subjekt, profitieren. Die Geschichte wurde in den Kategorien der Meistererzählung uminterpretiert, um damit eine neue säkulare Religion zu stiften. Die Folge dieser Entwicklung war, dass man nach dem Zweiten Weltkrieg jedes Konzept, sogar dasjenige der Demokratie, auf seine totalitären Tendenzen überprüfte (Talmon 1955). Politischer Pluralismus galt als notwendiges Versatzstück der Demokratie. Diese Auffassung wurde schließlich auch auf die Forschungsagenda übertragen.

Im Zusammenhang mit den gegenwärtigen Streitfragen um die »Demokratisierung« der Wissenschaft argumentieren die Gegner der Meistererzählung, dass Wissen und Macht zwei Seiten einer Medaille sind und dass die Neuverteilung von Macht gleichzeitig eine Neuverteilung von Wissen notwendig macht. Damit ist weniger ein neuer Zugang zum Wissen, sondern vielmehr die Kontrolle und die Finanzierung dieses Wissens gemeint. Vor dem Hintergrund der totalitären Erfahrungen fordern liberale Wissenschaftler jedoch die Trennung von Wissen und Macht, ohne damit zu dem alten Paradigma eines grundsätzlichen Unterschieds beider Kriterien zurückzukehren. Der Begriff »Meistererzählung« wurde ursprünglich von ihren Gegnern geprägt, ihre Befürworter argumentieren nun nicht

Implizite Meistererzählungen

mehr mit den Vorteilen der Meistererzählung, sondern mit wissenschaftlichen Standards.

Auch die Verteidigung *impliziter* Meistererzählungen leidet unter einer Vermischung von Universalgeschichte, Meistererzählung und Biografie. Da Historiker sich nicht länger als Universalisten, sondern vielmehr als Spezialisten begreifen, müssen sie sich den Vorwurf, impliziten Meistererzählungen zu folgen, gefallen lassen. Die Kritik an der hegemonialen Meistererzählung, die anstelle der Universalgeschichte getreten ist, hat sich nun in eine Kritik an der impliziten Meistererzählung gewandelt. Diese Kritik geht davon aus, dass nicht mehr eine Kette von Ereignissen, sondern eine Textsammlung den Ausgangspunkt der Untersuchung bildet. Bei diesem Verfahren beruht die Attacke gegen die Meistererzählung auf der Vorstellung, dass hinter diesen Texten ein gemeinsamer Subtext auszumachen ist.

Neben die Vermischung von Universalgeschichte und Meistererzählung tritt als zweiter Aspekt eine Verwirrung auf Grund der Personalisierung von Geschichte in Meistererzählungen und Biografien. Hier stellt sich die Frage, ob nicht jede Form von Entwicklung wie eine Biografie zu schreiben und zu lesen ist. Während eine Kritik an der Meistererzählung auf der generellen Kritik an hegemonialen Diskursen fußt, ist eine zweite Ursache in der Kritik an der narrativen Form zu sehen. Hier wird gegen die Narration argumentiert, dass die Vorstellung von der Entwicklung als »story« eine Konstruktion ist. Sind Meistererzählungen also bewusst konstruiert? Das ist sicher oft der Fall. Die meisten Meistererzählungen des 19. Jahrhunderts wurden wie Biografien geschrieben, weil für die Autoren die Rolle der »großen Männer« im Zentrum der Geschichte stand. Diese Überzeugung geriet zu Beginn des 20. Jahrhunderts in die Kritik. Die »großen Gestalten« wurden gegen »unbewusste Kräfte« ausgetauscht, die Geschichte zunehmend typologisiert, z. B. als der »Faustische Mensch« (Spengler 1918) oder als »fossile Kulturen« (Toynbee 1934–1961). Während Typologien in den Sozialwissenschaften auf dem Vormarsch waren, blieben die Historiker skeptisch.

2. Die Entwicklung nach 1945

Die Geschichtsschreibung nach dem Zweiten Weltkrieg distanzierte sich noch stärker von der Rolle der Persönlichkeit und typologischen Konzepten. Das Misstrauen gegenüber Personen wie Typen drängte auch die Frage nach der Meistererzählung in den Hintergrund. Das Grundgerüst zur Beantwortung historischer Fragen verschwand und wurde erst von Michel Foucault wieder hervorgeholt, dessen Arbeiten vermutlich deshalb auf so große Resonanz bei Historikern wie Nichthistorikern stießen, weil er erstmals seit dem Zweiten Weltkrieg eine neue, Bedeutungen trans-

Fortsetzung der Kritik – Michel Foucault

formierende Meistererzählung vorschlug und dabei Erklärungsmuster für psychologische Motive integrierte (Foucault 1966). Zwar konnte Fernand Braudel mit seiner Meistererzählung den realhistorischen Kontext politischer Entscheidungen aufdecken (Braudel 1949). Aber Braudel verfügte über kein Kriterium, um Persönlichkeit zu erfassen. Damit blieb sein Wirkungsradius auf Historiker beschränkt. Das bewusst anti-subjektivistische Geschichtsmodell Foucaults traf den Nerv der Forschung, weil er eine Alternative zur traditionellen Interpretation der Rolle der Persönlichkeit in der Geschichte formulierte. Insgesamt speiste sich also das wissenschaftliche Unbehagen an der Meistererzählung nach dem Zweiten Weltkrieg aus drei Quellen: sie war zu populistisch, sie galt als kulturell und politisch verdächtig und sie schien die Geschichte zu personalisieren. Diese Vorwürfe bezogen sich entweder auf das Objekt der Meistererzählung oder stellten sie in Beziehung zur zeitgenössischen Kultur.

In den sechziger Jahren geriet darüber hinaus die Erzählform der Geschichte, also die Narrativität selbst, in Misskredit. Seit den Geschichtsromanen der Frühen Neuzeit galt die Erzählung als das angemessene Genre zur Darstellung der Geschichte. Theoretiker des 19. Jahrhunderts haben sich mit der historischen Analyse im Kontrast zur erzählerischen Darstellung beschäftigt. Nachdem sich die Historiographie von der Erzählung als alleiniger Darstellungsform getrennt hatte, erschien die Biografie ebenfalls in einem kritischen Licht. Auch hier wurde die Konstruktion einer chronologisch verlaufenden Geschichte unglaubwürdig. Nach dem Zweiten Weltkrieg verstärkte sich die Spannung zwischen historischer Analyse und narrativer Darstellung. Historiker arbeiteten nun mit den Theorien und Methoden der Sozialwissenschaften, indem sie historische Daten in vorgefertigte, soziale Modelle einpassten. Erzählungen galten nur als Brücken zwischen den verschiedenen Tiefenstrukturen. Der Vergleich als synchrone Darstellung löste die unsichtbare, diachrone, dynamische Erzählung des 19. Jahrhunderts ab.

»Akademische Moderne«: Annäherung an die Sozialwissenschaften

Es ist etwas zu einfach, diesen »strukturalistischen« Ansatz mit den Tendenzen in der Dichtung, Kunst und Architektur des frühen 20. Jahrhunderts zu vergleichen und damit den »spirit« der Kultur als analytischer im Vergleich zur Geschichtsschreibung zu charakterisieren. Vor allem die Ahistorizität der Kultur nach dem Zweiten Weltkrieg und der Boom der anti-historischen Sozialwissenschaften bestärkte die Historiker in ihrem Verdacht, dass sie eine rückständige Disziplin waren. Die neuen kritischen Studien der Literaturwissenschaften mit ihrer formalistischen Abkehr von der Geschichte verstärkten diesen Trend. Während sich die Geschichtswissenschaft methodisch den Sozialwissenschaften annäherte, negierten die Literaturwissenschaftler jede Kontextualisierung der Texte. Auch von Seiten der analytischen

Philosophie wurde die Philosophiegeschichte, die für viele Historiker des 19. Jahrhunderts den theoretischen Rahmen gebildet hatte, attackiert. Die Sozialwissenschaften, die Sozialgeschichte, die analytische Philosophie und die neue Literaturkritik avancierten zu akademischen Leitwissenschaften, die vielleicht unter dem Schlagwort der »akademischen Moderne« zusammengefasst werden können. In bewusster Frontstellung gegen die am klassischen Modell orientierte Neoästhetik und die am Nationalstaat orientierte Geschichte der Vorkriegszeit bezog die akademische Moderne eine antiästhetische und antihistoristische Position. Nach der allmählichen Abkehr vom Historismus des 19. Jahrhunderts und der Annäherung an die akademische Moderne in der Nachkriegszeit machte sich die Geschichte nun verwundbar für die postmoderne Kritik an ihrer Methode.

Frankreich und Deutschland im Vergleich

Diese Beobachtungen treffen vor allem auf die amerikanischen und britischen, weniger auf andere europäische Universitäten zu. Erwartungsgemäß unterschieden sich die französische und die deutsche Reaktion auf den Krieg voneinander. In Frankreich pendelte die Geschichtswissenschaft zwischen der marxistischen Sozialgeschichte und einer formalisierten, anonymen Strukturanalyse. Französische Historiker setzten an die Stelle der Meistererzählung die synchrone Beschreibung einer Stadt, eines Zeitpunkts oder einer Situation (Le Roy Ladurie 1975). In Deutschland reagierte man auf den verlorenen Krieg zunächst wie erstarrt. Der alte historiographische Kanon stand unter Verdacht, obwohl einige Themen der deutschen Geschichtswissenschaft der Zwischenkriegszeit, wie die Hinwendung zur Innenpolitik und die Anwendung anthropologischer Kategorien, nach wie vor für junge Historiker interessant waren. Obwohl sich die Jüngeren auf der Suche nach neuen Werten in Richtung Westen orientierten, blieb das akademische Leben im Deutschland der unmittelbaren Nachkriegszeit isoliert. Eine revisionistische Geschichtsschreibung der deutschen Vergangenheit und die Übernahme neuer Methoden begannen erst in den sechziger Jahren. Im Unterschied zur Kriegsgeneration mit Leitfiguren wie Werner Conze und Theodor Schieder ergänzten jüngere Wissenschaftler wie Hans-Ulrich Wehler und Jürgen Kocka ihre akademische Ausbildung an amerikanischen Universitäten, wo sie nicht nur mit den deutschen Emigranten, sondern auch mit sozialwissenschaftlich orientierten amerikanischen Historikern zusammenkamen.

Der große Vorteil dieser zeitweiligen Annäherung zwischen der deutschen und der amerikanischen Geschichtswissenschaft war, dass die deutschen Historiker eine nicht-marxistische Sozialgeschichte kennen lernten, deren Klassenanalyse stärker auf Weber als auf Marx beruhte und die sich aus der Kooperation zwischen deutschen Emigranten und amerikanischen Europahistorikern speiste. Letztlich konnte sich aber der Aufstieg und Fall sozialer Klassen nicht als Meistererzählung in Amerika durchsetzen. Hier spielten Rasse, Geschlecht und Immigration eine größere Rolle. Auch in Frankreich verlor die Klassenanalyse an Attraktivität, hier allerdings deshalb, weil der Begriff zu eng mit dem Marxismus verbunden schien. Die Abkehr vom Marxismus führte hier zu einer Neubesinnung auf Politik und Macht als unabhängige historische Variablen. Dennoch war es nicht François Furet (Furet 1978), sondern Michel Foucault und Jacques Derrida, die in Amerika zu Leitautoren avancierten. In der Geschichte der Geschlechter und rassischer Minderheiten suchten amerikanische Historiker nach Ausdrucksformen aus der Sicht der Unterdrückten. Während die deutsche Geschichtswissenschaft also das Alternativmodell der unterdrückten Klasse für die deutsche Geschichte entdeckte, beschäftigten sich Amerikaner mit unterdrückten rassischen Minderheiten. Die Klassenanalyse eignete sich jedoch kaum für die Rezeption postmoderner Impulse.

3. Konkurrierende Erzählungen und die »Welt«

Voraussetzung für eine kohärente Meistererzählung ist ein allgemein akzeptiertes historisches Grundthema: Klasse, Rasse, Staat, Geschlecht, Kultur. Jedes historische Thema kann seine eigene Meistererzählung haben. Sie muss nicht unbedingt mit anderen Erzählungen übereinstimmen. Historiker setzen oft Meistererzählungen für den Bereich, der über ihre Spezialstudien hinausgeht, voraus, sind ihrem eigenen Thema gegenüber aber kritischer. Die Kritik an Meistererzählungen im Allgemeinen hat andere Meistererzählungen wieder in den Blickpunkt gerückt. Nachdem vorher eine hegemoniale Meistererzählung über alle Alternativen dominierte, hat sich nun die Situation umgekehrt: Eine Fülle von Meistererzählungen rangiert nebeneinander, ohne dass eine dominieren soll.

Nebeneinander von Meistererzählungen

Die Kriterien im Wettlauf um die Hegemonie einer Meistererzählung sind unklar. Der Vergleich wird zudem dadurch erschwert, dass einerseits nicht alle Meistererzählungen miteinander zu vergleichen sind und andererseits möglicherweise nicht alle Forschungsfelder auf einer Meistererzählung beruhen. Insgesamt lassen sich also zwei unterschiedliche Konflikte ausmachen. Ein Konflikt zentriert sich um Hegemonie (als ein Wettbewerb zwischen verschiedenen Meistererzählungen), ein zweiter Konflikt besteht zwischen der narrativen und der nicht-narrativen Darstellungsform (das Studienobjekt wird hierbei auf der Schablone einer Meistererzählung interpretiert). Beide Konflikte sind zwar nicht identisch, aber miteinander verbunden. Im ersten Fall steht im Hintergrund ein politischer Konflikt, im zweiten die Auseinandersetzung um die Frage, was gute Wissenschaft ausmacht.

Die Beziehung zwischen Meistererzählungen kann in zweifacher Hinsicht verstanden werden. Entweder konkurrieren zwei Meistererzählungen um die Deutungshoheit über denselben Tatbestand, etwa im Fall der kapitalistischen und der marxistischen Interpretation wirtschaftlichen Wachstums. Oder zwei Meistererzählungen aus unterschiedlichen akademischen Disziplinen konkurrieren miteinander, wie etwa im Fall psychologischer versus soziologischer Erklärungsmuster für menschliche und gesellschaftliche Entwicklung. Zwar haben viele Meistererzählungen wenig Spielraum für Anknüpfungspunkte aus anderen Disziplinen, aber sogar die »modernistische«, nicht-narrative Geschichtsschreibung muss einige Grundlagen aus Bereichen jenseits ihres Forschungsgegenstands akzeptieren.

Der narrative Aspekt

Wie kann man den narrativen Aspekt näher bestimmen? Entweder besteht die Welt aus lauter Geschichten oder nicht. Folgt man der ersten Annahme, dann kann man immer versuchen, eine andere Geschichte zu erzählen, oder aber in nicht-narrativer Weise über die Welt berichten. Nimmt man an, dass die Welt nicht aus Erzählungen besteht, muss man entweder eine nicht-narrative Darstellungsform wählen oder die narrative Form als nicht mit der Wirklichkeit übereinstimmend akzeptieren. Historiker neigen dazu, die Welt in Form von Geschichte(n) darzustellen. Postmodernisten dagegen entwickeln mit Hilfe von Geschichten eine Ersatzwelt, die sich deutlich von der materiellen Welt unterscheidet. Historiker stehen immer vor dem Dilemma, eine Geschichte erzählen zu wollen, und doch gleichzeitig die Geschichte in Frage zu stellen. Postmodernisten wollen keine Geschichte erzählen, sie wollen lediglich auf die Konstruktion jeder Geschichtserzählung hinweisen. Sie glauben, dass Meistererzählungen ihren Zuhörern und Lesern eine konstruierte Scheinwelt als die Wirklichkeit verkaufen wollen. Deshalb sehen sie ihre Aufgabe in der Demaskierung dieser Illusion, sind aber gleichzeitig ihrem eigenen Verfahren gegenüber skeptisch genug, um einzusehen, dass diese Demaskierung nie zu allgemeinen Wahrheiten führen kann.

Die Achillesferse der traditionellen Historiographie war die Beziehung des Historikers zu seiner Gegenwart. Wie kann ein Historiker behaupten, dass seine Thesen weniger kontextgebunden sind als diejenigen früherer Akteure? Postmodernisten umgehen dieses Dilemma, indem sie den Anspruch auf Wissenschaftlichkeit aufgeben. Mit der Vermeidung der Meistererzählungen bewegen sich postmodernistische Historiker auf dem Feld der Literatur. Aufgegeben wird jedes feste Interpretationsschema für historiographische Texte. Selbst wenn die Kategorie »Korrespondenz« durch die Kategorie »Zusammenhang« ersetzt wird, gibt es keine privilegierte, das heißt nicht-fiktionale Darstellung der Geschichte. Fiktion kann überzeugender sein als Wahrheit (und vielleicht existiert die Vergangenheit ja wirklich nicht). Damit kann die Aufgabe der Geschichtswissenschaft nicht mehr die Anpassung der historischen Analyse und Geschichtserzählung an die Vergangenheit sein.

Die Welt als Hypothese

Weil die Geschichte nun einmal vergangen ist, müssen Historiker ein hypothetisches Modell der Vergangenheit konstruieren. Dass dieses Modell aus Hypothesen besteht, haben nicht erst die Postmodernisten festgestellt. Neu ist allerdings ihre Behauptung, dass nun auch die Gegenwart rein hypothetisch ist. Aber kann es irgendeine Vorstellung von Vergangenheit geben, ohne dass sich die Betrachter des tatsächlichen Abstands zwischen gestern und heute bewusst sind? Indem sie die zeitliche Differenz durch eine synchrone Fragmentierung des Gegenstands ersetzen, stehen die Postmodernisten den Strukturalisten nahe.

Die Welt als Erzählung

Kann es eine Vorstellung von Vergangenheit ohne *irgendeine* Erzählung geben? Kann man sich die Vergangenheit ohne eine Geschichte vorstellen? Enger gefasst: Gibt es eine Geschichte ohne eine *Meistererzählung*, d. h. eine Vergangenheit, die mit verschiedenen, gleichwertigen Geschichten erfasst wird? Wenn die Vergangenheit selbst auch nicht unbedingt Geschichte ist, so besteht kein Grund, sie nicht doch mit Hilfe verschiedener gegenwärtiger Geschichten zu erklären (die Gegenwart wäre im Gegensatz zur Vergangenheit narrativer Natur). Jede Geschichte würde dann aber ihre Bedeutung nur für und durch die Gegenwart erhalten. Die Annahme, dass die Vergangenheit keine narrative Struktur enthält, eröffnet einen Gegensatz zwischen einer narrativen Gegenwart und einer nicht-narrativen Vergangenheit. Wenn aber die Vergangenheit strukturell narrativ *ist*, kann man verschiedene Erzählungen nur zulassen, wenn man bereit ist anzunehmen, dass es mehr als eine Vergangenheit gibt. Meistererzählungen gehen dagegen davon aus, dass es nur eine Vergangenheit gibt. Weil die Vergangenheit eine kohärente Welt war, die aber aus unterschiedlichen Blickwinkeln wahrgenommen wurde, kann man sie narrativ darstellen.

Die Idee einer Meistererzählung lebt von der Vorstellung, dass es nur eine Welt gibt. Jeder Gedanke an plurale Welten gefährdet das Konzept der Meistererzählung. Bestenfalls kann man dann eine Meistererzählung für jede der möglichen Welten verfassen. Gibt es aber eine Welt als solche ohne Meistererzählung? Setzt nicht sogar die Vorstellung von einer unter mehreren Welten die Existenz einer Meistererzählung für diese eine Welt voraus? Und wenn eine dieser Welten ein narratives Element enthält, dann benötigt sie eine Meistererzählung? Und wenn diese Welt zu ihrer eigenen *Existenz* (im Singular) eine Meistererzählung benötigt, braucht sie diese nicht auch, um als solche, als eine Welt, *identifiziert* zu werden? Kann eine solche Welt überhaupt in nicht-narrativer Form beschrieben werden? Die Kritiker der Meistererzählung stehen nicht auf dem Standpunkt, dass die Welt auch in nicht-narrativer Form beschrieben werden kann. Sie fordern vielmehr, dass es mehr als eine Beschreibung ein und derselben Situation gibt und dass diese Beschreibungen gleichzeitig wahr und widersprüchlich sein können. Versteht man jede Beschreibung nicht selbst als eigene Welt, so kommt man zu folgenden Ergebnissen. Erstens: Es gibt eine Welt; zweitens: Eine narrative Beschreibung dieser Welt ist notwendig, um auch nur irgendetwas von ihr vermitteln zu können; drittens: Eine narrative Beschreibung schließt die Existenz anderer Erzählungen nicht aus.

Man muss dann allerdings entweder in der Lage sein, die verschiedenen Geschichten miteinander zu verbinden, oder davon ausgehen, dass die eine Welt, die in den vielen Geschichten beschrieben wird, diesen transzendent ist. Wenn die Welt zugänglich ist, dann können die Geschichten auch miteinander verglichen werden. Wenn es viele gegensätzliche Geschichten gibt, dann ist jede einzelne für sich abgeschlossen und deshalb Fiktion, weil sie nicht vergleichbar ist. Lewis O. Mink hat in seinem Buch »Historical Understanding« argumentiert, dass fiktionale Charaktere aus verschiedenen Romanen sich nie treffen können (Mink 1987). Ob Geschichtsschreibung nun fiktional ist oder nicht, sie beruht auf der Beschreibung von Menschen, die wirklich gelebt haben. Hier könnte eingewandt werden, dass jede Geschichte sich mit Phänomenen beschäftigt, die außerhalb ihrer selbst liegen. Im Unterschied zu nicht-fiktionalen Texten sind fiktionale Texte allerdings a priori Texte, die sich nicht auf irgendwelche Phänomene außerhalb ihrer selbst beziehen. Wenn wir nicht davon ausgehen, dass jede Sprache in gleicher Weise in sich selbst abgeschlossen ist, geht es in der ganzen Argumentation darum, was es heißt, sich auf etwas außerhalb der Erzählung Liegendes zu beziehen, was es heißt, über etwas außerhalb der Erzählung Liegendes zu erzählen. Was sind die Kriterien dieses Bezugs?

In beiden Fällen gibt es allerdings keinen Grund, nicht in jeder Geschichte eine potenzielle Meistererzählung zu sehen. Damit sind Meistererzählungen also unvermeidlich. Die Frage ist nur, welche der zur Verfügung stehenden Erzählungen den Wettbewerb gewinnt. Jede Erzählung versucht, die Mitbewerber zu diskreditieren. So stigmatisiert die feministische Meistererzählung z. B. frühere Erzählungen als maskuline Meistererzählungen. Die Geschichte der Männlichkeit, die sich daraufhin entwickelte, versteht sich als Produkt der feministischen Meistererzählung. Der Unterschied zwischen der ersten und der zweiten männlichen Meistererzählung besteht darin, dass erstere als implizit und unreflektiert, letztere als bewusst und reflektiert betrachtet wird.

4. Die Rückkehr der expliziten Meistererzählungen

Die Situation ist paradox. Die Kritik an impliziten Meistererzählungen hat zu neuen expliziten Meistererzählungen geführt. Nachdem sie einmal den Weg ins kulturelle Bewusstsein gefunden haben, können die Geschichten implizit werden. Vielleicht hat aber auch die Pluralität der Geschichte explizitere Haltungen gefördert, weil ein allgemeiner Konsens nicht mehr vorausgesetzt werden kann. Aber werden explizite Meistererzählungen dadurch, dass sie sich als solche in ihren Grundannahmen zu erkennen geben weniger ideologisch? Auch wenn die Grundannahmen deutlich sichtbar werden, kann eine explizite Meistererzählung wie z. B. die Heilige Schrift sehr ideologisch sein. Wo also liegt der Vorteil der Rückkehr zur expliziten Meistererzählung (als paradoxe Konsequenz der postmodernen Kritik an der impliziten Meistererzählung)? Ein Vorteil ist die Transparenz der Diskursgrundlagen.

Pluralität und Übersetzbarkeit

Auf der anderen Seite führt diese Offenheit allerdings zu einem größeren Abstand zwischen der Meistererzählung und den jeweiligen anderen Diskursen. Während unausgesprochene Meistererzählungen die externen kulturellen und linguistischen Codes wenigstens mit Lippenbekenntnissen erwähnen, bewegt sich die offensichtliche Meistererzählung ganz innerhalb ihres eigenen Codes. Die Existenz mehrerer Meistererzählungen führt also zu Problemen der Vergleichbarkeit und zu Problemen der Übersetzung. Psychoanalytische Ideen können von einem größeren Publikum entweder dann rezipiert werden, wenn die psychoanalytische Sprache zum allgemein anerkannten Vehikel der Diskussion psychischer Phänomene wird oder wenn sie in eine andere Sprache übersetzt wird. Wenn man davon ausgeht, dass eine Diskurspluralität begrüßenswert und eine Eliminierung konkurrierender Diskurse abzulehnen ist, dann muss auch das Problem der Übersetzung zwischen den Diskursen bedacht werden (Moses/Hilffrich-Kunjappu 1997). Aber jede Übersetzung beruht natürlich selbst auf einer bestimmten Perspektive. Wie kann man die Geschichte der Bourgeoisie und der Arbeiterklasse zusammenbringen, ohne selbst Position zu beziehen? Ein Verfahren, bei dem lediglich die jeweilige Perzeption des anderen vorgestellt wird, kann nicht überzeugen, solange der Historiker nicht eine Meistererzählung für den Vergleich vorlegt. Gleichzeitig kann man aber auch davon ausgehen, dass manche Einzelheiten des Diskurses nicht übersetzbar sind. Wenn als Konsequenz aus der Pluralität von Erzählungen die Einmaligkeit jeder einzelnen Erzählung folgt, dann sind am Ende die einzelnen Erzählungen in sich abgeschlossen und können nicht mehr miteinander kommunizieren. Der Verlust der Meistererzählung bedeutet dann einen Verlust an Kommunikation.

Vielleicht ist die Unmöglichkeit zu kommunizieren charakteristischer für die intersubjektive Realität als die Fähigkeit, sich erfolgreich miteinander auszutauschen. Manifestiert Sprache dann diese Unfähigkeit zur Kommunikation oder ist ihre Aufgabe die Verringerung dieser Barrieren? A fortiori sollen Erzählungen eigentlich Kohärenz herstellen. Aber was sind die Standards dieser Kohärenz? Der Konsensverlust über diese Standards hat die Idee einer Kohärenz insgesamt und damit auch die Idee der Meistererzählung in Frage gestellt. Die postmoderne Kritik an der Meistererzählung scheitert, weil jede Erzählung zur Meistererzählung avancieren kann. Es ist naiv zu glauben, dass Geschichten ohne das Ziel der Kontrolle über andere Geschichten geschrieben werden. Wenn man diesen Anspruch als illegitim ansieht, was kann man dagegen stellen, wie kann man ihn dämpfen? Einen anderen Anspruch zu proklamieren, scheidet aus, weil jede Art der Beurteilung unmöglich geworden ist.

Wenn also Meistererzählungen notwendig sind, welche Auswahl trifft man? Ein Teil der postmodernen Kritik an der Meistererzählung beruhte darauf, dass man ihr vorwarf, andere Diskurse zu unterdrücken oder bewusst zu fördern. Wenn eine Meistererzählung dem Projekt der Moderne entsprach, wurde sie zugelassen, entsprach sie diesem nicht, ließ man sie fallen. Jean-François Lyotard hat drei solche Meistererzählungen identifiziert: die Dialektik der Bedeutung, die Hermeneutik des Sinns und die Emanzipation des vernünftigen Subjekts (Lyotard 1979). Die Wahl zwischen Meistererzählungen kann aber auch die Wahl zwischen Genres sein. In der Historiographie etwa fragt eine formalistische, stärker philosophische Meistererzählung danach, ob die Geschichtswissenschaft sich aus dem Bruch mit dem vorgeschichtlichen Modell entwickelt hat und damit den Kontrast zwischen Moderne und Tradition darstellt. Eine stärker historisch ausgerichtete Meistererzählung fragt eher danach, ob die Geschichtswissenschaft mit dem angeblichen Fortschritt der Kultur und der Gesellschaft korrespondiert (vgl. den Beitrag von Marcus Sandl in diesem Band).

Wettstreit der Meistererzählungen

Die postmoderne Ablehnung der Meistererzählungen hat die Forschung stimuliert. Nachdem Meistererzählungen identifiziert worden waren, gingen Historiker daran, ihre Implikationen zu eliminieren. Dazu mussten die Meistererzählungen zunächst studiert werden. Anders als Sozialwissenschaftler konnten die Historiker offensichtlich illegitime Meistererzählungen nicht einfach ignorieren, da sie wesentlicher Bestandteil ihres Forschungsfelds, der Vergangenheit, waren. Diese Bemühungen haben geradezu eine neue Fachrichtung innerhalb der Geschichtswissenschaften gebildet, die man vielleicht ironisch als »Meister-Studien« bezeichnen kann. Gemeint ist hier die »Wissenschaft« der Entdeckung von Meistererzählungen in Texten und die Analyse ihrer Wirkungsmächtigkeit für historische Prozesse. Einige Aspekte dieses Unternehmens sind wichtig. Die frühneuzeitliche »Geschichte« des Subjekts ermöglichte späteren Generationen die Trennung zwischen Subjekt und Objekt als Basis für ein Verständnis vom Ich und der Welt. Über die Entstehung dieser Geschichte und ihre schließlich Hegemonie besteht allerdings bislang noch kein Konsens. Die retrospektive Applizierung von Meistererzählungen auf Texte der Vergangenheit kann zudem leicht das Bild vermitteln, als hätte es keine Alternativen und keine alternativen Erzählungen in der Geschichte gegeben. Vor dieser Gefahr steht jede historische Studie, deshalb muss eine Meistererzählung immer in ihrem Wettstreit mit den anderen möglichen Geschichten gesehen werden. Wenn man den Wettbewerb verschiedener Erzählungen voraussetzt, reduziert sich auch die hegemoniale Macht der Meistererzählung, denn sie muss sich *ständig gegen neue Modelle behaupten* und dementsprechend flexibel auf Angriffe reagieren. Nimmt man etwa die Hegel-Rezeption als Beispiel, dann fällt auf, dass sein Modell während seiner Vorherrschaft zwischen 1820 und 1840 ständig kritisiert und abgelehnt wurde.

Problem: Vergleichbarkeit der Erklärungsebenen

Welcher Art hätte also die Erzählung zu sein, die sich explizit mit dem Wettstreit verschiedener Erzählungen beschäftigt? Hier tritt ein wesentliches Problem historischer Darstellung zu Tage: der Unterschied der Erklärungsebenen. Eine idealistische Darstellung des politischen oder sozialen Wandels und eine materialistische Darstellung der intellektuellen Entwicklung schließen sich aus. Wie kann man Hegels These, dass der preußische Staat die höchste Stufe des menschlichen Geistes darstellt, mit der These vergleichen, dass Hegels Philosophie den Geist des aufstrebenden Bürgertums verkörperte? Keine dieser Erklärungen stimmt wiederum mit der These überein, dass der preußische Staat die Erfüllung von Gottes Plan für die Menschheit sei. Zwei Probleme lassen sich hier ausmachen: erstens die Verneinung einer der Variablen: Gott, der Geist oder das Bürgertum. Besonders folgenreich ist allerdings das zweite Problem, nämlich die Annahme, dass man sozialen Wandel und geistige Entwicklung miteinander vergleichen kann, entweder weil beide durch Veränderung charakterisiert sind oder weil der Geist und die Gesellschaft ähnliche Phänomene sind.

Ein Ausweg ist die Reduktion des Forschungsgegenstands auf Texte, um Ähnlichkeiten und Unterschiede zwischen verschiedenen Diskursen aufzuzeigen. Damit wird das Problem zu einem Problem der Sprache, das dementsprechend auch mit Sprache gelöst werden kann. Was ist aber, wenn die Sprache selbst das Problem ist? Wenn Geist und Gesellschaft Waren in einem Supermarkt wären, könnte man sie trotzdem voneinander unterscheiden. Die Sprache ignoriert solche phänomenologischen Unterschiede, weil sie Aussagen in bestimmten Kategorien fixiert. Dies bedeutet allerdings nicht, dass Sprache die Unterschiede zwischen zwei Phänomenen nicht beschreiben kann. Es bedeutet aber, dass Sprache auf Grund ihrer begrenzten Möglichkeiten dazu neigt, den Unterschied zwischen Phänomenen durch die linguistische Elaboration zu verwischen. Die Sprache geht von der Vergleichbarkeit von zwei Phänomenen aus (z. B. ein schwarzes Loch und eine Maus) und erst dann *erklärt* sie den Unterschied.

Alles Konstruktion?

Die Meistererzählung ist ein Beispiel für dieses Verfahren der Sprache, also die Erklärung von Unterschieden auf der Basis einer vorausgesetzten Identität. Das umgekehrte Verfahren der Postmodernisten, die zunächst die Unterschiede und dann die Konstruktion einer Identität aufzeigen, ist aber ebenfalls problematisch. Während das Problem der traditionellen Meistererzählung in der Hypostasierung bestand (die Annahme, dass es Phänomene wie Geist und Gesellschaft wirklich gibt und miteinander verglichen werden können), dann besteht das Problem der entgegengesetzten Strategie in der Vorstellung, dass alles nur Erfindung und Konstruktion ist (z. B. die »Erfindung der Erinnerung«, die »Erfindung von Deutschland« etc.). Die Schwierigkeit dieser Theorie beruht darauf, dass man Erfindungen und Realität (non-invented phenomena) nicht mehr vergleichen kann. Wenn man davon ausgeht, dass *alle* Phänomene dieser Welt Konstruktionen oder Erfindungen sind, gerät das ganze System in Gefahr, sobald die Grundannahme auch nur einmal angezweifelt wird. Die »Konstruktion« oder »Erfindung« von Kriegen beispielsweise hat eine andere Dimension als die »Konstruktion« des Bürgertums oder des Geistes. Muss man in diesem Fall von Primär- und Sekundärkonstruktionen sprechen? Und was ist mit der Kategorie »Geschlecht«? Trotz intensiver Forschung zur sozialen und kulturellen Konstruktion von Geschlecht herrscht nach wie vor Uneinigkeit darüber, welche Kategorie grundsätzlicher ist: Geschlecht oder Klasse. Die Beantwortung dieser Frage liegt nicht in der Vergangenheit, sondern in der Gegenwart.

5. Alterität und Erinnerung

Bislang wurde die problematische Frage nach der Wahl zwischen Meistererzählungen thematisiert. Überzeugende Kriterien konnten aber nicht gefunden werden. Vielleicht hilft hier ein Blick auf die alternativen Meistererzählungen, die als Folge der postmodernen Kritik gegen die traditionelle(n) Geschichte(n) diskutiert worden sind. Neben den bekannten Kategorien Geschlecht, Klasse oder Rasse sind hier zwei weitere interessant: zum einen die Meistererzählung unter dem Stichwort »Alterität« (the Other), zum anderen die Meistererzählung »Erinnerung« (Memory) im Kontrast zu »Geschichte«.

Die Meistererzählung der Alterität erzählt die Geschichte aus der Perspektive von Randgruppen und unterdrückten Minderheiten, ohne sich dabei explizit auf eine bestimmte Gruppe zu konzentrieren. In dieser Erzählung ist das marxistische Modell der Entfremdung dergestalt umgedeutet worden, dass nun jedes Subjekt ein »Anderes«, aber niemals ein »Selbst« sein kann. Es gibt keinen Ich-Erzähler, keinen imperialen Autor und auch keinen spezifischen Standpunkt, von dem aus alle Perspektiven aufgenommen werden. Literarische Ursprünge dieser Meistererzählung liegen in William Faulkners »The Sound and the Fury« und Akira Kurosawas »Rashomon«, basierend auf einer Erzählung Ryunosuke Akutagawas, in denen jeweils eine Geschichte aus verschiedenen Perspektiven erzählt wird (im Gegensatz zum Roman des 19. Jahrhunderts, in dem zwar der Erzähler wechseln kann, aber nie dieselbe Geschichte noch einmal erzählt wird). Das Motiv für diese Erzählstrategie ist möglicherweise das Misstrauen gegenüber jeder Geschichte und die Konsequenz, dass mehrere konkurrierende Geschichten zum selben Thema besser geeignet sind. Jeder Erzähler ist bereits in einer vorhergehenden Geschichte als »der Andere« aufgetreten. Erst nachdem er aus einer Außenperspektive vorgestellt worden ist, erfährt der Leser seine Sicht der Dinge. Im 19. Jahrhundert wurden die Protagonisten der Geschichte(n) durch eine äußerliche Beschreibung der Landschaft (Scott 1820) oder durch die Situation des Landes zu einem bestimmten Zeitpunkt (Macaulay 1849–1861) eingeführt. Mit dieser Strategie konnten die Autoren zugleich synchronisch den Rahmen für eine diachrone Geschichte abstecken. Erst nach der äußerlichen Beschreibung des Helden wurde der innere Dialog präsentiert. Die »Stream-of-Consciousness«-Erzählung rebellierte gegen die äußerliche Beschreibung und fokussierte die Logik des Subjektivismus. Die Meistererzählung der Alterität ersetzt sowohl die äußere Beschreibung als auch den Monolog durch eine innere Beschreibung des Anderen aus der Sicht des Anderen. Jeder ist anders, weil das Wissen und die Gesellschaft kein Zentrum mehr hat. Die Geschichtsschreibung versucht dann die Collage aus verschiedenen Stimmen zu rekonstruieren und verbindet sie nur mit einem analytischen Obertext. Die Geschichte wird ihren Subjekten zurückgegeben. Der Historiker erzählt nicht länger selbst die Geschichte, sondern bindet Geschichten analytisch zusammen.

Rehabilitierung der Erinnerung

Die Meistererzählung der Erinnerung geht davon aus, dass die Meistererzählung der traditionellen Geschichtsschreibung die Perspektive ihrer Subjekte ignoriert hat. Schriftliche Dokumente wurden der mündlichen Überlieferung vorgezogen. Die zeitgenössische Erinnerung in Festen und Feiern wurde lediglich als Objekt der Analyse wahrgenommen. Die Geschichte galt als der Feind der Erinnerung. Dabei sind die Dokumente lediglich Fragmente dessen, was Menschen erfahren und tradiert haben. Hier richtet sich die Kritik auf die angebliche Superiorität schriftlicher gegenüber mündlichen Kulturen und öffentlichen Formen der Vergangenheitsdarstellung. Es ist bemerkenswert, dass diese Kritik am Primat der Schriftlichkeit just zu einem Zeitpunkt geäußert wird, an dem historische Ereignisse so extensiv schriftlich fixiert werden wie nie zuvor in der Geschichte. Dies liegt z. T. daran, dass Dokumente über frühere Ereignisse, wie etwa den Holocaust oder Stalins Verbrechen, schwer zu finden waren. Hier musste man sich stärker auf die mündlichen Überlieferung verlassen. Außerdem wurden viele der in diesem Zusammenhang produzierten Dokumente von den Tätern selbst erstellt. Hier klaffte eine dramatische Lücke zwischen den Erinnerungen der Opfer und dem Tenor der offiziellen Dokumente. In diesen Fällen hat die Erinnerung eine Legitimität bekommen, die sie mit der Entwicklung der Geschichte zur Wissenschaft im 18. Jahrhundert verloren hatte. Gleichzeitig hat die Neubewertung von Zeugenaussagen die seit dem

19. Jahrhundert auf Archivarbeit beruhenden historiographischen Methoden in Frage gestellt. Der neue Stellenwert der Erinnerung hat eine neue Meistererzählung der Geschichtswissenschaft gefördert, die sich jetzt in Konkurrenz mit anderen Erinnerungswissenschaften, z. B. der Psychologie, begreift. Die Vermutung ist, dass die Feindschaft der Geschichtswissenschaft gegenüber der Erinnerung einen massiven Akt des Vergessens verschleierte, der zur Entwicklung homogener Nationalkulturen im 19. Jahrhundert notwendig war. Paradoxerweise entstand auch die Geschichtswissenschaft aus der Rückschau, wie sie in den Memoiren und Romanen im Frankreich des 17. Jahrhunderts literarisch entwickelt wurde.

Skeptische Erzählhaltung

Sowohl die Meistererzählung der Alterität als auch diejenige der Erinnerung stehen anderen Meistererzählungen feindlich gegenüber. Sie verorten sich bewusst gleichsam über den anderen Geschichtserzählungen, und rechtfertigen ihre Ablehnung entsprechend. Ihre Kritik richtet sich allerdings nicht nur gegen spezifisch andere Erzählungen, sie sind grundsätzlich skeptische Geschichtserzählungen. Zum einen wird angezweifelt, ob die Erzählung als solche eine akzeptable Ausdrucksform ist oder ob sie nicht vielmehr zu verzerrten Darstellungen der Vergangenheit führt, zum anderen wird auf die Gefahr der Konstruktion von Kontinuitäten hingewiesen. Der erste Aspekt wurde bereits an anderer Stelle diskutiert. Der zweite Punkt beruht auf einer Vorstellung von der Vergangenheit als Geschichte der Diskontinuitäten und Brüche, wie sie auch in der Erinnerung zu Tage treten.

Die grundsätzliche Ambivalenz der alternativen Meistererzählungen äußert sich in der Zunahme der Distanz zwischen dem Historiker und seiner Geschichte. Im 19. Jahrhundert haben die Historiker ihrem Glauben an die Kontinuität der Geschichte und damit auch ihrer Erzählung dadurch Ausdruck verliehen, dass sie sich in ihre Protagonisten hineinversetzt haben. Ihre Empathie mit den historischen Akteuren sollte beim Leser Identifizierung hervorrufen. Die Vorstellung von Brüchen in der Geschichte schwächt dieses Modell der Empathie und der Identifizierung. Die Annahme der Position des »Anderen« führt ebenfalls zu einer Schwächung der Identifikation, denn der unterdrückte »Andere« hat ebenfalls keine unmittelbare Kontinuität. Die Kontinuität seiner Geschichte ist konstruiert. Sie ist das Produkt der Historiker. Deshalb kann sich der Leser vielleicht mit dem Wissenschaftler identifizieren, aber nicht mit seiner Geschichte.

6. Viele Geschichten

Die Idee der vielen Geschichten geht von einer Diskontinuität der Geschichte aus: Jede einzelne Geschichte muss einen Anfang haben. Aber dieser Anfang hat keine Vorgeschichte, denn es gibt keine Vorbedingungen, die so interpretiert werden könnten. Der Verzicht auf ein Metasubjekt, das nicht durch die Regeln von Leben und Tod gebunden ist, bedeutet gleichzeitig, dass das Subjekt der Erzählung diesen Regeln unterworfen ist. Eine Rückkehr zum biografischen Ansatz ist nicht problematisch, wenn man sich mit Individuen beschäftigt, wird aber schwierig, wenn man kollektive Subjekte untersucht, die dann zwangsläufig fragmentiert werden. Eine bestimmte Haltung Frauen gegenüber muss dann nicht unbedingt mit anderen bestimmten Haltungen korrespondieren. Für manche kollektive Geschichten ist diese Fragmentierung erhellend. Auf die Geschichte der Historiographie angewendet, kann deutlich gemacht werden, wie sich ihre Verwissenschaftlichung im Vergleich zu demselben Prozess in anderen Disziplinen entwickelt hat. Andere kollektive Erzählungen fallen dann allerdings unwiderruflich auseinander. Die Meistererzählung liefert nicht nur ein Grundgerüst für andere Erzählungen, sie legt auch fest, wie die Fakten dieser anderen Erzählungen präsentiert werden. Wenn die Idee einer Meistererzählung verschwindet, dann verschwindet auch die Idee, dass es allgemeine Regeln für die Präsentation von Fakten in der Geschichtserzählung gibt. Jede Erzählung wird dann ihre eigenen Regeln wählen. Indem die Erzählformen sich also weiter öffnen, wird gleichzeitig die narrative Darstellung selbst in Frage gestellt. Es gibt nicht den einen Weg zur Darstellung von »Realität«. Die Fragmentierung hat eine Krise der Darstellung bewirkt.

Zwei Ergebnisse: Erstens: Die »Moderne« ist unwiderruflich verschwunden. Als Konsequenz wird Geschichte nun immer weniger aus der Perspektive des Kantschen Subjekts oder des unbeteiligten Beobachters geschrieben. Das hat einerseits zur Herausbildung einer analytischen Geschichtswissenschaft, andererseits zu einer inhaltlichen Zersplitterung der Disziplin – etwa Erinnerung und Alterität – geführt. Diese Themen standen zum letzten Mal im 18. Jahrhundert auf der Tagesordnung, als das historische Paradigma standardisiert wurde. Zweitens: Die Einführung der neuen Geschichtserzählungen kann man nicht mit der Einführung der Meistererzählung vergleichen. Ohne universale Grundannahmen können diese Teilgeschichten nur vom ästhetischen Standpunkt aus verglichen werden. Der Leser oder die Kultur insgesamt muss zwischen verschiedenen Geschichten auswählen und wird dabei möglicherweise soziale, wirtschaftliche oder politische Interessen zugrunde legen. Diese Entscheidung kann aber nicht nach wissenschaftsinternen Standards erfolgen. Ob diese Entwicklung eine Bedeutungszunahme oder -abnahme der Kultur im Allgemeinen reflektiert, ist eine offene Frage.

Gabriel Motzkin, Professor für Geschichte, Philosophie und Deutsche Literatur an der Hebräischen Universität Jerusalem. Forschungsgebiete: Geschichtsphilosophie, Zeit und Erinnerung, Geschichte der Geschichtswissenschaft.

Ausgewählte Literatur zur Geschichte und Postmoderne

Stichwort Geschichte und Postmoderne

Ankersmit, Frank R. (1989): Historiography and Postmodernism, in: History and Theory 28, S. 137–153.

Ankersmit, Frank R. (1993): Historismus, Postmoderne und Historiographie, in: Küttler, Wolfgang/Rüsen, Jörn/Schulin, Ernst (1993) (Hg.): Geschichtsdiskurs, Bd. 1: Grundlagen und Methoden der Historiographiegeschichte, Frankfurt a. M., S. 65–84.

Asch, Ronald G. (1995): Triumph des Revisionismus oder Rückkehr zum Paradigma der bürgerlichen Revolution? Neuere Forschungen zur Vorgeschichte des englischen Bürgerkrieges, in: Zeitschrift für historische Forschung 22, S. 523–540.

Burgess, Glenn (1990): On Revisionism: An Analysis of Early Stuart Historiography in the 1970s and 1980s, in: The Historical Journal 33, S. 609–627.

Clark, Jonathan C. D. (1986): Revolution and Rebellion. State and Society in England in the Seventeenth and Eighteenth Centuries, Cambridge.

Conrad, Christoph/Kessel, Martina (1994) (Hg.): Geschichte schreiben in der Postmoderne. Beiträge zur aktuellen Diskussion, Stuttgart.

Culler, Jonathan D. (1994): Dekonstruktion. Derrida und die poststrukturalistische Literaturtheorie, Reinbek.

Derrida, Jacques (1977): Die Schrift und die Differenz, Frankfurt a. M.

Derrida, Jacques (1982): Grammatologie, Frankfurt a. M.

Dinges, Martin (1994): The Reception of Michel Foucault's Ideas on Social Discipline, Mental Asylums, Hospitals and the Medical Profession in German Historiography, in: Jones, Colin/Porter, Roy (Hg.): Reassessing Foucault. Power, Medicine and the Body, London, S. 181–212.

Dreyfus, Hubert L./Rabinow, Paul (1994): Michel Foucault. Jenseits von Strukturalismus und Hermeneutik, (2. Aufl.) Weinheim.

Eifler, Günther/Saame, Otto (1990) (Hg.): Postmoderne – Anbruch einer neuen Epoche? Eine interdisziplinäre Erörterung, Wien.

Ernst, Wolfgang (1992): Postmoderne Geschichtskultur, in: Fröhlich, Klaus (Hg.): Geschichtskultur, Pfaffenweiler, S. 63–76.

Evans, Richard J. (1998): Fakten und Fiktionen. Über die Grundlagen historischer Erkenntnis, Frankfurt a. M.

Fiedler, Leslie A. (1969): Überquert die Grenze, schließt den Graben! Über die Postmoderne, in: Welsch, Wolfgang (Hg.): Wege aus der Moderne. Schlüsseltexte der Postmoderne-Diskussion, (2. Aufl.) Weinheim, S. 57–74.

Foucault, Michel (1996): Nietzsche, die Genealogie, die Historie, in: ders.: Von der Subversion des Wissens, Frankfurt a. M., S. 69–90.

Foucault, Michel (1999): Die Ordnung der Dinge. Eine Archäologie der Humanwissenschaften, (15. Aufl.) Frankfurt a. M. (zuerst franz. 1966).

Fukuyama, Francis (1992): Das Ende der Geschichte. Wo stehen wir?, München.

Fulda, Daniel (1996): Wissenschaft aus Kunst. Die Entstehung der modernen deutschen Geschichtsschreibung 1760–1860, Berlin.

Furet, François (1980): 1789. Vom Ereignis zum Gegenstand der Geschichtswissenschaft, Frankfurt a. M.

Furet, François (1988) (Hg.): L'héritage de la Révolution française, Paris.

Grasskamp, Walter (1998): Ist die Moderne eine Epoche?, in: Bohrer, Karl Heinz/Scheel, Kurt (Hg.): Postmoderne – Eine Bilanz, Stuttgart, S. 757–765.

Habermas, Jürgen (1981): Die Moderne – ein unvollendetes Projekt, in: Welsch, Wolfgang (Hg.): Wege aus der Moderne. Schlüsseltexte der Postmoderne-Diskussion, (2. Aufl.) Weinheim 1988, S. 177–192.

Habermas, Jürgen (1982): Moderne und postmoderne Architektur, in: Welsch, Wolfgang (Hg.): Wege aus der Moderne. Schlüsseltexte der Postmoderne-Diskussion, (2. Aufl.) Weinheim 1988, S. 110–121.

Habermas, Jürgen (1993): Der philosophische Diskurs der Moderne. Zwölf Vorlesungen, (4. Aufl.) Frankfurt a. M.

Howe, Irving (1959): Mass-Society and Postmodern Fiction, in: Partisan Review 26, S. 420–436.

Jelavich, Peter (1995): Poststrukturalismus und Sozialgeschichte – aus amerikanischer Perspektive, in: Geschichte und Gesellschaft 21, S. 259–289.

Jencks, Charles (1980): Die Sprache der postmodernen Architektur. Die Entstehung einer alternativen Tradition, (2. Aufl.) Stuttgart.

Jenkins, Keith (1991): Re-thinking History, London.

Jenkins, Keith (1995): On ›What is History?‹. From Carr and Elton to Rorty and White, London.

Jenkins, Keith (1997) (Hg.): The Postmodern History Reader, London.

Jütte, Robert (1990): Moderne Linguistik und ›Nouvelle histoire‹, in: Geschichte und Gesellschaft 16, S. 104–120.

Klotz, Heinrich (1987): Moderne und postmoderne Architektur der Gegenwart 1960–1980, (3. Aufl.) Braunschweig.

Kocka, Jürgen (1989): Geschichte und Aufklärung, Göttingen.

Kögler, Hans-Herbert (1992): Die Macht des Dialogs. Kritische Hermeneutik nach Gadamer, Foucault und Rorty, Stuttgart.

Küttler, Wolfgang/Rüsen, Jörn/Schulin, Ernst (1993) (Hg.): Geschichtsdiskurs, Bd. 1: Grundlagen und Methoden der Historiographiegeschichte, Frankfurt a. M.

Kuhn, Thomas S. (1999): Die Struktur wissenschaftlicher Revolutionen, (15. Aufl.) Frankfurt a. M.

Lorenz, Chris (1998): Postmoderne Herausforderungen an die Gesellschaftsgeschichte?, in: Geschichte und Gesellschaft 24, S. 617–632.

Lyotard, Jean-François (1999): Das postmoderne Wissen. Ein Bericht, (4. Aufl.) Wien (zuerst franz. 1979).

Niethammer, Lutz (1989): Posthistoire: Ist die Geschichte zu Ende?, Reinbek.

Niethammer, Lutz (1993): Die postmoderne Herausforderung. Geschichte als Gedächtnis im Zeitalter der Wissenschaft, in: Küttler, Wolfgang/Rüsen, Jörn/Schulin, Ernst (1993) (Hg.): Geschichtsdiskurs, Bd. 1: Grundlagen und Methoden der Historiographiegeschichte, Frankfurt a. M., S. 31–49.

Nietzsche, Friedrich (1988): Vom Nutzen und Nachteil der Historie für das Leben, in: Sämtliche Werke. Kritische Studienausgabe, hg. von G. Colli/M. Montinari, Bd. 1, (2. Aufl.) München.

Reinalter, Helmut/Benedikter, Roland (1998) (Hg.): Die Geisteswissenschaften im Spannungsfeld zwischen Moderne und Postmoderne, Wien.

Rorty, Richard (1967) (Hg.): The Linguistic Turn. Recent Essays in Philosophic Method, (2. Aufl. 1992) Chicago.

Rusch, Gebhard (1991): Geschichte als Wirklichkeit. Erkenntnistheoretische Überlegungen zur Geschichte und zur Geschichtswissenschaft, Siegen.

Rüsen, Jörn (1990): Historische Aufklärung im Angesicht der Post-Moderne: Geschichte im Zeitalter der ›neuen Unübersichtlichkeit‹, in: ders., Zeit und Sinn. Strategien historischen Denkens, Frankfurt a. M., S. 231–251.

Rüsen, Jörn (1991): Postmoderne Geschichtstheorie, in: Jarausch, Konrad/Rüsen, Jörn/Schleier, Hans (Hg.): Geschichtswissenschaft vor 2000. Perspektiven der Geschichtstheorie, Historiographiegeschichte und Sozialgeschichte. Festschrift für Georg G. Iggers zum 65. Geburtstag, Hagen, S. 27–48.

Rüsen, Jörn (1993): ›Moderne‹ und ›Postmoderne‹ als Gesichtspunkte einer Geschichte der modernen Geschichtswissenschaft, in: Küttler, Wolfgang/Rüsen, Jörn/Schulin, Ernst (1993) (Hg.): Geschichtsdiskurs, Bd. 1: Grundlagen und Methoden der Historiographiegeschichte, Frankfurt a. M., S. 17–30.

Schmid, Georg (1988): Die Spur und die Trasse. (Post-)Moderne Wegmarken der Geschichtswissenschaft, Wien.

Schmidt, Siegfried J. (1991) (Hg.): Gedächtnis. Probleme und Perspektiven der interdisziplinären Geschichtsforschung, Frankfurt a. M.

Schöttler, Peter (1997): Wer hat Angst vor dem ›linguistic turn‹?, in: Geschichte und Gesellschaft 23, S. 134–151.

Schulze, Winfried (1993): ›Von den großen Anfängen des neuen Welttheaters‹. Entwicklung, neuere Ansätze und Aufgaben der Frühneuzeitforschung, in: Geschichte in Wissenschaft und Unterricht 44, S. 3–18.

Stone, Lawrence (1972): The Causes of the English Revolution, London.

Vierhaus, Rudolf (1992) (Hg.): Frühe Neuzeit – Frühe Moderne? Forschungen zur Vielschichtigkeit von Übergangsprozessen, Göttingen.

Wehler, Hans-Ulrich (1975): Modernisierungstheorie und Geschichte, Göttingen.

Wehler, Hans-Ulrich (1998): Die Herausforderung der Kulturgeschichte, München.

Welsch, Wolfgang (1987): Vielheit ohne Einheit? Zum gegenwärtigen Spektrum der philosophischen Diskussion um die ›Post-Moderne‹. Französische, italienische, amerikanische, deutsche Aspekte, in: Philosophisches Jahrbuch 94, S. 111–142.

Welsch, Wolfgang (1988a) (Hg.): Wege aus der Moderne. Schlüsseltexte der Postmoderne-Diskussion, (2. Aufl.) Weinheim.

Welsch, Wolfgang (1988b): Einleitung, in: ders. (Hg.): Wege aus der Moderne. Schlüsseltexte der Postmoderne-Diskussion, (2. Aufl.) Weinheim, S. 1–46.

Welsch, Wolfgang (1997): Unsere postmoderne Moderne, (5. Aufl.) Berlin.

White, Hayden (1990): Die Bedeutung der Form. Erzählstrukturen in der Geschichtsschreibung, Frankfurt a. M. (zuerst engl. 1987).

White, Hayden (1991): Metahistory. Die historische Einbildungskraft im 19. Jahrhundert in Europa, Frankfurt a. M. (zuerst engl. 1973).

Zagorin, Perez (1990): Historiography and Postmodernism. Reconsiderations, in: History and Theory 29, S. 263–274.

Zagorin, Perez (1999): History, the Referent, and Narrative: Reflections on Postmodernism Now, in: History and Theory 38, S. 1–24.

Revisionismus

Anderson, Benedict R. (1991): Imagined Communities. Reflections on the Origin and Spread of Nationalism, London (dt.: Die Erfindung der Nation. Zur Karriere eines folgenreichen Konzepts, Neuaufl. Berlin 1998).

Asch, Ronald G. (1993) (Hg.): Three Nations – a common History? England, Scotland, Ireland and British History c. 1600–1920, Bochum.

Asch, Ronald G. (1995): Triumph des Revisionismus oder Rückkehr zum Paradigma der Bürgerlichen Revolution?, in: Zeitschrift für Historische Forschung 22, S. 523–540.

Blaschke, Karlheinz (1997): Als bürgerlicher Historiker am Rande der DDR. Erlebnisse, Beobachtungen und Überlegungen eines Nonkonformisten, in: Pohl, Karl H. (Hg.): Historiker in der DDR, Göttingen, S. 45–93.

Bottigheimer, Karl (1994): Nackte Wahrheit kontra brauchbare Vergangenheit. Die irische »Historikerdebatte«, in: Innsbrucker Historische Studien 14–15, S. 165–175.

Bottigheimer, Karl/Lotz-Heumann, Ute (1998): The Irish Reformation in European Perspective, in: Archiv für Reformationsgeschichte 98, S. 268–309.

Boyce, David G./O'Day, Alan (1996) (Hg.): The Making of Modern Irish History: Revisionism and the Revisionist Controversy, London.

Bradshaw, Brendan (1988–1989): Nationalism and Historical Scholarship in Modern Ireland, in: Irish Historical Studies 26, S. 329–351.

Bradshaw, Brendan/Morrill, John (1996) (Hg.): The British Problem, c. 1534–1707. State Formation in the Atlantic Archipelago, Basingstoke.

Bradshaw, Brendan/Roberts, Peter (1998) (Hg.): British Consciousness and Identity. The Making of Britain, 1533–1707, Cambridge.

Brady, Ciaran (1994) (Hg.): Interpreting Irish History. The Debate on Historical Revisionism 1938–1994, Dublin.

Brinks, Jan H. (1992): Die DDR-Geschichtswissenschaft auf dem Weg zur deutschen Einheit, Frankfurt a. M.

Burgess, Glenn (1990): On Revisionism. An Analysis of Early Stuart Revisionism in the 1970s and 1980s, in: Historical Journal 33, S. 609–628.

Burgess, Glenn (1999) (Hg.): The New British History. Founding a Modern State 1603–1715 London.

Canny, Nicholas P. (1995): Irish, Scottish and Welsh Responses to Centralisation, c. 1530 – c. 1640, in: Grant, Alexander u. a. (Hg.): Uniting the Kingdom? The Making of British History, London, S. 147–169.

Cobham, Alfred (1964): The Social Interpretation of the French Revolution, Cambridge.

Comninel, George C. (1987): Rethinking the French Revolution. Marxism and the Revisionist Challenge, London.

Elliott, J. H. (1992): A Europe of composite Monarchies, in: Past and Present 137, S. 48–69.

Ellis, Steven G. (1986–1987): Nationalist Historiography and the English and Gaelic Worlds in the late Middle Ages, in: Irish Historical Studies 25, S. 1–28.

Ellis, Steven G. (1988): »Not mere English«. The British Perspective, 1400–1650, in: History Today 38, S. 41–48.

Ellis, Steven G. (1995): Tudor Frontiers and Noble Power. The Making of the British State, Oxford.

Ellis, Steven G./Barber, Sarah (1995) (Hg.): Conquest and Union. Fashioning a British State 1485–1725, London.

Evans, Robert J. W. (1979): The Making of Habsburg Monarchy 1550–1700, Oxford.

Foner, Eric (1990) (Hg.): The new American History, Philadelphia.

Frame, Robin (1993): »Les Engleis nées en Irlande«. The English Political Identity in Medieval Ireland, in: Transactions of the Royal Historical Society 6.3, S. 83–103.

Jones, Colin (1989) (Hg.): The French Revolution in Perspective, Nottingham.

Jones, Peter (1996) (Hg.): The French Revolution in social and political Perspective, London.

Kates, Gary (1998) (Hg.): The French Revolution. Recent Debates and new Controversies, London.

Kearney, Hugh (1989): The British Isles. A History of four Nations, Cambridge.

Kishlansky, Mark (1979): The Rise of the New Model Army, Cambridge.

Kocka, Jürgen (1989): Geschichte und Aufklärung. Aufsätze, Göttingen.

Kocka, Jürgen (1991): Überraschung und Erklärung. Was die Umbrüche von 1989/90 für die Gesellschaftsgeschichte bedeuten könnten, in: Hettling, Manfred u. a. (Hg.): Was ist Gesellschaftsgeschichte? Positionen, Themen, Analysen, München, S. 11–21.

Koenigsberger, Helmut G., (1986): Dominium Regale or Dominium Politicum et Regale: Monarchies and Parliaments in Early Modern Europe, in: ders.: Politicians and Virtuosi: Essays in Early Modern History, London, S. 1–25.

Lake, Peter (1996): Retrospective. Wentworth's Political World in revisionist and post-revisionist Perspective, in: Merritt, J. F. (Hg.): The Political World of Thomas Wentworth, Earl of Strafford 1621–1641, Cambridge, S. 252–283.

Medick, Hans (1984): »Missionare im Ruderboot?« Ethnologische Erkenntnisweisen als Herausforderung an die Sozialgeschichte, in: Geschichte und Gesellschaft 10, S. 295–319.

Morrill, John (1996) (Hg.): The Oxford Illustrated History of Tudor and Stuart Britain, Oxford.

Morrill, John (1999): Revolt in the Provinces. The People of England and the Tragedies of War 1630–1648, (2. Aufl.) London.

Nicholls, Kenneth (1999): Worlds apart? The Ellis Two-Nation Theory on late medieval Ireland, in: History Ireland 7, S. 22–26.

Ó Tuathaigh, Gearóid (1994): Irish historical »Revisionism«. State of the Art or ideological Project?, in: Brady, Ciaran (Hg.): Interpreting Irish History. The Debate on Historical Revisionism 1938–1994, Dublin, S. 306–326.

Riall, Lucy (1994): The Italian Risorgimento. State, Society and National Unification, London.

Russell, Conrad (1976): Parliamentary History in Perspective, 1604–1629, in: History 61, S. 1–27.

Schröder, Hans C. (1986): Die Revolutionen Englands im 17. Jahrhundert, Frankfurt a. M.

Stone, Lawrence (1972): The Causes of the English Revolution, 1529–1642, London.

Die Wiederkehr der Narrativität

Barthes, Roland (1967): Le discours de l'histoire, in: Informations sur les Sciences Sociales 6, S. 65–75.

Carrard, Philippe (1992): Poetics of the New History. French Historical Discourse from Braudel to Chartier, Baltimore.

Chartier, Roger (1998): Au bord de la falaise. L'histoire entre certitudes et inquiétude, Paris.

Davidson, James W. (1984): The New Narrative History. How New? How Narrative?, in: Reviews in American History 12, S. 322–334.

Derrida, Jacques (1967): De la Grammatologie, Paris (dt.: Grammatologie, 7. Aufl. Frankfurt a. M. 1998).

Derrida, Jacques (1972): Marges de la philosophie, Paris (dt.: Rundgänge der Philosophie, 2. Aufl. Wien 1999).

Dilthey, Wilhelm (1883): Einleitung in die Geisteswissenschaften. Versuch einer Grundlegung für das Studium der Gesellschaft und der Geschichte, Leipzig (Neudruck: Gesammelte Schriften, Bd. 1: Einleitung in die Geisteswissenschaften, 8. Aufl. Stuttgart 1979).

Downs, Laura (1993): If »Woman« is Just an Empty Category, then Why am I Afraid to Walk Alone at Night? Identity Politics Meets the Postmodern Subject, in: Comparative Studies in Society and History 35, S. 414–437.

Faye, Jean-Pierre (1973): Langages totalitaires, Paris.

Foucault, Michel (1971): Nietzsche, la généalogie, l'histoire, in: Bachelard, Suzanne/Canguilhem, Georges (Hg.): Hommage à Jean Hyppolite, Paris, S. 145–172.

Foucault, Michel (1969): L'Archéologie du savoir, Paris (dt.: Archäologie des Wissens, 8. Aufl. Frankfurt a. M. 1997).

Fried, Johannes (1996): Wissenschaft und Phantasie: das Beispiel der Geschichte, in: Historische Zeitschrift 263, S. 291–316.

Gadamer, Hans-Georg (1960): Wahrheit und Methode, Tübingen.

Gauchet, Marcel (1997): Les »Lettres sur l'histoire de France« d'Augustin Thierry, in: Nora, Pierre (Hg.): Les Lieux de Mémoire, Bd. 1, Paris, S. 787–850.

Geertz, Clifford (1973): Thick description: Toward an Interpretative Theory of Culture, in: ders.: The Interpretation of Culture, Selected Essays, New York, S. 3–30 (dt.: Dichte Beschreibung. Bemerkungen zu einer deutenden Theorie von Kultur, in: ders.: Dichte Beschreibung. Beiträge zum Verstehen kultureller Systeme, 6. Aufl. Frankfurt a. M. 1999, S. 7–43).

Gilbert, Felix (1990): Politics or Culture? Reflections on Ranke and Burkhardt, Princeton.

Guilhaumou, Jacques/Maldidier, Denise/Robin Régine (1994): Discours et archive, Liège.

Harlan, David (1989): Intellectual History and the Return of Literature, in: The American Historical Review 94, S. 581–609.

Hempel, Carl G. (1942): The Function of General Laws in History, in: The Journal of Philosophy 39, S. 35–48.

Hollinger, David A. (1989): The Return of the Prodigal: the Persistence of Historical Knowing, in: The American Historical Review 94, S. 610–621.

Humboldt, Wilhelm von (1821): Über die Aufgabe des Geschichtsschreibers, Berlin (Neudruck in: ders.: Gesammelte Schriften, Bd. 4, hg. von Albert Leitzmann, Berlin 1905, S. 35–56.).

Iggers, Georg G. (1995): Zur »Linguistischen Wende« im Geschichtsdenken und in der Geschichtsschreibung, in: Geschichte und Gesellschaft 21, S. 557–579.

Kellner, Hans (1994): Never Again is now, in: History and Theory 33, S. 127–144.

Koselleck, Reinhart (1979): Vergangene Zukunft. Zur Semantik geschichtlicher Zeiten, Frankfurt a. M.

LaCapra, Dominick (1983): Rethinking Intellectual History: Texts, Contexts and Language, Ithaca.

Laqueur, Thomas (1990): Making Sex: Body and Gender From the Greeks to Freud, Cambridge.

Levi, Giovanni (1985): L'eredità immateriale. Carriera di un esorcista nel piemonte del seicento, Turin

Lüdtke, Alf (1989) (Hg.): Alltagsgeschichte, Frankfurt a. M.

Lyotard, Jan-François (1979): La condition postmoderne. Rapport sur le savoir, Paris.

Medick, Hans (1984): »Missionare im Ruderboot«? Ethnologische Erkenntnisweisen als Herausforderung an die Sozialgeschichte, in: Geschichte und Gesellschaft 10, S. 295–319.

Megill, Allan (1989): Recounting the Past: »Description«, Explanation and Narrative in Historiography, in: The American Historical Review 94, S. 627–653.

Momigliano, Arnaldo (1984): The Rhetoric of History and the History of Rhetoric: on Hayden White's Tropes, in: ders.: Settimo contributo alla storia degli studi classici del mondo antico, Rom, S. 49–59.

Noiriel, Gérard (1996): Sur la »crise« de l'histoire, Paris.

Novick, Peter (1988): That Noble Dream. The »Objectivity Question« and the American Historical Profession, Cambridge.

Orr, Linda (1986): The Revenge of Literature. A History of History, in: New Literary History 18, S. 1–22.

Palmer, Brian D. (1990): Descent Into Discourse. The Reification of Language and the Writing of Social History, Philadelphia.

Pocock, John (1975): The Machiavellian Moment. Florentine Political Thought and the Atlantic Republican Tradition, Princeton.

Ranke, Leopold von (1867–1868): Sämmtliche Werke, 6 Bde., Leipzig.

Ricoeur, Paul (1983–1985): Temps et récit, 3 Bde., Paris.

Rorty, Richard (1993): Conséquences du Pragmatisme, Paris.

Saussure, Ferdinant de (1915): Cours de linguistique générale, Genève (Neuaufl. Paris 1978).

Scott, Joan (1988): Gender and the Politics of History, New York.

Scott, Joan (1993): »The Tip of the Volcano«, in: Comparative Studies in Society and History 35, S. 444–451.

Searle, John (1969): Speech Acts. An Essay in the Philosophy of Language, Cambridge (dt.: Sprechakte. Ein sprachphilosophischer Essay, 7. Aufl. Frankfurt a. M. 1997).

Skinner, Quentin (1969): Meaning and Understanding in the History of Ideas, in: History and Theory 8, S. 3–53.

Skinner, Quentin (1996): Reason and Rhetoric in the Philosophy of Hobbes, Cambridge.

Spence, Jonathan (1988): The Question of Hu, New York.

Stedman Jones, Gareth (1972): History: the Poverty of Empiricism, in: Blackburn, Robin (Hg.): Ideology in Social Science. Readings in Critical Social Theory, London.

Stedman Jones, Gareth (1983): Languages of Class. Studies in English Working Class History (1832–1982), Cambridge.

Stone, Lawrence (1979): The Revival of Narrative. Reflections on an Old New History, in: Past and Present 85, S. 3–24.

Thompson, Edward P. (1963): The Making of the English Working Class, New York (dt.: Die Entstehung der englischen Arbeiterklasse, 2 Bde., Frankfurt a. M. 1987).

Thompson, Edward P. (1978): The Poverty of Theory and other Essays, London (dt.: Das Elend der Theorie. Zur Produktion geschichtlicher Erfahrung, Frankfurt a. M. 1980).

Vann, Richard T. (1998): The Reception of Hayden White, in: History and Theory 37, S. 143–161.

Veyne, Paul (1971): Comment on écrit l'histoire, Paris.

White, Hayden (1973): Metahistory. The Historical Imagination in 19th Century Europe, Baltimore (dt.: Metahistory. Die historische Einbildungskraft im 19. Jahrhundert in Europa, Frankfurt a. M. 1991).

White, Hayden (1987): The Content of the Form. Narrative Discourse and Historical Representation, Baltimore (dt.: Die Bedeutung der Form. Erzählstrukturen in der Geschichtsschreibung, Frankfurt a. M. 1990).

Das Ende der Meistererzählung

Braudel, Fernand (1949): La Méditerranée et le monde méditerranéen à l'époque de Philippe II, Paris (dt.: Das Mittelmeer und die mediterrane Welt in der Epoche Philipps II., 3 Bde., Neuaufl. Frankfurt a. M. 1998).

Foucault, Michel (1966): Les mots et les choses. Une archéologie des sciences humanines, Paris (dt.: Die Ordnung der Dinge. Eine Archäologie der Humanwissenschaften, 15. Aufl. Frankfurt a. M. 1999).

Furet, François/Richet, Denis (1973): La révolution française, Paris (dt.: Die Französische Revolution, München 1968).

Furet, François (1978): Penser la Révolution française, Paris (dt.: 1789 – Jenseits des Mythos, Hamburg 1989).

Le Roy Ladurie, Emmanuel (1975): Montaillou, village occitan de 1294 à 1324, Paris (dt.: Montaillou. Ein Dorf vor dem Inquisitor, Neuaufl. Berlin 2000).

Lyotard, Jean-François (1979): La condition postmoderne. Rapport sur le savoir, Paris (dt.: Das postmoderne Wissen: ein Bericht, 4. Aufl., Wien 1999).

Macaulay, Thomas B. (1849–1861): The History of England from the Accession of James II., 10 Bde., Leipzig.

Mink, Lewis O. (1987): Historical Understanding, Ithaca.

Moses, Stephane/Hilffrich-Kunjappu, Carola (1997) (Hg.): Zwischen den Kulturen. Theorie und Praxis des interkulturellen Dialogs, Tübingen.

Scott, Walter (1820): Ivanhoe, Edinburgh.

Spengler, Oswald (1918): Der Untergang des Abendlandes. Umrisse einer Morphologie der Weltgeschichte, Wien.

Talmon, Jacob (1955): The Origins of Totalitarian Democracy, London.

Toynbee, Arnold (1934–1961): A Study of History, 12 Bde., London.

Wells, Herbert. G. (1920): The Outline of History, being a Plain History of Life and Mankind, London.

White, Hayden (1973): Metahistory. The Historical Imagination in Nineteenth-Century Europe, Baltimore (dt.: Metahistory. Die historische Einbildungskraft im 19. Jahrhundert in Europa, Frankfurt a. M. 1991).

White, Hayden (1987): The Content of the Form. Narrative Discourse and Historical Representation, Baltimore (dt.: Die Bedeutung der Form. Erzählstrukturen in der Geschichtsschreibung, Frankfurt a. M. 1990).

Personenregister

Abel, W. 19
Adelung, J.C. 182
Agulhon, M. 162
Akutagawa, R. 384
Althoff, G. 137
Anderson, B.R. 351
Ariès, P. 195, 208 f.
Aron, J.-P. 34
Astell, M. 300
Aubin, H. 19
Austin, J.L. 261, 267 f., 275, 295

Bagehot, W. 103
Baker, K.M. 203
Ball, T. 304
Barthes, R. 285, 307, 310, 360, 365 f.
Baudé, G. 298
Baumann, M. 209
Beards, C. 11
Beauvoir, S.d. 233
Beck, U. 210
Bendix, R. 15
Berding, H. 21
Berger, P. 161
Berlin, I. 305
Berr, H. 11, 25
Bethmann Hollweg, T.v. 120
Bevir, M. 268
Bichsel, P. 206
Bismarck, O.v. 101, 113
Bitterli, U. 191
Blache, V.d.l. 24, 25, 27
Blasius, D. 140
Blauert, A. 211
Blickle, P. 20, 149
Bloch, M. 12, 23, 25–28, 30, 32, 37, 184, 207, 308
Blum, L. 309
Bock, G. 237
Bodin, J. 108, 132
Bois, G. 77
Borgolte, M. 21, 81
Borscheid, P. 209
Borst, A. 212
Boru, B. 347
Bossuet, J.B. 360

Bourdieu, P. 65, 187, 203, 215
Boureau, A. 37
Bracher, K.D. 105
Bradshaw, B. 348, 352 f.
Brahms, J. 303
Brandt, W. 56
Braudel, F. 17, 27, 30, 32, 37, 54, 77, 194, 207, 366, 375
Bredekamp, H. 225
Brewer, J. 47
Bringéus, N.-A. 224
Broszat, M. 212
Brunner, O. 18, 20, 99 f., 107, 272, 282, 285
Burckhardt, J. 182
Burghartz, S. 244
Burguière, A. 208
Burke, E. 296, 298
Burke, P. 186, 202
Busse, D. 288, 289

Canning, K. 238, 244
Carver, T. 302
Certeau, M.d. 202
Chamberlain, N. 117 f.
Charles I., 345
Chartier, R. 37, 185, 190, 201, 208, 212
Chaunu, P. 184
Chignola, S. 273
Churchill, W. 117
Clark, S. 185
Cobham, A. 345
Cohen, G. 302 f.
Cohen, L. 331
Conze, C. 282
Conze, W. 18, 57 f., 60, 100, 272, 285, 376
Coulanges, F.d. 27
Cousin, B. 224
Croix, A. 184
Cromwell, O. 346, 351
Cujas, J. 298

Dahlmann, F.C. 97
Dahrendorf, R. 59
Darnton, R. 211

Davis, N.Z. 216–218
Dekker, R.M. 212
Delumeau, J. 184
Derrida, J. 285, 332–334, 361, 367 f., 377
Descimon, R. 38, 52
Dilthey, W. 25, 270 f., 358
Dobb, M. 75
Doering-Manteuffel, A. 277
Dopsch, A. 183
Dörner, A. 161
Douglas, M. 193
Droysen, J.G. 113, 270
Duby, G. 208
Duden, B. 210
Duerr, H.-P. 186
Dülmen, R.v. 180, 209
Dunn, J. 268
Dupront, A. 273
Durkheim, E. 11, 24–27, 204
Duroselle, J.-B. 121 f.

Edelman, M. 160
Eisenstadt, S. 15
Elias, N. 36, 186, 204
Elisabeth I., 232, 373
Elster, J. 302 f.
Engels, F. 10, 72, 286, 344

Faulkner, W. 384
Faye, J.-P. 361
Febvre, L. 11 f., 23–28, 30, 32 f., 37, 184, 207, 270, 273, 281 f., 308
Fiedler, L.A. 331
Filmer, R. 299
Fischer, F. 120
Fleischer, H. 80
Fleury, M. 31
Fogel, R. 15
Foucault, M. 65, 107, 162, 190, 192, 203, 237, 265–267, 284 f., 293, 307, 309, 312–314, 316, 332–334, 338, 361 f., 368, 377
Fraenkel, E. 58
Freudenthal, M. 232

Freyer, H. 58
Friedrich d. Gr., 223
Fritz, G. 281, 292
Frölich, E. 212
Fuchs, E. 183
Furet, F. 31, 34, 162, 339, 377

Gadamer, H.-G. 272, 282, 304, 359, 366, 368
Geertz, C. 20, 49, 65, 187, 193, 198, 214, 283, 363
Gelderen, M.v. 273, 297
Gerhard, D. 100
Geuss, R. 299
Gibbon, E. 298
Gierke, O.v. 97
Ginzburg, C. 196, 202, 208, 214–217
Gleixner, U. 210
Goetz, W. 114
Goldmann, L. 273
Goody, J. 212
Gothein, E. 183
Goubert, P. 31
Goy, J. 34
Gramsci, A. 74, 293
Greenblatt, S. 191, 199
Greimas, A.-J. 308
Gropius, W. 331
Gruzinski, S. 202
Guerre, B. 215
Guerre, M. 215
Guespin, L. 309

Habermas, J. 59, 262, 315, 335
Habermas, R. 210
Halbwachs, M. 12, 204
Hammond, B. 39
Hammond, J.L. 39
Hanisch, E. 284
Harlan, D. 283, 367 f.
Harrington, J. 301
Harris, Z.S. 309
Hartog, F. 213
Hartung, F. 105
Haskell, F. 224
Hausen, K. 243
Hegel, G.F.W. 69, 81, 96, 182, 286, 383
Heidegger, M. 304, 332, 359, 361 f.
Heinemann, G. 56

Heinrich VIII., 352
Hempel, C. 359
Henry, L. 31
Herder, J.G. 182, 270
Herlihy, D. 34
Hermann, F. 289
Herodot 360
Hessen, R. 183
Hildebrand, K. 120 f.
Hill, C. 14, 345
Hillgruber, A. 101, 120 f., 152 f.
Himmelfarb, G. 283
Hintze, O. 12, 97, 99, 114, 145
Hobbes, T. 227, 293, 297, 299, 301–303, 363
Hobsbawm, E.J. 14, 19, 44
Hogarth, W. 225
Holenstein, A. 148
Hollinger, D. 369
Huber, E.R. 105
Huizinga, J. 279
Hull, I. 244
Humboldt, W.v. 357
Hunt, L. 162, 190, 193 f., 205, 242 f., 284
Husserl, E. 359

Iggers, G.G. 21, 285
Imhof, A. 19
Iser, W. 199

James I., 345
Jaritz, G. 212
Jauss, H.R. 199
Jefferson, T. 276
Jencks, C. 331
Jones, G.S. 161 f., 283 f.
Joyce, J. 330
Jung, M. 316

Kaplan, S. 194, 283
Kautsky, K. 72
Kehr, E. 18, 59, 114, 119
Keller, H. 303
Kennan, G.F. 119
Kishlansky, M. 345
Klapisch-Zuber, C. 34, 209
Kleinschmidt, H. 109
Kocka, J. 60, 63, 101, 179, 335, 376
Koselleck, R. 60, 137, 263 f., 272, 282, 285, 287–289, 363

Kossok, M. 77
Kracauer, S. 216
Kroeschell, K. 137
Kuhn, T.S. 59, 266 f., 272, 295
Kula, W. 77
Kurosawa, A. 384

Labouvie, E. 210
Labriola, A. 72
Labrousse, E. 18, 30 f.
Lacan, J. 307, 311
LaCapra, D. 194, 283
Lake, P. 352
Lamprecht, K. 10 f., 25, 73, 98 f., 114, 182 f.
Laslett, P. 14, 147
Lasswell, H.D. 282
Laun, R. 131
Le Goff, J. 34, 194, 206, 208, 273
Le Roy Ladurie, E. 31–34, 208, 211, 376
Lenin, V.I. 74, 80, 344
Lenz, M. 114
Lepenies, W. 208
Lepsius, M.R. 59
Levi, G. 208, 214–217
Lloyd, G. 196 f.
Locke, J. 132, 299–301
Lorenz, M. 210
Lottes, G. 287, 313
Lovejoy, A.O. 270, 274
Lowi, T. 156
Luckmann, T. 161
Lüdtke, A. 179, 208, 211 f.
Ludwig XIV., 96, 113, 149, 186, 229
Lukács, G. 76
Lüsebrink, H.-J. 189, 291
Lyotard, J.-F. 332, 334, 336, 361, 382

Macaulay, T.B. 385
Machiavelli, N. 296, 360, 363
Macpherson, C.B. 301
Mailer, N. 330
Maldidier, D. 309
Mandrou, R. 195, 273
Mann, T. 330
Marcks, E. 114
Markov, W. 77
Martin, J. 207–209

Personenregister

Marx, K. 10, 69–71, 74 f., 80, 262, 286, 293, 301, 303, 344, 376
Mauss, M. 204
McKenzie, D.F. 200
Mclellan, D. 301
Medick, H. 65, 179, 208 f., 211, 213–216
Medlicott, W.N. 117
Mehring, F. 72
Meinecke, F. 98, 100, 270
Meuvret, J. 31
Michelet, J. 27, 72, 339, 360
Midelfort, E. 185
Miller, D. 304
Miller, P. 270
Mink, L.O. 380
Mintz, S. 189
Mitterauer, M. 19, 209
Mommsen, W.J. 60
Montesquieu, C.d. 132, 276
Moore, B.Jr., 44
Moraw, P. 21, 108
Morrill, J. 344 f.
Muchembled, R. 211
Muir, E. 210
Müntzer, T. 347 f.

Napoleon 224
Niethammer, L. 212
Nietzsche, F. 293, 332, 361 f.
Nipperdey, T. 64, 207
Nora, P. 34

O'Neill, H. 347
Oakely, A. 235
Oestreich, G. 106, 145, 186
Oexle, O.G. 278
Ogorek, R. 136
Oncken, H. 119
Ozouf, J. 34
Ozouf, M. 162

Panofsky, E. 224 f., 273
Pareto, V. 295
Pateman, C. 300
Pêcheux, M. 307, 311
Petegorski, D.W. 301
Peukert, D. 209
Pirenne, H. 25
Plechanov, G.V. 72

Pocock, J.G.A. 267–269, 273–275, 279, 284, 293 f., 297 f., 300, 302, 305, 363
Polanyi, K. 75
Pollard, A.F. 344
Poni, C. 214
Power, E. 232
Press, V. 108
Proust, M. 330
Provost-Chaveau, G. 309

Rabelais 282
Ranke, L.v. 10, 55, 98, 112 f., 128, 145, 270, 339, 342, 357
Reagan, R. 367
Reichardt, R. 189, 264, 290, 309
Reinhard, W. 21, 142
Renouvin, P. 121 f.
Richter, M. 264
Rickert, H. 270
Ricoeur, P. 359, 362
Riehl, W.H. 182
Ritter, G.A. 19, 58, 73, 100, 115
Robert, L.K. 232
Robin, R. 282, 289, 308
Roche, D. 189, 212
Roemer, E. 302
Rohe, M.v.d. 331
Rokkan, S. 15
Roper, L. 210, 242
Rorty, R. 340, 368 f.
Rosenberg, H. 18, 58, 100
Rotteck, K.v. 97, 286
Rousseau, J.-J. 132
Rudé, G. 44
Ruggiero, G. 210
Rühle, O. 183
Rüsen, J. 62, 338
Russell, C. 104, 345

Sabean, D. 209, 211, 215
Sahlins, M.D. 213
Saussure, F.d. 275, 282, 308, 333, 360
Savigny, F.C.v. 127
Schieder, T. 18, 57 f., 376
Schieder, W. 19
Schilling, H. 21
Schindler, N. 186, 211
Schirrmacher, K. 232
Schmitt, C. 99, 158

Schmitt, J.-C. 37
Schmoller, G. 11, 144
Schnyder-Burghartz, A. 215
Schorske, C. 198
Schulte, R. 212
Schulze, W. 20, 140, 147, 212
Schütz, A. 161
Schwerhoff, G. 211
Scott, J. 162, 237–239, 241
Scott, W. 357, 385
Scribner, R.W. 222
Searle, J.R. 261, 275, 295, 315, 367
Sellin, V. 19
Simiand, F. 25, 29 f.
Simon, J. 241
Skinner, Q. 267 f., 273 f., 276, 279, 284, 293–297, 299 f., 302, 305, 363, 365, 367–369
Smith-Rosenberg, C. 235
Soboul, A. 77
Spengler, O. 372
Sprandel, R. 137
Stael, Mme. de 232
Steinhausen, G. 11, 182
Steinmetz, W. 162, 289
Stern, F. 100
Stone, L. 44, 104, 345, 355 f., 362, 365
Strawinsky, I.F. 303
Sweezy, P. 75
Sybel, H.v. 113

Talkenberger, H. 226
Tawney, R.H. 13
Tellenbach, G. 21
Thatcher, M. 367
Thernstrom, S. 49 f.
Thierry, A. 357
Thimme, F. 115
Thompson, E.P. 14, 36, 44 f., 77, 185, 211, 215, 234, 283, 366
Thompson, M. 28
Thorez, M. 309
Tilly, C. 282
Tocqueville, A.d. 339
Toews, J. 283
Tone, W. 347
Topolski, J. 77
Toynbee, A. 372
Treitschke, H.v. 55, 98, 113

Trevelyan, G.M. 13
Trexler, R. 210
Troeltsch, E. 270
Tuck, R. 299
Tully, J. 267
Turgot, A.R. 309
Turner, F.J. 11, 39
Turner, V. 193

Ulbrich, C. 210

Varga, L. 232
Venturi, F. 196
Veyne, P. 312, 362
Vilar, P. 77
Voltaire 96
Vovelle, M. 33, 184

Wachsmuth, W. 97, 182
Wagner-Hasel, B. 209
Waitz, G. 97
Wallerstein, I. 76
Walpole, H. 225
Warburg, A. 224
Warner, W.L. 49
Watt, D.C. 117
Weber, M. 11 f., 20, 25, 55, 59, 65, 71, 77, 107, 142 f., 183, 204, 294 f., 376
Wehler, H.-U. 16–18, 56, 59 f., 64, 101, 120 f., 153, 179, 337, 376
Welcker, K.T. 286
Wells, H.G. 372
White, H. 339, 364, 366 f., 373
Wieacker, F. 138

Wierix, H. 226
Wilhelm I., 113
Wilkes, J. 47
Williams, R. 305
Willoweit, D. 137
Windelband, W. 270
Winkler, H.A. 60
Winkler, K.T. 291
Wittgenstein, L. 267, 293
Wolf, E.R. 213
Wolff, H.J. 132
Wollstonecraft, M. 300
Wrightson, K. 150

Zelizer, V. 47
Zimmermann, R. 138
Zorn, W. 19